개정6판

Economics of Tourism and Outdoor Recreation

관광경제학

김사헌 저

백산출판사

고단한 삶을 살다 가신 우리 어머니

그리고 이 땅의 모든 불우했던 어머니들을 위하여

Dedicated to Our Deceased Mothers and Our Mothers Who Led Piteous Lives

序 文

  2016년 개정5판에 이어 다시 4년만에 개정6판을 내게 되었다. 자연과학보다 사회과학은 이론의 진전이 빠르다. 새로이 창간되는 전문 학술지, 수없이 쏟아져 나오는 새로운 논문들과 신간 서적들은 학자들이 고루한 지식에 안주하도록 내버려두지 않는다. 학문 선진국에 한정된 것이지만, 특히 1990년대 이후 관광학 분야의 학문적 발전은 가히 눈부시다 할 수 있다. 예를 들어, 필자가 『관광경제학』 저서를 처음으로 기획하고 책을 쓰기 시작하던 1981년만 하더라도 관광경제학이란 명칭의 저서는 오직 클로슨(Marion Clawson, 1966)의 『야외위락경제학』(*Economics of Outdoor Recreation*) 정도가 고작이었다. 그보다 앞서 1962년에 일본의 시오다(鹽田)가 간행한 75쪽 분량의 초라하기 그지없는 『觀光經濟學』까지 합한다면 단 두 종류에 불과하였다. 그러나 요사이 특히 2000년대 이후에 들어서 완전한 이론서 내지 교과서 형태의 관광경제학 책만 하더라도 歐美에서 이미 5종이 더 출판되었다. 정기 학술지도 마찬가지이다. 2000년 현재 호텔, 호스피탈리티 관련 誌를 논외로 치더라도 전세계적으로 관광이론 관련 영문학술지는 31종, 여가·위락 관련 학술지는 13종에 이른다. 심지어 *Tourism Economics*라는 題名의 학술지도 발간되고 있을 정도이다.

  최근 애플의 '스마트 폰' 출시로 시작된 휴대폰 혁명, 아마존의 '킨들'이나 아이패드형 전자잡지 출시로 시작된 전자도서 혁명은 엘빈 토플러가 예측하던 "정보의 혁명"을 더욱 심화시켜 근래에는 정보지식사회의 '빅뱅'(big bang) 수준에 도달해가고 있다해도 과언이 아니다. 이제 이 저서와 같은 '아날로그식'의 전문도서의 설 자리는 점점 더 좁아져가고 있다. 그러나 아무리 정보통신 수단이 발달하고 지식전달 방법이 '대폭발' 수준에 이르더라도 그것은 지식의 전달자일 뿐 지식의 창조자가 되기에는 요원하다. 각종 연구나 전문 학술지·도서는 여전히 우리와 같은 학자들의 노고를 요구하고 있다. 2012년 봄 필자는 정년퇴임을 하였지만, 그런 사명감으로 사례연구를 더 삽입하는 등 내용을 다시 다듬고 정리하여 이번에 여섯 번째 개정판을 내게 되었다.

본래 이 책은 이제까지 많은 先學, 同學 및 後學의 도움과 충고에 힘입은 바 크다. 특히 한범수 교수, 정의선 교수, 이돈재 교수, 김민주 교수, 임은순 교수, 박세종 교수 등 여러 동학, 후학들께 감사드리며, 책의 편집과 치장에 힘써준, 당시의 본과 대학원 박사과정생이며 지금은 모두 교직 일선에서 연구와 교육에 애쓰고 있는 송운강 교수, 김재석 교수 그리고 김재걸 박사, 박상곤 박사, 허극 박사 그리고 역시 당시 대학원 석사과정 중으로 내 연구실에서 함께 연구하며 도와준 정희석·김재영·이혜진 그리고 김윤정·손나주·이혜련 제씨에게 감사드린다. 끝으로 까다로운 책을 흔쾌히 출판해 주신 백산출판사 진욱상 사장님, 김호철 부장님을 위시한 편집진께도 고마운 마음을 표한다.

옛날 이 땅의 많은 어머니들이 그랬듯이, 질곡을 넘으며 고단한 삶을 살다 가신 우리 어머니들께 삼가 이 책을 바친다.

2020년 雨水之際

필자 識

요약목차

목 차

제 1 편 관광위락 경제학의 이론적 기초

제 3 편 거시 관광이론: 국제관광과 지역관광

제 7 장 국제관광의 교역이론과 통계체계 ························· 255

부록

Economics of
Tourism and
Outdoor Recreation

제 1 장

관광현상연구의 사회과학적 성격

관광학은 흔히 "사회과학의 한 分科"라고 주장되면서도 정작 학문의 내용에 있어서는 이와 아무 관련이 없는 듯 다루어져 왔다. 많은 관련연구자나 교육자들이 관광학의 사회과학적 성격을 운위하면서도 실제로는 관광현상 연구나 교육에서 사회과학적 접근법을 쓰지 않거나 사회과학적으로 사고하지 않는 것은 아이러니이다. 이 책의 첫 장에서는 우선 관광학은—혹은 좀더 겸손하게 표현하여 관광현상연구는—사회과학의 한 분과라는 전제 아래 그 학문적 존재가치와 성격을 규명하고 아울러 관광이라는 연구대상을 어떻게 접근·연구해야 할 것인가를 논하고자 한다. 이어서 관광분야와 인접 사회과학 간의 학문적 관련성이 무엇이며 그 관계가 어떻게 발전해 왔는가를 검토해보고자 한다. 인접 사회과학으로서는 사회과학의 5대 중심학문이라고 할 수 있는 사회학, 경제학, 심리학, 지리학, 그리고 인류학을 대상으로 하였다.

제1절 관광학은 어떤 학문인가?

관광은 '어느 곳으로 여행을 한다' 라는 의미만을 지닌 그런 단순현상이 아니다. 관광은 여행을 하는 주체로서의 인간과 그 거주지, 그리고 여행의 대상이 되는 목적지(지역사회)와 대상물, 교통·여행사 등 이들 양자를 연결하는 매개체 그리고 마지막으로 이들 모두를 둘러싸고 있는 사회·문화·경제·환경·정치 등 광역적 요소로 구성된 복합적 현상이다. 요컨대, 관광은 한 꾸러미의 재화·서비스(a bundle of goods and services)로 이루어진 복합현상이며, 따라서 관광학은 이러한 복합적 현상을 다루는 종합학문이다(Wall & Mathieson, 2006: 19; Gunn, 1994: 9). 예를 들어 일단의 여행자들이 인도로 배낭여행을 떠난다고 하자. 이때 우리는 연구자로서 인도를 찾는 배낭여행자들의 사회적 속성은 무엇이고, 어떤 정보를 통해 목적지를 결정하고, 어떻게 여행(사)을 선택·이용하는지, 어떤 조건의 항공노선을 선호하며, 현지에 도착하여 어떤 자원을 감상하고, 어떤 문화적 접촉이 이루어지는가를 알아야 한다. 아울러 작게는 자국과 현지 여행산업 그리고 크게는 현지의 문화·경제에 이 여행이 어떤 그리고 얼마나 영향을 미치며, 그것이 자국의 여행산업과 지역경제 및 국가경제 나아가 세계경제에 어떤 영향을 미치는가를 알아야 한다.

관광학은 한 꾸러미의 재화·서비스로 이루어진 복합적 현상을 다루는 종합학문이다.

재화·서비스로서의 관광현상이라는 '꾸러미'의 성격이 이렇다 보니 '관광'이야말로 마치 안개 속의 물체같이 확실한 실체가 드러나지 않은 실루엣 모습을 띤 현상과 흡사하다. 관광이 그러하므로 우리가 흔히 이야기하는 **'관광산업'**(tourism industry)이라는 것도 실은 정해진 경계가 없이 모호하고 막연하기 그지없어서, 우리나라는 물론 국제적 산업표준분류상에서도 '관광산업은 바로 이것이다'하는 식의 명확한 정의를 내릴 수 없는 것이 현실이다. 예를 들어 음식업, 숙박업, 항공업, 오락서비스업은 관광산업일 수도 있고 아닐 수도 있으며, 동네 뒷산으로 주말 등산을 가는 것, 가까운 곳에서 자동차 드라이브를 즐기는 것, 근교 호숫가에서 낚시를 즐기는 것은 보는 관점에 따라 관광행위일 수도 있고 아닐 수도 있는 애매모호한 현상이다.

특히 우리나라에서는 관광을 경계가 모호하고 넓은 의미를 지닌 '통속적' 개념으로 이해한다. 업계는 그렇다 치고 행정기관이나 교육기관들(대학 등)조차 그런 모호한 廣義(광의)의 관광개념을 사용한다. 여행 및 교통업(항공·버스·선박·열차 관련업), 숙박업(호텔, 리조트, 콘도미니엄업), 음식업(한·양식 식당업 및 조리업), 사진업, 심지어 외국어 교육(영어·일어·불어·독어·중국어 등)에 이르기까지 관광객 이용과 다소라도 관련된다면 그 모든 현상을 다 觀光 내지 觀光産業이라고 부르는 것이 현실이다.

그럼에도 불구하고 오늘날 관광은 마치 전자산업·석유산업·자동차산업 등과 같은 단일산업인 것처럼 지식매체들에 의해 크게 부각되어가고 있는 인기산업중의 하나이다. 가장 성장률이 빠르고 부가가치율이 높고 고용효과가 높으며, 지식산업에 버금가는 21세기 유망산업이라는 것이 그 이유이다.

이런 찬사를 등에 업고 오늘날 급성장을 거듭하고 있는 학문이 바로 '관광학'이다. '관광'의 실체가 흐릿한 안개 속 현상이든 아니든 간에 오늘날의 학문세계에서 관광은 유망하고 인기 높은 학문분야에 속한다. 실상이 이렇다 보니 무엇을 관광학의 연구대상으로 보아야 할지 그리고 어디까지를 관광학의 범위로 보아야 할지, 곤혹스러운 학문이 바로 觀光學이기도 하다. 사회과학 분야로 보아야 할지 아니면 자연과학 분야 혹은 양자의 종합으로 보아야 할지 그리고 관광을 과연 **학문분과**(a discipline)로 볼 수 있는지, 그리고 관광연구를 **과학**(sciences)으로 인정해줄 수 있는 지, 아니면 **技術**(skill) 정도에 지나지 않는지에 대한 관광학 正體性(identity) 논의가 최근 많이 이루어지고 있는 것도 바로 이러한 연유에서이다(Echtner and Jamal, 1997; Tribe, 1997, 2000; Leiper, 2000; 김사헌, 2000; 김사헌外 8인, 2000).

관광이라는 학문의 정체성을 확립하기 위해서는 무엇을 그리고 어떻게 접근해야 할 것인가? 이를 위해서는 무엇보다 개념의 틀 구성, 방법론의 확립, 연구대상과 범위의 획정(劃定)이 기본적으로 선결되어야 한다. 이 중에서 개념의 틀을 구성하기 위해서는 먼저 관광학의 학문적 성격과 연구대상을 명확히 하는 일로부터 출발해야 한다. 이 책에서는, 비록 학자들 간에 충분히 논의된 바도 합의된 바도 없지만, 내용의 전개를 위해 필자 나름대로 다음과 같이 관광학의 성격과 그 연구영역을 전제한 후 내용을 전개하고자 한다.

(1) 관광학은 구속적인 일(committed pursuits)과 대칭되는 개념으로서의 여가목적 중, 특히 소일과 유흥, 견문의 목적으로, 자신의 定住地를 일시적으로 벗어나는 인간 이동과 관련된 제현상을 연구하는 학문이다. 관광학은 또한 숙박여행뿐만 아니라 당일형 유흥여행(pleasure day-travel)과 야외위락(outdoor recreation)과 관련된 제반 현상도 규명하는 학문이다.

(2) 관광학은 그 포괄하는 영역을 기준으로 관광학(狹義의 순수 관광학)과 관광관련학(또는 관광응용학)으로 구분된다. 이제까지의 관행과 관련하여,

관광학은 인기있는 유망학문이지만, 한편 연구하기가 곤혹스러운 학문이기도 하다.

관광학의 정체성 확립을 위해서는 기본적으로 개념의 틀 구성, 방법론의 정립, 연구할 대상과 범위의 획정이 선결되어야 한다.

양자를 모두 포괄한 개념을 '廣義의 관광학'이라고 부를 수도 있겠지만(〈표 1-1〉 참조), 본서에서는 관광학을 협의의 개념으로 사용키로 한다.

(3) 관광학의 학문적 소속 분과는 사회과학에 둔다.

표 1-1	분류	정의 및 포함 영역	접근 방법
관광학의 영역과 분류 주: 광의의 관광학은 '순수관광학'에 '관광관련학'을 포함한 것임. 즉 관광학 =순수관광학+관광관련학	관광학 (순수 관광학)	사회·문화·경제현상으로서의 여가현상과 관광이동 현상을 조사, 파악·예측하는 사회과학적 성격의 학문으로서, 主와 客의 행태, 客을 대상으로 한 사회경제적 행위 분석, 주변사회·문화·환경에 미치는 영향·효과 및 정책을 연구한다.	기성의 사회과학적 분과학문(사회학·경제학·심리학·문화인류학·지리학·정치학 등)의 접근방법과 동일하게 과학적 연구방법을 사용한다. 연계학문적 방법으로는 교차학문적, 다학문적 또는 간학문적 접근방법을 사용한다.
	관광 관련학 (관광 응용학)	관광경영학·호텔경영학 등과 같이 위의 현상에 2차적으로 관여하는, 實務的·技術的·事業的 성격의 민간섹터의 운영을 중점적으로 다루는 학문(예: 여행업, 리조트업·숙식업의 경영·외식조리업 등)과, 관광개발 등과 같이 위 연구대상의 현상개선을 위해 하드웨어적(物理的) 방법을 교육·연구하며, 공공섹터를 주로 다루는 학문(예: 관광지 계획, 개발 및 설계·조경 등)이다.	경영학, 회계학, 도시계획학, 건축학, 조경학 등의 접근방법과 유사하게 주로 技術的 접근방법을 쓰며 특별히 가설 검정에 매달리지 않고 대체로 직관적·선험적 지식에 의존한다. 연계학문적 방법으로는 주로 범학문적 접근방법에 의존한다.

제2절 관광학은 왜 필요한 학문인가: 관광학의 존재가치

오늘날 여가나 관광·위락에 관한 연구가 사회과학의 한 영역으로서 과연 연구할 가치가 있는 것인가 또는 나아가 도대체 그 존립이 필요한 것인가라는 회의론은 그동안 국내외를 막론하고 학자들 간에 심심찮게 제기되어 왔다. 그 존재근거(a rationale)를 논하기에 앞서, 먼서 과학석 학문이 되기 위한 요건으로서 우리가 추구하는 여가 혹은 관광위락 현상에 대한 연구가 과연 시대적으로 필요한 연구대상인가에 대해 잠시 생각해 보기로 하자.

역사적으로 보면 생업의 지속이나 성장에 직접적 도움이 되지 않는 행위, 이른바 여가행위는 사회발전에 저해되는 낭비적 요소로 간주되어 온 경우가 다반사였다. 그런 풍조는 근검·절제를 강조하던 서양의 청교도 윤리 혹은 근면성을 앞세워온 동양의 유교사상 속에서 어렵지 않게 찾아볼 수 있다.

동서양을 막론하고 역사적으로 볼 때 여가행위는 사회적으로 불요불급한 낭비적 행위로 간주되었다.

먼저 서양의 경우, 19세기 미국의 비판적 지식인이었던 톨스타인 베블렌(Thorstein Veblen)의 주장에서 대표적으로 그런 사상을 엿볼 수 있다(Veblen, 1899). 그에 의하면, 사회적 분화가 아직 초기단계였던 사회는 富의 소유에 따른 사회계급의 상하구별이 없었으나, 사회적 분화가 점차 뚜렷하게 이루어지게 되면서 하층 생산계급과 대비하여 일체의 생산적 노동으로부터 면제받은 이른바 有閑階級(leisure class)이 발생하게 되었다는 것이다. 미술·건축·정원·의상·애완동물·스포츠·도박·향연·사교 등 금전적 기준만을 높은 취미의 척도로 삼는 이들 소위 유한계급들은 사람의 이목을 끄는 화려한 소비 내지 낭비 −이른바 **과시적 소비**(conspicuous consumption)−만을 거듭하는 특징을 지닌다는 것이다. 여기서 그는 '레저'(leisure)라는 용어를 비생산적·과시적 소비 또는 낭비의 대명사처럼 보았다. 이에 비유하여, 오늘날 상품가격이 비싸져서 사치품같이 보이면 수요가 (감소하는 것이 아니라) 오히려 증가하는 기현상적 성격을 지닌 재화를 경제학에서는, 그의 이름을 따서, **베블렌財**(Veblen's goods)라고 부르고 이런 현상을 **베블렌 효과**(Veblen's effect)라고 부른다.

과시적 소비

베블렌의 책 『유한계급론』에 나오는 유명한 용어이다. 꼭 필요해서 소비하고자 하는 것이 아니라 뭇 사람들의 시선을 끌어 이를 자기과시의 수단으로 삼으려는 소비를 말한다. 값이 싸구려라고 생각되면 안사고 오히려 비싸지면 '다른 사람과 차별화'한다는 의미에서 더욱 구매하는 현상을 우리는 '베블렌 효과'라고 하고, 그런 재화(예: 고급 악세사리)를 '베블렌 재'라고 부른다.

한편, 유교적 전통윤리 속에 살아온 우리 중근세 사회의 경우는 여가행위를 해악시하는 현상이 서구보다 오히려 더 심했다고 해도 지나치지 않을 듯싶다. 왜냐하면 수양이나 도의와 더불어 성취·근면·절약을 앞세운 '일 중심사상'(work ethic)이 고려 후기(고려 말 13C 후반 충렬왕) 이후 우리 중근세 사회를 지배해온 性理學(朱子學이라고도 함)의 기본이념이었기 때문이다. 이런 영향을 받아 우리 선조들은 일과 배치되는 개념으로서의 '논다'는 말을 극히 부정적인 눈으로 바라보았던 것 같다. 그 부정적인 '뉘앙스'는 오늘날의 '놀이'개념 속에도 역력히 전승되고 있다. '논다'는 말뜻 속에는 '게으르고 나태하다'는 의미가 담겨 있으며 때로는 상대방을 빈정거리는 뜻으로도 사용된다. '놀아난다'라는 단어는 부도덕·불륜행위를 뜻하기도 하며, '노름'은 사회적 지탄의 대상이 되어야할 도박행위를 가리킨다.

성리학(性理學)

性命義理之學의 준말로 중국 宋明代의 신유학사상(Neo-Confucianism)으로서 주희 등 송나라 학자들이 불교와 도교사상에 대항하여 공자와 맹자의 사상에 바탕을 두고 체계화한 새로운 철학 사상을 뜻한다. 程朱學, 朱子學 등으로도 불리운다.

그러나 현대 산업사회에 들어와서는 이런 인식도 크게 바뀌고 있다. 고도의 생산성을 중시하는 오늘날, 여가는 생산성을 올리기 위한 재충전수단으로서의 휴식으로 인식되기 시작하였다. 사회가 전통농업사회로부터 산업사회로 바뀌면서, 동서양을 막론하고 오늘날 우리는 여가와 관련하여 두 가지 큰 변화의 물결을 경험하게 되었다. 그 하나는 여가기회의 대폭적 확대이고, 또 하나는 사회적 통제력의 감소 곧 (여가활동의) 자율성 신장이다.

근대사회 여가의 두가지 획기적 변화는 ① 여가기회의 대폭적 확대와, ② 사회통제력의 쇠퇴(여가활동의 자율성 증대)이다. 여가를 연구하는 학자들은 이를 '여가의 민주화'(leisure democracy 혹은 leisure democratization)라고 부른다.

먼저 여가기회의 확대에 대해 생각해보자. 여가기회의 확대는 무엇보다 노동시간의 감소, 항공산업 발달, 각종 관광시설 확대 등에서 비롯되었다. 과거 전통사회 혹은 산업사회에서는 모든 생산이 노동자들의 육체노동에 의해 거의 전적으로 이루어졌다. 그래서 주당 근로시간이 무려 60~70시간에 달하기도 했다. 그러나 오늘날의 소위 탈산업사회(post industrial societies)에 이르러서는 노동절약적 기술의 발달, 생산공정의 자동화 경향, 노동자 권익의 신장 등으로 노동을 하고 남는 잉여시간(즉 가처분 여가시간)이 급격히 확대되었다. 생산성의 급격한 향상과 함께 직장에서의 개인 작업시간은 급감하여, 오늘날 대부분의 구미 선진국에서 볼 수 있듯이, 점차 주당 5일 근무에 2일 휴무제도가 보편화되어 개인적으로 활용할 수 있는 잉여시간(surplus time)이 크게 신장되었다. 더불어 해외 관광지를 오가는 항공편 등 교통수단도 상대적으로 저렴해지고 다양화되었으며 각종 여가·휴양시설의 종류나 양도 급격히 증대되었다. 전세계 해외여행자수가 지난 50여년간 무려 28배 가량 신장한 것도 결코 이런 여가기회 확대 현상과 무관치 않다(WTO, 2000).[1]

종교적 속박과 대가족제도에서 오는 여가의 구속 요인이 해체되어 개인의 자율성이 신장되었다.

두 번 째는 여가선택 기회의 자율성 신장, 즉 **여가민주화**(leisure democratization)이다. 전통사회에서는 비록 노동에 바치지 않아도 될 잉여시간이 있었다 하더라도 여러 가지 제도적 구속 때문에 개인이 이를 자유로이 활용할 수 없었다. 그런 제도적 속박의 예로서는 여러 가지가 있겠지만, 종교적인 속박과 가족제도적 속박을 한 예로 들 수 있다.

먼저 종교적인 측면에서 본다면, 중세의 교회나 근대 北美의 청교도, 그리고 우리 조선시대의 엄격한 유교사회적 환경에서는 설령 남아도는 시간이 있다 치디라도 마음대로 여가에 할애할 수 없었다. 열심히 신앙을 하거나 일거리로 소일하지 않으면 그것은 일종의 윤리적인 죄(sin)에 속했기 때문이다. 아직도 종교적 구속력이 강한 이란·이라크 등 정통 이슬람 사회에서는 잉여시간에 코란(Quran)을 암송하지 않고 카드놀이를 하거나 공원을 한가로이 배회하는 행위는 종교적 계율을 어기는 행위로 규정되어 종종 사회적으로 심한 체벌을 받기도

---

1) 1950년의 전세계 해외여행자수는 약 2,500만명이었으나, 2000년에는 6억 9,800만명으로 증가했다. 1950년을 기준연도로 하여 성장정도를 비교해 보면, 1960년에는 2.7배, 1970년에는 6.5배, 1980년에는 11배, 2000년에는 28배 정도 증가한 것으로 분석되고 있다(WTO, 2000).

한다. 또 한 가지의 속박은 기존의 가족제도에 기인한다. 3대 혹은 4대가 동거하던 소위 대가족(extended families) 사회에서는 가족 성원의 위계질서에 따라 개인의 자유가 제한되는 경향을 보였다. 자녀나 부녀자에게는 비록 남는 시간이 있더라도 이를 스스로 활용할 자유가 주어지지 않았다.

이제 그렇게 제도화·구조화되었던 전통사회의 여가구속력은 현대 산업사회가 성숙되면서 종교적 통제력의 쇠퇴, 가족제도의 변화(핵가족화로의 전환), 민주화에 따른 개인자유의 신장 등으로 인해 위축되거나 사라지기에 이르렀다. 이러한 여건 변화가 몰고 온 여파는 이제 현대인의 일상생활이나 의식구조를 뚜렷하게 바꾸어 놓고 있다. 일보다 여가를 인생의 주된 관심사로 삼는 계층(특히 젊은 계층이나 중산층)이 급증하고 있으며, 많은 사람들이 여유롭고 인간다운 삶, 즉 '삶의 질'의 영위를 인생의 중요한 목표중의 하나로 삼게 되었다. 남아도는 여유시간에 무엇을 해야 할 것인가라는 문제, 즉 잉여시간의 계획과 활용방안 강구가 오늘날 현대인들의 '주요 생활관심사'(central life interest)가 되었다.

오늘날 현대인의 주요 관심사는 여유롭고 인간다운 삶, 즉 여가를 통한 삶의 질구현이다.

한편 공급자인 기업이나 정책결정자인 정부 입장에서는 이러한 사회적 요구에 부응하기 위하여 여가기회를 확대시키거나 관리하는 공급·관리 정책이 주요 정책과제로 부상하고 있다. 여가수요에 대응해 대처해야할 **공급자**(정책결정자)**의 과제**는 주로 다음과 같은 종류의 것들이다.

(1) 대중 여가문화 기회의 확충과 관리문제
  - 야외위락 활동 기회(등산, 캠핑, 하이킹, 낚시, 레프팅, 수렵, 자연탐사, 해수욕장 등)의 확충과 관리
  - 관광대상지에 대한 서비스(관광대상지 소개·정보제공 및 관리)
  - 자연환경과 관광의 공존 유도(환경오염 및 훼손의 방지, 생태관광 등)
  - 여가소비와 관련한 공중도덕 및 질서의 유지(이용자의 계도·교육 등)
  - 대중 여가문화 수요·시장 조사 또는 예측

(2) 고급 여가문화의 제공과 관리문제
  - 고급 여가문화 시설의 공급 및 개발(민간부문에서 투자를 기피하는 공공재 성격의 박물관, 미술관, 과학관, 콘서트홀 건립 등)
  - 공공성을 띤 고급 여가문화공간의 관리·운영
  - 고급 여가문화에 대한 수요·시장 조사 또는 예측

(3) 일탈적인 여가의 방지 및 대책 수립 문제
  - 마약, 도박 등 여가소비자의 일탈행위 원인 조사 및 대책 수립

　　　　　　　－ 민간 여가사업자의 일탈적 경영행위에 대한 원인 조사 및 계도
　　　　　　　－ 일과 여가의 마찰(노조와 경영자의 대립)에 대한 대응방안 수립

　　오늘날의 산업사회에 등장한 이러한 '삶의 질'에 관한 문제를 깊이 살피며 정책과제를 연구해주는 학문에는 어떤 것이 있는가? '일'과 '여가'라는 두 가지 중요한 리듬으로 구성되어 있는 우리의 일상생활에서 여가의 역할이나 중요성이 전에 없이 강조되고 있는 이런 때에, 사회학·경제학·경영학 등 대부분의 기존 사회과학은 이에 아랑곳하지 않고 과거의 전통대로 여전히 '일 중심적 시각의 연구'에만 관심을 쏟고 있는 것이 현실이 아닌가?2) 만약 현실이 그렇다면 이러한 현실적 요구를 경시하거나 수수방관하는 사회과학도들의 구태의연한 연구자세에 사상적 수정, 이른바 패러다임(paradigm)을 변화시킬 필요는 없는 것인가? 우리 관광학도는 바로 이 문제의식에 주목하고자 한다.

　　과거 역사를 돌이켜보면, 과학의 주된 관심사는 항상 시대적 요구의 흐름에 부응해 왔다. 오늘날 여가문제가 큰 비중을 차지하는 사회적 관심사 중의 하나라면, 학문 측에서도 이러한 시대적 요구를 반영하고 연구하는 노력, 즉 이 영역을 다룰 사회과학내의 새로운 분과학문(a discipline) 탄생을 필요로 한다.

　　그런 점에서 관광학은 크게 보아, 인간의 생업, 즉 일(work) 문제를 다루는 **'일의 과학'**(work sciences)이 아니라, 그 대칭학문으로서 인간의 여가현상을 다루는 **'여가의 과학'**(leisure sciences)이다. 그것은 인간의 물질적 효용에만 얽매인 '음울한 과학'(dismal sciences)이 아니라, 정신적 풍요(행복)에 관계하는 내면적 **'행복의 과학'**(happy sciences)에 속한다. 또한 관광학은 인간의 '얽매인 일거리'(committed pursuits)를 연구하는 학문이 아니라, '얽매이지 않은 일거리', 즉 인간의 기본적 자유에 대한 문제를 연구하는 학문이다. 맑스 (K. Marx)도 그의 저서『자본론』에서 밝혔듯이, 노동이 인간의 물질생활 문제를 규정하는 '필수영역'(the realm of necessity)이라면, 여가는 노동에서 오는 피로 해소 그리고 더 차원 높은 지적 가치를 추구할 수 있게 하고, 자유롭고 인간다운 삶을 가능케 하는 **'자유의 영역'**(the realm of freedom)이다(Marx, 김수행 역, 1991: 10~11). 관광학은 바로 이 인간의 '자유영역'을 다루는 현대학문인 것이다. 요약하면, 여가연구나 관광위락연구는 오늘날 산업사회시대의

음울한 과학
토마스 칼라일이 처음 사용한, 경제학의 별칭. 관광분야에서는 인류학자 터너와 에쉬 (Turner & Ash)가 처음으로 사용. 제3세계의 관광개발이라는 허황된 꿈을 좇으며, 이런 것을 옹호하는 관광학은 "음울한 과학"이라고 주장.

관광학은 '얽매인 일거리를 연구하는 과학'이 아니라, '얽매이지 않은 여가를 연구하는 과학'이다. 관광학은 인간의 '자유영역'을 다루는 학문, 즉 여가의 과학이요 행복의 과학이다.

---

2) 경제학·사회학의 주된 관심사는 대부분 '일'이며, 베블렌 등 실로 극히 예외적이라 할 수 있을 정도의 소수학자들만이 간혹 여가나 위락·관광 등에 관한 산발적인 연구를 헤오고 있다. 정치학, 행정학, 경영학, 무역학, 회계학 등도 따지고 보면 그 연구대상 자체가 인간의 生業과 관련된 것, 즉 '일'에 관련된 학문이라 할 수 있다.

오늘날 관광학 연구의 목표
가치.

요청으로 불가피하게 대두된 학문분과로서, 일에 충당하고 남은 자유시간 소비의 계획, 효율적인 활용·관리 방안 강구를 통해 궁극적으로 우리 인간의 내면적 복리증진에 기여하는 것을 그 학문적 목표가치로 삼는다.

제3절 관광위락현상 연구의 학문적 접근방법론

관광위락현상을 연구함에서 이를 어떻게 학문적으로 접근해야 하는가를 논의하기에 앞서서, 먼저 연구방법론 일반에 대해 살펴보기로 하자.

학문 접근방법의 분류는 다양해서 학자들마다 여러 가지 방식으로 서로 달리 주장하고 있다(예를 들어, 김광웅, 2000: 166~176). 분류방식은 연구대상의 성격, 학문의 본질에 따라 학자들 간에 다소의 의견차이가 있을 수 있겠지만, 필자는 접근방식을 크게 정성적 연구와 정량적 연구 그리고 또다른 연구방법론면에서는 규범적 접근, 경험적 접근, 처방적 접근, 기술적 접근으로 구분하고자 한다. 마지막으로 학문 상호간의 연계성 측면에서는 간학문적(間學問的) 연구방법(inter-disciplinary approach), 교차학문적(交叉學問的) 연구방법(cross-disciplinary approach), 다학문적(多學問的) 연구방법, 그리고 마지막으로 (multi-disciplinary approach), 범학문적(汎學問的) 연구방법(trans-disciplinary approach)으로 분류해 보기로 한다.

1. 학문적 연구방법에서 본 접근방법론

1) 정성적 접근과 정량적 접근방법

사회과학에서도 자주 논의되어온 방법론적 쟁점 중 하나는 사회현상을 수치화시킨 양적인 방법(定量的 方法, 일명 計量的 方法)을 써야 할 것인가, 아니면 질적인 방법(定性的 方法, 일명 質的 方法)을 써야 할 것인가 하는 점이다. 이 두 가지 방법론은 서로 배타적인 성격을 지니기보다는 상호 보완적인 성격을 지닌다. 그런데, 관광학은 사회·문화·경제 등 다원적 현상을 규명하는 복합학문인 동시에 간학문적 내지 범학문적(통합학문적) 성격의 학문이다. 그러므로 관광학 또한 어느 한쪽 방법론(특히 정량적 방법)으로만 국한될 수는 없다. 관광객이나 관광목적지 원주민의 의식세계는 결코 양적 지표만으로는 파악할 수 없는 인간 내면의 질적인 요소를 담고 있기 때문이다. 따라서 어느 한쪽 방법론만 사용해서는 좋은 결과를 얻기 어려우며, 정도의 차이는 있지만, 이 두 가지 방법론의 원리와 기법을 적절히 혼용할 때 더 좋은 결과가 얻어 질 수 있다.

(1) 정량적 방법(또는 계량적 방법)

정량적 접근은 사회과학 연구방법도 자연과학의 그것과 다를 바 없으며 진정한 과학이 되기 위해서는 자연과학이 추구하는 방법을 따라야 한다는 주장에 속한다. 이는 영미 중심의 경험주의(empiricism) 혹은 실증주의(positivism) 과학철학관에 깊은 뿌리를 두고 있다. 이 주장은, 모든 삼라만상은 경험법칙에 의해 지배되고 있으므로 자연과학이든 사회과학이든 그 구조나 기능에 대한 서술만으로는 과학적 탐구가 될 수 없고, 그것이 어떤 원인에 의해 비롯되는지를 객관적으로 파악하고 그 원인이 어떤 결과를 낳게 되는지 예측하는 것이 곧 과학적 탐구라는 것이다. 이 정량적 접근방식은 실증주의 또는 심리학의 행동주의(behaviorism)와 상통한다.

> **실증주의·경험주의**
> 19세기 중엽. 프랑스 철학자 콩트가 최초로 도입한 철학사상. 사실이라는 모든 지식은 오로지 경험적 실증자료에 바탕을 두어야 한다는 주장.

일반적으로 정량적 연구에서의 통상적 연구절차는 우선 연구문제와 가설을 제기하고 이를 검증해줄 수량화된 자료를 수집한다. 수집된 자료는 수학과 통계학 등 각종 계량기법을 동원하여 분석한다. 분석의 단위나 결과를 객관화하고 상호비교도 할 수 있다는 장점을 높이 살 수 있는 반면, 관광자나 원주민·지역사회 등 주관적·감정적인 인간 내면세계를 무리하게 수량화하는 과정에서 빚어지는 오류를 피할 수 없다는 것이 큰 단점이다.

(2) 정성적 방법(또는 질적 방법)

정성적 방법론은 사회과학은 인간행동·행태에 관한 탐구이므로 개인의 주관적 체험문제 혹은 "존재론적 문제"(朴異汶, 1991: 18)를 수량적으로 다룰 수는 없다고 본다. 과학주의, 다시 말해 엄격한 경험실증주의 방법론만으로 복잡하기 그지없는 인간사회 문제와 인간가치 문제를 다 파악할 수 없다는 것이다. 그리하여 적잖은 사회철학자들은 과학주의만을 앞세운 계량주의를 '과학의 物神化'에 불과하다고 맹렬히 비판한다. 우리가 연구대상으로 삼는 사회 및 인간 내면의 심층에 깔려 있는 '구조적·생동적 요인' 파악은 도외시한 채 수박 겉핥기식으로 피상적·표면적 사실만을 늘추어내는 데 급급하다는 것이다. 만약 이와 같이 표피적 문제만을 계량적으로 다룬다면 그것은 '技術學'에 불과하며, 그 연구자들도 학자라기보다는 '技術者'와 다름없다는 것이 사회철학자들의 시각이다.

그리하여 사회철학자들이나 사회문화론자들은 사회현상 분석에 보다 질적인 접근방법을 가미해야 한다고(또는 최소한 방법론적 二元論을 추구해야 된다는) 주장한다. 예를 들어 사회철학자들은 현상학(phenomenology)이나 해석학(hermeneutics), 민족지학(民族誌學;ethnography)적 방법의 도입을 주장하고, 문화 인류학자들은 '참여관찰법(participation observation method)을 주장한다.

이런 사회철학적 방법론의 연구절차에서는 가설이나 명제가 중시되지 않는다. 오히려 연구문제, 즉 "지적 호기심"이 더 중요하며(Mason, 1999: 36~37), 이를 깊이 파고 들어가는 것이 이 방법론의 특징이라고 할 수 있다.

이 방법론의 최대 장점은 결코 수량화할 수 없는 인간의 내면세계나 가치문제를 폭넓고 깊이 있게 해석하고, 무엇보다 전체적 맥락(context)을 이해하게 함으로써 완숙한 해석을 가능하게 한다는 점이다.

그러나 이 방법의 단점 또한 많다. 먼저 정량적 분석처럼 '산뜻하게' 범주화되거나 일단의 원칙들로 간명하게 서술하기 어렵다는 것이다(Mason, 1999: 19). 연구기법이 표준화되어 있지 않으므로 자칫 연구자 개인의 주관에 심하게 경사되어 연구자마다 서로 다른 결과를 낳을 수도 있다. 해석학, 현상학, 민족지학 등 소위 질적 연구방법론에 고도로 숙달되어 있지 않은 연구자는 함부로 접근할 수 없는 것이 이 방법이 지닌 또 하나의 큰 단점이기도 하다.

그래서 절충론으로, 연구대상의 성격에 따라 양적·질적 방법론을 혼용하는 방법론적 二元論을 취해야 한다고 학자들은 주장하기도 한다. "사회현상은 실증주의적·현상학적·그리고 구조주의적인 방법에 의해 서로 보충·보완하는 가운데 다각적으로 조명될 수 있으며"(朴異汶, 1991: 22), "다양한 연구기법의 합목적성을 우리 모두 인정할 필요가 있으므로"(Walle, 1997: 535), 관광학 분야도 계량화가 가능한 물리적인 현상과 계량화가 불가능한 현상을 분리하여 적합한 방법론을 적용해야 한다는 것이다. 인간의 내적 세계와 가치관이 개재된 현상 혹은 구조적인 현상에 대해서는 그에 적절한 방법, 이를테면 질적인 방법론을 적용하는 지혜가 필요한 것이다.

2) 4분류 접근방법

사회현상은 보는 각도에 따라 다를 수 있다. 그래서 접근방법도 중요하다고 생각되는 대상의 본질에 따라 여러 가지로 나누어 볼 수 있다. 예를 들어 발전연

해석학(hermanetics)
희랍의 신 허메스라는 말에서 유래된 철학의 한 분과로, 희랍의 문헌연구나 성서 주석 등의 영역에 제한된 해석을 하는 학문으로서 출발하였다. 설명, 내적 체험, 표현을 통하여 텍스트나 예술, 사회제도 등의 본질을 이해·해석하고자 하는 학문. 딜타이(Dilthey)가 집대성.

민족지학(ethnography)
자신이 속한 이른바 自文化와는 다른 異文化 혹은 他文化(대개 미개문화)를 이해하기 위하여 그곳에 들어가 장기체재하며 현지조사를 하고 다시 자문화로 복귀하여 그 구성원들의 문화를 분석기록한다.

방법론적 이원론
필요에 따라 양적인 방법론과 질적인 방법론을 함께 사용해야 한다는 주장.

구에서는 ① 규범적 접근법, ② 구조적 접근법, ③ 행태적 접근법으로 나누고, 경험적 연구라는 이름의 접근법으로는 ① 기술적 연구, ② 분류연구, ③ 측정연구, ④ 비교연구, ⑤ 관계분석연구, ⑥ 원인관계 분석연구 등으로 나누기도 한다(김광웅,1999: 166~167). 한편, 경영연구에서는 문제의 성격에 따라 ① 탐색적 연구(exploratory research), ② 기술적 연구(descriptive research), ③ 인과적 연구(causal research)로 나누기도 한다(Zikmund, 1997: 37~40).

이와 같이 학문의 유형이나 연구대상의 본질에 따라 여러 각도에서 접근법을 분류할 수 있으므로 본서에서는 관광학이 관광자·지역사회 및 주민·정책 등의 다양한 분야를 다루는 종합사회과학이라는 전제아래 접근방법을 다음과 같이 네 가지, 즉 규범적·경험적·기술적·처방적 접근으로 구분해 보고자 한다.

(1) 규범적 접근(normative approach)

규범적 접근은 과학철학(philosophy of science)의 영역이다. 과학철학은 과거 사변(思辨)으로만 흐르던 철학의 무용성에서 벗어나 철학을 좀더 논리적·과학적으로 분석하고자 하는 학문이다. 과학의 분류상, 과학철학은 크게는 경험과학(실증과학)에 대응하는 분석과학으로서, 인식론(epistemology)과 논리학(logic)을 주된 방법론으로 채택하는 규범과학에 속한다.

과학 ┌ 規範科學 ─ 윤리학, 논리학, 철학, 법학과 같이 인간의 가치·
      │ (규범과학)   윤리 등 형이상학적 주제를 다루는 학문
      └ 實證科學 ─ 경험주의적 실증주의적 입장에서 접근을 하는
        (실증과학)   학문

규범적 접근방식에서 채용하는 분석단위는 전체 집단, 사회 또는 국가이며 주요 분석대상은 그 사회의 가치, 규범, 윤리 등이다. 이 방식은 바람직하다고 믿는 어떤 기준(예컨대 正義·善·合理性 등)을 통해 사회현상이나 질서를 바라보려는 間主觀的(intersubjective) 접근으로서, 질적 연구방법의 영역에 속한다. 이 방식은 작업가설(working hypotheses)을 제시하거나 검증함이 없이 일반적인 전제만을 내세우고 제기된 연구문제에 대한 해답을 구하고자 한다. 예를 든다면, "근대사회의 가치는 무엇인가?", "근대화와 민족주의는 어떤 관계를 맺고 있나?", "현대인의 사명의식", "현대 도시인의 여가관은 무엇인가?" 등이 규범적 접근에 따른 연구분야에 속한다고 볼 수 있을 것이다.

이 방식은 실증주의가 표방하는 '표준과학관'으로 볼 때 과학주의와는 다르다

間主觀的 접근

개인의 주관이 서로 동일하도록 해야 한다는 주장. 만약 어떤 연구가 객관적 연구가 되려면, 몇 명의 연구자가 서로 다른 주관을 가지고 동일한 주제를 놓고 연구 했더라도 결국에는 동일한 결론에 도달하게 된다. 즉 간주관적이라 함은 '객관적'이리는 말과 상통된다.

는 이유로 학자들 간에 경시하는 풍조까지 보여 왔다(김광웅, 1999: 5; Phil-limore and Goodson, 2004: 4). 그러나 한편에서는 많은 관광관련 연구자들 (Botterill, 2002; Walle, 1997; Echtner and Jamal, 1997 등)은 이러한 규범적 접근이 관광학 연구의 발전을 위해 필요하다고 주장한다.

(2) 경험적(실증적, 實事求是的) 접근(empirical/positive approach)

이는 논리실증주의의 과학관에 입각하여, 가능한 객관적인 연구자세를 통해 사회현상이나 질서를 있는 그대로 보면서 그 속에 숨겨진 질서나 인과관계구조 (causal mechanism)를 구명하고자 하는 과학주의적 접근방식이다.

이 접근방식은 어떤 특수한 현상에 대한 자료를 수집하여 관찰한 후 제기한 가설의 진위를 밝혀 이론을 형성해 나간다. 이 접근법은, 먼저 이론·법칙에서 다시 가설을 도출한다는 점에서는 **연역적 방법**(deductive method)을 취하지만, 현실적 경험자료를 통해 결론을 도출한다는 점에서는 **귀납적 방법**(inductive method)에 속한다. 귀납법이란 특수한 현상(사실)의 파악을 통해 일반적 이론 내지 법칙을 유도해 내는 방법을 뜻하는데, 베이컨(Francis Bacon)은 이를 과학적 연구의 참된 접근법이라 주장한다. 이 경험적 접근법은 무엇보다 연구의 '실증'과 '객관성' 확보를 생명으로 삼기 때문에 오늘날 많은 학자들에 의해 선호되는 '기준적' 사회과학연구방법론으로 평가받고 있기도 하다.

또 동양식으로 말하면 이 방법은 '실사구시'(實事求是)의 접근, 다시 말해 "사실(實事)로부터 옳은 것(是)을 구하자(求)"는 학문적 방법론으로서, 결국 실증주의와 똑같은 의미이다. 이 유명한 실사구시론은 중국 淸나라 고증학이 내세운 학문방법론으로 사실에 입각하여 진리를 탐구하자는 과학적 운동으로서, 前代의 주관주의를 배척하고 객관주의적 태도로 학문에 임하자는 주장이다.

이 방식으로 접근하는 연구의 예를 가상적으로 들어본다면, "관광지의 이용자 밀도와 그 만족도 간의 상관관계에 관한 연구", "70년대 우리나라의 농촌·도시 간 대량 인구이동의 원인", "최근 해외관광수요의 결정요인 분석", "야외위락 혼잡도 인지와 개성의 상호작용에 대한 연구", "문화관광의 동기분석" 등이다.

(3) 처방적 접근(prescriptive approach)

이는 연구의 실용성 또는 실천목적을 처음부터 앞세워, 이론보다는 그 사회나 집단이 당면한 현실 문제(pending current issues)를 해결하고자 하는 데 초점을 둔 접근방법이다. 이 접근방법은 '현실과 이론은 다르다'는 전제하에, 작

귀납적, 연역적 방법
귀납법은 특수한 사실을 바탕으로 일반적인 원리나 법칙을 찾아내는 방법을, 연역법은 반대로 보편적 원리(일반적 법칙)로부터 특수한 원리·법칙을 도출해 내는 방법이다.

고증학(考證學)
중국 명나라 말기부터 청나라 초기에 걸쳐 일어난 학문적 방법론으로서, 사실에 입각하여 진리를 탐구하자는 실증주의적 학풍을 뜻한다. 한국에서는 조선 후기의 추종자로서, 유형원, 이익, 홍대용, 정약용, 김정희 등을 들 수 있다.

업가설이나 이의 통계적 검증 등 과학주의적 연구과정과 이론적 바탕을 무시하는 경향이 강하다. 단지 제기된 문제와 현황을 파악·진단하고 처방전을 찾는 데만 목적을 두므로 이론의 발전에는 거의 기여하지 못했다. 연구주제도 ○○정책 등 대부분 가치지향적일 뿐만 아니라 연구수행 방법도 대개 과학적인 과정을 거치지 않으므로 개인의 주관적 가치판단이 개입될 여지가 많고, 따라서 과학주의와는 거리가 먼 연구방법이라고 비판할 수 있다.

예를 든다면 '국민관광지 개발방안에 관한 연구', '한국관광진흥 정책방안', '수도권 도시개발 전략' 등이 이러한 종류에 속하는 연구이다. 유감스럽게도 이론적 지식이 없거나 빈약한 우리 학계 연구자들 간에 과학이라는 이름으로 위장한 채 (예: "○○○에 관한 실증적 연구" 등의 명칭 사용) 그동안 지나치게 무차별적으로 선호되어온 접근방식이다. 학문의 발전과는 거의 무관한 방법이므로, 오늘날 우리 관광학계의 발전을 저해시켜온 원인자라고 해도 지나치지 않다.

(4) 記述的 접근(descriptive approach)

이 기술적 접근 방법은 어떤 현상 또는 어떤 사상들이 상호 관련되어 일어나는 빈도나 모습을 있는 관찰하고 기술하고자 하는, 다시 말해 사실발견(fact-finding)만을 중점적으로 다루는 접근방법이다. 특히 사회과학 연구분야 초기단계에 쓰여지는 방법으로서, 기존의 여러 경험적 사례를 보편적 판단재료로 하여 개개의 사례를 관찰함으로써 이러한 사례들이 포함되는 일반 명제를 확립시키기 위한 사실발견적 추론이다. 구체적인 사회현상(사실)들을 관찰이나 면접을 통해 찾아내고 그 결과를 요약·제시하는 형식을 취한다.

이 방법에서는 대개 가설을 세우고 검증하거나 인과관계를 찾아내는 등의 형식을 취하지 않으며, 단지 구체적인 실제정보를 구하고 나타난 현상을 있는 그대로 묘사하고자 한다. 좁게 보면 '인구조사', '여론조사', '관광객 동태조사' 등의 조사연구나 설문지 및 서류분석 등도 이 범주에 해당되고, 넓게 보면 민족지학 등의 질적 연구, 역사 연구 등도 이 접근방식에 포함된다.

이상에서 연구방법론을 몇 가지로 분류해 보았다. 그렇다면 우리 관광위락연구는 이 중 어떠한 방법론을 취하여야 하는가? 관광위락연구가 사회과학의 한 분과학문으로 정착하기 위해서는 두말할 나위 없이 그 연구가 과학적이어야 하며, 그러기 위해서는 논리주의에 바탕을 둔 접근이 학문의 주류를 이루어야만 할 것이다. 심리학자 컬린저(Fred Kerlinger)와 사회철학자 포퍼(Karl Popper)는 과학적 연구를 "체계적이고 비판적인 연구" 혹은 "비판적 인간활동"이라고 정의하며 다음과 같이 얘기하고 있다.

> 과학적 연구란 자연현상간의 추정된 관계에 대한 이론과 가설에 따라 이루어진
> 체계적이고 통제된 경험적 그리고 비판적인 연구이다(Kerlinger, 1988: 39).
> 과학이란, 失手를 체계적으로 비판하고 적절한 때에 종종 수정을 가하는, 몇안되
> 는―어쩌면 유일한 것일지도 모를―인간활동 중의 하나이다. 인간의 노력이 경주
> 되는 다른 분야 대부분에서는 변화는 있지만 발전이란 거의 없다(Popper,
> 1974: 216~217).

따라서 만약 어떤 사회과학자가 특정 사실을 확실하다고 신념적으로 믿는다
면, 그는 어떻게든 자신의 신념을 객관적·경험적으로 혹은 논리적으로 제3자
에게 검증해 보여야 한다. 자신의 주관적 신념이 제3자에게 보편타당하게 객관
적으로 증명되지 못한다면 그것은 이론이나 법칙이 아니라 개인적인 주장에 불과
하다. 그런 점에서 관광학도 과학적인 연구방법을 취하여야 한다. 어떤 여가현상
이나 관광위락 현상연구는 가설의 제기와 이의 논리적·실증적 검증과정을 거쳐
법칙화되고 이론화되는 이른바 論理的 實證科學(logical positive sciences)이
되어야 한다는 것이다.

2. 학문간 연계성 측면에서의 접근방법론

사회현상이 점차 복잡한 구조를 띠어 가는 것과 발맞추어, 이들을 연구대상
으로 삼는 사회과학 자체도 점차 인접과학들의 힘을 빌리거나 응용하지 않을 수
없는, 이른바 학문의 종합화 내지 또는 혼융화(混融化)가 오늘날의 두드러진 학
문 성향 중 하나라 할 수 있다. 예를 들어 인류의 기원이 어디였는지 알지 못했

던 고고인류학자들은 인종간 DNA를 분석하는 분자생물학자들의 도움을 받아
현인류의 조상이 모두 약 10~20만년전 아프리카에서 발원하였다는 사실을 밝
혀내었듯이, 오늘날 학문간의 협동과 연계화는 점점 일반화되어가는 추세이다.
토마스 쿤(Kuhn, 1995)과 같은 보수 전통주의 과학자들에 의해 단일학문
(mono-discipline)만이 진정한 분과과학(a discipline)이요 과학이라고 여겨
오던 사조는 이제 사회현상이 더욱 복잡해져감에 따라 서서히 퇴색되어 가고 있
다. 학문의 종합화 경향은 오늘날 비단 사회과학에서뿐만 아니라 심지어 자연과
학 분야에 이르기까지 실로 전 과학에 걸쳐 광범위하게 일어나고 있다. 관광학
의 학문적 성격도 종합사회과학으로서 종합적으로 접근되어야 한다는 주장도 바

로 오늘날의 이러한 시대배경과 맥을 같이한다고 볼 수 있을 것이다.

여기서 학자들(Meeth, 1978; Przeclawski, 1993)의 설명을 참조하여 오늘날의 종합과학의 진전을 학문적 연계성 내지 제휴정도에 따라 분류해 보기로 하자. 먼저, 학문접근방식은 학문 상호 간의 융합 강도에 따라 다음과 같이 네 가지 유형, 즉 교차학문적 연구방식, 다학문적 연구방식, 간학문적 연구방식, 그리고 범학문적 연구방식으로 구분할 수 있다.

1) 交叉學問的 연구방식(cross-disciplinary studies)

이 교차학문적 연구방식은 특정학문분야의 시각에서 어떤 사상이나 연구대상 학문을 관찰하는 접근방식이다. 이 방식은 두 학문을 상호 연계시켜 관찰하면서도 모학문의 근간은 분명히 그대로 유지하는 특성을 가진다. 법사회학(sociology of law), 인구경제학(economics of demography), 사회심리학(social psychology), 농업경제학(agricultural economics) 등이 이런 분류방식에 속한다고 할 수 있겠다.

2) 多學問的 연구방식(multi-disciplinary studies)

이 다학문적 연구방식은 어떤 연구대상을 놓고 학문적 공통성에 관계없이 여러 학문분야를 동원 · 제휴시켜 주어진 문제를 규명하려는 것이다. 이 방식의 특징은 연구자의 각각 다른 철학적 배경을 전제하며 개별 모학문의 **개념, 방법, 사상 등의 독립성은 그대로 유지시켜주면서** 각 개별학문 분야별로 그 분야의 지식만큼 기여케 하는 것이다(Przeclawski, 1993: 13). 여기서는 받아들이는 피교육자 스스로가 각 개별학문이 제공하는 지식을 통합하여 소화하고 체계화하지 않으면 안된다.

3) 間學問的 연구방식(inter-disciplinary studies)

위의 다학문적 접근방식이 각 개별학문 자체의 독립성은 계속 유지하면서 대상문제 해결을 위해 필요한 지식을 제공하는 것이라면, 이 간학문적 방식은 각 학문의 개념과 사상을 이미 '이슈' 자체에 의도적으로 통합시켜 버렸기 때문에 학문으로서의 자체 독립성은 거의 찾아볼 수 없다. 그러므로 이 경우에서는 피교육자가 주어진 지식을 다학문적 접근에서처럼 스스로 통합해야 할 어려움은 없다. 이미 개념이나 철학적 관점, 방법론적 지식 또는 교육자체가 통합되어 제공되기 때문이다. 대신 이러한 지식을 종합화하여 전수시켜 줄 책임은 오로지 교육자 혹은 연구자에게 있기 때문에 그들 자신의 노력이 앞서야만 한다.

4) 汎學問的 연구방식(trans-disciplinary studies)

이 범학문적 방식은 위의 어떤 방식보다도 통합강도로 볼 때 최고도로 통합되고 또 그 통합이 이미 '조직적으로 제도화'된 상태를 가리킨다. 위의 간학문적 연구방식은 출발 자체가 학문적 사상으로부터 출발하여 기능적 통합에 이른 데 반해, 이 방식은 문제나 이슈로부터 출발하여 주어진 문제의 해결과정에 도움이 되는 여러 학문적 지식을 조직적으로 수용하여 연구문제를 풀어 가는 방식이다. 간학문적이든 범학문적이든 간에 이들 접근방식은 연구이슈가 이미 통합된 상태이기 때문에 이를 접근하기 위해서는 고도의 '메타 언어'(meta-language), 즉 통합적으로 사고할 수 있는 고차원의 異言語(예를 들어, 동일한 철학사상 혹은 동일한 접근체계 등)가 필요하다고 프르제클러스키(Przeclawski, 1993: 14)는 주장한다. 에너지 문제 연구·교통문제·조경학·환경학 등이 간학문적 내지 범학문적 접근을 해야하는 연구주제 또는 학문에 속한다고 볼 수 있다.

한편 캐나다 여가학자인 다모스(D'Amous, 1984)는 학문적 제휴방법을, '미스'의 4가지 분류에 "복합학문성(pluri-disciplinarity)"을 추가하여 5가지로 나누고 있다. 즉 ① 단학문성(mono-disciplinarity), ② 다학문성(multi-disciplinarity), ③ 복합학문성(pluri-disciplinarity), ④ 간학문성(inter-disciplinarity), ⑤ 범학문성(trans-disciplinarity)이 곧 그것이다. 이 분류방식도 앞에서 언급한 방식과 거의 대동소이하나, '單학문성'이라 함은 타학문과 제휴하지 않은 순수한 단일학문적 접근방식(예컨대, 사회학, 경제학 등)을 뜻하고 '복합학문성'은 공통적 성격의 학문들(예컨대, 프랑스어·라틴어·그리스어 등의 어학계열)이 상호 제휴하여 문제를 규명하고자 하는 방식을 가리킨다. 물론 여기서 복합학문적 접근이 간학문적 접근과 다른 점은 학문이 상호독립성을 잃어버릴 정도로 통합되지는 않는다는 데 있다.

이렇게 학문의 접근방식을 학문 간 통합도 또는 제휴정도에 따라 나열해 보았지만, 학자들 간에도 관광연구의 접근방법을 또다른 시각에서 분류하기도 한다. 리퍼(Leiper, 1981: 69)는 관광학에 대한 학문적 접근방식을 이와는 다른 표현으로, **'正統的 접근방식'**(orthodox approach), **'非正統的 접근방식'**(heterodox approach)으로 분류하고 있다. 여기서 정통적 접근방식이란 교차학문 내지 다

중등교육에서도 학제적 [간학문적] 연구는 필요하다

최근 이스라엘의 명문 사립고인 '이스라엘 예술과학 아카데미'(IASA) 생물 전공 학생들은 동물복제에 대한 강의를 듣고 있다. 그런데, 동물복제 강의는 생물교사만의 몫이 아니었다. 학생들은 생물교사에게는 胚芽(배아) 분리와 세포핵 이식의 원리를, 철학교사에는 복제 기술의 윤리·철학·종교적인 문제를, 그리고 법학교사에게는 인간 복제를 둘러싼 각국의 규제 현황 등을 배우고 있었다. 동물 복제에 대한 과학적인 접근만이 아니라 윤리적 법적인 접근이 동시에 이루어지고 있었다.

이 학교에서 화학을 전공하는 야라진저 양(17)은 친구 이단 드비르 군과 사회시간에 시리얼 광고물을 만들면서 학제적 [간학문적] 접근의 중요성을 체험하게 되었다. 진저 양에 따르면, 이스라엘에는 다양한 종교와 종파가 존재하며(종교학), 이들이 이스라엘 사회에서 차지하는 비중과 구매력이 각기 달라(사회학), 이들을 설득해 물건을 팔기 위해서는 특정한 광고기법이 적용돼야 한다(심리학)는 것이다. "일반적으로 예쁜 여자 모델이 나오면 광고효과가 좋은 줄 알지만 정통파 유대인들은 보수적이어서 광고효과가 오히려 반감돼요. 이들은 가족의 가치를 중요시하기 때문에 단정히 차려입은 남자 어린이를 모델로 내세우는 게 훨씬 효과적이지요. 광고를 만들기 위해서는 이처럼 심리학뿐만 아니라 종교학과 사회학적 지식도 필요해요."

자료: 동아일보 2001년 4월 10일 자, A25면 기사를 재편집

학문적(또는 복합학문적) 접근방식과 유사하고, 비정통 접근방식이란 간학문적 또는 범학문적 접근방식과 유사하다고 볼 수 있다. 한편, 일본의 시오다 세이지(鹽田正志 1974: 60)는 이를 '위로부터의 관광학'과 '아래로부터의 관광학'이란 표현으로 접근방식을 구분하고 있는데, 의미상으로 볼 때 전자는 **종합사회과학**으로서의 관광학을, 후자는 **개별과학**의 응용분야로서의 관광학을 뜻하고 있다.

이를 미스나 다모스의 분류방식과 대비시켜 본다면 후자는 교차학문적 또는 다학문적(또는 복합학문적) 접근에 가깝다고 볼 수 있으며, 전자는 간학문적 또는 범학문적 접근에 가깝다고 볼 수 있다([그림 1-1] 참조).

그렇다면, 관광현상을 파악하는 연구방식으로서 어떤 방식을 택할 것인가? 각 방식이 나름대로의 장단점을 갖고 있기 때문에, 우리는 단정적으로 어느 접근방식이 좋다고 말할 수는 없다. 그러나 여기서 이들 여러 방법론이 지니는 장단점에 대해 잠시 생각해 보기로 하자. 대체적인 경향을 본다면, 지난 날 관광학

그림 1-1

鹽田正志의 관광학 체계

주: 위로부터의 관광학이란 종합사회과학으로서의 관광학을 뜻하고 아래로부터의 관광학이란 개별과학의 응용분야로서의 관광학을 뜻한다.
자료: 鹽田正志(1974) p. 61의 그림 재인용.

위로부터의 관광학   아래로부터의 관광학

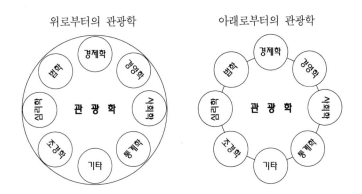

연구 분야는 교차학문적·다학문적(또는 '정통적', '아래로부터의') 방식을 채택하는 추세를 보여 왔으나, 근래에 들어서는 여가·위락·공원관련 혹은 호스피탈리티(hospitality)관련 학과가 북미를 중심으로 많이 등장하면서부터 간학문적 방식이 더 유행하고 있는 것으로 알려지고 있다.

정통적 접근방식의 장·단점

    개별과학적 바탕하에 교차학문적 혹은 다학문적(혹은 정통적)으로 접근하는 방식은 어떤 장단점을 갖고 있는가? 이 접근방식은 母科學을 그 뿌리로 삼고 있으므로 특정분야에 대한 지식의 깊이가 있고 분석방법이 좀 더 세련된 것을 특징으로 삼는다. 그러나 한 주제를 방법론이 다른 여러 학문적 시각에서 분석하는 것이므로, 리퍼의 표현을 빌린다면(Leiper, 1981: 71) 그 주제에 대한 학문적 지식 자체가 "지리멸렬"(fragmented)할 수밖에 없다. 지식 자체는 산발적으로 흡수되고 있으나 이들을 구슬에 꿰듯 서로 연결시키지 못함으로써 전체성을 잃기 쉽다는 것이다. 이런 약점을 일컬어 "나무를 보고서도 숲 전체를 보지 못할 위험을 내포한다"고 한 시오다(鹽田)의 지적은 그런 점에서 적절한 표현이라 하겠다(鹽田正志, 1974: 279). 사실 특정학문분야의 기여가 때로는 지나치게 강조되는가 하면, 너무 희석되기도 하고, 때로는 왜곡될 가능성도 크기 때문에 학문의 종합화를 기한다는 것은 이와 같이 매우 어려운 일이기도 하다.

비정통적 접급방식의 장·단점

    반면 간학문적 또는 범학문지향형(또는 비정통적) 접근방식은 어떤 장단점을 내포하고 있는가? 이 방식이 지닌 문제점은 시오다가 가장 잘 요약하고 있다.

    … 숲 전체의 모습을 포착하는 데는 좋으나, 이 방식은 지식의 집적은 있으나 법칙은 없고, 따라서 진실된 학문이라 보기는 어려우며, 관광학이라는 호칭은 편의적인 것밖에는 안된다. 왜냐하면, 모든 분야의 제법칙들을 동일 차원에서 파악할 수는 없기 때문이다. 엄밀한 법칙으로서 자연과학법칙과 大數法則[3]으로서 사회과학법칙을 하나의 과학의 이름 아래 동거시킬 수 없는 것이며, 또 사회과학법칙

과 윤리학 같은 정신과학의 법칙을 동일시할 수도 없다. 영국의 로빈스가 말한 대로 실증적 연구의 일반법칙과 규범적 연구의 일반법칙 사이에는 아무리 교묘한 수법을 쓰더라도 위장할 수가 없는, 그리고 공간과 시간을 어떻게 바꾸어 놓더라도 다리를 놓을 수 없는 논리장벽이 있기 때문이다(鹽田正志, 1974: 279~80).

시오다가 지적한 대로 이 방식은 관광현상이라는 숲 전체를 주마간산식으로 대충 파악하는 데는 유익할지 모르나, 나무에 비유되는 개별현상을 면밀히 탐구하지 못함으로써 지식의 깊이를 상실한다는 약점이 있다. 이렇게 되면 진실된 학문여부와 같은 가치논쟁은 접어 두더라도 다른 인접 사회과학에 비해 내세울 이론도 내세울 법칙도 없는, 학문성이 결여된 분야로 취급받게 될 위험성이 높다.

이제까지 논의한 개념들의 특징을 간단히 요약·정리해보면 〔그림 1-2〕와 같다. 여기서 각 접근방법론의 장단점을 다시 한번 비교해주기 바란다.

그림 1-2

학문의 연계성에 따른 각
접근방법의 장단점 비교

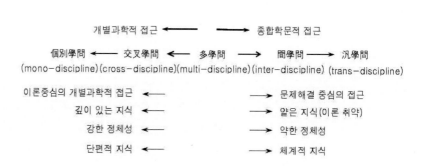

이상적 세계, 즉 자원(여기서는 재원 및 교육적 자질을 의미)이 유한하다는 제약이 없고, 제도적 제약성이 없는 그런 이상사회라면 범학문적 접근을 관광학 교육에 도입하는 것이 가장 바람직하다고 주장하는 학자도 있다(Jafari and Ritchie, 1981: 24). 그렇게 되면 교통분야, 환경분야 등과 같이 관광분야 나름대로의 독자적인 교육진용을 구성할 수 있다는 것이다. 그러나 이것은 현실적으로 다음과 같이 가볍게 보아 넘길 수 없는 문제를 내포하게 된다.

첫째, 연구 또는 교육적 관점에서의 어려움이다. 여러 학문적 지식을 수용하여 초학문적으로 통합된 것이 범학문적 접근의 정형이라고 가정할 때, 과연 누

---

3) 大數의 法則(law of large numbers)이란 관찰표본수가 작으면 틀릴 확률이 많으나 관찰 표본수가 많아지면 맞을 확률이 아주 높아진다는 확률법칙을 뜻한다. 사회과학은 이러한 대수의 법칙에 그 근거를 두고 있다.

가 여러 인접과학의 학문적 지식을 적재적소에 수용·통합해 줄 것인가? 자연과학의 법칙과 사회과학의 여러 법칙들을 한 울타리 안에 동거시킬 수 없다고 한 시오다(鹽田)의 주장은 너무 고지식한 우려라고 치더라도, 현실적으로 교육자가 자연과학과 사회과학 사이를 오가며 제법칙과 기법을 한 울타리 속에 수용·통합시킨다는 것은 능력의 한계문제를 야기할 수 있을 것이다.

둘째, 제도적 경직성 문제이다. 국가 또는 이해당사기관들(대학)이 독립적 학문분야 설정에 보수적이라는 점이다. 이 문제는 한국이나 일본보다는 유럽과 미국 같은 교육투자의 이해득실을 합리적 관점에서 따지기 좋아하는 사회에서 더욱 절실한 문제로 여겨진다. 국가나 기타 관련기관에서 관심을 갖지 않거나 지원의사가 없다는 사실이 알려지면 순수관광학 관련 학과는 개설되지 않는 경우가 많다. 대학당국 입장에서 보면, 학문의 순수성을 상실시키지나 않을까 하는 우려도 작용할 것이며, 또한 이미 튼튼한 이론기반 위에 서 있는 인접 사회과학 학자나 교수들 입장에서도 자신들의 정통학문을 관광현상 연구에 접목시키는 것을 달갑게 여기지 않는 경향도 있을 것이다. 이런 이유 등으로 인해, 유럽이나 북미주에 순수관광분야 학과를 개설하고 있는 대학이 그리 흔치 않은 것을 우리는 발견할 수 있다.

오늘날 통용되고 있는 관광학의 접근방식과 학문경향을 한마디로 지적한다면, **간학문적** 내지 **범학문적 노선**이라고 할 수 있다(예컨대, Botterill, 2001: 199~214 참조). 예컨대, 구미의 경우를 보면, 대학 학과명칭이 여가(leisure), 위락(recreation), 공원(parks), 호스피탈리티(hospitality) 등 여러 이슈가 합성된 복합명칭을 사용하는 경우가 많고, 학과내 교수진용을 보더라도 최근에는 각종 사회과학 전공자 보다 관광·호텔외식 분야 학위소지자들의 수가 늘어가고 있는 현상은 바로 이러한 접근방식이 유행하고 있는 증거라고 볼 수도 있다.

현실과 타협하여 성공을 거둔 기능적으로 전문화된 관광관련학의 예로는 우리나라나 북미주의 호텔·외식 경영학 분야를 들 수 있다. 그러나 학문을 탐구해야할 4년제 대학임에도 불구하고 기능적 내지 전문기술적 학과목에 너무 치중한 나머지 이론을 갖춘 관광학도 배출에는 성공하지 못했다고 비판되고 있는 것을 보면, 현실과 타협하는 학문성향을 반드시 찬성할 수만은 없다. 여기에서 현실참여냐 이론지향이냐 하는 학문의 목표가치 갈등문제가 다시 제기된다.

제4절 인접 사회과학과의 관계

이제까지 학문간 연계성 또는 통합성의 정도를 기준으로 하여 관광위락연구에서 접근방법론에 대해 고찰하여 보았다. 관광학의 학문적 근거를 논하기 훨씬 이전부터 인접 사회과학들은 여가나 관광위락현상을 일상생활에서의 하나의 작은 '관심사'로 가끔 다루어 왔다. 그런데 이들 인접 사회과학들 스스로는 어떻게 관광위락현상을 생각하고 또 어떤 방식으로 관광학의 이론형성에 이바지해 왔는가? 본 절에서는 주요 기여학문으로서 이들 학문의 내용이나 연구성향에 대해 알아보고 넘어가기로 하자.

특정학문이 다른 어떤 학문보다 관광학 분야의 이론형성에 얼마나 더 유익했고 또 기여했느냐 하는 문제는 연구자의 주관에 따라 다를 수 있으므로 객관적 평가를 내리기가 쉽지 않다. 異論이 없는 바는 아니지만, 관광분야의 많은 연구자들은 일반적으로 그 기여도가 높이 평가되어 온 최대공약수적 사회과학으로서, 사회학·경제학·심리학·지리학·인류학의 5대 사회과학을 흔히 내세워 왔다(예컨대, Jackson and Burton, 1989: 14~5; Jafari and Ritchie, 1981; McIntosh, 1983: 135; Sheldon, 1990: 46~48 등).

예를 들어 잭슨과 버튼(Jackson and Burton, 1989)은 143명의 관광·위락관련 학자들에게 최근 이 분야연구에 기여도가 많았던 학문이 무엇이었냐고 설문하였는데, 그 결과는 〈표 1-2〉와 같다. 범학문적 분야에 속하는 위락연구(recreation)를 제외해 놓고 개별 단일학문(mono-discipline)의 순으로만 본다면, '기여도가 많았다'로 평가된 학문분야는 사회학, 심리학, 지리학, 경제학임을 알 수 있다. 쉘돈(Sheldon, 1990: 46~48)도 356명의 북미 관광관련 학자들에게 선호하는 학술지와 관련학문에 대해 설문을 한 바, 관광학과 호스피탈리티(hospitality:환대로도 번역됨) 외에 경영학, 마케팅, 경제학, 지리학, 심리학, 인류학의 순으로 이들 학문을 학술지에서 인용하는 것으로 나타났다(그림 참조).

이를 참조하여 본서에서는 사회학, 지리학, 경제학, 심리학, 인류학 등 5대 단일학문을 중심으로 관광·위락연구와의 관련성을 검토해보기로 하겠다. 인류학을 5대 과학에 포함시키는 이유는, 비록 〈표 1-2〉에서는 기여도가 낮은 것으로 평가되었으나, 인류학 특히 문화인류학은 미국에서 발행되는 유수의 관광 학술지인 『觀光學報』(*Annals of Tourism Research*)의 주요 논문들에서도 나타나듯이 그 기여도가 실제로는 지대하기 때문이다.

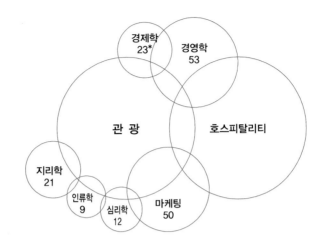

그림 1-3

관광 · 호스피탈리티 연구자
들이 참조하는 저널의 학문
분과

주: 원의 크기는 관광연구자가
　　참조한 분야저널의 빈도의
　　크기를 표시함. 숫자는 저
　　널의 인용빈도를 나타냄.
　　경영학과 마케팅이 빈도가
　　가장 높은 이유는 호스피탈
　　리티 학문이 경영학지향 학
　　문이기 때문임.

자료: Sheldon (1990)　p. 46의
　　〔그림 1〕 참조

표 1-2

관련학자들이 생각하는 각
학문 및 연구분야의 관광
위락연구에의 기여도 평가

주: 표본수 = 143

자료: Jackson과 Burton (1989:
　　15) 의 표2에서 재인용.

학문/연구분야	관광위락연구에의 기여도 평가(단위: %)			
	미미하다	약간 기여	많이 기여	무응답
인류학	60. 1	29. 4	3. 5	7. 0
경영학	46. 8	39. 2	7. 0	7. 0
인구학	45. 4	35. 0	11. 9	7. 7
경제학	11. 2	48. 9	36. 4	3. 5
교육학	41. 2	39. 9	13. 3	5. 6
환경연구	14. 0	48. 2	32. 9	4. 9
지리학	14. 7	38. 4	42. 0	4. 9
역사학	60. 8	28. 0	6. 3	4. 9
법학	69. 9	21. 0	1. 4	7. 7
철학	58. 0	26. 6	7. 7	7. 7
체육	16. 8	49. 6	27. 3	6. 3
정치학	57. 3	32. 9	5. 6	4. 2
심리학	7. 7	28. 0	58. 7	5. 6
위락연구	1. 4	15. 4	75. 5	7. 7
사회학	1. 4	22. 4	72. 0	4. 2
도시 · 지역연구	19. 6	59. 4	15. 4	5. 6
기타	3. 5	9. 1	6. 3	81. 1

1. 사회학과 관광학

사회학(sociology)은 관광현상연구와 밀접한 관계에 있음에도 불구하고, 아마 5대 사회과학중에서는 관광연구에 가장 늦게 발을 들여놓은 학문중의 하나이다. 프랭클린(Adrian Franklin)이 지적한대로(Franklin, 2009: 65), 그 동안 사회학은 노동, 그리고 가족, 도시, 주거 등 사회적 재생산과 사회적 빈곤, 범죄 등 긴박한 사회문제 해결에 몰입해 있었기 때문에, 비교적 "사치재(luxury)로 간주되어온 관광은 특별히 해결하거나 풀어야할 절박한 문제가 아니었던 관계로" 사회학 관련 학자들간에 관광현상은 별로 관심을 얻지 못하였다. 이와 관련해 관광연구에 남다른 관심을 기울여온 이스라엘의 코헨(Erik Cohen)은 사회학자들이 본 관광현상에 대해 다음과 같이 언급하고 있다.

> ······ 바로 얼마 전까지만 해도 관광사회학이라는 것은 존재하지 않았다. 단지 대부분 유럽 사회학자들에 의한 초기의 몇몇 산발적인 저술물과 사회학자 아닌 문예비평가들의 저술에서 그저 생색을 내는 정도였다. 관광자나 관광동기, 방문지에서 이들 관광자의 의식구조나 행태는 다분히 해학적인 방식으로 표현되었다. 관광자란 쉽게 즐기기도 하고 사기도 당하는 경박스런 얼간이(a superficial nitwit)로서 묘사되었다.······(Cohen, 1979: 19).

이렇게 코헨이 지적했듯이, 부어스틴(Boortin, 1964)과 같은 여행비평가는 (대량)관광객을 가짜사건(관광객을 위해 가짜로 꾸며놓은 무대 등: pseudo events)을 보고 진짜인양 울고 웃는 경박한 얼간이로 묘사한 바 있다. 문예비평가들에 의해 비롯된 이런 식의 관광객 이미지는 그 후에 순수사회학적인 접근을 시도한 사회학자들에게도 상당기간 동안 그대로 계승되었다.

아직까지도 경제학자들과 달리 사회학자와 인류학자들은 관광을 부정적인 시각에서 바라본다. 관광은 문화와 전통을 파괴하는 인자라는 것이다. 즉 경제학자들은 관광개발이 비교적 부담없고 신속하고 노동집약적인 발전수단이기 때문에 관광은 경제발전에 유용하다는 견해를 피력해 온 반면에 사회학자나 인류학자들은 관광자를 '현대의 순례자'(pilgrim)로 격상시킨 맥캔널(MacCannell, 1976, 1999) 등 몇몇 호의적인 연구를 제외하면4) 대부분의 경우 대량관광의 문제점,

---

4) 맥캔널은 오늘날의 점점 쇠퇴해 가는 宗敎를 대신하여 관광은 성스러운 기능을 수행하는 일면이 있다고 보았다. 그는 관광자를 경박스러 도락(superficial enjoyment)에 탐닉하는 존재로 파악해 온 기존의 견해에 반대하고, 관광자야말로 진실성(authenticity)을 추구하는 현대의 순례자라고 주장하였다(MacCannell, 1999).

원주민 문화나 지역사회의 입장에서 관광객과 현지민 사회간에 발생하는 여러 가지 부작용을 강조하여 왔다(예컨대, Turner & Ash, 1976; Krippendorf, 1992; Hashimoto, 2002; Wall & Mathieson, 2006).

그러나 오늘날 생활수준의 향상으로 관광여행이 일반화되자 1990년대에 들어서면서부터 학자들간에 사회문화적 측면에 대한 관광연구가 유행하기 시작하고 있다. 이들이 관심을 기울이는 연구대상을 요약해본다면, 주로 근대성-탈근대성(modernity-postmodernity)과 여가·관광의 문제, 관광행위의 고유성(authenticity) 추구의 문제, 순례(pilgrimage)와 관광의 관련성, 관광의 시선(gaze) 등 시각성(visuality)에 관련된 주제, 대중문화 사회(맥도날드화 사회)와 관광의 관계, 문화유산자원(cultural heritage) 문제 등을 들 수 있다. 이런 연구주제들에 대해 요즘 활발한 연구를 펼치는 외국학자들로서는 특히 이스라엘 히브리 대학의 에릭 코헨(Cohen, 1972, 1974, 1979, 1988, 1995, 2002 등)이 단연 발군이며(이진형, 2007: 33~54 참조), 그 외에도 로젝(Lojek, 1997), 어리(Urry, 2002, 2003), 왕(Wang, 2000) 그리고 리쩌(Ritzer, 1993, 1998) 등을 들 수 있다. 국내 연구는 극히 일천하지만, 조광익(2002, 2006), 이진형(2004, 2007), 최석호(2006, 2008) 그리고 필자(2003, 2007) 등이 생색을 내는 수준이다.

일의 대칭개념으로서의 여가에 관한 사회학적인 연구가 근래 꽤 출현하고는 있지만 아직도 사회학자의 압도적인 숫자는 일에 관한 연구주제에 대부분의 관심을 쏟고 있는 실정이었다. 그러나 1990년대 이후 근대화-탈근대화 문제와 관련하여 대량관광 문제가 부각되면서 그리고 主-客 상호간의 문제가 첨예화되면서 이 부분에 관한 한 사회학적 연구가 서서히 나타나기 시작하였다.

이 점과 관련하여 "관광현상을 전부 설명할 수 있는 이론이 존재하지 않는 것처럼 관광의 본질을 사회학적 견지에서 전부 설명할 수는 없다. 관광현상에 대한 사회학적 통찰력이 미진한 상태이기는 하지만, 앞으로 사회학적 이론의 적용을 통하여 관광현상을 규명하고자 하는 좀 더 많은 연구가 요망되고 있다"라고 사회학과 관광의 관계에 대하여 논평한 댄과 코헨의 주장은 음미할 만하다(Dann and Cohen, 1991).

2. 경제학과 관광학

관광사업은 인간의 주요 경제활동 중의 하나로 여겨져 왔으므로, 유럽과 북미의 경우, 관광행위 규명에 경제학적 이론과 방법론이 가장 많은 기여를 했다 해도 과언이 아니다. 더욱이 국제관광시장은 개발도상국 경제에 대해 외화획득·고용창출 등의 매력을 제공하기 때문에 이들 시장의 의의 및 효과나 영향력을 분석하는 데에 경제학적 기법이 빈번하게 도입되고 있음을 볼 수 있다. 특히 수요공급의 법칙, 한계효용이론, 가격탄력성 개념, 승수기법, 산업연관 분석, 국제수지분석 등이 그 두드러진 적용기법들이라 할 수 있다.

경제학의 영역이 생산, 소비, 분배 그리고 저축, 물가 등의 고전적 本領에서 교육, 국방, 정치, 환경, 공해, 자원, 보건, 범죄, 교통, 인구 등 점차 그 연구영역이 전사회 현상으로 확대되어 감과 발맞추어, 인간의 여가선택 행위, 자연자원 또는 관광자원의 수급 및 가치문제, 관광개발행위의 지역적·국가적 경제효과 분석, 관광산업과 국제수지와의 관계 등에 관한 연구에서도 비록 산발적이긴 하지만 양적으로 크게 기여해 온 것이 사실이다. 이러한 경향이 적어도 특히 1990년대 이후부터 큰 진전을 보았다고 생각할 수 있는 근거는 구미의 각급 학교·기관·단체들에서 발간되는 경제학관련 학술잡지나 단행본에서 관광경제에 관한 연구의 양이 1990년대에 들어 급증하였다는 데서 찾아볼 수 있다(예컨대, Walsh, 1986; Bull, 1991; Lundberg, Krishnamoorthy & Stavenga, 1995; Sinclair & Stabler, 1997 등).

그러나 우리나라의 경우는 그렇다고 평가할 수 없을 듯하다. 왜냐하면 우리나라 경제학자들의 이 분야에 대한 관심이나 기여도는, 일부 자원경제학이나 지역경제학분야 학자들(예컨대, 이정전, 2000, 2006; 신의순, 1990 등)이 자체 학문을 통해 산발적으로나마 관심을 보여 온 것과 필자의 졸저(1985, 2003)와 정의선(2011)의 관광학원론 중 일부 내용(9장, 12장)을 제외한다면, 거의 없기 때문이다.

3. 심리학과 관광학

심리학(psychology)은 개인의 속성, 인식과정, 인지 등 개인의 행위와 그 행위의 바탕에 놓여 있는 여러 요소간의 상호작용관계를 중점적으로 연구하는 사회과학이다. 사회학이 복수로 구성된 집단행위에 관한 학문이라면, 심리학은 개인의 행위를 다루는 학문이다. 따라서 관광이라는 여가활동을 행하는 개인의 심리현상을 연구하는 데 있어 심리학, 특히 **사회심리학**(social psychology)은 사회집단에 대한 분석을 행하는 사회학 못지않게 중요한 인접과학의 하나이다.

1970년대에 들어 사회심리학자들은 관광이라는 현상보다는 여가현상의 심리학적 규명에 관심을 기울여 왔으며, 1980년대에 들어서야 관광분야에도 관심을 기울이기 시작하였다. 즉 1974년에 최초의 여가심리학 교과서라 할 수 있는 뉴린저(Neulinger, 1974)의 *The Psychology of Leisure*가 출판된 이후, 최근까지 많은 학자들이 여가심리학관련 저서들을 내놓았으며(Iso-Ahola, 1980; Neulinger, 1981; Mayo and Jarvis, 1982; Mannell and Kleiber, 1997), 80년대에 들어 피어스, 스트린저 등(Pearce, 1982; Stringer and Pearce, 1984; Iso-Ahola, 1982; Pearce and Stringer, 1991)이 관광심리학을 연구하기 시작하였다. 특히 역사가 오랜 역사의 관광관련 학술지인 *Annals of Tourism Research*(제11권 1호)는 1984년에 스트린저(Peter F. Stringer)를 초빙 편집위원장(guest editor)으로 위촉하여 "관광사회심리학"(The Social Psychology of Tourism)이라는 단일 주제를 내세워 사회심리학적 시각에서 관광연구의 새로운 방향을 모색하기도 하였다.

마슬로우(Maslow)의 '인간욕구 동기이론'의 경우가 그렇듯이 "관광현상에 대한 이해수단으로서 심리학적 개념은 아이러니컬하게도 과대이용되기도 했고 과소이용되기도 했다"(Jafari and Ritchie, 1981: 21)라는 자파리의 지적과 같이 심리학의 경우에 있어서는 특정이론은 지나치게 동원되는 반면에 여타의 일반이론이나 분석수단은 너무나 도외시되기도 하였지만, 관광현상분석의 제반 분야에 심리학이론은 광범위하게 응용되고 있다.

심리학적 접근을 통해 관광학의 학문적 체계형성에 적잖이 기여하고 있는 구미나 일본 관광학계와 비교할 때, 우리나라에서의 관광심리학 발전은 그야말로 극소수의 연구(고동우, 1998a, 1998b, 2000) 등을 제외한다면, 거의 전무하다고 표현해도 지나치지 않을 것이다. 이는 학자들의 무관심 때문이라기보다는 기초 사회과학을 경시하는 우리나라의 교육풍토(예컨대, 전국 대학에 철학이나 심리학과 등이 별로 개설되어 있지 않은 점)에 전적으로 기인한다고 보인다.

4. 지리학과 관광학

지리학(geography)이란 장소와 환경 그리고 이들 간의 관계를 연구관점으로 삼는 학문, 즉 물리적 환경(토지의 형태·기후·토양·식생·동물·광물자원 등)과 문화적 환경(경제·사회·정치·도시 등 광의의 환경)의 공간 및 地誌(topography) 관계를 탐구하는 학문으로서, 사회과학중 관광현상연구에 가장 많은 기여를 한 학문 중의 하나이다.

도담 삼봉(충북 단양)

歐美를 중심으로 관광지리학의 연구계보를 잠시 살펴보면, 1920년대에 미국에서 연구가 시작되어 미국 지리학회지에 관광문제를 다룬 논문이 1933년에 처음 게재되었다. 1930년대에 프랑스어, 영어, 일어판 관광논문이 발표되었으며, 제2차세계대전 이후 1950년대 중반까지 캐나다, 독일, 일본에서 지리학적인 접근법에 따른 관광연구가 활발히 이루어졌다. '계량화 혁명'을 겪은 1960년대에는 유럽의 여러 국가에서도 지리학적인 접근방법론을 이용한 관광연구가 이루어졌으며, 1970년대에 들어서면서 관광지리학관련 연구의 75% 이상을 유럽의 지리학자들이 점유하게 되었다(Mitchell and Murphy, 1991). 이와 같이 70년대 이후부터 관광현상의 지리학적 연구가 자주 등장하여 그 관심이 커지기 시작했는데, 그 근거로는 이미 1970년대 초에 국제지리학회(International Geographical Union) 내에 관광·위락연구 소분과위원회를 설치한 데서도 찾아볼 수 있다.

근래에 이르러서는 상당수의 응용지리학도들이 지리학을 관광현상 분석을 위해 적합한 학문이라고 생각하고 있다. 전반적으로 유럽 지리학자들 간에는 국제관광에 관한 연구가, 그리고 미국 지리학자들 간에는 국내관광에 대한 연구가 비교적 활기를 띠고 있다. 또 지리학과 내에 관광지리학 강좌를 교과의 일부로 개설하고 있는 학교도 더러 있을 정도이다(Pearce, 1981: 106~114).

그러나 관광현상 파악에 대한 지리학의 역사가 깊고 최근 그 관심이 높아가고 있는 것은 사실이지만, 이 분야 연구의 활성화는 근본적으로 장벽에 부딪히고 있다. 관련학자들에 따르면 그 장벽은 얕은 학자층과 더불어 학문에 대한 인식부족에서 기인된다고 한다. 즉 미국의 경우를 보더라도 최근 미국 지리학회 회원은 캐나다를 포함하여 6천명 이상에 이르는데, 이 중 3%인 200여 명만이 위락지리(recreation geography)를 강의하거나 다소의 관심을 보이고 있으며, 이 중의 25%인 약 50여 명만이 이 분야에 대한 왕성한 연구활동을 하고 있다는 것이다.

그 이유로는, 첫째 지리학의 연구대상이 너무 넓고, 따라서 결과적으로 학자층이 얇은 것이 이 분야의 학문적 발전을 어렵게 한다는 점이다. 둘째는 많은 지리학자들의 생각은 관광·위락현상연구가 기성학자들의 주목을 받을 만큼 가치가 있는 논제가 아니라는 데에 있다. 그러므로 설령 관광 쪽으로 학위논문을 쓴 뒤라도 좀더 "진지한" 연구분야(a serious field of studies)를 전공토록 권유받는 것이 미국 지리학계의 현실이라는 것이다.

그러나 관광지리학은 전망이 밝은 학문분야임에는 틀림이 없다. 관광연구의 영역 전체가 지리학도의 연구대상 분야라고 볼 수는 없지만, 관광연구가 공간을 이동하는 현상을 주로 다루는 학문인 한, 지리학과 같은 空間科學(spatial science)적인 접근방법과 시각이 관광학 체계 형성에 어느 정도 필요한 것은 사실이기 때문이다.

질적인 문제를 접어둔다면, 우리나라에서도 이 분야가 타분야보다는 학자층이 두텁고 그간 연구(교과서 포함)도 비교적 많이 이루어졌다. 그러나 관광지리학자들이 **立地理論**(location theory) 등 공간분석이론은 접어둔 채 단지 물리적 현상만을 記述的으로 피상적으로 나열하는 식의 저급한 연구로만 일관하고 있어 (정원일, 2000: 62-3) 과연 이를 우리나라 관광학에 기여한 학문으로 볼 수 있는지는 의문이다. 이들에 대한 평가는 장차 후학들이 다시 내려야 할 것이다.

5. 인류학과 관광학

인간의 언어·사회구조·신앙·습속 등 사회의 지리역사적 현상을 관찰대상으로 삼아, 19세기에 이론적 기초가 확립된 학문인 인류학은 아마 사회학과 더불어 가장 포괄적인 학문 중의 하나라고 해도 지나치지 않을 것이다.

인류학은 考古學(archeology), 形質人類學(physical anthropology), 문화인류학(cultural anthropology), 그리고 언어학 (linguistics)의 4개 분야로 크게 나누어지는데, 이중 문화인류학이 관광연구와 가장 관련이 깊다. 미국에서는 인류의 생활 및 역사를 문화면에서 실증적으로 연구하는 이 학문을 문화인류학이라 부르지만, 영국에서는 이를 **社會人類學**(social anthropology), 그리고 독일·오스트리아 등 기타 유럽 권에서는 **民族學**(ethnology)이라고 부른다. 이 학문은 이론이나 연구대상에서 사회학과 구분이 다소 불분명하긴 하지만, 선

사고고학, 종족언어, 인종학 등 미개사회에 관한 연구를 중심 연구대상으로 삼고 있다.5)

관광행위는 엄연한 문화현상 중의 하나에 속하므로, 관광현상 연구는 당연히 이들 문화인류학자들의 큰 관심영역 중의 하나에 든다. 현재로부터 과거로 거슬러 올라간 오래된 문화에 대한 연구와 그리고 현대문명에 크게 물들지 않은 제3세계의 문화변용(acculturation)이나 문화접촉이 이들 문화인류학자들의 주된 관심사이다. 바로 관광행위야말로 고도 문명과 후진 문명 상호간 문화접촉의 매개체(agents)인 동시에 제3세계 변화의 원인자(a cause)로서 이들 연구집단의 가장 적절한 흥미대상 중의 하나일 수 있기 때문이다.

실제로 근래에 들어 歐美에서는 이 분야 학자들에 의해 관광현상연구가 활발히 진행되어 오고 있다. 예를 들어 발렌 스미스의 연구(Smith, 1977, 1989, 2001), 터너와 에쉬의 연구(Turner and Ash, 1975), 그린우드의 연구(Greenwood, 1977, 1989), 번즈의 연구(Burns, 1999) 등이 그 예이다. 특히 문화인류학적 관광문제를 많이 다루고 있는 학술잡지인 *Annals of Tourism Research*(觀光學報, 10권 1호, 1983 참조)는 관광인류학이란 주제를 특집호로 다루고 있을 정도이다. 현재에도 구미에서는 연구가 가장 활발한 분야이지만, 앞으로도 이 분야 학자들의 기여가 가장 크게 기대된다.

인류학의 접근방법론이 그렇듯이, 이 분야 학자들의 관광관련 연구는 대부분 低文明地域에 개발된 관광지와 그 主客(host-guest)에 대한 관찰·참여·면접 등을 통해 외래관광자와 저문명 원주민의 접촉에서 야기되는 각종 문제들을 질적인 측면에서 파악하는 방법을 상용한다. 그 외에도 이들의 관심 범위는 가히 관광현상의 전반이라 해도 과언이 아니다. 왜냐하면 그라번(Graburn, 1983: 10)이 지적하듯, 이들의 이제까지의 관심사는 크게 ① 관광지 및 관광 자체의 성격, ② 주·객 관계를 포함하여 관광이 원주민과 그 사회에 미치는 사회·경제·문화적 영향에 관한 연구까지 포괄하고 있기 때문이다.

우리나라에서는 이 분야에서의 기여가 거의 없었으며, 이 분야 전공학자가 별로 없어 앞으로도 큰 기대는 어려울 것 같다. 몇몇 단편적 연구(예컨대, 全京洙, 1994; 조명환, 2002; 조광익, 2006; 문옥표 外, 2006; 김사헌, 2007; 이진

---

5) 특히 문화인류학(또는 유럽식 명칭인 사회인류학)과 사회학 간의 연구대상이나 이론은 구분이 힘들 정도로 유사하다. 인간사회구조를 연구한다는 점에서는 공통적이라 할 수 있으나, (1) 문화인류학자는 사회학자가 다루는 사회관계연구의 차원을 넘거나 다소 다른 분야, 이를테면 신앙관계, 가치관 등 사회학자가 관심을 갖지 않는 광범위한 영역에까지 관심을 두며, (2) 문화인류학자는 비교적 미지의 그리고 비교적 덜 발달된 소규모 사회를 연구하는 데 대하여, 사회학은 주로 복잡하고 발달한 서구형 사회조직을 연구한다는 점에서 그 차이를 찾아볼 수 있다.

형, 2009 등)만으로는 이 분야의 성과를 가늠할 수 없다고 하겠다.

이상에서 이론적 기여도가 큰 주변학문들을 중심으로 그 관심분야와 관광현상연구에 대한 기여도를 간단히 기술해 보았다. 이미 이야기했지만 관광현상을 종합학문적으로 접근하는 데는 그 밖에도 여러 인접과학의 도움이 요구된다. 〔그림 1-4〕는 관광연구와 인접과학과의 관계를 나타내는 모형으로서, 자파리 등(Jafari & Ritchie)이 제시한 것이다. 관광현상이라는 주제를 중심으로, 학과 또는 분과학문의 차원에서(정사각형 표시) 또는 관광관련 개설강좌(직사각형 표시)의 차원에서 접근할 수 있다는 견해를 제시하고 있다. 이 그림은 분과학문(discipline)과 연구분야(field)를 혼동하여 뒤섞어 놓고 있다는 비판을 받고 있지만(Tribe, 1997: 649), 그래도 우리는 이를 통해서 관광현상연구가 여러 가지 인접과학의 도움을 필요로 한다는 것을 재삼 확인할 수 있다.

그림 1-4

관광현상 연구와 인접학문들
과의 관계

주: 바깥 정사각형 표시는 학과
또는 분과학문의 차원을 뜻하
며, 안쪽 사각형은 관광관련
개설강좌를 표시함.

자료: Jafari와 Ritchie(1981: 23)
〈표-1〉을 재인용.

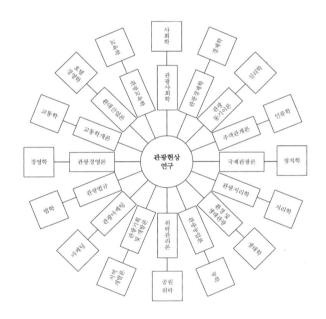

이하의 주요 용어풀이는 해당 章에서 자세히 설명되지 않은 중요 개념만을 모아 다시 부연
설명해 놓은 것이다. 독자들은 이 개념풀이와 더불어 본문 좌측에 제시한 용어 풀이도 함께
숙지하면 좋을 것이다.

▶ **과시적 소비(誇示的 消費, conspicuous consumption):** 富를 과시하는 것을 의식하면
서 행하는 소비를 의미한다. 이 개념을 도입한 베블렌(Thorstein Veblen)은 과시적 소
비가 주로 부유한 계층에 존재하고 있다고 주장한다. 시장 수요법칙에 위배되는 이러한
과시적 소비에 의해 구매되는 재화를 '베블렌財'(Veblen's goods)라고 부른다.

▶ **공리(公理, axiom):** 진실이라고 인정되는 命題(경험적 근거에 의해 확인된 가설). 경험
적 근거가 확실하므로 더 이상 증명할 필요가 없는 명제라고 할 수 있다. 논리학에서는
이를 '無證明 命題'라고도 한다.

▶ **문화변용(文化變容, acculturation):** 서로 상이한 두 사회의 문화가 1차적인 혹은 직접
적인 접촉으로 인해 어느 한쪽 혹은 양쪽 사회의 문화에 변동(흡수 또는 유사화됨)이
일어나는 것을 말한다. 文化接變이라고도 부른다.

▶ **인과관계(因果關係, causality):** 일반적으로 어떤 사실과 다른 사실 사이의 원인과 결과
관계를 의미하며, 근거를 '원인'이라 하고 그것에 의하여 발생되는 것을 '결과'라 하며
이 두 개의 관계를 인과관계라 한다. 예를 들어 여행횟수와 소득규모는 서로 인과관계
를 가진다고 할 수 있다.

▶ **작업가설(作業假說, working hypothesis):** 검증받아야 할 가명제(假命題)를 말한다. 적
용하기에 다소 막연한 이론적 가설을 실제적으로(현실적으로) 검증할 수 있도록 보다
다듬어지고 구체화된 가설이라고도 할 수 있다.

▶ **연역적 논리(演繹的 論理, deductive logic):** 연구방법상, 보편적인 원리로부터 부분에
관한 지식을 이끌어 내는, 다시 말해 '일반적'인 원리나 법칙에서 '특수한' 원리나 법칙
을 도출해 내는 과정을 말한다. 이와 대칭되는 개념으로서 귀납적 논리(inductive
logic)란 연역적 방법과는 반대로 특수한 사실(fact) 전제를 바탕으로 일반적인 원리나
법칙을 찾아내는, 다시 말해 현실의 경험적 세계에서 어떤 현상을 관찰·실험·분석하
여 '일반적으로' 적용될 수 있는 보편적 진리(법칙·이론)를 찾아내는 과정을 말한다.

▶ **민족지학(民族誌學, ethnography):** 문화인류학의 한 유파로서, 자신이 속한 이른바
自文化와는 다른 異文化를 이해하기 위하여 이문화 현지에서 관련된 자료를 수집·기
록, 해석하는 학문 주로 미개한 민족의 생활 양상을 조사하여 인류문화를 규명하는 자
료로 이용한다.

▶ 음울한 과학(dismal science): 경제학의 별칭으로서, 경제학이 타학문처럼 장밋빛 꿈을 펼쳐 보이지 못하고 항상 재화의 과부족과 합리적 선택에 따른 기회비용만을 늘 강조한다는 의미에서 토마스 칼라일(Thomas Carlyle)이 주장하였다.

연구문제

1. 관광학을 광의의 관광학과 협의의 관광학으로 구분할 때, 협의적 관광학의 연구주제는 무엇인가?

2. 오늘날 우리가 굳이 관광위락현상을 연구해야 할 필요성이 있다면 그 이유는 무엇인가? 그 논리적인 근거를 제시하며 설명해보라.

3. 관광학 연구방법을 정성적 연구와 정량적 연구로 구분할 때 각 방법의 장단점은 무엇인가? 또 귀하는 어떤 방법이 관광학 연구에 더 적절하다고 생각하는가?

4. 간학문적 연구방식(inter-disciplinary studies)이란 무엇인가? 그리고 어떤 경우에 이런 연구방식이 필요한가?

5. 본문에서 나열·설명한 5대 사회과학 이외에, 관광학과 관련이 깊다고 생각되는 인접사회과학이 있다면 이를 들고 관광학과의 관계에 대하여 논하라.

제 2 장

관광위락 현상의 개념체계

경험사회과학의 목표는 제반 사회현상을 좀더 간결하고 체계적으로 이해, 설명 그리고 예측할 수 있는 원리나 이론을 수립하고자 함에 있다. 그런데 이러한 목표를 수행하기 위해서는 먼저 현상의 개념구조(concepts) 파악이 선행되어야만 한다. 개념파악은 원리정립과 이론화의 전제조건이 되기 때문이다.

"과학적 연구의 초기에는 일상적[통속적] 용어로 현상을 묘사하고 일반화(generalization)하나, 과학이 발달하게 되면 더 전문화되고 좀 더 추상적인 개념이 생겨나게 되며, 그에 상응하는 技術的 용어(술어)가 발달한다"(Hempel, 姜信澤, 1981: 26에서 재인용)고 하듯이, 관광현상연구가 더 발전·전문화되기 위해서는 일상적 용어가 아니라 개념의 전문화·기술적 용어화가 필요하다.

그래서 본 장에서는 특히 관광현상의 개념을 좀더 전문화하는 데 내용의 초점을 맞추고자 한다. 개념 그 자체는 물론 인접 유사개념의 속성을 해부해봄으로써 독자는 관광위락현상의 논리적 규명에 한걸음 더 다가갈 수 있을 것이다.

개론서도 아닌 이 전공서적에서 관광의 개념이 무엇인가 하는 문제를 재삼 거론한다면 여러분은 이를 쓸모없는 짓이라고 일축해 버릴지도 모른다. 과연 그렇다면, 관광학도인 당신은 오늘날 관광이라는 개념체계가—실무적이든 학술적이든 간에— 정립되어 있다고 보는가? 오늘날 학계나 업계 또는 官界가 (합의된 定義도 없지만) 관광이라는 개념을 막연하게, 때로는 그때그때 방편적으로 이리저리 정의하는 것이 관행이 아닌가? 필자는 개념체계를 먼저 명확히 확립하는 것이야말로 앞으로 관광학계가 제대로 서게 되는 디딤돌이라고 생각한다.

영미권에서 조차 관광연구라는 학문의 명칭을 "tourismology"로(Jovicic, 1988), 혹은 "tourology"로 하자(Leiper, 1981)는 식으로 의견이 분분한 지경이고, 더구나 학문으로서의 자격 여부조차도 아직 논란수준을 벗어나지 못하고 있다. 즉 트라이브(Tribe,1997, 2000, 2004) 같은 학자는 관광이란 개념이 아직도 학자들마다 다르게 정의되고 있고 개념적으로나 이론적으로도 아직 바탕이 되어 있지 않으므로 "분과학문으로 인정할 수 없다"(the indiscipline of tourism)고 본다. 이에 반해 "현실적으로 이미 대학에 관광교육과정이 많이 개설되고 있으니 이제 분과학문(discipline)으로 불러줄 수 있지 않은가" 식의 주장도 있다(Leiper, 2000). 좌우간 쿤(Kuhn, 1995)의 **'과학혁명론'**(the theory of scientific revolution)같은 과학적 엄밀성으로 길들여진 사회과학도에게 관광학을 체계적 학문이라고 설득하기에는 여전히 역부족으로 보인다.[1]

그러므로 사회과학으로 아직 기본체계가 잡히지 않은 이 분야에서 개념체계화 작업마저 무시한다면, 그것은 실로 관광학을 '학문아닌 관광학'으로 내버려두겠다는 자세와 무엇이 다를 바 있겠는가? 우리가 관광의 개념체계를 탐구해 먼저 관광학의 기본 틀을 세워야 할 필요성과 의의가 여기에 있다.

쿤의 과학혁명
이론물리학자이며 사회과학자인 토마스 쿤이 그의 명저 『과학혁명의 구조』에서 주장한 내용으로 기존의 이론틀(패러다임)이 완전히 새로운 사고의 틀에 의해 혁명적으로 대치될 때 과학은 발전되어 왔으며 또 발전될 수 있다는 주장이다.

---

1) 리퍼(Leiper, 2000: 805~809)가 내세우는 주장도 관광이 '명실상부한 분과학문'(distinct discipline)이라는 주장이 아니라, 이제 겨우 "(물위로) 떠오르는 학문분과"(an emerging discipline)라는 정도에 그치고 있다.

제1절 관광의 어원과 역사

인간의 문화나 의식이 시간과 더불어 시시각각으로 변한다는 역사적인 가변성을 무시하고 관광현상을 그냥 획일적이고 通時的으로 정의하고자 하는 시도는 어리석다고 하겠다. 언어의 의미는 세월과 더불어 퇴색하기도 하고 무엇인가 첨가되어 새로운 뜻으로 변질되기도 한다. 여기서는 그 의미 자체가 부단히 변화되어 왔으며 앞으로도 변화될 것이라는 개념변화의 개연성을 전제한 채, 관광이란 용어의 어원과 이 용어가 동서양에서 사용된 역사를 간략히 고찰해 보기로 하자.

현재까지 밝혀진 관광의 어원으로서 가장 오래된 출처는 기원전 8세기경 중국 고대국가인 주(周)나라에서 편찬되었다고 하는 역경(易經: 周易)을 들 수 있다. 이 역경(券六, 上經)의 "觀" 괘(卦)에 보면(金碩鎭, 2000: 578), "관국지광 이용빈우왕"(觀國之光 利用賓于王)이라는 표현이 있는데, 이 "觀國之光"에서 관광이라는 용어가 유래되었다고 전한다. 고대 중국 周나라 이후부터 관광이라는 어휘가 문집 등에 자주 인용되어 온 것을 보면 이 용어는 그 후 세월이 지남에 따라 꽤 친숙한 명구로 자리잡아온 것 같다. 예를 들어 3세기경 중국의 삼국시대 위(魏)나라 조조(曹操)의 셋째 아들로 "七步之詩"의 文才였던 조식(曹植: 192-232)이 "시이준걸래사 관국지광"(是以俊傑來仕 觀國之光: 이로써 재주와 슬기가 뛰어나고 어진 사람이 와서 벼슬을 살며 나라의 풍광을 본다)라는 문구를 남겼다(大韓和辭典, 1968). 또 중국 당나라 시대에 五言律詩에 뛰어났던 맹호연(孟浩然; 688~740)은 그의 저서『孟浩然集』에서 "하신우휴명 관광래상경"(何辛遇休明 觀光來上京: 어찌 다행히 시간을 내어 관광차 서울로 올라 왔다)이라는, 현대적 의미에 가까운 관광용어를 사용하였다고 한다(위상배, 2000: 146). 또 13세기 元 태조 때 야율초재(耶律楚材)는 그의 문집『담연거 사집』(湛然居士集)에서 李世榮이 쓴 시에 응답하여 "여민환앙덕 만국희관광"(黎民歡仰德 萬國喜觀光: 백성은 덕을 우러러 봄을 즐기고 세계 각국은 관광을 보기를 즐거워한다)이라는 시구를 남긴 것으로 기록되고 있다(앞의 사전, 1968).

중국의 어원은 그렇다 치고, 우리나라는 언제부터 이 용어를 사용했는가? 어원과 뜻 그리고 행위적 관점에서 각각 그 역사를 간략히 살펴보도록 하자.

먼저 어원에 관한 한, 언제 이 어구가 우리나라에 들어왔으며, 언제부터 친숙한 용어로 자주 인용되었는가에 대해서는 이제까지 별로 알려진 바 없다. 물론 언제부터 이 어구가 현대적 의미로 관광현상을 지칭하는 뜻으로 바뀌어졌는가에

觀國之光 利用賓于王의 의미는 "나라의 빛을 봄이니, 이로써 왕에게 손님 노릇함이 유리하다"라는 뜻으로 해석된다. 여기서 나라의 빛이란, 나라(즉 나라를 다스리는 임금의 치적을 통해 왕의 성덕과 광휘를 본다는 뜻이며 "손님 노릇함이 유리하다"라 함은 손님노릇, 즉 선비가 왕의 조정에 나아가 벼슬하기에 유리하다는 뜻으로 해석된다(김석진, 2000: 578 참조).

칠보지시(七步之詩)
일곱 걸음을 걷는 사이에 지은 시라는 뜻. 위나라 文帝 조비가 그의 동생 曹植에게 일곱 걸음을 걷는 사이에 시를 짓지 못하면 죽이겠다고 하자 그는 즉석에서 그 유명한 '콩깍지로 콩삶기' 시를 지었다고 한다.

야율초재(1190-1244)
거란족이 세운 요(遼) 나라 왕족 출신으로, 대대로 金나라를 섬겼으며 천문·지리·수학·의학과 儒佛道敎에 통달하였던 학자. 1219년 몽골군이 수도 연경(燕京)을 점령하자 칭기스칸에게 항복, 몽골의 재상이 되어 몽골제국의 경제적 기초를 확립하였다. 시문에도 뛰어나 담연거사집, 서유록 등을 남겼다.

대해서도 밝혀진 바 없다. 단지 역사기록을 참조해 볼 때 삼국시대부터 지식인들 사이에서 간간이 이 어구가 사용되지 않았나 짐작된다. 특히 14세기 말, 즉 여말선초(麗末鮮初)의 문헌에 자주 등장하고 있는 점은 주목할 일이다.

신라 말기 대학자인 최치원(崔致遠)의 시문집인 「계원필경」(桂苑筆耕) 속의 한 구절에는 "人百己千之觀光六年牓尾"(인백기천지관광육년명방미: 남이 백번하면 나는 천번 해서 관광 6년만에 과거급제자 명단에 오르게 되었다)라는 말이 기록되어 있다(위상배, 2000: 148). 여기서 "觀光"이란 '과거시험 준비'라는 뜻으로도 사용된바(이에 대해서는 심승구, 2007: 26 참조), "觀光六年"이란 '중국에 가서 과거시험 준비를 한지 6년'이란 뜻으로 해석된다.

고려시대 이후에는 많은 용례가 발견된다. 『고려사절요』(高麗史節要)와 정도전의 언급 등이 그것이다. 『高麗史節要』에는, 고려 예종 11년(1115년)에 중국 宋나라 임금이 고려 사신에게 "…觀光上國 盡把宿習 …"(관광상국 진파숙습; 우리나라를 관광하여 구습을 전부 버리도록 하고…)라고 교시하였다고 기록되어 있다. 또 고려 말 우왕 10년(1385년)에 당시의 유명한 文士였던 정도전(三峰 鄭道傳)도 '관광'이라는 용어를 사용하였는데, 그는 친구인 이숭인(李崇仁)이 중국 북경에 신년하례 사절단 단장(賀正使)으로 떠난 뒤 그의 문집에서 이르기를, 명나라의 명령을 받아 중국으로 간 그의 친구 이숭인이 그곳의 선진문물을 돌아보고 귀국하게 되면 자신은 그의 견문록 제목을 '관광집'이라고 붙여주겠노라고 서술하였다(韓沽劢・李泰鎭, 1984: 233~4). 이렇게 고려말에서 16세기에 이르기까지 작성된 '관광집' 혹은 '관광록'이란 이름을 사용한 시문집은 모두 7종에 이르는 것으로 알려지고 있다(자세한 것은 심승구, 2007: 24 참조).

이러한 史料로 미루어 볼 때 중국과 교류하던 당시 고려 지식인들 그리고 더 거슬러 올라가 최치원 등 신라 지식인들 사이에서 관광이란 용어가 이미 보편적으로 통용되고 있었음을 짐작할 수 있으며, 그런 의미에서 그 어원은 적어도 8-9세기 통일신라 때까지 거슬러 올라간다고 볼 수 있다.

그 후 조선시대에 들어와서는 관광이라는 용어는 지식사회에서 아주 일반화된 용어로 자리잡게 된 것 같다. 조선 건국 직후인 태조 5년(1396년)에 도읍을 개경으로부터 지금의 서울인 한성으로 옮기면서 정도전, 조준 등은 신도읍지의 지명을 정하였는데, 서울 북부에 지금의 洞에 해당되는 10개의 방(坊)을 설치하면서 그 중 한 방의 명칭을 '觀光'으로 정하기도 하였다(朝鮮王朝實錄, 太祖 卷九 및 世宗 卷一八).[2] 그 외에도 세종, 세조, 성종, 연산군, 중종 등 조선조 초기부

계원필경(桂苑筆耕)
최치원이 12세에 중국 당나라에 유학, 18세에 과거에 급제하고 관직생활을 한 뒤 귀국하여 헌강왕 11년(885년)에 그간 자신이 쓴 시문과 수필 등을 모아 편찬한 책.

도포 옷과 새 깃털을 꽂은 독특한 관모를 쓰고 당나라에 사절로 '觀光'을 간 고구려의 빈객(唐 高宗 둘째 아들 李賢)의 무덤 벽화 중 일부). 이 그림은 최근 돈황의 석굴(막고굴)에서도 발견되었다.

---

2) 王朝實錄 太祖 卷9의 太祖 5年 4月 丙午條에는 한성부에 동부・서부・남부・북부・중부의 5부를 설립하고 각각 12방,

터 중엽에 걸쳐 기술된 왕조실록에는 '관광'이라는 용어가 빈번히 사용되고 있음을 볼 수 있다(한경수, 1989, 1998, 2001; 위상배, 2000 등 참조).

이와 같이 우리나라에서는 원래 추상적인 의미를 지닌 '觀光'이라는 용어가 'tourism'을 나타내는 의미로 굳어진 데 반해, 정작 그 용어가 나온 중국에서는 '旅遊'란 용어를 쓰고 있다는 점에 주목할 필요가 있다. 갑골문에서 '旅'의 본래 뜻은 '깃발을 따라서 행진하는 두 사람'을 상형화한 것인데, 그 뒤 '500명 단위의 군대 조직', '무리', '많은(사람)', '나그네'란 의미로 발전되었다. '遊'는 '놀다(놀이), 즐겁게 지내다, 여행하다'란 의미이다. 따라서 여유(旅遊)는 '무리를 지어 여행하며 놀기'란 뜻이 된다. '나라의 빛을 본다'라는 추상적 의미를 지닌 '觀光'이란 용어보다 이 旅遊란 용어가 의미상으로는 더 현실에 가까운 것이다.

서구의 경우, 18세기 영국의 귀족 자제들이 일종의 통과의례로 유럽대륙(특히 프랑스와 이태리)을 몇 년에 걸쳐 수학여행을 하는 것을 두고 '그랜드 투어'(grand tour)라고 불렀다고 한다. 그리하여 '투어리스트'(tourist)라는 용어가 서기 1800년에, 그리고 '투어리즘'(tourism)이라는 용어는 서기 1811년에 최초로 등장했다고 『옥스포드 영어사전』(Oxford English Dictionary)은 밝히고 있다. 서양에서 관광이 오늘날과 같은 의미의 '투어리즘'(tourism)이란 용어로 정착된 것은 교통수단의 눈부신 발달로 대륙 간 인적여행이 빈번해진 19세기, 특히 기선을 이용한 정기항로가 개설된 19세기 중반부터였다고 전해진다.

역사적 의미를 비교해 보면, 서구의 'tour'란 용어는 본래 의미가 '돌아다니다가 온다', '순회한다'라는 내용을 강조하였던 반면, 동양 한자문화권의 '觀光'의 의미는 '선진지역의 제도나 문물을 보고 깨우친다(배운다)'는 뜻으로 쓰인 것으로 보인다. 서양의 용어는 '행위'를 강조하고 동양의 용어는 '교육적' 지각을 강조하고 있었다는 점이 초기 동서양 관광개념의 차이점이 아니었나 생각된다.

마지막으로 '의미론'으로 그 역사를 살펴보자. 여행목적에 구애받지 않는 WTO의 정의대로, 관광을 단지 '여행하다가 되돌아온다'라는 의미로 해석한다면 관광의 역사는 이루 헤아릴 수 없을 정도로 길다고 보아야 한다. 예를 들어 孔子(B.C. 551~479)가 자국(魯나라)에서의 정치에서 실각하고 56세부터 68세까지 장장 13년간을 문하생들을 데리고 이웃 8개국을 이리저리 돌아다닌 것은 분명 주유(周遊: 오늘날의 관광여행)의 개념에 속한다. 비록 외교적인 목적이었지

장건(張騫: ?~B.C.114)
한나라 때 외교사절이자 여행가. 중국 前漢시대때 한무제의 명을 받고 세계 최초로 기원전 중국-서역 교통로를 개척한 사람. 그의 여행으로 서역의 지리·민족·산물 등에 관한 지식이 중국으로 유입되어 동서 간의 교역과 문화가 발전하게 되었다.

법현(法顯: 337~422)
당나라 山西省 사람으로서, 長安의 불교계를 재건하고자 서기 399년에 인도로 구법여행을 하고 15년만인 413년 海路로 귀환하여 여행기 佛國記를 저술하였다.

현장(玄奬: 602~664)
당나라 河南省 사람으로서 629년 天山산맥을 넘어 인도로 들어가 인도 각지의 불교유적을 순례하고 다수의 불교경전을 얻어 645년 귀국, 大唐西域記를 저술하였다. 오늘날의 전승되는 대부분 불경은 그가 번역해 놓은 것이다.

11방, 10방, 8방을 두었다고 기록하고 있다. 즉 "令漢城府建五部坊名標 東部 十二坊曰……南部十一坊曰……西部十一坊曰……北部十坊曰 廣化 陽德 嘉會 安國 觀光 鎭定 順化 明通 俊秀 義通 中部八方曰……." 지금 경복궁 옆 司諫洞이 바로 당시의 觀光坊 자리로서, 해방 이전까지도 '관광동'이라고 불렀다.

만, 서역 실크 로드(silk road)를 최초로 개척한 중국 한나라 때의 장건(張騫: ?~B.C. 114)은 최초의 겸목적 관광여행자였다고 볼 수 있다. 이 실크 로드를 따라 머나먼 서역에서 당나라까지 왕복여행을 하였던 뭇 여행자들도 비록 상업적인 목적도 있었겠지만 역시 관광여행자 부류에 속했다고 볼 수 있다. 求法을 위해 인도까지 왕복여행을 했던 당나라의 법현(法顯: 337~422), 현장(玄奬: 602~664)이나 신라의 고승으로서 인도 왕복여행기(往五天竺國傳)를 쓴 혜초(慧超: 704~787)도 모두 순례관광을 한 여행자였다고 할 수 있다.

뿐만 아니라 육로로 중국을 여행한 후 '동방견문록'(1299)을 쓴 이탈리아 태생의 마르코 폴로(Marco Polo: 1254~1324), 자그마치 30년 동안 중동·아프리카·아시아를 여행하며 여행기를 쓴 모로코 출신의 이븐 바투타(Ibn Batutah: 1304~1368)는 최고의 여행가였으며, 그 외에도 북미대륙에 도달했다고 하는 콜럼버스(C. Columbus)나 인도항로를 개척한 바스코 다가마(Vasco da Gama), 첫 세계일주 항해를 한 마젤란(F. Magellan), 단체 패키지여행의 창시자 토마스 쿡(Thomas Cook) 등은 세계적 여행가였다 할 수 있다.

우리 조선에서는, 국내여행가로는 평생을 방랑으로 보낸 조선말의 민중시인 김 립(金笠, 金炳淵: 1807~1863)을, 첫 세계일주 여행가로는 조선말(1896년) 특명 전권공사로 러시아 황제 대관식에 특파되었던 민영환(2007)을 들 수 있다.

우리나라에 있어 기록에 나타나 있는 조선시대의 의미론적 관광의 역사는—비록 그 성격이 오늘날과 같은 대중성을 띤 관광이 아니라 사대부·승려 등 소수 지식계층들의 관광이긴 했지만—무척 다양하다(위상배, 2000: 147~167; 한경수, 2001; 심승구, 2007, 육재용, 2008 등 참조). 이들의 관광행태나 유형은 대체로 다음과 같은 부류로 묶어 볼 수 있다.

- 외국 특히 淸日 등으로의 공무(使行·통신사 등) 여행
- 왕의 행차나 사신 행렬·국가 의례(책봉식·혼례식 등)에 대한 구경
- 지방 유생(儒生)들의 과거응시 행위 또는 이를 위한 한양여행
- 승려·귀족들의 求法 또는 참배여행, 사적지 탐방
- 선비·사대부들의 풍류여행 또는 명산 순례[3]

---

3) 풍류여행은 자연을 벗삼아 시와 음주가무를 즐기는 사대부 계층의 여가행위, 심신수련 여행은 귀족계층의 보양·수학여행이다. 신라시대에 화랑도 조직은 학업과 더불어 도의를 연마하고 인격을 계발하는 과정으로서 명산대천을 순례여행한 것으로 전해지고 있는데, 金宗直, 南孝溫의 기록이나 최근 발굴된 울주 천전리 비석의 명문으로 미루어 그 유람범위는 북으로는 금강산, 남으로는 지리산, 동남으로는 울주 등 전국에 이른 것으로 추정되고 있다((李基東, 1980: 335). 특히 이들이 "산수를 찾아 유람하여 먼 곳이라도 다니지 않은 데가 없었다"는 『삼국사기』의 기록은 그 중요한 증거이다(『三國

제2절 관광위락현상의 개념 정의

관광위락현상은 사회·문화·경제의 복합현상이므로 이를 명쾌하게 한마디로 개념화시키기가 쉽지는 않다. 상식을 떠나 전문적 개념으로 말할 때, 무엇이 관광행위이며, 어떤 류의 사람이 관광자이며 어디까지를 관광위락자원으로 보아야 하는가? 서울 도봉구에 사는 어떤 사람이 토요일 오후에 가족과 도봉산을 등산하였다고 하자. 이는 관광행위인가 아닌가? 또 도봉산을 관광자원으로 볼 수 있는가 없는가? 이러한 개념의 모호성 문제 해결이야말로 관광과학을 만들어야할 우리 관광연구자들이 우선적으로 해결해야 할 과제라고 생각된다.

사회과학으로 자리잡은 성공적인 인접학문들을 살펴보면 그 기본개념부터가 튼튼하게 정립되어 있음을 알 수 있다. 전문술어나 개념을 사람마다 다르게 정의하고 주장한다면, 다시 말해 학자들 간에 합의된 개념체계가 없다면 그 학문은 결코 체계적으로 정립된 학문이라고 볼 수 없다. 그런 점에서 우리가 '관광현상 연구'를 '관광사회과학'으로 발전시키기 위해서는 먼저 이에 관련된 기본개념들의 틀을 짜고 개념을 명확히 할 필요가 있다. 본 절을 논의하고자 하는 이유가 바로 여기에 있다. 이하에서는 관광현상의 개념구조에 대해 논해보기로 한다.

먼저 개념정의와 관련하여, 관광개념론자들의 계파를 크게 '경영·경제 연구진' (business enterprises and economic development camp)과 '관광환경·영향 연구진'(impact and externalities camp)으로 나누는 버크(Buck, 1978: 110)의 분류를 우리 현실에도 적용하여 설명해 볼 만하다. 전자는 관광을 곧 '산업현상'으로 이해하여 기업적 측면에서의 성장이나 이윤을 주된 관심사로 보는 시각이고, 후자는 관광목적지로서의 지역사회(host communities)에 대한 영향, 관광자와의 상호작용, 그리고 외부환경관계를 관심사로 삼는 시각이다.

오늘날 우리나라에서는 사업, 특히 관광사업의 꽃이라 일컬어지는 호텔사업에 관해서만 대부분의 관심을 할애하는 경제·경영 측면의 연구자세가 현실적으로 유행하고 있다. 불행히도 '사업'(business)은 과학적 접근을 일삼는 학문과는 접근하는 방식이나 추구하는 목표상 거리가 멀다. 개념이니 정의니 하는 논리보다도 현실적 적용여부나 실용성이 영리를 추구하는 사람들에게는 더 필요하기 때문이다. 따라서 상대적으로 경제·경영보다 이론성향이 강한 '관광환경·영향 측면에 관한 연구'가 등한시되는 것이 우리의 현실이며, 별로 '실용성'이 없는 것으로 치부되는 이론분야는 학계측으로부터도 냉대 받아온 것 또한 현실이다. 우리나

史記』卷4 眞興王 37年 春條에 다음과 같이 기록되어 있다. "或相磨以道義 或相悅以歌樂 遊娛山水 無遠不至").

라에 4년제 대학이 개설되어 관광학 교육·연구가 도입된 지 거의 반세기가 되었지만, 아직도 그것을 선뜻 사회과학(social sciences) 또는 분과학문(discipline)으로 인정하기를 꺼려하는 학자들이 많은 이유가 바로 여기에 있다(Tribe, 1997, 2000; Echtner and Jamal,1997; 김사헌, 2000).

먼저 본 절에서는 구미국가들에서 이루어진 기존의 연구업적을 토대로 관광위락현상을 구성하는 요소가 무엇인가를 살펴보고자 한다. 이를 토대로 관광의 개념을 유형별로 분류·정의하고 그 개념체계 및 문제점을 논의해 보기로 한다. 이 논의야말로 개념화작업의 선행조건이라고 생각되기 때문이다.

1. 관광현상의 구성요소(속성)와 본질상의 정의

관광의 정의를 명확히 하기 위해서는 먼저 관광이란 개념만이 갖고 있는 고유한 속성이 먼저 규명되어야 한다. 관광이 일반여행(travel)이나 이주(migration), 여가(leisure) 혹은 위락(recreation)행위와 다른 것은 그 행위의 속성, 즉 구성요소가 다르기 때문이다.

일찍이 이탈리아의 오길비(Ogilvie)는 ① 단기체류, ② 목적지에서의 비영리성이라는 두 가지를 관광의 구성요소로 파악한 바 있다. 와합(Wahab, 1975: 8)은 관광현상의 구성요소가 인간·공간·시간이라고 주장하였다. 이스라엘의 문화인류학자 코헨(Cohen, 1974)은 이를 좀더 넓게 보아 ① 영주성 여부, ② 자발성 여부, ③ 방향성(direction), ④ 여행거리, ⑤ 정기성(recurrency) 여부, ⑥ 여행목적이라는 6가지 기준을 관광현상의 구성요소로 내세우며, 관광자란 "비교적 길고 부정기성을 띤 왕복여행을 통해 기이함과 변화에 대한 기대감을 경험하며, 자발적·일시적으로 여행하는 사람"(Cohen, 1974: 533)이라고 정의한 바 있다. 한편, 프렉틀링(Frechtling, 1976)은 ① 여행목적, ② 교통수단, ③ 체재기간, ④ 여행거리를 관광의 4가지 요소로 제시하였다.

이상에서 몇몇 학자들의 논의를 살펴본 바, 이들을 종합해 보면 '관광행위'라는 현상은 대체로 다음과 같은 여덟 가지 속성(요소)으로 이루어져 있다고 요약할 수 있으며, 이들 요소들로 구성된 이동행위가 곧 관광현상이라고 할 수 있다.

관광현상의 기본적 속성

1) 공간적 이동행위다(mobile): 관광은 공간을 이동하는 행위이다. 이동이라는 점에서는 여행, 이주, 통근·통학행위와 다르지 않다.
2) 자발적이며 자유의지에 따른다(voluntary and free will): 관광은 자유

의사에 의해 이루어지는 행위이다. 따라서 회사 또는 소속기관의 命에 따른 해외출장, 해외파병 등 외부에 의해 의무적·강제적으로 행해지는 여행과는 구분된다.

3) '즐거움'을 추구하는 행위이다(pleasurable): 관광은 심리적으로 즐거움(pleasurability)이 전제되는 행위이다. 자유의지에 따르더라도 즐거운 마음이 따르지 않는다면 이미 관광이라고 볼 수 없다.

4) 일시적 행위이다(temporal): 관광은 생활의 틈을 이용해 짧은 기간동안 이동했다가 다시 돌아오는 것을 전제로 하는, 일시적으로 이루어지는 막간행위이다. 따라서 장기적인 체류, 영구적인 체류행위(예: 유학, 이주 등)와는 구분된다.

5) 비영리적 행위다(non-commercial): 관광은 영리를 목적으로 하는 행위가 아니다. 따라서 이윤취득을 목적으로 하는 취업여행, 업무여행 등은 관광행위가 아니다.

6) 부정기적이며 비규칙적인 행위이다(irregular and non-recurrent): 관광은 일상적으로 혹은 규칙적으로 일어나는 행위가 아니다. 그래서 통근, 통학, 장보기 등의 일상적인 행위와는 구분된다. 원거리 이동이더라도 만약 규칙적으로 이루어진다면 그것은 관광이라 할 수 없다.

7) 주거지로부터 상당한 정도의 공간이탈을 하는 탈일상적 행위이다(unusual or extraordinary): 관광은 주거지 주변 등 일상을 벗어나 이동, 여행하는 행위이다. 심리적으로 '신기로움'(novelty)과 '고유성'(authenticity)을 느낄 수 있을 정도로, 다시 말해 '일상'이라는 느낌을 벗어나 새로운 그 무엇을 향유하기 위해서는 '상당 정도의' 공간적 이동이 전제되어야 한다. 먼 거리를 이동한다는 점에서는 업무여행, 유학, 선교여행 등과 크게 다를 바 없다.

8) 새로운 '지식 체득'을 하는 자기계발 행위이다(self-enlightening): 관광은 새로운 제도나 문물을 체험하고 습득하는 자기계발(self-enlightenment) 행위로서, 교육적인 함의를 지니고 있다. 휴식이나 기분전환을 주된 기능으로 하는 여가(leisure), 위락(recreation)과 크게 다른 점은 바로 관광이 새로운 지식습득을 통한 자기계발의 기능이 더 강하다는데 있다.

행위자 측면에서 본 관광의 속성이 이와 같다고 할 때, 이들 요소가 종합된 것이 곧 관광이다. 즉 관광은 다음 [그림 2-1]을 포괄하는 개념이다.

한편, 관광을 그 본질적 속성에만 국한시켜 보지 않고, 막연하지만 보다 넓게 해석하여 그 범위를 행위자인 인간뿐만 아니라 그 영향대상이나 매개체에까지 확대하여 정의하는 학자들도 있다.

　관광의 구성요소를 (1) 관광자, 관광사업체, 관광지 주민, 관광수용국(정부)으로 보고 이들 4자의 상호작용으로부터 일어나는 현상과 관계의 총체로 보는 시각(McIntosh and Gupta, 1990: 4), (2) 여행자, 여행자에 대응하는 산업, 대상 지역사회에의 영향으로 보는 시각(Jafari and Ritchie, 1981), (3) 인간, 교통기관, 매력성, 서비스 및 시설물, 정보 및 지도로 보는 시각(Gunn, 1988), (4) 관광자, 관광발생지, 교통루트, 관광목적지, 관광산업의 5요소로 보는 시각 (Leiper, 1979) 등이 그 예이다.

그림 2-1

관광의 구성요소와 정의

주: 이 8대 요소가 함께 결합된 행위가 곧 관광이다.

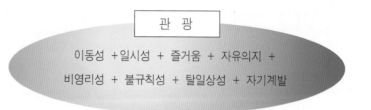

관　광

이동성 +일시성 + 즐거움 + 자유의지 +

비영리성 + 불규칙성 + 탈일상성 + 자기계발

2. 특정 목적을 위한 관광현상의 정의

　관광이란 개념을 보는 시각은 학자들에 따라 다양하다. 위에 필자가 행위자의 고유한 속성을 기준으로 관광을 정의하였듯이 개념론적으로만 관광을 보는 학자들도 있지만, 한편으로는 이용의 '목적'이라는 의식하에 의도적인 정의를 하기도 한다. 경제적·기술적·포괄적 방식으로 정의하는 것이 그것이다. 여기서 '리퍼'(N. Leiper)의 견해를 참고로 하여 정의방식을 경제적·기술적·포괄적 그리고 기능적으로 나누어 고찰해 보기로 하자.

1) 경제·경영적 시각에서의 정의

　이 시각에서의 정의의 특징은 관광을 '산업'(industry)으로 이해한다는 데 있다. 또한 이 방식은 관광자를 외지문화를 전파해 주는 使者 또는 현지자원·문화의 파괴자 등 외부환경과의 관계로 보기보다는 단순히 하나의 경제단위, 즉 고객(customers)으로 이해한다.[4] 이런 류의 정의를 몇 개 인용해 보기로 하자.

> 관광은 여행자를 유인하고 수송하고 숙박시키며, 그리고 그들의 욕구와 욕망에
> 영합하는 과학이며 기술이며 사업이다(McIntosh and Goeldner, 1990: 4).

> 관광이란 용어는 집을 떠나 있는 여행자와 사업, 그리고 여행을 좀더 쉽고 즐겁
> 도록 봉사해주는 사람[사업자]을 포괄한다(Lundberg *et al.*,1995: 4).

> ……관광은 거주지를 떠나 있는 자의 사업·유흥·여가활동을 촉진키 위해 재화
> 또는 서비스를 직접 공급해 주는 모든 사업을 총칭한다(Smith, 1988: 183).

국내외를 막론하고 개발도상국의 경우, 관광은 곧 경제·경영현상인 것으로
만 이해되어 왔다(Frank & Crang, 2001: 5~6). 인당 소비, 관광수입, 국제
수지효과 등 경제적 변수들만이 외래관광의 현상을 밝혀주는 유일한 변수인 것
처럼 취급되어온 관광통계체제가 바로 그러한 사고의 산물이라 할 수 있다. 이
런 접근방식은 관광현상의 주체인 관광자, 즉 인간요소와 공간이라는 물리적 요
소, 그리고 주변 환경 등 관광이 갖고 있는 많은 속성을 무시한 채, 관광이라는
'학문'을 그냥 '사업'(business)이나 기술로 전락시키는 원인자가 되었다. 특히
이런 경제·경영중심 사상은 우리 學界에서 가장 두드러지게 나타나고 있다. 우
리나라 대부분의 대학 학과 명칭이 "여가학과'나 '관광학과'가 아니라 '관광경영
학과'에 국한된 것도 그 예이다. 정책을 주도하는 국가기관도 마찬가지이다. 이
용자를 위한 '삶의 질'로서의 관광이 아니라 국가 혹은 지역경제 활성화 수단으
로서의 관광개발에만 심혈을 기울이는, 다시 말해 주체인 관광자를 위한 개발보
다는 객체로서의 '관광객'을 이용하기위한 개발에 여념이 없다고 할 수 있다.

관광은 산업에 국한된 현상
은 아니며, 관광을 수단적 현
상으로만 보아서는 안된다.

2) 統計·技術的 정의: 체재기간 기준주의와 여행거리 기준주의

어떤 사회과학도 다 안고 있는 문제지만 관광학의 경우도 이론과 실제 사이
에는 거리가 있다. 그래서 관·업계·국제기구 등을 중심으로 한 현실사회에서
는 실무적 성격의 특수 목적, 이를테면 관광외화수입을 통한 무역외수지 증대
또는 호텔객실 수요산정 등을 위해서는 실무상 가능한 개념정의를 선호하게 된
다. 이것이 곧 통계·기술적 정의인데, 여기서는 관광행태를 여행목적·여행거
리·체재기간 등으로 기준을 단순화시켜 관광(관광자)을 정의한다. 이런 류의
정의로서는 세계관광기구(WTO)의 정의가 대표적이다. 즉 WTO는 자국 외의

---

4) 그래서 관광주체는 언제부터인지 모르나 '관광객'으로 지칭된다. 엄밀한 의미의 연구대상으로서의 관광주체를 나타내는
용어로서는 오히려 가치중립적인 표현이 더 적절해 보이며, 그런 의미에서 필자는 이를 '觀光者'로 표현하는 前田勇의
견해에 동조한다. 前田勇(1982). 『觀光槪論』, (車福載 譯), 啓明大學出版部, 15쪽 참조.

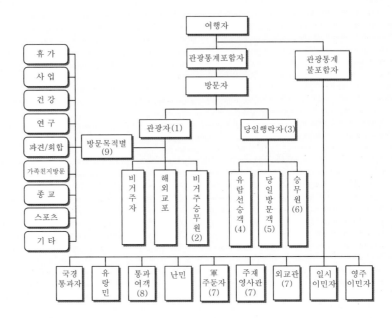

그림 2-2

여행자의 분류체계 및
정의

자료: WTO(1978).

주: (1) 방문대상국에서 최소한 1박 이상 하는 자
  (2) 정박 또는 체재하는 외국선박 및 항공기 승무원으로서 상대국 숙박시설을 이용하는 자
  (3) 대상국에 당일동안만 방문하였다가 타고 온 선박 또는 기차에 돌아가 취침하더라도, 방문국에서 최대 1박 이상 체재하지 않는 자
  (4) 대개 당일행락자에 포함. 이들을 분리시켜 분류하는 것도 가능함.
  (5) 왔다가 당일 떠나는 방문자
  (6) 대상국의 주민이 아닌 자로서 당일 이내에 한해 체류하는 승무원
  (7) 주둔국과 모국 간의 이동여행자
  (8) 공항 또는 항구내의 '통과자 대기구역'을 벗어나지 않는 자. 대기가 하루 이상인 경우 관광자 통계에 포함시켜야 함.
  (9) 로마회의(1963)에서 정의된 주된 방문목적

나라에 1년 이상 머무르지 아니하며 보수를 받는 일에 종사하지 아니하는 자를
'국제방문자'(international visitor)로 정의하고, 이를 다시 다음과 같이 관광
자(tourists)와 당일행락자(excursionists)로 분류한다(〔그림 2-2〕 참조).

(1) **관광자**: 방문지에 최소한 24시간 이상 1년 이하의 기간 동안 일시 체류하는
  자로서 그 여행목적이 여가이용(위락·휴가·건강·연구·신앙 및 스포츠)
  이나 사업·가족관계·미션·회합에 있는 자. 단, 승무원은 포함시키지 않
  으나, 해당국에 체재하며 숙박시설을 이용하는 자는 관광자에 포함시킴.

(2) **당일행락자**: 24시간미만 체류자로서 그 목적이 관광자의 그것과 같은 자.
  승무원으로서 해당국 숙박시설을 이용하지 않는 자는 당일행락자에 포함.

　　그러나 국내외를 막론하고 통계적 정의에 대한 일반적인 기준이 다르거나 심지어는 설정되어 있지 않은 경우도 있어 실무자는 물론 연구자에게도 심한 혼란을 야기시킨다. 따라서 이에 관한 용어 및 그 기준의 표준화가 절실히 요망되고 있는 바, 이하에서는 근래 프렉틀링(D. Frechtling)이 제시한 기준을 중심으로 기술적 정의의 표준화 문제를 검토해 보기로 한다.

　　이 분야 연구에 남다른 공헌을 한 프렉틀링(Douglas Frechtling)은 1) 여행목적, 2) 교통수단, 3) 체재기간, 4) 여행거리의 4가지 요소가 관광자 정의표준화의 주요 기준이 될 수 있음을 제시하였다. 실제로 각국의 관광통계 작성에서도 관광자의 기준으로 삼는 공통요소를 보면 ① 체재기간, ② 여행거리, ③ 여행목적의 세 가지로 압축시키는 경향을 보인다.

　　그러나 그도 주장한 바 있지만, 실용성 측면에서 정의를 단순화시키기 위해서는 여행목적과 교통수단은 이 기준에서 제외하는 것이 바람직하다는 주장도 제기된다(金思憲 外, 1986: 22). 왜냐하면 '여행목적'이라는 기준은 응답자의 주관에 따라 여행자체가 겸목적이나 사업여행이 될 수 있어 객관성이 결여될 여지가 클 뿐 아니라, '교통수단' 기준도 아일랜드같이 자동차를 이용한 내방자는 관광자 범주에서 제외하는 반면, 이스라엘 같이 대중노선 교통수단(transit)을 이용해 입국한 자는 관광자 범주에 넣는 등 나라마다 다양해 적합한 기준이 되기에 미흡하기 때문이다.

　　그렇다면 결국 남는 것은 '체재기간 기준'과 '여행거리 기준'뿐이다. 그러나 각국의 경험을 보면 이들 양자 모두를 기준으로 채택하는 예는 별로 없고 이 두 기준 중 어느 하나를 채택하는 것이 이제까지의 관례이다. 이 양자 중 어느 하나의 기준을 채택하고 있는 주요 기관들을 예로 들면 다음과 같다.

(1) 세계관광기구(World Tourism Organization): 전적으로 체재기간 정의 (24시간 이상 또는 1박 이상 체재)를 채택하고 있다.
(2) 영국 스코트랜드 북아일랜드 관광조사국(National Tourist Boards): 체재기간 정의를 채택하여 휴가여행, VFR 및 사업·회의 및 기타 목적의 1박 이상 모든 여행자를 관광자로 보며, 4박 이상자는 장기여행자로 구분한다.
(3) 미국 관광자원심의위원회(National Tourism Resources Review Commission): 여행거리기준을 채택. 숙박여부에 관계없이 없이 거주지에서 최소 편도 50마일 이상 여행자로서 그 목적이 사업, 개인용무, 또는 출퇴근 외의 여러 가지 용무를 지닌 사람을 관광자로 분류하고 있다.
(4) 미국 센서스국(United States Census Bureau): 여행거리와 체재기간

정의를 1967년의 전국여행동태조사에서 동시에 사용하다가 측정상의 문제 때문에 1972년 조사부터는 다시 여행거리기준(거주지에서 편도 100마일 이상)만을 채택해 오고 있다.

(5) 캐나다 조사통계국(Canada Statistics): 미국 센서스局과 동일하나 편도 100마일 대신 50마일을 채택하여 전국여행동태조사를 실시해 오고 있다.

(6) 호주 산업경제국(Bureau of Industry Economics): 체재기간 정의와 여행거리 정의를 혼용하여 "최소 24시간 이상, 12개월 미만 동안 자기의 일상 주거지로부터 최소 40km 떨어진 곳으로 여행하는 사람"으로 정의한다.

체재기간기준의 단점

체재기간을 기준으로 하는 정의는 보통 WTO가 권고하는 대로 24시간 이상 체재 또는 숙박을 그 정의의 기준으로 삼고 있는데, 이 정의는 무엇보다도 단순명료하다는 점을 그 장점으로 삼고 있다. 피조사자에게 있어 어떤 특정 여행을 통해 만 하루를 소비하였는지 또는 숙박을 하였는지는 비교적 기억하기가 가장 쉬운 사항이므로 통계화하기가 쉽기 때문이다. 통계가 잘 정비되어 있지 못한 후진국들까지 망라하여 범세계적인 통계를 작성해야 하는 고충을 가진 WTO로서는 이 체재기간이라는 기준이 가장 조사하기에 쉽고도 단순하다는 장점에 착안해 이 정의를 채택한 것으로 보인다.

그러나 이 체재기간 정의는 또한 단점도 크다. 만약 관광여부의 기준이 되는 체재기간을 24시간으로 정하더라도 같은 지역사회내(예: 동네 친구의 집)에서의 24시간 이상 체류는 아무 의미도 없으며 결코 관광으로 볼 수 없다. 이와 달리, 여행거리 정의는 단지 여행자가 자기 일상거주지를 벗어나는 데 필요한 적당한 물리적 여행거리만 제시해 주면 되는데 반해, 체재기간 정의에는 '최소 24시간'이라는 기준뿐만 아니라 '자기 거주지 이외'라는 단서조항을 하나 더 붙여주어야 하는 번거로움이 따를 것이다. 그럴 경우 체재기간 정의는 고작 여행거리 정의의 한 부분개념에 지나지 않는다. 그 외에도 24시간(또는 숙박) 이상 체재 등 체재기간주의는 여행여부판단의 충분조건이 되기엔 무리가 따른다. 우리나라와 같이 국토면적이 좁아 전국이 거의 일일생활권에 드는 나라에서는 숙박을 하지 않고도 하루를 즐기고 돌아오는 경우가 많은데, 이 경우 24시간 이상 체류(또는 숙박)를 하지 않았다고 해서 관광행위에서 제외시킬 수 있겠는가? 예를 들어 어느 날 자기 거주지(즉 일정의 물리적 거리)를 멀리 벗어나 용평 또는 천마산 스키장에서 스키로 하루를 즐기고 돌아왔다고 하자. 그것 자체로서 이미 충분한 관광·위락이지 그 전날 떠나 꼭 숙박을 하는가 24시간 이상 체류해야 된다는 단서를 붙인다면 관광의 정의로서 포용력이 부족하다.

여행거리 기준의 장·단점

　　반면에 **여행거리를 기준으로 하는 정의**의 장단점은 무엇인가? 여행거리기준 정의는 먼저, 체류기간에 구애받지 않은 채(특히 우리나라 실정에 맞게) 당일여행도 포괄할 수 있다는 점, 그리고 여행의 최소거리(생활권을 이탈한다고 여겨질 수 있는 거리)만을 규정해 줌으로써 사실상 모든 여행 또는 관광산업과 소비자 접촉 등을 파악할 수 있는 바탕이 된다는 점이다. 이런 장점 때문에 이 정의가 체재기간 정의보다 한발 앞선 정의라고 주장되기도 한다.

　　그렇지만 이 방법은 단점도 만만치 않다. 시간이 지나면 지날수록 피조사자가 자신이 여행한 거리를 정확하게 기억할 수 없고 따라서 지도를 직접 보여주면서 일일이 여행거리를 확인하기 전에는 조사가 쉽지 않다. 또 그러한 물리적 거리 개념을 떠나서라도, 거리란 원래 심리적 내지 주관적 요소에 의해서도 많이 좌우되는 것이므로 같은 거리라도 사람에 따라 달리 기억할 수 있다는 단점이 있다. 즉 거리의 원근지각에 대한 응답자의 주관성 개입 가능성, 그리고 자신의 거주지역(residential community)을 이탈한다는 점을 확인해 줄 수 있는 거리란 과연 얼마인가를 획정하는 어려움 등이 주요 약점이다.[5]

　　물론 이 거리기준 정의를 채택하려면 가장 먼저 거주지 지역사회(home community)의 범역을 정해야 하고, 이를 토대로 탈일상성을 느낄 만한 거리기준을 현실에 맞게 정하는 작업이 필요하다. 왜냐하면 사람은 대개 자신의 생활권 범위내에서 출퇴근·통학·쇼핑·친교 등을 행하는데, 생활권에서 일어나는 이러한 이동활동은 일상의 활동이기 때문에 장소이동이라고 하더라도 결코 탈일상성을 주요 속성으로 삼는 관광현상에 넣을 수는 없기 때문이다. 그렇다면 **생활권**(neighborhood zone)을 어떻게 설정하는 것이 합리적인가?

표준도시통계지역(SMSA)
미국이 구분해놓은 자체 생활권역으로서, 통근인구량, 신문발행부수, 전화통화량 등의 기준을 이용해 인구 5만 이상의 중심도시(또는 합해서 인구 5만명 이상의 쌍도시)와 인접영향권의 郡(county)을 기능적으로 묶은 일종의 기능지역 또는 결절지역(nodal region)을 말한다.

　　미국의 경우는 기존에 설정된 기능생활권인 266개의 **표준도시통계지역**(Standard Metropolitan Statistical Area; SMSA)을 관광여부를 판정하는 기준생활권으로 설정하고 있다. 예외적으로 면적이 큰 SMSA만 제외한다면 대부분의 SMSA는 반경이 50마일 정도에 이르기 때문이다. 우리나라의 경우에는 미국 SMSA와 같은 기능적인 생활권이 설정되어 있지 않아 일상생활권을 정의하는 문제에서부터 난관에 봉착하게 된다.

　　다행히 우리나라 지역계획분야에서도 '地方定住生活圈'에 관한 연구가 많이

---

5) 미국의 경우, 센서스국의 전국여행동태조사를 위한 예비조사에서 응답자들이 지난 3개월 동안 행한 모든 여행을 기입하도록 요청받았을 때 대부분의 응답자들이 100마일 이하의 여행은 잘 기억해 내지 못하는 것으로 판명되었다. 그래서 센서스국은 결국 100마일 이상 여행만 조사한다는 규정을 두게 되었다(The Big Picture, 1987: 한국관광공사, 『觀光情報』 210호, 1987, 10월 15~6쪽에서 재인용).

진행되어 주민생활권의 범위가 분명해져 가고 있다. 이들 연구에서는 몇 개 읍
면을 묶어 정주권(定住圈)으로 설정하고 있으나 정기적으로 행해져야 할 관광통
계조사적 입장에서는 너무 세분된 面 단위나 洞里 단위를 관광여부를 판단하는
일상생활권역으로 보기에는 실제조사시 어려움이 크다. 그래서 시·군 단위를
관광생활권의 기준으로 파악하는 것이 차선책이라 볼 수 있다. 즉 대개 지방정
주생활권 연구자들이 우리나라 군의 평균반경 16km를 정주생활영향권으로 보
고 있으므로, 시·군을 막론하고 평균반경 16km(40리)를 관광여행여부를 판
단할 수 있는 탈일상생활권으로 규정짓는 것이 타당하다는 주장도 있다(金思憲
外, 1986: 24~6).[6]

참고로 외래관광객에 대하여는 세계관광기구가 기술한 바와 같이 체재기간
기준에 따른 정의를 권장하고 있지만, 실제로 각국별로 채택하고 있는 관광자의
정의는 놀라울 정도로 다양하다. UN에서 발행되는 통계연보의 국제관광자 이
동표의 註에 밝힌 관광자 정의에서 예외 단서를 보면 각국별로 다음과 같다.

미국: 캐나다에서 온 방문객으로서 6개월 미만 체류자, 멕시코에서 온 방문객
으로서 3일 이하 체류자는 관광자 범주에서 제외.

호주: 보수를 받는 업종 종사에 관계없이 1년 미만 체류자는 다 관광자로 인정.

인도: 파키스탄, 방글라데시 등 (인접)특정국 출신자는 관광자에서 제외.

아르헨티나: 스포츠, 교육, 종교적 이유에서 내방한 자는 관광자 범주에서 제외.

남아연방: 유럽인 방문자만을 관광자로 정의.

아일랜드: 유럽인 방문자만을 관광자로 정의.

이스라엘: 대중노선교통수단을 이용해 입국한 자로서 24시간 이상 체류자와
일시 근무를 위해 입국한 외교관 및 기타 입국자도 관광자로 정의.

3) 포괄적 입장을 취하는 정의

이 정의는 관광자라는 주체(actor)를 중심으로, 관련된 주변요소를 모두 포
괄·종합시켜 정의하는 방식이다. 관광현상 자체가 복합현상임을 전제하는 포

---

6) 한국관광공사가 발주한 한 용역보고서에서 필자는 우리 현실에 맞는 통계적·기술적 정의를 다음과 같다고 주장한 바
있는데, 그 적의성에 대해서는 더욱 많은 토론이 이루어져야 할 것으로 본다. 즉 "관광(관광자)이란 자신의 일상거주지를
벗어나 16km 이상을(또는 시군 행정구역을 벗어나) 여행하는 행위(자)로서 그 여행목적이 여가이용(위락, 휴가, 건강,
연구, 신앙 및 스포츠 등)이니 사업, 가족관계, 임무수행, 회합에 있는 행위(자)로 규정하는 것이 바람직하다. 또 여기서
제외되는 일상생활권내(반경 16km 이내 또 시·군역내)의 여가목적 여행(자)은 WTO나 다른 많은 나라들이 정의하듯이
'당일행락자'(excursionist)라고 불리도 무방할 것이나"(김사헌 外, 1986: 24~26).

괄적 시각을 바탕에 깔고 있는 정의이다. 이런 포괄적 정의의 예를 몇 가지 들어
보도록 하자.

> 관광의 '경험환경'(experience environment)은 관광객을 둘러 싼 모든 사람과
> 사물로 이루어져 있다. 이 경험환경은 사람이 실제로 여행하는 시기뿐만 아니라
> 여행을 의사결정하는 시기 그리고 여행 사후의 시기까지 포함한다. 따라서 여행
> 이 실제적이건 가상적 혹은상상적이건 간에 우리는 관광경험에 관련된 모든 이해
> 당사자의 독특한 '관광경험 연결망'에 둘러 쌓여 있다(Binkhorst, Dekker and
> Melkert, 2010: 41-2).

> 관광은 어떤 산업현상도 산업부문도 아니다. 그것은 인간행태, 자원이용 행위를
> 포괄하는 인간활동이며, 동시에 사람·경제·환경과의 상호작용을 포괄하는 인
> 간활동이다(Bull, 1995: 1).

> 관광학이란 일상거주지를 떠나 있는 인간에 관한, 그리고 그 인간과 산업이 관계
> 대상자의 사회적·문화적·경제적 및 물리적 환경에 미치는 영향에 관한 연구이
> 다(Jafari and Ritchie, 1981: 15).

> 관광은 그 발생지·목적지 사회에서, 관광객·사업자·정부·지역사회 그리고
> 환경의 상호작용으로 발생되는 제현상 및 관계의 총화이다(Tribe, 1997: 641).

한편, 건(Gunn, 1988)은 일찍이 관광환경이 다음 〔그림 2-3〕과 같은 5가지
요소, 즉 정보 및 지도, 인간, 교통, 매력성, 서비스 및 지원시설로 구성된 '폐쇄
시스템'이라고 정의하고 있다.

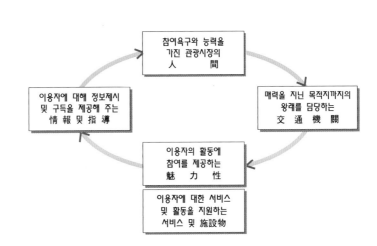

또한 일찍이 리퍼(Leiper)는 관광현상연구에 새로운 정의 및 연구방식이 등
장될 필요가 있다고 역설하며 〔그림 2-4〕와 같은 '개방 시스템'으로서의 현상이

관광이라고 주장한 바 있는데, 그의 설명은 다음과 같다.

> 관광이란 여행기간 동안 보수를 목적으로 한 고용활동을 제외하고, 인간이 일상
> 의 거주지를 떠나 자유로이 여행하여 1박 이상 동안 일시적으로 체류하는 것을
> 내용으로 하는 시스템이다. 이 시스템의 5대 요소는 관광자, 발생지, 교통루트,
> 목적지, 그리고 관광산업이며 이 5대 요소는 공간적으로 기능적으로 상호 연결
> 되어 있다. 개방시스템적 특성을 갖고 있는 5대 요소 조직은 광역환경, 즉 물리
> 적·문화적·사회적·경제적·정치적·공학적 환경 속에서 상호작용을 행한다
> (Leiper, 1979: 403~4).

그림 2-4

Leiper의 관광의 시스템

자료: Leiper(1979: 404)의
그림 2를 인용.

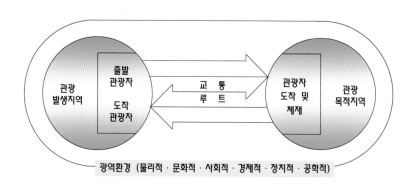

한편, 일본의 香川眞(1996)은 〔그림 2-5〕와 같이 관광의 시스템을 나타내고
있다. 즉 현대관광은 송출과 수용국간에 발생하는 관광주체, 관광매체, 관광객체
(대상들)의 복합현상으로서 경제·사회·문화요인들이 이들 현상에 영향을 미치
는 시스템이라는 것이다.

그림 2-5

현대관광의 구조

자료: 香川 眞(1996)의 〈표
1-1〉을 재인용

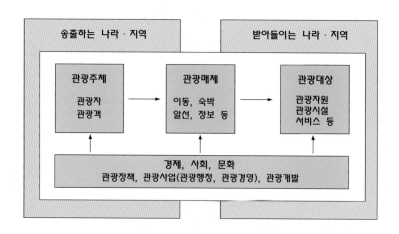

4) 관광을 '위락활동'이라고 보는 정의

앞의 세 정의와 달리 이 방식은 관광을 곧 위락활동, 혹은 위락(recreation)의 한 유형으로 이해하고 그것이 유발하는 '위락적 기능'을 강조하는 입장을 취하는 정의방식이다.

> 전적으로 위락적 관심에 의해 유발되어, 자신의 주거환경으로부터 일시적으로 떠나는 여행의 결과에 의해 발생되는 여가시간 행태 및 그 결과로서 관광은 정의되어져야 한다(Heely, 1980: 13).
>
> 주거지 외에서 위락적 만족을 위한 목적에 심취하는 위락방문자(Georgulas, 1970: 442).
>
> 위락은 자신의 집안 또는 그 부근에서 행해질 수 있지만, 관광은 본질적으로 여행하여 주거지를 떠나는 것을 내용으로 한다. 관광자란 위락자의 유형이지만, 위락자를 반드시 관광자라고 할 수는 없다(Archer, 1973b: 107).

이들 개념정의에서 보듯이, 관광은 오로지 위락적·여가적 성격을 그 목적이나 내용으로 하는 여행으로 정의되고 있다. 따라서 당연히 경제·경영적 정의나 통계적 정의 등에서 채택되는 산업적 성격 혹은 사업목적의 여행과 같은 비순수 관광목적의 여행은 여기에서 배제되고 있다.

이상에서 우리는 갖가지 다른 입장에서 관광현상의 정의를 하는 견해들을 살펴보았다. 그러나 어떤 시각에서 개념을 정의하던지 간에 의견의 일치를 보이는 점은 '취업 등의 경제행위 외의 일시적인 목적으로 자기 거주지를 떠나 주유(周遊)하고 돌아오는 행위 또는 현상'인데, 단지 분석자의 시각이나 연구목적에 따라 이 정의에 여행의 성격과 목적, 여행의 범위(거리, 기간), 여행의 기능 등이 강조되거나 추가되고 있음을 알 수 있다.

제3절 인접개념의 속성과 상호 관련성

개념정립은 물론 개념 상호 간의 상관성을 제대로 파악한다는 것 자체가 쉬운 일이 아니다. 더구나 여가·위락·행락·놀이 등 유사개념은 우리들의 일상생활주변에서 자주 사용되는 관계로 각 개념에 대한 사회적 가치가 부여되어 버린 경우가 많다. 개념의 본질 자체가 변질되어 비속화(卑俗化) 혹은 미화된 경우가 많기 때문에 더욱 그 개념의 실체를 파악하기는 어렵다. 또 더욱이 개념 자체가 정의되어 있더라도 시대에 따라 또는 사회계층·종교·직업 등의 사회환경에 따라 계속 변천하고 있기 때문에 용어 자체가 지니는 의미 자체를 지속적으로 유지시키는 것조차 어렵다. 그러나 유사개념 자체의 명확한 정립은 앞으로 관광현상의 학문적 연구, 나아가 관광의 학문적 체계확립의 선결조건이라고 사료되므로 여기서는 먼저 유사개념들의 본질을 파악해 보고 이를 다시 관광이라는 개념과 상호 대비시켜 그 상관성을 규명해 보기로 한다.

1. 인접개념의 속성 및 정의

관광과 유사하거나 다소라도 상호관련성을 가진 개념은 많다. 이 중에서 여가, 위락, 놀이, 여행은 우리가 가장 흔히 사용하는 개념이다. 이들을 중심으로 관광이란 개념과의 유사점이나 차이점을 살펴보도록 하자.

1) 여 가

우리가 정의하고자 하는 관련 용어 중 가장 포괄적이고 다원적 의미를 지닌 것이 바로 여가(leisure)란 개념이며, 개념규정에 가장 어려움이 뒤따르는 것이 바로 이 개념이다.

여가의 개념은 시대에 따라, 사회계층과 직업에 따라 또는 국적과 종교에 따라 그 정의를 달리한다. 옛날에는 여가로 여겨지던 것이 오늘날에는 여가가 아니다. 예컨대 고대 그리스에서는 여가를 곧 교육(schooling)과 관련지었으나, 오늘날에는 어느 누구도 교육을—정규교육이든지 혹은 비정규교육이든지—일(work)의 영역이라고 생각하지 여가라고 생각지는 않는다. 오늘날 교육의 깊은 효과를 강조하는 나머지 교육 그 자체가 책임성 또는 의무적 성격을 띠는, 이를테면 의무교육 또는 강제교육으로 개념이 변화했기 때문이다. 고대 그리스에서 여가는 이른바 소수특권층 엘리트가 그 구성원인 자유인(freeman), 즉 유한계급(leisure class)만이 특권적으로 누릴 수 있는 생활시간으로 아리스토텔레스의 표현같이 음악(music), 사색(contemplation) 등의 제한된 활동에 바쳐지는 활동시간으로서(Parker, 1976: 22) 행위 그 자체를 목적으로 삼고자 하는 理想主義에서 유래하고 있다(Kaplan, 1975: 18).

그렇다면 현대에서 여가의 개념은 어떻게 정의되고 있는가? 이에 대해서는 갖가지 정의들이 제기되고 있으나, 여기에서는 가장 일반성 있는 정의를 간추려 제시해 보기로 한다. 여가는 그 성격에 따라 보통 다음 세 가지로 간략히 분류·정의할 수 있다.

(1) 잔여시간이 여가이다

인간활동에 사용될 수 있는 총 가용시간수(예컨대 하루 24시간) 중에서 비여가적인 시간을 제외시킨 것이 여가라는 것이다. 양적인 면을 중시하는 이 주장은 시간적인 측면을 여가 자체의 피좀를 파악하는 기준으로 삼고 있다. 여기서 비여가시간이란 수면·식사 등 생리적으로 욕구되는 시간과 노동시간, 그리고 근무지에서 오가는 출퇴근시간 등 의무감이 수반되는 시간(committed time)을 합한 것을 지칭한다.

(2) 활동의 질에 따라 여가를 구분할 수 있다

종교인이나 철학자 등 주로 형이상학자들이 의해 주장해온 개념으로서, 여가란 잔여시간 여부의 문제가 아니라 여가라는 내용의 질 혹은 개인 스스로의 인지에 따라 파악되어야 한다는 것이다. 즉 여가 여부를 인간의 의식구조(a state of being)나 누리게 되는 자유의 질적 내용에 그 기준을 두고 있다.

예컨대 달(Dahl, 1971: 187)은 "오늘날 인간이 욕구하는 여가란 자유시간(free time)이 아니라 자유정신(free spirit)이다. 즉 취미나 즐거움을 더해가는 것이 아니라 우리를 바쁜 일정으로부터 심리적으로 해방시켜 줄 수 있는 신의 은총에 대한 감사의 마음과 평화감(a sense of grace and peace)이다"라고 주장하고 있다.

(3) 절충설(eclectic view)

시간과 행위의 질적 내용을 절충·종합한 것이 진정한 여가의 개념이라는 주장이다. 실업자나 가난한 퇴직자는 비록 많은 자유시간(비구속시간)을 갖지만, 이들 여가내용의 질을 보면 진정한 여가가 아니라 정신적·심리적으로 만족을 줄 수 없는(혹은 평화감을 느낄 수 없는) '강요된 여가'(enforced leisure)라는 것이다.

오늘날 학술적인 목적을 위해서는 여가의 질적 개념이, 또 실무적인 목적을 위해서는 양적 개념인 잔여시간 정의가 주로 활용되고 있다.

이상의 논의를 참고한다면, 우리는 여가의 본질과 의미에 어느 정도 접근할 수 있다. 카플란(Kaplan, 1960: 21)은 여가의 본질을 경제적 기능면에서 일(work)과 대립적일 것, 비자발적인 사회적 의무감이 없을 것, 자유란 개념을 심리적으로 향유하고 있을 것이라고 규정하고 있다. 요약해 본다면, 여가란 일과 대립되는 개념으로서 인간생활시간 중에서 사회적·생리적 의무행위를 위해 구속되는 시간을 뺀 비구속적 시간하에서 심리적으로 자유의사에 따라 즐기는 행위라고 규정할 수 있다.

2) 위 락

위락(慰樂: recreation)7)은 역시 여가에 소속되는 개념이나 그것은 의미상 어떤 역동적인 활동을 지칭한다(Mill, 1990: 21). 이 점을 강조하여 일찍이 "여가는 시간이고, 위락은 활동이다"라고까지 이야기한 학자들도 있다(Clawson and Knetsch, 1966: 27).

여가가 유행을 추구하고 전시효과적 느낌이 강한 개념인 반면, 위락은 다분히 자주적 또는 **자기소비적** 성격을 띠고 있으며, 관광이라는 개념과 비교해 볼 때에는 자기계발을 강조하는 듯한 느낌은 그리 주지 않는다. 또한 관광은 공간적으로 지역과 국가 혹은 대륙의 경계를 넘는다는 의미로서의 'inter'(interregional, international, intercontinental 등)란 의미를 강하게 지닌대 반해 위락은 'intra' 'local'(역내, 내부적, 국지적)이란 의미를 담고 있다.

나아가 위락은 여가, 놀이 등의 개념과는 달리 활동주체가 복수로 구성되어 있어 '타인과 **공동**으로'라는 의미가 강하다. 또한 위락은 생활의 변화 추구라는 인간의 기본적인 욕구를 충족시킨다는 점에서 그 행위목적은 관광과 유사점이 많으나, 공간이동 또는 시간개념이라는 느낌은 주지 않으므로 관광과는 일견 무관한 것같이 보이기도 한다(Mill, 1990: 22). 실제로 일반인, 심지어 학자들

---

7) 이 용어는 학문분야마다 제가끔 다르게 번역되고 있으나, 본서에서는 일반 언론 등 대중매체가 그러하듯이 '위락'으로 번역하기로 한다. 참고로 이 용어를 산림자원학계(임학)에서는 '休養'으로, 조경학계에서는 '行樂'으로, 그리고 사회체육학계에서는 '레크리에이션'으로 번역하여 사용하고 있다.

간에도 양자를 서로 무관한 것으로 생각하기도 한다.

위락의 또 한 가지 중요한 특성은 "인간에게 그 신체적·정신적 및 창조적 정력의 분출구로서……", 또는 "심신의 피로를 풀고 원기를 회복하는 것", "참가자를 북돋아 주어 건전한 인생을 영위하게 하는 활동……"(金命祚, 1985: 23~4) 등의 주장에서 느낄 수 있듯이, 인간회복을 위한―그것이 정신적이든 육체적이든―목적성이 강한 활동이라는, 지극히 **수단적**이며 **계획적**인(Archer, 1973: 107) 성격을 지니고 있다는 점이다. 이러한 특성은 이미 그 본래의 단어 뜻, 즉 '재창조'(re-creation)라는 의미 속에서도 잘 나타나고 있다.

위락은 일반적으로 실내위락(indoor recreation)과 야외위락(outdoor recreation)으로 크게 나누어진다. 실내위락이 집안 또는 구조물내에서 행할 수 있는 위락활동을 총칭한다면, 야외위락은 **공간**(space)과 **자원**(resources)을 ―때로는 다량의 공간과 자원을―필요로 하는"(Clawson and Knetsch, 1966: 7) 여가행위이다. 야외위락의 대부분은 넓은 공간과 자연자원을 필요로 하는 속성을 지녔으므로 관광개념과 많은 유사성을 지니고 있다. 여기에서의 자연자원이란 산림·하천·호수 그리고 맑은 하늘 등 이용될 수 있는 모든 자연적 자원을 포함한다.

위락은 공동으로 행해지되, 자기소비적이고 '수단적인 성격을 띠며 역동성을 지닌 여가활동이다.

3) 놀이

놀이(play)라는 개념도 여가·위락과 더불어 관광과 밀접한 관련성을 지닌다. 인간을 놀이하는 존재, 즉 '유희하는 인간'(*Homo Ludens*)으로 보는 호이징하(John Huizinga, 1955)나 그 비판적 계승자라고 할 수 있는 카이요와(Roger Caillois, 1994)는 놀이를 인간생활의 본질이며 동시에 인류문화의 근원인 것으로 파악하고 있다. 이들의 견해에 따르면, 문화가 놀이의 성격을 상실하게 되면 마침내 문화는 붕괴의 길을 걷게 된다고 한다. 특히 호이징하는 놀이를 인간의 본질, 나아가 문화의 근원으로 파악하고 놀이의 본질과 그 표현형태를 인류역사의 전과정 속에서 파악한 후 문화가 놀이를 만들어내는 것이 아니라 반대로 놀이가 문화를 만들어 내며 또한 그것을 지속시킨다고 결론짓고 있다. 호이징하는 놀이의 특성으로서 다음 네가지를 들고 있다.[8]

---

8) Huizinga, John (1938). Homo Ludens. 영역본으로는 *Homo Ludens: A Study of the Play Element Culture*(Boston: The Beacon Press, 1955)가 있으며, 한글 번역본으로는 김윤수 역(1993). 『호모루덴스: 놀이와 문화에 관한 연구』, 까치글방이 있다.

① 인간의 자발적 자유의사에 의해 행해진다.

② 일상생활의 막간에 이용되며 탈일상적이고 사심이 없다.

③ **전통화·반복화**라는 지속성을 가지며, 놀이공간으로 미리 구획되어진 공간에서 행해진다.

④ 게임이 끝나면 놀이집단은 영구히 내집단화된다.

한편, 카이요와(Roger Caillois)는 놀이의 기준 내지 특성으로서 ① 참가의 자유, ② 일상생활로부터 격리, ③ 과정과 결과의 불확실성, ④ 생산성을 목적으로 하지 않음, ⑤ 규칙의 지배, ⑥ 가상성 등 6가지를 들고 있다. 이와 같은 놀이의 특성을 볼 때, 그것이 곧 여가의 한 형태로서 자유의사에 근거한 활동인 것은 틀림없지만 **질서, 규칙화, 전통화** 등의 관점에서 보면 위락 또는 관광과 개념적으로 다름을 알 수 있다. 그러나 놀이는 또한 관광과 여러 가지 공통적인 측면도 없지 않다. 그레번(Graburn, 1983: 15)은 그 공통속성을 다음과 같이 지적한다.

> 인간의 놀이는 관광에서 말하는 여행이라는 요소를 갖고 있지는 않지만, 관광이 지닌 여러 속성을 공유한다. 즉 놀이가 지닌 정상규칙으로부터 이탈, 제한된 지속성, 독특한 사회관계, 그리고 터너(Turner)가 유동(flow)이라고 이름한 몰입과 열중성을 지닌다. 관광과 마찬가지로 놀이로서의 게임은 일상생활의 구조와 가치관과는 다르면서도 그것을 강화시켜 주는 의례(rituals)인 것이다.

4) 여 행

여행(Travel)은 의미 그대로 어떤 수송수단을 통해서든 한 장소에서 다른 장소로 이동하는 행위로서 목적이나 동기에 관계없이 모든 이동행위를 일반적으로 지칭할 때 사용하는 포괄적인 개념이다. 여행은 그 본질이 이동이라는 점에서 다른 개념들보다 관광과 더욱 밀접한 관계를 가진다. 그래서 여행과 관광은 동의어로 착각될 만큼 현실사회에서 혼용되기도 한다. 특히 우리나라에서는 통속적으로 관광의 의미를 이동, 즉 교통과 가장 밀접히 관련시켜 보는 경향이 강하다.

내집단(in-group)
섬너(W. G. Sumner)가 사회집단의 구성원들이 지니는 심리적 태도에 따라 집단을 분류한 개념 중의 하나이다. 개인이 그 집단의 구성원들과 동류의식을 가지고 집단에 대한 귀속감을 가지는 자를 내집단, 그렇지 못하고 집단에 동화되지 못한 소외집단을 외집단이라고 부른다.

2. 관광현상과 인접개념과의 관련성: 종합

1) 기존의 논의

　　이상에서 우리는 인접개념들 중 비교적 중요하다고 생각되는 여가·위락·놀이·여행 등의 본질을 포괄적으로나마 파악하여 보았다. 그런데 이들 유사개념들은 우리가 논의삼는 관광이라는 현상과 종횡으로 연관되어 서로간의 명확한 상관관계를 밝히기가 어렵다. 최근에는 이들 개념들 간의 상호관련성에 대해 많은 연구들이 나타나고 있다(Moore *et al.*, 1995; Leiper, 1990; Morley, 1990; McKercher, 1996; Carr, 2002).

　　관광과 그 인접개념의 상관성을 제시해 준 기존 연구의 예를 먼저 보기로 하자. [그림 2-6]은 여가·위락·스포츠·관광을 육체와 정신, 그리고 회복과 발전이라는 측면에서 그 상관성을 밝히려 하고 있다. 즉 여가라는 큰 영역내에 위락·관광 그리고 이미 앞에서 설명한 놀이의 형식화된 한 부분인 스포츠가 내포되어 있으며, 위락 속에는 다시 관광이나 스포츠의 일부가 내재되어 있다. 그 성격을 보면 위락은 발전보다는 회복적인 측면이 강하며 정신 또는 육체 어느 쪽에도 특별히 치우치지 않는 인상을 준다. 한편, 관광은 회복보다는 발전적인 측면을, 육체보다는 정신적인 측면을 강조하며, 반면에 스포츠는 당연히 정신보다는 육체적인 측면을 중시하지만, 발전적인 측면은 동일하다는 의미를 함축하고 있다.

그림 2-6

관광과 유사개념과의 관계

자료: ラツワ計劃研究所
　　　(1975).

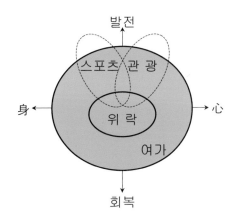

그러나 이 견해는 각 개념의 상호간 포용성에 대해서는 그런대로 잘 나타내주고 있지만, 각 개념의 기능에 대한 설명에 어색한 감이 있고 설득력이 약하다. 예컨대 회복과 발전은 서로 상치되는 개념이기보다는 상호 보완적 개념이며, 스포츠는 육체발전을 의미하는 2상한이라기보다는 육체＋회복을 나타내는 3상한의 영역에 두는 것이 합당하다는 이의제기가 가능하다. 또 관광이 자기계발적 기능을 강하게 가지고 있지만, 회복적인 기능과는 무관한 것같이 표현된 점에도 이론(異論)의 여지가 있는 것으로 보인다. 요컨대 이 개념관계 그림으로는 인접 개념간의 유사성과 관광현상의 개념적 실체를 파악하기에 부족해 보인다.

또 어떤 학자들은 여가·위락·관광·여행의 상호관련성을 〔그림 2-7〕과 같이 제시하기도 한다(稻垣勉, 1981: 11). 즉 관광은 여가와 여행의 공유부분으로 이루어지고, 이는 다시 위락적 관광과 비위락적 관광으로 분류될 수 있다는 주장인데, 어느 정도 설득력을 가진 착상으로 판단된다. 단지 설명이 미진한 부분은 일과 여가의 관계, 일과 관광간의 관계가 제시되지 않고 있는 점이라 하겠다.

그림 2-7

관광의 개념도식: 여가와 여행의 관계

자료: 稻垣勉(1981).

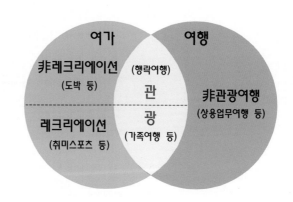

먼저 관광과 인접 개념들은 그 개념 자체가 모호할(fuzzy)뿐 아니라 인접유사 개념간에 서로 중복성이 심하기 때문에 각자를 따로 분리시켜 개념정의를 내리기는 결코 쉽지 않다는 것이 학자들의 주장이다(Moore *et al.*, 1995; Carr, 2002). 그러나 위의 논의를 바탕으로 하여 각 개념들이 지닌 고유특성을 밝혀봄으로써 관광의 실체가 무엇인가를 파악해 보기로 한다.

관광과 위락의 차이점

먼저 관광과 위락의 차이점은 무엇인가? 가장 두드러진 차이점은 관광은 위락에 비해 '산업'(industry)이라는 느낌이 강하다는 점이다(Smith, 1988; Leiper, 1990; Moore *et al.*, 1995 등). 관광이 독립적으로 불리어지기보다는 "관광산업", "관광사업" 하는 식으로 이야기되는 것도 바로 이 때문이다. 또 관광은 위락

(특히 야외위락)이나 여가와 달리 상당한 정도의 '거주권 이탈'(community displacement)이라는 공간이탈성에 있다. 야외위락(out-door recreation)이라는 개념도 어느 정도의 거주권에서의 이탈을 전제하고 있지만, 말 그대로 '문 밖'이면 충분한 것이지 자신이 거주하는 지역사회를 상당히 이탈하여 이역 또는 이국문화 환경을 접촉한다 라는 의미는 시사해 주지 않는다. 한편, 위락 특히 야외위락은— 골프, 스키 등의 스포츠에서 볼 수 있듯이—성격상 관광보다 역동성(dynamism) 과 신체적 노력(physical exertion)의 정도가 크며 자기소비적인 색채가 강하다. 나아가 관광은 견문획득을 통한 지식의 향상, 혹은 자기계발(自己啓發: self-enlightenment)이라는 학습(learning) 추구 기능이 강한 반면, 위락은 오히려 육체적 또는 정신적 회복이라는 기능이 더 강조되는 차이점을 지닌다.

관광과 여가의 차이점

여가는 자유시간(residual time) 그리고 피로한 육체나 정신을 쉬게 하는 '휴식'(rest; relaxation)이라는 의미가 강할 뿐, 장소의 이탈이라는 문제에 대해서는 관광보다 더 중립적인 편이다.

일찍이 리퍼 등(Leiper, 1990; Moore *et al.*, 1995)은 관광이 여가와 다른 점을 일곱 가지 차이점으로 구분하였는데, ① 이탈-회귀라는 과정, ② 여행체재 기간의 차이, ③ 발생빈도의 차이, ④ 다양한 사회접촉과 사교 기회의 존재, ⑤ 경비지출규모의 차이, ⑥ 배타성의 차이,⑦ 기억 지속성의 차이 등이 그것이다. 즉 여가와 달리 관광은 거주지를 떠났다가 돌아오는 과정이 있으며, 여가활동보다 체제기간이 길고 발생빈도는 낮은 편이다. 또 관광은 여가보다 타문화나 사람들을 접촉할 기회가 많으며 여비지출규모가 높은 편이다. 나아가 관광은 국민 (지역민)중 소수가 여행을 하는 편이란 점에서 차별성이 여가보다 더 크며, 여가보다 활동에 대한 회상의 지속성이 더 크다는 것이다.

여가의 종류나 범위가 다양하고 넓기 때문에 비교대상으로서의 여가를 이렇게 획일적으로 일반화하기에는 무리라는 지적도 있지만(Moore *et al.*, 1995: 75), 이 분류는 관광과 여가의 개념적 차이가 무엇인가를 그런대로 잘 설명해주고 있다고 보아진다.

관광과 이주·여행 개념간 의 차이점

한편, 관광이 다른 문화나 다른 환경을 접촉할 수 있을 정도의 상당한 거리를 이동하는 속성을 지닌다고 해서 관광을 이주(移住: migration)와 혼동되어서는 안된다. 이주는 회귀(return)를 전제하지 않는 영구체류를 목적으로 한다는 점, 그리고 유흥목적의 이동이 아니라 생계목적의 이동이라는 점에서 다르다. 이동이라는 점에 관한 한, 관광은 여행(travel)과 같은 부류에 속한다. 그래서 흔히들 관광을 여행과 동일시하는 경향도 적지 않다. 관광이라는 개념 속에는 여행 등 온갖 뉘앙스가 뒤섞여 있어 실체화에 어려움이 있다고 보아 미국여행통계센터

(USTDC) 같은 기관은 아예 관광이라는 용어를 쓰지 않고 여행이라는 용어로 일관해오기도 하였다(Frechtling, 1976). 그러나 앞에서도 밝혔지만, 상호간에 분명히 다른 점은 여행이라는 개념은 단지 이동이라는 현상만을 그 속성으로 하고 있을 뿐, 목적이나 동기를 전제하지 않는다는 것이다. 즉 여행이란 개념은 관광과 같이 유흥이나 위락을 목적으로 하거나 자기발전을 기하는 것이 아닌, 행위목적이나 행위동기를 묻지 않는 포괄적 이동개념이다. 따라서 모든 관광행위는 전부 여행 속에 포함되지만, 역으로 모든 여행이 전부 관광일 수는 없다. 즉 여행은 관광의 필요조건은 되지만 충분조건은 될 수 없다.

여행은 관광의 필요조건이지만 충분조건은 아니다.

2) 상호관련성의 종합

이상에서 관광과 다른 유사개념간의 차이점이나 공통점을 간략히 파악해 보았다. 이들 개념을 토대로 상호간의 관련성을 그림으로 표시해 본 것이 〔그림 2-8〕, 〔그림 2-9〕이다.

〔그림 2-8〕에서 보듯이, 우리의 생활공간은 크게 일(즉 생업과 자신의 유지·관리행위)과 여가 그리고 이동(가사 및 일 관련 이동 및 여행)으로 구성되어 있다. 그런데 여가는 그 자체일 수도 있지만, 계획적이고 역동적 활동인 위락이나 여행·관광 등과 영역상 중복될 수도 있다. 여기서 관광이라는 현상에 초점을 맞추어 보면(가운데 푸른 색 동그라미 부분) 그것은 여행과 여가의 한 부분집합임을 알 수 있다.

그림 2-8

관광유사개념의 상호
연관성

주: 여가란 개념 속에 위락과
관광은 포함되며, 또한 위
락과 관광은 서로 겹치는
부분을 가진다. 한편, 관
광은 여행이란 영역속에
일부분으로 포함된다.

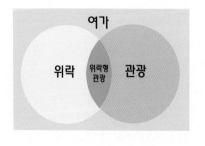

〔그림 2-9〕는 이상의 인접개념들을 종합하여 포괄성(inclusiveness) 여부나 정도를 입체도형으로 표시해본 것이다. 여기서 입체도형의 높이는 아무 의미가 없고 다만 평면과 중복되는가의 여부만을 보면 된다. 여기서 보면, 관광은 위

락적 영역과 겹치지 않은 채 단지 여가행위하고만 겹치는 경우도 있을 수 있는데, 예를 들어, '휴식행위'와 같이 비활동적이거나 소극적인 성격의 '여가형 관광' 그리고 견문을 넓히기 위한 자기계발적 여행 등을 들 수 있다. 또 놀이시설의 이용이나 승마·골프 등 스포츠를 목적으로 한 해외여행, 영월 동강에서의 레프팅을 위한 여행 등 위락목적의 위락관광도 있을 수 있다. 또 여가(또는 자유시간의 향유)의 성격을 띠지 않는, 이를테면 업무성격의 여행이나, 일의 속성을 지닌 수학여행 또는 산업시찰, 업무여행과 같은 '일' 성격의 관광도 있을 수 있다. 일의 속성을 지닌 수학여행 등이 이와 같이 관광의 범주 속에 포함될 수 있는 이유는, 수학여행이나 산업시찰이 지식획득을 통한 자기발전이라는 주요 관광적 속성을 띠고 있기 때문이다. 종합적으로, 여타 인접개념과 기능상 겹치는가의 여부에 따라 관광의 유형은 다음과 같이 구분해볼 수도 있을 것이다.

Wanderlust
Gray(1970)란 학자가 일찍이 분류한 여행자유형으로서, 이문화감상이나 견문을 목적으로 이리저리 떠돌아다니는 여행자를 말한다. 이와 대칭되는 유형으로는 sunlust(자연을 탐구하거나 이용하는 여행)가 있다.

□ 여가형 관광: 여가, 여행과만 겹치는 관광(휴식형 관광, 보양관광, sunlust 등)

□ 견문형 관광: 여가, 여행과만 겹치는 관광(자기계발적 여행, 聖地순례, wanderlust 등)

□ 위락형 관광: 여가, 위락, 여행과 겹치는 관광(레프팅, 스포츠관광, 향락여행 등)

□ 일형의 관광: 일, 여행과만 겹치는 관광(수학여행, 견학여행, 업무여행 등)

그림 2-9

관광과 인접유사개념의
영역 구분

주: 일과 여가, 위락, 관광, 여행을 서로 중첩시켜 입체적으로 표시해본 것이다 (여기서 높이는 고려하지 말 것). 관광은 여행의 일부이면서 여가와 위락과는 상당부분 중첩되지만, 부분적으로는 그림에서 보듯이 일(work)이라는 영역과도 부분적으로 겹친다는 것을 알 수 있다.

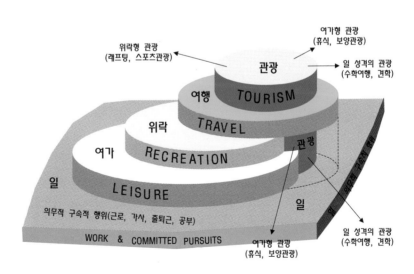

물론 이러한 분류도 관광이나 여가·위락 활동의 다양성 등을 감안할 때, 일반화하기에 불충분하다는 비판을 받을 수 있다. 또 인종, 性, 나이 등의 개인적 특성, 여가시설 등 물리적 특성, 그리고 문화권간 차이 등을 고려할 때 여가와 관광 등을 동일 선상에 놓고 비교한다는 것이 무리라는 비판도 있다(Moore *et al.*, 1995; Carr, 2002).

그러나 오늘날 소득수준의 향상과 항공기술의 발달, 여행비용의 상대적 인하 등으로 보통 여가활동이 그렇듯 국내외 여행도 거의 '일상 생활화'되어가고 있다는 무어 등(Moore et al. 1995)의 주장을 받아들인다면 〔그림 2-10〕과 같이 관광은 여가와 점점 유사해져 가고 급기야 같은 동일선상 양끝에 각각 위치한 동일 선상의 연속체(a continuum)라고 해석할 수도 있을 것이다.

그림 2-10

관광과 여가의 연속체

주: 동일 선상 양 극단에 위치한 관광과 여가란 개념은 장차 가운데로 갈수록 더욱 상호 유사해져 간다.

제4절 관광집단의 분류

1. 국제관광과 국민관광의 구분과 분류체계

관광학이나 관광위락관련 실무분야에서 국민관광, 국제관광이라는 용어처럼 자주 사용되고 있는 개념도 드물다. 더구나 이러한 분류체계는 이미 4년제 대학이나 전문대학 등에서 관광학 교과과정상 각론체계로 뿌리를 내려가고 있는 단계이다. 그러나 이 분류체계는 다시 음미해 보아야 할 필요성이 있다. 몇 가지 분류기준을 토대로 그 문제점과 대안에 대해 검토해 보기로 하자.

관광행위 유형의 분류기준에 관한 한, 우리나라에서는 개념상 혼란이 적지 않게 있어왔지만 이를 간과해온 경향이 있다. 관광주체의 국적이나 지리적 경계, 또는 국가나 해당기업의 피보조 여부(subsidized or not) 혹은 대중성 등의 기준을 염두에 두지 않은 채 개념들을 서로 혼동·혼용함으로써 불필요한 혼란을 일으켜 왔다는 것이다(예컨대, 김진섭, 1978; 이장춘, 1986 등). 국제관광과 국민관광을 서로 혼동하여 사용한다던가, 국민관광(national tourism)이 곧 사회관광(social tourism)인 것처럼 인식되어온 것이 그 대표적 사례라 할 수 있다.9)

본 절에서는 이러한 혼동을 불식시키기 위해 먼저 분류의 기준을 정하고 이 기준에 따라 관광집단을 새로이 분류해 보기로 한다. 아울러 우리나라에서도 이미 지방화시대에 접어든 이상 앞으로는 자치단체가 스스로 자체 관광통계를 작성하거나 지역사회 실정에 맞는 관광개념체계를 정립하는 것도 시급하다고 사료되므로 지역관광에 대한 분류에 대해서도 간략히 논의하고자 한다.

서양(특히 유럽)은 그 문화나 지정학적 여건이 우리와 비교해 크게 다르다. 우선 유럽국가들은 서로 국경을 접하는 경우가 많을 뿐 아니라 인접국가로의 이주나 상호교류가 일찍부터 활발하였다. 그래서 이들의 경우에는 이동자의 국적이나 국경이라는 제약이 없이 상호 국제관광이 일찍부터 발달해 왔으며, 관광자의 분류도 국적이나 물리적 경계(국경)기준을 엄격하게 적용하는 경향을 보이지 않는다.10) 근래의 통합 유럽공동체(EU) 시대에 들어서는 더더욱 그렇다.

그러나 우리나라나 일본과 같이 인종·종교·습속 등 사회·문화적 성격과 지정학적 조건이 서구와 크게 다른 나라들의 경우, 국제관광객의 구분근거는 보다 뚜렷하다. 과거 우리나라같이 개인의 민생문제나 부의 균등한 배분보다는 총량성장에만 목표를 두어 외화획득에 총력을 경주하던 1960년대, 1970년대에는 우리나라에 외화를 떨어뜨리는 주체가—주한 외국인 여부에 관계없이—외국인이냐 아니냐(국적이 다르거나 피부색이 다르거나) 하는 외관적 기준이 소위 국제관광객을 분류하는 주요 잣대로 사용되었다. 그 결과, 사업차 찾아오는 방한 외국인이라도(심지어 주한 외국인까지) 국제관광객으로 간주하는 반면, 해외여행 국민이나 역내 여행자는 통계상 무시하는 관행을 보여 왔다.

그러나 요즘은 관광의 대내외적 상황이 크게 달라졌다. 산업 전반에 걸친 괄

9) 외국의 관광관련 학자들 간에도 그 학술적 개념이 아직 확고히 정립되지는 않았지만(예컨대, Lundberg, 1974: 137), 'social tourism'의 본래 의미는 "어떤 형태이든지 간에 사회후생적 형태의 부분적(또는 전적)·유형적 또는 무형적 보조·지원이 이루어지는 관광"을 뜻한다. 자국 국민이 관광한다는 의미의 국민관광과는 의미나 성격이 다르다고 볼 수 있다. 보다 자세한 비판은 본서의 초판(1985), pp.72~4 참조.

10) 예를 들어 노르웨이·스웨덴·핀란드 등의 스칸디나비아 제국들은 자국 여행자들의 상호 월경관광을 국제관광으로 보지 않고 국내관광으로 본다. 또한 북미주의 경우 미국의 캐나다 출신 관광자나 멕시코 출신 관광자는 각각 6개월 미만 체류, 3일 이하 체류하는 경우 아예 관광자 범위에서 제외시키고 있다.

시대와 그 사회가 처한 상황에 따라 관광의 개념이나 목표도 바뀐다. 우리나라 경제개발초기(1960~70년대)에는 국제관광객이란 곧 방한 외국인 여행자를 뜻하였다. 이제 상황은 달라져 해외관광 내국인, 국내의 역내 관광자 또한 중요한 연구대상으로 부각되고 있다.

관광집단의 분류

목할 성장에 따라 우리나라 총 무역규모에서 관광이 차지하는 비중이 상대적으로 줄어들게 되었고, 따라서 관광을 통한 외화수입이 국민경제에서 차지하는 역할도 점차 줄어들어 가고 있는 실정이다. 반대로 1989년 해외여행의 전면적인 자유화 조치로 내국인의 해외여행수요가 폭발(2006년 해외송출객 1,000만명 돌파)함으로써 우리 국민 중에서 해외여행을 즐기는 여행자들이 경제적으로 문화적으로 새로운 여가집단으로 등장하고 있으며, 1995년 지방자치 시대의 시작으로 국가간을 이동하는 관광자 못지않게 **역내관광자**(local tourists) 또한 이 시대의 새로운 관광자 집단으로 부각되고 있다. 여기에 이러한 집단들을 명확히 개념짓고 분류해야 할 필요성이 있는 것이다.

본 절에서는 이러한 집단개념 분류의 중요성에 비추어 국적기준과 정치적 경계기준이라는 잣대를 가지고 관광집단의 개념적 분류를 시도해 보기로 한다.

먼저 관광 또는 관광자의 분류기준으로서 **국적기준주의**를 생각해보자. 이 기준은 관광주체인 여행자의 소속 국적에 따라 관광을 자국인 관광과 외국인 관광으로 나누는 것이다. 이때 그 관광행위자는 다만 국적이 자국인인가 아닌가만 분류기준이 될 뿐, 그가 현재 자국에 거주하는가 아닌가 하는 점은 문제가 되지 않는다. 여기서 자국인(我國人) 관광은 우리가 통속적으로 사용하는 **국민관광**(national tourism)과 같은 개념이라고 볼 수 있는데, 우리 국민이 국외를 여행하든 국내를 여행하든 자국민이 행하는 관광이라는 점이 이 개념의 핵심이다. 물론 이를 국내의 지역단위(道 또는 郡)에 적용시켜 볼 수도 있다. 관광을 역내 주민이냐 외지민이냐의 거주지역 기준에서 본다면, 이 또한 같은 부류의 분류체계가 된다. 우리나라도 90년대 중반에 지방화시대가 열렸다는 점을 감안할 때 이 기준은 중요한 의미를 지니게 될 것이다.

또 다른 분류기준은 관광자가 이미 설정된 정치적 내지 법적 경계를 넘느냐의 여부를 기준으로 삼는 **물리적 경계기준주의**(국경 또는 지역경계기준주의)이다. 이 국경기준주의에 의한다면 관광은 다시 국내관광과 국제관광으로 나눌 수 있다. 내외국인에 관계없이, 주체의 관광행위가 국내에서 발생되면 **국내관광**(domestic tourism), 내외국인에 관계없이 법적으로 정해진 국경을 넘어서서 관광이 이루어지면 **국제관광**(international tourism)으로 볼 수 있다. 따라서 이제까지 우리가 통속적으로 정의하여 온 외국인의 국내관광도 국제관광에 포함될 수 있지만, 우리 국민의 해외여행도 마찬가지로 국제관광에 포함될 수 있다. 한편, 우리 국민의 해외여행도 결국 '우리나라 국민의' 국민관광(national tourism)이므로 기존의 통속적 분류를 적용한다면 적어도 부분적으로는 '국민관광 = 국제관광'이라는 등식이 성립한다.

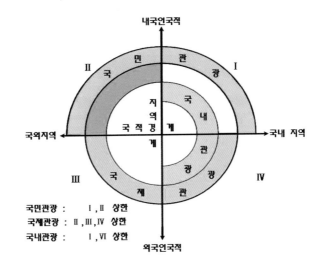

그림 2-11

관광자 집단특성에 따른
관광분류 체계

주:
國內觀光(domestic tourism)
=내국인의 국내관광+외국인의
 국내관광
國民觀光(national tourism)
=내국인의 국내관광+내국인의
 국외관광
國際觀光(international tourism)
=내국인의 국외관광+외국인의
 국내관광+외국인의 제3국 관광

이제 〔그림 2-11〕을 통해 두 분류기준을 종합하여 설명해 보기로 하자. 세로축을 국가의 물리적 지역경계, 가로축을 관광자의 국적분류에 따른[11] 경계로 삼으면 관광자의 특성은 그림과 같이 네 가지 특성집단으로 분류될 수 있다. 즉 내국인으로서 국내관광을 하는 집단(제1상한), 내국인으로서 국외를 관광하는 집단(제2상한), 외국인 국적자로서 제3국(자국 제외)을 관광하는 집단(제3상한), 외국인 국적으로서 국내를 여행하는 집단(제4상한)이 바로 그것이다.

여기에 흔히 우리가 이야기하는 국제관광, 국민관광 개념을 적용시킨다면, 국제관광은 2, 3, 4상한을 합한 개념을 뜻하며, 국민관광은 1, 2상한, 국내관광은 1, 4상한을 나타낸다. 그러므로 국제관광과 국민관광은 2상한에서 서로 중복된다는 것을 알 수 있다. 이렇게 볼 때 이제까지 우리가 무의식적으로 사용해 온 관광집단 분류체계가 얼마나 그릇되었는지를 알 수 있다.

끝으로 위의 분류에서 제외된 개념이 있는데, 내국인의 내국관광이 그것이다. 국민관광과 국내관광이 중복되는 1상한이 그것인데, 챠드윅(Chadwick, 1994: 66)은 이를 "internal tourism"이라 명명하고 있는데, 우리는 이를 '내부관광'이라고 부르는 것이 좋지 않을까 생각된다.

---

11) 물론 '국적에 기준한 경계'를 OECD와 같이 '거주지에 기준한 경계'로 바꾸어 생각할 수도 있다. 그럴 경우의 차이는 '해외교포의 수', '국내에 거주하는 외국인 수' 간의 차이만큼 두 기준간에는 차이가 날 것이다. OECD 기준에 대해서는, 김덕기·유지윤(1998)의 보고서 참조.

본서에서는 물리적 지역경계 기준에 따라, 제2편에서는 국내관광(제1상한 + 제4상한)을 다루고, 제3편에서는 주로 국제관광의 일부(제2상한 + 제3상한)를 중심으로 내용을 전개해 나가고자 한다.

관광자를 포함하여 모든 여행자를 분류하고 특히 여행의 목적을 주된 활동과 2차적 활동으로 분류해놓은 그림이 차드윅(Chadwick, 1994: 68)의 〔그림 2-12〕이다. 이 분류는 앞의 〔그림 2-2〕와 유사하나 국제관광과 국내관광를 구분시켜 놓았다는 점이 다르다.

그림 2-12

방문자, 관광자, 여행자의
종합분류

주:
(1) WTO의 국제관광 정의
(2) WTO의 당일여행자 정의
(3) 관광범주에 드는 자보다 단거리를 여행하는 자(예: 50마일 이내 등)
(4) 집과 학교간을 통학하는 학생 (기타학생은 관광범주)
(5) 국외이민, 난민, 이사, 유목민 등 새로운 거주지로 향하는 모든 이동자

자료: Chadwick (1994) p. 68의 그림 1을 토대로 재조정.

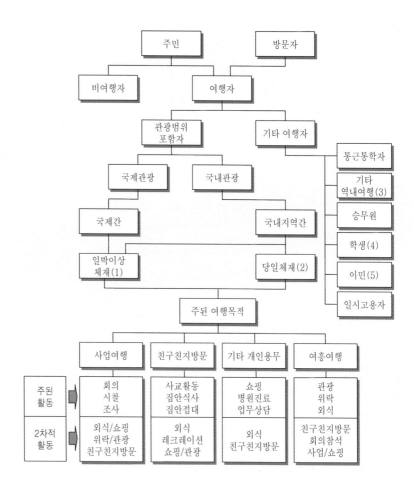

2. 관광유형의 구분

제1장 1절에서도 분명히 밝혔지만, 관광학의 학문적 체계화를 위해서는 방법론의 확립은 물론이고 개념체계 정립, 연구대상과 범위의 획정이 선결요건이다. 관광은 여러 다양한 활동이 혼합되어 있는 현상이므로 먼저 이를 유형화하고 그 속성을 살피는 작업이 관광학의 과학화를 위해서는 당연히 필요하다. 지난 1970년대 초부터 2000년대 초까지 약 30년간, 주요 국제학술지(여기서는 *Annals of Tourism Research*) 게재 논문들의 변화 중에서 가장 뚜렷한 경향 중의 하나는 '관광객 유형화'(tourists typologies)에 대한 연구 증가라는 발견도 이와 무관치 않다(Xiao, H. & Smith, S, 2006: 496).

학자들의 입에 많이 회자되는 관광의 유형(typology)은 그 성격에 따라 여러 가지로 나누어지고 있는데, 이 유형을 결정하는 요소들을 나열해보면 대체로 다음과 같은 것들이다.

(1) 관광자의 형태: 소비 형태별, 연령대별
(2) 관광목적지의 원근과 형태: 국내와 국제
(3) 관광의 목적: 사업, 보양, 유흥 등
(4) 관광 집단의 크기: 개별, 집단별
(5) 여행계획자(organizer)의 형태: 개인·패키지별
(6) 이용 숙박시설의 형태: 민박·캠핑·리조트 등
(7) 이용 운송수단의 형태: 도보·승용차·열차·항공·크루즈 등

관광의 유형은 이러한 성격이나 형태에 따라 다시 여러 가지 유형으로 분류할 수 있다(Gray, 1970; Cohen, 1972; Prog, 1977; Smith, 1977, 1989; Przeclawski, 1993 등).

예를 들어 관광자의 형태, 다시 말해 관광자가 추구하는 유형을 기준으로 그레이(Gray, 1970)는 "sun-lust"(자연과 벗하고자 하는 관광: 日光癖)와 "wander-lust"(문화를 견문하며 떠돌아다니는 관광: 放浪癖)로 나누고 있다.

관광유형의 분류

(1) **선 러스트**(sun-lust: 日光癖) 형 관광: 해수욕, 삼림욕 등 자연과 벗하는 데서 즐거움을 찾고자 하는 관광.
(2) **완더 러스트**(wander-lust: 放浪癖) 형 관광: 각지의 문화를 견문하며 떠돌아다니기를 즐기는 관광.

한편, 프록(Plog, 1977)은 관광하는 개개인의 성격과 관광유형을 연관지어 성격특성 그래프(psychographic profile)를 만들었는데, 그래프의 한쪽 끝에 있는 사람을 '내부지향형'(psychocentircs) 여행자, 그래프의 다른 한쪽 끝에 해당되는 사람들을 '외부지향형'(allocentrics) 여행자로 분류하였다(Williams, 1999: 25 및 Burns, 1999: 44~45에서 재인용). '내부지향형 여행자'란 천성적으로 모험을 추구하지 않는, 이미 개발되어 있는 기성의 관광목적지를 찾는 여행자이고 '외부지향형 여행자'는 천성적으로 모험심이 강한 여행자로서, 관광객들의 왕래가 없는 오지를 찾는 등 다양한 경험을 추구하는 자를 말한다. Plog(1998)은 다시 1977년 연구를 수정하여 allo-centric을 "venturers"(모험형)로, psycho-centric을 "dependables"(의존형)로 개념 명칭을 바꾸어 양 극단의 유형을 다음과 같이 재정의한다(Plog, 1998: 255~256).

(1) **모험형 관광객**(Venturers) - 동류사회 중에서는 知的 지도자급으로서, 모험과 새로운 경험을 항상 추구, 자신감에 넘치고 성취지향적이며, 결단력이 있고 항상 새로운 것을 추구, 즐겁게 現地 숙식에 적응.

(2) **의존형 관광객**(Dependables) - 남을 따라다니는 추종형으로서, 우유부단하며 안전·편리하고 비모험적인 여행을 선호, 자주 가 본 곳, 집에서와 같이 편히 즐길 수 있는 해변, 태양과 즐길 거리가 있는 바닷가 등을 선호.

그림 2-13

관광의 심리적 유형 그림

자료: Plog(1998) p. 255의 〔그림 15.1〕 참조.

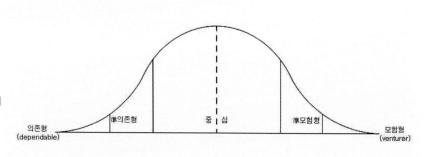

또 프르제클러스키(Przeclawski, 1993: 12)는 관광의 유형을, 인지관광(cognitive tourism: 자연과 과거 및 현대문화를 발견하는 관광), 위락 및 여흥관광, 보양관광, 창조관광(creative tourism: 자신 혹은 방문지 사람들의 편의를 위한 관광여행), 교육관광, 사업목적 관광, 종교순례 관광, 가족관계 관광 등으로 분류하고 있다.

한편, 코헨(Cohen, 1972: 167~168)은 일찍이 "국제관광 사회학에 대하여" (Towards a Sociology of International Tourism)란 연구를 통해 관광자를 관광개발의 단계와 결부시켜 다음과 같이 4계층으로 분류하고 있는데, 근래에 들어 많은 관광학자들이 이 분류를 인용하고 있다.

코헨의 관광자 유형 분류

(1) 방랑자(the drifter): 떠돌이식의 방랑자로서, 스스로 여행계획을 세우며 사람이 많은 곳을 피하고 원주민과 일체가 되어 숙식, 문화, 습속을 함께 한다. 항공여행, 호텔숙박 등 호화성 여행을 기피하고 대개 육로여행을 하며 체재기간이 적어도 한달 이상으로서 비교적 긴 여행을 하는 집단을 말한다.

(2) 탐구자(the explorer): 스스로 여행계획을 짜고 이미 잘 개발된 관광지를 가능한 한 피해 다닌다. 신기로움(novelty)을 추구하며 현지민과 일순간 同化하되, 깊이 일체화되지는 못한 채 방관자(spectators)에 그친다. 체재기간은 대량관광자보다 훨씬 길며, 대량관광 시작의 "개척자"(trail-blazer)라 할 수 있다.

(3) 개별 대량관광자(the individual mass tourists): 여행대상이나 수단이 어느 정도 타인(여행사 등)에 의해 좌우되며, 단지 여행일정, 체재기간, 숙식 등만 자신의 취향을 반영하여 여행한다. 타인이 가보지 않은 위험성이 있는 미개발지역이 아닌 이미 '잘 다져진 길'(well-beaten path)을 찾아 여행하며 여행수단, 숙식 등이 대개 高價지향적이다. 이들과 현지민과의 문화적 접촉은 최소화된다.

(4) 조직화된 대량관광자(the organized mass tourist): 전문 여행사에 의해 이미 짜여진 일정, 숙식, 교통편 계획에 따라 여행인솔자(tour conductor)의 안내에 따라 움직이는 패키지관광의 전형적 형태로서, 집단으로 여행하므로 모든 의사결정은 여행사 혹은 인솔자가 내린다. 대량관광객을 위한 고급 숙박 및 위락시설을 이용하고 정해진 전세버스편 등을 통해 집단 이동하므로 현지민이나 현지문화와의 접촉은 별로 없으며 여행자가 느끼는 '신기성'(novelty)은 최소화된다.

이상이 코헨이 분류한 관광자의 4대 유형인데, 이를 구분하는 어떤 엄격한 기준이 있는 것은 아니다. 다만, 1, 2항은 분명히 '제도화되지 않은 관광'(uninstitutionalized tourism)의 영역에 속하고 3, 4항은 '제도화된 관광'(institutionalized tourism)의 영역, 즉 교통, 숙식, 일정 등이 여행사에 의해 짜 맞추어진 영역에 든다는 점은 명백하다. 1,2항의 '방랑자'와 '탐구자'를 구분하기는

제도화된 관광과 제도화되지않은 관광

어렵지만, 이들은 해외 오지와 다양한 문화권을 모험삼아 돌아다니는 '배낭여행
자들'(예를 들어, 1960~70년대의 김찬삼, 1990년대의 한비야・이지상 등) 집
단에 속한다 할 수 있다.

패키지여행은 곧 전형적인 '제도화된 관광'이라고 부를 수 있지만, 다만 요사
이 유행하는 인솔자를 대동하지 않는 유럽 '호텔 팩'(hotel package)이나 '항공
팩'(air package)은 제3항의 '개별 대량관광자'로 분류될 수 있을 것 같다. 분명
한 것은, 관광의 성격이 대량화되고 제도화되면 될수록 그만큼 더 그 나라 그 지
역사회에 미치는 '총량적인' 경제・사회문화 영향이 더 커진다는 것이다. 그러나
'관광자 인당'을 기준으로 했을 때의 영향력의 상대적 크기에 대해서는 아직 별
로 연구된 바 없다.

한편, 발렌 스미스(Smith, 1977, 1989)는 코헨의 관광자 4유형을 토대로
이를 더 세분하여 7가지 유형으로 나누어 관찰하고 있다. 이를 요약해보면 다음
과 같다.

문화인류학자 스미스여사의
관광유형 분류

(1) 탐구자(explorers) : 소수로서 스스로를 관광객이라 생각치 않으며 현지의
  생활양식과 규범을 따르며 현지문화를 관찰・탐구하는 여행자.
(2) 엘리트 관광자(elite tourists) : 적은 숫자에 불과하며 단기간 체재한다.
  현지문화에 적응하고 이를 관찰하되, 미리 준비되어 있는 서비스시설을 이
  용하는 여행자.
(3) 경로이탈 관광자(off-beat tourists) : 눈에 흔히 뜨이지는 않지만 관광객
  의 소란스러움을 피해 다니되, 현지 규범에 어긋나는 짓을 하면서라도 자신
  의 여행만족 극대화를 추구하는 여행자.
(4) 이례적 관광자(unusual tourists) : 흔히 눈에 뜨이는 소규모 단체여행자
  (보통 당일관광자)로서, 관광객이 이용하는 숙식장소에 주로 의존하되, 현지
  문화를 다소 이해하고 싶어 하며 이를 관찰코자 하는 여행자.
(5) 초기 대량관광자(incipient mass tourists) : 자기식의 안락한 숙식과 쾌
  적성을 추구하되, 현지문화의 이해에는 별 관심이 없는, 꾸준한 증가세의 대
  량관광자.
(6) 대량관광자(mass tourists) : 자기식의 서구적 쾌적한 숙식과 서비스를 기
  대하며 요구하는, 대량으로 밀려들어오는 중류층 여행자 집단.
(7) 전세 관광자(charter tourists) : 대형버스나 전세기를 이용하여 가이드를
  동반한 패키지 형태의, 집단으로 밀어닥치는 대량관광자. 서구식 혹은 자기
  거주지식의 안락성과 쾌적성, 청결성을 요구하며 현지민이나 현지문화와는

별로 접촉이 이루어지지 않는 여행자 집단.

근래에 발렌 스미스(Smith, 2001: 64)는 다시 이를 6개 분류로 수정 발표
한바 있는데, 이 초기 분류와 최근 분류를 표로 비교해 종합해보면 다음과 같다.
즉 이례적 관광객과 초기 대량관광객을 묶어 (개별) 특수관심 관광자(special
interest tourist)로 통합하고 있다.

표 2-1				
관광객 유형		관광집단의 수	현지규범에의 적응도	사 례
1989	2001			
탐구자	모험 관광	매우 제한적	기꺼이 적응	우주여행, 심해잠수, 남극 스키
엘리뜨 관광객	軟性관광: 최고급	별로 눈에 않띔	완전 적응	초호화 리조트, 호화 크루즈
경로이탈 객	경로이탈 객	흔치 않지만 눈에 띔	잘 적응	히말라야, 티벳 배낭여행
이례적 관광객	특수관심 관광:	이따금 눈에 띔	어느 정도 적응	포도주 미각여행,
초기 대량관광객	FIT/DIT	꾸준히 유입	서구적 쾌적성 추구	음악여행, 문학기행
대량관광객	대량 관광	연속적으로 유입	서구적 쾌적성 기대	대중 관광지, 패키지여행
전세편 관광객	전세편 관광객	대량으로 유입	서구적 쾌적성 요구	전세 대량여행

관광객 유형별 여행집단
의 크기와 현지 규범에의
적응 정도

주: FIT는 Foreign Individual
Tourist(외국 개별관광객), DIT
는 국내 개별관광객
(Domestic Individual
Tourist)을 나타냄.
자료: Smith, 1989: 12의
⟨표 1⟩ 및 Smith,
2001: 64의 ⟨표 4.5⟩
를 재인용하여 종합

배낭여행기

이런 관광자는 무슨 유형의 관광자인가?

히말라야를 넘어서: 라닥에서 마날리까지

필자는 1999년 정월 한달간 인도 봄베이(뭄바이)에서 동북쪽으로 가로지르며 힌두스탄 평원의 일부지역을 여행하였으나 올해에는 북부 히말라야 산악지역을 여행해 보기로 마음먹었다. 특히 印度領 잠무·카시미르州에 속하는, 그러면서도 서쪽 카시미르·펀잡지역과는 문화적으로나 자연환경적으로나 전혀 다른 라닥(Ladakh)지역을 여행해보고자 마음먹은 것은 바로 이곳의 가혹한 자연환경과 티벳 불교문화권에 대한 강렬한 호기심 때문이었다. 중심도시를 레(Leh: 인구 15,000명 정도)로 하고 있는 이곳은 '小 티벳'(little Tiebet)이라고 불리는, 남쪽으로는 히말라야 산맥을, 북쪽으로는 카라코람 산맥을, 서쪽으로는 멀리 힌두쿠시 산맥과 가까이로는 잔스카르 산맥을 그리고 우측으로는 티벳고원을 끼고 있는 그야말로 '첩첩 산중의 高原'이다. 이곳은 종교면에서도 힌두교와 이슬람교 그리고 시크교의 영향을 강하게 받아온 카시미르 州와는 확연히 구분된다. 라닥지역의 최서단에 있는 도시 카르길(Kargil)을 경계로 이곳 라닥은 주민 거의가 라마 불교를 믿고 있다. 인종적으로도 티벳몽골계에 속하는 라다키(Ladakhi)가 과반수를 이루는 문화권이다. 불교문화권인 관계로 이곳 라닥 지역에는 히미스(Hemis), 틱세(Thikse), 스톡(Stock), 피양(Phyang), 라마유르(Lamayuru), 알치(Alchi) 등 유서깊은 라마 불교 곰파(Gompa: 寺院)가 많이 산재해 있다.

필자가 이곳 지역에 대한 지식을 처음 얻게 된 것은 80년대 말, 엘리자베스 프로펫(Elizabeth Prophet)이란 작가가 쓴 저서, 즉 러시아의 탐험가이자 저술가인 니콜라스 노토비치(Nicholas K. Notovitch)란 사람이 1887년경 현재의 파키스탄 라호르(Lahore)를 거쳐 스리나가르에서 라닥지역까지 여행한 내용과 聖者 예수가 그 옛날 이곳을 지나간 흔적을 다룬 동국출판사 간행(1987)「예수의 잃어버린 세월」(Lost life of the Jesus)이란 책을 통해서이다. 이곳 라닥·티벳지역에 석가모니와 예수의 사상을 연결해주는 전설과 물증이 남아 있다는 주장도 필자에게는 충격적이었지만, 그보다 필자를 매료시킨 것은 100여년 전 라호르를 출발하여 카시미르 계곡의 스리나가르를 거쳐 라닥지역 레까지의 여정을 생생하게 기록한 그의 기행문이다. 카시미르 지역의 풍속과 경치, 신드 계곡, 조지 라(Zoji La, 해발 3529m: '라는 재·嶺 pass'라는 뜻)를 힘겹게 넘는 모습, 사람이 사는 곳 중 세계에서 두 번째로 가장 추운 곳이라는 '드라스'(Dras), 이슬람교와 불교가 공존하는 카르길(Kargil), 마을입구에 서있는 흰 회칠을 한 초르텐(chorten:불탑)과 8m 높이의 미륵마애불이 새겨져 있다는 티벳 불교권 지역의 첫 관문 물벡(Mulbekh), 그리고 최종 종착지인 라닥 지방 레의 풍물과 히미스 사원의 축제 등에 이르기까지 426km의 생경한 여정을 너무나 호기심 넘치게 묘사하고 있었기 때문이다.

현재 라닥지역으로 들어가는 통로는 크게 세 가지이다. 하나는 100여년전 노토비치가 탐험한 길을 따라 스리나가르에서 레까지 개통된 자동차 도로(438km)를 이용, 장장 이틀간을 달리는 버스를 이용해 들어가는 방법(카르길에서 一泊)이다. 군용 작전도로로 일찍이 개통된 이 루트가 가장 일반적인 접근로인데, 재가 그리 많지 않긴 하지만 조지 라(3529m), 포투 라(Photu La: 4091m) 등의 높은 재 때문에 일년 중 6월~10월간만 도로가 개통된다. 그러나 이 통로는 파키스탄과 국경을 바로 접한, 정치적으로 민감한 곳으로서(특히 카르길 지역) 가끔 상호간 무력 충돌이 일어나기 때문에 더러 통행로가 폐쇄되기도 하는 루트이다. 또 하나의 육로는 1989년부터 외국인에게 개방된 마날리(Manali)-레間의 고산 도로이다. 이 도로는 중간에 험준한 재가 많고 특히 타그랑 라(Taglang La: 5360m)라는 자동차 도로로서는 세계에서 두 번째로 높다는 험산준령이 있어 일년의 대부분 눈으로 덮여 있는 관계로 짧은 여름 한 철에만 겨우 길이 열리는 통로이다. 마지막 접근방법은 델리에서 레까지 비행기를 이용하는 방법이다. 계절에 관계없이 운항하지만, 편도 항공료가 비싼 편이고 또 매일 운행하지도 않으므로(성수기에는 대개 격일 운행) 배낭여행자에게는 부담스러운 교통수단에 속한다. 여행 날짜가 제한되어 있는 관계로 필자 일행(제자들과 필자를 포함하여 5명)은 부득이 비행기를 타고 레로 들어가기로 결정하였다. 그리고 나서 돌아올 때는 레-마날리간 산간도로를 달리는 버스를 이용하기로 하였나. 마날리에서는 일단 델리로 갔다가 다시 동북단의 우타르 프라데시 주를 거쳐 네팔 서쪽 국경을 통과, 카트만두로 갈 예정이다.

타이항공을 이용, 7월 2일 델리공항에 밤 11시경 도착한 후 새벽 6시 레로 향하는 비행기에 몸을 실었다. 북인도의 새벽 하늘을 한 시간 가량 날더니 비행기는 이윽고 레 상공에 도착한다. 눈 아래로는 눈 덮인 히말라야 산맥의 장관이 펼쳐지더니 비행기가 고도를 낮추면서 나무 하나 풀 한 포기 없는 황량하기만 한 라닥 산맥의 정경이 바로 눈앞에 들어온다. 흡사 달 표면같은 이상야릇한 풍경이다. 드디어 우리가 탄 얼라이언스 항공 (Alliance Air) 소속의 소형 보잉기는 아침 7시경 활주로에 바퀴를 내리며 마치 달 표면의 어느 골짜기를 연상시키는 레의 땅에 착륙한다. 이곳 레는 해발 3,505m의 高原에 자리잡은 인구 15,000명(1887년 노토비치가 방문하였을 때의 인구는 5,000명)의 조그만 도시이지만 그래도 이 곳 라닥-잔스카르(Ladakh and Janskar) 지역을 대표하는 중심도시이다. 비행기에서 내려 시골 버스 정류장 대합실을 연상시키는 공항대합실에 들어서자 곧 둔기로 맞은 듯 머리가 띵하고 어질어질해진다. 땅이 약간 기운 듯한 느낌도 든다. 이게 바로 산소부족으로 생기는 고소병 증상이다 생각하니 약간 겁도 난다. 정도의 차이는 있지만 해발 2500m 정도에서부터는 누구에게나 산소부족으로 인한 고소 증세가 온다고 하는데, 심한 사람은 입원을 하기도 하며 더욱 심한 사람은 목숨을 잃기도 한다는 이야기를 책에서 많이 읽은 터이기 때문이다. 고소증에는 百藥이 무효이고 오직 한가지 방법은 즉시 낮은 지대로 다시 내려가는 것이라고 한다. 내 체력이 과연 이 정도 산소부족증을 견디어낼 수 있을 것인지 실험해보자는 오기같은 모험심도 한편에서는 발동한다.

레 시내에 도착하여 우선 싼 숙소(실당 1박에 150루피, 한화 6,000원정도)를 찾아 여장을 풀었다. 여전히 머리가 띵하고 약간의 두통 끼와 함께 불쾌감을 느끼는 것이 꼭 전날 독한 술로 과음을 하고 아침에 일어난 기분이다. 묘약은 휴식밖에 없을 것 같아 식사를 하는 둥 마는 둥 실컷 잠을 잤다. 다음 날이 되니 그런 대로 정상에 가까워지는 기분이다.

라닥은 어떤 곳인가? 이곳은 현재 인도령이긴 하지만 과거에 티벳 라사(Lassa)의 지배를 받아온 티벳 제국의 일부였으며 지금도 문화적으로 인종학적으로 불교문화권에 속하는 티벳영향권 지역이다. 그래서 지금도 '작은 티벳'(little Tibet)이라 불리어지고 있는 곳이다. 그런데 카시미르를 정복한 침입자들에 의해 과거 이 지역은 여러 번 유린되었다고 한다. 특히 카시미르와 이곳 라닥 지역을 각기 다른 시기에 정복했던 회교도들은 이곳 주민들을 강제로 회교도로 개종시켰다고 한다. 그 후 라닥는 시크(Sikh) 교도에 의해 카시미르에 병합되고 난 후, 다시 옛 종교를 찾을 수 있게 되었다고 한다. 이 지역은 1947년 인도가 독립하면서 인도 북부의 한 주, 즉 잠무·카시미르 주에 소속하게 되었다. 인구는 라닥과 인근 잔스카르 지역을 합해 총 14만여 명으로서 면적은 우리 남한 크기와 비슷한 96,700 km²이다. 다른 인도지역과 달리 남쪽의 히말라야 준령에 가로막혀 연평균 강수량은 고작 20mm 내외이고 기후는 무척 건조한 편이다. 겨울 최저기온(12월, 1월)은 영하 12도 내외이며 여름 최대기온(7월, 8월)은 25도 안팎이다. 현지민에 따르면 최근 10여 년 전부터 여름 강수량이 점차 늘어가는 이상 기후 현상을 보이고 있다고 한다. 이렇게 강수량이 적다보니 산이건 들이건 나무 한 그루 풀 한 포기 없는 황량한 불모지대가 대부분이고, 가끔 5천~6천m 급의 雪山으로부터 여름 철에 이르러서야 녹아내리는 눈물이 계곡을 타고 내려오는 곳에 마치 사막의 오아시스 마냥 약간의 초지와 농토가 형성되고 이곳을 중심으로 20~30호 정도의 촌락을 이루는 것이 이곳 라닥의 풍경이다. 인종은 2/3가 티벳 몽골계의 라닥인(Ladakhi)이고 고산지대에서 야크나 염소를 방목하는 티벳계의 참파 族(Tchampas: 방랑자라는 뜻), 북인도에서 이주해온 몬 족(Mons), 1950년대말 중국의 압제를 피해 티벳에서 망명해온 티벳 족(약 6천명으로 추산), 그리고 중앙아시아에서 이주해와 이슬람교를 믿고 있는 발티 족(Baltis), 다드 족(Dards) 등으로 구성되어 있다. 대체로 이곳 티벳 라닥인들은 강렬한 직사광선과 자외선 때문에 얼굴이 검게 그을려 있고 건조함을 방지하기 위해 머리와 얼굴에 야크 버터를 바른다고 한다. 러시아인 노토비치가 방문하였던 1800년대 말에만 하더라도 1妻 多夫制가 성행하여 한 여자가 보통 3~4명의 남편을 거느렸다고 하나 지금은 그런 풍습이 거의 사라져가고 있다고 한다. 가혹한 자연조건 속에서 인구를 늘이지 않고 살아가기 위한 방편으로 이런 습속이 생기지 않았나 생각된다.

현재는 관광객과 현대화의 물결에 밀려 당시의 풍속이 많이 쇠퇴했다고 한다. 중심도시 레는 현대화의 물결과 환경오염에 요즘 크게 시달리고 있는 것 같았다. 외국인에게 개방된 1974년부터 이곳 라닥를 찾았던 언어학자 헬레나 호지(Helena Norberg Hodge) 여사는 밀려드는 관광객과 현대화의 물결로 라닥의 미풍양속과 자연환경이 마구 파괴되어 가는 것을 안타깝게 여긴 나머지, 녹색운동의 일환으로 「라닥 생태연구센터」(The Ladakh Ecology Center)를 설립, 국제기구의 도움을 받아 현재 '지속가능한' 라닥 개발 운동을 계속 펼치고 있다.

그녀의 이러한 노력은 「오래된 미래: 라닥으로부터 배운다」(Ancient Futures: Learning from L`adakh)란 저서를 통해 최근 우리나라에도 이미 소개된 바 있다. 레의 서북쪽 한 귀퉁이에 자리잡고 있는 '라닥 생태연구센터'를 겨우 찾아 오후 4시 반에 한 번씩 상영한다는 비디오 시사회에 다른 배낭족들과 더불어 참석해 보았다. 호지여사를 만나지는 못하였지만 이 불모지의 스러져가는 전통문화를 되살리려는 그녀의 노력에 마음속으로 찬사를 보냈다. 사실 그녀가 70년대에 보았던 라닥인들의 정겨운 공동체사회 그리고 상부상조하는 미풍양속은 라닥인들만의 풍속이나 고유한 정서였던 것은 아니다. 우리 사회도 1950년대 혹은 적어도 1960년대까지는 그와 못지않은(어쩌면 거의 유사한) 인정과 상부상조 정신이 공존하던 그런 운명공동체 사회였다. 급격히 밀어닥친 공업화와 현대화가 그런 '인간다운 전통문화'를 송두리째 앗아갔다는 점이 서로의 공통점이라 할 수 있을 것이다.

짧은 일정 때문에 우리는 부득이 짚 차를 전세내어 첫 날(7월 4일)은 레에서 동남쪽으로 45km 떨어져 있는

틱세(Tikse) 곰파

히미스(Hemis) 곰파와 틱세(Tikse) 곰파(레에서 17km), 쉐 곰파를 구경하고 이튿날(7월 5일)에는 서쪽 스리나가르, 카르길 방향에 있는 라마유르 곰파(레에서 124km), 알치 곰파(레에서 64km)를 그야 말로 '번갯불에 콩 볶아 먹듯이' 돌아보았다. 히미스 사원은 이 지역 일대에서 가장 큰 사찰일 뿐만 아니라 노토비치(Nicholai Notovitch), 아베다난다(Swami Abhedananda), 로에리치(Nichoas Roerich) 그리고 마지막으로 카스파리(Elizabeth Caspari) 부인 일행이 보았다는 문제의 '예수 행적'에 관한 양피지 기록 사본이 보관되어 있었다는 사원으로도 유명해진 곳이다.

히말라야 산록, 눈 녹은 물이 계곡을 이루는 4,000m고지 안쪽에 위치하며 드룩파(Drukpa) 宗에 속하는 이 사원은 마침 우리가 도착했을 때는, 곧 다가올 7월 11일부터 사흘간 계속된다는 그 유명한 연례 '히미스 축제'를 준비하느라 사찰을 고치고 단장하며 말 그대로 야단법석이다. 전세계에서 이 축제를 보기 위해 수천명의 관광객이 모여든다고 하는데, 우리는 일정상 이 축제를 닷새 앞 둔 6일날 마날리를 향해 떠나야만 하는 처지이니 너무나 아쉬움이 남는다. 사원 내외부를 이리저리 한참을 돌아보고 난후 아쉬움을 남긴 채 다시 짚차에 올랐다. 히미스에서 레로 가는 도로 중간에 있는 틱세 사원은 겔룩파(Gelukpa) 宗에 속하는, 낮은 산봉우리 위에 우뚝 서 있는 대사찰인데, 그곳 지붕위에 올라 넓게 펼쳐진 계곡을 내려다보는 풍경이 또한 장관이다. 10세기에 건립되었다고 하는 라마유르 곰파는 카르길로 가는 도중 124km 지점에 있는 캬구파(Kagyupa) 宗에 속하는 유명한 사찰인데, 황량한 골짜기 언덕 위에 우뚝 솟은 모습이 라닥지역의 여러 곰파들 중에서 가장 장관을 이루는 사찰 중의 하나이다. 이 사찰을 중심으로 약간의 동네가 언덕 배기에 매미처럼 다닥다닥 붙어있다. 한편, 레-라마유르 도중의 인더스 강 건너편 6km지점에 위치한 알치 곰파는 산이나 언덕에 우뚝 서 있는 다른 곰파와는 달리 알치(Alchi)라는 호젓한 동네 한쪽 구석에 세워진, 11세기에 건립된 절이다. 이곳은 세계에서 가장 보존이 잘 되어 있다는 불교 탱화로 유명한 사찰이다. 2층 높이의 붓다 좌상과 입상 그리고 사면 벽에 정교하게 그려 놓은 여러 가지 만다라(mandara)는 과연 이것이 1000년 전에 그린 탱화인가 하고 의심을 할 정도로 보존 상태가 극히 양호하다. 불빛에 벽화가 퇴색되는 것을 막기 위해 두어 개의 촛불만 켜놓은 본전 내부는 약간은 으스스함을 느끼게 한다.

스피툭(Spituk), 사스풀(Saspul), 리종(Rizong), 칼시(Khalsi) 등의 작은 '오아시스'마을, 서남쪽 잔스카르 산맥에서 흘러 내려오는 잔스카르 江과 동남쪽에서 서북쪽으로 흘러드는 인더스 강이 합류하는 지점에 있는 님무(Nimmu)라는 아우라진 마을을 뒤로하고 다시 레로 돌아가면서, 일정상 스리나가르 방향의 물벡(Mulbekh)이나 카르길(Kargil)을 보지 못하고 돌아서는 발길이 못내 아쉽고 서운하다.

레에서 히말라야 산맥을 넘어 마날리(Manali)까지 이르는 길은 구불구불한 험산준령 산길로 장장 485km의 먼 길이다. 1989년에야 처음으로 외국인에게도 통행이 허용되기 시작했다는 이 도로는 말이 485km의 거리이지 4,000~5,000m 급의 험산준령을 무려 4개나 오르내려야 하는 최악의 산악 도로로서, 버스를 타고도 꼬박 이틀이나 소요되는 루트이다. 이 통로는 레-스리나가르 도로보다 고도가 훨씬 높고 험준하기 때문에 눈이 녹는 6월말~10월중순 간에만 간신히 개통되는 도로이기도 하단다. 여름 한 철에만 이곳을 운행하는 로칼 버스가 매일 새벽에 출발한다고 하는데, 자리가 비좁아 고생이 말이 아니라는 여관 주인의 이야기를 듣고, 우리는 웃돈을 좀 더 주더라도 디럭스 관광버스로 이 재를 넘기로 결정했다. 숙식제공 없이 인당 800루피(한화 약 3만 2천원)씩 하는 차표를 전날 미리 예매하였다.

7월 6일 이른 새벽. 잠을 설친 채 배낭을 꾸려 5시 30분에 출발한다는 디럭스 코치가 기다리는 버스 스탠드로 나섰다. 가보니 말이 '디럭스 코치'이지 25인승 미니버스인데 낡고 공간이 협소하긴 로칼 버스와 마찬가지였다. 레에서 동남쪽 49km지점, 인더스 江을 건너는 다리를 눈앞에 둔 읍시(Upsi) 마을에서 아침식사 겸 차이(茶) 한 잔씩을 마시고 코치에 올랐다. 라토(Lato), 사스파(Saspa), 룸체(Rumtse) 등 대여섯 호의 작은 민가와 간간이 서 있는 회색 칠의 초라한 불탑(초르텐) 들을 뒤로하고 미니버스는 안간 힘을 쓰며 저 멀리 눈 덮인 산등성이를 향해 느린 소걸음으로 다가간다. 풀도 없고 관목도 없이 그저 밋밋하기만 한 민둥산등성이를 이리저리 돌아 올라가면서 점점 숨이 조금씩 가빠온다.

오후 1시경 드디어 세계에서 두 번째로 높은 車道라는 타그랑 재에 도착했다. 운전사도 이번이 두 번째 운행이고 조수는 초행이라더니 둘 다 경치구경을 하려 갔는지 한 시간을 넘게 쉬었는데도 도무지 나타나지를 않는다. 원래 인도 운전사들은 시간 관념은 고사하고 태운 손님을 안중에 두지 않는다. 지난해 바라나시에서 네팔인접 국경도시 소나울리까지 350여 km를 버스를 타고 간 적이 있는데, 가끔 운전사가 차를 세워놓고 30~40분 정도씩 증발해 버리는 것을 경험한 바 있기 때문이다. 아무 말 없이 사라졌던 운전사는 전혀 미안한 기색도

라마교의 불탑(초르텐)

없이 운전석에 올라타는데, 카세트 테이프를 사오기도 하고 때로는 바나나를 한 뭉치 사와서 주걱대며 먹기도 한다.

그렇지만 누구 하나 불평하는 승객은 없다. 찻길 가까이 정상 부근에는 한 여름인데도 해묵은 눈이 켜켜이 쌓여 있다. 나도 모르게 호흡이 끊어지며 가쁜 숨을 몰아쉰다. 죽을 때 '숨 넘어간다'는 것이 바로 이런 것이구나 하는 생각이 번뜩 든다. 약간 빨리 걸었더니 숨이 차고 머리가 아프고 어질어질하다. 5,300m의 정상 도로 주변 공터에는 도로포장용 콜타르 드럼통이 여기저기 너저분하게 쌓여있고 건너편 서낭당 비슷한 건물에는 예수, 석가모니, 달라이라마, 비슈누신 등 이 세상 온갖 유명한 신·성인은 사진으로 다 모셔놓고 있다. 조금 있으니 웬 군용 트럭들이 마날리 쪽에서 수도 없이 올라온다. 한 50대는 넘는 것 같다. 카시미르와 더불어 이곳 라닥지역은 파키스탄·중국 티벳지역과 접해있는 관계로 국경분쟁이 심하기 때문에 이곳에 전 인도병력이 집중되어 있다. '물 반 고기 반'이 아니라 '山 반 軍部隊 반'이 이곳 라닥지역의 풍경이다. 이들에게 식료품 등 병참지원을 하려면 이렇게 많은 수송 트럭이 필요할 것도 같다. 길은 너무 좁아 차량이 서로 교행할 수 없기 때문에 좀 넓은 쪽을 찾아 세운 뒤 겨우 서로 비켜 가는 정도로 찻길 폭이 좁다. 왜 대형 관광버스가 이곳으로는 지나가지 않는지 그 이유를 이제야 알 것 같다. 고개를 내려가면서 보니 수많은 인부들(대개 인도 비하르 州의 노동자와 네팔 노동자들)이 초라한 옷차림과 몰골로 돌을 깨고 콜타르를 부으며 완전 '수동식'으로 도로 포장공사를 하고 있다. 이 도로는 '관광용' 도로가 아니라 '군사전략용' 목적으로 개통했음이 분명한 것 같다.

재를 넘어 다시 평탄해진 고원을 버스는 쉬지 않고 달린다. 옆을 보니 부르면 닿을 듯 指呼之間의 산자락 등성이는 눈이 시리도록 반짝이는 흰 눈 옷을 입고 있다. 따가운 여름 햇빛에 눈덩이가 슬슬 녹아내려 깊은 골짜기마다 작은 실 여울이 만들어지고 있고 드디어 그것은 점점 더 큰 여울로 이어져간다. 인더스 강의 발원지가 바로 여기구나 하는 것을 실감나게 느낀다. 잠을 설치며 새벽에 출발한 관계인지 아니면 그간의 여독이 한꺼번에 밀려오는 건지 동료 제자들은 펼쳐지는 장관에 아랑곳하지 않고 고개를 떨군 채 모두 꿈속을 헤매고 있다. 앞 뒤 돌아보니 필자만 빼고 외국 관광객 할 것 없이 모두 정신없이 골아 떨어져 있다.

동서로 무려 3,500km, 남북으로 500여km에 달한다는, 저 유장한 세월을 버텨온 히말라야 산맥! 까마득하던 그 옛날 약 8천만년전 쥬라기 시대, 지구는 북반구의 라우라시아 대륙과 남반구의 곤드와나 대륙으로 나뉘어져 있었다고 한다. 현재의 인도 대륙은 원래 곤드와나 대륙으로부터 멀리 5,000km나 떨어져 있던 거대한 섬이었는 데 이것이 遊水처럼 떠돌다가 지금의 아시아 대륙과 서서히 지각 충돌을 일으켰다고 한다. 인도대륙 쪽의 거대한 화산암들이 부드러운 흙으로 구성된 아시아판과 충돌, 인도판 쪽 암석들이 위로 솟아오르면서 지금의 히말라야를 포함, 카라코람·힌두쿠시 산맥, 천산·곤륜 산맥을 형성했다는 것이다. 그 사이에 있던 테티스海(Tethys Sea)는 일부 웅덩이만 호수로 남겨놓은 채 낮은 곳으로 물이 빠져버렸다고 한다. 초 모리리, 남초, 팡공초 등 지금 있는 수많은 티벳 호수나 그곳 계곡에서 지금도 삼엽충 등 고생대 생물의 화석이 대량으로 채취되는 점이 바로 이 사실을 증명한다고 한다. 약 60만년전 마지막으로 대규모 지각충돌(밀어 올리기)이 끝났지만 현재도 미미하게나마 진행되고 있어 히말라야 산맥은 요사이도 매년 0.8cm씩 높아져가고 있다고 한다.

끝없이 이어지는 평탄한 고원을 신나게 달려가던 버스는 갑자기 푹 꺼진 듯한 협곡을 만나더니 이리저리 지그재그로 그 계곡을 향해 달려 내려가기 시작한다. 이 곳이 팡(Pang)이란 곳으로 검문소 겸 중간 휴게소이다. 중국 서장(티벳) 쪽으로 갈라져 나가는 길이 저 멀리 보인다. 원래 계획대로라면 여기서 점심식사를 해야 되는데, 운전사가 타그랑 재에서 두 시간 동안을 증발해 버리는 바람에 오후 3시 좀 넘어서야 이곳에 도착하였다. 오후 5시가 되면 주 경계를 넘어가는 다리가 봉쇄된다며 점심을 거른 채 5분을 채 못 쉬고 버스는 다시 허겁지겁 달리기 시작한다. 얼마 안가 다시 두 번째로 높은 해발 5,060m의 라치룽 재를 올라가기 시작한다. 정상을 넘자말자 다시 무려 20여km를 이리저리 돌아 내려가는데, 지그재그형은 기본이고 8자형, 스푼형, 헤어핀형 등 온갖 모양을 한 구절양장의 산자락을 '끽-끽'하는 브레이크 마찰음 소리 요란하게 달려 내려간다. 아래를 내려다 보니 천길 낭떠러지란 곧 여기를 두고 하는 말이구나 하고 느낄 정도로 가파르기가 말로는 형용할 수가 없을 정도이다. 바닥까지 내려간 곳에는 차랍 江(Tsarap river)이 흐른다. 이 강을 넘으면 드디어 히마찰 프라데시州(Himachal Pradesh)에 이른다. 州경계인 강 兩岸에서 외국인승객에 대한 비자 조사가 이루어진다.

여기가 바로 레에서 출발하여 263km지점인 사주(Sarchu: 해발 4,100m)라는 곳이다. 이곳이 꼭 중간 지점이므로 레와 마날리를 왕복하는 대부분의 버스가 여기서 노숙을 한다. 15km정도의 거리에 걸쳐 대여섯 개의 텐트촌이 죽 늘어서 있다. 눈 덮인 雪山을 바로 눈앞에 둔 마지막 텐트촌에 우리 미니버스는 멎었다. 2~3인용 텐트에서의 一泊에 400루피를 부르는데, 흥정솜씨를 발휘한 제자 宋君 덕에 150루피에 빌렸다. 바가지 쓰는 것을 알더라도 개인용 텐트를 휴대해가지 않는 한 여기서는 다른 대안이 없다. 부르는 것이 곧 값이다. 어두워지기 전에 서둘러 차가운 히말라야의 눈물에 쌀을 앉히고 오랜만에 얼큰한 김치찌개를 끓여 향수를 달랬다.

2000년 7월 7일(금) 아침 5시에 기상. 히말라야 산 속의 새벽은 상쾌하기는 하지만 늦가을의 아침 마냥 무척 춥다. 계란 반숙과 차아 한잔으로 아침 식사를 때운 뒤, 새벽 6시경 다시 머나먼 산길을 떠난다. 이리저리 굽이치며 험준한 산맥을 세시간여 숨가쁘게 올라가니 바라라차 재 정상(4,883m)에 이른다. 쉬지도 못한 채 다시 구절양장의 재를 굽이굽이 돌아 내려가 찬드라 江과 바가 江이 합류하는 파체오(Patseo)마을에 도달한다. 한국에서 험준하다는 대관령이나 한계령 또는 죽령도 이 하늘과 맞닿은 듯한 히말라야 재에 비한다면 그저 야트막한 뒷동산 언덕을 넘는 것에 불과하다.

잔스카르 산맥지역의 파둠(Padum)까지 이어지는 트레킹 코스의 기점이라고 하는 조그만 촌락 다차(Darcha)에서 타이어를 교체하느라 조금 휴식을 취한다. 다시 버스는 협곡을 따라 한참을 달린 뒤 로탕 패스를 올라가기 직전의 조그만 휴게소 마을 곡사(Khoksar)에서 점심시간을 갖는다. 여기서 마날리까지는 71km. 이제 저 앞을 가로막고 있는 3,978m의 로탕 재만 넘으면 종착점 마날리라고 생각하니 지친 육신에 다시 힘이 솟는다. 해발은 4,000m에 20여m 못 미치지만 로탕도 결코 만만한 재는 아니다. 마지막 안간 힘을 쓰며 지그재그로 기다시피 느리게 능선을 오른 버스는 드디어 안개 자욱한 로탕의 정상에 도착한다. 여기서는 오늘 場이 서는 모양이다. 말을 탄 사람, 말을 매어놓고 물건을 흥정하는 사람, 모닥불을 피워놓고 쭉 둘러서서 불을 쬐는 사람들, 강냉이를 구어 파는 사람들 등등, 짙은 안개로 으스스해 보이지만 산 정상은 의외로 활기가 넘친다. 내리막 길은 계속 안개가 자욱하고 보슬비가 내린다. 어느덧 주변 내리막길 계곡은 다른 히말라야 재와 달리 관목 숲으로 뒤덮인다. 길가 숲에 약용식물인 당귀도 보인다. 여기서부터는 히말라야 산맥이 끝나고 인도양에서 불어오는 습한 비구름을 이 로탕 재가 가로막고 있기 때문에 강우가 많이 발생한다고 한다. 마날리까지 50여km를 계속 내려가는 동안 점점 빗방울은 굵어지고 주변의 관목은 하늘을 치솟을 듯 우뚝우뚝 솟은 채 그 위용을 뽐낸다. 오후 5시경, 드디어 해발 2,050m의 고산 휴양도시 마날리(Manali)에 도착하였다. 이 쿨루 계곡(Kullu Valley) 상류의 마날리는 주변의 심라(Shimla)와 더불어 인도에서도 유명한 하계 피서지중의 하나이다. 돈 좀 만지는 인도인들은 이곳 지역에 별장을 만들어 놓기도 하고 신혼부부들도 이곳으로 허니문을 즐겨 온다고 한다. 여기서 다시 가야할 델리까지는 디럭스 관광버스로도 16시간이나 걸리는 먼 여정이다. 이제 1단계 여정은 여기서 끝난다. 이 시원한 고산 휴양도시에서 몇 일간 푹 쉬며 여독을 풀고 일단 델리로 갔다가 다시 네팔을 향해 떠날 참이다. 육신은 고달프지만 새로운 것을 보고 배우고 느끼는 여행의 신선한 즐거움을 그 무엇에 비유하랴!

- 2000년 7월 30일 김사헌의 히말라야 여행기 중에서 -

▶ 가치중립성(價值中立性, Wertfreiheit): 진정한 과학이 되기 위해서는 사회과학으로부터 실천적·윤리적 가치(주관적 가치)를 배제하여야 한다는 뜻이다. 사회과학 방법론상의 가치판단(價值判斷)과 대조되는 용어로서 몰가치성(沒價值性)을 의미한다.

▶ 과학(科學, sciences): 자연세계에서 보편적 진리나 법칙의 발견을 목적으로 한 지식체계를 뜻한다. 과학의 어원으로서, 영어와 프랑스어의 'science'는 모두 어떤 사물을 '안다'는 라틴어 'scire'에서 연유된 말로, 넓은 의미로는 학(學) 또는 학문(學問)과 같은 뜻이다. 독일어의 'Wissenschaft'와 명백히 구별된다(영어의 'sciences' 보다 폭넓은 의미이므로 오히려 'studies'로 번역됨).

▶ 경험과학(經驗科學, empirical sciences): 우리가 실제로 경험하는(검증된) 사실 일반을 대상으로 하는 과학으로서 실증과학(實證科學)이라고도 하며 형식과학에 대응되는 말이다. 과거의 전통적인 접근방식인 형이상학적 방식, 즉 주관적이며 윤리적인 연구방식은 무의미하다고 보고 이를 거부. 사실에 대한 과학적 경험지식은 현실 경험사회에서 반드시 검증될 수 있어야 하며, 만약 검증될 수 없다면 그 어떤 주장이나 진술도 학문적 의미를 가질 수 없다고 본 최초의 과학주의적 패러다임, 즉 경험주의(실증주의 내지 논리 실증주의)에 근거를 두고 있다.

▶ 그랜드투어(grand tour): 18세기 영국 왕정시대에 영국의 귀족계급 사이에서 통과의례로서 확립되었던 장기간의 유럽대륙 주유여행을 뜻한다. 상류계층의 젊은 자제들이 짧게는 몇 달, 길게는 수년에 걸쳐 행하던 일종의 수학여행으로서 목적지는 유럽(특히 프랑스와 이탈리아)이었다.

▶ 사회과학(社會科學, social science): 인간사회의 여러 현상을 과학적·체계적으로 연구하는 모든 경험과학(經驗科學)을 말하며, 사회학·정치학·법학·종교학·예술학·도덕학 등이 포함된다. 사회과학은 자연의 여러 현상을 과학적·체계적으로 연구하는 자연과학과 대비되지만, 일반적으로 사회과학과 자연과학을 구별하는 기준은 명확하지 않다. 양자를 구별하는 기준은 궁극적으로는 인간사회의 여러 현상이 자연의 그것과는 달리, 일정한 인위적·창조적 요소를 포함하고 있다는 것이 전제가 되어 있다는 점이다.

▶ 충분조건(充分條件, sufficient condition): 하나의 명제가 참(truth)임을 밝히는데 있어서 임의의 조건이 주어진 명제가 참임을 보장해줄 때 이러한 조건을 충분조건이라고 한다.

▶ 필요조건(必要條件, necessary condition): 하나의 명제가 참임을 밝히는데 있어서 필요한 조건이지만, 그 조건이 참임을 보장하지는 않을 때 이러한 조건을 필요조건이라고 한다.

1. 우리나라 관광의 어원과 서양의 그것을 비교 관찰해 보라. 그 차이점은 무엇인 가?

2. 동양의 관광역사는 서양 못지않게 길고 깊다. 본문에서 설명한 韓中 관광의 역사 외에도 또 어떤 것이 있는지 인물을 중심으로 알아보라.

3. 관광현상이 지닌 속성(내재적 성격)은 무엇인가?

4. 관광은 그 목적에 따라 크게 세 가지로 정의 내릴 수 있다. 이들 정의를 비교하고 그 장단점을 살펴보라.

5. 관광과 관련된 유사개념은 여가, 위락, 놀이, 여행 외에 또 어떤 것들이 있나? 관광 과의 관련성을 살펴 설명하라.

6. 관광자 유형에는 어떤 것이 있는가? 오늘날 관광자들의 예를 들어가며 설명해 보라.

제3장

관광경제학의 역사, 공공재와 관광재

본 장에서는 앞으로 전개해나갈 관광경제학의 학문적 성격과 연구대상을 밝히고자 한다. 제1절에서는 먼저 이제까지 유럽, 북미를 중심으로 일어났던 관광위락경제 연구의 시대적 성격과 역사를 밝히고자 하였다. 이어서 관광경제학이란 어떤 학문이며 무엇을 목표로 연구하고자 하는가를 기술코자 하였다. 끝으로 관광경제학의 연구대상인 관광재의 시장기구를 밝힘에 있어 먼저 관광재란 어떠한 성격의 재화인가를 규명하고자 하였다. 특히 본 장에서는 관광재의 공공재적 성격을 중시하여 공공재를 중심으로 한 주변이론, 즉 시장실패와 외부효과 문제 등을 자세히 다루었다.

관광은 타지역의 제도와 문물을 보고 익히는 행위로써 나아가 자기발전에 기여하는 기능을 가진다는 점에서 종종 공익에 이바지하는 교육의 기능과 같다. 또한 아름다운 경관과 자연자원은 이러한 관광행위의 소재를 제공해 주는 공익성의 자원에 가깝다. 그러므로 관광자원은 경제학에서 이야기하는 공공재에 가깝다고 볼 수 있다. 이와 같은 시각에서 본 장은 공공성의 관광재 문제를 비교적 소상히 다루었다.

제1절 관광위락경제 연구 약사

학문은 그 시대 그 문화가 처하고 있는 사회적 여건의 산물이다. 시대의 변화에 따라 그리고 문화권의 차이에 따라 학문의 발전경향은 다르게 특징지어지기 때문이다. 관광학의 등장이나 발전도 이런 맥락에서 살펴볼 수 있다.

여러 면에서 서양은 동양(특히 동아시아)보다 관광에 대한 관심이 쉽사리 발아될 수 있었던 사회경제적 여건이 미리 성숙되어 있었다. 왜냐하면 먼 선사시대를 제외한다면, 서양은 게르만족이 그랬듯이 잦은 이동을 일삼는 **유목민** 혹은 **반유목민 문화**(semi-nomad culture)를 그 특징으로 하고 있었기 때문이다. 목축생활은 어느 한 자리에 눌러 앉아 살기보다는 좋은 초지를 찾아 자주 이동하는 생활문화이다. 따지고 보면 먼 옛날부터 서구인들의 주된 양식이 되어온 밀(麥)농사는 벼농사(水稻作 農事)에 비해 한 자리에 계속 눌러 앉아 경작해야 할 정도의 노동력 및 자본투자를 요구하는 '장소집착형' 농업이 아니다. 이에 비하면 동양, 특히 동아시아의 수도작은 정착생활을 요구하는 문화이다. 모내기, 물갈이 등 추수할 때까지 계속 많은 노동력을 적기에 투입해야 하는 '노력집약형' **농사문화**이기 때문이다. 이로 미루어 서양은 잦은 집단이동 등 이동성향(mobile culture)에 익숙할 수밖에 없었던 반면에, 한국, 중국 등 '쌀농사 문화권'은 대를 물려가며 한자리에 눌러 앉아 경작하는 비이동성 문화(immobile culture)에 익숙해져 있었다. 더구나 지정학적으로도 유럽 대륙국가들은 상호 접근성이 높을 뿐 아니라 여러 종족들의 혼합으로 언어나 민족도 서로 유사성이 컸으므로 상호 왕래가 쉽게 이루어질 수 있는 여건도 일찍부터 성숙되어 있었다. 이런 점들이 이동현상(관광현상 포함)에 대한 관심이 동아시아보다는 서양에서 보다 활발했던 배경이 아니었을까 생각된다.

한편 근대 서구사회로 눈을 돌려보자. 제1차 세계대전(1914~1918)의 종료시점인 1920년대 초반은 근대 관광의 시발점이다. 즉 이때를 기점으로 하여 유럽대륙간 또는 유럽과 북미대륙간의 인적 교류와 여행자들의 출입이 잦아지면서 이들이 떨어뜨리고 가는 외화의 중요성이 크게 인식되기 시작하였기 때문이다. 특히 전쟁 특수(特需)로 인해 이미 다른 유럽 국가들에 비해 훨씬 더 풍요해진 신대륙(北美) 국민들에 의한 해외여행(특히 그들의 선조 국가인 유럽행 여행) 수요 증가는, 제1차 세계대전 후 피폐해진 국가경제의 부흥을 위해 안간힘을 쏟던 유럽 각국에게 좋은 경제적 목표가 되었다.[1] 유럽 각국은 이들 미국여행자들

서양 문화의 바탕이 이동성의 문화라면 동양은 비이동성에 바탕을 둔 문화이다.

의 관광동태를 분석하고, 대미 관광선전을 강화하는 등 관광외화 획득을 위한 미국 여행자 유치전략에 골몰하기 시작하였다.

당시의 이러한 시대적 배경은 자연스레 학계의 관심도 촉발시켰으리라 짐작된다. 이미 많은 미국여행자를 유치하던 이태리나 독일에서는 산발적으로나마 관광 특히 관광의 경제적 측면과 관련된 논문들이 이때부터 나타나기 시작했기 때문이다. 이들 논문들이나 저술물들이 취급한 내용은 주로 현실, 즉 외환부족난 타개에 관한 문제인—과거 1960, 1970년대의 우리나라의 그것과 같이—입국 외래관광자의 규모·소비액·체재기간 연장방안 등 실물 관광경제에 관한 연구가 대부분이었다.

당시의 관광연구는 오늘날 우리가 추구하고 있는 시민의 여가생활 등 삶의 질이란 차원에 관한 연구가 아니었다. 다분히 현실적 요청에 영합하기 위한 처방적 연구(prescriptive research)의 성격을 띠고 있었다. 즉 관광현상을 오늘날과 같이 사회문화 현상으로 파악하는 것이 아니라 외화획득을 위한 사업으로만 간주하였으며, 관광사업자는 단지 미국 등지에서 온 외래객에게 관광서비스를 제공하고 반대급부(外貨)를 받는 관광재 생산자로만 간주되었다.

일반적으로 최초의 관광연구—아울러 최초의 관광경제 연구—는 이탈리아에서 비롯되었다고 밝혀지고 있는데, 보디오(Bodio, 1899)의 논문 "이탈리아에 있어서 외래객 이동 및 그 소비액에 대해서"와(鹽田正志, 1962: 4에서 재인용), 니체훼로(Nicefero, 1923)의 논문 "이탈리아에서 외국인 이동"(鹽田正志, 1962), 그리고 마리오티(Mariotti, 1929)의 저서『관광경제학강의』가 그런 부류의 연구물들이다. 특히 마리오티의 저서는 당시까지의 단편적 연구를 집약하여, 그 후 이 분야 연구의 실마리가 되었다는 점에서 높이 평가받고 있다(鹽田正志, 1962: 4).[2]

이탈리아 이외 나라에서 발표된 선구적 연구로는 독일의 보르만(Bormann, 1931)의『관광학개론』, 글뤽스만(Glücksmann, 1935)의『일반 관광론』, 그리고 영국에서는 오길비(Ogilvie, 1933) 등이 비교적 초기에 등장한 관광경제 관련 저술들이다(鹽田正志, 1962: 7~11).

그러나 이들 저술이 관광의 경제적 측면에 최초로 관심을 부여했다는 점에서는 분명히 그 의의가 크지만, 관광학 내지 관광경제학의 학문체계 형성에는 크게 도움을 주었다고 평가할 수는 없을 것 같다. 그 이유는, 제1차 세계대전 후의 국

---

1) 제1차 세계대전 전에 西歐에 25억 달러의 빚을 졌던 미국이 戰爭特需景氣로 전후에는 150억 달러의 채권국이 되었다.

2) 마리오티의 저서『觀光經濟學 (sic) 講義』는 이미 1934년 日本 國際觀光局에 의해 완역 소개된 바 있다. 그러나 鹽田에 의하면 大戰前에 번역된 이 책의 제목『觀光經濟學講義』는『觀光經濟講義』의 誤譯인 것으로 밝혀지고 있다(鹽田正志, 1974: 57 참조). '경제학'(economics)과 '경제'(economy)는 엄연히 다른 것이다.

가경제부흥이라는 시대적 과제를 안고 등장한 실무 내지 정책개발 위주의 처방
주의적 접근만을 시도했기 때문에 도대체 관광을 포괄적인 사회현상으로 파악하
지도 못하였을 뿐만 아니라 정통 사회과학적인 접근방법론이나 이론성이 크게
결여되었기 때문이다. 이러한 이론성 및 포괄성의 결여는 특히 당시 이탈리아 계
통의 저작물에서 두드러지게 나타나고 있다. 예컨대 마리오티 등은 관광을 통속
적으로 "외국인 이동" 정도로 정의하는 데 그치는 등 학문적 개념체계 구성에 대
해서는 무관심하거나 도외시하였다.

이탈리아 계통의 관광학연구
는 주로 현실처방적 연구였던
반면에, 독일계통의 연구는
비교적 학문적 체계구성에도
관심을 할애하는 종합학문적
연구경향을 보였다.

　학문적 체계 구성면에서는 그나마 독일계통의 저술물들이 이탈리아 보다 다
소 앞서고 있었음을 지적할 수 있다. 예컨대 글뤽스만이나 보르만 등은 관광이란
무엇인가, 그리고 어떤 과학에 소속될 수 있는가에 관심을 보이면서 가능한 한 간
학문적 내지 범학문적 입장에 서서 관찰하려는 노력을 어느 정도 보여주었다고
평가된다. 이런 통합학문적 시각은 근대 오스트리아의 베르넥커(P. Bernecker)
에까지 전수되어진 것으로 보인다. 보르만은 그의 저서 『관광학개론』의 서론에
서 다음과 같이 주장하고 있다.

> 이러한 관광학을 기존의 과학에 소속시킨다면 다음과 같이 말할 수 있을 것이다.
> 관광은 그 소속에서 본다면 하나의 경제학이며, 또 그 근본문제는 국민경제학 및
> 경영경제학의 영역에 속할 뿐 아니라, 제학문의 성과도 원용하지 않으면 안된다.
> 관광학은 또 교통학에도 속하나 인구이동의 이론과는 무관하다(鹽田正志, 1962:
> 8에서 재인용).

　그러나 비록 독일계통의 일부 연구들이 이와 같이 관광연구를 경제학의 한
분과로 본다고 해서, 또는 초기의 대부분의 관광연구가 그러하듯이 당시의 시대
적 배경이었던 경제적 측면만을 다루었다고 해서 이를 관광경제학 연구의 시작
이라고 보기는 어렵다. 그 이유는 개념체계나 체계적인 방법론(methodology)
혹은 이렇다 할 관련 이론이 거의 다루어지지 않았기 때문이다.

　유럽 대륙계통의 초기 관광연구가 접근방법이나 이론구성 면에서 사회과학으
로서의 관광경제학이란 학문적 요건을 그리 충족시켜 주지 않았다고 평가한다
면, 그 약점을 다소 완화시켜준 것이 바로 북미계통의 연구와 그리고 그 뒤를 따
르는 영국계통의 연구라고 할 수 있다.

　북미계통의 접근은 우선 광대한 영토와 풍부한 경제력 및 관광자원을 지니고
있다는, 그리고 지정학적으로 타국가 특히 유럽과 격리되어 있다는 특수성으로
인해 국제관광보다는 국내관광－구체적으로 내국인의 사회후생차원에서의 국내
관광－에 대한 관심이 앞섰다. 이들 북미 학사들은 관광을 외화획득 수단이 아

북미계통 연구의 특징은 개별 과학적(교차학문적) 접근을 하여 과학으로서의 깊이가 있다는 점과 국민경제 전체보다는 이용자(소비자)의 후생에 관한 주제를 다루는 연구가 주류를 이루었다는 점이다.

니라 내국인의 복지실현의 수단으로 인식하였기 때문이다. 또 하나의 부분적 이유는 이들이 국제적인 뉘앙스가 강한 'tourism'보다는 국내적 또는 사회후생의 뉘앙스가 강한 'outdoor recreation'이나 'leisure'라는 용어를 초기는 물론 현재까지도 더 즐겨 사용하고 있는 경향에서도 찾아볼 수 있다. 북미학자들이 간혹 'tourism economics'란 용어 대신에 'recreational economics'란 용어를 많이 사용하고 있는 것도 같은 맥락이다. 그 주된 관심도 외화획득 방안 등 처방적 연구나 관광통계 체제의 개선이 아니라 이용자편익(user benefits)이나 관광잉여(recreational surplus) 또는 관광지의 수용력(carrying capacity)·혼잡도(crowdness)·자연환경 파괴와의 관계 등 이용자 후생분석에 이른다는 점을 통해서도 또한 그 증거의 한 편린을 읽을 수 있다.

또 한 가지 북미연구의 특징은 접근방식상 교차학문적(cross-disciplinary) 내지 다학문적(multi-disciplinary)인 방식(또는 개별과학적인 접근방식)을 견지하고 있다는 점이다. 이 접근방식의 장점은 앞에서도 지적하였지만, 방법론이 튼실하고 관광경제 분야에 관한 한 이론의 깊이가 있다는 점이다. 그렇다고 이 연구를 당시의 관광학과 소속 교수들이(당시 북미에는 관광학과란 명칭을 가진 학과도, 전공 교수도 거의 없었지만) 주도했다는 이야기는 아니다. 오히려 관광학자가 아닌 타분야 학자, 이를 테면 자원경제학자나 환경경제학자, 농업경제학자들이 주도한 것이다. 산발적이긴 하지만 이들은 관광현상을 자신의 전공인 경제분야의 한 이슈(관심사)로 파악하여 교차학문적으로 규명하고자 하였다. 이들의 생산물인 논문들은 주로 경제관련 전문학술지, 특히 *Land Economics*, *American Journal of Agricultural Economics, Water Resources Research, Journal of Environmental Economics and Management* 등에 자주 발표되어 왔으므로 이들 학술지에서 어렵지 않게 접할 수 있다.

그러나 이들 연구가 연구방법이나 이론구성 측면에서는 보다 세련된 경제학적인 기법을 원용했다는 점에서는 유럽, 특히 독일계통의 연구를 앞섰다고 볼 수 있으나, 한편으로 종합학문으로서 체계화되었는가라는 점과는 거리가 멀다는 비판을 면할 수 없다. 이들의 분석은 광범위한 관광현상 중의 소수 이슈(issues)에 국한된 연구에 지나지 않기 때문에, 이를 독립시켜 '관광학'이라는 종합학문으로 다룰 필요성을 느끼지 못한 채, 단지 경제학 또는 응용경제학의 한 부분적 이슈라는 인식에 그쳤기 때문이다. 북미학자들 중에 '위락경제학'(recreation economics)이란 용어를 간혹 사용하는 학자도 있지만(예컨대, Matulich *et al.*, 1987; Walsh, 1997; Clawson and Knetsch, 1966 등) 이것도 단지 편의적 발상에 의한 것일 뿐이라는 인상을 줄 뿐이다.

북미 관광경제학자들의 주된 연구 테마를 든다면 '위락 편익 추정'과 '비시장재(unpriced nonmarket goods) 연구'를 들 수 있다(Matulich *et al.*, 1987). 이러한 북미적 성격을 지닌 대표적인 초기의 관광연구로는 광산 경제학자 호텔링(Hotelling, 1947)의 제안서(제6장 부록1 참조)를 필두로, 자원경제학자 마리온 클로슨(Marion Clawson, 1959)의 "야외위락수요 및 가치측정방법론" 그리고 트라이스 · 우드(Trice and Wood, 1958)의 "위락편익 측정론" 등을 들 수 있다. 특히 전술한 클로슨의 논문은 그 뒤 네취와 공저하여(Clawson and Knetsch, 1966) 이론적 체계를 집대성한 연구서 『야외위락경제학』(*Economics of Outdoor Recreation*)과 더불어 관광수요와 편익측정연구의 시금석이 되었으며, 이 연구를 시발로 많은 후속연구와 끊임없는 상호비판을 통하여 북미류의 관광위락경제학 연구체계가 확립되었다. 특히 이 연구는 영국 경제학계에도 강력한 영향을 미쳐 호텔링-클로슨식의 접근방식이나 연구주제가 유행되는 계기를 만들었다.

클로슨의 뒤를 이어서 시체티(Cicchetti, 1972), 스미스(Smith, 1975) 등도 이 분야의 연구를 발전시키는 데 공헌하였다. 그 이후에는 크루틸라 · 피셔(Krutilla and Fisher, 1975), 왈쉬(Walsh, 1997), 와드 · 빌(Ward and Beal, 2000) 등의 자연관광자원에 대한 경제학적 연구 등 경제학에 바탕을 둔 개별과학적 접근(교차학문적 접근)이 크게 유행하고 있다.

한편, 영국의 경우는 산업혁명의 시발국이며 현대 자본주의가 최초로 싹튼 온상이었음에도 불구하고, 20세기 초 오길비(Ogilvie, 1933)의 연구 정도를 제외하고는 관광 · 위락경제분야에 대한 연구가 별로 시도되지 않았다. 1960년대 말에 이르러서야 이 분야연구가 다소 나타나기 시작하였다. 영국의 관광경제학적 연구도 이미 이 분야 학자들이 시인하듯이(예컨대 Law, 1975: 161 참조) 클로슨의 영향을 많이 받았으며, 따라서 국제관광보다는 국내여행자의 위락적인 측면-특히 지역관광자원 이용, 편익측정, 관광지 수요측정(Ibid.: 162)-이 강조되었다. 특히 27세에 요절한 '맨스필드'의 업적은 관광편익 측정, 여행량 발생모형 등에 있어 눈에 띄는 성과를 남겼으며(Mansfield, 1969; 1971 등), 스미스 · 카바나(Smith and Kavanagh, 1969; Smith, 1971), 더필드 · 오웬(Duffield and Owen, 1970), 스티븐 완힐(Stephen Wanhill, 2008) 등의 연구도 주목된다.

그 외에도 승수분석기법을 도입하여 집대성한 브라이든(Bryden, 1973), 아처(Archer, 1977) 같은 경제학자들은 관광현상의 접근방법을 계량화했다는 점에서 높이 사줄 만하다. 영국학자들의 이 분야 연구경향 역시 한마디로 미국의 그것과 같이 완전히 경제학에 바탕을 둔 개별과학적 접근이리 할 수 있다.

근래에 들어 나타난 새로운 변화는 대양주(Oceania)의 학자집단이 관광연구

영국의 관광학 연구

에 두각을 나타내며 세계 관광학 연구분야의 한 조류를 형성하고 있다는 점이다 (김사헌, 2008). 즉 포크너(Herbert W. Faulkner), 더글러스 피어스(Douglas Pearce)와 필립 피어스(Phillip Pearce), 라이언(Christopher Ryan), 리퍼 (Neil Leiper) 등이 그 대표적인 학자군이라 할 수 있다. 영국 등 북유럽의 영향을 다분히 받은 이들 호주 및 뉴질랜드 학자들은 대체로 범학문 내지 간학문적 접근방식을 채용하며. 실무중심의 연구에 치중하는 경향을 보이다가, 최근에는 과거 국제관광을 토대로 한 외화획득 중심의 실무연구에서 다소 벗어나 대학/대학원 중심의 간학문적 이론연구쪽으로 옮겨가고 있는 경향을 보이고 있는 듯하다. 호주는 2002년 현재 전체 32개 대학교 중 31개 학교에 관광관련 전공학과를 개설하고 있을 정도로 관광학에 대한 인기가 우리나라를 능가할 정도이다.

이제까지 언급한 학자 외에도 70년대 이후 경제학적인 접근법으로 관광현상을 규명하고자 하였던 영미계통의 연구자들은 많다. 특히 80년대와 90년대 그리고 2000년대에 들어 다 열거할 수 없을 정도로 관광경제에 대한 연구가 쏟아져 나오고 있다. 최근의 이들 연구를 주제별로 대충 요약해보면 다음과 같다.

- 수요·지출 연구: Edwards and Cleverdon(1982), Witt and Martin(1989), Sheldon(1992), Witt and Witt(1992), Uysal and Crompton(1985), Crouch and Shaw(1993), Crouch(1995) 등.

- 관광자원가치 연구: Weisbrod(1964), Lindsay(1967), Schmalensee (1972), Sutherland and Walsh(1985), Fisher and Krutilla(1972), Brown and Mendelsohn(1984), Herberlein and Shelby(1977), McConnell(1977), Manning(1986), Cameron(1992), Hellerstein (1995), Smith(1993), Randall(1994), Ward and Beal(2000) 등.

- 공급연구: Walsh(1987, 1997), Sinclair and Stabler(1997) 등

- 고용연구: Vaughan and Long(1982), Goodall(1987), Johnson and Thomas(1995) 등.

- 일반균형 모형: Copeland(1991), Adams and Parmenter(1995) 등.

- 국제관광(수요부문의 자세한 사항은 제10장 참조): Gray(1970, 1982), Curry(1982), Dunning & McQueen(1982), Sinclair & Tsegaye(1990), Crouch & Shaw(1993) 등.

- 관광과 경제발전: Bachmann(1988), Theuns(1991), Harrison(1992), Oppermann(1993), Dieke(1995), Sharpley & Telfer(2002) 등.

- 국제수지와 교역: Gray(1982), Baretje(1982, 1988), White & Walker (1982), Socher(1986), Vellas(1989), Kulendran & Wilson(2000), Luzzi & Fluckiger (2003) 등.

특히 최근에 들어서 관광현상 연구의 유행과 더불어 '관광경제학'이라는 이름의 단행본 저서류가 많이 등장하였는데, 룬드버그 등(Lundberg *et al*,1995)의 '관광경제학'(*Tourism Economics*), 신클레어와 스테블러(Sinclair and Stabler, 1997)가 공저한 '관광경제학'(*The Economics of Tourism*), 트라이브(Tribe, 1995)의 '여가관광경제학'(*The Economics of Leisure and Tourism*), 그리고 불(Bull, 1991, 1995)의 '여행관광경제학'(*Economics of Travel and Tourism*), 루미스와 왈쉬(Loomis and Walsh, 1997)의 '위락경제의사결정론(*Recreation Economic Decisions*) 등이 그것이다.

日本의 관광학 연구는 어떠한가? 일본 학자들의 관광연구는 20세기 후반기부터 시작되었다. 이들의 연구는 영미 사상보다는 유럽대륙 사상을 크게 받았다고 할 수 있는데, 일본 학자들은 독일식의 관광연구 방식 — 이를테면 관광연구를 하나의 학문적 체계를 갖춘 분야로 보려는 방식 — 을 추종한 흔적이 곳곳에서 보이고 있다. 특히 학문적 체계정립에 관한 시도나 경제학적 접근 노력을 기울였다는 점에서 일본 관광경제학 분야연구의 泰斗(태두)라고 할 수 있는 시오다 세이지(鹽田正志)의 저서 '觀光經濟學'(1962), '觀光學研究'(1974)는 높이 평가할 만하다. 유럽 대륙계통의 관광학적 틀이나 사고방식을 도입한 장본인도 바로 그이다. 그러나 역시 그가 보는 관광연구의 성격도, 관광을 대내적이 아닌 대외적인 현상으로 보았다는 점에서 20세기 초의 유럽학풍을 그대로 닮았다. 그는 특히 관광경제학의 체계를 관광소비자 및 생산자로써 분류하고, 관광시장이론은 미시이론의 영역으로 하고 관광과 지역경제·국민경제·세계경제간에 관련되는 이론을 거시이론으로 분류할 것을 주장하고 있다(鹽田正志, 1974: 75~8).

끝으로, 우리나라의 경우를 보자. 전반적으로 관광분야에 대한 연구는 외국에 비해 시기적으로도 상당히 일천하다. 1960년대 경제적으로 어렵던 시절, 경제발전과 외화획득의 한 수단으로 정부가 외래 관광산업을 기반산업으로 간주한 바는 있지만, 학계측에서의 연구는 전혀 없었다 해도 과언이 아니다. 비록 관광문제만을 전적으로 다루는 대학 학과개설(1964년)만을 놓고 본다면 한국은 분명 서양보다 앞섰을지 모르지만, 이론은 철저히 경시한 채 실무훈련만을 고집해온 그간 교육계의 세속적 풍토, 초기 교수요원들의 학자로서의 자질 결여와 무능력, 경제계에서 차지하는 관광업계 비중의 미미(영세성), 정부 등 제도권의 무관심과 냉대 등이 복합적으로 작용하여 우리나라 관광학은 4반세기 이상을 지나도록 걸음마 단계에 계속 머물러 왔다. 현대의 세계적인 물결을 따라가지 못한 채 과거 1950~60년대에 흔히 주장하던, 관광산업이 경제성장을 위해 매우 중요하나는 식의 주장만 구태의연하게 되풀이하며, 학문적 기반이 결여된 실무

일본 관광학의 특징

우리나라의 관광학

적·처방적 교육(특히 영어 등 어학 교육, 업장에서의 실무훈련)에만 급급하고 있는 것이다.

그나마 관광현상을 교차학문적 시각의 입장에서 경제학적 접근방법으로 규명 코자하는 노력의 기미가 보이기 시작한 것은 1980년대 후반부터, 특히 1990년 대에 들어서부터라고 할 수 있을 것 같다(예컨대, 김사헌,1985, 1988; 임은순, 1993, 1995; 정의선, 1990, 2009; 최승이, 1992; 한범수, 1994, 1996; 권 영각, 1992, 1993; 김규호, 1997; 손태환, 1997a, 1997b 등 참조).

제2절 관광경제학의 성격과 연구대상

관광경제학의 성격을 규정하기에 앞서 본절에서는 그 모학문이라고 할 수 있 는 경제학의 성격 및 연구대상에 대해서 잠깐 살펴 보기로 하자. 이를 위해서는 먼저 경제학자들 스스로 자신들의 학문분야에 대한 정의를 어떻게 내리고 있는 가를 파악해 보기로 하자.

> 경제학이란 자원의 희소성으로 인해 발생하는 모든 경제문제들에 따르는 선택이 어떻게 결정되며, 또 어떻게 결정되어야 주어진 자원으로써 경제주체들의 물질 적 욕망을 최대한으로 충족시킬 수 있는가 하는 것에 관한 학문이다. 따라서 경 제학을 '선택의 학문'이라고도 한다. 다시 말해서 경제학은 자원의 희소성으로 인 해 발생하는 모든 경제문제들에 관한 학문이며, 그것은 곧 주어진 富의 최적활 용, 축적 및 분배에 관한 학문이다(李鶴容, 1994: 9).

> 경제학이란 사회가 희소한 자원을 어떻게 관리하는가를 연구하는 학문이다. 대 부분의 사회에서는 자원의 배분이 계획자 한 사람에 의해 이루어지는 것이 아니 라 무수한 가계와 기업간의 행위에 의해 이루어진다. 따라서 경제학은 사람들이 어떻게 결정을 내리는가를 연구하는 학문이라 할 수 있다. 즉 얼마나 일하고 무 엇을 구입하고, 얼마나 저축하고 그 저축을 어떻게 투자하는가 등과 같은 사람들 의 의사결정 과정을 연구하는 학문인 것이다(Mankiw, 2007: 4).
> 경제학은 화폐의 개입 또는 개입없이 인간과 사회가 여러 대안적 용도를 지닌 희 소자원을 이용, 각종의 재화를 생산하여 개인 및 사회집단이 현재 또는 미래에 소비토록 분배하는 것에 대한 연구이다. 경제학은 자원배분방식 개선의 비용과 편익을 분석한다(Samuelson, 2004: 3).

인간이 자신의 무한한 욕망을 충족시키기 위한 수단이 항상 제한되어 있다는 사실
에 직면하여, 그 제한된 수단을 가장 효율적으로 활용하고자 선택을 행하는 과정
에서 인적·물적 자원이 어떻게 배분되고 소득이 어떻게 처리되는가를 관찰함으
로써, 이들에 관한 일반적인 법칙을 규명하며, 그 자원의 배분과정에서 야기되는
경제적·사회적 문제가 무엇인가를 의식하고 이들 문제를 적절히 해결할 수 있는
방법을 찾아내고자 하는 학문이라고 할 수 있다(趙淳·鄭雲燦, 1993: 21).

이와 같이 경제학의 정의는 논자에 따라 다양하다. "경제학이란 경제학자들이
연구하는 것"(Economics is what economists do)이라고 경제학자 바이너(J.
Viner)가 정의했듯이, 경제학은 보는 이의 시각에 따라 그 범위나 정의의 폭이
다양하다. 그러나 앞서의 경제학 정의에 관한 인용구에서 우리는 경제학이 추구
하는 본질에 관한 몇 가지 공통점을 찾을 수 있다. 그 하나는 경제학이 바로 **인
간에 관한 학문**이라는 점과, 또 하나는 부존량이 유한하고 **희소한 자원**(scarce
resources)을 인간의 복리를 위해 **효율적으로 배분**하고자 하는 데에 관심을 두
는 학문이라는 것이다.

이 두 가지 본질적 성격에서 본다면 관광경제학은 적어도 넓은 뜻에서 볼 때,
경제학의 한 분과라고 볼 수 있다. 관광자도 소비자 또는 생산자로서의 인간이
며, 그 관광자 또는 넓게 말해 여가이용자가 욕구하는 대상인 관광재(관광자원
등)는 희소성을 띠고 있고, 또 이들 희소한 자원을 제한된 수단들을 통해 이용자
에게 효율적으로 배분하고 관리시킨다는 점이 같기 때문이다. 이 점에 주목하며
이 책에서는 관광(위락)경제학의 정의를 다음과 같이 내리고자 한다.

관광(위락)경제학은 일상업무를 떠나 다양한 여가생활을 영위코자 하는 특정 인
간 혹은 사회집단에 관한 연구이며, 동시에 그(들)의 관광·위락적 욕구를 충족
시켜 주기 위해 희소한 관광재를 효율적으로 생산·분배시키는 개인 및 사회적
행위에 관한 연구이다.

이상의 정의에서 볼 때, 관광경제학의 주체는 경제학의 그것과 같이 일반적
인 인간이 아니라, 특정한 상황에 처한 인간, 즉 일상업무 후의 잔여시간인 여가
를 활용코자 하는 인간이라는 점에서, 그리고 다음 절에서 논하겠지만 일반재화
나 용역과는 다른 특수한 성격을 띠는 재화(관광재)를 욕구의 대상으로 삼는다
는 점에서, 일반경제학의 학문적 특성과 구분할 수 있다. 그러나 거듭 이야기하
지만 좀더 넓은 의미에서 본다면 관광경제학이 경제학의 한 영역에 속할 수 있
다는 점에는 의문의 여지가 없다.

한편, 여가를 활용하고자 하는 특정한 인간을 학문의 주된 연구대상으로 삼

는 이 학문분과를 '관광경제학'이라고 부르기보다는 오히려 '여가경제학'이라고 부르는 것이 더 타당할지도 모른다. 제2장에서도 지적하였듯이 관광현상은 여가현상의 작은 일부에 지나지 않기 때문이다. 실제로 그렇게 명명하는 학자들도 있다.3) 그러나 여가가 관광이나 위락현상을 포용하고 있음에도 불구하고 통상적으로 이 분야 연구를 흔히 '관광경제학'이라 부르고 있다는 점에서 본서도 그 관례를 따르고자 할 뿐이다.

이어서 관광학과 관광경제학의 관련성에 관해서 고찰해 보도록 하자. 이미 앞 절의 관광경제학의 역사에서도 잠시 언급하였듯이 20세기 초 유럽의 경제적 여건과 관련하여 관광 그 자체가 외화획득 대상으로서 이해되었던 시절에는 관광학은 화폐의 개입과 관련되는 경제학의 한 분과 그 자체로 인식되었다. 따라서 관광학은 하나의 편의적 명칭일 뿐이고, 그 본질은 관광경제학에 있다고 생각되었다. 이러한 인식의 예를 들어보자.

관광학과 경제학의 관련성

> 요즈음 전문적 이론과 고찰을 갖춘 새로운 활동형태부문 중에는 외국인의 이동 혹은 적절하지 않지만 보다 넓은 의미의 용어를 사용하면, 관광사업에 관한 사항을 들지 않으면 안 된다. 다음의 논제는 분명히 일반경제학의 분야이다. 왜냐하면 그것은 한편에서는 무역 및 교통에 관련되고, 다른 한편에서는 산업활동의 정당한 범위내에 포함되기 때문이다(Mariotti, 1929; 國際觀光局, 1934: 1~2에서 재인용).

> ……이러한 관광학을 기존의 과학에 소속시킨다면 다음과 같이 말할 수 있을 것이다. 관광은 그 소속에서 본다면 하나의 경제학이며 또 그 근본문제는 국민경제학 및 경영경제학의 영역에 속할 뿐 아니라 제학문의 성과도 원용하지 않으면 안된다. 관광학은 또 특히 교통학에도 속하나 인구이동의 이론과는 무관하다(Bormann, 1931; 鹽田正志, 1962: 8에서 재인용).

이들 제2차 세계대전 이전의 유럽 관광연구자들은 분명히 관광학을 경제학의 한 영역, 즉 관광경제학으로 간주하고 있었으며 이동현상이라는 점에서 교통학과도 관련짓고 있었음을 읽을 수 있다. 그러나 적어도 전후에 이르러서는 양자를 분리시켜 개별과학으로 보거나 아니면 관광경제현상 연구를 관광학의 틀 속에 통합시켜 버리는 이른바 초학문적 학문관이 지배하는 경향이 뚜렷하다. 전자의 예로서는 전후 일본의 시오다(鹽田, 1960, 1974)의 연구를, 그리고 후자의 예

---

3) 江見康一이나 齊藤精一郎 또는 Vickerman 등을 들 수 있다. 다음 저서를 참고할 것. 江見康一(1974), "レジヤーの經濟學" 阿部美紀編, 『レジヤーの經濟』(日本經濟新聞社); 齊藤精一郎(1977), 『餘暇經濟學』(日本: 垣內出版株式會社); Vickerman, R. W. (1975), *The Economics of Leisure and Recreation*(London: The Macmillan Press).

로는 역시 전후 오스트리아의 베르네커(Bernecker, 1962; 鹽田正志, 1974: 115~120에서 재인용)를 들 수 있다. 시오다(鹽田)의 설명을 들어 보자.

> 우선, 이러한 관광경제학과 관광현상을 총체적으로 종합한 관광학간에는 어떤 관계가 있을까? 관광학연구에는 당초에 두 가지 입장이 있는 바, 綜合文化科學을 지향하는 '위로부터'의 방법과 개별과학에서 스타트 [start] 하는 응용학으로서의 어프로치 [approach] 를 지향하는 '아래로부터'의 방법이 있다는 점을 별항에서 상세하게 논의하였다. 관광경제학은 그 중 '아래로부터'의 방법론에 대한 한 실천이며, 더욱이 [이 관광경제학은] 내용적으로도 유력하다고 생각된다(鹽田正志, 1974: 71~75).

본서의 입장에서 이야기한다면, 관광경제학은 그 주제가 이미 시사해 주듯이 관광학을 개별과학적(교차학문적 또는 아래로부터의) 시각에서 바라본 것이며 사고의 틀을 개별과학인 경제학으로부터 빌려 온 것이다. 따라서 여기에서 다루고자 하는 관광현상 연구는 경제학적 관심의 산물이라고 볼 수 있다.

전술한 경제학의 정의에서도 보듯 현대의 경제학은 화폐적 현상만을 그 연구대상으로 삼지는 않는다. 종래 경제학의 고유영역이 화폐적 현상과 밀접한 생산·소비·저축·물가·국제수지·소득분배 등에 국한되어 있었지만, 근래의 경제학적 연구대상의 영역은 위의 전통영역에 추가해 교육·보건·국방·정치·복지·환경오염·범죄 등 결코 화폐적 현상에만 국한하지 않는, 좀 더 광범위한 분야에까지 뻗어가고 있는 실정이다. 그러므로 시오다(鹽田)가 주장하듯이 관광경제학이 경제현상을 다룬다고 하여 관광의 화폐적 측면만을 다루는 것은 결코 아닌 것이다.

관광현상을 경제학적으로 분석한다 함은 사회학·지리학·인류학 등의 인접 사회과학과 달리, 경제학의 그것과 같거나 유사한 분석방법론이나 이론을(예컨대, 계량적 접근방법의 도입, 수요공급의 법칙, 한계효용법칙 등) 원용한다는 의미이며, 경제학의 그것과 유사한 기본목표(예컨대, 관광자원의 효율적 이용 및 배분)를 연구대상으로 한다는 의미이다.

마지막으로 관광경제학의 연구대상에 대해 좀 더 구체적으로 검토해 보기로 하자. 전술하였듯이 초기 관광경제학자들은 관광산업 육성을 통한 외화의 획득만을 주된 연구대상으로 삼았다. 그러나 오늘날 관광경제학의 영역은 더욱 더 넓어져서 그 연구대상도 세계적 문제로부터 국내적 문제로, 다시 국내적인 문제에서 지역간의 문제로 확산되이 가고 있다. 본서가 다루고자하는 관광경제학의 이와 같은 연구영역(포괄 범위)을 크게 미시적 영역과 거시적 영역으로 나누어 보면 다음과 같다.

미시 관광현상 분석(micro-tourism analysis)

- 경제주체로서 관광자의 행태 — 효용 및 수요, 이용편익 및 비용, 소비함수
- 관광생산자의 행태와 관광자원의 이용·관리 — 자원공급·관리, 자원가치
- 관광시장분석 — 시장수급 조절, 가격결정, 이용밀도와 만족도 변화

거시 관광현상 분석(macro-tourism analysis)

- 지역경제와 관광산업간의 관계 — 지역발전, 지역격차, 지역문화, 자연·인문환경 파괴 문제(환경오염, 범죄, 매춘, 문화붕괴 등)
- 국가경제와 관광산업간의 관계 — 소비, 소득, 투자, 고용, 국제수지, 경기변동, 경제구조의 변화, 산업연관분석
- 국제경제와 관광산업간의 관계 — 국제수지, 남북(격차)문제, 개발도상국(제3세계) 발전문제, 수용국사회와 관광자·송출국간의 갈등·종속문제.

제3절 관광경제학의 분석대상: 공공재로서의 관광재

서비스(services)
경제학에서 지칭하는 '서비스'는 경영학이나 관광경영학에서 흔히 이야기하는 '서비스' 개념과 전혀 다르다. 후자는 고객에게 행하는 접대서비스 정도로 좁게 생각하지만 경제학에서는 훨씬 더 넓게 해석하여 무형적인 재화(운수, 창고업, 통신, 금융, 관광 등)와 관련된 모든 것, 즉 3차산업 전체를 의미한다.

인간이 살아가기 위해서는 의·식·주, 그리고 여가·문화 활동 등 수많은 재화(goods)와 서비스(services)를 연속적으로 소비해야 한다. 여기서 재화란 인간생활의 영위에 필요한 의식주 등 유형의 자원을 뜻하고 서비스(用役이라고 번역됨)는 여가·문화·경관·교통·음악 등 무형의 자원을 뜻한다.[4]

재화는 여러 가지로 분류할 수 있다. 공기와 태양열과 같이 무한히 존재하여 노력이나 비용을 들이지 않고도 얻을 수 있는 재화를 **자유재**(free goods)라 하고, 부존량이 희소하기 때문에 적잖은 노력과 비용을 들여야 얻을 수 있는 재화는 **경제재**(economic goods)라고 부른다. 여기서 자유재는 희소가치가 없고 원하는 사람은 누구나 손쉽게 얻을 수 있기 때문에 경제학자들의 관심 대상이 되지 않는다. 그러나 경제재는 그 부존량이 제한되어 있기 때문에 생산, 소비, 분배 모두가 문제된다. 생산량보다는 항상 소비하고자 하는 양이 많은 재화(즉 초

---

4) 이들 두 개념을 원칙적으로는 구분하여 사용해야 하나, 경제학에서는 보통 두 개념을 포괄하여 그냥 財貨 혹은 財라고 부른다. 본서에서 다루는 자원은 대부분 재화가 아니라 서비스(용역)이나, 관례대로 통칭하여 "財貨" 혹은 "財"라고 부르기로 한다.

과수요되는 재화)가 바로 이 경제재이다. 관광경제학에 있어서의 분석대상은 이 손쉽게 얻을 수 있는 자유재가 아니라 최소한의 노력과 비용을 들여야 얻을 수 있는, 소비자끼리 획득을 위해 경쟁해야 하는 경제재이다.

경제재는 다시 소비재, 생산재, 자본재 등 경제주체나 생산요소별로 나누어 볼 수도 있고, 생산주체별로 민간이 생산하는가 공공기관이 생산하는가 혹은 재산권(property rights) 행사가 가능한가에 따라 사유재(private goods)와 공공재(public goods)로 나누어 볼 수 있다. 본서에서는 관광을 하는 소비자들이 욕구하는 특수한 성격의 경제재를 **관광재**(tourist goods)라 정의하고 이를 분석대상으로 삼아보고자 한다.

본 절에서는 관광재를 분석하면서, 먼저 왜 대부분의 관광재는 일반 경제재와는 달리 **시장기구**(market mechanism)를 이용해서는 분석할 수 없는가를 살펴보고자 한다. 이어서 공공재로서의 관광재의 구체적 성격과 유형분류를 살펴보고, 끝으로 사유·공공의 차원에서 관광자원을 분류해 보기로 한다.

> **시장기구**
> 생산과 소비의 교환과 가격이 이루어지는 무형의 장소를 시장(market)이라 하며, 이 시장에서 정부나 감독자의 개입 없이도 생산, 소비 그리고 분배가 능률적 효율적으로 저절로 잘 이루어지는 자동조절작용을 뜻한다. 아담 스미스는 이를(神의) "보이지 않는 손"(invisible hand)이라고 불렀다.

1. 관광재의 성격과 특성

궁극적으로 인간이 추구하는 목표는 욕망의 충족이다. 이들 중 특히 관광여행자들은 일반인들이 일상의 생활근거지에서 추구하는 욕망과는 다소 다른 특이한 재화나 서비스를 욕구한다. 이와 같이 주거지를 떠나 있는 관광위락자들이 욕구하는 특수한 성격의 재화를 우리는 **관광재**(觀光財: tourist goods)라고 규정하기로 한다. 먼저 일반 경제재와 다른 관광재의 특성과 성격을 알아보자.

(1) 관광재는 공공재적·사유재적 성격의 재화가 혼합된 재화이다: 관광은 '여러 가지 재화의 묶음'인 꾸러미 재화(a bundle of goods)이고 따라서 공공성과 사유성이 혼합된 재화이다. 공공재와 사유재의 정의나 그 속성에 대해서는 뒷 절에서 자세히 설명하겠다.

(2) 관광재는 우등재(superior goods)이다: 관광재는 타경제재와 비교할 때 경제적으로 여유가 있을수록 더욱 더 구매욕구를 보이는 우등재에 속한다. 우등재란 관광재 수요의 증가율이 소득수준의 증가율보다 빠르게 증가하는 재화로서 소득이 보다 높아질수록 수요 증가폭이 더욱 더 커지는 재화를 말한다. 물론 최저생계 수준에 있는 사람들의 경우, 소득이 점점 증가한다고 해서 그들의 관광위락욕구가 처음부터 급증하지는 않는

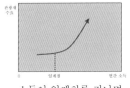

소득이 임계치를 지나면
관광수요는 급증한다.

다. 단지 어느 수준의 임계치(의식주 등의 기초욕구가 충족된 수준)를 넘어서면 그때부터 관광위락과 같은 자기실현 욕구가 급증하기 시작하게 된다. 이런 현상은 보석·고급의류 등 이른바 사치품 수요에서 많이 나타난다. 이러한 이유로 관광도 '사치품'(luxuries)으로 불리어진다(Wall and Mathieson, 2006: 1; Scheyvens.2002: 144; Berry, 1994: 제1장 등 참조).

(3) 관광재는 복합재이다: '패키지 투어'에서 보듯이 관광여행은 복합적인 재화로 구성되어 있다. 교통수단, 숙박시설, 관광대상지의 관광자원, 위락자원 등이 합쳐져 관광여행이라는 복합재화를 만들어내는 것이다(Wall and Mathieson, 2006: 19). 그러나 여기서 유의할 점은 '주된' 관광재는 바로 관광 또는 위락자원이며 교통·숙박시설 등은 이를 지원 서비스하는 부차적 재화나 서비스라는 점이다. 관광여행의 주된 목적은 목적지의 자원을 보고 즐기는 것이지 호텔, 버스 등의 지원수단의 이용에 있지 않기 때문이다. 주목적이 자원의 감상과 위락에 있다고 하더라도 관광자의 목적은 대개 복합적이다. 이를테면 그 지역의 유물·유적 등 문화를 감상하고, 놀이시설도 이용하며, 스키·골프 등의 스포츠도 즐기는 다종의 재화서비스 구득행위가 곧 관광이라는 행위이기 때문이다.

(4) 관광은 공간적 이동을 전제로 하는 소비재이다: 관광여행의 경우 상당한 정도의 '장소 이동'을 전제로 하는 특징을 지닌 소비행위이다. 때문에 공간, 즉 장소(거주지)와 장소(목적지)간의 수요에 대한 거리마찰력(거리억제력)이 타재화보다 크게 작용한다. 가보고 싶어도 거리가 멀면 멀수록 그만큼 더 수요가 억제되는 것이다. 물론 영구적 이동인 이주(migration)의 경우는 거리의 마찰이 이보다 더 크다. 그래서 관광학은 공간학문(spatial sciences)에 속하는 지리학, 지역과학(regional sciences) 등과도 밀접한 관계를 맺고 있다.

(5) 대부분의 관광재는 공간 이전이 불가하므로 소비자가 직접 찾아가서 소비해야 한다는 점에서 일반재와 다르다. 대부분의 관광자원은 냉장고·쌀 등의 일반재와 같이 우리 생활주변에 있지 않으며, 또한 그것을 우리가 원한다고 해서 소비지로 이전시킬 수도 없다. 때문에 소비자가 현지로 직접 찾아가서 소비하지 않으면 안 된다. 이천 도자기 축제나 하와이 민속춤을 구경하기 위해서는 그곳 현지로 직접 찾아가보는 도리밖에는 없다.

(6) 상당수의 관광재는 공급이 비탄력적이다: 관광재 중에는 쌀, 쇠고기 등 일반재화와 달리 수요변화에 따라 공급량을 신축적으로 조절할 수 없는

성격을 지닌 재화가 많다. 특히 위락자원보다 인문자원이나 자연자원의 경우 그 정도가 더 심하다. 자연공원이나 경관, 폭포, 산, 해안 등은 우리가 원한다고 해서 그 공급량을 마음대로 늘릴 수가 없으며 하물며 유물·유적, 산업시설 등도 공급을 마음대로 조절할 수가 없다. 단지 가능한 것은 관리능력의 제고를 통해 수용력을 어느 정도까지 확장할 수 있을 뿐이다. 이와 같이 정태적 성격의 관광재, 특히 자연물 중심의 관광재는 증감하는 수요에 대해 극히 비탄력적이다.

(7) 관광은 '사치재'이므로 수요의 가변성이 크며 수요의 시간탄력성도 크다: 관광위락행위 자체가 일반재와는 달리 시대적인 유행(vogue)을 크게 타기 때문에, 긴 시간을 놓고 볼 때 그 수요는 변덕스럽고 불확실하다. 이는 보석, 고급의류 등 사치품의 경우와 마찬가지인데, 특히 유행에 민감한 위락자원의 경우 그 정도가 심하다. 극장·테니스 등이 사양길로 접어들고, 골프·스키 등 여가활동이 최근 첨단 위락활동으로 등장하는 것이 그 예이다. 이들은 시간변화에 따라 수요탄력성이 큰 유행산업이다.

위와 같은 고유의 특성 외에도 직접 확인이나 사전검사가 불가하다든가(패키지투어의 경우), 저장이 불가능하다든가(비행기 좌석, 호텔객실의 경우) 등의 특성을 지적할 수도 있다.

끝으로 학계 및 업계 등에서 **관광상품**(tourist products)이라는 용어를 자주 사용하는데, 이 용어와 관광재간의 개념적 차이에 대해 고찰해 보기로 하자.

관광재와 관련시켜 볼 때, 관광상품이라는 용어에는 환금(판매)대상이라는 의미가 함축되어 있다. 다시 말해, 관광상품이라는 표현은 기업가 측면에서의 이윤동기나 소비자의 화폐지불에 대한 대가로서의 가치, 즉 소비자 및 생산자 측면의 이해관계를 강조한다는 인상을 준다. 관광상품이란 금전 교환행위와 무관한 관광행위(예를 들어, 전혀 금전을 지출하지 않은 채 '집 주변에서 20리 떨어진 곳의 폭포를 걸어가서 보고 놀다가 온' 행위)는 제외한 채, 호텔의 객실, 1박 2일의 여행일정 등 기업에 의해 상품화된 재화로서, 그 대가를 화폐로 꼭 지불해야 되는 재화 혹은 서비스이다. 요컨대, 관광상품은 경영행위의 대상으로서 사업측면이 강한 반면, 관광재는 오히려 자주적·중립적 측면이 강하며 욕구충족 대상으로서의 관광상품까지 포함하는 보다 포괄적이고 학술적인 의미가 강하게 담긴 개념이라고 할 수 있다.[5]

---

5) 본서에서는 생산측년이나 소비측면 또는 기업측면이나 가계측면의 어느 한쪽만을 강조하고자 하지 않는 가치중립적이고

2. 시장의 실패와 공공재

경제학의 분석대상이 일반재화 및 서비스의 수급행위라면 관광경제학의 분석대상은 이와는 다른-그러나 넓은 뜻에서 본다면 비슷하겠지만-관광재 및 관광서비스의 수급행위라 할 수 있다. 본 절에서는 우리의 분석대상인 재화·서비스 그 자체가 일반재화와 다르며 공익성이 큰 **공공재**(public goods)에 가깝다는 점을 밝혀보기로 한다. 먼저 전통적 시장기구하에서 공공재의 존재 자체가 바로 **'시장실패'**(market failure)의 주요 원인이 됨을 밝히고 공공재의 성격과 유형을 논함으로써 우리가 관심으로 삼고 있는 관광재가 왜 공공재와 불가분의 관계를 가지고 있는가를 알아보기로 하자.

경제원리에 의하면, 완전경쟁하의 전통적 시장하에서는 가격기구의 자동조절작용에 의하여 경제는 저절로 '파레토 최적'(Pareto optimality)이라는 자원의 최적배분 상태에 이르게 된다. 즉 개인의 이윤과 경쟁이 보장되는 자본주의적 경쟁시장하에서는 정부나 기타 제3자의 개입이나 간섭이 없더라도 자원이 소비자, 생산자, 나아가 사회 전체에 가장 효율적으로 배분되어 체제 전체의 경제적 능률을 극대화시켜 파레토 최적상태에 이른다는 것이다. 여기서 파레토 최적(最適)이란 "제3자 어느 한 명이라도 동시적으로 더 가난(불만족)하게 만들지 않고서는(또는 제3자 어느 한 명의 효용이라도 더 감소시키지 않고서는) 어느 누구의 복지(효용)도 더 이상 증진시킬 수 없는 이상적 균형상태"를 뜻한다. 따라서 이 상태는 자본주의 완전경쟁시장의 가장 이상적이고 최적인 자원수급 상태를 뜻한다.6) 그러나 이 파레토 최적상태는 하나의 이상일 뿐이지 현실사회에

파레토 최적

파레토라는 후생경제학자가 정의한 개념으로서, 제3자 어느 한 명이라도 동시적으로 더 불만족케 하지 않고서는 어느 누구의 만족도 더 이상 증진시킬 수 없는, 즉 더 감하거나 더하거나 할 수 없는 最適의 균형상태.

포괄적인 접근을 시도하고자 하고 있으므로 관광상품이라는 용어 대신에 觀光財라는 용어를 사용키로 한다.

6) 전통적 신고전파 경제학에서는 이러한 이상적 파레토 최적상태에 도달하기 위해, 재화소비를 행하는 각 소비자들 간의 조건(교환효율성 조건), 생산요소를 투입하여 재화를 생산하는 생산자들 간의 조건(생산자효율성 조건), 그리고 사회 전체간의 조건(전체효율성 조건)이 모두 함께 충족되어야 한다고 주장한다. 이들 조건에 대한 설명은 꽤 전문적이어서, 관심 있는 독자들은 厚生經濟學(welfare economics)의 내용을 참고하기 바라고, 여기서는 각 조건을 간략히 요약키로 한다. 여기서는 A, B 두 소비자와 X, Y 두 제품만이 생산되는 단순사회를 가정하여 설명키로 한다.

① 교환효율성 조건: 두 재화 X, Y간의 限界代替率(Marginal Rate of Substitution: MRS)이 어느 소비자들(A, B) 간에나 모두 다 같아야 한다. 즉,

$$MRS_{xy}^A = MRS_{xy}^B = \frac{P_x}{P_y} = \frac{MU_x}{MU_y}$$

② 생산효율성 조건: 두 생산요소 노동 및 자본, 즉 K, L간의 限界技術代替率(Marginal Rate of Technical Substitution)이 어느 생산업자, 즉 산업(X, Y)간에나 똑같아야 한다. 즉,

서 실현되기에는 사실상 거의 불가능하다. 왜냐하면, 현실 세계에는 공공재, 외부효과, 위험과 불확실, 독점시장, 규모에 대한 보수체증법칙(규모의 경제) 등이 존재하기 때문이다. 그 이유를 구체적으로 살펴보기로 하자.

1) 시장은 왜 실패하는가?

시장이 효율적인 자원배분을 이루지 못하고 그 기능을 상실(시장실패)한다면 그 원인은 무엇인가? 전통경제학적인 관점에서 볼 때, 먼저 다음의 가정 또는 전제조건이 충족되어야 자원 배분이 합리적으로 이루어지며 이 중의 어느 하나라도 충족되지 않으면 시장기구는 그 합리적 배분기능을 다하지 못한다(Stiglitz, 1997: 214; Mankiw, 2007: 14 등).

① 수급자가 너무 많아 누구나 주어진 가격의 순응자(price takers)가 될 수 있을 뿐 가격결정자(price setters)가 될 수 없다(독점이 불가).
② 수급자는 확실한 정보와 완전한 지식을 갖고 행동한다(정보제한의 不在).
③ 생산요소(노동, 자본 등)의 공간적 이동이 자유롭다.
④ 누구나 이윤과 만족극대화를 목표로 행동한다(시장경쟁 제한의 不在).
⑤ 누구나 자신의 재산권을 스스로 행사할 수 있다(공공재의 개입 不在)
⑥ 경제행위자간 상호의존성이 전혀 없다(외부효과의 不在).
⑦ 규모에 대한 '수확체증의 법칙'이 없다(규모경제의 不在).

자세히 보면, 위의 가정이나 조건은 어느 것이건 현실과 거리가 있다. 그러므로 현실적으로 시장이 자원의 배분 기능을 다하지 못하고 실패하게 되는 것은 당연하다. 여기서는 이들 중 중요한 몇 가지만 기술토록하고, 우리의 주된 관심사인 공공재에 대해서는 별도의 절에서 자세히 설명하기로 한다.

(1) 독점자: 가격의 유일한 결정자

어떤 경제행위자가 시장독점력, 즉 가격을 마음대로 결정할 수 있는 힘을 가졌다

$$MRTS^x = MRTS^y = \frac{MP_L^x}{MP_k^x} = \frac{MP_L^y}{MP_k^y}$$

③ 전체효율성 조건: 생산에 있어 Y재를 X재로 대체하는 率은 소비에 있어 Y재를 X재로 대체하는 率과도 같아야 한다.
즉, $MRS_{xy} = MRTS_{xy}$

한계비용
(marginal cost)
재화 한 단위를 더 추가로 생산하는데 드는 기업의 생산비용. 그러므로 만약 생산된 제품 한 단위의 판매가격(P)이 한계비용(MC)보다 높다면 기업은 그만큼 더 이윤을 남기게 된다.

면 자원배분은 왜곡된다. 그 예가 재화의 독점공급자인데, 그는 자신의 최대 생산능력 이하로 공장을 가동, 보다 적게 생산함으로써, 가격을 정상가격(즉 가격＝한계비용이 되는 가격)보다 높게 요구한다(즉 가격 > 한계비용). 그러므로 앞(註7)에서 설명한 파레토 최적을 위한 '생산효율성 조건'은 충족되지 못한다.

(2) 지식·정보의 불확실성

시장경제에서는 경제인을 '神'과 같은 시공간을 초월한 존재로 가정하고 있다. 즉 경제인은 동일 제품에 대한 두 상점의 현재 판매가격 차이나 미래의 판매가격까지 훤히 다 알고 있어서, 만약 어느 한 상점이 타상점보다 가격을 높게 부른다면 어느 누구도 절대 그 상점을 이용하지 않게 된다. 자연히 그 상점은 고객이 찾아오지 않게 되어 문을 닫을 수밖에 없다. 神과 같이 가격 및 수급정보를 완전하게 알고 있는 이 소비자를 속인다는 것은 불가능하기 때문에 어느 상점도 임의로 높게 가격을 책정할 수 없고, 단지 주어진 시장가격 질서에 순응하는 '가격수용자'(price takers)가 되어야 한다. 그러나 현실은 그렇지 않다. 소비자는 대개 상품의 질은 물론 그 가격이나 미래가격 변동에 대해 무지하거나 불확실한 정보를 갖고 있다. 이런 소비자의 불확실성을 바탕으로 상점들은 상품의 가격이나 질을 속이거나 위장함으로써 자원배분을 왜곡시킬 수 있는 것이다.

(3) 규모에 대한 수확체증의 법칙(규모의 경제)

완전경쟁시장에서는 기업의 생산수익이 그 생산규모에 대해 일정하거나 무관한 것으로 가정하고 있다. 만약 우리 사회에 생산규모 증가에 따라 이익도 그만큼 더 증가하는, 즉 규모의 경제(economies of scale)가 존재한다면, 대기업일수록 보다 낮은 생산비로 생산하게 되는 이점을 갖게 되어 중소기업은 경쟁에서 탈락하게 되고, 대기업만이 시장을 독점하는 현상이 초래된다. **독과점**(獨寡占)이 되면 앞에 지적한 바와 같이 생산을 줄이고 가격을 높여서 시장의 효율성, 즉 파레토 최적상태가 깨지게 된다.

독과점(獨寡占)
독점(monopoly)과 과점(oligopoly)을 뜻한다. 독점은 한 기업이 한 상품에 대하여 배타적 시장지배력을 행사하는 것을 뜻하고, 과점은 동일 또는 유사제품을 2~3개의 소수 기업이 독점하며 시장을 지배하는 상태를 뜻한다.

또 한 가지, 규모의 경제에서 시장이 실패하는 상황은 평균비용 하락산업에서 흔히 나타난다(申義淳, 1988: 30~1; Boadway, 1979: 36~7). 대체로 규모의 경제성이 큰 전기, 상하수도, 통신 등의 공익사업이 이런 부류의 평균비용 하락산업인데, 이들은 시장기구가 요구하는 대로 가격을 한계비용과 일치시키면 초기의 엄청난 고정투자비를 감당할 수 없어 적자운영을 면치 못하게 된다. 따라서 민간기업들은 참여운영하기를 꺼려하게 되며, 정부독점 또는 정부개입 형태의 독과점적 시장구조를 띄게 된다. 이것 역시 시장기능을 위축시킨다.

(4) 소비자 · 정부의 비합리적 관행

소비자는 가격이 낮으면 많이 구매하고 반대로 가격이 올라가면 점차 구매량을 줄이며, 생산자는 이와는 정반대로 낮은 가격에서는 재화의 공급을 줄이고 높은 가격에서는 생산을 늘려 공급량을 증대시키는 것이 경제원칙(수요공급의 법칙)이다. 그러나 현실에서는 이러한 경제원칙이 지켜지지 않는 경우가 허다하다. 교묘한 광고선전에 의한 전시효과적 충동구매, 자신의 부를 과시하기 위한 **'과시적 소비'**(conspicuous consumption), 현대그룹이 적자를 예상하고도 금강산 관광개발에 매달린 경우도 여기에 속한다. 과시적 소비자들의 경우, 종종 재화의 가격이 터무니없이 비싸야만 오히려 구매하는 성향이 더욱 높아지기도 하는데, 이러한 재화를 **'베블렌財'**(Veblen's goods)라고 경제학에서는 부른다.

정부측면에서 보면, 정책을 비합리적으로 운용함으로써 자원의 배분을 왜곡시키기도 한다. 사회부작용 방지나 세수목표 달성을 위해 양도세나 특별소비세 등 자원배분의 효율화와 거리가 먼 규제정책을 펴기도 하기 때문이다.

(5) 공공재(public goods)

앞의 註(7)에서 제시하였듯이 시장경제의 능률성 조건은, 어떤 소비자 甲의 효용(만족도)은 그가 구입하여 소비한 재화의 양에 전적으로 달려 있으며, 생산자 乙의 재화공급량은 그가 원료로 구매한 생산요소의 가격에 전적으로 달려 있다는 점을 암시하고 있다. 그러나 어떤 성질의 재화들은 아무 경합성(rivalness)없이도, 즉 어떤 사람의 재화소비가 제3자의 이익을 침해함이 없이 '공동으로' 함께 소비될 수 있다. 나아가 어떤 특정인이 그 재화를 소비하지 못하도록 배제시킬 수가 없는—기술적으로 배제시킬 수는 있더라도 그렇게 하기에는 비용이 많이 드는—특성을 지니기도 한다. 이런 성질을 지닌 재화를 일컬어 '공공재'(public goods)라고 부른다. 이 공공재의 존재는 곧 시장실패의 치명적인 원인이 된다. 그 원인에 대해서는 다음 항목에서 자세히 논하기로 한다.

(6) 외부효과(externalities)

완전경쟁적 시장구조에서 효율적 자원배분을 하기 위해서는 거래의 영향이 그 거래에 관련된 당사자들에게만 국한되어야 하며, 거래와 관련이 없는 제3자들에게 영향을 주어서는 안된다. 그러나 현실적으로는 한 사람의 경제거래행위가 그 시장권 '외부'에 있는 제3자의 복지에 본인의 의사와는 관련없이 긍정적 혹은 부정적 영향을 미치는 경우가 많은데, 이를 **외부효과**(externality)라고 부른다.

공해가 대표적인 負(-)의 외부효과이다. 의도적이지는 않뿐는 공장은 인근 주택가의 주민들에게 불쾌감과 건강악화라는 비용을 부담시키게 된다. 공해라는 외부효과는 일종의 '부산물'(by-product)로 배출되는 것인데, 문제는 그 비용이나 편익이 바로 '시장가격기구 속에 반영되지 않는다'(unpriced)는 점에 있다. 즉 공장은 매연배출을 통해 주민들의 건강악화를 비용으로 유발하지만, 그 공장은 실제 그 비용을 부담치 않는다는 점 때문에 시장기구상의 문제가 발생된다. 따라서 실제 생산자(공장주)가 지불하는 (생산)비용은 항상 그 사회전체가 부담해야 할 비용보다 적다. 보다 전문적으로 말해 생산자 개개인이 지불하는 개인의 한계비용(marginal private cost)의 합계가 사회전체가 부담해야 할 사회의 한계비용(marginal social cost)보다 항상 적다는 것이다. 즉,

개인의 한계비용 합계($\sum MC_i$) 〈 사회적 한계비용(MCs)

생산자는 단지 생산에서 발생되는 자신의 한계편익이 — 자신이 유발한 외부한계비용을 부담하지 않은 채 — 자신의 내부적 한계비용과만 일치되도록 노력하게 되는 것이다. 따라서 여기서도 파레토 최적조건은 깨지게 된다.

외부효과는 크게 **외부경제**(正의 외부효과)와 **외부불경제**(負의 외부효과)로 나누어진다. 전자는 발생편익이 그 원인자는 물론이고 가격을 지불치 않는 제3자에게도 미치는 이익으로서, 농촌의 아름다운 경관, 어느 개인의 과학 발명, 기업의 현장 직업훈련, 개인의 전염병 예방 등이 그 예이다. 후자는 그 발생피해가 보상을 받지 못하는 제3자에게까지 미치는 부정적 효과로서, 공장의 오염원 배출, 公路의 혼잡, 관광자원의 과다이용으로 인한 자원매력 상실 등이 그 예이다.

학자들은 외부효과를 더 구체적으로 세분하여 '생산자가 생산자에게 끼치는 외부효과'(producer to producer externalities), '생산자가 소비자들에게 끼치는 외부효과'(producer to consumer externalities), '소비자의 생산자에 대한 외부효과'(consumer to producer externalities), '소비자의 소비자에 대한 외부효과'(consumer to consumer externalities)로 분류하기도 하는데(Boadway, 1979: 94~104; Hendon, 1981: 167~8), 이들 각각에 대한 예를 들면 다음과 같다.

① PPE: 과수원 옆에 위치한 양봉업자의 벌 때문에 과수원 과일 꽃의 受粉이 잘 되어 열매가 실하게 열리고 그래서 수확이 늘어나게 되는 효과 등.

② PCE: 농부가 가꾸어놓은 농촌경관이 여행자들에게 주는 효과. 염색공장이 상수원을 오염시켜 제3자들이 오염된 식수를 마시게 하는 효과 등

사회전체의 한계비용은 경제주체인 개인들이 시장내에서 유발하는 한계비용과 시장외에서 부산물로 배출되는 여분의 외부비용의 합이다.

③ CPE: 일반 시민들(소비자)의 휴일 차량행렬로 고속도로의 주행시간이 크게 지체되어 생산제품의 납기내 수송(생산자)에 차질을 빚게 하는 효과 등

④ CCE: 같이 소풍온 옆 소풍객들(소비자)이 크게 떠들며 소란을 피워 제3자(소비자)의 모처럼의 야유회 기분을 망치게 하는 효과, 자기집 정원을 아름답게 가꾸어 놓음으로써 이웃 사람들에게도 즐거움을 주는 효과 등

효용함수
(utility function)
재화소비량(Q)과 그로부터 얻어지는 총효용(U)과의 함수적 관계. 즉 *U=f(Q)*를 말한다.

생산함수
기업에 있어 투입 생산요소(노동, 자본 등)와 산출량(Q)간의 기술적 함수 관계. 즉 투입생산요소를 X_1, X_2,⋯X_n 이라고 한다면, 생산함수는 수식 형태로 표현하여 $Q=f(X_1, X_2 ⋯X_n)$ 로 쓸 수 있다.

외부효과와 공공재는 그 속성상 공통점도 있고 차이점도 있다. 먼저 공통점을 들어보면, 두 행위(또는 재화)가 모두 똑같이 각 개인의 효용함수(utility function) 또는 기업의 경우 생산함수(production function)에 포함되는 변수라는 것이다. 즉 각 소비자의 효용(만족도)은 다른 여러 재화의 소비량뿐만 아니라 배출되는 공해(외부효과), 자연경관(공공재) 등의 재화에 의해서도 좌우된다. 이런 공통점 때문에 공공재와 외부효과는 서로 중복되기도 한다. 예컨대, 아름답게 펼쳐진 농촌 경관(예: 제주도 유채꽃 밭)은 공공재인 동시에 긍정적 외부효과이기도 하다(OECD, 2002: 40). 지나가는 나그네의 눈에 들어오는 아름다운 농촌 경치(rural amenity)는 공공재인 동시에, 농부가 의도하지 않았던 농업부산물, 즉 외부효과이다.

외부효과와 공공재와의 차이점

외부효과와 공공재, 이들 서로간의 차이점은 두 가지를 들 수 있다. 첫째, 외부효과는 원인자가 '의도하지 않은 **부산물**'인데 반해, 대부분의 공공재는 원인자가 '의도한 **주산물**'이라는 점이다. 둘째, 외부효과는 원인자(생산자)가 향유하게 되는 편익이 제3자에게 흘러들어가는 공짜 편익(외부효과)보다 훨씬 더 크다는 -그래서 원인자 스스로 생산할 의욕을 갖기에 충분하다는- 점이다. 반면에, 공공재 생산의 경우에는 원인자(생산자) 개인에게 돌아가는 편익이 제3자에게 공짜로 돌아가게 되는 편익보다 훨씬 적으며, 따라서 채산성이 없으므로 생산자는 이 재화를 생산할 의욕을 갖지 않게 된다는 점이다.

공공재 때문에 일어나는 시장실패의 해결책은 곧 국가가 그 사업을 떠맡는(그 공공재를 생산하는) 것이다. 즉 어느 민간도 자신에게 돌아올 편익보다 비용이 더 큰 사업(예, 국방, 도로 등)을 책임지려 하지 않기 때문에 국가가 이를 대신 생산하지 않을 수 없다. 반면에 외부효과가 너무 커서(적어서) 공급이 잘 이루어지지 않는(혹은 과잉 공급되는) 상황에 대한 해결책으로서는, 국가가 그 공급자(또는 제3의 피해자)에게 외부로 흘러나가는 편익(비용)만큼 인센티브(또는 디센티브)를 주는 방안을 생각할 수 있다. 예를 들어 원인자인 공해배출 업소에게 적정액의 부과금(즉 공해배출 부과금제도)을 부과하든기, 漢江水系 보호구역 설정에 따른 개발행위 제한으로 피해를 보는 京畿道 및 江原道에게 서울시와

중앙정부가 매년 일정액의 보상(보조)을 해주든가 하는 방법이 그것이다. 이렇게 외부효과를 어떤 수단(세금 등)을 통해 보정해주는 것을 학술적 용어로 '**외부효과의 내부화**'(internalization of externalities) 라고 부른다(Mankiw, 2007: 240).

그러나 법질서가 문란한 사회에서는 이런 각종 외부효과를 제대로 내부화하지 못하는 경우가 흔하다. 실례로 2001년 3월말 종로 종묘공원에서 민주노총이 주관한 대규모 집회가 열려 인근 상인들의 영업손실은 물론 묘목들이 부러지고 각종 쓰레기가 엄청나게 배출되는 등 17억여원의 사회적 비용(負의 외부효과)을 초래했다. 그러나 피해자(종로구)만 있고 정작 외부효과의 결과를 책임져야할 원인자는 증발해버렸다(박스 기사 참조). 시위로 발생한 피해의 보상을 거부하며 인권운동 △△의 ○○○사무국장은 오히려 한 술 더 떠서, "서울시와 종로구의 방침은 집회와 시위를 '돈으로 막아보려는 자치단체의 시각을 보여주는 사례이다. 힘없는 자들의 마지막 수단인 집회마저 막는 것은 민주주의의 기본원리마저 무시한 처사"라며 적반하장 격으로 반박했다. 집 대문 밖 人道의 눈을 치우지 않아 미끄러져 골절상을 입은 행인이 그 집주인을 상대로 한 피해보상 소송에서 승소한 미국의 사례와 크게 대조된다.

뉴스 속의 관광경제

외부효과의 외부화?

종묘공원 민중대회 세시간 시위 손실 17억원

한 차례 시위 비용이 17억여원. 지난달 31일 서울 종로구 종묘공원에서 3시간 동안 벌어진 근로자, 농민 등의 민중대회로 발생한 사회적 손실이다.

종로구는 당시 종로 1~4街 일대에서 빚어진 교통정체로 인한 사회적 손실액이 운전자, 승객의 시간가치 비용 16억 5900만원, 연료소모 등 차량운행 추가비 5800만원 등 총 17억1천만원으로 산출됐다고 16일 밝혔다. 또 꽃묘, 가로등, 보도블록 등 공공시설물 파괴 3800만원, 쓰레기 수거비용 980만원 등 직접피해액도 총 4800만원에 달했다. 주변 상가의 매상이 10~30% 감소한 것까지 감안하면 실제 피해규모는 더욱 클 것으로 보인다.

종로구 관계자는 "종묘광장에 시위가 집중되면서 각종 피해가 이만저만이설물을 훼손할 경우 반드시 법원에 손해배상을 청구하겠다"고 말했다. 구청측은 이와 함께 경찰 측에 시위 대처과정에서 공공시설물을 적극 보호해 줄 것을 요청할 방침이다.

이에 앞서 종로구 상인모임인 '종로를 사랑하는 사람들'은 지난 11일 집회를 주관한 민주노총과 참가 단체들을 대상으로 2500만원의 피해보상을 요구했다.

자료: 중앙일보 2001년 4월 17일자 23면

3. 공공재의 성격과 유형

1) 공공재란 무엇인가: 정의와 성격

경제재는 성격에 따라 公共財(public goods)와 私有財(private goods)로 크게 나누어진다. 경제학에서는 순수 공공재를 "일단 생산되면 그 소비가 공동으로(집합적으로) 이루어지며, 불특정 다수에게 똑같이 편익이 돌아가는 재화"라고 정의한다.

공공재의 첫 번째 특성은 **배제불가성**(non-exclusiveness)이다. 즉 어떤 특정 개인이 비록 그 재화 소비에 대한 보상이나 비용지불을 거부하더라도 그를 소비로부터 제외시킬 수가 없다. 설령 기술적으로 배제시킬 수 있다고 하더라도 그렇게 하기에는 엄청난 비용을 감수해야 한다. 여기서 '배제가 불가능'하다고 함은 결과적으로 '공짜 이용자', 이른바 **무임승차자**(a free rider)가 생긴다는 의미인데(Mankiw, 2007: 265), 바로 이 점 때문에 시장의 실패가 발생한다.

일기예보나 국방, 기초과학 연구가 그 좋은 예이다. 이들 재화는 대가의 지불 여부에 관계없이, 재화의 성격상 일반 국민들 모두가 함께 소비하게 되는 공공재이다. 이 경우, 어느 특정 소비자가 이에 대한 대가 지불을 거부한다 해서 그를 제외시킬 수는 없다. 설령 기술적으로 그를 제외시킬 수 있다 하더라도 그렇게 강행하는 것은 곧 많은 비효율성을 초래하기 때문이다. 일단 일기예보가 방송되면, 그 수혜자가 대가를 치르든 치르지 않든 상관없이, 될 수 있으면 원하는 사람들은 누구나 일기예보를 듣게 하는 것이 일기예보 공급으로부터 얻을 사회적 편익을 크게 하는 방법이다.

등대의 불빛은 공공재인가?

일기예보나 국방 등의 재화는 그 소비를 선별적으로 차별하거나 배제할 수가 없다.

공공재의 주요 특성은 비배제성과 비경합성이다.

공공재의 두번째 특성은 **비경합성**(non-rivalness)이다. 공공재는 혼자서 소비하든지 둘 이상의 소비자가 공동으로 함께 소비하든지 간에 줄거나 닳아 없어지지 아니하며, 더구나 이용자 상호간의 이익을 침해하지 않는다. 예를 들어 항해하는 특정 선박이 등대 불빛을 더 많이 보았다고 해서 다른 선박들에게 돌아갈 불빛의 양이 줄어드는 것은 아니며, 철통같은 휴전선 철책방어를 통해 자신의 안전을 보호받는 우리 국민이 한 명 더 늘었다 해서 타인에게 돌아갈 국방 혜택의 몫이 그만큼 줄어들지는 않는다.

이 두 가지 특성, 즉 비배제성과 비경합성이 곧 공공재의 핵심적 성격이며, 따라서 생산된 공공재는 이느 것이나 집단적으로 구성원이 함께 사이좋게 이용하는 것이 오히려 사회적으로 바람직하다. 이러한 공공새를 학자에 따라 '집단재'(collective goods) 또는 '사회재'(social goods)라고 부르는 데 그 이유는

바로 여기에 근거한다. 공공재는 위에 열거한 두 주요특성에 덧붙여 다음과 같은 성격도 지니고 있다.[7]

① 가치평가의 상이성: 제품소비자 또는 이용자마다 공공재에 대한 가치평가가 서로 다르다. 일을 중시하는 노동자는 경치좋은 국립공원 관광의 가치를 여가 중시형의 노동자보다 낮게 평가할 것이며, 텅빈 배로 돌아오는 화물선의 貨主는 비싼 화물로 만선한 채 돌아오는 화물선의 화주보다 안전항해를 안내해주는 등대불의 고마움을 보다 낮게 평가할 수 있다.

② 정량 선택의 불가성: 대부분의 공공재는 이용자 개인이 이용하고 싶은 만큼의 정량을 선택하게끔 구성되어 있지 않다. 개개 이용자가 공원의 몇 평쯤을 이용하기 위해 얼마간의 돈을 내는 것이 아니라 세금을 통해 ─자신의 선택범위 밖인─ 공원의 이용 몫을 사는 것이다.

③ 대가 지불의 불확실성: 소비자가 이용상의 서비스 개선을 요구하는 대가로 개인적으로 얼마나 더 많은 경비를 지불해야 할지 알지 못한다. 자신이 직접 그 대가를 지불하지 않기 때문이다.

④ 재화의 不可分性: 공원·국방 등과 같이 공공재는 덩치가 큰 재화(bulky goods)이기 때문에 조각조각 잘라서 팔거나 이용하게 할 수가 없다.

⑤ 재화의 비소진성: 등대나 국방과 같이 대부분의 공공재는 계속 또는 집약적으로 소비하더라도 닳아 없어지지 않는다. 반면에 국립공원과 같이 지나치게 이용하면 질이 저하되는 공공재도 있다.

⑥ 공공재 분류의 비절대성: 공공재 분류는 절대적이 아니며, 그 분류는 '시장상황과 기술상태'(Rosen, 1985: 99)에 크게 좌우된다. 경관은 일단 혼잡하지 않을 때에는 공공재로 볼 수 있다. 그러나 이용자가 늘어나면 이미 기존 이용자가 누릴 수 있는 이용의 질은 감소하게 되기 때문에 비경합성의 원칙은 깨진다.

2) 공공재의 유형: 공공재, 준공공재와 공유자원

위에 지적한 두 기준, 즉 경합성 여부, 비배제성 여부에 따라 재화는 크게 사유재와 공공재, 혹은 이들 두 재화의 성격이 혼합된 혼합재(혹은 준공공재)로 나뉘어진다. 재화중 경합적이며 배제가 가능하면 사유재이고, 비경합적이고 배제도 불가능하면 공공재이다.

---

7) 이 두 가지 성격 대신에 機會費用, 生産者主權(property right of producer), 消費者主權(property right of consumer)의 세 가지 기준을 세워 그 성격을 규명하는 접근방식도 있다.

공공재는 다시 이들 두 기준이 완전히 충족될 수 있는가 아닌가에 따라, '순수공공재'와 '비순수공공재'로 나뉘어질 수 있다. 여기서 후자는 완전한 공공재도 아니고 그렇다고 완전한 사유재도 아닌 그 중간적인 성격을 띤 재화인데, 학자들은 이를 '준공공재'(semi-public goods) '공유자원'(common resources), 또는 '혼합재'(mixed goods) 라고 부른다(Musgrave and Musgrave, 1980: 78~80; Mankiw, 2007: 263). 뒤의 〈표 3-1〉을 참조하며 이를 분류해보자.

현실 세계에서 엄밀한 의미의 순수공공재는 드물다. 대부분의 공공성 재화는 순수성이 약한 준공공재의 부류에 속한다. 그 예가 '과밀성'(crowdness)이 작용하는 공공성의 재화이다. 즉 대부분의 공공성 재화의 이용자가 증가(과밀)할수록 이로 인해 유발되는 혼잡은 다른 제3자의 효용을 침해·훼손한다. 다른 잠재이용자의 효용을 침해·훼손시킨다는 사실은 곧 비경합성의 조건(즉 한계비용 = 0)을 깨뜨리는 것을 의미한다. 이와 같이 사실상 그 이용권한을 제외시킬 수는 없지만, 반면에 과도이용으로 이용의 혼잡성이 증가하면 곧 경합성을 띠게 되는 성격의 재화가 현실적으로 많은데, 이는 이미 순수 공공재로 볼 수 없다.

(1) 보드웨이의 준공공재

보드웨이(Boadway, 1979: 33~4)는 이러한 혼잡유발형 준공공재의 예로서 '국지적 공공재'(local public goods), '클럽재'(club goods), '이용가변성 공공시설'(variable-use public facilities)을 들고 있다.

국지적(局地的) 공공재란 그 이용혜택이 공간적으로 오직 그 '주변'에 거주하는 지역주민에만 한정된, 즉 국지적 혜택만이 가능한 재화로서 경찰서, 소방서, 초등학교, 동사무소 등이 그것이다. 이들은 인구가 조밀할수록 그 이용편익이 줄어드는, 즉 과밀할수록 이용의 경합성이 커지는 재화이지만, 그렇다고 그 이용을 선별적으로 '배제시킬 수는 없는'—또는 배제가 능률상 바람직하지 않은—준공공재이다. 클럽재는 부케넌(Buchanan, 1965)이 일찍이 명명한 준공공재로서 수영장, 골프장, 테니스 등 동호인(club) 성격을 띤 재화이다. 이 재화는 위의 국지적 공공재와는 달리, 혼잡이 증가하면 경합성을 띠게 됨은 물론 실제 배제가 어느 정도 가능한 공익적 성격의 재화이다.

마지막으로, 또 하나의 혼잡유발형 공공재는 이용가변성 공공재이다. 도로, 교량, 위락시설 등이 그 예인데, 각 소비자의 이용량이 제각기 다른—'이용량이 가변적인'—공익성의 재화를 말한다. 이들은 그 이용량의 가변성 때문에 '누구나 같은 양을 고르게 소비하는' 공공재와는 근본적으로 다르다. 이 부류에 드는 재화는 수요가 증가하면 혼잡이 유발되고 이용자의 수요량이 서로 다르다는 점은 공통점이지만, 배제의 가능성은 반드시 서로 공통적이지는 않다. 도로, 교량 등은 공익상 배제하기가 어려우므로 국가가 공급하고, 반면에 위락시설(극장, 에버랜드 등)은 기술적 배제가 가능하기 때문에 민간이 공급하는 것이다.

Price(1979: 28~9) 등은 이 중간재형 공공재를 '生産財'(a producer goods)라고 명명한다.

분류상 또 하나의 공공재는 '중간재형 공공재'(a public intermediate goods)이다. 이제까지 언급된 공공관련재가 '소비'나 '이용'에 국한하였다면 이 분류는 '생산' 측면에 주목하고 있다. 중간재형 공공재는 기업측의 주요 '생산요소'로서, 기업집단들이 동시적으로 투입하는 일종의 중간생산물 성격을 지닌 일기예보, 신발명 기술, 공공정보 등을 들 수 있다. 이들은 각각 정도의 차이는 있지만 이용의 공동성, 비배제성, 그리고 낮은 경합성 등으로 순수공공재와 상당히 유사한 재화들이다.

(2) 가치재

또 한 가지의 공공성 재화는 '가치재'(a merit goods)로서 일찍이 머스그레이브(Musgrave and Musgrave, 1959)가 창안한 개념이다. 그에 의하면, 이런 종류의 재화는 그 소비가 사회적으로 바람직하고 '가치롭기'(meritorious) 때문에 국가가 대량 공급해야 된다고 생각되는 재화이다. 예를 들어 의무교육, 빈민구제, 불량주택 개량, 마약 퇴치, 경관보전 등이 그것이다. 이들의 생산이나 소비는 '代價'라는 인센티브 없이는 대개 이루어지지 않기 때문에(그러나 정부의 입장에서는 사회정의의 실현 또는 온정주의적 견지에서 꼭 소비하도록 권장하고자 하는 재화이기 때문에) 국가가 적극적으로 생산·소비를 장려하는 재화이다. 이와 같이 아름다운 관광자원의 창조나 경관보전은 중간재형 공공재인 동시에 가치재이기도 하다.

태국의 낭간 섬 전경

(3) 공유자원

늪도 공유자원이다

공유자원(common resources)이란 '경합성은 있지만 대신 배제성은 없는', 누구나 함께 소유할 수 있는 '공동소유 자원'을 말한다. 이런 공유자원 중 어류·야생동물 등 생명을 가진 동물로서, 포획하기 전에는 국가재산이지만 포획한 후에는 개인재산으로 귀속되는 자원을 우리는 **망실성 자원**(亡失性 資源: fugitive resources)이라고 부른다.

예를 들어 해양 어족자원, 울창한 산림과 늪, 맑은 공기와 물, 지하 매장 석유, 혼잡한 도로, 야생 동식물은 모두 공유자원에 해당된다. 즉 야생 노루나 멧돼지,

바다의 물고기는 시장가치가 큰 재화이지만, 누구나 이를 포획·이용할 수 있는 자원에 해당된다. 그러나 이들의 남획은 그 자원을 고갈시킬 수 있다. 예를 들어 누군가가 바다 속 물고기를 마구 잡아 올린다면 그만큼 타인이 잡을 수 있는 물고기 수는 줄어든다(경합성). 그러나 어부들이 넓디넓은 바다의 물고기를 잡는 행위에 대해 요금을 부과한다는 것은 사실상 불가능하기 때문에 바닷속 물고기 포획 어부를 (시장에서) 배제할 수가 없다.

이렇게 공유자원은 배제성이 없기 때문에 남획·과용으로 인한 소위 **"공유재산의 비극"**(tragedy of the commons)(Mankiw, 2007: 271)이 발생하기도 한다. 배제하기가 어려운 공유재산의 소비행위를 현지민들이 남용한 결과 사회집단 전체의 비극을 가져온 좋은 예가 있다.

아프리카의 케냐 국경지대인 투르카나州(Turkana State)는 80년대 중반까지만 해도 원주민인 투르카나 族이 목축을 하며 먹을 거리 걱정없이 살아가던 곳이었다고 한다. 어디를 가나 마실 물이 있었고 우거진 숲은 맛있는 과일의 보고였다. 1년에 3~4개월의 雨期가 있어 강에는 항상 적당한 물이 흘렀다. 그런데 원주민들은 돈을 벌려고 너도 나도 아름드리나무들을 무더기로 베어 숯을 만들었다. 또 땔감용으로도 주변의 나무를 계속 베어냈다. 그리하여 숲이 파괴되자 1990년대에 들어서부터 샘이 사라졌고 비도 내리지 않게 됐다. 강은 사라지고 가축들이 먹을 풀도 사라졌다. 요사이 투르카나족은 물을 얻기 위해 바닥을 드러낸 타라쉬 江을 깊이 파헤치고 있다고 한다. 평상시에는 3미터를, 가뭄에는 무려 10미터 가량을 밑으로 파내려 가야 겨우 물을 얻을 수 있다고 한다.

북한의 최근 식량난도 이와 비슷한 공유재산의 남획으로 인한 비극에서 비롯된 것이다. 난방 및 취사용으로 그리고 외화벌이용으로 산림을 마구잡이로 벌채한 결과, 민둥산은 대홍수 피해를 안겨주었으며 이것이 빈곤의 지속을 더욱 가중시킨 것이다.

이와 같은 공유자산의 남획·오용은 이해관계가 없는 제3자에게 큰 외부불경제를 야기하기도 한다. 중국의 내몽고 자치구, 북서부 신강성 일대에서 요즘 심하게 날아오는 황사가 아무 이해관계가 없는 우리나라와 일본에 적지 않은 고통(외부불경제)을 안겨주고 있는 것도 그 한 예이다.

공유자원의 비배제적 성격으로 인한 부정적 외부효과는 여러가지 규제나 세금부과를 통해 어느 정도 내부화시킬 수도 있다. 어족자원 고갈에 내응한 국제어업협정, 사냥과 낚시에 대한 면허료 부과, 사냥꾼이 잡는 야생동물 숫자에 대한 세금부과 등이 그것이다. 우리나라 국립공원도 경합성(혼잡으로 인한 경쟁성)은 있되 배제성은 거의 없는 공유자원에 해당된다. 2007년 입장료 징수제도

공유재산의 비극: 양치기 마을의 비극은 왜 일어났는가?

중세의 작은 마을을 상상해보자. 이 마을의 가장 중요한 경제활동은 양을 기르는 일이다. 마을의 많은 사람들이 양을 키워 양털을 팔아 생활하고 있다. 이 마을의 양들은 대부분의 시간을 마을 공유지(Town Common)라 불리는 마을 주변의 초원에서 풀을 뜯어먹으면서 보낸다. 마을주민 누구도 이 초원을 소유하고 있지 않다. 이 초원은 풀이 풍부할 때에는 이 공동소유제도는 별문제가 없었다. 모든 사람이 원하는 만큼의 풀을 먹일 수 있는 한 마을 공유지는 경합성이 없는 재화이다. 따라서 무료로 양들이 풀을 먹는 것이 아무런 문제가 되지 않는다. 모든 사람이 만족스러워했다.

그러나 시간이 흐름에 따라 마을의 인구가 증가하고 마을 공유지에서 풀을 뜯는 양의 숫자도 증가하였다. 초원의 면적은 제한되어 있으나 양의 숫자는 계속 증가하였기 때문에 초원은 풀을 스스로 보충하는 능력을 상실하게 되고, 결국 초원은 황무지가 되고 말았다. 공유지에 더 이상 풀이 없기 때문에 양을 기를 수 없게 되었고, 한때 융성하던 이 마을의 양털산업은 쇠퇴하게 되었다. 마을은 결국 생활기반을 상실하게 된 것이다.

무엇이 이 비극을 초래하였을까? 왜 마을사람들은 양들의 숫자가 그렇게 많이 증가하여 공유지를 망치도록 내버려두었을까? 그 이유는 사적 유인과 사회적 유인이 괴리되었기 때문이다. 초원이 폐허화되지 않도록 하려면 마을사람들의 공동노력이 필요하다. 마을사람들이 공동보조를 취할 수 있었다면, 그들은 양의 숫자를 초원이 유지될 수 있는 수준으로 조절할 수 있었을 것이다. 그러나 마을주민 누구도 자신이 소유한 양의 숫자를 스스로 줄일 유인이 없었다. 왜냐하면 각자가 소유한 양들은 전체 숫자에 비하면 작은 부분에 불과했기 때문이다.

'공유재산의 비극'은 외부효과 때문에 발생한 것이다. 한 사람의 양떼가 공유지 풀을 뜯으면, 이는 다른 사람의 양떼가 먹을 풀의 질을 떨어뜨리게 된다. 사람들은 몇 마리의 양을 소유할지를 결정할 때 자기네들이 초래하는 이런 부정적 외부효과를 감안하지 않았기 때문에 결과적으로 과다한 숫자의 양이 존재하게 되었다.

만약 이런 비극이 예견되었다면, 마을은 이 문제를 여러 가지 방법으로 해결할 수 있었을 것이다. 마을주민이 소유할 수 있는 양의 숫자를 규제하거나, 양의 소유에 세금을 부과해서 외부효과를 내부화하거나 초원에서 풀을 먹일 수 있는 허가권을 경매에 부칠 수도 있었을 것이다. 즉 이 중세의 마을은 현대사회가 공해를 해결하는 방법을 사용하여 초원의 과잉방목 문제를 해결할 수 있었을 것이다.

자료: Mankiw(2007) 271~272쪽에서 재인용

를 없앴지만, 과거 국립공원 이용에 부과하던 이용료(1000원)는 자원가치에 미치지 못하는 명목적인 사용료에 불과하여 그 부정적 외부효과가 컸다. 만약 수혜자를 대상으로 이용료를 현실적인 가격으로 대폭 인상한다면 그것은 곧 **'외부효과의 내부화'**시키는 방법이 될 것이다.

이상의 분류를 머스그레이브와 멘큐가 제시한 분류표를 참고하여 요약해 보기로 하자. 경합성 및 배제성 여부만을 가지고 공공재 여부를 분류하면서 몇 가지 예를 든다면 〈표 3-1〉과 같다.

여기서 I상한은 이용자를 선별적으로 배제시킬 수 있으며 소비자 서로간에 그 이용이 상호 경합적인 순수사유재이며, 반면 IV상한은 배제도 불가능하거니와(또는 강제적인 배제도 사회적으로 능률적인 것이 아니며) 각자의 이용이 상대방의 이익을 침해하지 않는 순수한 공공재이다. 나머지 II 및 III상한은 각각 준공공재와 독점재이다. 특히 II상한은 앞에서 설명한 공유자원에 해당된다.

자연관광자원(예: 국립공원)은 붐비지 않는다면 IV상한에 소속될 순수공공재이지만, 붐벼서 타이용자(또는 잠재이용자)의 권익이나 편익을 침해(자연생태의 파괴 등)한다면 이미 그 순수성은 사라지므로 II상한의 공유자원(準공공재)으로 분류된다. 여기서 클럽재는 I상한과 III상한의 중간에, 그리고 중간재형 공공재는 II상한과 IV상한의 중간에 위치한다고 볼 수 있다.

그러나 이는 어디까지나 이론적인 분류이고, 현실적인 시각은 이와 좀 다르다. 특정 국가나 정부가 어떤 재화를 국가가 제공·관리해야 하는 공공재인가 로 보는 것은 국가나 시대별로 다르기 때문이다. 미국에서는 관례적으로 소비의 경합성이 없는 III, IV상한을 공공재로 취급하는 경향이 있다고 하지만(Musgrave and Musgrave, 1980: 58), 경합성이 크다 해서—붐비는 도로 등을 예로 들자—공공재에서 제외시키기는 어려울 것이다. 오히려 배제가 불가능하여 민간이 참여하기 꺼리는 II, IV상한이 국가가 공급을 담당하지 않을 수 없는 공공재에 가깝다. 더 넓게 본다면 '시장의 실패'를 낳는 공통 속성을 지닌 II, III, IV상한 소속 재화들은 정부의 적극적인 공급이나 관여가 필요한 공공성 재화라고 할 수 있다(OECD, 2002: 46-8).

시장이 존재하지 않고, 따라서 최적의 가격과 공급량을 알 길이 없는 이들 재화의 가격 결정과 공급량의 결정은, 관광재가 공공재에 가까운 정도에 따라 그만큼 우리 관광위락경제학이 연구하고 해결해야 할 연구과제이다.

표 3-1

배제가능성, 경합성 여부에 따른 재화의 유형화

자료: Musgrave & Musgrave (1980:57) 와 Mankiw (2007 : 263) 의 표를 재구성.

		이용의 배제가능성	
		배제 가능	배제 불가능(혹은 비효율적)
이용의 경합성	경합적	I. 순수 사유재: 보석, 쌀, 냉장고, 증권, 자동차 등	II. 준공공재(공유자원): 바다의 어족자원, 붐비는 공원, 붐비는 국도와 교량, 경찰서 등의 局地財
		클럽재	중간재형 공공재
	비경합적	III. 준공공재 (독점재): 케이블 TV, 영화, 음악회, 원활한 고속도로 등	IV. 순수 공공재: 국방, 일기예보, 등대, 기초과학연구, 붐비지 않는 관광자원이나 자연공원

뉴스 속의 관광경제

'배제'가 가능한 준공공재:

"소방요금 75달러 안낸 집" 화재현장 출동한 美소방관 불구경만

주택에 불이 나 소방차가 출동했다. 하지만 현장에 도착한 소방관들은 불은 끄지 않고 지켜보기만 했다. 불난 집이 '소방 요금'을 내지 않았기 때문이다. 마이클 샌델 교수가 '정의란 무엇인가' 강의 때 토론을 위해 제시했던 상황과 똑같은 일이 미국에서 실제로 발생했다.

11일 현지 지역 언론에 따르면 5일 오전 5시경 테네시 주의 한 외딴 농촌마을에 사는 비키 벨 씨의 이동식 주택에 불이 났다. 잠자던 그를 벨 씨의 애완견이 깨웠을 때 집 안은 이미 연기로 자욱한 상태였다. 겨우 몸을 추스르고 집을 탈출한 벨 씨는 즉시 '911'에 화재 신고를 했다.

신고를 받은 인근 소도시 사우스풀턴의 소방대원들은 즉각 현장에 도착했다. 소방트럭 등 화재 진압장비를 모두 갖춘 상태였다. 하지만 출동과정에서 벨 씨가 연간 75달러(약 8만6250원)의 소방 요금을 납부하지 않았다는 사실을 확인한 소방대원들은 차의 시동을 끄고 한가하게 도로 한편에 앉아 불구경만 했다. 벨 씨는 집과 가재도구가 잿더미로 사라지는 것을 지켜봐야만 했다.

사우스풀턴 시의 이 같은 냉정한 소방정책은 20여 년 전 시작됐다. 벨 씨가 사는 마을은 시 경계 밖인 데다 외딴 오지라서 기본적인 소방 서비스가 제공되지 않았다. 다만 이 지역 사람들에겐 매년 75달러를 내고 사우스풀턴 시 소방 서비스를 이용하는 옵션이 있었다. 하지만 주민들 다수가 '설마 내 집에 불이 나겠느냐'는 생각에 요금을 내지 않았다. 벨 씨도 그중 하나였다. 소방대원들은 벨 씨의 집이 '고객 목록'에 없는 것을 확인하고 화재에 아무런 조치를 취하지 않았다. 그 대신 요금을 성실히 납부한 다른 이웃집에 불이 옮아붙는지만 면밀히 관찰했다. 소방당국의 이 같은 조치를 두고 "소방관의 사명을 저버렸다"는 비판이 미국 내에서 일고 있다.

하지만 시의 태도는 강경하다. 돈을 내지 않은 집들 불마저 꺼주면 돈을 낸 집과 형평성이 맞지 않는다는 논리다. 데이비드 크로커 사우스풀턴 시장은 "예외를 인정해 주기 시작하면 누구도 돈을 내지 않을 것이고 주민들의 소방 요금이 없으면 소방서 운영을 할 수 없다"며 "다만 재산이 아닌 인명 피해가 우려되는 경우라면 요금 납부 여부에 관계없이 긴급 서비스를 제공하고 있다"고 설명했다.

이 지역의 소방정책은 예전에도 비슷한 일이 발생하면서 논란거리가 된 바 있다. 지난해 9월 이 마을의 다른 집에서 발생한 화재 때도 소방당국은 출동만 했을 뿐 소방 요금을 내지 않았다는 이유로 화재 진압을 하지 않았다. 당시 집주인은 "불만 꺼준다면 지금이라도 얼마든지 돈을 주겠다"고 애원했지만 소방관들은 끝까지 움직이지 않았다. 화재 현장에서 요금을 받기 시작하면 어느 누구도 연간 정액요금을 미리 내지 않을 것이란 논리였다.

소방당국의 이런 냉정함에 주민들이 익숙해진 것일까. 벨 씨는 이후 지역 언론과의 인터뷰에서 "시의 정책을 익히 알고 있었기 때문에 소방당국에 악감정은 없다. 우리가 목숨이라도 건진 것과 소방차가 출동해 불이 다른 집으로 번지지 않게 된 것이 그나마 다행"이라고 말했다.

자료: 동아일보 2011년 12월 12일자 A19 면에서 재인용

4. 공공재적 성격에 따른 관광재의 분류

수원 화성의 장안문

관광재를 어떻게 분류할 것인가에 대해서 학자들 간에 논의는 많지만 이론이 분분하여(朴石熙, 1994: 26~30) 아직 이렇다할 정설이 없다. 분류체계에 대해 관심을 두는 학자들은 특히 일본과 우리나라의 학자들인데, 그들 대부분의 분류방법은 크게 나누어 자연자원-인문(인공)자원, 유형자원-무형자원, 또는 자연자원-문화적 자원, 사회적 자원-산업적 자원 등의 체계로 주장되고 있다(金成基, 1988: 48~83).

이들 주장은 모두 나름대로의 의미는 있다고 볼 수 있겠으나, 비판의 여지가 없지 않다. 즉 각 분류가 대부분 '보는' 자원만을 관광재(관광대상)로 정의하고 있을 뿐, '참여하고 즐기는' 자원은 관광재에서 제외시키거나 경시하는 경우가 많다는 것이다. 오늘날 관광행락의 추세가 소극적으로 보는 데 만족하지 않고 참여하고 즐기는, 보다 역동적이고 능동적 행태로 바뀌어 가는 현실에서, 이러한 전통적 분류체계가 과연 오늘의 현실에 맞는가 하는 의문을 제기해 볼 수 있다. 또한 숙박시설이나 교통서비스시설, 상업시설 등을 '일괄하여' 관광자원분류체계에 포함시키고 있는 경우가 많다는 점도 비판의 대상이 될 수 있다. 호텔, 음식점, 교통수단 등은 단지 관광대상인 관광재 구득의 능률성이나 편의성을 직접 또는 간접적으로 지원해 주는 '보조적 기능'을 가지는 데 불과하므로 이들을 관광대상인 관광자원에 과연 포함시킬 수 있는가 하는 점은 의문이다.

이상의 고려사항과 공공성 여부에 근거하여 작성된 분류체계는 〔그림 3-1〕과 같다. 즉 관광대상인 관광재는 크게 視·聽·食 등 '정태적 행위'의 대상이 되는 관광재와 '참여하며 즐기는' '동태적 행위'의 대상이 되는 관광재(위락자원)로 분류된다. 정태성 관광재는 다시 인간의 기교로 이루어진 인문성 재화, 자연 스스로의 조화로 이루어진 공유자원적 성격의 자연성 재화, 그리고 이 양자가 절충된 복합성 재화로 구성된다.

앞 절에서의 논의와 연결시켜 볼 때, 관광재 대부분이 공공성이 강한 재화라고 할 수 있다. 그러나 이것도 이미 앞에서 지적한 바와 같이 이용자 증가로 혼잡성의 문제가 발생되면(경합성의 야기로 인하여) 준공공재로 바뀐다. 인문재나 복합재는 언어·민속·도시공원 등을 제외한다면, 대부분 혼합재로서 사유재적 성격도 띠고 있다. 그러나 이들도 사회적 관점에서 본다면 대부분 적극적으로 장려할 만한 가치가 있는 가치재에 해당되므로 배제성이나 경합성에 관계 없이 국가가 그 공급을 장려·조장하는 이른바 통속적인 의미의 공공성 관광재

그림 3-1

관광재의 분류

주: 1) 사유재 성격이 강한
    관광재
  2) 혼합재적 성격의 관
    광재
  3) 공공재적·공유자원
    적 성격이 강한 관광재

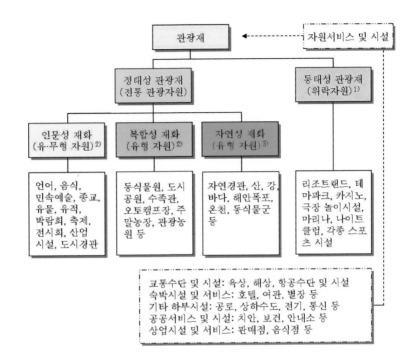

로 분류될 수 있을 것이다. 반면에 동태성 위락자원은 이용자 상호간 경합적이고 시장 배제가 가능하므로 사유재의 범주에 든다. 대부분의 위락시설 공급이 현재 민간생산자에 의해 이루어지고 있는 것도 이에 연유한다.

그러나 비록 공공성이 강한 비경합성 관광재라 하더라도 시장질서가 사회형 평상 왜곡되는 재화도 적지 않다. 미국의 경우, 연방정부나 주정부가 보조하는 국립·주립 공원이 그러하다. 신자유주의 경향 탓도 있지만, 국립공원에 대한 정부보조금 지원은 그 재원의 적잖은 부분이 가난한 서민들의 주머니 세금에서 나오므로, 공원의 가격을 낮추는(혹은 무료화하는) 것은 결국 부유한 사람들의 휴식공간 유지를 위해 빈자가 부자를 보조해주는 격이라는 점에서 사회적 형평상 맞지 않다는 주장이 제기되기도 한다(다음 칼럼 참조). 미국에서는 이런 명분을 등에 업고 '수익자부담 원칙'에 따라 공원 입장료를 인상하고 있는 것이 현실이다. 한국도 이러한 논리의 예외가 아니다. 예컨대, 설악산 국립공원은 道民보다는 상대적으로 더 부유한 수도권 주민의 하계 휴식공간임에도 불구하고, 이들 외지인들이 몰려와 무료이용하면서도 보다 훨씬 더 많은 사회적 비용(환경파괴, 쓰레기 배출)을 도민들에게 전가시키고 있는 것이 현실이다. 아무리 공공성이 큰 재화라 하더라도 이와 같이 수익자/비용발생자 간에 형평상 왜곡이 발생할 때에는, 배제의 원칙을 적용할 수 있는 국도립공원 같은 관광재의 경우, 이를 보정하는 장치(가격차별화나 입장료의 현실화 등)가 강구될 수 있다.

**뉴스 속의
관광경제**

국립공원도 살리면서 돈도 벌자

미국 국립공원들에 인파가 너무 넘치고 공원상태가 악화되고 있으며 재정적으로도 어려움에 처해 있다는 것은 이미 잘 알려져 있는 사실이다. 어떤 사람들은 이 문제를 해결하기 위해 이용예약제를 도입하거나 특정 구역의 이용을 폐쇄하자는 안을 내놓기도 하고 있고, 의회는 국립공원에 대한 보조금을 인상해주자는 방안을 제시하기도 한다. 그러나 경제학자들은 이보다 더 명백한 해법을 갖고 있는데, 그것은 바로 입장료의 인상안이다.

1916년 국립공원관리국(National Park Service)이 설립될 당시에는 승용차를 몰고 온 5인 가족의 옐로우 스톤 국립공원(Yellow Stone National Park) 입장료는 7.50불이었다. 그런데 오늘날도 입장료는 겨우 10불에 불과하다. 1916년의 입장료에 물가수준을 고려한다면, 1995년의 5인 가족 입장료는 적어도 하루에 120불은 되어야 한다. 이 금액은 이들 가족이 디즈니 월드에서 하루를 즐기거나, 데이빗 커퍼필드의 마술 쇼를 보러 가거나, 미식축구 경기를 관람하는데 드는 비용과 맞먹는 액수이다.

이제 여러 분들은 국립공원들이 왜 그토록 인파로 넘쳐나는지 이해가 갈 것이다. 우리는 이 나라의 유서깊은 자연자원이라는 보배를 거의 공짜나 다름없는 상품으로 취급하고 있는 것이다. 이 공원들을 유지하는데 드는 관리비용을 무시했으며, 너무 사람들이 많이 넘쳐날 때는 더 이상 입장을 못하도록 함으로써 혼잡을 잣대로 삼아 공원입장 권리를 분배해 온 것이다. 아마 이 방법은 희소자원을 배분하는 방법 중 가장 비효율적인 방법에 속할 것이다. 국립공원에서 한 가족이 하루를 즐기는데 드는 비용은 여타 여가활동 비용과 같은 속도로 인상되지 않았다. 국립공원 전체로 보면 한 사람당 입장료가 평균 1불이 될까말까하기 때문이다. 예컨대 국립공원 하루 입장료를 1인당 20불로 인상해버리면, 공원을 찾는 사람이 줄어 공원의 혼잡도 줄여주고 또 환경파괴도 막아줄 수 있을 것이다. 나아가(만약 늘어난 수입을 공원관리국이 소유토록 허용하는 법안이 의회에서 통과된다면) 공원관리국의 입장료 수입도 증가할 것이다. 20불로의 인상은 승산이 높다. 수백 달러의 여행경비를 들여 멀리서 옐로우 스톤에 왔는데 입장료 20불이 비싸다고 되돌아 갈 사람은 거의 없을 것이기 때문이다.

입장료 인상은 두 가지 방법을 통해 야외 여가활동을 더욱 활성화시킬 것이다. 국립공원 서비스의 확대를, 그리고 민간 경영인들의 사유공원 개설을 고무시켜 줄 것이다(지금처럼 국립공원이 원가 이하의 입장료를 받는 상태에서는 사유공원이 국립공원과 경쟁할 수 없다). 이제 우리도 돈을 의미 있는 곳에 써야 할 때다. 그랜드 캐년과 요세미티의 가치를 인정한다면 그에 맞는 높은 입장료를 내는데 대해 불평을 늘어놓아서는 안된다. 이들 국립공원의 가치를 인정하지 않는다면 현재의 심각한 상황과 더 악화될 미래에 대해 굳이 안쓰러워할 필요도 없다.

자료: 뉴욕 타임스 1995년 9월 30일자 19면

▶ 규모의 경제(規模의 經濟, economy of scale): 생산요소 투입량이 증대(즉 생산규모의 확대)될 수록 생산비가 절감되거나 수익이 향상되어 발생하는 이익을 말한다. 기업들이 생산규모 확대를 기하려는 이유중의 하나도 바로 이것 때문이다.

▶ 희소자원(稀少資源, scarce resources): 물과 공기와 같이 특별한 비용지불 없이 쉽게 구득할 수 있는 자원(자유재라 함)외에, 그 공급량이 제한되어 있어 수요를 충족시켜줄 수 없는 자원을 말한다. 희소자원은 시장수급상 항상 수요량>공급량이므로 자원의 배분문제가 발생하며 이는 곧 경제학의 연구대상이 된다.

▶ 시장의 실패(市場失敗, market failure): 시장이 자원의 최적분배(最適分配)라는 과제를 해결해 주지 못함으로써 발생하는 시장기구의 결함을 의미한다. 광의로는 시장기구가 자원의 이상적 분배를 보장하지 않을 경우, 협의로는 시장기구가 파레토 최적을 실현할 수 없게 되는 경우를 말한다.

▶ 우등재·열등재(優等財·劣等財, superior good·inferior good): 실질소득이 증가할 때 그 수요량도 함께 그 이상의 비율로 증가하는 재화를 우등재 또는 상급재라고 하며, 반대로 그 수요량이 감소하는 재화를 열등재 또는 하급재라고 한다.

▶ 탄력성(彈力性, elasticity): 경제변수 A가 1% 변화할 때 B가 몇% 변화하는가를 나타내는 수치를 B의 A에 대한 탄력성이라 한다. 예를 들어, 가격이 1% 변화하였을 때의 수요량의 변화를 수요의 가격탄력성, 공급량의 변화를 공급의 가격탄력성이라 한다. 또한 국민소득이 1% 변동할 때의 고용량의 변화를 고용의 소득탄력성, 수입량의 변화를 수입의 소득탄력성이라 한다. 한편, 수요의 가격탄력성의 경우 탄력성이 크면 사치재, 작으면 필수재로 분류하기도 한다.

▶ 한계대체율(限界代替率, marginal rate of substitution): 한계효용이론의 하나로서 상품 X의 한계단위로 그 상실을 보상하는 상품 Y의 수량을 나눈 비율을 X의 Y에 대한 한계대체율이라고 한다.

▶ 한계비용(限界費用, marginal cost): 생산물 한 단위를 추가로 생산할 때 필요한 총비용의 증가분을 말하며 한계생산비라고도 한다.

▶ 후생경제학(厚生經濟學, welfare economics): 경제정책의 목표가 사회 소비자 전체의 경제적 후생(복지)의 극대화에 있다는 전제 아래 경제적 후생의 개념이나 극대화의 조건을 연구하는 경제학의 한 분야를 말한다. 분류상 미시경제학의 영역에 속한다.

1. 유럽과 북미 그리고 동아시아(여기서는 한국, 일본)의 관광연구의 성격을 서로 비교 검토해보라. 바람직한 관광연구방법은 무엇인가?

2. 관광경제학의 연구대상을 미시 관광현상과 거시 관광현상으로 나눌 때 그 각각의 연구대상은 무엇인가?

3. 관광위락자들이 욕구하는 특수한 성격의 재화를 관광재라 할 때 관광재가 지니고 있는 특성은 무엇인가? 그것은 일반재의 성격과 어떻게 다른가?

4. 관광의 부정적 그리고 긍정적 외부효과를 내부화하는 방안에는 어떤 것이 있는지 예를 들어 설명해보라.

5. 일반 사유재(private goods)에 비해 공공재는 어떠한 특성을 지니고 있는가? 그런 특성에 비추어 야생동물(예: 지리산의 반달 곰)은 공공재인가?

6. 관광재는 모두 공공재라 할 수 있는가? 논해보라.

Economics of
Tourism and
Outdoor Recreation

제2편

관광위락경제의 미시이론

제 4 장

관광위락의 수요공급이론

이 장에서는 관광·위락현상분석의 기초가 되는 수요와 공급의 기본적 개념과 이론을 다룬다. 먼저 이의 이해를 위해서 본장에서는 소비자행동이론의 하나인 한계효용이론을 소개한다. 이어서 수요이론으로서 수요의 개념, 수요의 결정요인, 수요탄력성, 수요함수, 수요곡선 등을 설명한다. 이어서 공급이론에 해당되는 공급의 개념과 비용(생산비), 생산요소와 공급곡선 등을 이해토록 하며, 최종적으로 이들 수요공급의 시장균형에 대해 언급한다.

다른 연구서 또는 교과서와 마찬가지로 이 책에서도 관광학의 수요이론에 비해 공급이론이 빈약하다. 그 이유는 곧 자세히 논하겠지만 맥카넬(McConnell, 1985: 679)이 지적하였듯이, 관광에서는 소비자가 곧 생산자라는 점, 공급의 주체는 대개 자연자원 그 자체로서 우리 인간이 그 공급에 관해 영향력을 행사할 수 없다는 점(즉 공급의 비탄력성) 때문이다. 또한 혼잡과 환경의 질 저하를 제외한다면 관광자원 공급에서 생산을 위한 비용(특히 가변비용)이 없다는 점 때문에 논의할 대상 자체가 왜소한 데에 기인하는 듯하다.

소비이론은 크게 미시적 문제를 다루는(즉 가계의 소비행동을 다루는) 소비자행동이론과 거시적 문제를 다루는(즉 국민경제 전체의 소비문제를 다루는) 소비함수론으로 나눌 수 있다. 본 장에서 다루는 관광수요 및 공급이론은 미시경제학의 소비자행동이론에 바탕을 두고 있다. 미시이론으로서의 소비자행동이론에는 한계효용이론, 무차별곡선이론 그리고 현시적 선호이론 등이 있다.

한계효용이론은 19세기말 **신고전학파** 경제학자들인 맹거(C. Menger), 제본스(W. S. Jevons), 왈라스(L. Walras), 마샬(A. Marshall) 등에 의해 개발되었다. 무차별곡선이론은 20세기에 접어들어 힉스(J. R. Hicks), 파레토(V. Pareto), 슬루츠키(E. Slutsky) 등에 의해 개발되었고, 현시선호이론은 비교적 근래에 들어 사뮤엘슨(P. Samuelson), 힉스(J. R. Hicks) 등에 의해 개발되었다.

이 세 이론은 각각 서로 약점을 보완해가면서 시대 순으로 발전해 왔는데, 관광경제학에서 다루는 이론은 거의 대부분이 한계효용이론을 토대로 하여 형성된 것이다. 따라서 본장에서는 관광수요이론의 원활한 이해를 위해 먼저 한계효용이론만을 상세히 설명하기로 한다.

신고전학파 경제학(neo-classical economics)

1870년대 이전의 스미스-리카도-밀의 정치경제학시대를 '고전학파 경제학' 시대라고 한다면, 그 이후 20세기 초까지의 유럽대륙 중심의 학자들, 즉 멩거(1840~1921), 마샬(1842~1924), 왈라스(1834~1910) 그리고 제본스(1835~1882) 등이 전개한 현대경제학을 말한다.

제1절 한계효용 이론

19세기 말 신고전학파 경제학자들인 맹거(C. Menger), 마샬(A. Marshall) 등이 개발한 한계효용이론(theory of marginal utility)은 소비자행동이론의 시초라고 할 수 있으며, 이 이론은 오늘날 시장가격 결정에 관한 미시경제이론의 기초를 구성하고 있다.

18세기 『국부론』(*The Wealth of Nations*)의 저자이며 경제학이라는 학문 개척의 선구자라 할 수 있는 아담 스미스(Adam Smith)를 곤혹스럽게 했던 경제문제 중의 하나는, 왜 인간생활에 있어 가장 필수적이고 유용한(즉 이용가치가 높은) 물은 아주 싼값으로 팔리고 반면에 없어도 살아갈 수 있는 다이아몬드는 왜 비싼 값에 팔리는가(즉 왜 교환가치가 높은가) 하는 문제였다. 학자들은 이를 **아담 스미스의 역설**(Adam Smith's paradox)이라고 부른다. 이러한 **이용가치**(use value)와 **교환가치**(exchange value)의 괴리문제를 해결한 이론이 바로 한계효용이론이다. 결론부터 말한다면, 한계효용학파들은 총효용과 한계효용이라는 개념을 도입하여, 현실 시장에서 재화의 가격을 결정하는 것은 총효용이 아니라 한계효용임을 밝혀 이 의문을 손쉽게 해결하였다. 다이아몬드는 존재량이 적기 때문에 한계효용이 큰 반면, 물은 존재량이 풍부하기 때문에 한계효용이 적을 수밖에 없으므로 자연히 한계효용이 높은 다이아몬드가 가격이 훨씬 더 비싸다는 것이다. 이제 이 한계효용이론의 개념과 내용을 살펴보자.

1. 총효용과 한계효용

거리나 크기와 같이 수치로 측정할 수 있다는 가정하에서(基數的 效用) **효용**(utility)은 앞에서 정의한대로 소비자의 재화·서비스 소비에 대한 만족도(satisfaction level)로 정의할 수 있다.

총효용(total utility)이란 어떤 소비자가 일정기간 동안 일정량의 재화 X를 소비하였을 때 얻을 수 있는 주관적인 총만족도를 말한다. 총효용은 재화 X의 소비량을 증가시켜 갈수록 함께 증가하는 성질을 지닌다. 그러나 소비량이 어느 한계점에 도달하게 되면 총효용은 극대치에 이르게 되며 그 이상의 소비는 오히려 총효용(총 만족도)을 감소시키게 된다. 이를 그림으로 표시한 것이 〔그림 4-1〕이다.

재화 X의 소비량과 총효용 사이에는 일정한 함수관계가 존재하는데, 우리는 이것을 **효용함수**(utility function)라고 부른다. 즉 만약 소비재화의 종류를 X_1, X_2, 총효용을 U라고 가정하면 효용함수는 다음과 같다.

$$U = f(X_1, X_2)$$

한계효용
특정 소비재 한 단위를 더 소비해감에 따라 증가해가는 효용, 즉 만족도의 증가분

일반적으로 재화 X의 소비가 늘어나면 소비자가 얻는 총효용도 함께 증가한다. 다른 소비재(X_2)의 소비량을 일정하게 해놓고 한 재화(X_1)의 소비량을 늘려갈 때 한 단위씩 추가적으로 소비해감에 따라 증가해 가는 총효용의 증가분을 우리는 **한계효용**(marginal utility)이라고 부른다. 즉 X_1의 증가분(Δ로 표시)을 ΔX_1, 총효용의 증가분을 ΔU라 표시하면, 한계효용 MU_{X1}은 다음과 같은 식으로 표시할 수 있다.

$$MU_{X1} = \frac{\Delta U}{\Delta X_1}$$

총효용과 한계효용 간에는 어떤 관계가 있는지 그림을 통해 알아보도록 하

자. 〔그림 4-1〕이 이들의 관계를 나타낸 것이다. 가령, 어느 여행자(여행인솔자로 보는 것이 적합)가 중국 옛 당나라의 수도였던 서안(西安)을 똑같은 목적으로 똑같은 코스를 연속 방문한다고 하자. 그의 방문이 거듭될수록 총효용은 증가하다가 일정 횟수(5회)가 지나면 감소하게 된다. 만족이 불만족 수준으로 바뀌는 것이다.

이 그림에서 보면 총효용곡선은 방문횟수가 증가함에 따라 우상향으로 상승하다가 한계효용이 '0'이 되는 점에서 극대점에 이르게 되고, 그 이상 방문(6회 이상)이 계속되면 총효용이 다시 하강하기 시작한다. 이에 따라 한계효용곡선은 우하향하다가 총효용이 극대가 되는 점에서 '0'이 되고 그 이상으로 방문이 계속되면 한계효용이 (−)가 된다.[1] 이와 같이 재화소비에 따라 한계효용이 점차 감소해 가는 현상을 우리는 **한계효용체감의 법칙**(law of diminishing marginal utility)이라고 부른다.

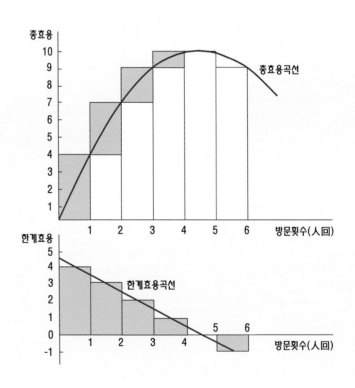

그림 4-1

총효용과 한계효용의 관계

방문횟수	총효용	한계효용
0	0	–
1	4	4
2	7	3
3	9	2
4	10	1
5	10	0
6	9	-1
7	8	-2

주: 여기서 한계효용은 방문횟수 1회 증가할 때마다 전기 총효용에서 금기 총효용을 뺀 값이다. 즉 방문횟수 1회의 한계효용은 4−0=4, 방문횟수 2회의 한계효용은 7−4=3 등이다.

---

1) 한계효용곡선은 여기서는 직선으로 표현되었지만, 만약 방문횟수와 총효용을 더욱 세분화한다면 곡선으로 표현할 수도 있다.

2. 소비자 균형조건

일반적으로 소비자로서의 인간의 욕망은 무한한 반면, 이를 충족시켜 줄 수 있는 수단(소득, 시간 등)은 현실적으로 유한하다. 이러한 제약조건하에서 소비자는 자신의 효용이 극대화될 때까지 계속 구매방식을 변경시키려는 노력을 행한다. 이런 노력(즉 구매방식의 배합변경 노력)은 효용이 극대화될 때까지 계속되며, 일단 효용이 극대화된다면 소비자 균형조건이 충족된 것이므로 그 시점에서 노력은 중지된다. 이에 대한 해답은 한계효용균등의 법칙(law of equi-marginal utility)에서 찾을 수 있다.

이제 1주일 동안 *西安*을 관광하는 어떤 여행자의 제약조건은 소득(Y)이고 그는 여행상품(X_1)과 여가시간(X_2)을 구매한다고 가정하자.[2] 또한 여행상품의 가격을 P_1, 여가시간의 가격을 P_2(즉 1주일동안 여가시간을 내는 가격으로서 1주일동안 일할 때 받는 임금으로 환산할 수 있음), 그리고 여행상품의 한계효용을 MU_1, 여가시간의 한계효용을 MU_2라고 하자. 이때 그의 소득제약조건 식은 다음과 같이 표현할 수 있다.

$$Y = P_1 X_1 + P_2 X_2$$

이제 이 여행자는 각 소비재화의 화폐 1단위당 한계효용이 모두 같도록 함으로써 자신의 만족도를 극대화할 수 있다. 이것을 **한계효용균등의 법칙**이라 하며, 이는 곧 소비자 균형상태를 뜻한다. 즉 만약 i 재화가 $i = 1, 2 \cdots n$ 으로서 n개라고 하면

$$\frac{MU_1}{P_1} = \frac{MU_2}{P_2} = \cdots \cdots = \frac{MU_n}{P_n} = 화폐1단위의\ 한계효용$$

다시 말해 주어진 소득을 각 소비재화의 1원당 한계효용이 같아지게 재화구입에 배분함으로써 그는 소비자로서의 만족을 최대화할 수 있다는 것이다. 이 균형은 다음과 같이 증명될 수 있다(여기서는 '여행기간'과 '볼거리' 두 가지 재화만 있다고 가정하자).

---

2) 여기서 여행상품은 서안의 '볼거리'로서의 각종 관광상품, 예컨대 진시황릉, 진시황의 병마용, 아방궁 유적지, 여산의 화청지, 양귀비의 무덤, 華山 등이라고 가정하자.

만약 볼거리(X_1) 1원어치의 한계효용(MU_1/P_1)이 여행기간(X_2)의 1원어치 한계효용(MU_2/P_2)보다 크다면(즉 $MU_1/P_1 > MU_2/P_2$ 라면) 어떻게 될까? 현명한 소비자인 그는 여행기간을 줄이는 대신 볼거리 구매량을 늘려 그의 만족도를 더 극대화하려 할 것이다. 반대로 $MU_1/P_1 < MU_2/P_2$ 라면, 그는 볼거리의 화폐단위당 만족도가 낮으므로 여행일수를 늘려 총만족도를 증가시키려 할 것이다. 그리하여 여행자의 최종적 선택은, 즉 재화구매의 배합균형은 두 소비재화의 각 1원당 한계효용이 같게 되는 지점, 즉 $MU_1/P_1 = MU_2/P_2$에 귀착하게 된다. 우리는 이를 단순한 한계효용균등의 법칙에 대하여 **가중 한계효용균등의 법칙**이라고 부른다.

이 한계효용균등의 법칙을 적용한다면 여러 가지 소비현상을 이론적으로 설명할 수 있다. 수요곡선이 왜 우하향하는가를 밝힐 수 있으며, 아담 스미스의 의문점(逆說)에 대한 해답을 내릴 수 있고, 소비자잉여 문제에 대한 해석을 가능케 해준다. 이에 대한 설명은 각종 경제학원론 교과서를 참고해주기 바라고 여기서는 생략토록 한다(소비자잉여 문제는 제7장 제2절 참조).

한계효용이론은 1870년대 이전의 고전파 경제학자(classical economists)들이 오로지 '비용'만으로 가치를 설명하려는 시도를 정면으로 부정한 주관적 가치설로서, 기존의 공급측면 중시보다는 수요측면을 주목한 이론이다. 새로이 등장한 한계효용이론이 기존의 진부한 가격결정이론에 획기적인 전기를 마련해 주었다는 점에서 근대 경제학자들은 이를 **"한계혁명"**(marginal revolution)이라고까지 부르고 있다. 그러나 이 이론은 소비자의 각 재화에 대한 만족도를 사람의 '키', '몸무게'와 같이 정확히 객관적으로 측정할 수 있는 효용(이를 基數的 效用이라 부른다)이라고 가정하는 약점을 지니고 있다. 각종 소비재의 만족도를 마치 '자로 재듯이' 수치로 표시할 수는 없기 때문이다.

만약 연구자가 각 소비자의 재화소비 효용을 수치적으로 측정할 수 없다면 이 이론은 그 존재가치가 흔들리게 된다. 사실 개개 소비자가 상품 하나하나에 대하여 독자적인 효용을 부여한다고 볼 수도 없으며, 또 부여한다고 치더라도 이를 객관적(기수적)으로 측정할 수도 없는 노릇이다. 이러한 문제의식에서 출발하여 새로이 등장한 제2의 소비자선택이론이 20세기 초 힉스(J. R. Hicks), 파레토(V. Pareto), 슬루츠키(E. Slutsky), 알렌(R. G. Allen) 등에 의해 개발된 무차별곡선이론이다. 이 이론은 기수적 효용측정의 문제를 우회하여, 서수적 효용은 측정할 수 있다는 사실을 전제로 더 발전된 소비자 선택이론이라고 할 수 있다. 이에 대해서는 별도로 경제학 교과서를 참조하기 바란다.

제2절 관광위락의 수요

1. 관광수요의 개념

앞의 소비자 선택이론에서도 정의하였듯이, 소비자의 **효용**(效用: utility)이란 소비주체인 특정 개인이 어떤 재화나 서비스를 소비함으로써 얻는 주관적인 만족도(satisfaction level)를 의미한다. 사람에 따라 혹은 주어진 외부환경에 따라 특정재화에 대한 효용(즉 만족도)은 사람마다 각각 다르게 느껴진다. 느끼는 효용의 크기에 따라 개인은 그 재화에 대해 지불하고자 하는 가치(지불 용의액: willingness to pay)를 부여하고 이 가치에 따라 가격—즉 재화획득에 대한 댓가—이 결정된다. 신든·워렐(Sinden and Worrell, 1979: 7)은 이 관계를 다음과 같은 함수관계로 간략히 표현하고 있다. 즉 어떤 재화의 가치란,

> 어떤 재화의 효용이란 곧 그 재화를 소비할 소비자의 주관적인 만족도를 뜻한다.

$$재화의\ 가치 = f(효용, 외부환경\ 조건, 평가시\ 평가자의\ 상황)$$
$$= 대가로서의\ 지불용의액\ = 가격$$

결국 어떤 재화로부터 가치를 획득하기 위해서는 그에 상응하는 값어치의 지불용의가 필요하며 이 **지불용의액**(willingness to pay)이 곧 가격인 것이다. 제3장에서 이미 설명했듯이 우리가 다루고자 하는 관광재는 특히 공공재적인 성격이 강하고 따라서 가치(가격)를 판단할 기준 잣대가 없으므로, 실제로 그 가치나 가격을 결정하기가 어렵다. 공공재에 있어서는 정상적인 시장기구(market mechanism)가 작동하지 않기 때문이다. 그래서 관광재의 경우, 그 상대적인 가치평가는 이른바 지불용의액, 다시 말해 그가 '그 재화를 얻는 대가로 포기하고자 하는 금전적 가치'에 의존할 수밖에 없다. 가치평가의 한 수단으로서 지불용의에 대해서는 뒤의 6장에서 보다 자세히 검토하기로 한다.

효용이 가치의 한 요소라고 볼 때, 수요란 어떤 재화의 소유·이용으로 인해 발생하는 이른바 '효용의 구득 욕구' 라고 규정지을 수 있다. 수요를 더욱 명확히 정의한다면, 그것은 소비자가 재화나 서비스를 구매하고자 하는 욕망이나 욕구이다. 욕망이나 욕구는 당연히 그 재화의 효용이나 유용성에 의해 좌우된다. 수요와 효용의 관계를 일컬어 신든과 워렐(Sinden and Worrell, 1979: 34)은 "수요란 개념은 관찰가능한 실제행동과 효용을 이루는 만족감간의 과도기적 상

태를 나타낸다"라고 표현하고 있다. 경제학에서는 수요를 '소비자의 재화 구매욕구'라고 하며, 이러한 구매욕구가 구체적인 수량으로 표현될 때 그것을 수요량(quantity demanded)이라 정의한다.

관광경제학에서는 관광위락을 행하고자 하는 소비자의 욕구 내지 욕망을 관광수요(tourism demand) 또는 위락수요(recreational demand)라고 한다. 물론 이 개념은 얼마동안 어떤 시설을 얼마나 이용하며 관광하기를 원하는가를 밝히는 구체적 개념은 아니다. 수요의 구체적인 대상이 관광재라고 한다면 관광재 수요(demand for tourist goods)가 좀더 구체화된 개념이며, 이를 더욱 구체화하면 곧 관광재 수요량이 된다.

관광재의 수요는 일반 경제재의 수요행위와는 다소 다르다. 왜냐하면 일반 수요행위에서는 대개 시장기구에서 작용하는 사유재(private goods)를 그 대상으로 삼지만, 관광의 경우에는 제3장에서 지적하였듯이 자연자원·언어·민족·유물·유적·축제 등 가격으로 가치를 환산하기 힘든 공공성의 재화를 그 구매대상으로 삼기 때문이다. 또한 관광수요는 복합재를 수요하는 복합수요 행위이기도 하며, 공간을 이동하여 소비해야 하기 때문에 이동비용 또한 관광재 수요의 중요한 비용에 포함된다.

2. 관광수요의 척도

관광수요의 개념에서 또하나 논의해야 할 중요한 문제는, 관광재의 수요를 실제로 어떻게 측정해야 하는가의 문제, 즉 관광수요의 척도(measure)문제이다. 사유재의 수요를 주로 다루는 일반경제학에서는 예컨대, 사과·배·자동차의 구매량이 수요 및 수요량을 파악하는 척도로서 이용된다. 해당 재화의 수량이나 지출액만 측정하면 되므로 수요측정에는 별 어려움이 없다. 우리 관광재에 있어서도 다음과 같은 각종 사유재 수요에 대한 수요측정의 척도는 수량으로 또는 지출액으로 나타낼 수 있으므로 별문제가 되지 않는다. 즉,

> 토산품 등의 유형 관광상품: 수량, 구입액
> 숙박시설: 이용 등급별(특급, 1급 관광호텔 등) 객실당 지출액
> 식음료: 수량, 지출액

그러나 문제는 공공재적 성격을 띤 관광재의 수요이다. 이 수요는 다른 재화 수요와 달리 장소수요(site-specific demand)인데, 이것은 누가 특정의 장소

일반 시장재(사유재)의 수요량 측정은 수량과 금액으로 표현할 수 있으므로 문제가 없다. 그러나 공공재와 관광재는 금액에 의한 측정이 난이하고 수량으로 측정하기도 어렵다. 따라서 다른 대안적인 측정방법에 의존할 수 밖에 없다.

를 이용하며 또 얼마나 이용할 것인가라는 문제이다. 미국 연방정부는 주로 다음과 같은 기준을 제시하고 있으며, 학자들도 장소에 관한 수요의 척도로서 대개 아래와 같은 측정방법들을 사용하고 있다(Walsh, 1997: ch.3).

(1) 방문자수(number of visitors)

방문자수(number of visitors)는 수요의 척도 중에서 가장 단순한 측정단위이다. 이 지표는 한마디로 체재기간(체재일수 또는 체재시간)에 관계없이 조사대상 관광지를 방문한 사람의 수를 말한다. 두 사람이 1~4시간 소요되는 활동(예를 들어 피크닉, 하이킹)에 참여하였던지 혹은 12~24시간 소요되는 활동(예컨대, 캠핑 등)을 하였던지 간에 방문수요는 마찬가지로 2인으로 간주된다. 외래관광자의 경우도 마찬가지로, 일단 입국하여 만 하루 동안만 체류하는 자나 한달간 체류하는 자나 모두 방문수요는 동일하게 1인으로 간주된다.

현재 우리나라 외래관광 통계(예: 한국관광공사의 「한국관광통계」)는 이 기준을 따르고 있는데, 단순하므로 파악하기 쉽다는 장점이 있기는 하지만 너무 정보은폐가 심해서 바람직한 측정단위라 할 수 없다. 즉 4박 5일간 체류하는 10명이나 24시간만 체재하는 10명이나 동일한 크기의 수요라고 본다면, 이는 외화가득액의 크기, 자연관광자원의 파괴 정도 등을 무시한 피상적 측정단위라는 비판을 받기에 충분하다. 가장 바람직하지 않은 측정단위라 할 수 있다.

(2) 총 방문횟수(number of total visits)

이 개념은 일정기간 동안의 특정 관광수요에서 숙박일수의 많고 적음에 관계없이 한 사람이 한 지역을 1회 방문한 것을 기본단위(즉 人回)로 하여 전체 방문한 횟수를 파악코자 하는 지표이다. 사실 장소에 대한 총관광수요량은 엄격한 의미에서 앞에서 언급한 방문자수(number of visitors)가 아니라 이 총방문횟수(number of total visits)이다.

일반경제에서 재화 X의 가격이 하락하면 그 수요량이 증가한다고 할 때, 그 의미는 구매자의 재화 X의 구매수량만 늘어날 뿐 구매자수는 늘어나지 않는 경우도 있다. 마찬가지로 공간적 수요에서도 수요의 증가는 관광자수의 증가가 아니라 전체 관광일수(숙박일수)의 증가로 나타날 수 있다. 그러므로 우리는 특정 관광지의 입장권이 더 많이 팔렸다면, 그 사실로부터 총방문횟수가 늘어난 것을 알 수 있지만, 그 구체적 이유가 관광자수가 증가하여 입장수입이 많이 늘어난 것인지 아니면 관광자 수는 일정한데 방문횟수가 n회로 늘어나서 입장수입이 증가한 것인지 알 수 없다. 일반적으로 말해, 관광의 매력성이 큰 관광지일수록 관광자수의 증가는 물론 관광자의 이용횟수(방문횟수)도 증가할 것이기 때문이다.

이 측정단위는 관광지에서의 관광활동이 유사하고, 따라서 활동소요 시간도 거의 동일할 때에는 측정단위로서 적합하지만, 목적지가 복수로 구성된 경우에는 측정단위로서 부적합하다는 단점을 지닌다.[3]

(3) 관광일수(visitor days)와 위락방문일수(recreation visitor days)

방문자수에 체재일수를 곱한 수치(즉 방문자수 × 체재일수)로서 앞에서 지적한 방문자수 척도가 단순히 인원수만을 형식적으로 표시한 형식척도라고 한다면, 이것은 개개 관광자 수요의 크기까지 고려한다는 점에서 한 단계 더 발전된 척도라고 할 수 있다. 2명이 5일(혹은 5박)간의 여행을 했다면 그 수요량은 10일(혹은 10박)이라고 할 수 있으며 단위개념을 도입해 10人日(ten person-days)로 표시할 수 있다.

체재기간 환산방법의 차이에 따라 이것은 다시 방문일수(visitor-days)와 방문박수(訪問泊數, visitor-nights)로 나눌 수 있다. 맥킨토시는 관광이라는 의미 자체가 비용지출(費用支出＝외화획득)이라는 소비경제학적 내용에 중심을 두는 한, 숙박했는지의 여부만을 대상으로 삼는 방문박수 개념보다는 소비지출활동이 대개 낮에 이루어진다는 점에서 방문일수의 개념이 관광일수 측정에 훨씬 더 정확한 지표라고 주장하고 있다(McIntosh and Goeldner, 1990: 260). 그러나 그들의 이러한 주장은 관광자를 단지 소득원(income sources)으로서의 소비주체로만 파악함으로써 관광자원·시설의 활용, 수용력 문제 등 보다 차원 높은 중요성을 간과하고 있다고 비판해도 지나치지 않을 것이다.

미국 산림청(U.S. Forest Service)은 이와 유사하게 **위락방문일수**(recreation visitor days; RVD)라는 측정단위를 사용하고 있다. 이 기관은 한 사람의 12시간 이용(또는 12사람의 한 시간 이용)을 한 단위로 간주한다(Walsh, 1997: 28~29). 따라서 4명이 함께 캠핑장을 12시간 동안 이용하였다면 4RVD 단위를 수요한 것이고 4명이 함께 24시간을 이용하였다면 8RVD 단위인 것이다. 12시간을 기본단위로 하는 관계로 자원이용량 대부분을 만족스럽게 측정할 수 있다는 장점도 있지만, 이 측정단위도 문제점이 없지는 않다. 즉 12인이 1시간 이용하는 것이나 1인이 12시간 이용하는 것이나 둘 다 측정단위는

---

3) 많은 학자들이 이 개념을 그들의 실제연구에서 더 빈번히 사용하고 있다는 사실이 이를 입증한다. 예컨대 이에 대해서는 Knetsch *et al.* (1976)의 연구 104쪽과 특히 Clawson and Knetsch(1966)의 연구 51쪽을 참조할 것.

동일하지만, 전자가 후자보다 자원파괴도면에서 앞선다고 볼 수 있기 때문이다. 따라서 자원비용 산정에서 이 RVD 기준을 이용하는 것은 불합리한 면도 있다.

(4) 관광자 방문율(visit rate)

이 척도는 절대적 기준인 앞에서의 지표들과는 달리 방문자수(또는 방문횟수)를 관광자를 배출한 거주지의 실제 인구수로 나눈 것 즉 (방문자수 ÷ 거주지 인구)로서, 수요의 상대적 크기를 정확히 밝혀준다. 예컨대, 국제관광의 경우에는 특정관광지를 방문한 각국인의 비율을 말하며, 국내관광의 경우에는 그곳을 방문한 각 지역 주민의 비율을 의미한다. 이 방문율도 수요를 파악하는 계량적 척도로서 학자들 간에 현재 널리 사용되고 있다.

(5) 여행이동 거리(distance traveled)

각 관광지까지 이동한 연거리(延距離)를 가지고 관광수요를 측정할 수도 있다. 한 관광자가 1km 이동한 기본단위 거리를 '1人km'라고 할 때 일행 전체의 수요는 (일행의 수)×(일행이 여행한 거리)人km가 된다. 철도・항공 등 교통수요분야 통계에서 이 척도가 많이 이용된다.

제3절 관광위락수요를 결정하는 요인들

앞에서 정의한 바와 같이 관광재를 소유하고자 하는 욕구나 욕망을 관광위락 수요라고 한다면, 이러한 재화의 소유욕을 결정 또는 변화시켜 주는 여러 가지 요인을 관광위락 **수요의 결정인자**(determinants of demand for tourist recreational goods)라고 부른다.

관광수요에 영향을 미치는 이들 인자의 종류나 영향력은 지역마다, 나라마다, 그리고 문화권이나 시기마다 다르므로 한마디로 결정인자가 무엇 무엇이다라고 규정할 수는 없다. 그렇기 때문에 학자들마다, 연구자들마다, 특수한 상황에 처한 그 지역, 국가의 여가수요를 파악하는 데에 제각기 독특한 결정인자를 가설로 내세우고 이를 검증하고 있다(예를 들어, Crouch and Shaw, 1993; Lim 1997, 1997b; 김규호, 1996; 손태환, 1997 등). 그렇지만 이들이 논의하는 여러 가지 영향인자 중에서도 대체적으로 공통적인 성격을 지닌 것들도 적지 않다. 그래서 우리는 여기서 먼저 이들 관광수요 연구에서 수요결정인자로 빈번히 거론되는 몇 가지 주요 공통변수들을 우선 살펴보기로 한다.

일반 관광수요인자 중 경제변수에 해당되는 인자, 즉 소득변수와 가격변수는 수요에 대한 그 영향력이나 역할상 중요성이 크므로 별도로 하나의 항목으로 분리해서 설명하도록 하겠다.

1. 관광위락 수요의 일반 영향인자

(1) 소득수준과 소득분포

관광수요의 소득탄력성
소득이 1% 증가할 때 관광수요는 몇 % 증가하는가를 나타내는 지표, 즉 (관광수요변화율)÷(소득변화율)를 말한다. 관광의 경우, 소득이 1% 증가하면 관광수요는 대개 1% 이상 증가하므로 그 값은 항상 1보다 크다.

소득의 크기는 관광위락 수요의 가장 영향력이 큰 결정인자로서 직접적으로 그리고 간접적으로 여가수요에 크게 기여한다(김규호, 1996). 소득은 여가·관광수요에 대해 대부분 陽(+)의 방향으로 작용한다. 즉 소득수준이 높아지면 높아질수록 여가수요는 점점 더 급격한 비율로 증가하는 것이다. 지역사회 전체로 볼 때에는 소득계층의 질적 구성, 즉 소득분포 상태도 중요한 영향을 미친다. 지역소득분배 상태와 관광수요의 상관성 여부에 관한 연구는 아직 없어 보이지만, 관광수요의 소득탄력성이 1보다 큰 것을 염두에 둔다면, 소득격차가 심한 지역의 관광수요가 그렇지 않은 지역보다 오히려 높아질 가능성도 있다.

(2) 여가시간

관광이란 곧 시간을 사는 행위라는 점을 고려한다면 여가시간의 많고 적음은 곧 여타 관광수요인자 이상으로 중요한 영향변수라고 할 수 있다. 역사적으로 볼 때, 유급휴가기간의 증가, 노동시간의 단축이 관광량의 증가로 나타난 사실이 바로 이를 증명하고 있다. 특히 오늘날 우리나라를 포함하여 선진국간에 주 5일 근무제도가 보편화함에 따라 여행수요는 급격히 늘어가고 있다.

(3) 여행비용

여행비용(travel cost)
여행에 드는 물질적 및 비물질적 제비용, 즉 교통비용+시간의 기회비용+심리적 비용(위험 부담)을 의미한다.

여행비용이라 함은 대상관광지까지 왕복하는 데 소요된 비용을 말하는 것으로, 일반 소비재의 획득 및 이용비용이 그 소비재의 가격이라 한다면, 이 여행비용은 여행이라는 제화를 획득·이용하는 데 대한 가격 또는 대가라고 할 수 있다. 그러나 여행비용이라 해서 그것은 우리가 통속적으로 생각하고 있는 왕복에 소요된 화폐적 경비만을 의미하는 것은 아니다. 여행비용에는 교통비용뿐만 아니라 시간비용—즉 여행시간의 기회비용(opportunity cost)—까지 포함되어 있다고 보아야 한다. 더 나아가 여행비용은 교통비 등의 화폐적 비용, 기회비용으로서의 시간비용뿐만 아니라 심리적 부담(psychic cost)까지 포함된 비용으로 보는 것이 타당하다. 흔히 학자들 간에 여행비용의 대리변수(proxy variable)로서 물리적 거리(physical distance)를 많이 사용하고 있음은 이 점에서 주목할 만하다. 이는 이 거리변수가 금전·시간·심리의 세 비용과 높은 상관성을 갖고 있다는 다른 여러 연구결과에 근거하고 있는 것으로 풀이된다.

이 여행비용을 관광수요의 주요인자로 파악하는 접근방식이 이른바 여행비용방법(travel cost method)으로서 관광경제학자들 간에 가장 많이 이용되어 온 이론 중의 하나이다. 이 모형에 대해서는 6장의 관광수요 추정모형에서 다시 자세히 살펴볼 것이다.

(4) 상대가격

소비자가 이용하고자 하는 자원이나 시설이용 비용 외에도 보완 또는 대체가 가능한 자원의 상대가격도 소비수요를 결정하는 데 중요한 영향력을 미친다. 마치 소비경제이론에서 쇠고기에 대한 수요는 그와 대체상품적 성격을 지닌 돼지고기 가격에 의해 영향을 받을 수 있듯이, 관광재 수요도 그와 유사한 대체재 또는 보완재의 영향을 받는다. 예컨대, 삼성 에버랜드의 관광수요는 인근에 위치한 서울랜드의 입장료나 시설사용료 변화에 민감하게 반응할 수 있으며, 당구장에 대한 이용수요는 볼링장의 요율 변화에 의해 영향받을 수 있다.

(5) 선택대상 자원의 다양성 유무

현재 잠재수요자의 수요는, 그 자원 외에 그 자원과 경합을 하는 경쟁적인 자원이 그 지역 주변에 얼마나 많은가라는 외적 요인에 의해서 크게 영향을 받는 것으로 밝혀지고 있다. 단적인 예로 1984년 봄 서울대공원이 개장된 이후 용인 민속촌과 용인 에버랜드의 입장객이 크게 줄어든 바 있다.4) 이 선택의 다양성이

---

4) 오래 전 한국민속촌 및 용인 에버랜드 관계자에 따르면, 서울대공원 개장 이후 이들 관광지의 관광객이 크게 감소하기 시작했다고 한다. 1974년 개장한 이래, 매년 입장객이 늘어 1983년에는 140만명이 다녀간 한국민속촌의 경우 1984년 5월 1일 이후 1일 평균 3,500명(평일 기준)이 이곳을 찾아, 전년도 같은 기간의 7,000명 선에 비해 무려 50%나 줄었다고 한국민속촌 관계자는 밝힌 바 있다. 용인 에버랜드의 경우도 전년도 같은 시기의 1일 평균 15,000여명보다 15% 가량 적은 12,000여명 수준으로 떨어졌다고 한 바 있다(조선일보, 1984.5.17일자 참조).

라는 변수를 특별히 강조하여 개량화시킨 모형으로서는 개재기회모형(介在機會模型, intervening opportunity model)을 들 수 있다.

(6) 잠재수요자의 교육수준

교육의 정도, 나아가 지식의 차이는 인간의 탐구심 내지 호기심의 차이를 가져오며, 따라서 이것은 잠재수요자의 장차 관광수요에도 영향을 미친다. 특히 근래 들어 학교교육의 교과과정 확대는 여가활동 수요의 증가와 개인지식 확대의 바탕을 마련하였다고 주장되고 있다.[5]

(7) 직업의 차이

직업구조의 차이도 관광수요를 변화시키는 요인 중의 하나이다. 전문직·관리직 등 상위계층 직업의 정신노동계층 종사자들은 육체노동 직종보다 더 많은 여가·관광위락 선호욕구를 가지는 것으로 밝혀지고 있다. 영과 윌모트(Young and Willmott, 1973)가 영국 런던 시민의 직업구조와 여가·위락간의 관계에 대해 조사한 내용을 보면, 전문 및 관리직이 적어도 1년에 평균 18.3종의 여가활동을 즐기는 반면, 미숙련공·반숙련공들은 12.1종의 여가활동을 즐기고 있음이 밝혀졌다.

(8) 연령·생애주기의 단계

연령의 차이는 관광위락행위에 대한 신체적 적응력(adaptability)의 차이로 나타나며, 이는 다시 관광·위락행위 수요에 크게 영향을 미친다. 예컨대, 어린 청소년의 해외여행이나 골프에 대한 수요는 어른보다 훨씬 낮다. 또한 여행수요는 생애주기 단계에 의해서도 크게 영향을 받는다. 즉 젊은 미혼남녀, 자녀가 아직 없는 신혼부부, 미혼자녀가 딸린 기혼부부, 자녀가 출가한 장년의 기혼부부, 그리고 정년퇴직한 노년기부부 등 생애주기에 따라 여가 또는 여행활동에 대한 수요는 서로 다르게 나타난다.

---

5) 파커(Parker, 1976)의 제7장 "Leisure and Education" 참조.

(9) 사회문화적 요인: 제도와 가치관

티벳 라마불교의 초르텐(불탑): 문화적 이질성이 관광수요를 유발하는 중요한 요인이 되기도 한다.

관광·위락수요의 외적 영향변수로서 빼놓을 수 없는 것은 그 사회의 문화적 특이성 혹은 그 사회가 유지해온 제도·가치관이라 할 수 있다. 소비나 여가생활이 미덕시 되어 온 문화권에서는 여가의 잠재수요가 별 제약성이 없이 현재화될 수 있으며 근검·절약을 가치로 삼던 미국 초기의 청교도 문화 또는 근엄한 유교적 사상이 지배해온 우리나라의 전통사회문화 등은 이러한 잠재적인 여가욕구의 발현을 억제하는 요인으로 작용해 왔다. 가난하지만 신앙심깊은 티벳인들은 오히려 순례여행(pilgrimage)을 자주 한다. 개인이 자라온 환경도 여가에 대한 가치관 형성에 결정적인 영향을 미친다. 예컨대, 해방과 전란의 와중에서 살아온 해방 전후 세대와 오늘날의 풍요한 물질문명 속에서 성장해 온 이른바 '선택의 세대'간에는 여가관에 뚜렷한 차이를 보이는 것으로 지적되고 있다.[6]

(10) 지역사회의 인구학적 구성

지역사회적 관점에서 본 관광위락 수요의 또다른 중요한 결정인자는 그 사회의 인구규모나 인구밀도이다. 인구가 많다는 것은 두말할 것 없이 관광수요의 잠재력이 크다는 사실을 의미하지만, 인구밀도의 높고 낮음 여부도 관광수요를 변화시키는 요인이다. 즉 특정지역의 과다한 인구밀도는 공해·소음·혼잡의 증가를 유발하여 자연과 인간간의 생태학적 균형을 파괴시키는 결과를 가져오는데, 이러한 균형파괴의 정도가 높을수록, 인간은 이 깨어진 균형의 부족분을 순수한 자연에서 찾으려고 하는 경향을 보인다.

인구밀도의 높고 낮음이 주는 또 하나의 시사점은 관광위락시설의 접근성이다. 인구조밀지는 잠재적 소비자가 좁은 공간에 많이 분포된 탓으로 도시관광시설에 대한 접근을 쉽게 하지만, 인구가 적은 지역은 대체로 원거리에 관광시설이 위치하므로 전반적으로 수요가 낮다.

이상에서 우리는 관광수요의 경제적·사회적 인자 중 몇 가지 중요한 것들을 검토하여 보았다. 그러나 한 가지 언급하고 넘어가야 할 점은 이들 결정인자들

---

6) 일본의 '젯트 투어' 여행사는 일본의 세대를 1948년 이전(물자 궁핍시대)에 태어난 1세대, 1948∼1958년(보급률의 세대)에 태어난 2세대, 그리고 1958년 이후(레저시대: 선택의 시대)에 태어난 3세대로 나누고, 제3세대가 좀더 자유분방하고 여행수요가 높은 것으로 분석한 바 있다(한국관광공사 역, "일본인 젊은층의 여행선호경향", 『観光情報』1981, 137호, pp. 23∼30 참조). 이런 현상은 미국의 경우도 마찬가지로, 오늘날 미국의 젊은이는 그 어려웠던 대공황기도 경험하지 못한 채 교육을 받고 건강하게 자라면서, 각종의 스포츠활동을 통해 사회화가 잘된 세대이므로, 그들이 성인이 되었을 (1980년 후반 이후) 때 여가수요가 폭발할 것으로 예측한 바 있다(Godbey, 1981: 229∼300 참조).

의 상호 중복성이다. 소득수준, 교육정도, 직업구조, 그리고 여가시간 등은 상호 상관성이 높으므로 각 변수간에 다소 중복되기도 한다. 관광수요를 결정짓는 요인으로서는 이 외에도 여러 가지를 상정할 수 있다. 관광경제학자 클로슨은 그의 저서 『野外慰樂經濟學』(*Economics of Outdoor Recreation*)에서 관광수요에 영향을 미치는 인자들을 다음과 같이 제시하고 있다(Clawson and Knetsch, 1966: 60). 그는 변수들을 관광자 자신과 그 주변환경적 특성, 대상 관광지와 그 주변환경의 특성, 그리고 이들 두 영역을 연결하는 중간인자로 크게 세 가지로 분류하여 나열하고 있다.

□ 잠재이용자(potential users)로부터 발생되는 인자
    영향권 지역 내의 인구수
    잠재이용인구의 지역적 분포형태
    인구의 사회·경제적 특성(연령·성·직업교육·인종 등)
    잠재이용인구의 평균소득과 그 분포
    잠재이용인구의 평균 여가시간과 그 분포
    잠재이용인구의 야외위락교육, 과거의 경험과 현재의 지식수준
    야외위락에 대한 기호

□ 관광위락지역(destinations) 자체와 관련되는 인자
    자원의 고유매력도
    위락지로서 개발·경영강도와 성격
    주변의 대안적 관광지 유무와 대체성의 정도
    수용능력(혼잡도 등)
    관광위락 대상지의 기후와 날씨

□ 이용자와 관광지간의 매개물(intermediaries)로 인해 발생되는 인자
    거주지와 위락지간의 왕복 여행시간
    여행시의 쾌·불쾌 정도
    당해 지역방문에 드는 화폐비용
    여행사의 명성, 광고선전의 정도

2. 관광위락 수요의 주요 결정인자: 소득변수와 가격변수

앞에서 관광위락 수요에 영향을 미치는 요인들을 검토하였지만, 실제적으로 경제학에서는 소득변수와 가격변수를 가장 중요한 인자로 널리 다루고 있다. 따라서 여기서는 이들 두 변수만을 중심으로 더 깊이 살펴보기로 한다.

소득수준은 잠재수요자의 여행수요 결정에 가장 영향력이 큰 인자라고 해도 과언이 아니다. 여기서 소득이란 국민총생산(GNP)이나 이를 인구수로 나눈 1인당 국민총생산을 뜻하는 것은 아니다. 잠재수요자의 개인소득 중에서 각종 세금을 공제한 이른바 가처분소득(disposable income)이 그 여행수요에 직접적인 영향을 미친다는 것이다. 그러나 엄격히 이야기한다면 이 가처분소득보다는 **자유재량처분소득**(discretionary income)이 더 정확한 개념이다. 자유재량처분소득이란 직간접세 등 각종 세금 등이 이미 공제된 가처분소득에서 다시 기타 필요경비(보험료, 기본주거비 등)와 생필품(식료, 연료, 전기료 등) 지출경비를 뺀 몫으로써 관광여행에 써야 할지, 책을 사봐야 할지, 아니면 저축을 해야 할지, 그야말로 그 처분이 완전히 그 자신 또는 가계의 자유재량에 달려 있는 잉여소득을 말한다. 따라서 이하에서 개념으로 사용하는 소득수준이란 바로 이 자유재량처분소득이라고 이해하여 주기 바란다.

소득을 이렇게 정의해 놓고 볼 때, 소비자의 소득증가(다시 한번 정확히 말해, 자유재량처분소득 증가)는 일반적으로 관광수요를 촉진하는 인자인 것으로 널리 알려져 있다. 소비자 소득증가는 수요를 촉진할 뿐만 아니라 그 수요의 증가율은 소득의 증가율보다도 더 빠르다는 것이-더 전문적으로 말해 탄력성이 1보다 크다는 것이-일반론이다.

그러나 여기에도 예외가 없는 것은 아니다. 일반적으로 관광수요와 소득과의 관계로서는 〔그림 4-2〕와 같이 세 가지 경우를 상정할 수 있다.

〔그림 4-2〕의 (a)는 정상적인 **수요-소득** 관계를 나타내고 있다. 즉 소득의 증가에 따라 기간당 관광량도 증가한다. 그러나 관광재 중에는 상대적으로 타재화에 비해 '열등한' 재화가 있어 가처분소득이 어느 수준(y*)에 이르면 그 이후부터 소득증가는 관광수요를 오히려 상대적으로 '우등한' 다른 재화에 대한 수요로 전환시켜 버리는 경우가 있다. 이 경우가 (b)와 (c)의 그림이다. (b)의 경우는 일정 소득수준 y*에 이르러 수요가 더 이상 증가하지 않고 정지해버리는 경우이고 (c)는 소득수준이 y* 이후부터는 오히려 수요가 감소되기 시작하는 특수한 상황을 나타내 주고 있다.

그림 4-2

소득과 관광수요의 관계

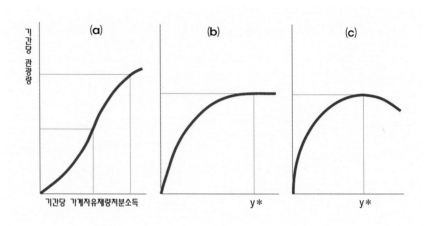

가격효과

재화의 가격이 등락하면 이에 따라 그 재화의 수요도 등락하게 되는 효과. 일반적으로 가격이 하락하면 그 재화의 수요는 증가하고 가격이 인상되면 재화수요는 감소하게 된다. 이는 곧 '수요의 법칙'을 의미하기도 한다.

그 원인을 좀더 자세히 파악하기 위해서 가격변수의 효과, 이른바 **가격효과** (price effect)라는 개념을 도입해보자. 소비자 입장에서 볼 때, 특정재화의 가격변화는 실질구매력으로 볼 때 곧 소비자의 소득변동과 마찬가지이다. 예를 들어 가격이 인하되면 이는 소비자의 소득이 동일하더라도 그의 실질 구매력이 증가한 셈이므로 소득수준이 향상된 것임을 뜻한다. 반대로 가격이 오르면 그것은 소득수준이 감소한 효과와 마찬가지이다. 즉,

$$\text{가격변화의 의미} \begin{cases} \text{가격 인하시} \equiv \text{소득이 증가된 효과} \\ \text{가격 인상시} \equiv \text{소득이 감소된 효과} \end{cases}$$

또 가격효과는 소득효과와 대체효과의 합계가 된다. 간단히 요약하면 다음과 같이 표시할 수 있다.

가격효과 = 소득효과 + 대체효과

소득효과

한 상품의 가격 하락이 그 상품 또는 타 상품을 더 구입할 여력(구매력)을 높여 주는 효과

대체효과

타상품 Y의 가격은 변동하지 않은 채, 한 상품 X의 가격만 하락한다면 이는 X재 가격이 상대적으로 더 싸진 것이므로 Y재 구입자가 X재 구입으로 바꾸게 되는데 이를 대체효과라고 한다.

그런데, 가격이 인하(인상)되면 왜 재화의 수요량은 늘어나게(줄어들게) 되는가? 그 원인은 두 가지 요인, 즉 소득효과(income effect)와 대체효과 (substitution effect) 때문이다(〈표 4-1〉 참조). **소득효과**란 보통 **정상적 재화**(normal goods)의 경우, 甲재화의 가격이 하락(↓ 즉 −효과)함으로써 소비자의 실질 구매력이 증가(=소득 증가)한 셈이 되어, 甲재화를 더 구매할 수 있게 되는 효과(↑ 즉 +효과)를 말한다. 그리하여 소득효과, 다시 말해 (수요량/가격)은 (↑/↓) 즉 (+/−)로서 수학기호로는 항상 (−)로 표시된다. 〈표 4-1〉의 B란의 (−)표시가 이를 나타낸다. 그러나 타재화보다 값이 상대적으로 열등

변화 부호의 수학적 표시
수학에서는 관련 두 변수가 같은 방향으로 변화하는 것을 (+)로, 그리고 반대 방향으로의 변화하는 것은 (−)로 표현한다. 예컨대, 한 변수의 감소(−)에 따른 다른 변수의 증가(+) 효과는 곧 (+/−)이므로 (−)로 표시되며, 한 변수의 감소(−)에 따른 다른 변수의 감소(−) 효과는 (−/−)이므로 (+)로 표시된다.

한 **열등재**(inferior goods), 예컨대 가정 취사용 가스(LNG)에 대한 연탄 수요, 맥주에 대한 소주 수요와 같이 소비하기를 상대적으로 꺼리는 열등재 수요의 경우, 甲재화의 가격인하(−)는 오히려 甲재화의 수요감소(−)로 이어진다. 즉 소득효과는 (−/−)로서 수학적으로 (+)로 표시된다(그러므로 〈표 4-1〉의 B란에서 보듯이 + 효과로 표시). 왜냐하면 甲재화(예: 소주)의 가격인하로 구매력에 여지가 생긴 소비자는 오히려 열등한 소주 소비량을 줄이고 우등한 乙재화(예: 맥주) 소비를 더 늘이기 때문이다.

한편, **대체효과**(substitution effect)는 정상재이든 열등재이든 간에 상관없이 수요가 '항상' (−)방향으로만 나타난다. 예컨대, 시장에서는 오직 소주와 막걸리만 팔리고 있다고 가정하자. 여기서 대체효과란 소주가격이 하락(↓즉 −)했을 때 그 재화보다 '상대적으로' 비싸진 막걸리만 마시던 사람들이 이를 포기하거나 줄이고 소주 쪽으로 몰려 소주 수요가 증가하는(↑즉 +) 현상을 말한다(〈표 4-1〉 A란의 정상재 및 열등재의 −부호를 참조).

그렇다면 대체 및 소득효과의 합계인 **총효과**(이를 '가격효과'라고도 함)는 어떻게 나타나는가? 〈표 4-1〉의 끝란이 그것인데, 정상재이든 열등재이든 상관없이 수요의 총효과는 언제나 (−)가 됨을 보여주고 있다. 열등재의 경우에 있어서는 (−) 대체효과의 힘이 소득효과의 그것을 압도하기 때문이다(즉 − > +). 이것을 우리는 **수요의 법칙**이라 부르는데, 재화가격이 인하(인상)되면 이에 대응해 수요가 증가(감소)하는 것을 의미한다.

표 4-1

가격인하가 가져오는 효과

주: +는 가격과 수요량의 변동이 같은 방향임을 의미하고 −는 가격과 수요량 변동이 반대 방향임을 의미함.

가격인하시 재화 종류에 따른 수요	대체효과(A) substitution effect	소득효과(B) income effect	총효과(가격효과) total effect=(A+B)
정상재의 수요	(+/−) = −	(+/−) = −	
열등재의 수요	(+/−) = −	(−/−) = +	(− > +) = −
(기펜재의 수요)	(+/−) = −	(−/−) = +	(− < +) = +

특수한 열등재인 기펜재는 가격을 내리면(↓), 수요가 늘지 않고 오히려 수요가 줄어드는(↓) 재화이다.

그러나 우리 현실사회에는 이 수요의 법칙이 먹혀들지 않는 '특수한 열등재'도 있다. 열등재 중에는 특히 소득효과의 힘이 대체효과의 그것보다 더 커서 총효과가 항상 +로 나타내는 경우가 있는 것이다. **기펜재**(Giffen's goods)가 바로 그것인데, 특수 열등재인 기펜재는 가격을 내리면(−) 오히려 그 재화의 수요가 줄어들게 되어(−) 수요의 법칙에 위배되는 현상이 발생하게 된다. 이런 현상을 경제학에서는 **기펜의 역설**(Giffen's paradox)이라 부른다. 다시 말해

(+)의 소득효과가 (−)의 대체효과를 능가하는 아이러니가 발생된다. 富를 과시하기 좋아하는 특정 상류계층에서 이런 현상이 가끔 발생하는데, 값이 싸지면 '싸구려'라는 인식이 들어 이를 더 안 사게 되는 현상이 바로 그것이다.

이상의 가격효과를 효과적으로 설명하는 방법으로서는 그림을 이용한 방법, 수학의 전미분(全微分:total differentiation)을 이용하는 방법이 있는데, 관심있는 독자들을 위해 본 장의 부록에 이를 그림으로 설명하는 방법을 추가로 제시하였다.

이제 예를 들어 관광현상에 가격효과를 적용해 보자. 경쟁여행사들 간의 출혈경쟁으로 東南亞로의 인당 관광여행 비용이 대폭 인하(−)되었다고 가정하자 (단, 여행의 질은 동일하다고 가정). 이는 해외관광을 자주 하는 여행자 甲의 입장에서 보면 자신의 소득수준이 증가(구매력 증가)된 것이나 마찬가지이다. 따라서 甲은 국내여행보다 볼거리가 더 많은 동남아 여행으로 여가행선지를 '대체'시킨다(즉 +). 이를 국내관광→동남아관광으로의 **대체효과**라고 부른다. 국내 관광수요를 중심으로 볼 때 동남아 인당 여행비용의 상대적 인하(−)로 나타난 국내관광→동남아관광 대체수요 증가(+), 즉 대체효과는 이와 같이 '항상' (+/−)의 방향, 즉 (−)의 방향으로만 나타나게 된다.

우리나라에 있어, 실제 현실적으로는 여행사의 출혈 덤핑 경쟁(즉 대폭적 가격인하)이 여행의 질을 동일하게 유지시켜주지는 않는다. 여행자에게 옵션투어를 강요한다던가, 혹은 기념품의 강매, 宿食의 질 저하로 이어지는 것이 관례이다. 우측의 예에서는 '여행의 질'은 변화가 없는 것으로 가정하였다.

그러나 **소득효과**는 〈표 4-1〉에서 보듯이 꼭 그렇지만은 않다. + 혹은 −의 방향은 그 재화가 상대적으로 어떤 성격의 재화인가(즉 정상재인가 혹은 열등재인가)의 여부에 달려 있다. 정상적인 재화나 상급재(여기서는 국내여행보다 동남아여행이 상급재인 것으로 가정)인 경우에는 동남아 여행비 인하(−)는 동남아 관광수요 증가(국내관광수요 감소)로 나타난다. 그러나 상대적 열등재에 속하는 '국내여행'의 가격인하(−)는 오히려 국내여행 수요의 감소(−)로 나타나는 수도 있다. 국내여행자의 잠재적 소득이 늘어난 것과 마찬가지이므로 이들 국내여행자들은 오히려 동남아 등 해외로 행선지를 바꾸어 버리기 때문이다.

앞의 〔그림 4-2〕를 다시 살펴보자. 소득이 증가하게 되면 관광수요도 증가하게 되는 현상을 보여주고 있는 것이 그림(a)이다. 만약 소득수준이 Y^*에 이른 뒤부터 공교롭게도 이들 소득효과와 대체효과의 힘이 같다면 수요는 늘지도 않고 줄지도 않는 그림(b)와 같은 상태가 된다. 그러나 +의 소득효과(Y^+)가 더 커서 −의 대체효과(S^-)를 압도한다면 그림(c)와 같은 형태, 즉 가격인하는 오히려 수요감소 쪽으로 나타날 것이다. 이것이 기펜재의 예이다.

이를 응용하여 제주도를 찾는 내국인 관광객들의 수요변동 문제를 생각해보자. 먼저, 여행자들은 오직 가격변화에만 민감할 뿐, 기호·소득·연령 등 기타 요인의 영향력은 없는 것으로 가정하자. 이제 우리 국민의 해외여행이 완전자유

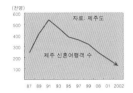

감소일로에 있는 제주도
신혼여행 시장

화되어 여유만 있다면 국내외 어느 곳이든지 찾을 수 있게 되었다. 그래서인지 모르지만, 제주도를 향하는 여행자들의 수요 증가율이 점차 감소하는 경향을 보이고 있다. 자, 이제 그 원인은 무엇인지 밝혀보자.

　최근 우리 국민들의 소득이 전반적으로 올라가게 되자 설악산 등 경비가 보다 저렴한 곳을 여행목적지로 택하던 국내여행자들(특히 신혼여행자들)이 제주도를 새로운 여행목적지로 수요하는 경향이 생기고 있다(대체효과). 한편, 이미 제주도를 목적지로 택하던 기존 소득계층들은 제주 여행비용이 상대적으로 싸지자(즉 소득이 높아지자) 동남아나 북미, 유럽 등 보다 상급의 관광지로 여행목적지를 바꾸는 경향을 보이고 있다(소득효과). 그러므로 제주여행 수요가 최근 줄어들고 있는 현상은, 외국 여행목적지를 찾는(제주도로 갔거나 갈 뻔했던) 기존계층이 前者(즉 새로이 제주도를 찾는 관광객)를 압도하기 때문이라고, 다시 말해 소득효과가 대체효과를 압도하기 때문이라고 해석할 수 있다.

제4절 관광수요의 탄력성

종속변수·독립변수
어떤 현상 발생의 결과가 되는 변수를 종속변수(결과변수)라 하며 종속변수의 원인이 되는 변수를 독립변수(또는 원인변수)라 한다. 예를 들어 개인 소득수준은 독립변수이고 이에 따른 관광수요 변화는 종속변수이다.

　관광현상의 경제적 효과를 논하면서 '탄력성'이란 개념이 흔히 사용되곤 하지만, 그 정확한 개념에 대한 이해가 없이 남용되는 사례가 흔하다. **탄력성** (elasticity)이란 한마디로 어떤 원인변수의 변화에 대해 수요 또는 공급이 변화하는 정도를 의미한다. 다시 말해, 특정 **독립변수**의 한 단위변화에 대한 **종속변수**(수요 또는 공급량)의 반응의 정도 또는 반응률을 말한다.[7]　즉,

$$탄력성 = \epsilon = \frac{종속변수의\ 변화율}{독립변수의\ 변화율}$$

$$\epsilon_y = \frac{수요변화율}{소득변화율} = \frac{\Delta Q}{Q} \div \frac{\Delta Y}{Y} = \frac{Y}{Q} \cdot \frac{\Delta Q}{\Delta Y}\left(= \frac{OQ_2 - OQ_1}{OQ_1} \bigg/ \frac{OY_2 - OY_1}{OY_1}\right)$$

---

7) 탄력성에는 點탄력성(point elasticity)과 弧탄력성(arc elasticity)이 있다. 점탄력성은 수요(공급)곡선상의 한 점에서 측정한 탄력성을 말하고, 호탄력성은 수요(공급)곡선상의 일정구간의 탄력성을 일컫는다. 여기서는 점탄력성만을 대상으로 설명한다.

수요의 변화율

예를 들어 원래의 수요(Q)가 100이었는데, 만약 증가한 수요(ΔQ)가 200이라면 수요의 변화율(ΔQ/Q)은 20/100, 즉 20%가 된다.

탄력성을 말할 때 그것은 흔히 수요의 소득탄력성이나 가격탄력성을 지칭한다. 수요의 소득탄력성이란 한마디로 말해 '소득이 1% 변화할 때 수요는 몇 % 변화 하였는가'를 나타내는 지표이다. 소득(Y)의 변화율이란 ΔY/Y이고, 수요(Q)의 변화율이란 ΔQ/Q로 표시할 수 있으므로 결국 수요의 소득탄력성 εy는 다음과 같이 나타낼 수 있다(〔그림 4-3〕과 관련시켜 볼 것).

마찬가지로 수요의 가격(p)에 대한 탄력성 εp는,

$$\varepsilon_p = \frac{수요의\ 변화율}{가격의\ 변화율} = \frac{\Delta Q}{Q} \div \frac{\Delta P}{P}\ (= \frac{OQ_2 - OQ_1}{OQ_1} / \frac{OP_2 - OP_1}{OP_1})$$

그림 4-3

소득 및 가격의 변화량에 대한 수요의 변화량

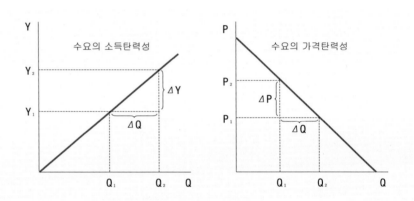

흔히 탄력성이 크다 혹은 작다고 이야기하는 데, 그 크기 1을 기준으로 한다. 1보다 크면 탄력적(elastic)이고 1보다 작으면 비탄력적(inelastic)이라고 부르며, 1일 때에는 **단위탄력적**(unitary elastic)이라고 한다. 탄력성의 크기는 가격변화분(ΔP)보다 수요변화분(ΔQ)이 얼마나 더 커지는가에 달려 있다. 극단적으로 탄력성이 무한대(ε = ∞)일 경우와 탄력성이 전혀 없는 경우(ε = 0)를 가상할 수 있는데, 〔그림 4-4〕의 (a)와 같은 수요곡선의 경우 탄력성은 전혀 없으며(즉 완전비탄력적), (c)와 같은 수요곡선의 경우 탄력성은 무한대이다.

소득탄력성에 관한 한, 학자들의 이제까지의 연구결과를 종합하면 관광수요의 탄력성은 1(unity) 이상인 것으로 밝혀지고 있다. 즉 εy = (수요의 변화율)/(소득의 변화율) 〉1로서, 이는 곧 관광수요변화율 〉 소득변화율이라는 부등호 관계를 의미한다. 우리가 흔히 "관광재는 우등재이다"라고 하는 주장도 이를 두고 하는 말이다.

수요분석에 있어 또 하나의 주요개념은 수요의 **교차탄력성**(cross elasticity

of demand)이다. 이는 특정재화의 수요에 영향력을 미치는 경쟁상품 내지 대체상품의 영향력을 나타내는 개념이다. 가상적인 A, B의 두 관광지가 있다고 가정할 때 A관광지의 수요의 교차탄력성은 다음 식으로 나타낼 수 있다.

$$\varepsilon_A = \frac{\text{A관광지의 수요변화율}}{\text{B관광지의 가격변화율}} = \frac{\Delta Q_A}{Q_A} \div \frac{\Delta P_B}{P_B} = \frac{P_B}{Q_A} \cdot \frac{\Delta Q_A}{\Delta P_B}$$

이미 앞에서도 지적하였듯이 에버랜드, 한국민속촌 등 서울에서 거의 같은 물리적 거리조건에 있으며 상호 경합관계에 놓여 있는 두 회사를 놓고 볼 때, 한 회사의 가격정책은 타회사의 관광객 수요에 직접적인 영향을 미칠 수 있다. 이 교차탁력성은 두 재화간의 대체가능성이 크면 클수록 높게 나타나는 것이 일반적이다. 여관 숙박비 변화에 대한 호텔의 수요변화, 택시요금변화에 대한 시내버스의 수요변화 등이 그 좋은 예라고 볼 수 있다.

그림 4-4

수요의 가격탄력성의
여러 가지 유형

주: 탄력성의 크기는 가격변화
분(ΔP) 보다 수요변화분(ΔQ)
이 얼마나 더 커지는가에 달려
있다.

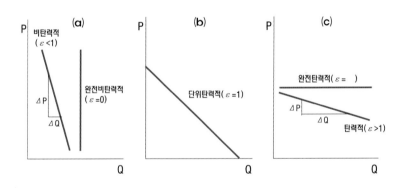

제5절 관광위락의 수요함수와 수요곡선

1. 관광위락 수요함수

두 개 또는 그 이상의 변수간에 어떤 인과관계(causal relationship)가 존 재할 때 이들 관계를 수식체계로 표시한 것을 **함수**(function)라고 부른다. 따라 서 수요함수란 곧 수요를 결정해주는 여러 가지 영향변수(독립변수)와 이에 따 라 변화하는 수요량(종속변수)간의 **인과관계**를 나타낸 수식체계를 의미한다고 할 수 있다. 마찬가지로 관광위락 수요함수란 앞 절에서 설명한 여러 가지 관광 위락 수요결정인자와 그에 의해 영향을 받는 관광위락 수요량간의 함수적 인과 관계를 의미한다.

인과관계(causality)
어떤 현상발생의 원인과 결과 간에 존재하는 관계. 이 인과 관계의 규명·분석이 곧 과학 의 목표가 된다.

앞에서도 잠간 언급하였지만, 관광수요함수의 분석 또는 관광수요의 예측에 서는 연구대상 지역 또는 재화특성의 차이에 따라, 그리고 연구자가 세운 가설 의 차이나 이용자료의 현실적 제약성에 따라 제각기 다른 영향인자를 토대로 각 각 다른 수요함수를 상정할 수 있다. 이렇게 설정된 함수를 우리는 흔히 **모형** (model)이라고 부른다. 모형은 현실세계의 가상적인 축소판으로서, 실세계 상 황의 중요한 특성을 단순·일반화시킨 진술(a statement)이다. 다시 말해 개 념상의 명확성을 위해 현실세계의 다양·복잡성을 최소화시킨 현실을 추상화한 것이다.

관광수요문제에 관해 제시된 함수적 형태의 모형은 헤아릴 수 없을 정도로 많지만, 여기서는 몇 가지만 소개해 보기로 한다. 네취(Knetsch *et al.*, 1976: 103~13) 등은 다음과 같은 수요함수모형을 이용하였다.

$$V_{ij} = f(C_{ij}, \ P_i, \ S_{ij}, \ A_j)$$

V_{ij} : 거주지 i에서 j로 가는 관광자의 총방문횟수

C_{ij} : i와 j지역 간의 여행시간 또는 비용

S_{ij} : i지역인구가 j외에 이용가능한 대체적 관광지의 수 및 근접도

A_j : j관광지역의 크기 또는 시설면에서의 유인력

P_i : 거주지 i의 인구수

한편, 시체티 등은 위락활동에의 참여수준을 일반화시켜 관광자의 사회경제적 특성(E)과 공급측면의 여러 가지 특성(S)으로 함수적 모형을 구성하였다 (Cicchetti, Fisher and Smith, 1973: 1104~13). 즉,

$$P_{ij} = f\,(E_{1i},\ E_{2i},\ \cdots\cdots E_{ni},\ S_{1j},\ S_{2j},\ \cdots\cdots S_{nj})$$

P_{ij} : 개인 i가 j관광지에서 관광활동에 참여하는 수준

$E_{1i},\ E_{2i},\ \cdots\cdots E_{ni}$: 개인 i의 여러 가지 사회경제적 특성

$S_{1j},\ S_{2j},\ \cdots\cdots S_{nj}$: 관광지 j의 여러 가지(1~n) 공급특성

그러나 이와 같이 방대하고 다양한 결정인자를 모두 고려하면서 관광수요를 분석한다는 것은 인자들 간의 상호작용 등 복잡성으로 인해 결코 쉽지 않다. 그러므로 우리는 여기서 몇 가지 주요한 가정을 토대로 이론적 모형을 가급적 단순화시켜서 출발하지 않으면 안된다. 여기서는 여행비용인자만 중점적으로 검토해보기로 한다.

첫째, 우리는 관광지의 총방문횟수와 이곳에서 관광을 즐기기 위해 지출되는 여행비용을 제외한 인자들은 모두 일정하거나 또는 주어진 것으로 가정한다. 즉 경제학에서 유용한 분석용구로 흔히 사용하고 있는 '다른 조건이 동일하게 주어졌다고 가정한다면'(*ceteris paribus*)이라는 전제조건을 채택하기로 하자.

이 가정에서는 앞에서 예시한 여러 가지 결정인자 중 비용부문을 제외한 소득수준·여가시간·교육수준·연령·인구규모 등 여러 인자는 동일하게 주어진 것으로 보기 때문에 이들은 소비자의 관광수요에 전혀 영향력을 미치지 않는다고 전제하는 것이다.

둘째, 여기서 말하는 비용이란 관광자원 또는 관광재를 수요하여 즐기기 위한 비용으로서, 관광재를 구득하는 데 필요한 여행비용을 말한다. 이 비용은 엄격히 말해, 도달에 필요한 물리적 비용(화폐적 비용)뿐만 아니라 여행시간과 체재시간의 상실로 인한 기회비용(opportunity cost)까지 포함하지만 분석의 단순화를 위해 잠시 배제하기로 한다. 즉 여행시간의 소비로 인한 타부문에서의 경제적 손실은 없다고 가정한다.

셋째, 기간개념을 너무 길게 장기적으로 보지 않고 1년 또는 그 미만이라고 가정한다. 즉 이는 시간의 장기적 변화에 따른 여행습관, 기호의 변화 등이 없다는 사실을 가정하는 것을 의미한다.

이와 같은 가정하에서의 관광수요함수는 다음과 같이 간단히 표현할 수 있

다. 즉 Q를 관광수요량, TC를 여행비용이라고 할 때,

$$Q = f(TC)$$

이 함수는 관광수요함수의 한 특수한 형태로서, 관광수요량이 오직 여행비용의 많고 적음에 의해서만 결정됨을 나타내 주고 있다. 이러한 특수형태의 함수를 **여행비용함수**(travel cost function) 또는 **여행비용모형**(travel cost model)이라고 부른다. 이 모형의 구체적 성격이나 문제점 등은 아래 6절에서 자세히 다루기로 한다.

2. 관광위락 수요곡선

이제 위의 가정하에 관광수요의 예로서 국립공원을 관광하려는 사람들의 수요를 생각해 보자. 어떤 특정 도시에 함께 사는 甲과 乙이 설악산국립공원을 방문하고자 하며 이들의 수요량과 가격간의 관계는 〈표 4-2〉와 같다고 가정하자.

표 4-2	가격	갑의 수요량	을의 수요량	사회전체 수요
설악산 국립공원의 가상적 인 수요표	3,000	0	0	0
	2,500	1	1	2
(단위: 원, 방문횟수)	2,000	3	2	5
	1,500	5	3	8
	1,000	7	4	11
	500	9	5	14

그림 4-5

설악산 국립공원의 가상적 관광위락 수요곡선

주: 甲수요곡선과 乙수요곡선을 횡축으로 합한 것이 곧 사회 전체의 수요곡선이다.

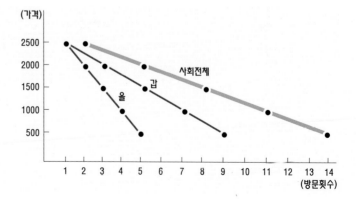

이런 표를 수요표라고 부른다. 이 표에 의하면, 만약 입장료가 3,000원이라면 어느 누구도 이곳을 방문하려 하지 않는다. 그러나 입장료가 2,500원으로 인하된다면 갑과 을은 연간 1회씩, 그리고 2,000원이 된다면 갑은 3회, 을은 2회 방문하고자 한다. 만약 사회전체가 갑과 을 두 사람으로만 구성된 사회라면 이들 수요량을 합한 수요가 사회전체의 수요가 되는데, 입장료가 2,500원일 때에는 연간 총 2회, 2,000원일 때에는 연간 총 5회의 방문수요가 있게 된다.

이러한 관계를 그림으로 나타낸 것이 〔그림 4-5〕인데, 이와 같이 종속변수인 수요와 독립변수간의 관계를 나타낸 곡선을 **관광수요곡선**(tourist demand curve)이라고 부른다. 그림에서 보듯이, 갑과 을의 수요는 가격이 높아갈수록 수요량이 감소하고 있는데, 이는 가격을 인하할수록 수요량이 증가하는 이른바 **수요의 법칙**을 나타내 주고 있다. 갑과 을의 수요곡선을 합한 오른쪽 곡선이 사회전체의 수요곡선이다. 갑의 수요곡선보다 을의 수요곡선 기울기가 더 가파른데, 이는 같은 가격인하에도 불구하고 갑의 수요가 상대적으로 더 급격히 떨어지게 됨을 의미한다. 이 그림을 통해서도 우리는 갑의 가격탄력성이 을의 그것보다 높다는 것을 곧 알 수 있다.

그러나 대개 국립공원이나 유원지 등은 그 사용료라고 할 수 있는 입장료가 고정되어 있거나 무료인 경우가 많다. 이용자들도 어떤 특정의 한 도시에서만 여행오는 것이 아니라 거리가 각각 다른 여러 지역으로부터 찾아오기 때문에 얼마간의 입장료 지불이나 무료입장을 놓고 이를 그 관광재의 가격이라고 보기는 어렵다. 즉 쌀 등 일반상품과 같은 사적 재화(private goods) 성격의 관광재가 아닌, 산·호수·강 등의 자연자원이나 역사적 문화유적 등 공공재인 성격을 지닌 자연·문화관광자원의 경우, **무엇을** 이들의 가격으로 삼아야 할지가 문제된다. 이 경우 우리는 일반적으로 각 소비자가 각기 다른 자기 거주지로부터 관광지까지 도달하는 데 지불하였거나 기꺼이 지불하고자 하는 여행비용을 그 관광재를 구매하는 데 소요되는 가격으로 본다. 다시 말해 일반재화의 시장가격과 달리, **관광의 가격은 곧 여행비용**이라고 보는 것이다. 따라서 아래의 표에서 제시한 가격은 곧 거주지와 목적지간에 소요되는 여행비용이라고 보면 된다.

제6절 여행비용 모형(TCM)의 개요

일반 경제재의 가격결정은 대부분 시장기능에 맡겨지고 있지만, 공공재적 성격이 강한 관광자원—예를 들어 사적지나 국립공원 등—의 경우에는 시장기구가 아니라 경제 외적 여건 또는 정책의지에 의해 그 가격이 결정되는 경향을 보인다. 다시 말해, 사적지나 국립공원의 입장료·시설이용료 등은 한계비용 원칙이 반영되지 않은 형식적 가격, 즉 명목가격(nominal price)에 지배되는 경향을 보인다.

따라서 자연공원의 이용수요와 이용료간에는 경제적인 의미에서의 인과관계, 즉 시장수요의 법칙을 찾아볼 수 없다. 그러므로 이들 자원에 대한 수요곡선의 도출이나 관광자원 자체의 편익측정은 시장기구를 통해 거래되는 재화나 용역의 거래정보에 바탕을 둔 기존의 전통적 수요곡선 예측기법과는 다른 방법을 쓰지 않을 수 없다.

호텔링(Hotelling, 1947), 클로슨(Clawson, 1959) 등은 자연자원 등 공공재적 성격의 관광재가 지닌 이러한 특성에 착안하여 새로운 수요측정 방법을 제시하였다. 즉 이들은 관광여행자 각자가 어떤 관광자원을 먼 거리를 여행하여 수요하는 것은 바로 그 이용자가 그 자원에 대하여 **기꺼이 지불하고자 하는 가치**(a willingness to pay)가 그만큼 크기 때문이라는 것이다. 따라서 특정 위락자원의 수요량(Q)은 이동한 여행비용(여행비용의 대리변수로 물리적 거리를 사용함)의 함수라는 것이다. 호텔링·클로슨 등이 관광·위락수요연구에 기여한 점은, 이와 같이 관광자원이용에 대한 전통적 시장가격기구가 존재하지 않는데도 불구하고, 관광참여자의 서로 각각 다른 '여행비용'을 통해 관광자원의 수요곡선을 도출하는 방식을 새로이 제시해 준 데에 있다고 하겠다. 이를 **旅行費用模型**(TCM: travel cost model) 혹은 여행비용방법(travel cost method)이라고 하는데, 오늘날 이 방법은 시장기구가 존재하지 않는 자연자원(unpriced natural resources)의 가치를 추정하는 데 널리 이용되고 있다. 지난 20여년(1968~1988)간만을 놓고 보더라도 이 주제 하나를 놓고 무려 156편의 논문(영어로 쓴 논문에 한정)이 발표되었을 정도로 단일 주제나 기법으로는 위락경제학 내지 자연자원경제학에서 가장 많이 논의되어온 연구 테마가 이 TCM 분야라 해도 과언이 아니다(Ward and Veal, 2000: 35).

TCM은 또한 관광·위락경제학 분야에 그치지 않고 여러 다양한 영역에 적용되어 왔다. 예를 들어 분석기법으로서 TCM은 이제까지 다음과 같은 다양한 공공재적 분야의 가치추정에 이용되어 오고 있다.

- 야생 동식물의 가치
- 수자원·수력발전의 가치
- 호수·저수지·늪의 가치
- 관광시설의 가치
- 산림자원의 가치
- 자연재해·자연자원 재해의 가치
- 에너지의 가치
- 청정한 공기 및 물의 가치

1. 관광자원 수요곡선의 도출

이제 이 모형의 도출과정을 살펴보기로 하자. 만약 자원이용에 대한 입장료 등의 요율이 명목가격에 지나지 않아 관광재의 시장가치를 정확하게 반영해 주지 못한다면 우리는 다른 어떤 간접적인 방안을 찾지 않을 수 없다. 그 간접적인 방법으로서, 개개소비자가 거주지로부터 관광재를 구하러 오는데 지출된 여행비용을 그 소비자의 **암묵적 지불의사**(implicit willingness to pay)로 파악하는 방법을 생각해 볼 수 있다.[8] 즉 다른 조건이 일정하다고 가정한다면, 특정 관광재 또는 자원의 수요량(Q)은 이미 앞에서 예시한 바와 같이 단순히 여행비용(TC)의 함수라고 가정할 수 있다. 이를 함수식으로 표현하면,

$$Q = f\,(\,TC,\ \overline{X_1},\ \overline{X_2} \cdots\ \overline{X_n})$$
$$Q = f\,(\,TC\,)$$

---

8) 관광지 내부에서 지출한 비용들은 여기에 포함시킬 수 없다는 것이 일반론이다. 즉 이러한 지출은 대상지를 선정한 후에 지출하는 사후적 지출이므로 대상지 결정의 인자가 되지 못한다. 다시 말해 관광자에게 있어 체재비용은 가변비용이고 여행비용은 고정비용이기 때문이다. 다만 체재일수는 日間 체재비용의 함수라고 볼 수 있을 것이다. 또한 체재시 지불한 비용(예컨대, 호텔숙박비)은 호텔이라는 재화소비에 대한 반대급부로 지출한 비용이지 자원 그 자체(예: 설악산) 이용에 대한 지출이 아니라고 할 수 있다. 이에 관한 자세한 논의는 다음 논문들을 참조해보면 좋다. Clawson(1959), Smith(1975) 및 McConnell(1975).

여기서 Q는 특정 시기의 특정 관광위락행위의 수요량이고, TC는 여행비용, 그리고 $X_1 \cdots\cdots X_n$은 소득 및 기타 독립변수이다. 일단 여기서 TC 이외의 다른 변수들, $X_1 \cdots\cdots X_n$은 변화하지 않는다고 가정해보자(즉 $X_1 \cdots\cdots X_n$은 각각의 평균값으로 고정되어 있다고 보자). 그러면 관광위락 수요는 오직 $Q = f(\text{TC})$ 라는 여행비용만의 함수가 된다.

클로슨은 TC를 먼저 물리적 거리(주거지에서부터 관광지까지의 거리) 개념으로 파악한다. 그는 이 거리를 다시 한계비용으로 환산하는 방법을 택함으로써 관광자원의 수요곡선을 일반시장 경제재의 그것과 동일한 방식으로 도출하고 있다.9) 클로슨 등(Clawson & Knetsch, 1966: 제4장)이 제시하는 관광·위락 행위의 내용과 자원수요곡선의 도출과정을 설명해보기로 하자.

먼저 야외위락현상에 대한 거의 대부분의 연구들은, 이용자 위락경험이란 그 관광지에서의 실제 위락행위(즉 on-site recreation experience) 그 자체이며, 그것이 곧 위락행위 가치의 전부라고 명시적으로 가정하고 있음이 잘못되었음을 클로슨은 지적한다. 클로슨은 소위 **'총경험'**(whole experience)이란 개념을 도입하여 관광위락 경험을 다섯 단계로 나누고 이 모두가 관광위락 소비자가 '일괄적으로'(in package) 소비하는 관광재이기 때문에 관광행태 연구에 있어 이들을 모두 포함하여 한 패키지(package)로 다루어야 할 필요성이 있다고 주장하고 있다. 즉 총경험을 구성하는 국면은 다음과 같이 다섯 가지라고 그는 주장한다.

첫째, 관광위락 경험의 첫 시작은 **기대감**(anticipation)이다. 사전의 계획과 구상 등이 모두 여기에 포함되며, 이 기대감은 때로는 차후에 현지에서 경험하게 될 실제의 위락행위보다 더 큰 만족을 줄 수도 있다.

둘째, **현지로의 여행**(travel to)이 주는 경험이다. 여행행위가 주는 효용은 사람에 따라, 도로사정에 따라 그리고 목적지에 따라 다를 수 있다.

셋째, **현지에서의 경험**(on-site experience)이다. 이것을 관광위락 경험의 전부라고 생각하는 사람이 대부분이나, 이 세 번째 국면은 사실상 소요시간으로 보든, 지출비용으로 보든, 또는 총 만족 수준으로 보든 전체 경험의 절반 이하에 불과하다. 물론 現地(on-site)란 한 지역만이 아니라 장기체류 관광 때에는 복수의 현지일수도 있으며, 이 복수지역에서의 경험의 합계가 곧 셋째 국면의 전체가 된다는 것이다.

---

9) 일반 완전경쟁시장에 있어서 어떤 재화의 가격(P)은 그 소비자의 최대 지불외시액(a maximum willingness to pay)이며, 개인 소비자의 입장에서 보면 限界效用(MU)인 동시에 限界費用(MC)이다. 즉 P = MC이다.

넷째, **귀로 여행**(travel back)경험이다. 같은 여행이라도 둘째 국면과 중복이라고 보아서는 안 된다. 설령 같은 루트이더라도 출발시와 귀로시에 여행자가 느끼는 감정은 다를 것이기 때문이다. 일반적으로 둘째 국면보다는 이 넷째 국면에서 부(負)의 효용(즉 不滿足)을 느끼는 경우가 많다고 한다.

마지막 국면으로서, **귀가 후의 회상**(recollection)을 들 수 있다. 실제 현지경험이 꼭 만족스러운 것이어야 회상단계에서 만족이 큰 것은 아니다. 오히려 당시의 불만족도 이 단계에 이르러서는 미화되어 만족감을 줄 수도 있다.[10]

클로슨은 이상의 여러 국면이 관광위락의 한 패키지(package)를 구성하고 있으므로 관광자의 전체경험에 바탕을 둔 **총경험수요**(whole experience demand)와 **관광자원 자체 수요**(resource demand)는 다르다고 보고 있다. 즉 우리가 일반적으로 분석하는 수요는 총경험수요라는 것이다. 이 총경험 수요곡선으로부터 자원 자체의 수요곡선을 분리도출할 수 있다는 것이다. 구체적으로 현지로의 방문비용이 한 단위 변화될 때에 나타나는 방문횟수의 변화가 바로 일반 경제재에 있어서의 소비자의 지불의사를 반영하는 수요수준으로 보고, 이 배합(combination)들의 궤적을 평면상에 나타낸 것이 바로 관광자원 수요곡선이라는 것이다.

이제 이 주장을 클로슨의 설명을 빌어 여기에 예시해 보기로 한다(Clawson and Knetsch, 1966: 77~82). 먼저 〈표 4-3〉은 우리가 파악하고자 하는 가상적 관광자원에 대한 관광수요정보를 제공해 주고 있다. 이제 A, B, C의 세 지역(여기서는 각각 도시로 가정하자)이 있다. 관광지에서 가장 가까운 거리에 위치한 도시 A의 인구는 5천명이며 관광지 방문비용은 1회 방문에 1,000원이 든다. A도시의 수요량은 연간 총방문횟수 2,500회이며, A도시 인구 전체를 놓고 볼 때 방문율은 50%에 이른다. 중간거리에 위치한 인구 2만명의 B도시로부터 방문비용은 1회당 3,000원이며 연간 방문횟수는 6,000회이다. 가장 멀리 입지해 있는 인구 5만명의 도시 C는 연간 방문율 10%인 5,000회의 관광수요를 기록하고 있다. 이러한 수요정보(즉 방문율과 방문비용)를 수요곡선으로 나타낸 것이 〔그림 4-6〕이다. 가로축에는 총방문횟수 대신에 방문율을 나타내고 있지만, 이것은 각 지역의 상이한 소비시장 규모를 표준화시키기 위해 수요량을 백분율로 나타낸 것일 뿐이며, 전체경험에 대한 수요곡선이란 점에는 변함이 없다. 이제 우리는 〈표 4-3〉과 〔그림 4-6〕으로부터 방문비용이 일정액씩 증가할 때 그 방문수요는 어떻게 변화하는가를 파악해 보기로 하자.

---

10) 이 주장은 근래 필자 문하생의 한 연구(成基碩, 1997)에 의해서도 증명된 바 있다.

표 4-3	지역	방문비용(원)	지역인구(명)	연간총방문횟수(회)	방문율(%)
가상적 관광지에 대한 지역 관광수요	A	1,000	5,000	2,500	50
주: 방문율 = 100×총방문횟수/지역인구이며, 총방문횟수는 전체경험에 바탕을 둔 수요량임.	B	3,000	20,000	6,000	30
	C	5,000	50,000	5,000	10

그림 4-6

가상적 관광지에 대한 총경험 수요곡선

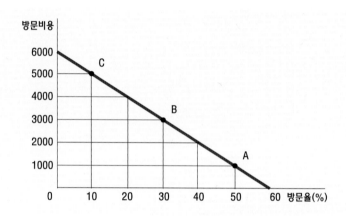

A, B, C 각 도시로부터 방문비용이 변함없이 그대로일 때, 즉 추가비용이 0일 때의 방문수요는 각각 2,500, 6,000 그리고 5,000회이다. 만약 비용이 1,000원 인상되었을 때의 수요량은 어떻게 될까? A도시의 경우 방문비용이 본래의 1,000원에서 2,000원으로 인상된다면 방문율은 50%에서 40%로 감소되며, 따라서 방문횟수는 0.4×5,000명, 즉 2,000회가 된다. 여기에 다시 비용이 1,000원 추가 인상된다면(즉 총방문비용 3,000원) 방문횟수는 0.3×5,000, 즉 1,500회가 된다. 또다시 1,000원 인상된다면(총방문비용 4,000원) 방문율은 20%, 방문횟수는 0.2×5,000명, 즉 1,000회가 된다. 마지막으로 비용이 1000원씩 계속 인상되어 총방문비용이 6,000원(1,000+5,000원)이 된다면 그때의 방문율은 0%이며 방문횟수는 0.0×5,000명, 즉 0회가 된다.

이렇게 추가비용 인상에 대한 A도시의 관광자원수요량인 총방문횟수를 나타낸 것이 〈표 4-4〉의 첫번째 행이다. B와 C도시의 수요변화도 이와 마찬가지 논리이다. 인구 2,000명의 B도시의 경우 방문비용 3,000원에 1,000원이 추가 인상되어 4,000원이 되면 방문율은 30%에서 20%로 떨어진다. 이때의 수요량은 0.2×20,000명, 즉 4,000회가 된다. 여기에서 비용이 계속적으로 인상되면 이 관광자원에 대한 B도시의 수요가 모두 없어지게 된다.

	방문비용의 추가 증가분(ΔC)					(단위: 회)
지역	0원	1천원	2천원	3천원	4천원	5천원
A	2,500	2,000	1,500	1,000	500	0
B	6,000	4,000	2,000	0	0	0
C	5,000	0	0	0	0	0
총방문횟수	13,500	6,000	3,500	1,000	500	0

표 4-4

각 지역으로부터의 방문비용 매 1000원씩 추가 증가에 따른 방문횟수의 변화

가장 먼 거리에 위치한 인구 5만명의 C도시는 현재 방문비용이 5,000원이지만, 비용이 그 이상 증가되면 역시 방문수요량은 0.0×5,000명으로써 그 도시의 관광수요는 전혀 나타나지 않는다.

이제 〈표 4-4〉에 나타나 있는 각 행의 방문횟수를 세로축으로 합산해 보자. 최초 이 관광자원에 대한 각 지역의 수요는 13,500회이지만, 자원가격이 1000원 인상되면, 6,000회로 줄어들게 된다. 다시 1000원이 인상되면 수요량은 3,500회로 줄어든다. 계속해서 자원가격이 1000원씩 인상된다면 수요량은 1,000회, 500회로 줄어들게 되며, 결과적으로 본래의 가격보다 5천원이 추가 인상되면 이 관광자원에 대한 수요는 모두 사라지게 된다.

〈표 4-4〉의 수요표 관계를 수요곡선으로 나타낸 것이 〔그림 4-7〕이다. 이 곡선은 특정 관광자원의 소비가격에 대한 소비자 수요의 선호도를 나타낸 곡선이라 할 수 있다. 이 곡선은 관광지 방문에 대한 각 관광자의 방문횟수 한 단위 증가당 지불의사(willingness to pay)를 나타내는 것이기 때문에 바꾸어 말하면, 전체 지역주민이 누리고자 하는 한계편익곡선(marginal benefit curve)이라고 불러도 된다.

이는 A, B, C 세 지역의 합계인 전 지역민의 가상적 관광지에 대한 수요곡선이지만, 한편 수요곡선은 각 지역(거주지)별로도 도출할 수 있다. 즉 A지역의 수요곡선은 세로축에 추가방문비용을 표시하고, 가로축에는 〈표 4-4〉의 A지역의 추가방문비용당 방문횟수 변화를 표시한 것으로서 〔그림 4-7〕과 같이 나타난다. 이어서 B지역, C지역의 수요곡선도 동일한 절차를 거쳐 그림으로 나타낼 수 있다. 물론 이 세 곡선을 가로축으로 전부 합하면 지역 전체의 수요곡선이 된다.

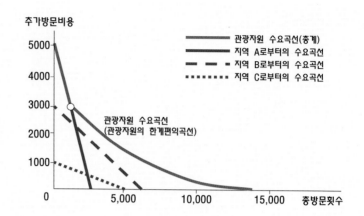

2. TCM의 역사와 이론적 발전

미국 내무성산하 공원관리청(National Park Service)은 1947년경 국립공원의 존재 자체가 납세자들이 부담하는 세금(공원 유지세) 이상으로 많은 편익을 이용자들에게 줄 것이라는 주장을 설득력있게 뒷받침해줄 수 있는 논리적 근거를 찾기 위한 노력의 일환으로 국립공원이 창출하는 경제적 가치를 알아내고자 골몰하였다. 당대의 여러 저명한 경제학자들에게 그 방안을 구한 결과, 당시 광산경제학(mineral economics)과 한계비용이론을 연구해오던 경제학자 호텔링(Harold Hotelling, 1947)이 그 해답을 내놓았다. 간단한 편지 서신을 통해 호텔링이 제시한 방법이 가장 경제원칙(가격이론)에 부합되는 탁월한 추정방법으로 인정되어 공원관리청이 이 제안을 공식적으로 채택한 것이다(부록 4-1 書信 참조).

호텔링은 경제학의 전통적 소비자 선택이론(the theory of consumer choice)을 응용하여, 국립공원 방문자가 거주지로부터 이동하는 거리변화(즉 소비자의 지불비용)에 따라 여행소비 수요가 달라진다는(즉 소비를 선택한다는) 점을 통해 수요곡선을 쉽게 구할 수 있고, 수학의 적분(積分: integration)을 통해 이 곡선의 편익을 추정할 수 있다는 의견을 제시하였다. 즉 그는 여행거리의 증가와 여행수요 변화간의 역상관 관계를 통해 현실적인 경험수요곡선을 도출할 수 있고 또한 이 곡선으로부터 공원방문으로 인한 총편익과 소비자잉여를 구할 수 있다는 아이디어를 제시한 것이다. 사실상 지난 50여 년간의 모든 TCM 관련 연구는 이 호텔링의 빛나는 창의적 아이디어에 그 바탕을 두고 있다고 해도 과언이 아니다.

이 아이디어를 이론적으로 더욱 발전·정교화시킨 학자들은 특히 클로슨과 네취였다(Clawson, 1959; Knetsch, 1963; Clawson and Knetsch, 1966). 그들은 동일지역에 거주하는 소비자집단을 중심으로 관광자원으로부터 동일 동심원상의 거리(the same zonal distance)에 있는 소비자들은 방문비용의 추가 증가에 따라 방문비율이 이에 상응해 점차 감소한다는 사실을 통해, 대상 관광자원의 총경험 수요곡선과 분리하여, 그 자원의 진정한 자원수요곡선을 도출할 수 있다는 사실을 경험적으로 제시하였다(앞의 1절 자원수요곡선 도출과정 참조). 나아가 이들은 여행비용 이외의 요소, 이를테면 소득, 시간, 접근성의 차이 등도 자원수요를 제약하는 요인임을 주목하였다.

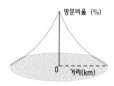

그러나 이들은 그 외의 몇가지 중요한 문제점들을 깊이 주목하지 못했다. 이를테면 다수 목적지·복수 관광목적일 경우, 대체자원이나 경합자원이 있을 경우, 총량 자료(aggregate data) 이용과 그 平均化로 인한 주요 정보(개별 소비자의 시간 기회비용의 차이 등)의 상실 등의 문제점들이 그것이다. 이제 호텔링, 클로슨-네취 당시의 TCM 모형이 안고 있는 근본가정 및 간과한 문제점들에 대해 보다 깊이 살펴보자.

1) TCM의 잠재적 가정과 여러 문제점들

이 모형에 대한 학자들의 관심의 크기만큼이나 비판도 광범위하게 제기되었다. 먼저 이 이론이 상정하고 있는 몇 가지 주요 가정을 파악하고 이를 토대로 모형의 문제점을 살펴보기로 하자.

TCM의 주된 가정은 ① 방문자의 특성(인구학적)과 소비시간은 동일하다, ② 체재기간이 동일하고 여행목적은 오직 해당 목적지로의 관광 한가지이다, ③ 여행의 기회비용, 목적지에의 접근속도, 접근환경이 동일하다, ④ 여행으로 유발되는 직·간접 비용(차량수리 비용, 심리적 비용이나 만족도 등)은 동일하다, ⑤ 주변에 보완적인 또는 서로 경합적인 자원은 없다는 점을 들 수 있다(Walsh, 1997: 148~150; Ward and Beal, 2000: 220).

이 중에서 중요한 몇 가지들을 더 자세히 살펴보며 이 이론 모형의 근본적인 문제가 무엇인가를 알아보기로 하자.

첫째, 이 모형은 관광위락자원을 소비하고자하는 잠재소비자들이 그 자원을 중심으로 동심원 공간상에 충분히 넓게 분포되어 있는 것으로 가정하고 있다. 다시 말해, 어떤 관광대상지를 중심으로 잠재소비자가 주변평원에 널리 산재되

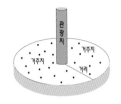

소비자의 다양한 공간분포

어 있고 따라서 이들과 관광대상과의 물리적·시간적 거리가 다양하여 여행비용이 개개인마다 다르게 널리 분포되어 있다는 점이다. 예를 들어 우리나라 어떤 관광자원에 대한 이용자의 거주지 분포가 서울, 부산은 물론 목포, 춘천, 서산, 전주 등 전국에 걸쳐 나타난다는 것이다.

이러한 점에서 볼 때 우리는 관광대상의 지명도가 높고 자원의 내용이 더 풍부하면 할수록, 또 이용자의 거주지역 분포가 넓으면 넓을수록 이 모형은 더 높은 신뢰도를 가지게 된다는 점을 알 수 있다. 또한 이 모형은 산맥, 강, 호수 등 자연적인 장애물이 없는 평원을 가정하고 있다는 점에서 자연조건에 의해 지역이 지나치게 격리되어 있다면(자원이용자가 균등하게 분포되지 않으므로) 이 모형의 적용에 한계가 생긴다.

둘째, 여행비용은 목적지까지 소요된 화폐적 비용에 덧붙여 시간의 기회비용까지 합한 것이다. 즉,

여행비용＝소비된 화폐적 비용＋시간의 기회비용

그러나 이 모형은 모든 이용자의 시간에 대한 기회비용은 동일하다(혹은 없다)고 가정하고 있다. 다시 말해 여행자마다 실제 여행비용에 덧붙여―그가 취업자이든 실업자이든 간에―소비되는 관광시간에 부여하는 경제적 가치는 누구나 동일하다는 것이다. 하지만 방문자의 시간가치란 이용자의 사회적 배경, 방문시기, 또는 관광목적마다 다를 뿐만 아니라 정확한 측정수단이 없는 관계로 측정상의 어려움이 뒤따른다. 그럼에도 불구하고 가장 많은 논의의 대상이 되고 있는 것이 이 시간가치이다. 관광의 시간가치를 포함시키지 않을 경우, 이 모형에서 자원의 가치는 과소평가될 소지가 크다(Ward and Beal, 2000: 36-8).

셋째, 클로슨-네취의 모형은 이용자의 관광목적이 오직 한 가지 만이라고 가정하고 있다. 예컨대 어떤 지방 거주자의 서울 관광은 서울의 도시풍물만을 관광하고자 하는 목적만 가지고 있을 뿐 친척방문·취업정보 구득 등 관광 외의 목적은 없다고 보는 것이다. 단일목적이 성립되기 위해서는 거주지와의 공간적 거리 여하에 관계없이 어느 곳이나 이 모형이 공평하게 적용되어야 하나, 현실적으로는 먼 거리에서 온 여행자일수록 관광목적이 다양해지는 경향을 보인다([그림 4-8]의 경험적인 도표 참조). 그러므로 여행비용모형은 근거리 관광자보다 원거리 관광자의 수요를 과대평가하게 되는 오류를 범하게 된다.

그림 4-8

여행거리 변화에 따른 목적지 수의 변화

주: 거주지로부터 이동여행 거리가 멀어짐에 따라 실제 여행목적지의 수는 규칙적으로 늘어난다.

자료: 김재영(2001)

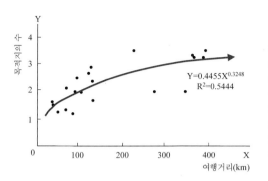

$$Y=0.4455X^{0.3248}$$
$$R^2=0.5444$$

좌측 그림은 2001년 9월의 주말에 경주 지역 보문단지를 방문한 관광자들에게 그들의 여행목적지수를 물어 이를 20개 거주지별로 평균한 값(거주지별 평균 여행목적지수)이다. 관광자들의 목적지수는 원거리일수록 증가해간다는 사실을 알 수 있고, 또한 그 증가율은 점차 감소하게 된다는 사실을 이 그림은 잘 보여주고 있다.

그렇게 될 경우, 자연자원 관광지보다 이용자 중심의 도시관광지(근교 유원지 등)의 수요추정에서 특히 오류가 많이 발생될 수 있다는 점을 짐작하기 어렵지 않다. 예를 들어, 서울의 秘苑에 대한 이용수요분석을 한다고 할 때, 시내거주자의 수요는 단일목적에 바탕을 둔 것이지만, 부산 거주자의 비원 관람이 오직 관광목적이라고만 볼 수는 없기 때문이다. 이런 점을 감안한다면 클로슨 모형은 자원지향형의 관광지에 관한 수요분석에서만 더 설득력을 가질 수 있음을 알 수 있다.

넷째, 이 모형은 주변에 다른 대안적 또는 보완적 관광지가 없으며 따라서 관광재 상호간에 대체효과(substitution effect)나 보완효과(complementary effect)가 발생하지 않는다고 암묵적으로 가정하고 있다. 통상적으로 거주지에서 관광대상까지의 거리가 멀수록 '대체할 수 있는' 경쟁관광지의 수는 증가하는 경향이 있다([그림 4-8] 참조). 그렇다면, 이러한 선택범위의 다양성이 주는 효과는 이용자의 특정관광지 방문율에 그대로 반영된다. 즉 거리가 멀수록 교통비용(여행비용 부담)도 증가하지만 선택범위의 다양성도 더욱 커지기 때문에 다른 경합적 관광지에 대한 수요는 그 만큼 더 줄어들게 될 것이다. 원거리 수요가(대체효과 때문에) 그만큼 과소평가되는 것이다. 그런데도 이 이론모형에서는 원거리 수요가 낮은 것을 오직 상대적으로 높은 여행비용 탓으로만 돌리고 있다.

아울러 보완효과에 대해서도 이 모형은 설명하지 못하고 있다. 예를 들어, 국립공원인 경북 靑松의 周王山에 대한 관광자원 수요는 부근 20여 리 지점에 위치한 달기 약수탕이라는 인기 있는 보완관광재의 수요와 상호 상승작용의 관계에 있다. 또한 여름철의 설악산 자원수요는 부근의 낙산·경포대 등 하계 수변자원과 상호 보완관계를 띤다. 주변의 이런 보완적 자원 때문에 주왕산이나 설악산은 실제 지닌 가치 이상으로 많은 이용자를 흡인하는 경향을 보이는 것이다. 그러므로 보다 엄격히 말한다면 특정자원 주위에 보완적인 자원이 많을수록 그 자

주왕산(周王山)

경북 청송군 부동면(府東面)을 중심으로 하여 진보면(眞寶面)에 걸쳐 있는 국립공원으로서, 1976년 3월 우리나라 12번째 국립공원으로 지정되었다. 면적 105.6km²로 달기물 약수터, 대전사, 주왕암 등이 명물이다.

원에 대한 수요나 가치는 좀 더 과대평가될 위험성이 있다고 볼 수 있을 것이다. 이러한 문제점을 극복할 수 있는 장치가 기존의 TCM에는 마련되어 있지 않다.

끝으로 TCM의 기본모형 설정에 대한 문제를 지적할 수 있다. TCM의 기본모형은 크게 지역모형(Zonal TCM: ZTCM)과 개인모형(Individual TCM: ITCM)으로 나눌 수 있다. ZTCM은 앞에서의 클로슨 모형에서와 같이 특정 관광지에 다양한 공간적 거리로부터 출발한 여러 지역 방문자들의 지역별 평균방문률을 종속변수로, 그리고 거리(여행비용)를 독립변수로 취하는 '전통적' TCM이고, ITCM은 개개 방문자별 방문회수를 종속변수로, 개인별 속성(나이, 소득, 체류기간, 여행비용 등)을 독립변수로 취하는 모형으로서, 호텔링-클로슨의 시각에서 보면, 일종의 '변형된' 모형이다. ZTCM은 수요이론에 충실한 대안적 추정방법이긴 하나 여행자 개개인의 정보가 지역(zone)이라는 평균 속에 매몰되어 버려 사장되는 단점이 있다. 예를 들어 개인의 소득이나 연령, 체류기간이 아니라 지역 전체의 평균소득이나 평균교육수준 혹은 체류기간이 독립변수가 될 수 밖에 없는데, 그럴 경우 변수로서의 설득력이 반감될 수밖에 없다(Ward and Beal, 2000: 43-4; Fletcher *et al*. 1990: 128-9).

이런 이유로 ITCM이 모형으로서 더 우월하다고 주장하는 학자들도 더러 있지만(English & Bowker, 1996; Walsh, 1986 등), ITCM 또한 모형으로서의 적절성에 문제가 많다. ZTCM은 방문율이 영일 때의 처리가 문제이지만, 그래도 공간적 분포의 폭이 비교적 다양하다. 반면에 ITCM은 방문자 상당수가 초행 방문자(방문회수=1회)라는 점 때문에 문제가 크다.11) 개인별 방문회수가 많아보아야 5~6회에 그치는 경우가 많으며, 또 10회, 11회 등 방문회수가 많았다고 하더라도 그 많은 방문회수를 정확히 기억해 응답할 방문자는 별로 없다. 따라서 종속변수의 수치범위가 정규분포 가정에 위배될 여지가 높게 된다.

2) TCM의 이론적 발전

TCM 연구는 1940년대 말을 시작으로 50여년의 이론적 역사를 가진다. 처음 이 개념을 창안한 학자는 1947년 '공공위락의 경제학'(The Economics of Public Recreation)이라는 논문을 발표한 헤럴드 호텔링(Hotelling, 1947)

---

11) 예컨대, English & Bowker(1996)의 연구에서는 빙문이 '처음'이라고 응답한 여행자가 표본의 70%를 상회하였다. 또 이 모형은 대체로 '신기성'(novelty)과 '고유성'(authenticity) 추구를 생명으로 하는 여행자들이 대부분이기 때문에 여러 번의 재방문을 전제로 삼는다는 것은 현실괴 동떨어진다. 신기성과 고유성에 대한 논의는 졸저(2008)「국제관광론 : 사회문화론적 해석」백산출판사를 참조해도 좋다.

이다. 그로부터 10여년 뒤 호텔링의 사상을 이어받아 이 개념을 학문적으로 체계화한 사람은 마리온 클로슨(Clawson, 1959)이라 할 수 있다. 그 후 TCM은 1966년 클로슨과 네취(Clawson and Knetsch, 1966)의 『野外慰樂經濟學』(Economics of Outdoor Recreation)에서 더욱 체계화되고 그 뒤 수많은 후속연구를 통해 자원경제학 내지 관광경제학의 주요이론으로 성장하게 되었다. 최근에는 이 단독 주제만을 다루는 전문 연구서(예: Ward and Beal, 2000)도 등장하기에 이르렀다.

이론의 발전은 주로 앞의 가정들을 완화(현실화)시켜 편의(bias)를 줄이기 위한 방향으로, 대체로 다음과 같은 주제를 중심으로 이루어졌다. 그러나 그 내용을 여기서 모두 다루기에는 너무 전문적이므로 피하도록 한다(일부 분야에 대해서는 뒤의 부록 4-4 참조). 관심을 가진 독자는 주제에 해당 논문들을 명기해 놓았으므로 별도로 일독하며 연구해주기 바란다.

(1) 이동여행의 시간가치 문제: Bockstael, Strand & Hanemann(1987); Beal(1995a); Cesario,(1976); McConnell & Strand(1981); Ward(1983); Shaw(1992); McKean, Johnson & Walsh(1995).

(2) 현지에서 향유한 시간가치의 문제: Cesario and Knetsch(1976); Wilman(1980); Desvousges *et al.*(1983); McConnell(1992).

(3) 복수 목적지, 복수목적 여행의 문제: Smith(1971); Haspel & Johnson(1982); Clough & Meister(1991); Mendelsohn et al. (1992); Stoeckl(1993). Fletcher *et al.*(1990).

(4) 대체효과의 문제: Ribauso & Epp(1984); Caukins, Bishop & Bouwes(1985); Rosenthal(1987); Kling(1989); Freenman(1993). 김재영(2002).

(5) 지역 TCM(ZTCM)과 개별 TCM(ITCM)의 문제: Bergstorm *et al.*(1991); Brown *et al.*(1983); Roomis & Walsh(1997); 한범수 · 김사헌(1997). Ward & Beal(2000). 송운강(2004). 한상현(2006).

제7절 관광위락의 공급이론과 시장균형

1. 관광재 공급과 생산비

1) 관광재의 공급과 공급비용

　　생산자가 생산물을 일정한 기간에 일정한 가격을 받고 소비자에게 판매하고
자 하는 욕구나 욕망을 '**공급**'(supply)이라고 부른다. 따라서 **관광재 공급**(혹은
관광공급)이란 생산자가 생산한 관광재 또는 관광서비스를 일정기간에 일정한
값으로 관광여행자에게 판매하고자 하는 욕구 또는 욕망이라고 할 수 있다.

　　이미 제3장의 〔그림 3-1〕의 관광재 분류에서 제시하였듯이 수요의 변화에
대응하여 관광재의 공급을 쉽게 늘릴 수 있는가의 여부와 관련하여, 관광재는
크게 생산자 또는 공급자가 마음대로 공급을 늘릴 수 없는, 즉 공급이 어느 정도
제한되어 있는 재화와 마음대로 공급을 늘릴 수 있는 재화로 나눌 수 있다. 가격
의 인상이나 인하에도 불구하고 공급을 마음대로 늘릴 수 없는 재화를 **공급비탄
력적 재화**(supply-inelastic goods)라 하고, 반대로 가격변화에 따라 쉽게 공
급량을 변화시킬 수 있는 재화를 **공급탄력적 재화**(supply-elastic goods)라고
부른다. 〔그림 4-9〕가 이를 나타낸다.

공급 탄력성의 여러 가지
유형

주: 탄력성의 크기는 가격 변화
분(ΔP) 보다 공급 변화분(ΔQ)
이 얼마나 더 커지는가에 달려
있다.

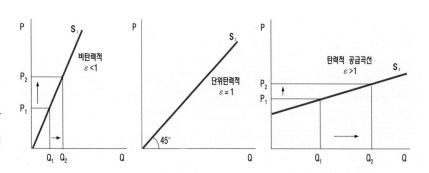

　　그런데, 공급탄력적인 관광재는 대부분이 사유재적 성격이 강한 재화(인문
및 복합성 재화의 일부와 동태성 재화)들이다. 예를 들어 향토음식·기념품·숙

박시설(인문재화)·동식물원·수족관·캠프장(복합재화) 그리고 각종 놀이 공원·놀이 및 스포츠시설·마리나·리조트랜드(동태성 재화) 등이 여기에 속한다. 이들은 공급의 여지에 관한 한, 일반상품으로서의 성격과 별로 다를 바가 없는 재화들이다. 반면에 공급비탄력적인 관광재로는 공공재적 성격이 강한 재화들이 대부분이다. 자연공원·폭포·해안·동굴 등의 자연성 재화 그리고 유물·유적·민속 등 인문성 재화의 일부가 이에 속한다. 이들 재화는 가격을 높게 혹은 낮게 지불하려는 소비자들의 의사와는 관계없이 그 **최대공급량이 한정**되어 있다. 그러므로 이들 재화는 만일 지나치게 과수요하게 되면 훼손되어 원상회복이 어려운, 즉 불가역적(不可逆的: irreversible) 성격을 지니고 있다. 다음 〔그림 4-10〕의 두 공급곡선 S_1 과 S_2 가 이런 관계를 나타낸다.

그림 4-10

공급 탄력적인 재화와 공급 비탄력적인 재화의 공급곡선

주: 공급비탄력적인 재화의 예로서는 산, 폭포, 해안 등 자연관광자원을 들 수 있고, 공급탄력적 재화로는 토산품, 호텔객실, 식음료 등 인간이 만든 각종 인문자원을 들 수 있다.

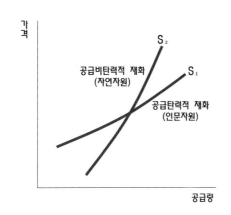

그림 4-11

총비용, 가변비용, 불변비용의 상호관계

주: 가변비용과 불변비용을 합한 것이 총비용이다.

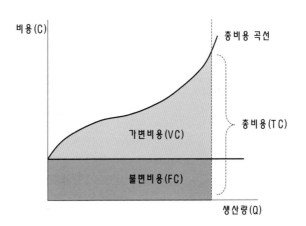

공급곡선 S₁은 가격이 올라가면 공급량이 탄력적으로 늘어날 수 있는 '공급탄력적' 재화이다. 반면에 공급곡선 S₂는 가격변화에도 불구하고 추가 공급이 제한되어 있는 '공급비탄력적' 재화임을 나타낸다.

관광에 있어서, 공급비용이란 특정재화를 생산하는 데 소요되는 경제적 손실 내지 부담(economic cost)을 말한다. 여기서 "경제적 손실"이라 함은 금전적 손실은 물론이거니와 금전적으로 파악되지 않는 공해·자연파괴·향유기회의 상실까지 포함하는 넓은 개념을 말한다.

비용은 여러 가지로 분류할 수 있지만, 크게 가변비용(variable cost; VC)과 불변비용(fixed cost; FC)으로 분류해 볼 수 있다. **가변비용**이란 생산량의 증감에 따라 그 비용이 '변하는' 비용(예: 원료비, 노임, 전기사용료 등)을 말하며 **불변비용**(혹은 고정비용)이란 생산량의 증감과는 관계없이 '고정되어 있는' 비용, 이를테면 고정적으로 지출되는 투자비(예: 재산세, 사장 월급, 건물건축비, 시설감가상각비 등)를 말한다. 물론 고정투자비라 하더라도 단기적인 관점에서 그러할 뿐 장기적으로는 불변비용이라 볼 수 없는 것도 있다.

가변비용과 불변비용을 모두 합한 비용을 **총비용**(total cost; TC)이라고 한다. 즉,

$$\text{총비용(TC)} = \text{가변비용(VC)} + \text{불변비용(FC)}$$

비록 불변비용은 고정되어 있더라도, 생산량이 점차 증가하면 가변비용은 따라서 계속 증가하기 때문에 총비용 자체는 꾸준히 증가하게 된다.

이에 덧붙여 알아두어야 할 개념은 한계비용(marginal cost; MC)과 평균비용(average cost; AC)이다. **한계비용**(MC)이란 생산량의 한 단위변화(ΔQ)에 따른 총비용의 변화분(ΔTC), 즉 $MC = \Delta TC / \Delta Q$ 를 의미한다. **평균비용**(AC)이란 총비용(TC)을 생산량(Q)으로 나눈 값, 즉 $AC = TC/Q$ 로서, 이는 생산물 한 단위당 생산에 소요되는 생산비를 의미한다.

$$AC = \frac{TC}{Q} \qquad MC = \frac{\Delta TC}{\Delta Q}$$

평균비용은 다시 평균고정비용(AFC: average fixed cost)과 평균가변비용(AVC: average variable cost)로 나눌 수 있다. 총고정비용을 총생산량으로 나눈 것을 평균고정비용, 총가변비용을 총생산량으로 나눈 것을 평균가변비용이라고 한다. 즉,

$$AC = AFC + AVC \qquad AFC = \frac{FC}{Q} \qquad AVC = \frac{VC}{Q}$$

고정비용은—생산과 관계없이 그 자체가 변화하지 않기 때문에—한계비용의 변화에 아무런 영향을 미치지 못한다. 그런 점에서 한계비용은 더 정확히 말한다면 '한계가변비용'이라고 부를 수도 있다.

2) 완전경쟁시장에서의 시장균형

이 개념을 토대로 한계비용곡선과 평균비용곡선, 그리고 시장균형조건에 대해서 알아보자. 비용곡선은 수요에 대응하여 기업의 생산시설 확장 및 공급능력 증대가 가능한가 여부에 따라 단기비용곡선과 장기비용곡선으로 구분할 수 있는데, 단기적(보통 1년 이내)으로 시설확장이 가능하면 **단기비용곡선**, 장기적으로만 시설확장이 가능하면 **장기비용곡선**이라고 한다. 여기서는 시설변동은 없고 원재료 같은 가변비용만이 들어가는 단기비용곡선 문제만 다루기로 한다.

〔그림 4-12〕는 완전경쟁시장에서의 한계비용곡선과 평균비용곡선의 관계, 그리고 균형시장가격 결정을 나타내주고 있다. 그림에서 AC곡선의 최저점을 MC곡선이 통과하고 있다. AFC와 AVC의 합이 AC이나, 이 그림에서는 AVC 곡선만을 보여주고 있다.

최소한의 평균가변비용마저도 건질 수 없는 낮은 가격이 되면 기업은 공장 문을 닫을 수밖에 없다. 생산물 판매액으로 원재료비나 투자자본 이자(은행융자금 이자)도 감당하지 못하는 부실기업을 국가가 강제로 퇴출시키는 것은 이와 같은 이유에서라고 할 수 있다.

이 그림에서 AC의 최저점인 y, 즉 가격이 P*이며 생산량이 Q*규모인 지점이 생산의 **손익분기점**(break-even point)으로서, 곧 경쟁시장의 균형점(equilibrium point)이다. 왜냐하면 이 점을 중심으로 가격이 P*보다 높으면, 기업은(판매하는 제품 단위당 가격 P가 제품 단위당 생산하는데 든 평균비용 AC보다 높으므로) 초과이윤을 보게 되고(위의 그림 참조), 가격이 P*보다 낮아지면 그만큼 손실을 입게 된다(아래 그림 참조). 예를 들어 위의 그림에서 만약 가격이 P₄로 크게 인상된다면 노란색 사각형면적 만큼 초과이윤이 발생된다. 그러나 아래 그림에서 보듯이 만약 가격이 P*보다 낮은 P₂ 수준으로 떨어지면 푸른색 사각형면적 만큼의 손실을 보게 된다.

나아가, 판매가격이 P₂ 이하로 계속 떨어져 AVC곡선의 최저점과 만나는 z 점, 즉 가격 P₁에 이른다면 이때의 생산량 Q₁은 곧 기업의 **조업중단점**(shut-down point)이 된다. 왜 그럴까? 가격이 만약 P₁ 수준보다도 더 낮아지면 이에 따른 총판매수입이 심지어 평균가변비용(AVC)마저도 커버하지 못하여 생산을 하지 않았을 때의 총손실(총고정비용)을 오히려 상회하게 되고 따라서 고정

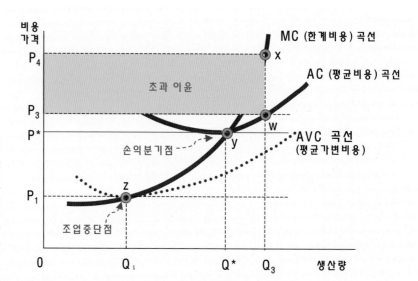

완전 경쟁시장에 있어서 MC 곡선과 AC곡선, 손익 분기점과 조업중단점

AC의 최저점 y, 즉 가격이 P*일 때가 생산의 손익분기점이다. 이 점을 중심으로 가격이 P*보다 높으면, 기업은 초과이윤을 보게 되고(위의 그림), 가격이 P*보다 낮으면 손실을 보게 된다(아래 그림). 한편, 가격이 AVC곡선의 최저점인 Z 점이 기업의 조업중단점이다. 즉 가격이 P₁ 이하로 떨어지면 생산에 따른 총손실이 생산을 하지 않을 때의 총손실 (총고정비용)을 상회하기 때문에 차라리 생산을 중단하는 편이 낫다.

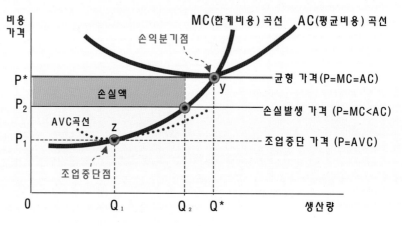

자산 마저 갉아먹는 꼴이 되기 때문에 기업경영자의 입장에서는 차라리 생산을 중단해버리는 편이 낫다는 계산이 나오기 때문이다. 기업으로 볼 때에는 생산제품 한 개의 판매가격이 최소한 평균가변비용(AVC) 즉 제품 한 개 생산에 평균적으로 드는 원재료비 및 노임 정도는 건질 수 있는 수준, 다시 말해 평균가변비용곡선을 상회하는 가격 정도는 되어야 생산을 할 수 있다. 그러므로 평균가변비용 곡선을 상회하는 우상향 한계비용곡선(즉 z점 우측의 한계비용곡선)이 곧 기업의 **공급곡선**(supply curve)이 된다.

　간단히 각 비용의 개념과 시장균형을 검토하였는데, 이제 이를 관광재의 경우에 적용시켜 보도록 하자. 관광재의 경우 그 공급(또는 생산)이 탄력적인 재화와 비탄력적인 재화로 나누어질 수 있음은 이미 앞에서 밝혔다. 이제 이것을 다시 각각 가변비용과 불변비용으로 나누어 보기로 하자.

☐ 공급 탄력적인 사유재적 재화(위락시설, 인문복합성 재화 일부)

　가변비용: 노임, 원료(음식 · 토산품의 경우), 관리비(청소 · 관리행정비) 등
　불변비용: 토지매입비, 자본비용(놀이시설 등 시설투자비용), 감가상각비 등

☐ 공급 비탄력적인 공공재적 재화(자연자원 및 인문복합성 재화 중 일부)

　가변비용: 자원의 유지 · 관리비(공해 · 생태파괴 대책비, 운영비 등)
　불변비용: 없거나 경미(석굴암, 속리산 正二品松의 보존비 등)

가평 명지산 계곡은 공급이 비탄력적인 재화이다

공급탄력적인 재화의 경우, 가변비용은 물론 불변비용까지 실제 생산비에 포함된다. 그러나 공급이 비탄력적인 재화인 경우 가변비용은 발생되지만 대부분의 경우 불변비용은 발생되지 않는다. 예컨대 산 · 강 · 폭포 등 자연자원은 그 자체가 관광매력으로서, 일정수준의 질이 유지되고 있다고 가정한다면, 이의 생산을 위한 금전적 투자는 필요치 않다. 그러나 만약 이곳으로의 접근성을 높이기 위해 도로망을 확충한다면 이것은 불변비용이 된다. 만약 이 자연자원 지역에 호텔 · 위락시설 등을 투자한다면 이것은 어디까지나 별도의 사유재적 불변비용 투자이지 자연자원 그 자체가 생산하는 재화라고는 볼 수 없는 것이다.

그러나 단지 생산이 신축적이지 못한 인문성 재화 예컨대, 민속 · 무형문화재의 생산비에는 불변비용이 내포된다고 보아야 한다. 예를 들어 무형문화재인 '판소리'를 상품으로서 계속 전승 · 공급하기 위해서는 방문자 수의 많고 적음에 상관없이 판소리 기능보유자에게 매달 혹은 매년 보전비 명목의 경비를 지원해 주는 경우가 있는데, 이 경우의 경비지원은 불변비용에 속한다.

공급이 제한되어 있는 자연자원의 경우에도 한계비용이 발생할 수 있는데, 예를 든다면 이용자 한 사람이 더 추가될 때 소요되는 가변비용, 즉 자연생태계의 복구비나 오물수거비의 추가 증가분이 그것이다.

2. 관광재 생산요소와 공급곡선

관광재의 생산에 투입되는 원료(투입물)를 전문 학술용어로 **생산요소**(production factors)라고 부른다. 일반재화와 마찬가지로 대부분의 위락자원도 토

지, 노동, 자본, 기술 등의 생산요소를 필요로 한다. 그러나 자연자원은 대부분 그 공급이 한정되어 있으며 경관 그 자체가 이미 생산된 재화로서 생산이 그 이상으로도 혹은 그 이하로도 이루어지지 않는 특수한 재화이기 때문에 엄밀한 의미에서 생산요소는 없다. 그러나 만약 이용자가 더 많이 방문해 그 경관을 보고 즐기는 것 자체를 생산이라고 본다면, 잠재이용자를 더 많이 끌어들이기 위한 광고·선전비, 자원이용자가 줄어들게 될 정도의 자원의 질 저하를 막기 위한 자원복구와 훼손 방지비, 이용자를 증대시키기 위한 관리·개선비 등이 모두 생산요소에 속한다고 볼 수 있다.

만약 시장가격을 반영하여, 국립공원 등의 입장료가 이들 관리비용에 적정액의 이윤을 추가시킨 것이라고 본다면, 이의 공급표와 공급곡선을 도출해 볼 수 있다.

〈표 4-5〉와 〔그림 4-13〕은 위에서 설명한 대로 각각 공급탄력적 재화인 관광기념 타월과 공급비탄력적 재화인 설악산 국립공원을 예로 들어 가상적으로 가격과 공급량간의 관계를 나타낸 공급표와 공급곡선이다.

수요에 대응하여 생산이 탄력적인 재화의 예로서, 관광지에서 판매하는 기념 타월을 가상적으로 생각해 보자. 특정 기념타월의 개당 가격이 만약 원가에도 못미치는 수준인 1,000원이라면 어느 누구도 이를 생산하려 들지 않을 것이다. 그러나 값이 2,000원이라면 하루 약 500개를 공급하고, 4천원이라면 700개, 이렇게 해서 개당 가격이 1만원에 이른다면 생산업자들은 너도 나도 생산에 참여하여 무려 1,500개까지 생산·공급하려 한다고 가정하자. 여기서 값이 오르면 오를수록 생산자는 더 많은 양을 공급하려 하는데 이러한 현상을 **공급의 법칙**(law of supply)이라고 한다. 이 공급법칙을 나타내는 공급표가 〈표 4-5〉이며 이를 그림으로 나타낸 것이 〔그림 4-13〕의 (A)이다. 이 그림은 가격의 인상과 더불어 공급도 이에 상응하여 탄력적으로 증가하고 있음을 보여주고 있다.

한편, 수요의 변화에도 불구하고 공급이 극히 제한되어 있는 공급비탄력적인 재화로서 설악산 국립공원을 예로 들어보자. 설악산 국립공원은 최저 입장료가 500원 또는 1,000원일 때 월간 최대 150만VD(150만 visitor-days)까지밖에 받아들일 수 없다고 가정하자. 왜냐하면 이를 운영하는 국립공원 관리공단의 입장에서는 안내원의 급료, 청소비, 자원유지·보수비가 적어도 연간 15억원(1,000원×150만VD)이 소요되며, 만약 가격을 더 인상하지 않은 채 수용인원을 조금이라도 더 늘린다면 이들 추가된 이용객을 수용하는 데 따른 청소비·훼손자원 보수비 등 추가비용(즉 한계비용)을 그만큼 더 적자 지출해야 하기 때문이다. 입장료를 1,500원으로 인상한다면 그 인상된 수입으로 이용객을 잘 분산시키고 자원보수를 충분히 함으로써 5만명이 추가된 최대 월긴 155만VD까지

수용할 수 있다. 이런 식으로 입장료를 2,500원까지 인상하게 되면 최대 165만 VD까지는 수용할 수 있게 된다.

그러나 설령 입장료를 3,000원 혹은 그 이상으로 더 올려 받는다 하더라도 월간 170만VD 이상의 수용은 자연생태계 보전상 불가능하다. 이와 같이 관광지가 생태학적으로 수용할 수 있는 상한선을 관광수용력(tourist carrying capacity) 또는 좀더 전문적으로 말해 생태학적 수용력(ecological carrying capacity)이라고 부른다. 이러한 관계를 그림으로 나타낸 것이 〔그림 4-13〕의 (B)이다. 이 그림은 어느 정도까지는 수용력을 늘릴 수 있지만, 그 이상이 되면 가격인상에 관계없이 공급을 더 이상 늘릴 수 없는, 즉 자연자원의 공급비탄력적인 특성을 보여주고 있다.

표 4-5

공급탄력적 및 공급비탄력적인 관광재의 가상적 공급표

주: *는 1인 1회방문(visitor-day; VD).

	기념 타월	설악산국립공원	
가격 (원)	하루 공급개수 (개)	가격 (입장료: 원)	월간 공급량 (수용인원: 1,000VD*)
10,000	1,500	3,000	1,650
8,000	1,200	2,500	1,650
6,000	900	2,000	1,600
4,000	700	1,500	1,550
2,000	500	1,000	1,500
1,000	0	500	1,500

그림 4-13

관광재의 가상적 공급곡선

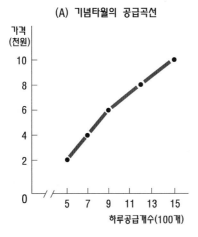

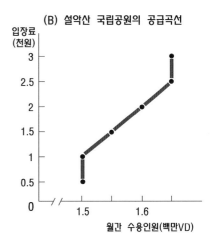

3. 관광재 수급의 시장균형

수요와 공급이 서로 일치하여 균형된 가격과 균형된 수요·공급량이 이루어지는 것을 **시장균형**(market equilibrium)이라고 부른다. 〔그림 4-14〕의 (A)가 바로 이러한 시장균형 상태를 보여주고 있다. 여기서의 균형가격은 P이며 균형수급량은 Q이다. 이 외의 어떠한 가격이나 수요·공급량의 변화도 시장의 자동조절 작용에 따라 수급의 균형점으로 수렴하게 된다.

그러나 문제는 수급이 불일치하게 되는 〔그림 4-14〕의 (B)의 경우다. 다행히 가격이 P1으로 유지되어 수요와 공급이 Q_1에서 안정된다면 수급균형상태에 있게 되어 문제는 없다. 그러나 도시공원·국립공원 등의 자연관광자원이 대부분 그렇듯이, 이용자가 지불하는 가격(입장료)은 그 자원의 가치를 충분히 반영하는 적정한 가격이 아니라 국민복지의 차원에서 국가가 임의로 비교적 낮게 책정한 名目價格이거나 심지어 무료인 나라가 많다(우리나라는 국립공원 입장료를 2007년 1월부터 폐지했음). 즉 그림에서 보듯이 가격을 보다 낮게 P_2 수준으로 책정해 놓았으므로 $(Q_2 - Q_0)$만큼의 초과수요가 발생하게 된다. 가령 그 국립공원이 적자를 무릅쓰고 공급량을 최대한의 수준이라고 할 수 있는 Q1까지 늘린다 하더라도 $(Q_2 - Q_1)$만큼의 초과수요가 불가피하게 발생하게 된다.

이렇게 되면 어떤 문제가 발생하는가? 이 초과수요를 제한하지 않고 모두 수용한다면 곧 관광지에는 과밀·혼잡현상이 발생하여 이용자의 즐거움은 반감된다. 즉 이미 수용된 이용자 전체의 만족도(효용)마저 감소시키게 된다. 그러므로 자연관광자원의 경우 그 공급력을 늘릴 수 없는 한, 관광지의 과밀·혼잡은 불가피한 실정이며, 관리방법의 개선, 수요의 조절, 이용자 선정기준 등이 관광지 관리의 가장 중요한 정책과제로 대두하게 된다. 경제학에서는 이와 같은 초과수요를 여러 이용희망자에게 적절히 배분하는 문제를 '**자원배분**(resource rationing)**의 문제**'라고 부른다. 특히 우리나라와 같이 국토면적이나 부존자원에 비해 너무나 많은 인구를 떠안고 있는 상황에서는, 앞으로 소득증가와 여가시간 증가에 따라 잠재수요자는 더욱더 늘어나게 될 것이므로, 이 초과수요의 적절한 관리나 배분은 더욱 해결하기 어려운 정책과제가 될 것으로 보인다.

관광학 분야에서 이러한 자원배분에 관한 문제야말로 관광경영학(혹은 관광관리학)에서 집중적으로 다루어야 할 주제이다.

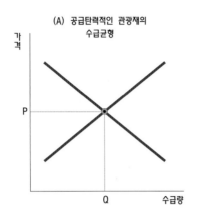

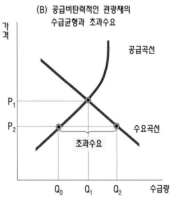

그림 4-14

공급탄력적 및 공급비탄력적인 재화의 공급곡선

주: 공공재(국립공원 등)의 가격수준을 적정 시장가격 P_1보다 낮게 P_2로 책정하면 초과수요(과밀) 현상이 발생하여 기존 이용자의 효용은 크게 떨어지게 된다.

- ▶ 아담 스미스의 역설(Adam Smith's paradox): 아담스미스가 그의 저서 『국부론』에서 제기한 의문으로 "물은 이용가치(value in use)가 크지만 교환가치(value in exchange)는 작은 반면에, 다이아몬드는 이용가치가 작음에도 불구하고 왜 교환가치가 큰가?"라는 가치의 이율배반적 현상을 말한다.

- ▶ 효용함수(utility function): 재화나 용역의 소비량(Q)과 그것의 소비로 인해 얻어지는 총효용(U)의 함수적 관계를 말한다. 즉 $U = f(Q)$를 말한다.

- ▶ 한계효용(marginal function): 소비량이 1단위 증가(감소)할 때 변화하는 총효용의 증가(감소)분을 말한다.

- ▶ 기수적 효용, 서수적 효용(ordinal utility, cardinal utility): 효용의 크기를 깊이나 무게처럼 객관적으로 측정할 수 있는 것으로 간주한 것을 "기수적 효용"이라 한다. 반대로 서수적 효용이란 소비에서 오는 효용을 측정함에 있어 개인별로 기준이 다른 절대적 크기에 의존하지 않고, 효용을 단지 선호순위, 즉 우선순위로 표시한 효용을 말한다.

- ▶ 한계효용균등의 법칙(law of equi-marginal utility): 소비자가 재화나 용역을 소비할 때 최대의 만족(효용)을 얻으려면 예산의 범위 내에서 각 재화 1원어치의 한계효용이 균등한 점에서 소비될 때 최대의 만족을 얻는다. 이를 한계효용균등의 법칙이라 한다.

- ▶ 가격효과(價格效果, price effect): 다른 조건(소득)이 일정불변일 때 한 상품의 가격이 등락하면 가격선이 이동되고 균형구입점도 이동하는 것을 가격효과라 한다. 가격효과는 일반적으로 가격이 하락한 재화의 구매를 증대시키고 가격이 불변인 재화의 구입을 상대적으로 감소시킨다. 이는 다시 소득효과와 대체효과로 나눌 수 있다.

▶ 가변비용(可變費用, variable cost): 가변비용이란 생산량 또는 조업도의 확대에 따라 더불어 증가하게 되는 비용을 말한다. 변동비용(變動費用)이라고도 한다.

▶ 불변비용(不變費用, fixed cost): 고정비용(固定費用)이라고도 하며, 조업의 확대나 생산량의 변화에 관계없이 항상 일정하게 지출되어야 하는 비용(예: 공장임대료, 사장의 월급, 기계의 감가상각비)을 말한다.

▶ 교차탄력성(交叉彈力性, cross elasticity of demand): 한 상품의 수요가 다른 연관상품의 가격변화에 반응하는 정도를 나타내는 것으로, 한 재화의 수요량 변화율을 다른 재화의 가격변화율로 나누어 구한다. 설탕의 가격이 올라가면 커피의 수요가 떨어지게 되므로 이들 즉 보완성이 강한 재화일수록 교차탄력성은 크게 나타난다.

▶ 균형가격(均衡價格, equilibrium price): 경쟁시장에서 어떤 상품의 가격이 그 상품의 수요와 공급의 일치점에서 결정되는 가격으로 시장가격과 일치한다. 균형은 그 지속정도에 따라 일시적 균형, 단기적 균형, 장기적 균형 등으로 구분되며, 여기에 대응하여 일시적 균형가격, 단기적 균형가격, 장기적 균형가격 등이 있다.

▶ 기펜의 역설(Giffen's paradox): 기펜재는 가격이 하락하면 수요량이 감소하고 가격이 상승하면 오히려 수요량이 증가하는, 일반 수요의 법칙에 역행하는 재화이다. 이와 같이 가격이 하락할 때 그 재화의 수요량이 줄어드는 현상을 기펜의 역설이라 한다.

▶ 기회비용(機會費用, opportunity cost): 다양한 용도를 지니고 있는 재화가 어떤 한 가지 목적을 위해 사용되었을 때, 다른 목적을 위해 사용되었을 때 얻을 수 있는 가치는 포기하게 된다. 이 포기된 가치를 기회비용이라고 한다. 귀하가 공부하는 가치는 공부를 하지 않고 공장에 가서 일함으로써 받을 수 있었던 임금소득이 곧 기회비용이다.

▶ 대체재(代替財, substitute goods): 커피와 홍차같이 용도가 비슷하여 한 재화(상품) 대신 다른 재화를 소비해도 얻는 만족에 차이가 없는 재화를 말하며, 상호간에는 대체관계가 있다고 말한다. 한 재화의 가격이 상승하면 대체재의 수요는 증가하며, 대체재의 수가 많으면 많을수록 수요의 가격탄력성은 커진다.

▶ 대체효과(代替效果, substitution effect): X재의 가격이 하락하면 X재의 구입을 증대시키고 가격이 불변인 Y재의 구입을 X재화 구입으로 대체시킨다. 이것이 X재의 가격하락에 따른 대체효과이다.

▶ 보완재(補完財, complementary goods): 카메라와 필름같이 한 상품씩 따로따로 소비할 때보다 함께 소비할 때 더 큰 만족을 얻을 수 있는 상품들을 보완재라 하고, 보완재 상호간에는 보완관계가 있다고 말한다. 한 재화의 가격이 상승하면 보완재의 수요는 감소하며, 가격이 하락하면 수요는 증가한다.

▶ 소득효과(所得效果, income effect): 소득이 증가하면 가격선이 우상향으로 평행이동하고 소비자의 균형점은 보다 높은 만족수준을 나타내는 보다 高次의 무차별곡선 위의 한 점에서 결정된다. 이와 같이 소득의 변화가 두 재화의 균형구입량의 변화를 일으킨 정도를 소득효과라 한다. 가격의 하락은 소비할 수 있는 실질소득이 증가한 것과 같은 효과가 있다.

▶ 손익분기점(損益分岐點, break even point): 기업생산에 있어 수익과 비용이 일치하여 이익이나 손실이 발생하지 않을 때의 생산량이나 매출액 수준을 손익분기점이라 한다.

▶ 한계효용(限界效用, marginal utility): 어떤 財의 소비량의 추가 단위분 혹은 增分으로 부터 얻는 효용의 증가분을 의미한다. 일반적으로 어떤 재의 소비량이 증가함에 따라 그 재화의 필요 정도는 점차 작아지므로, 한계효용은 감소해 가는 경향이 있다(이를 '한계효용 체감의 법칙'이라 한다).

▶ 공간구조(空間構造, spatial structure): 어떤 분포를 나타내고 있는 현상들이 체계적인 일련의 관계를 가지고 배열된 입지적 형태를 말하며 거주지와 관광지와의 상대적 공간 적 배열, 그리고 특정한 관광지와 관련된 다른 대안목적지들의 공간적 배열관계를 말한다.

▶ 공간구조효과(空間構造效果, spatial structure effect): 공간구조가 관광과 같은 이동 현상에 미치는 영향을 말하며, 이는 공간상의 이동현상에 영향을 미치는 영향인자로서 의 공간구조가 미치는 효과를 의미한다.

▶ 공간상호작용(空間相互作用, spatial interaction): 두 곳 이상의 장소간에서 발생하는 이동이나 교류를 말하며 이동/교류에는 인구이동, 화물수송, 자동차교통, 전화통화, 통 신, 통근 등의 여러 현상이 포함된다. 이들 인구, 물자, 정보 등의 이동주체가 출발지 (origin)로부터 도착지(destination)로의 이동이 공간상에서 발생할 경우를 흔히 공 간적 상호작용이라고 한다.

▶ 멱함수(冪函數, power function): 지수함수(exponential function)라고도 하며 $Y = aX^b$ 의 형태를 취하는 함수를 말한다. 계수(멱)인 b의 값이 커질수록 Y값은 누승적으 로 커가는 함수형태이다.

▶ 거리억제 함수(距離抑制函數, distance deterrent function): 여행수요는 거주지와 여행 목적지간 거리의 함수인데(즉 $f(d_{ij})$), 이때 거리라는 변수는 여행을 억제시키는 인자 임을 뜻한다. 억제함수이므로 당연히 여행수요함수는 멱함수 형태를 취한다.

▶ 중력모형(重力模型, gravity model): 물리학자 뉴턴(Newton)이 발견한 "두 물체의 인 력은 이들의 질량(mass)의 곱에 비례하며 이들 상호간 거리의 제곱에 반비례한다"는 법칙을 말한다. 이 자연법칙을 근래에는 사회현상에도 많이 응용하는 편인데, 관광학의 경우에도 관광목적지와 거주지간 관광량 예측에 이용한다.

1. 신고전학파 경제학자들이 주장한 한계효용이론에 대해 설명하라.

2. 한계효용이론이 관광소비현상에 어떻게 적용될 수 있는가? 해외관광여행의 경우를 사례로 설명하라.

3. 관광수요를 측정할 수 있는 척도에는 어떠한 것들이 있는가? 본장에서 제시한 것 외에 또 어떤 것이 있을 수 있는가를 생각해 보라.

4. 관광수요에 영향을 주는 각종 요인에 대하여 논하라.

5. 소득의 증가(가격의 하락)에 따라 관광재에 대한 수요는 어떻게 변화하는가?

6. 공급탄력적인 관광재와 공급비탄력적인 관광재의 예를 들어 설명하라.

7. 완전경쟁시장에서 한계비용곡선과 평균비용곡선과의 관계와 균형시장가격에 대하여 서술하라.

8. 클로슨(Clawson)이 주장하는 총경험(whole experience)이란 무엇인가?

9. 클로슨(Clawson)의 자원수요곡선의 도출과정을 설명하라.

10. 여행비용모형(TCM)이 전제하는 가정과 문제점은 무엇인가?

11. 중력모형이란 무엇이며, 이 모형은 관광연구에 어떤 유용성을 갖는가?

12. 관광에 있어 나타나는 집적효과와 경쟁효과의 예를 들어보고 설명해보라.

제5장

관광위락가치의 추정과 평가

이 장에서는 관광자원의 가치평가 문제를 다루었다. 알려진 대로 편익−비용분석은 각종 투자사업의 시행여부를 평가하는 실무적인 방법 중 하나로서 우리 관광·위락분야에서도 많이 응용할 수 있는 연구방법이다. 그러나 실무적으로 이를 적용하는 정책결정자들은 편익·비용항목의 산정에 있어서 수입규모, 노동력 절감액, 발전량 혹은 투자비용·인건비·감가상각비 등 '가시적' 항목만을 대상으로 평가해온 결과, 해당 투자사업의 채택여부 결정을 왜곡시켜 왔다는 비판을 면하기 어렵다. 본 장은 구미에서 최근까지 많은 관심이 되어 온 자원의 가치(편익)평가방법에 대해 논하고자 한다. 공공자원의 가치는 크게 이용가치(use value)와 그 자원을 이용하지 않는 사람들로부터 발생되는 비이용가치(non-use value)로 나눌 수 있는데, 여기서는 특히 후자에 대해 관심을 많이 할애한다.

제1절 편익-비용분석과 가치평가

편익-비용분석이란 검토대상이 되는 어떤 사업에 대한 투자타당성 여부를 파악하는 기법이다. 편익-비용분석은 처음에는 주로 공공투자의 타당성을 검토하기 위하여 사용되었으나, 최근에 들어와서는 각 분야에서의 관심증가로 인해 수자원개발계획, 도로·철도·항만 등 교통계획, 도시재개발사업, 관광 및 야외위락시설의 개발, 간척사업 등 개발사업뿐 아니라 건강 및 교육과 관련된 정부사업의 집행, 그리고 환경관리의 평가 등에 이르기까지 광범위하게 적용되기에 이르렀다.

공공투자사업의 타당성 평가는 이미 오랜 역사를 지닌다. 이에 관한 최초의 연구는 1844년 발표된 프랑스 공학도 뒤퓌(Jules Dupuit: 1804~1866)의 "공공사업의 효용측정에 관하여(On the measurement of the utility of public works)"라는 논문에서 출발되었다고 한다(Sassone and Schaffer, 1978).

소비자잉여
소비자가 높은 값을 치르더라도 반드시 얻고자 했던 재화를 보다 값싸게 구입했을 때 얻은 잉여만족, 즉 지불용의 가격과 실제로 지불한 가격의 차이를 말한다.

공공사업평가와 관련하여 뒤퓌의 가장 중요한 공헌은 그가 제시한 **소비자잉여**(consumer surplus)개념이라고 할 수 있다. 그는 알프레드 마샬(Alfred Marshall)보다 시대적으로 약간 앞서서 소비자잉여 개념을 도입하였다. 그에 의하면 특정 소비자들이 어떤 재화를 향유하기 위해 시장가격보다도 더 높은 가격을 지불할 용의가 있다면, 이보다 낮은 가격을 지불한 소비자들은 그만큼의 초과효용, 즉 소비자잉여를 누리게 된다는 주장을 폈다(Ekelund and Hebert, 1983: 264).[1]

뒤퓌의 이러한 일련의 연구가 시초이기는 하지만, 이 개념의 현실에 대한 실제적인 적용은 그 훨씬 뒤인 1936년에 제정된 미국연방홍수조절법(United States Flood Control Act)이 연방정부가 참여하는 모든 프로젝트에 대하여 편익-비용항목을 검토할 것을 명시함에 따라 시작되었다. 이러한 시대적 요청과 관련하여 1930년대 말 미국 연방자원계획위원회의 주도로 편익-비용분석에 관한 연구가 본격적으로 시작되었다.

1960년대 초까지만 해도 편익-비용분석은 미국 연방수자원개발계획에만 부분적으로 적용되는 데 그쳤지만, 그 후 편익-비용분석은 선진국 여러 나라로 급속히 파급됨과 동시에 그 적용범위도 수자원 이외의 분야로 확대되었다. 즉 고속

---

1) 알프레드 마샬(Alfred Marshall)은 후에 뒤퓌(Dupuit) 개념에 消費者剩餘란 명칭을 붙이고 이 개념을 이론적으로 더욱 발전시켰으며, 그 후 힉스(J. R. Hicks)는 이 개념을 더욱 진전시켰다. 이에 대해서는 본장의 후반부에서 자세히 재론할 것이다.

도로의 건설, 도시계획 그리고 환경의 질 관리 등에까지 이르게 되었으며, 맨스 필드(Mansfield, 1971) 등의 연구를 시발점으로 하여 관광·위락분야 연구에 까지 적용되는 단계에 이르렀다.

1970년대 초에 이르러서는 소득분배, 실업 그리고 외환문제를 다루기 위한 편익-비용분석방법이 개발도상국의 투자계획과 관련하여 도입되었고, 세계은행 (IBRD)에서는 특정국가가 개발계획 재원마련을 위한 대출을 신청할 때 공식적 으로 사회적 편익-비용분석을 미리 실시할 것을 요구하는 수준에까지 이르게 되 었다. 학술연구서로서는 레이야드(Rayard, 1972), 미샨(Mishan, 1975) 등 의 훌륭한 연구서들이 1970년대에 들어 많이 출간되기 시작하였다. 이제 이 기 법의 기초개념들을 간략히 검토해보기로 하겠다.

1. 편익-비용분석의 기법

공공사업의 집행여부 결정은 편익-비용분석에 의해 나타난 어떤 기준에 준용 하여 이루어진다. 이제 어떤 공익적인 관광사업에 착수함으로써 얻어지는 당연 도의 편익을 B_0, 그 다음해의 편익을 B_1, 또 그 이듬해의 편익을 B_2, 그리고 최 종연도인 t년 후의 편익을 B_t라고 하자. 이때 각 연도별 편익의 현재연도가치 (present value; PV)는 각 연도편익을 할인율 i만큼씩 할인한 값이다. 즉,

$$\text{당 연도 현재가치} = B_0 / (1+i)^0$$
$$\text{1차 연도 현재가치} = B_1 / (1+i)^1$$
$$\text{2차 연도 현재가치} = B_2 / (1+i)^2$$
$$\cdots\cdots\cdots\cdots\cdots\cdots\cdots\cdots\cdots\cdots\cdots\cdots$$
$$\text{t차 연도 현재가치} = B_t / (1+i)^t$$

가 된다. 따라서 전기간에 걸쳐 이들 현재가치를 합산하면(PV_B), 이는 그 사업 이 가져올 총편익의 현재환산 가치이다. 즉,

$$PV_B = B_0 + \frac{B_1}{(1+i)^1} + \frac{B_2}{(1+i)^2} + \cdots \frac{B_t}{(1+i)^t} = \sum_{t=0}^{T} \frac{B_t}{(1+i)^t}$$

이와 마찬가지로 그 사업으로 인한 손실(비용)을 C라고 정의하면 그 현재가치의 합계 PV_c도 다음 식과 같이 나타낼 수 있다.

$$PV_c = \sum_{t=0}^{T} \frac{C_t}{(1+i)^t}$$

여기서 현재편익 PV_B에서 현재비용 PV_c를 뺀 개념이 곧 현재기준의 순가치, 즉 순현가(net present value; NPV)가 되며 이는 다음과 같이 표현할 수 있다.

$$NPV = \frac{B_0 - C_0}{(1+i)^0} + \frac{B_1 - C_1}{(1+i)^1} + \cdots + \frac{B_t - C_t}{(1+i)^t} = \sum_{t=0}^{T} \frac{B_t - C_t}{(1+i)^t}$$

즉 현재기준 순가치(純現價)는 미래에 발생될 비용과 편익의 흐름을 일정한 할인된 비율로 조정한 수치이다. 물론 이때 NPV가 0보다 큰 값(+)을 갖는 큰 수치라면 그 사업은 경제성이 있는 사업이라고 볼 수 있다. 여기서의 주요문제는 편익 B와 비용 C, 그리고 할인율 i를 어떻게 측정할 것인가 하는 점이다.

또 하나의 사업경제성 판단의 지표는 **편익-비용比**(benefit-cost ratio: B/C)이다. 이는 총편익을 총비용으로 나눈 값을 말하는 것인데, 다음과 같은 수식으로 표시할 수 있다.

$$\frac{B}{C} = \sum_{t=0}^{T} \frac{B_t}{(1+i)^t} \Big/ \sum_{t=0}^{T} \frac{C_t}{(1+i)^t}$$

여기서 B/C의 값이 1보다 크다면 편익이 비용보다 크다는 의미이므로 그 사업투자는 정당화되며, 만약 1보다 작다면 반대로 사업성이 없다는 의미가 된다.

또 다른 투자기준의 하나로서, **내부수익률**(internal rate of return; IRR)이란 것이 있다. 내부수익률이란 검토대상 프로젝트의 순현재가치를 영으로 만드는 할인율(discounting rate)을 말한다. 다음과 같이 좌측 수식을 영으로 만드는(즉 수익과 비용을 상쇄시켜 주는) 할인율 i가 내부수익률이다.

$$\sum_{t=0}^{T} \frac{B_t - C_t}{(1+i)^t} = 0$$

앞의 순현가 추정시에는 i를 사전에 결정해야 한다는 어려움이 있지만, 이 내부수익률 방식은 할인율을 추정해야 되는 어려움을 벗어날 수 있다는 장점이 있다. 사전에 결정된 사회적 할인율(대개 은행이자율을 사용함)보다 i가 크다면 이 사업은 수익이 있다는 의미이므로 그 사업투자는 타당성을 갖는다.

일단 사업(또는 사업들)의 B/C 분석지표가 계산되고 나면 사업투자 의사결정이 이루어지게 되는데, 의사결정의 유형은 ① 한 사업을 선택하는 경우, ② 복수의 사업들 중 어느 하나를 선택하는 경우, 그리고 ③ 다수의 가능사업 중 몇 개를 선택하는 경우로 크게 나누어 볼 수 있다. 특히 복수의 사업을 선택하는 ③의 경우는 복잡하며 적어도 선택되는 사업들 간의 상호의존성, 자본의 제약성 등의 여부에 따라 사업결정이 이루어지지 않으면 안된다.

논리상으로는 편익-비용분석 과정이 이와 같이 논리 정연하지만, 분석의 실제 실행에는 여러 가지 문제들이 따르고 한계점이 많다(申義淳, 1988: 457~466). 편익과 비용을 판별하는 문제(identification problems), 적정할인율의 선택문제, 시장기구에 존재하는 여러 가지 왜곡현상 때문에 발생하는 시장가치와 실제 가치간의 괴리문제, 공공재, 외부효과 등 소위 **비가격화 재화**(unpriced goods)의 존재 등이 그 주요한 문제점들이라고 할 수 있다.

2. 편익-비용분석에 있어서 가치평가 문제

공공부문에 비한다면, 민간부문에서의 편익과 비용의 계산은 비교적 쉽고 직선적이라 할 수 있다. 왜냐하면 대부분의 민간재의 경우 시장 가격기구가 작용하고 있어서 수입은 곧 편익이며 투자된 금액은 곧 비용이라고 추정해볼 수 있기 때문이다. 그러나 재화의 시장기구가 제대로 작동하지 않으며(즉 시장가격이 존재하지 않으며), 사회적 편익과 비용이 어떤 가격정보에도 반영되지 않는 공공 사업의 경우, 편익-비용분석은 그리 쉽지가 않다. 편익과 비용의 계산이 어렵기 때문이다. 물론 시장기구가 존재하는 민간부문이라 하더라도 만약 시장기구가 제대로 이루어지지 않거나 실패(market failure)하는 경우에는 편익-비용은 파악될 수가 없다.[2] 그래서 B/C분석에서는 편법으로서 암묵적으로 그 사회에서 인정되는 가격, 즉 **潛在價格**(shadow price)을 추정하여 적용하기도 한다. 여기서 잠재가격이란, 시장가격이 사회가치를 정확하게 반영하지 못하고 있다는 전제 아래, 시장가격 이외의 사회적 기회비용을 반영한 가격을 뜻한다. 그러므로

---

2) 이에 대해서는 앞의 제3장 공공재에서 이미 설명하였다. 독점시장상태의 만연, 외부경제, 규모에 대한 보수체증의 법칙, 위험 및 불확실성의 존재, 공공재의 존재 등이 그 예라 할 수 있다.

이 잠재가격의 추정은 B/C분석의 주요한 핵심을 이룬다.

무형재(intangible goods)의 B/C분석을 행하는 경우는 그 분석이 더더욱 어렵다. 88서울올림픽이나 '2002韓日월드컵대회'가 생산한 '국위의 선양'이라는 무형재의 가치를 어떻게 평가하고, 국립공원 개설로 발생되는 '아름다운 경관을 감상하게 되는 기쁨'이라는 가치를 어떻게 평가할 것인가, 또 나아가 시간의 가치나 생명의 가치를 어떻게 시장가치로 평가할 것인가(Kim, 1988: 52)라는 등의 여러 가지 문제 때문에 무형적 가치 평가는 매우 어려운 과제에 속한다.

이와 같이 B/C분석에 있어서 가치평가의 문제는 어려운 주제이며, 따라서 이 주제는 B/C분석의 가장 핵심적인 내용을 구성한다. 이하에서는 가치평가의 개념과 평가의 방법에 대해 검토해보기로 한다.

제2절 공공적 관광 · 위락자원의 가치개념과 그 구성요소

1. 이용가치와 소비자잉여, 총편익과 한계편익

관광위락자원이 생산하는 가치는 크게 **이용가치**(use value)와 **비이용가치**(non-use value)로 나누어진다. 자원의 전체 가치란 실제 그 자원을 이용한 사람이 누린 가치와 비록 이용하지 않은 제3의 비이용자에게 주어지는 가치(향후의 이용가능성에 대한 기대가치, 자손에 대대로 물려주고 싶은 가치 등)으로 구성된다는 것이다.[3] 예를 들어 우리 민족의 영산 白頭山의 진정한 가치는 이미 그곳을 구경한 사람이 부여한 가치와 더불어 비록 당장 가보지는 못하지만, 영원히 후손에게 물려주고 싶고 또 사정이 허락되면 언젠가 당사자도 찾아가보고 싶은 잠재 여행지로 남겨 두는 마음속의 가치를 합한 것이라 볼 수 있다.

여기서 **이용가치**란 실제 어떤 소비자가 그 재화를 구매할 때 지불한 화폐적 시장가치와 더불이 그기 기격을 지불하지 않고도 무료로 언은(시장가치로 환산

---

3) Krutilla는 이미 일찍이 자원의 경제적 가치를 이용가치와 비이용가치로 나누고, 비이용가치는 장래의 이용에 대한 選擇權 價値(option value), 存在價値(existence value)로 구분하고, CVM은 방법론적 약점에도 불구하고 비이용가치를 추정하는 유용한 방법이 될 수 있다고 주장하였디(Kahnerman and Knetsch, 1992).

되지 않은) **소비자잉여**(consumer surplus)로 구성된다. 예를 든다면 부모와 함께 사는 제주도의 아들이 서울에 사는 형님에게 부친의 부고(訃告) 소식을 전화 한 통화 요금(예 200원)으로 알려주었다면 부고 소식의 경제적 가치는 200원에 추가해서, 거저 얻었다고 생각하는 잉여가치(즉 동생이 200원이 아니라 100만원을 지출하고라도 형님에게 꼭 알리고 싶었던 부모님의 作故 소식이라면 잉여가치는 100만원−200원＝999,800원)를 합한 금액이다. 즉,

자원가치 = 이용가치 + 비이용가치
이용가치 = 이미 지불한 시장가치 + 소비자잉여 가치

이용가치와 소비자잉여가치의 개념을 다음 표와 그림(Walsh, 1986: 121∼127: 1997: 62에서 재인용)의 설명을 통해 이해해 보기로 하자. 예를 들어 어떤 개인이 금년에 설악산으로 여러 번 여행을 떠날 수 있는 가능성을 검토해 본다고 하자. 그의 설악산 여행횟수에 따른 총편익(총만족도)과 한계편익이 〈표 5-1〉(혹은 이를 그림으로 나타낸 [그림 5-1])과 같이 이미 알려져 있다고 하자. 그렇다면 그는 설악산으로 연간 몇 번을 여행하는 것이 가장 현명한 처사인가? 그가 다른 여러 요인에 영향을 받지 않고 오로지 현실적인 편익(만족도)에만 좌우되는 이른바 '합리적인' 소비자라고 가정한다면, 결론은 다섯 번만 여행하는 것이 최선의 방법이라고 할 수 있다. 왜 그런지 살펴보기로 하자.

이를 이해하기 위해서, 우리는 먼저 총편익과 한계편익, 한계비용의 개념 그리고 이들 양자의 관계에 대해 정확히 이해할 필요가 있다. **총편익**(TC: total benefits)은 한번, 두 번 … 여러 번 여행갔을 때 그 여행자가 갔을 때마다 얻은 편익의 누적 합계를 말한다. 즉 표에서는 본다면 처음 갔을 때 얻은 편익은 6만원, 두번째 갔을 때 얻은 편익은 5만원, 세번째 갔을 때 얻은 편익은 4만원이다.

표 5-1	여행 횟수(회)	총 편익 (만원)	한계 편익 (만원)
어떤 설악산 관광여행자의 총편익과 한계편익	0	0	−
	1	6	6
	2	11	5
	3	15	4
	4	18	3
	5	20	2
	6	21	1
	7	21	0
	8	20	−1

이들을 모두 누적 합계한 것이 총편익이다. 그리하여 여덟 번 갔을 때까지의 누계 총편익은 20만원이다. 여기서 각 횟수(Q)마다 발생된 편익, 즉 6만원, 5만원, 4만원…을 각각 **한계편익**(MB: marginal benefit)이라고 한다. 다시 말해 한계편익이란 어떤 재화 한 단위를 더 추가 소비함으로 발생되는 추가편익(수학적 표현으로는, $\Delta TB/\Delta Q$)을 말한다. 표에서 한계편익은 이들 추가되는 횟수에 따라 변화되는 '총편익 간의 차이'를 뜻하는데, 여행횟수가 처음 한 단위 증가할 때의 한계편익은 6만원, 두번째 단위에서는 한계편익은 5만원, 그리고 세 번째 단위에서의 한계편익은 4만원 등인 것으로 표시되고 있다.

한계편익
한계편익은 한계효용과 같은 개념이다. 재화 한단위씩 더 추가 소비해감에 따라 얻게 되는 편익의 증가분을 말한다.

여기서 여행횟수가 한 단위씩 증가될수록 이에 반비례하여 한계편익은 점점 더 감소하고 있음을 알 수 있다. 이미 제4장 소비자선택이론에서 설명했듯이, 우리는 이런 현상을 **한계효용체감의 법칙**(The diminishing law of marginal utility)이라고 부른다. 이 법칙은 특정재화의 소비가 거듭될수록 이로부터 얻는 추가적인 효용(incremental utility), 즉 한계효용(한계편익)은 점차 줄어든다는 경험적 사실을 뜻한다. 그리하여 7번째 여행을 하면 한계편익은 드디어 영이 된다. 한계편익이 영이 된다는 것(MB=0)은 추가여행으로 인해 얻는 만족(효용)이 아무 것도 없다는 뜻이다. 그 뒤 여덟 번째 여행부터는 만족을 얻기는커녕 드디어 여행이 짜증과 불만의 요인이 된다(즉 MB<0). 그러므로 현명한 여행자라면 7회를 초과하는 여행은 하지 않아야 한다.

만약 그 여행자가 '합리적 소비자'(rational economic man)라면 몇 번을 여행해야 하는가? 5회 여행이 최선의 선택이다. 그 이유를 밝혀보자. 여행에는 항상 비용이 수반되기 마련이므로 그는 총편익과 총비용의 차이(이를 총 순편익이라고도 함)가 극대화되는 점, 다시 말해, 〔그림 5-1〕의 5회 여행지점, 혹은 한계편익(MB)이 그 재화의 가격(P=한계비용)을 초과하는 경우(즉 MB>P) 지점(아랫 그림의 5회)까지만 그 재화 소비를 계속해야 한다. 어느 누구도 얻는 것(MB)보다 잃는 것(P)이 많은 상황, 즉 MB<P 인 상황에서는 그 재화를 더 이상 소비하려 들지 않을 것이다. 궁극적으로 그는 순편익을 극대화할 수 있는 MB = P인 점까지만 소비를 해야 하는 것이다.4)

이러한 관계를 연속적인 그림으로 설명한 것이 〔그림 5-1〕이다. 여기서 위의 그림은 앞에 제시한 〈표 5-1〉의 여행횟수와 총편익 그리고 총비용과의 관계를

---

4) 경제학의 시장법칙에 의하면, 한계편익(혹은 한계효용)이 시장가격(P)과 같아지는, 즉 MB=P인 지점이 시장의 균형점이다. 왜냐하면, 완전경쟁시장에 있어서 시장가격 P는 소비자입장에서 보면 한계비용(MC)이므로, 소비자는 재화를 추가적으로 한 단위 더 소비함으로써 얻는 편익(MB)이 재화 한 단위 더 소비하는데 드는 비용(MC)과 같아지는 지점, 즉 MB=MC=P인 수준까지만 소비할 것이기 때문이다.

나타낸 것이다. 여행횟수가 늘어남에 따라 총편익은 점차 증가하지만, 그 증가율은 줄어들어 7회째 방문을 임계점으로 하여 총편익 자체가 줄어든다. 이때 순편익(즉 총편익-총비용)이 최대화되는 시점은 여행횟수 5회째이다. 한계편익 개념을 도입하여 여행횟수와 한계편익과의 관계를 표시한 것이 아래 그림이다. 이 그림은 한계편익곡선(이것이 곧 수요곡선임)이 우하향할수록 한계편익은 감소하는 경향을 나타내고 있다. 총편익이 극대화되는 만곡점, 즉 총편익곡선이 피크를 이루는 점에서 한계편익은 영(MB = 0)이 되는데, 이곳은 한계편익곡선에서 여행횟수가 7회째 되는 지점이다. 또한 순편익이 극대화되는 점은 연간 방문횟수 5회째 되는 곳이다.

아래 그림의 수요곡선에서 만약 1회 방문당 가격이 P = 2만원이라고 가정하자. 이 경우 가격선은 PA이다. 7회 방문의 총편익은 수요곡선의 내부면적, 즉 삼각형 BOC의 면적(21만원)과 같다. 다시 말해 여행자가 어떤 관광지를 첫번부터 일곱번째까지 방문하여 얻은 모든 추가효용의 합(총편익)은 수요곡선의 내부면적의 값, 즉 21만원과 같다. 그러나 현명한 여행자는 순편익을 극대화하기

그림 5-1

총편익곡선, 한계편익
곡선 및 소비자잉여

주: 순편익이 최대화되는 점,
즉 여행횟수가 5회째 되
는 지점은 총편익과 총비
용의 차가 가장 큰 지점이
다. 이 지점은 수학적으
로 말해 두 곡선의 접선의
기울기가 동일하게 되는
점, 즉 위쪽 그림에서 여
행횟수 5회가 되는 지점
이다.

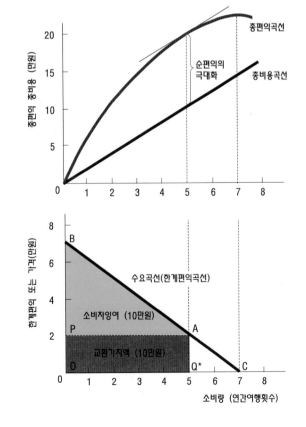

위해 P = MB인 5회 방문까지만 수요하고자 한다. 이 5회 방문까지의 총편익은 사다리꼴면적 BAQ*O(즉 20만원)이다. 그런데 이때 그가 비용으로 실제 지불한 시장가격은 1회 방문당 2만원씩으로서 4각형 PAQ*O(즉 2만원×5회)에 불과하다. 그렇다면 남은 부분, 즉 총편익에서 비용을 제외한 부분인 삼각형 면적 BAP(20만원-10만원 = 10만원)가 비용을 지불하지 않고 공짜로 획득한 잉여편익이 된다. 이 잉여편익을 경제학에서는 '**소비자잉여**'(consumer surplus)라고 통칭하는데, 총편익에 대응하여 이것을 '**순편익**'(net benefits)이라고 지칭하기도 한다.

이를 보다 전문적으로 설명하면, 5회 방문까지의 수요곡선인 사다리꼴의 면적(20만원)은 아담 스미스(Adam Smith)가 주장한 **이용가치**(사용가치)이며 시장가격에 의해 실제 지불한 면적(10만원)은 **교환가치**(시장가격)이다.[5] 따라서 이용가치에서 교환가치를 뺀 부분이 알프레드 마샬(Alfred Marshall)이 밝힌 소비자잉여분이 된다. 즉,

이용가치 = BAQ*O = 20만원
교환가치 = PAQ*O = 10만원
소비자잉여 = 이용가치 - 교환가치 = BAP = 10만원

앞에서도 잠시 언급하였듯이, 소비자잉여 개념은 프랑스의 공학도 뒤퓌(J. Dupuit)가 제시한 개념으로서 후일 마샬이 보다 이론화시켜 이를 '소비자잉여'라고 명명하였기 때문에 우리는 이 곡선상의 잉여편익을 통칭 '**마샬의 소비자잉여**'라고 부른다. 마샬의 소비자잉여가 지니는 이론상의 약점을[6] 보완하여 그 후 힉스(J.R. Hicks)가 무차별곡선(indifference curve)을 이용하여 새로운 소비자잉여 개념을 도입하였지만, 그의 소비자잉여는 마샬의 그것처럼 면적 등으로 가시화시킬 수 없는 약점 때문에 최근에 들어서도 마샬의 소비자잉여 개념이 주로 사용되고 있다(Walsh, 1997: 61).

---

5) 수요곡선에서 교환가치에 대한 자세한 例示는 Davidson(1972), "Valuation of Public Goods"를 참조해 볼 것. 다이아몬드와 물과의 가치관계에 대한 아담 스미스의 의문을 '아담 스미스의 逆說'(paradox of Adam Smith)이라고 한다.

6) 마샬식 잉여개념의 이론상 약점은 소비자잉여의 對人比較가 어렵다는 점이다. 개인의 선호, 취미, 소득 등이 서로 모두 다른데 개인의 主觀的 剩餘가 과연 동일한 사회적 가치를 지니는 전체사회의 잉여로 환산될 수 있는가 하는 문제점이 이론의 최대약점이라 할 수 있다. 더구나 이 이론은 소비재화의 限界效用은 변화(체감)한다고 가정하고 있으면서도 화폐의 한계효용은 一定不變이라는 암묵적인 가정을 전제하는 문제점을 지닌다. 화폐의 한계효용은 일정불변이라는 약점을 극복시킨 새로운 이론이 힉스의 소비자잉여론으로서, 그는 화폐의 한계효용이 체감한다는 사실을 無差別曲線을 통해서 명시적으로 밝혀주는 이론을 제시하였다.

요컨대 관광재를 소비함으로써 얻은 이용가치는 교환가치인 시장가치와 공짜로 누리게 되는 소비자 잉여가치의 습이다. 그러나 자연자원 등 공공성이 강한 관광재의 경우 이용하지 않는 자도 얻을 수 있는 '보이지 않는 가치'가 존재한다고 근래 주장되고 있다. 만약 이런 보이지 않는 가치가 실제로 존재한다면, 우리는 이제껏 자원가치를 이용가치만으로 평가한 결과, 자원 전체 가치를 과소 평가하는 잘못을 범해왔다고 할 수 있다. 그렇다면 그 가치는 무엇인가?

그것은 이제 이어서 설명할 **비이용가치**(non-use value) 또는 일명 **보전가치**(preservation value)라는 개념이다. 이들 개념을 검토하며 설명해보기로 하자.

2. 비이용가치

시장기구가 없는 공공재적 자원가치의 추정문제와 관련하여 자원경제학자들은 1960년대부터 자원이용의 가치(편익)를 추정하고자 하는 노력을 기울여 왔다. 이러한 노력은 한쪽으로는 가치 추정방법론을 탐구하는 것과, 또 다른 한쪽은 가치개념에 대한 이론적 정립 노력이었다.

국립공원과 같이 시장기구가 존재하지 않는 공공재의 가치는 크게 실제 이용가치(use value)와 비이용가치(non-use value)로 나누어 볼 수 있다. 실제 이용가치(혹은 현지 이용가치)는 현지의 자원을 소비자가 '실제'로 이용함으로써 얻는 가치로서 앞에서 논의한 여행비용법에 의해 추정한 수요곡선의 내부면적 (즉 실제 소비에 따른 지불가액과 소비자잉여의 합계)이 실제 이용가치이다. 그렇다면 자원을 이용하지 않는 비이용자에게 발생되는 가치는 무엇인가? 관련학자들은 이를 보전가치(preservation value)라고 명명한다(Walsh, 1997; Sutherland and Walsh,1985; 韓凡洙·金思憲, 1997 등).

금강산 절부암: 그 비이용 가치는 얼마나 될까?

보전가치란 아름다운 자연자원이나 수질·동식물·환경 등이 보존되고 있다는 사실 자체를 앎으로써 비이용자들이 잠재적으로 받게 되는 편익 또는 효용을 말한다. 즉 향후 이용하거나 접할 가능성이 있는 잠재적 자원의 '지식의 축적' (stock) 혹은 '심리적 자산'(Walsh, 1986: 85)을 뜻한다. 이 보전가치는 크게 ① **선택권 가치**(option value), ② **존재가치**(existence value), ③ **유산가치** (bequest value) 세 가지로 구성될 수 있다는 것이 최근 학자들의 주장이다. 즉,

보전가치 = 선택권가치 + 존재가치 + 유산가치

여기서 **선택권가치**란, 어떤 자원을 미래에도 이용할 수 있는 옵션(선택권)을 미리 확보해 두는 대가로 잠재소비자가 지불코자 하는 일종의 '위험 프리미엄'(insurance premium)이다. **존재가치**란 그 자원이—비록 그 소비자 자신은 현재 또는 장래에 이용치 않더라도—파괴되지 않은 채 常存하고 있다는 사실 그 자체에 대해 부여하고자 하는 가치이다. 아울러 **유산가치**란 그 자연자원을 자신의 후손들에게 유산으로 물려줄 수 있을 가능성에 대해 비이용자가 부여하고자 하는 지불용의액을 말한다.

이 보전가치가 과연 존재하는가의 여부에 대한 논란은 꽤 오래 전부터 제기되어 왔지만, 최근에 들어 연이은 실증연구 결과에 근거해 소비자들에게 실제로 그 가치가 존재한다는 쪽이 지배적인 이론이 되고 있다. 예컨대 미국 아리조나 주의 그랜드 캐니언(Grand Canyon)과 같은 빼어난 자원 혹은 원시지역(wilderness area)에 이런 가치가 존재한다는 연구가 경험적으로 밝혀졌다(Walsh *et al.*, 1985). 또 이런 자원가치는 잠재이용자의 소득수준과는 正의 함수관계가 있고 거리(자원 소재지역과 잠재이용자의 거주지간 거리)나 대체재(substitutes)의 이용가능성과는 역함수관계에 있다는 사실도(Walsh, 1986: 87; Sutherland and Walsh, 1985) 밝혀지고 있다.

여기서 가장 논의의 초점이 되고 있는 선택권가치 개념의 발생과 그 발달에 대해 잠시 살펴보기로 하자.

그랜드 캐니언(미국)의 위용

선택권가치 개념이 최초로 제기된 계기는 1960년대 웨이스브로드(Weisbrod, 1964)의 연구였다. 그는 먼저 선택권가치 발생의 전제조건으로서 자원공급의 불가역성(일단 자원이 소비자에게 공급되어 그 공급량이 줄어들면 이 공급을 신축적으로 급격히 증대시킬 수 없는 성질), 공급재화의 비저장성(nonstorability), 외부효과의 不在, 수요의 비다발성(infrequency) 및 불확실성(uncertainty)을 들었다. 예로서 그는 미국 세코이아 국립공원(Sequoia National Park)을 상정하였다. 이 공원이 민간기업에 의해 운영되고 있으나 능률적인 경영에도 불구하고 총수입이 관리비용 등을 충당하지 못하여 적자상태에 있으며 이런 적자경영은 향후에도 개선될 전망이 보이지 않는다고 가정하자. 이 경우 전통 경제학적 논리에서 본다면 그 회사의 사장은 이 적자투성이 삼림공원을 폐쇄하고 임목벌채나, 광산개발 혹은 기타 비관광 용도의 사업성 있는 분야로 사업체의 운영방향을 바꾸는 것이 보다 현명한 판단이라고 할 수 있다.

세코이아 국립공원

미국 캘리포니아 주 시에라네바다 산맥 남부에 자리잡고 있는 유명한 삼림공원으로 미국에서 옐로스톤 다음 두번째로 국립공원으로 지정되었다. 이곳에는 세계에서 가장 큰 나무(높이 83m, 둘레 30m)로 알려진 "셔만 장군 나무"[General Sherman Tree]라는 세코이아 나무를 포함, 많은 세코이아 나무가 자생하는 곳이다.

바로 이런 경우에 선택권가치 개념이 도입된다. 즉 민간사업체가 적자경영중에 있더라도 국가는 보조금 지원을 통해 이를 폐쇄시키지 않도록 하고 운영을 권장하는 것이 관례인데, 그 이유는 바로 선택권가치가 여기에 존재하기 때문이라는 것이다. 웨이스브로드(Weisbrod, 1964: 472~3)의 주장을 들어보자.

> 이윤극대화를 추구하는 기업이라면 만약 총비용을 감당하지 못할 때에—즉 미래
> 비용의 현재가치가 미래수입의 현재가치를 상회할 때에—운영을 중단하게 된다.
> 그러나 운영중단은 사회적으로 볼 때에는 바람직하지 못하다. 그 이유를 파악키
> 위해서는 독자들은 장래 언제인가 그 상품을 구매〔공원방문〕하기를 기대하는 사
> 람들이 존재하나, 실상은 그 상품을 구매(방문)하지 않는 경우가 있다는 점을 염
> 두에 두어야 한다. 그럼에도 불구하고 이 소비자들이 '경제인'으로 행동한다면 이
> 들은 미래에 그 상품을 소비할 옵션條으로 무엇인가 지불하고자 할 것이다. 이 옵
> 션, 즉 선택권가치는 그 공원을 폐쇄하고 타용도로의 개발을 할 것인가 안할 것
> 인가에 영향을 미치게 된다. 그러나 선택권가치가 있다 하더라도, 사업자가 이
> 옵션에 대한 대가로 비이용자들에게 요금을 부과할 수 있는 실질적인 장치—즉
> 시장기구—가 없기 때문에, 사업자가 이 옵션에 대한 대가로 요금부과안을 생각
> 해 볼 수도 있겠지만, 강제적인 방법이 아니고는 이를 실현하기가 극히 어려울
> 것이다. 어쨌든 여기서 강조하고자 하는 점은 이용자에게 부과되는 요금(입장료)
> 은 공원의 총가치 산정의 부적절한 〔과소 평가된〕지표에 불과하다는 점이다. 물
> 론 이용자로부터 수입이 적어서 공원을 폐쇄하고 임목들을 벌채해 버린다면 잠재
> 적 장래이용자들이 욕구하는 선택권 수요는 충족시킬 수 없게 될 것이다.

여기서 웨이스브로드는 선택권가치가 선택권 가격과 어떤 관련성이 있는가를
명백히 밝히지는 않았다. 잠시 여기서 선택권가치와 선택권가격 개념을 보다 명
확히 하고 넘어가도록 하자. 웨이스브로드의 주장에서도 대충 밝혀졌듯이, **선택
권가치**란 "현재 이용하고 있지는 않으나 앞으로 이용하게 될지도 모를 경우에 대
비하여 이용권을 미리 확보해 두는 대가로 (잠재이용자가) 지불하고자 하는 가
치" 혹은 "이러한 서비스를 이용하지 못하게 될 위험을 회피하기 위하여 지불코
자 하는 일종의 위험 프리미엄"(신의순, 1988: 376) 또는 "어떤 재화가 공급된
다고 가정할 때 발생되는 장래 기대소비자잉여(expected consumer surplus)
를 초과하는 선택권가격의 일부분"(Freeman, 1985: 177)이라고 할 수 있다.
즉 여기서 선택권가격을 OP, 선택권가치를 OV, 그리고 **기대소비자잉여**(expected
consumer surplus)를 $E(CS)$라고 한다면,

$$OP = OV + E(CS)$$
$$혹은, \ OV = OP - E(CS)$$

다시 말해 선택권가격(Option Price)이란 "한 개인이 자원에 대한 장래 소비
의 불확실성을 제거하고 그 이용권을 분명하게 확보해 두기 위하여 기꺼이 지불
하고자 하는 '최대 지불용의가격'(Cory and Saliba, 1987: 1)"이다. 이는 기대

소비자잉여(expected consumer surplus)인 E(CS)와 선택권가치인 OV의 합으로 구성된다.

이상과 같은 요지의 선택권가치 존재에 대한-특히 웨이스브로드(Weisbrod, 1964)의-주장은 그 후 이 분야 연구자들의 흥미의 대상이 되었고 곧이어 열띤 논쟁을 불러일으켰다. 선택권가치 개념에 대한 첫번째 도전은 롱(Long, 1967)에 의해 이루어졌다.

금강산 선암의 철쭉 군락

롱은 웨이스브로드가 주장하는 선택권가치란 단지 기존의 편익분석기법(여행비용방법 등)에 의해 계산된 이용자 편익의 異名에 불과한 것(혹은 소비자잉여의 재발견에 불과한 것)이라고 주장한다. 선택권가치, 즉 잠재적 이용자가 미래에 방문할 수 있는 옵션을 확보해 두고자 하는데 대해 지불하려는 가치는 이미 기대소비자잉여 속에 정확히 포함되어 있으며, 따라서 기대소비자잉여에 이어서 선택권가치를 다시 추가로 계산하는 것은 이중계산을 하게 되는 과오를 낳는다는 것이다.[7]

금강산 상팔담: 금강산의 유산가치는 얼마나 될까?

그러나 반면에 린제이(Lindsay, 1969)는 이러한 롱의 주장을 반박하고 웨이스브로드의 주장을 옹호하였다. 그는 미국의 세코이아 국립공원(Sequoia National Park)을 예로 들면서 소비자들은 옵션에 대한 대가로 소비자잉여의 기대가치 이상을 지불하려는 의사를 가지고 있는데, 이 초과분이 곧 선택권가치라는 것이다. 그의 주장은 위험회피 프리미엄(risk aversion premium)을 근거로 삼고 있다. 그 뒤 시체티-프리먼(Cicchetti and Freeman, 1971) 등이 위험회피 개념을 구체화해 선택권가치의 개념을 더욱 명확히 하고 웨이스브로드가 제기한 수요측면의 불확실성뿐만 아니라 공급측면에서의 불확실성 개념도 함께 고려함으로써 위험회피자의 선택권가치는 기대소비자잉여와 별도로 존재한다는 주장을 옹호하였다.

그런 가치의 존재여부에 반신반의하던 학자들을 더욱 흥미롭게 만든 주장은 바로 슈말렌지(Schmalensee, 1972)가 보다 이론적으로 진전시킨 연구내용이었다. 몇 가지의 그럴 듯한 가정 아래, 그는 위험회피 본능을 가진 개개인들간에 있어서 선택권가치는 그 수치적인 측정이 가능하며 그 값은 양(+), 음(-) 혹은 零을 취한다고 주장한다. 만약 어떤 자연공원에 그런 선택권가치가 존재하고 그 값을 분명히 수치화할 수 있다면, 예컨대 陽의 수치라면 이용자 편익의[8] 해석에

---

7) 그의 주장의 근거에 대해서는 Bishop(1982: 2~3)을 참조할 것.

8) 여기서 利用者便益이라 함은 실제 위락시설(자원)을 이용하는 것과 직접적으로 관련된 편익으로 정의되며, 옵션을 보유하는 것(선택권가치), 혹은 그 자원의 존재 자체만을 알고 있으므로 발생되는 편익 등은 여기서 제외된다.

는 중대한 수정이 가해져야 한다는 것이다. 즉 소비자는 이용편익에 덧붙여 선택권가치라는 편익을 향유하기 때문에, 자연공원의 총편익을 기존의 이용자편익만으로 환산하는 것 그 자체는 결국 자연공원의 총편익을 과소평가하는 과오를 범하게 만든다. 반대로 만약 그 값의 부호가 陰(-)이라면 이용자편익만을 고려한 공원의 총편익 추정치는 과대평가하는 과오를 범하게 된다는 것이다.

〈표 5-2〉는 이 개념을 우리나라 사례에 적용시켜 본 것이다. 이것은 설악산 국립공원에 대한 응답자들의 1회 방문당 지불용의액(willingness to pay)을 분류 분석한 연구결과이다(부록 5-1B의 설문지 참조). 총지불용의액은 약 2,933원인데, 이 중에서 선택권가치가 24.0%, 존재가치가 24.1%, 그리고 유산가치가 50.4%를 차지하고 있어 응답자들은 설악산을 후손에게 물려주고 싶은 자원이라는 점에 높은 가치를 부여하는 것으로 나타나고 있다(유명수, 1992: 44).

표 5-2

설악산국립공원에 대한 응답자들의 1회 방문당 지불용의 가치

자료: 유명수(1992).

| 지불용의 가치 (원) | 가치별 응답자수의 분포 | | | (단위: 명) |
	선택권가치	존재가치	유산가치	총비이용가치
0	59	38	6	0
1~99	91	64	38	13
100~299	65	99	100	43
300~499	36	36	54	63
500~999	26	35	48	94
1,000~1,999	26	21	19	25
2,000~2,999	9	15	19	12
3,000~4,999	8	11	16	36
5,000~9,999	6	2	16	25
10,000~14,999	2	1	3	1
15,000~19,999	0	0	1	6
20,000~29,999	0	0	1	2
30,000~50,000	0	0	1	2
평균가치 (원)	704.9	707.6	1,479.4	2,932.9

이 현지조사와 달리 동일한 설문방식을 취하되, 전국 표본 가구조사를 실시한 한범수(1994)의 연구에서는 선택권, 존재 및 유산가치 비율이 30:33:37로 밝혀졌다(〈표 5-3〉 참조).

이들 두 연구에서는 지불용의액의 크기로 볼 때, 유산가치의 비율이 제일 높고 선택권가치 비율이 상대적으로 가장 낮은 것으로 나타났는데, 이 결과는 미국의 한 사례연구(Sutherland and Walsh, 1985) 결과와도 유사하다. 즉 프레트헤드 호수에 대한 연간 총지불용의액은 56.3달러, 그리고 선택, 존재 및 유산

가치 구성비는 19.0 : 35.3 : 46.8로 밝혀진 것이 그것이다. 상호 이질적인 문화를 뛰어넘어 유산가치가 이와 같이 동일하게 가장 높이 나타난다는 점은 나라나 시대에 관계없이 잠재이용자가 장차 자신의 자원이용가능성보다는 利他的 價値(altruistic value)에 더 많은 중요성과 의미를 부여한다는 해석을 가능하게 하는 것인지도 모른다. 이 가설은 앞으로 더 검증해 보아야 할 과제라고 생각된다.

표 5-3	연구자	표본수	보전가치	선택권가치	존재가치	유산가치
설악산 국립공원의 자원가치 비교(단위: 원, %)	한범수 (1994)	360	1,131 (3981) 100%	339 (2434) 30%	370 (1264) 33%	413 (1283) 37%
주: 괄호안 숫자는 표준편차 자료: 한범수(1994)의 〈표 7-1〉 참조.	유명수 (1992)	322	2,932 (5680) 100%	704 (1694) 24%	707 (1349) 25%	1,479 (3466) 51%

제3절 가치평가의 여러 가지 방법: : TCM과 CVM

1. 시장정보를 이용한 가치평가방법

시장기구는 자원가치 평가의 가장 유용한 수단이다. 시장에서는 사려는 사람의 수요와 팔려는 사람의 공급이 서로 상호작용하여 궁극적으로 한 상품에 대해 한 가지 가격이 정해지고 이 가격에 의해 일정한 매매거래량이 결정되기 마련인데, 이러한 시스템을 우리는 '**시장기구**'(market mechanism)라고 부른다. 이때 정해지는 가격이란 무엇인가? 그것은 사람들이 한 재화에 대해 교환하고자 하는 다른 재화의 양으로서, 이때 화폐라는 제도에 의해 그 양은 바로 가격이란 측도로 표시된다. 그러니까 화폐란 교환의 매개물, 즉 사고자 하는 타재화의 대리가격인 것이다.

화폐로 표시된 재화의 가치, 곧 가격은 사회가치를 나타내는 척도가 된다. 사람들은 사고자 하는 재화의 가치(즉 효용)가 가격과 최소한 같거나 그 이상일 때만 그 재화에 대한 가격을 지불코자 한다. 따라서 시장가격은 곧 어떤 재화의 '최소한'의 가치를 반영하는 사회적인 지표인 것이다. 따라서 시장가격이란 또한 소비자가 얻고자 하는 총가치를 최소한도로 낮게 평가한 가치라고 할 수 있다.

먼저 전통적인 시장기구를 통해 일반경제재가 사회적 가치로 평가되는 방법에 대한 예를 들어 보기로 하자([그림 5-2] 참조). 한 농부가 1년간 생산한 쌀의 양은 당연도의 우리나라 전체 쌀 생산량에 비하면 극히 미미한 수준이라고 가정하자. 따라서 그가 쌀을 추가로 생산한다고 해서 그 추가생산량은 시장가격을 변동시킬 만한 영향력은 결코 갖지 못한다. 그 쌀의 각 단위가치는 단지 기존의 시장가격에 의해 평가될 따름이다. 그러므로 쌀의 수요곡선은 그림과 같이 횡축과 나란한 P_0D로서 가격의 수요탄력성은 무한대이다.

그림 5-2

쌀의 수요곡선과 그 사회적 가치

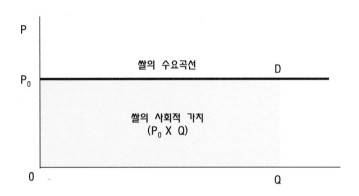

따라서 그가 1년간 생산한 쌀의 총 사회적 가치란 바로 그 쌀의 단위가격에 그의 연간 총생산량을 곱한 $P_0 \times Q$로서, 그림에 나타난 사각형의 내부면적이다. 추가생산량이 전체생산량 또는 전체 재고에 비해 무시할 정도의 수준일수록 그 쌀에 대한 사회전체의 지불의사(willingness to pay)는 (단위가격 × 총생산량)이란 공식에 의해 파악할 수 있다. 이 과정이 곧 그 쌀의 사회적 가치측정의 방법인 것이다.

그러나 방금 앞에서도 지적하였듯이, 시장가격은 소비자가 지불코자 하는 최소한의 사회적 가치일 뿐, 이 속에는 소비자잉여도 포함되어 있지 않다. 그런 점에서 $P_0 \times Q$는 엄격한 의미에서 쌀의 사회적 가치라 볼 수 없다. 그것은 적어도 쌀 (한 단위의 소비자잉여 × 수요량)만큼 저평가된 가치인 것이며, 그런 점에서 시장가격이 사회가치의 전부라고 볼 수 없는 것이다.

그럼에도 불구하고 학자들은 이제까지 이 방법이 시장정보, 즉 가격정보로 자원가치를 평가할 수 있는 가장 보편적인 수단이라고 보고 이를 많이 이용하는 경향이 있다. 이렇게 시장정보를 이용하여 가치를 평가하는 경우를 네취-데이비스(Knetsch and Davis, 1972: 208~212)가 제시한 예로 들어 설명해 보자.

1) 생산물로 시장가치를 파악하는 법(Market Value of Product Method)

관광·위락행위에서 얻은 산물을 시장가격으로 평가한 것이 곧 그 자원 또는 관광재의 편익이라고 보는 방법이다. 예컨대 수렵장 이용의 가치란 그 수렵행위에서 노획한 산물인 꿩, 노루 등의 경제적 평가액이라는 것이다.[9]

그러나 이 방법은 관광·위락행위의 주동기는 무형적인 관광재의 구득에 있다는 점을 도외시한다는 결함을 지닌다. 수렵의 주된 동기는 기분전환이나 즐기기 자체에 있는 것이지, 꿩의 획득에만 있는 것이라고 볼 수 없기 때문이다.

2) 이용료를 시장가치로 파악하는 방법(Market Value Method)

관광·위락지의 경우 입장료가 그 자원의 시장가치라 보고 私設 관광지의 경우에는 입장료를 사용하고 公共 관광지의 경우에는 그 투자비, 시설규모나 질 등을 사설 관광지와 비교하고, 이를 토대로 소비자의 지불의사를 반영하는 가상적 입장료를 산정하여 이용관광자수에 곱하는 방법이다. 즉 공공 관광지의 경우,

관광자원가치 = 이용료(가상적 입장료) × 실제 또는 예상입장객수

이 방법은 일부 사설관광지나 위락시설을 제외하고는 공공관광지가 현실적으로 대부분을 차지하고 있고 또 공공관광지의 경우 시장기구가 존재하지 않음을 두고 볼 때, 시장가치를 간접적으로 파악할 가상입장료를 산정하기 곤란하다는 약점을 지닌다. 개인소유의 관광위락지 또는 시설이라 하더라도 입장료나 이용료는 대부분 진정한 경제원칙의 작용에 의해 이루어진 가액이 아니라, 국가정책적인 차원에서 결정된 정책가격 또는 명목가격인 경우가 많은 현실을 두고 볼 때, 입장료나 이용료 그 자체가 자원을 평가할 수 있는 척도라고 보기는 어렵다.

---

9) '네취'(Knetsch)는 이를 '물고기의 시장가치법'(Market Value of Fish Method)라고 부르고 있다. 즉 낚시터를 개발함으로써 얻은 편익은 낚은 물고기의 시장가치를 통해 계산할 수 있다고 보는 방법이라는 것이다.

3) 이용자가 지출한 총비용으로 파악하는 방법(Gross Expenditure Method)

관광자가 그 관광재 구득에 지출한 총비용을 바로 그 관광재의 가치라고 보는 방법이다. 이 방법은 그날의 관광·위락가치는 바로 그날 관광자원 이용을 위해 관광자가 지출한 총화폐액(여행비용, 시설이용료, 숙식비, 오락비 등) 만큼일 것이라는 생각에 근거를 두고 있다. 이 방법은 가액이 크게 나타나므로, 관광개발사업의 경제적 가치가 크다는 점을 강조하려는 목적에 자칫 오용될 소지도 있다. 또 이 방법은 기회비용의 가치평가를 제외시키는 단점도 있다. 즉 우리가 알고자 하는 자원의 가치란 총개념의 가치가 아니라 그 자원이 없을 경우 잃게 되는 총가치의 변화분 그 자체라고 보아야 할 것이다.

4) 개발에 투자된 비용으로 파악하는 방법(Development Cost Method)

관광자원개발로 얻는 편익은 그 자원을 개발하는 데 투자된 비용이라고 보는 방법이다. 이는 어떤 의도하는 관광투자사업을 정당화시키는 효과를 가지는 방법이긴 하지만, 관광지의 폐쇄 등 관광기회를 상실시키는 경우 상실편익에 관한 평가지침에 대해서는 언급을 해주지 못하고 있다.

이상의 방법에서 보듯이 시장정보는 관광위락현상의 진정한 가치를 파악하는 방법으로는 부족하다. 관광위락현상은 다분히 시장기구로써는 파악할 수 없는 공공재적 성격이 강하기 때문이다. 특히 관광자원가치란 고도로 주관적·심미적 가치 그 자체이기 때문에 시장가치에 의한 판단이 어렵기 때문이다.

2. 대리시장 정보를 이용한 가치평가방법: 여행비용방법(TCM)

앞에서는 시장가격을 직접 이용함으로써 재화의 화폐적 가치를 평가하는 방법을 소개하였다. 그러나 공공재적 성격을 지닌 재화의 경우, 시장이 존재하지 않기 때문에 시장가격을 직접 이용하여 이들의 가치를 측정하는 것은 불가능하다. 예를 들어 국립공원의 경우, 입장료만 하더라도 그것은 단지 형식적·명목적 가격으로서 그 국립공원의 진정한 시장가치를 반영해주지 못하기 때문에 이를 통해 국립공원의 자원가치를 측정하는 것은 무리이다.

이러한 경우에 그 재화의 가치를 측정하는 **대리시장방법**(surrogate market approach)을 쓰게 된다. 즉 관찰가능한 관련재화의 시장가격 정보를 통하여 시장기구에 반영되지 못한 재화의 가치를 유추해내는 것이다. 이를 위해서는 기회비용접근법(opportunity cost approach) 등 여러 방법들이 소개되고 있으나(신의순, 1988: Sinden and Worrell, 1979), 여기서는 관광현상과 관련된 추정방법인―이미 앞장에서 소개한 바 있는―여행비용접근법을 이용하는 방식에 대해서만 간략히 기술하기로 한다.

입장료가 명목적으로 낮게 책정되어 있다 하더라도 관광지를 찾는 사람들은 이를 이용하기 위해서는 일단 여행비용을 부담하지 않을 수 없다. 여행비용은 주거지―목적지간의 여행거리에 비례하므로, 멀리 떨어진 지역에 사는 사람들일수록 비용부담이 높아 이용률이 낮고 반면에 가까운 곳에 거주하는 사람일수록 이용률이 높다. 따라서 여행비용접근법에서는 여행비용의 증가를 자원이용의 가격이라 보고자 한다. 다시 말해 여행비용 증가분을 자원이용 가격의 대리변수라고 보는 것이다. 나아가 여행비용은 곧 여행거리의 함수이므로, 여행거리를 입장료의 대리변수로 파악하자는 것이 이 접근법의 착상이다.

3. 잠재가격을 통해 추정하는 방법(implicit price method: IPM)

시장정보가 없는 비시장성 자원(unpriced resources)의 가치를 타재화의 시장가격(재산가치) 속에 내재되어 있는 가치를 통해 평가하는 방법의 하나이다. 그런 의미에서 이를 "재산가치 접근법"(property value approach)이라고도 부르고 혹은 "헤도닉가격 방법"(hedonic price method: HPM)이라고도 부른다(신의순, 1988; OECD, 2002).[10]

영어의 '헤도닉'(hedonic)이란 원래 "즐거움, 쾌락, 향락"이란 뜻을 가진 형용사인데, 경관 및 쾌적성의 차이, 환경오염도의 차이 등 눈에 보이지 않는 '가치의 차이'가 존재하고 이로 인하여 개인은 그만큼 '즐거움'을 누리게 되는데, 이 향유가치가 마침 재산권의 시장가격 속에 잠재해 있다는 것이다. 따라서 우리는 이런 가치를 향유할 수 있는 재산권과 그렇지 못한 재산권을 상호 비교함으로써 헤도닉 가치를 환산할 수 있다는 것이다. 특히 주택시장에서 이 모형에 대한 연구가 활발한데, 주택 거래가격에 내재해 있는 쾌적성의 수준, 즉 잠재가격(implicit price; shadow price)을 추정하는 것이 이 방법이다(한범수·김사헌, 1994: 70; OECD, 2002: 63-4).

---

10) 이 방법은 원래 주택시장을 대상으로 로센 등에 의해 개발되었다. 다음 문헌을 참조 바람. Rosen, S. (1974). Hedonic Prices and Implicit Markets: Product Differentiation in Pure Competition. *Journal of Political Economy* 82: 34-55.

한강이 보이는 아파트

예를 들어 한강변과 한강이 보이지 않는 곳에 각각 동일한 규모와 동일한 자재를 사용하여 지은 쌍둥이 아파트가 있다고 하자. 그림과 같이 한강변의 아파트가 한강이 보이지 않는 이외 아파트보다 일반적으로 매매시세가 더 높이 형성되고 있다고 한다. 여기서 양자의 차액은 곧 '한강'이라는 경관성 차이를 반영한 해도닉 가격에 해당된다. 이와 같이 집이나 관광지의 주변가치가 다르다면 시장가격 차이라는 정보를 이용하여 이들 다양한 경관가치의 차이를 따로 분리시켜 계산해 내는 것이 가능할 것이다.

그림 5-3

한강변 아파트의 헤도닉
가격(1997 = 100)

주: 1997년은 10월, 기타 년도
는 7월 기준임

자료: 부동산 플러스(2001)

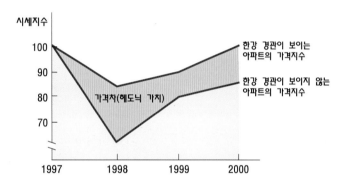

고소득층일수록 헤도닉 가치를 높게 평가한다

최근 들어 아파트 입주자들간에 경관에 대한 가치평가가 중요시되면서 아파트분양가에 이를 반영하는 업체들이 늘어가고 있다.

2000년 10월 청약접수를 마친 서울시의 10차 아파트 분양 때 선보인 H건설 아파트의 경우, 같은 동 동일평형 아파트라도 분양가가 최고 4억원이나 차이가 났다. H건설은 서울지역 60평형대 아파트 거주자 1000명을 대상으로 조사한 결과, 아파트를 구입할 때 전망권(37%), 거실 일조권(28%), 거실 방향(13%), 프라이버시 침해(12%), 층수(4%) 등의 순서로 고려한다는 성향을 토대로 아파트 분양가를 결정한 것이라고 한다. 한국감정원도 지난해 S물산이 분양한 서울 강남구의 한 고급아파트 단지의 분양가를 결정하면서 경관·층·방향 요인에 따라 최고 2억원의 차이를 두었다고 한다.

자료: 동아일보 2000년 11월 16일 자, A25면

4. 수혜자에게 직접 설문하는 방법: 가상적 가치평가방법(CVM)

평가하고자 하는 공공성 관광재와 직·간접적으로 관련이 있는 사람들에게 직접 인터뷰방식을 통해 '가상적' 상황을 생동감 있게 제시한 후 이러한 가상적 상황이 변화되지 않는 대가로 얼마만큼의 비용부담을 할 수 있는가를 설문함으로써 그의 지불의사액을 파악하고 이를 자원가치로 평가하고자 하는 방법이다. 그래서 이 방법을 "가상적 가치평가 방법"(contingent valuation method: CVM)이라고 부른다. 데이비스(Robert K. Davis)가 처음 제안한 이 방법은 초기에는 **'입찰게임'**(bidding game)이라 불렀으나, 가상적 상황을 제시하고 그 가치를 직접 설문한다는 의미에서 근래에는 '가상적 가치평가방법'이라고 명명되고 있다.

이 방법은 앞에서 설명한 평가방법, 즉 시장정보를 통한 가치평가방법, 대리시장을 통한 평가방법(여행비용 접근법 등), 잠재가격 등의 사용이 불가능할 경우 대안적으로 사용될 수 있는 방법으로서, 직접 인터뷰를 통한 개인의 주관적 가치평가를 출발점으로 삼는다는 의미에서 여러 가지 장단점을 안고 있다. 특히 가상적 상황의 설정과 이에 대한 지불의사 설문방식에 따라 추정의 신뢰성이 좌우되므로 많은 주의가 요구되는 방법이다.

1) 가상적 가치평가방법 적용상의 유의점

미국 연방정부는 1979년 이 방식을 자원가치평가방법 중의 하나로 공식승인하고 관광문제에 적용하는 절차를 제시한 바 있는데, 이를 왈쉬(Walsh, 1997: 160~168)의 설명을 빌어 기술해보기로 한다.

첫째, 조사자는 가상적 시장상황을 충분하게 그리고 현실성 있게 묘사하여 응답자들 자신이 부담해야 할 내용이 무엇인가를 잘 알 수 있도록 해야 한다. 예를 든다면, "이 지역을 자연보호구역으로 설정하는 것은 능률성 측면에서 이 지역의 경제발전을 가로막게 된다. 이 자연자원을 보호할 수 있는 유일한 방법은 바로 우리가 조금씩 갹출하여 이 목적의 달성을 위해 사용할 수 있는 특별보전기금을 설치하는 것이다. 귀하가 만약 이 기금 희사를 거부하면 이 자원은 보존되지 못한다고 가정하자" 는 식으로 묘사하는 것이 좋다.

둘째, 평가하고자 하는 위락활동 혹은 자원은 수량, 질, 시간, 위치측면에서 조심스럽게, 현실감 있게 그리고 정확하게 제시·설명되어 응답자가 가치를 평가할 수 있는 적절한 정보가 되도록 해야 한다.

이를 위해서는 현장의 상황을 나타내는 사진이나 그림의 제시가 유용한데, 예를 들어 〔그림 5-4〕와 같은 사진(그림)을 제시할 수 있다. 이 그림에서 위의 것은 자연이 잘 보존된 어떤 농촌지역(상황 A)을 보여주고 있다. 아래 그림은 이곳에 화력발전소가 들어섰으며 주변 개천이나 들판, 대기가 극도로 오염된 모습(상황 B)을 보여주고 있다. 이제 응답자들에게 자세한 설명과 더불어 상황 B가 되는 것을 막고 상황 A 상태로 이 지역을 유지하기 위하여 얼마의 화폐를(입장료 형태로) 지불할 용의가 있는가를 설문해야 한다.

셋째, 화폐 지불용의에 있어 시간단위에 관한 문제인데, 이 가상적 방법에서는 화폐 지불의사액을 대개 年間 단위로 설문하는 방식을 상용한다. 응답자들에게는 현재 평가되고 있는 자원을 1년간 소유 또는 이용할 권리가 있다는 것을

그림 5-4

경관평가를 위해 제시하는 가상적 사진(그림)자료

맑은 시냇물이 흐르고 경관이 잘 보전된 농촌 전원 풍경(상황 A그림)이 거대한 화력발전소가 들어서면서 완전히 변해 버렸다(상황 B의 그림). 하늘은 매연으로 뒤덮이고 시냇물은 검은 폐수로 변했으며, 숲도 대부분 사라져 버렸다.

상황 A: 자연경관이 잘 보전된 평화스러운 농촌

상황 B: 위의 지역에 발전소가 입지하여 환경오염이 극심해진 농촌

주지시키고 그 1년 이용에 대해 연간 얼마를 지불할 의사가 있는가를 설문한다. 그러나 때로는 상황에 따라 하루 이용에 대해 또는 1회 이용당 지불의사액을 물어볼 수도 있다. 물론 이 경우에는 연간 총가치를 계산할 수 있도록 하기 위해 연간 총위락일수와 총방문횟수 정보를—이를 설문지에 포함시킬 수도 있다—알 수 있어야 한다.

넷째, 응답자가 정확한 평가를 내릴 수 있도록 응답자의 지불수단(payment vehicle)을 명시하여야 한다. 이제까지 경험적 연구들에서 사용된 지불수단은 특별기금형태, 일반조세형태(물품세, 재산세, 또는 소득세 등), 공채형태, 입장료형태, 수렵·낚시 등의 면허료형태, 이동거리의 다과형태 등을 이용하고 있다. 예를 들면 렌달 등(Randall, Ives, and Eastman, 1974)은 미국 남서부 포코너 지역(Four Corners Region)에 화력발전소를 설치함으로써 발생하는 환경파괴에 대한 입찰게임식 지불의사액을 조사하는 과정에서 인디안 보호구내의 현지주민에게는 물품세, 인디안 보호구 밖의 주민들에게는 월간 지불의 전기소비세, 그리고 현지 관광자들에게는 시설사용료(캠프장, 수도·전기 등의 이용, 보트사용 등에 대한 이용료)를 지불수단으로 제시하였다. 이 예에서와 같이 특정자원의 혜택을 받는 계층은 직·간접적으로 다양하고, 따라서 현실적으로 가능한 지불수단도 각자 다를 것이기 때문에 응답자 계층을 다소 세분시켜 조사하는 것이 보다 현실적일 것이다.

다섯째, 지불의사액을 표시하지 않는(혹은 지불의사액을 零으로 표시하는) 응답자에 대해 주의해야 한다. 이 가상적 가치평가방법 자체를 거부하거나 회의를 갖는 응답자가 있을 것이라는 점에서, 지불의사액을 영으로 응답하는 표본은 모두 무응답(missing value)으로 처리해야 한다. 가능하면 거부하거나 지불의사액이 없다는 응답자들에 대해서는 그 이유를 묻는 추가설문이 바람직하지만, 이 비율(거부율)이 15% 이상을 넘으면 가치 왜곡평가의 우려 때문에 이 설문항목은 포기하는 것이 바람직하다고 미연방 지침서는 권고하고 있다(Walsh, 1986: 208).

여섯째, 입찰방식에 유의해야 한다. 입찰게임(bidding game)에는 **단순입찰게임**(single bidding game)과 **반복입찰 게임**(iterative bidding game)의 두 종류가 있다. 단순입찰게임이란 설문자가 대상관광지 상황을 제시한 후 응답자로 하여금 기존의 환경여건을 그대로 이용하기 위해 지불하고자 하는 액수를 제시하도록 하는 방법이다. 이렇게 하여 얻어진 액수들의 평균값을 구하고 이를 연간 전체이용자에 곱하여 총지불의사액을 파악하는 방법이다. 한편, 반복입찰게임은 질문자가 액수를 조금씩 반복적으로 증감시켜 응답자가 받아들일 수 있는

최대값(또는 최소값)을 파악해내는 방법이다.[11]

개인의 주관적 편의(bias)를 최대한 배제한다는 점에서 후자의 반복입찰방법이 좀더 우월한 방법으로 알려지고 있다. 예컨대, 브룩셔 등(Brookshire, 1976: 334)은 예시적 그림([그림 5-4])과 같은 상황을 보여주면서 상황 A를 유지하기 위한 최초 값으로서 가구당 하루 1달러(one dollar a day per household)를 제시하고 이를 계속 반복적으로 증액시켜 '아니오'라는 대답이 나오기 직전의 최대 값을 발전소 건설로 인한 상황B의 대가(최대 지불의사액)로 간주하는 반복입찰게임을 사용하고 있으며(부록1의 설문지 참조), 왈쉬 등(Walsh, Gillman, and Loomis, 1982)은 야생지역보호를 위해 얼마를 매년 지불할 용의가 있는가를 단순입찰게임을 통해 설문하고 있다(부록2의 설문지 참조).

그러나 이 가상적 평가방법도 실제상황의 가치평가가 아닌 만큼 평가액의 편의가 클 수 있다는 약점을 지닌다. 자원가치에 대해 평소 무관심해 온 응답자들로부터 얻는 가치평가액이 과연 신뢰할 수 있는 지불가능한 액수인지 의문이 가는 것이다. 응답자가 자기에게 유리한 쪽으로 결과를 유도키 위한 **전략적 편의**(strategic bias), 지불수단 여하에 따라 감정적 반응을 보임으로서 나타나는 **수단적 편의**(instrumental bias), 혹은 부적합·부실한 정보제공에서 발생하는 **정보적 편의**(informative bias) 등 각종 편의(신의순, 1988: 512)가 발생할 수 있다.

여행비용방법보다 이 가상적 방법이 다소 '보수적'(과소추정의) 지불의사액으로 나타난다는 연구결과도 있지만(Walsh, 1986: 242), 이제까지 여러 학자들의 종합적 연구결과에 의하면 이 가상적 방법은 실제 지불액수에 비교적 근접된 지불의사액을 추정해주는 강력하고 유용한 분석용구인 것으로 밝혀지고 있다(Bishop and Heberlein, 1979: 926~30; Walsh, 1986: 214~7; 1997: 174-6; 한범수, 1994: 72~86; 허중욱, 2004).

2) 질문 방식과 정확도: 개방형 질문 對 폐쇄형 질문

가상적 평가방법은 설문의 구성형식에 따라 개방형 질문(혹은 단순입찰게임)과 폐쇄형 질문(반복입찰게임)으로 구분된다.

개방형 질문(open-ended question)은 "당신이 지불하고자 하는 최대금액

---

11) 보다 자세히 설명하면, 상황A를 보여주면서 최초의 값(willingness to pay)을 제시한 후 '하겠다'는 응답을 얻으면 계속 반복적으로 값을 증가시켜 드디어 '그 이상은 지불치 못하겠다'는 시점의 최대값을 지불의사액으로 보는 방식을 말한다. 자세한 설명은 Randall *et al.* (1974)의 138쪽 참조.

은 얼마입니까?"식으로 응답자에게 묻는 방법이다. 이 방법은 주로 우편조사에서 많이 사용하고 있으며 응답자가 최대지불금액을 판단, 결정하는 근거자료로 일반가정의 연중 세금 및 상품값 지불내역 등을 예로 제시할 수 있다. 이 방법으로 데이비스는 목적지를 방문한 사람들의 관광위락서비스에 대한 지불의사를 입찰게임 방법으로 조사하였으며, 뒤에 호바스(Horvath, 1973)는 관광위락지 방문가구를 대상으로 레크리에이션 참가에 따르는 일일 평균 효용가치를 물어 관광위락지의 가치를 평가하고자 하였다. 콜로라도 주민 218명을 대상으로 야생지의 보전가치를 추정키 위하여 우편조사를 실시한 왈쉬 등(Walsh, Gillman, and Loomis, 1982), 몬타나주에 소재하는 프레트헤드 호수(Pretthead Lake)에 대한 보전가치 지불용의를 파악하기 위하여 우편조사를 실시한 서덜랜드와 왈쉬(Sutherland and Walsh, 1985) 등도 이 개방식 형태의 질문을 구사하였다.

폐쇄형 질문(close-ended question)방식은 앞에서도 설명한 바 있지만, 질문자가 액수를 조금씩 반복적으로 증가시켜 마지막으로 응답자가 '예' 혹은 '아니오'의 응답을 하도록 유도하여 최대지불의사액을 파악해내는 방식으로 개인의 주관적 편의를 최대한 배제한다는 취지에서 널리 사용되고 있는 방법이다. 브룩셔 등(Brookshire *et al.*, 1976)은 이 방법을 사용하여 포웰 호수지역의 환경문제에 대해 연구하였고, 테이어(Thayer, 1981)는 뉴멕시코주 환경효과에 대한 연구를 위해 입장료를 지불수단으로 하여 이 반복입찰게임방식을 실시하였다. 비숍(Bishop, Heberlein, and Kealy, 1981) 등은 위스콘신주의 거위 사냥꾼 연구에서 응답자의 두 가지 반응('예'와 '아니오')을 이용하여 **로짓 모형**(logit model)을 통해 그 가치를 평가하였다. 국내의 경우, 金星一 外(1991) 등은 100원부터 50만원까지 17단계 반복금액 제시를 통한 응답자료를 통해 1회 방문에 따른 산림휴양자원의 평균 소비자잉여를 추정하였으며, 유명수(1992), 한범수(1994), 허중욱(2004)는 폐쇄형 반복입찰방식의 현지조사 혹은 가구조사를 통하여 설악산국립공원 혹은 경포대 도립공원 잠재이용자들의 설악산 보전가치를 추정하였다. 특히 한범수(1996)는 관광자별 1회 방문당 추가지불의사 여부에 대한 확률을 구하기 위해 로짓 모형을 구한 후 이를 이용하여 CVM 모형을 도출하였다.

이들 가상적 평가방법의 설문방식으로서 개방형 방법과 폐쇄형 방법 중에서 어느 방식이 정확도 면에서 더 유용한가에 대한 의문이 제기된다. 이에 대한 해답이 셀러 등(Seller, Stoll, and Chavas, 1985)이 시도한 경험적 연구이다. 그들은 동부 텍사스 소재 4개 호수(콘로우, 리빙스톤, 솜머빌, 휴스턴)를 선정하여 이 지역의 23개 주에서 2,000명을 무작위 표본추출, 두 가지 설문방식으로 우편조사를 실시하여 62.4%의 응답률을 얻었다. 이때 유효표본의 수는 개방형 설

로짓 모형(logit model)
종속변수가 연속적인 등간척도가 아닌, 이분법 변수(예, 아니오 또는 좋다, 싫다 등의 질적 변수)일 경우 정상적인 회귀분석기법(OLS)을 사용해서는 크게 추정오류를 범한다. 이런 경우, 반복적 최우추정법을 이용하여 로짓 모형으로 추정해야 한다. 이 방법은 SPSS 패키지 등을 통해 구할 수 있다.

문방식이 275매, 폐쇄형 설문방식이 211매였다. 개방형 방식은 응답자에게 지불용의액(willingness to pay)을 응답하도록 다음과 같이 설문하였다.

> "1980년 1월부터 12월 사이에 이 호수에서 보트놀이를 할 수 없게 될 가능성을 피하기 위하여 귀하가 연중 지불코자 하는 최대금액은? (   )"

폐쇄형 방법은 조사자가 응답자에게 지불용의액을 단계별로 제시하고 응답자는 그 질문에 대하여 '예'와 '아니오'의 두 가지 반응만을 선택하도록 다음과 같이 설문하였다.

> "만약 1980년에 보트놀이를 허용하게 하는 비용이 X 弗이라면 당신은 금년 한해 이 호수에서 보트놀이를 할 수 있게 하기 위하여 그 X 弗을 지불하실 의향이 있으십니까?"(여기서 X는 각각 5, 25, 50, 75, 100, 125, 150, 200, 250, 300 달러임)

이상과 같은 피조사자 자신이 응답한 각 설문방식(개방형, 폐쇄형)에 대한 신뢰성을 평가하기 위한 방법으로 피조사자에게 3가지, 즉 '아주 정확', '부정확', '보통 정도의 정확' 중 한 가지 평가를 내리도록 하였다. 이에 대한 결과는 〈표 5-4〉와 같다. 이 표를 보면, 개방형 질문 방법에 대해서는 응답자의 24.8%가, 폐쇄형 질문 방법에 대해서는 단지 9.2%가 자신의 응답이 부정확하다고 응답했다. 또한 가상적 상황에 대한 자신의 응답이 정확하다고 응답한 사람은 개방형방법이 34%, 폐쇄형 방법이 63.4%로 나타났다.

이상의 연구결과를 종합해 볼 때 우리는 폐쇄형 방법이 응답자에게 좀더 정확한 판단을 할 수 있는 기회를 제공한다는 점을 알 수 있다. 이러한 연구결과는 미첼 등(Mitchell and Carson, 1981; Bishop and Heberlein, 1979; Walsh, Loomis, and Gillman, 1982)의 주장과도 일치하는 바이다. 따라서 가상적 평가방법이 지니고 있는 편의를 최소화하기 위해서는 폐쇄형 방법을 쓰는 것이 좋다고 할 수 있다.

표 5-4	호수	개방형 질문방식				폐쇄형 질문방식			
		아주 정확	부정확	보통 정확	무응답	아주 정확	부정확	보통 정확	무응답
설문방식에 대한 신뢰성 (정확도) 평가	콘 로 우	30	13	36	15	47	7	18	19
	리빙스톤	36	26	48	28	57	9	29	16
자료: Seller, Stoll, and Chavas (1985).	솜 머 빌	23	21	22	15	37	4	13	11
	휴 스 턴	7	10	10	0	10	2	5	3
	합 계	96	70	116		151	22	65	
	비 율	34	24.8	41.1		63.4	9.2	27.3	

5. TCM과 CVM 기법의 비교

이제까지 여러 가지 가치평가 방법을 기술해보았다. 이중에서도 특히 관광자원 분석에 많은 쓰이는 대리시장 정보를 이용한 추정방법인 여행비용모형(TCM)과 직접적인 설문지 평가방법인 가상적 평가방법(CVM)은 학자나 실무연구자들 간에 가장 많이 회자되는 평가방법들이다(Loomis and Walsh, 1997: 135-191). 여기에서는 이들 두 방법의 특징과 장단점을 서로 비교해보도록 하겠다.

먼저 TCM은 기존이용 관광지에 대한 이용가치(use value)만을 측정할 수 있는 반면에 CVM은 기존 이용지의 이용가치는 물론 이용치 않은 잠재 관광지에 대한 비이용가치(non-use vlue)도 측정할 수 있는 기법이다. 이 점에서는 CVM이 전반적으로 적용범위가 보다 넓다고 할 수 있다.

또한 TCM은 이용자가 경험하게 되는 범위내에서 그리고 이용자가 느낄 수 있을 정도로 자원의 질적 변화가 가시적일 때에만 측정이 가능하지만, CVM은 가상적 상황을 상정하므로 자원의 질 변화가 광범위하고 비가시적(간접적)일 때도 측정이 가능하다. 물론 혼잡도 같은 질적 변화도 CVM에서는 측정가능하다.

또 TCM은 여행자의 이동비용(여행거리 등)을 간접적으로 파악하는 평가방법이므로 평가의 객관성이 확보되고 있지만, CVM은 잠재이용자에 대한 직접설문방식에 의존하는 주관적 평가방법이므로 이미 앞에서 밝힌대로 지불단위 및 지불수단, 입찰방식, 질문방식 등 조사방법에 있어서 세심한 주의가 필요하다. 따라서 정확성 면에서는 편의(bias)가 없는 TCM이 더 우월하다고 할 수 있다.

아울러 TCM은 다목적성을 띤 관광지나 이용자의 이동거리 변화가 크지 않은 도시공원을 대상으로 한 평가방법으로는 부적절하지만, CVM은 다목적지는 물론 중장거리의 자연공원 혹은 단거리의 도시공원 모두에 대해 편익측정이 가능하다. 그러나 조사설계의 난이도나 조사비용(시간비용, 화폐비용) 등에서는 TCM이 훨씬 유리하다. 이상의 논점을 요약해본 것이 <표 5-5>이다.

종합적으로 본다면, 적용의 범위면에서는 CVM이 훨씬 우수한 방법이나, 조사의 정확도나 비용면에서는 TCM이 보다 우월한 방법임을 알 수 있다.

표 5-5

TCM과 CVM 기법의
차이점 비교

차이점의 분류	여행비용 방법(TCM)	가상적 가치평가방법(CVM)
피조사 대상자	이용자	이용자 + 비이용자
측정가치의 범위	이용가치	이용가치 및 비이용가치
자원질변화 측정	변화가 기존범위 내이고 가시적일 때	변화가 크고 기존범위 이상일 때
혼잡감소의 효과측정	불가	가능
직접평가 여부	간접 평가	직접 평가
객관성(정확성)	객관적 평가(정확성)	주관적 평가(부정확성)
조사비용(시간, 비용)	조사시간 및 비용의 최소화	조사시간 및 비용의 과다
조사설계의 용이성	쉬움	어려움
조사자간 편차	적음	많음
평가대상 지역	중장거리 자원지역	중장거리 자원지역 + 도시공원
방문목적의 수	단일 목적지	다목적지

제4절 사례연구: 가상적 가치평가방법(CVM)에 의한 역사문화유산의 가치추정

1. 역사문화유산 가치추정의 의의

경제 및 문화자본 증가에 따라 관광성향이 다양한 형태로 변화하고 있다. 공급측면에서는 문화의 경제적 가치를 인식하여 정부는 콘텐츠산업과 명품관광콘텐츠 육성과 같은 정책과제를 제시하고 있다. 지방자치단체에서도 문화경제 관점에서 문화를 상품화하기 위해 관광자원개발에 많은 노력을 기울이고 있다. 문화 소비행위에서 중요한 역할을 차지하고 있는 것 중 하나가 관광활동이기 때문이다. 정부나 지방자치단체가 문화유산을 관광자원으로 활용하려는 것은 관광활동을 촉진시키려는 의도라고 할 수 있다. 문화유산의 관광자원화는 지역문화와 경제 활성화뿐만 아니라 탈근대사회에서 관광수요가 개별화 및 차별화 되는 형태로 변화하고 있다는 점에서도 그 필요성이 높다.

특히 사회가 탈산업사회로 전환되어 감에 따라 문화의 경제적 가치에 대한 인식이 점점 증가되고 있으며(Richards, 2005), 이러한 가운데 관광은 역사·문화를 중심으로 한 문화적 소비행위에 있어서 중요한 역할을 하고 있다(Richards, 1996: 265). 따라서 문화유산 보존을 위한 투자는 중앙정부차원의 보조가 필요하지만, 활용측면에서는 지방자치단체 차원에서 다각적으로 검토되고 있다. 문화유산을 관광자원으로 활용하는 것에 대해 문화의 상품화를 우려하는 시각도 있지만, 역사와 문화를 관광자원화 하여 방문객들에게 즐거움을 주는 것은 경제활동의 하나로 볼 수 있다. 만일 공공 및 민간부문이 문화유산 보존을 위해 비영리적으로 관리하는 데만 중점을 둔 나머지 금전적 손실에 무관심하다면, 수요와 공급법칙에 의해 많은 영향을 받는 문화산업은 경제원칙에 어긋나는 결과를 초래할 수 있다(Janiskee, 1996: 399).

역사문화유산의 관광자원화는 문화경제(cultural economy)활동의 하나이다. 문화경제 관점에서 문화상품화는 지역에 소재하고 있는 동식물, 경관, 사적지, 문학작품, 드라마, 시각적 예술, 민속, 수공예품, 언어 등과 같은 문화적 요소를 적절한 방법으로 선정하여 자원화 하는 것을 의미하기 때문이다(Kneafsey, 2001). 그러나 관광이 지니고 있는 상업적 속성으로 인해 역사문화유산을 관광자원화 하는 것에 대해 많은 우려와 반대 견해가 높은 것도 사실이다.

역사문화유산의 관광자원화를 반대하는 것은 유산관광의 이데올로기와 제도적 맥락이 일반관광과 근본적으로 차이가 있고, 문화유산 관리에 아직도 큐레이터(curator)적 사고가 남아 있기 때문이다. 따라서 역사문화유산 관리정책은 재정문제와 의사결정과정에 일반인들의 참여문제보다 유산을 가능한 원형대로 보존하기 위한 유지관리를 우선으로 여기고 있다. 유산관리에서 정부재정 지원 삭감으로 보수 및 관리에 비용부담이 증가하여도, 경제적 논리에 대한 인식 부족으로 유산관리자들은 역사문화유산에 가격을 부여하여 이용자들에게 부담하는 것을 보존원칙에 어긋나는 유산의 상품화로 인식하고 있기 때문이다(Garrod & Fyall, 2000: 684).

역사문화유산 관리정책에서 관광자원화와 같이 상업적 목적으로 활용하는 것을 반대하는 보존중심의 사고는 문화유산을 전문가들의 전유물로 인식하고 있기 때문이라고 할 수 있다. 역사문화유산을 전문가들의 진유물로 인식할 경우 일반인의 접근이 어렵고, 문화유산이 생명력을 지니지 못하게 될 것이다. 문화유산이 생명력을 지니는 것은 지역주민과 관광객들이 문화유산에 접근이 용이하여 문화유산을 소재로 다양한 문화생산과 소비활동을 촉진시킬 때 가능한 일이다. 특히 문화 경제적 관점에서 문화유산 관광자원화는 문화를 현대적으로 재해석하여 지역경제 활성화에 기여하는 문화생산과 소비활동의 한 형태로 볼 수 있다(김규호, 2010: 19).

경주를 비롯하여 고도로 지정된 공주, 부여, 익산 등과 같은 역사도시는 많은 사적지와 역사적 유물이 산재해 있어 역사문화유산을 관광자원으로 활용할 경우 관광소비지출 확대를 유도할 수 있는 잠재력과 경쟁력을 갖춘 지역들이다. 그러나 문화재 보호법과 같은 보존논리를 앞세울 경우 지역주민은 문화유산을 경제활동의 제약요소로 인식할 수 있다. 지역주민들로부터 외면당하는 문화유산 보존정책은 그 실효성을 거두기 어렵다. 문화유산이 지역발전에 장애가 되는 것으로 인식하고, 관광객들에게 흥미를 끌지 못할 경우 문화유산을 화석으로 만들게 되는 결과를 초래할 수 있다.

문화유산이 생명력을 갖게 되는 것은 문화유산을 현대적으로 재해석하여 해당 지역의 문화공간 및 시설에 반영되고, 지역의 문학, 미술, 공예, 연극, 음악 등과 같은 문화생산 활동을 통해 다시 살아날 때이다. 역사문화유산이 문화생산과 소비의 대상으로서 그 역할을 담당하기 위해서는 문화유산의 복원 과 정비가 중요한 과제이다. 그러나 최근 국가가 주도하여 추진되는 대부분이 사업은 경제적 타당성 검토를 거쳐 경제성이 있는 것으로 판정된 경우에만 예산이 배정되는 실정이다. 따라서 공공재적 속성을 지니고 있는 역사문화유산의 복원과 정비 사업은 경제성 확보가 어렵다.

역사문화유산을 비롯한 특정 문화·과학시설에 대한 편익추정은 비사용자들이 부여하는 가치를 반영할 수 없어 황룡사 복원과 같은 공공재 속성의 재화에 대해 진정한 공익적 가치를 구할 수 없는 문제점이 있다. 이러한 점을 감안하여 한국개발연구원(KDI)에서는 2004년도부터 예비타당성조사에 조건부 가치측정법(CVM: contingent value method)과 컨조인트 분석법(CAM: conjoint analysis method)을 도입하여 비시장재화의 가치를 추정하는 방법을 제시하고 있다(한국개발연구원, 2004 : 33). 따라서 가상적 가치추정방법으로 황룡사 복원에 대한 지역주민과 관광객들의 지불의사(WTP: willingness to pay) 파악과 편익추정은 경제성 분석에서 복원사업의 정당성을 확보할 수 있다는데 그 의의가 있다.

2. 가상적 가치추정방법

문화유산 정비 및 복원과 활용을 목적으로 추진하는 사업은 문화유산 관리정책에 대한 인식전환이 선결과제이다. 문화유산 관리정책에서 지속가능성을 확보하기 위해서는 문화적 가치와 경제적 가치를 분리하는 것보다 하나의 테두리 안에서 접근하는 것이 필요하다. 즉 유산 관련 프로젝트에서 경제적 비용-편익가치와 문화적 비용-편익가치를 통합하여 접근하는 것은 역사문화도시 조성사업과 같은 프로젝트에 의해 생성될 경제적 가치와 문화적 가치가 문화유산의 지속가능한 관리지침이 될 수 있기 때문이다. 특히 문화유산 관리를 위한 재원조달은 지역주민이나 관광객들과 같이 이해당사들의 합의에 의해 이루어지기 때문에 경제적 가치를 파악할 필요가 있다(Throsby, 2004: 134-139).

문화유산의 정비 및 복원과 같이 공공재적 속성을 지니고 있는 재화에 대한 경제적 가치추정은 공공재가 갖고 있는 특성에 대한 이해가 필요하다. 즉 공공재적 자원가치는 크게 이용가치와 비이용가치로 구분할 수 있는데, 이용가치는 실제 그 재화에 지불하는 시장가치(교환가치)와 소비자가 그 가격을 지불하지 않고도 무료로 얻는 소비자잉여로 구성되어 있다. 비이용가치는 아름다운 자연자원이나 수질, 동식물, 환경 등이 보전되고 있는 그 자체만으로 잠재이용자들이 받는 편익 또는 효용을 말하며, 지식의 축척(stock) 또는 심리적 자산을 뜻한다(Walsh, 1986: 195).

공공재적 성격을 지닌 재화의 가격은 형식적·명목적 가격으로서 자원의 진정한 시장가치를 반영해 주지 못하기 때문에 시장가격으로 자원가치를 측정하기에 무리가 있다. 이러한 문제를 해결해 주는 방법으로서 대리시장방법, 재산가치접근법과 시장이 존재하지 않는 환경질의 가치를 평가하기 위하여 토지의 시장가격을 이용하는 토지가치접근법이 있다(신의순, 1995: 500). 이외에도 여행비용 증가분을 자원이용 가격의 대리변수로 보는 여행비용접근법은 시장에 가치가 반영되어 있지 않은 자원의 가치를 평가하는 방법으로 거주지로부터 관광지까지 여행비용 증가를 대리변수, 즉 한계지불의사로 보고 여행거리에 따른 거주지별 이용자수를 분석하여 관광지 수요곡선을 도출하여 관광자원의 가치를 추정하는 방법이 있다(유명수, 1992: 24).

자원의 비이용가치, 즉 보전가치 평가방법에는 가상적 가치평가방법이 있는데, 이 방법은 가상적 시장상황을 설정하고 이 상황을 현실감 있게 제시한 후, 이러한 가상적 상황이 변화되지 않는 대기로 얼마만큼의 비용을 부담할 수 있는

가를 직접 설문하여 레크레이션활동과 자연자원에 대한 최대지불의사액을 파악하여 자원의 가치를 평가하는 방법이다. Davis(1963)에 의해 처음으로 고안된 이 방법은 초기에는 입찰게임으로 불렸으나, 가상적 상황을 제시하고 그 가치를 직접 설문한다는 의미에서 근래에는 '가상적 가치평가방법(CVM: contingent value method)'이라고 부른다. CVM에 의한 자원의 가치평가방법은 Davis 이후 Cummings, Brookshier와 Schulz(1986), Mictchell과 Carson(1989)에 의해 연구가 진행되었다(Cameron, 1991: 413).

CVM은 미국 연방정부의 수자원위원회에서 비시장재화 가치평가의 측정방법으로 승인한 바 있고(Walsh, Loomis and Gillman, 1984: 17), TCM(travel cost method)과 CVM에 대한 비교분석 연구결과에서 TCM을 기준타당성으로 상관관계를 분석하고 CVM의 외적 타당성을 검정한 결과, CVM이 TCM에 비해 자원가치 평가에 유용한 수단이라는 결과가 도출되었다(한범수, 1996: 65-66).[12]

황룡사 복원과 같이 시장에서 거래가 이루어지지 않는 재화에 대해 가상적 상황, 즉 황룡사 복원과 같은 가상적 상황을 설정하여 응답자들의 지불의사(WTP)를 물어 수요모형을 추정하고, Hicks의 보상변이(CV: compensating variation) 또는 동등변이(EV: equivalent variation)를 구하는 방법으로 이루어진다. 여기서 보상변이는 변화된 현재 가격으로 종전의 효용수준에 도달하는데 필요한 소득의 크기를 의미하고, 동등변이는 종전가격으로 새로운 효용수준에 도달하는 소득의 크기를 의미한다(오호성, 1989). 즉 보상변이는 자연환경의 경우 현재 아름다운 경관을 유지하기 위해 기꺼이 지불하고자 하는 지불의사액(WTP)을 의미하고, 동등변이는 경관이 파괴되었을 때 보상받아야 한다고 생각하는 수령금의사액(WTA)이다. 따라서 황룡사 복원과 같은 문화유산에 대한 가치는 WTP를 추정하는 것이 적절하기 때문에 CV로 복원에 대한 가치를 추정한다(Carson, 1985; Freeman, 1993을 한상현, 2007에서 재인용).

보상변이를 추정하기 위해 CVM에 의한 분석방법 중 복원에 대해 제시된 금액에 대한 지불의사를 경매형태로 응답을 구하여 보다 정확한 정보를 획득할 수 있는 이중양분선택(DB-DC: doubl-bounded dichotomous choice) 모형으로 추정할 수 있다. 이중양분선택형 가치추정 모델은 범주형 자료로 주어지기

---

4) 개인의 주관적 가치평가를 출발점으로 하여 자원의 가치를 직접설문을 통해 구하는 CVM은 여러 가지 장단점을 가진다. 특히 가상적 상황의 설정과 이에 대한 지불의사 설문방식에 따라 추정의 신뢰성이 좌우되므로 세심한 주의가 요구되는 방법이다. 따라서 문항이나 어휘의 타당성과 신뢰성을 중요시하여 시행해야 정확한 평가를 할 수 있다.

때문에 통계분석기법은 관련 연구에 비추어 볼 때 Logit모델을 사용하고 있으며, 종속변수가 질적인 이변량일 때 사용하는 기법으로 사업에 대한 지불의사가 있는지(y=1), 아니면 없는지(y=0)와 같이 이선선택형 자료임으로 이를 적용하여 분석한다. 지불의사금액을 추정하기 위한 Logit모델 형태는 다음과 같다.

$$p_1 = F_\eta(\triangle v) = \frac{1}{1 + e^{-\triangle v}} = \frac{1}{1 + e^{-(\alpha + \beta \ln A + \gamma \ln Y)}} \tag{1}$$

분석모델과 같이 종속변수에는 각 사업에 대한 지불의사 유무(없다 : 0, 있다 : 1) 변수를 사용하였으며, 설명변수에는 황룡사 복원에 대해 제시된 지불금액에 대한 지불의사(없다 : 0, 있다 : 1)변수와 주요 인구 통계적 특성변수인 성별, 연령, 학력, 직업유무, 월소득, 거주지 등을 적용하여 분석한다. 그리고 최종적으로 지불금액 추정을 위한 모형에서는 유의확률 p ⟨ 0.1 기준으로 유의한 변수만 적용한다. 보상변이(CV)에 해당하는 순경제적 편익은 최우추정 (maximum liklihood estimation)방법에 의한 Logit모델은 식 (2)와 같다.

$$CV = \int_0^\infty F_\eta(\triangle v)dA = \int_0^\infty F_\eta \frac{1}{1 + e^{-(\alpha^* + \beta \ln A)}}dA \tag{2}$$
$$단, \ \alpha^* = \alpha + \gamma \ln \overline{Y}$$

사업별 경제적 가치는 응답자들이 최대한 지불의사가 있는 일정한 지불의사 금액(WTP)에 의해 측정되는데, 후생척도로서 지불의사금액(WTP)은 단일 값이 존재하지 않으므로 다음과 같이 세 가지 측정치 중의 하나로 제시될 수 있다 (Hanemann, 1984). 첫 번째는 무작위로 제시되는 금액 A를 0에서 무한대까지로 하여 추정되는 확률누적면적인 지불의사금액의 평균(WTP mean)을 이용하는 방법으로 지불의사금액의 평균은 식 (3)과 같다.

$$WTP_{mean} = \int_0^\infty F_\eta(\triangle v)dA = -\frac{1}{\beta_1}ln[1 + \exp(\alpha)] \tag{3}$$

WTP의 두 번째 측정치는 지불금액의 전체평균(WTP overall mean)으로 지불금액의 평균은 무작위로 제시되는 금액 A원에 대하여 $\lim_{B \to 0} F_B < 1$일 수 있기 때문에 식 (4)와 같이 계산할 수 있다.

$$\text{WTP}_{\text{overall mean}} = \int_0^\infty F_\eta dA - \int_{-\infty}^0 (1 - F_\eta) dA = -\frac{\alpha}{\beta_1} \tag{4}$$

세 번째 측정치는 지불의사금액의 절단된 평균(WTP truncated)으로서 무작위로 제시된 금액 B원을 극소값 제로(0)원에서부터 극대값 Max. A(제시금액)까지의 범위를 고려하여 계산하는 것으로 추정확률 10%, 25% 혹은 최대제시금액에서 절단시키는 방법으로 식 (5)와 같은 방법으로 측정할 수 있다.

$$\text{WTP}_{\text{truncated}} = \int_0^{Max.A} F_\eta(\triangle v) dA = -\frac{1}{\beta} ln[\frac{1 + \exp(\alpha)}{1 + \exp(\alpha + \beta Max.A)}] \tag{5}$$

이상과 같이 지불의사금액(WTP) 측정의 세 가지 방법 중에서 이론적 제약과의 일치성, 통계적 효율성 그리고 총계가능성 조건을 만족하는 것으로 알려진 기준은 절단된 평균(WTP truncated)이다(Duffield and Patterson, 1991). 따라서 황룡사 복원에 대한 지불의사액 추정은 절단된 평균, 즉 식 (5)에 의한 방법으로 하고자 한다.

3. 역사문화유산의 경제적 가치추정 결과

황룡사 복원에 대한 가치추정을 위한 조사는 『경주 역사문화도시 조성 타당성 조사사업』의 일환으로 실시되는 4대 선도사업에 대한 기본계획을 수립하는 과정에 지역민과 관광객을 대상으로 설문조사를 실시하였다.[13] 설문방법은 자기기입식(self-administered) 설문지로 응답자에게 제시되었으며, 설문내용을 이해하지 못하는 분들을 위해서는 설문문항을 읽어준 뒤 응답자의 응답을 받아 조사자가 대신 기입하는 방식을 혼용하였다. 표본추출은 경주시를 방문한 관광객과 경주시 거주 주민을 대상으로 비확률 표본추출법(non-probability sampling) 중 편의추출법(convenience sampling)을 이용하였다.

황룡사 복원 사업의 경제적 가치 추정을 위한 본 연구에서는 관광객 580명, 지역주민 1,081명을 대상으로 설문조사를 실시하여 총 1,661개의 표본을 이용

---

13) 설문조사는 선도사업 시행 예정지역과 경주시 일대를 중심으로 2007년 4월 13일에서 5월 13일까지 31일간 주중과 주말로 나누어 실시하였다.

하여 1인당 지불의사금액을 산출하였다. 황룡사 복원사업과 관련하여 관광객 및 지역주민의 제시된 지불의사금액에 대한 지불의사비율은 관광객은 전체 응답자의 61.9%인 359명, 지역주민은 62.3%의 1,033명으로 나타나 전체적으로 평균 62.1%가 황룡사 복원에 지불의사가 있는 것으로 나타나고 있다. 지불의사에 대한 응답률이 비교적 높게 나타난 것은 관광객과 지역주민이 황룡사 복원의 필요성을 높게 인식하고 있기 때문으로 볼 수 있다.

표 5-6	구분	계	관광객	지역주민
	빈도(명, %)	1,661(100.0)	580(34.9)	1,081(65.1)
	지불의사비율(명, %)	1,032(62.1)	359(61.9)	1,033(62.3)

황룡사 복원에 대한 표본 및 응답율

식 (2)로 보상변이(CV)를 분석하기 위한 변수에 대한 설명은 〈표 5-7〉과 같다. 종속변수는 황룡사 복원에 대한 지불의사 유무와 설명변수는 4단계로 제시된 지불금액, 성, 연령, 학력, 직업, 월소득, 거주지 등으로 구성되어있다. 황룡사 복원에 대해 세금형태로 지불의사가 있는 확률(Prob(y=1))에 대해 식 (1)에 의한 분석결과가 〈표 5-8〉과 같다. 분석결과 성, 학력, 직업 등은 통계적 유의성이 없는 것으로 나타났다. 4단계로 측정한 지불금액에서는 지불의사가 없는 경우보다 지불의사가 있는 경우 100%의 지불의사를 보이고 있는 것으로 나타났다.

또한 연령이 많을수록 지불의사가 없는 경우보다 지불의사가 있는 경우가 126.3%로 나타나, 황룡사 복원에 대해서는 응답자의 나이가 많을수록 복원에 적극적인 반응을 보이고 있는 것을 알 수 있다. 그리고 소득이 많을수록 황룡사 복원에 지불의사가 없는 경우보다 118.9%로 높게 나타나 복원에 찬성하는 것을 알 수 있다. 결국 황룡사복원에 대해서는 소득과 연령이 많을수록 적극적인 반응을 보이고 있고, 지불의사액이 높을수록 복원에 찬성하는 비율이 높게 나타나고 있다고 하겠다.

표 5-7		변 수 명	변 수 설 명

분석모형에 대한 변수설명

	변 수 명	변 수 설 명
종속변수		복원에 대한 지불의사(0: 아니오, 1: 예)
설명변수	지불금액	1단계 : 5천원~2만원, 2단계 : 4만원~8만원, 3단계 : 9만원~11만원, 4단계 : 12만원~15만원
	성 별	0 : 남성, 1 : 여성
	연 령	15-19세 : 1, 20 : 2, 30대 : 3, 40대 : 4, 50대 : 5, 60세 이상 : 6
	학 력	중졸이하: 1, 고졸이하: 2, 전문대졸이하: 3, 대졸이하: 4, 대학원이상: 5
	직 업	직업유무 - 0 : 무직(학생, 주부 등), 1 : 유직(소득발생 직종)
	월 소 득	1 : 100만원 미만, 2 : 100~200만원 미만, 3 : 200~300만원 미만, 4 : 300~400만원 미만, 5 : 400~500만원 미만, 6 : 500만원 이상
	거 주 지	0 : 지역주민, 1 : 관광객

표 5-8

황룡사 복원에 대한 Logistic 회귀분석 결과

단, $\chi 2$: 46.11, p<0.000,
   -2LogL : 1209.16

종속변수	독립변수	β	S. E.	Wald	Exp(β)	유의확률
황룡사복원에 대한 지불의사 여(1), 부(0)	상수	-0.702167	0.324	4.696	0.496	0.030
	지불금액	-0.000005	0.000	10.037	1.000	0.002
	성	0.161535	0.141	1.308	1.175	0.253
	연령	0.233100	0.059	15.508	1.263	0.000
	학력	0.037286	0.064	0.340	1.038	0.560
	직업	0.031111	0.171	0.033	1.032	0.856
	월소득	0.172755	0.066	6.835	1.189	0.009

식 (5)에 의해 황룡사 복원사업에 대한 1인당 지불의사금액을 기준으로 연간 총지불의사금액을 산출하기 위한 지역주민은 2007년 1월 현재 인구에서 경제적 지불가능 연령인 19세 이상 인구수 215, 992명에서 제시된 지불의사금액에 대한 지불의사비율 62.3%에 해당하는 134,563명을 적용하여 계산하였다. 그리고 관광객에 의한 연간 총 지불의사금액 산출은 2006년 기준 경주시 방문관광객의 이동통계자료 중 주요 도심관광지 방문통계치의 조화평균 값 451,881명에서 황룡사 복원에 지불의사가 있다고 응답한 61.9%를 적용하여 279,714명을 적용하였다. 식 (1)에 의해 분석된 〈표 5-9〉를 식 (5)에 적용하여 황룡사 복원에 대한 총지불의사액을 추정한 결과가 〈표 5-10〉과 같다.

표 5-9	구 분	경주시 19세 이상 인구 (2007. 2월 기준)	전체 관광객 수 (2006년 기준)	시내권 관광객 수 (2006년 기준)
지불의사금액 산출을 위한 지역주민 및 관광객 수	적용기준	215,992명	7,493,000명	451,881명

주 : 시내권 관광객수는 2006년 말 대릉원, 경주임해전지/안압지, 경주첨성대, 분황사, 국립경주박물관의 방문 관광객수의 조화 평균임

자료 : 경주시, 통계연보(2006), 문화관광부, 관광지식정보시스템(2006)

표 5-10	구 분	관 광 객	지 역 주 민	계
연간 총 지불의사금액 산출	총지불의사금액	21,239	10,217	31,456

(단위 : 백만원)

분석결과 황룡사 복원을 위해 세금형태로 관광객은 212억 3,846만원, 지역주민은 102억 1,724만원을 지불할 의사가 있어 연간 총 314억 5,570만원으로 나타나고 있다.14) 즉 황룡사복원을 위해 지역주민과 경주 도심지역을 방문하는 관광객은 세금형태로 매년 314억 5,570만원을 지불할 의사가 있는 것으로 나타나고 있어, 30여년에 걸쳐 복원되는 총 비용 2,900억원에 비해 황룡사 복원에 의한 관광객과 지역주민들이 느끼는 보상변이(CV)가 매우 큰 것을 알 수 있다. 따라서 황룡사 복원과 같이 시장가치로 환산할 수 없는 역사문화유산 복원가치가 높은 점을 감안할 때, 황룡사 복원의 당위성과 비용조달에 있어서 저항이 발생하지 않을 것으로 판단된다.

역사문화도시조성사업 일환으로 추진되는 황룡사 복원과 활용문제는 상반된 논의가 계속되고 있다. 즉 황룡사 복원은 역사적 고증이 부족하고, 물리적 근거가 없어 왜곡될 수 있기 때문에 불가하다는 견해와 가까운 미래에 복원자료를 확보하기 어렵고, 교육 및 관광자원개발차원에서 필요하다는 대립되는 형태로 나타나고 있다. 그러나 문화유산 복원에 대한 관점은 고유성을 확보하는 것도 중요하지만, 문화유산에 대한 소비욕구 증가와 해당 지역주민의 요구도 고려되어야 한다.

경제 및 문화자본 증가로 문화유산 관광에 대한 수요가 다양한 형태로 늘어나고 있는 점을 고려할 때, 문화유산 관리정책에서 인식의 전환이 필요한 시점

---

14) 황룡사 복원 기본계획(국립문화재연구소, 경주시, 2007 : 289)에 제시된 연간 총 지불의사액은 263억 501만원으로 나타나고 있는데, 이러한 결과는 분석모형 적용의 차이에서 비롯되었다고 할 수 있다.

에 있다. 즉 과도한 보존중심의 관리정책은 주민생활공간과 문화유산공간이 遊
離되어 주민과 갈등을 유발할 뿐만 아니라 지역의 경제활동을 위축시키는 결과
를 초래할 수 있기 때문이다. 지나친 보존정책에 의해 주민들로부터 외면 받는
문화유산은 박제(剝製)되어 관광객들에게도 관심을 끌지 못하여 관광자원으로
서 역할도 수행하지 못하게 된다.

　문화유산 복원과 활용에 대한 인식도 마찬가지이다. 역사적 고증자료가 부족
하여 황룡사 복원과 활용을 반대하는 견해는 보존중심의 관리정책 사고에서 비
롯되었다고 할 수 있다. 고유성을 강조하여 복원을 반대하는 관점은 문화유산을
전문가들의 전유물로 인식하고 있기 때문이라고 할 수 있다. 문화유산을 전문가
들의 전유물로 인식할 경우 일반인의 접근이 어렵고, 문화유산이 생명력을 지니
지 못하게 될 것이다. 문화유산이 생명력을 지니는 것은 지역주민과 관광객들이
문화유산에 접근이 용이하여 문화유산을 소재로 다양한 문화생산과 소비활동을
촉진시킬 때 가능한 일이다. 특히 문화경제적 관점에서 문화유산 관광자원화는
문화를 현대적으로 재해석하여 지역경제 활성화에 기여하는 문화생산과 소비활
동의 한 형태로 볼 수 있다.

　문화소비현상 중 중요한 역할을 담당하는 것이 관광활동이다. 관광은 문화유
산 탐방과 같은 문화적 욕구를 충족시키기 위한 동기로 목적지를 방문하여 문화를
소비하고, 그에 따른 비용지출이 이루어지기 때문이다. 경주지역과 같이 많은 문
화유산이 산재해 있어 경제활동에 제약이 따르는 반면에 문화유산 탐방에 의한 관
광객의 소비지출은 지역경제에 많은 영향을 미치게 된다. 특히 관광목적지에 대
한 관광객 만족이 재방문과 지속적인 관광객 증가로 나타날 때 지역경제 활성화
에 기여할 수 있다. 이러한 점을 확인하기 위해 경주지역 관광만족에 미치는 영
향을 분석하였다. 분석결과 문화유산의 관리와 안내 및 해설체계가 중요한 역할
을 하는 것으로 나타났다. 이러한 결과는 문화유산 관리정책은 관광객들에게 이
해와 흥미를 전달할 수 있어야 만족을 제공할 수 있다는 것을 시사해주고 있다.

　따라서 황룡사 복원과 활용문제는 역사적 고증에 의한 고유성 확보도 중요하
지만, 관광객 만족을 위한 관광자원개발 차원에서 접근할 필요성이 있다. 황룡
사 복원의 당위성을 확인하기 위해 관광객들과 지역주민들을 대상으로 지불의사
액(WTP)을 질문하여 황룡사 복원에 의한 보상변이(CV), 즉 복원에 의한 경제
적 가치를 추정하였다. 분석결과 전체 응답자의 62.1%가 지불의사가 있는 것
으로 나타났다. 이러한 결과는 관광객들과 지역주민 모두 황룡사 복원을 희망하
고 있는 것으로 볼 수 있다.

　또한 황룡사 복원에 대해 지불의사가 있고, 나이와 소득수준이 높을수록 지

불의사가 높은 것으로 나타나고 있으며, 황룡사 복원가치가 연간 314억 5,570만원으로 나타나고 있다. 즉 황룡사가 복원될 경우 관광객들과 지역주민들은 매년 세금 형태로 314억 5,570만원의 지불의사가 있는 것을 알 수 있다.

30여년에 걸쳐 연구부문 118억원, 정비 132억원, 복원 2,650억원으로 총 2,900억원이 황룡사 복원에 소요될 것으로 추정되는데 반해 관광객들과 지역주민들이 황룡사 복원에 매년 세금형태로 314억 5,570만원을 지불할 의사가 있는 것으로 나타나고 있다. 따라서 황룡사 복원에 대한 경제적 가치추정 결과는 황룡사 복원에 대한 정당성을 제공해준다고 하겠다. 황룡사 복원은 경제적 가치추정에 의해 정당성을 확보하고 있지만, 문화유산의 복원에 대해 문화재전문위원과 같은 관련단체와 지역주민을 포함하여 일반인들의 합의를 도출해하는 것이 과제라고 하겠다.

주요 용어 풀이

▶ 내부수익률(內部收益率, Internal Rate of Return: IRR): 현금 유입의 현가와 현금 유출의 현가를 같게 하는 할인율을 말하며, 경제성 분석에서 흔히 사용되는 기법이다. 일반적으로 단일 투자안의 경우 내부수익률이 시장이자율보다 높을 경우 경제성이 있다고 할 수 있으며, 복수 투자안의 경우 IRR이 가장 높은 투자안을 선택하면 된다.

▶ 사회적 비용(社會的費用, social cost): 국민경제적 원가라고도 하며, 기업의 생산활동이 일반 시민이나 사회 전체에 부담시키는 비용(손실)을 말한다. 사회적 비용은 기업 개인이 직접 부담하지는 않지만 결국 사회 전체의 부담으로 돌아가는 비용이다.

▶ 소비자잉여(消費者剩餘, consumer's surplus): 소비자가 높은 값을 치르더라도 반드시 얻으려하는 재화를 보다 값싸게 구입했을 때 얻는 잉여만족을 말한다. 다시 말해 구매자가 실제로 치른 대가와 그가 주관적으로 평가하는 대가 사이의 차액을 의미한다.

▶ 순현재가치(純現在價値, Net Present Value: NPV): '순현가'라고도 하며, 화폐의 시간적 가치를 고려하여 미래의 순현금 흐름(유입-유출)을 일정 할인율로 할인(discount)하여 나타낸 현재가치를 말한다. 단일 투자안의 경우 이 수치가 0 이상이면 경제성이 있다고 보며, 복수의 案일 경우에는 NPV 수치가 더 큰 투자안을 선택하게 된다.

▶ 잠재가격(潛在價格, shadow price): 후생경제학에서 쓰이는 용어로, 재화의 가격이 그 재화의 기회비용을 올바르게 반영한 가격을 말한다. 사회후생이 극대화된 상태에서 재화의 사회적 가치란 곧 잠재가격과 같다. 그러나 시장이 실패하는 현실적 가격체계에서는 시장가격과 그 잠재가격(사회적 가치)은 서로 다르다.

연구문제

1. 편익-비용분석법은 어떤 목적을 위해 쓰이는 기법인가?
2. 총편익과 한계편익 소비자잉여를 그래프로 설명하라.
3. 비이용 가치(non-use value)란 무엇인가? 이는 또 어떻게 세분될 수 있는가?
4. 가상적 가치평가방법이란 무엇이며 그 장점은 무엇인가?
5. 여행비용법과 가상적 가치평가법의 장단점을 서로 비교하며 논해 보라.

제6장

관광의 공급이론: 자원공급의 질과 적정이용

관광공급(tourism supply)이란 '관광목적지가 실제 및 잠재관광자에게 제공해야 하는 모든 것' 혹은 '관광재의 제공행위'라고 할 수 있다. 사실 관광공급 또는 관광재의 공급이라는 용어가 빈번히 쓰이지 않았던 큰 이유 중의 하나는 바로 이들 개념과 유사하다고 생각되는 관광자원이라는 개념이 학문적으로나 실무적으로 대체되어 사용되어 오고 있기 때문이다. 그러므로 이 장에서 관광공급을 논한다는 것은 바로 관광자원의 공급문제를 논하는 것과 같은 의미를 가진다.

이제까지의 학문적 추세를 보면, 관광학쪽에서 관광공급측면에 대한 연구가 활발하지 못했던 관계로 그 역할을 오히려 도시계획, 토목건축, 또는 조경학 쪽에서 대행해 온 감이 있다. 관광재의 공급에 대해서는 이들 분야가 많이 다루고 있기 때문에 여기서는 관광의 개발·계획이라는 논제보다는 수급결정과정에 있어서의 주요 정책변수인 자원의 적정수용력(optimum capacity)문제, 과소공급 또는 초과수요로 빚어지는 자원 질의 저락 문제, 즉 혼잡도에 대한 논점을 중심으로 살펴보기로 한다.

제1절 관광공급의 주체와 동기

관광공급의 주체는 크게 공공과 민간으로 대분해 볼 수 있다. 그러나 관광공급자가 누구이고 개발에의 참여정도가 어느 규모인가는 국가나 지역마다 정치·경제적 상황이나 역사적 시점마다 다르기 때문에 획일적으로 설명할 수는 없다. 여기서는 단지 개발의 동기를 공공부문과 민간부문으로 나누어 검토해보자.

1. 공공부문의 관광개발 동기

먼저 공공부문의 관광개발 참여동기를 파악해 보자. 일반적으로 정부·지방자치단체 등의 공공기관은 공익상 민간부문이 참여하기를 꺼리는 저수익성 개발사업이나 또는 민간부문의 참여를 촉진하기 위한 개발조성 사업에 손을 대는 경우가 대부분이다. 공공기관이 관광개발을 주도해야 될 필요성을 경제적·사회적·정치적 측면에서 검토해보기로 한다.

1) 경제적인 측면

관광재 공급의 공공재적 성격: 앞 章에서도 지적하였듯이 관광재 공급에 민간기업이 진출하기 위해서는 시장기구를 통해 이윤이 보장되어야 한다. 즉 소비자는 관광재에 대한 수요의사를 밝히고 이에 따라 생산자나 판매자는 이들 관광재 욕구자들에게 제품의 생산제공의 대가로 가격지불을 강요할 수 있어야 하며, 어느 경우에도 무임승차자(free riders)는 없어야 한다. 예컨대, 국방이라는 공공재의 경우, 수혜자인 어떤 시민이 반대급부로서 부담해야 할 가격지불을 거부하더라도 우리는 그에게 안보 서비스 공급을 중단할 수 없으며, 따라서 국방서비스에는 시장기구가 성립되지 않는다. 관광에서도 이와 유사하게 공공재적 성격을 띤 재화나 서비스들이 많다. 이러한 공공성 관광재의 경우, 민간이 개발주체가 되기는 어렵다.

자본투자의 회임기간: 보문단지나 제주 중문단지와 같이 관광개발은 대개 큰 규모로 개발되므로 많은 초기투자가 요구된다. 만약 개발초기에 민간이 이를 담당하는 경우, 수요가 대규모 공급비용을 충족시켜 줄 수 있는 적정 이윤수준에 이르기까지는 상당한 기간이 소요된다. 그러므로 투자비용을 회수하고 이익을

얻기 위해서는 적어도 상당기간 동안은 비채산성을 감수하지 않으면 안된다. 요 컨대 많은 투자비용과 자본투자의 긴 회임(懷姙)기간으로 인해 채산성이 맞지 않으므로 국가나 공공기관이 이를 대행하지 않을 수 없다.

균형된 개발과 지역발전에의 기여도: 관광사업은 개인보다 국가 또는 공공단체 가 그 개발주체가 되는 것이 제반시설 확충면에서나 지역균형 발전면에서 보다 유리하다. 시장가격기구가 잘 작용하는(따라서 민간도 참여하기를 원하는) 전망 있는 관광개발사업이라도 그 지역사회 주민들은 개인이 개발주체가 되는 것보다 는 정부가 개발주체가 되는 것을 선호하는 경향을 보인다. 그 이유는 지역사회 전체의 이해관계와 민간개발업자의 이해관계가 서로 상충되기 때문이다. 즉 대 부분의 경우 개인이 개발주체로 등장하는 경우에는 이윤추구에 급급한 나머지 그 사회가 유지하고자 하는 어떤 질적인 욕구를 충족시켜 주지 못하는 경우가 허 다하다. 개인개발업자는 어떤 관광사업체를 운영하더라도 그것이 지역주민의 환 경에 대해 미치게 될 부정적 효과, 즉 환경파괴, 물가앙등, 공해, 풍기문란 등 負 의 외부효과(external diseconomies)는 염두에 두지 않고 오직 개인적 이윤추 구에만 관심을 두는 이해대립적인 관계에 서게 되는 경우가 많기 때문이다.

개발사업 자체의 불확실성과 정책대안 보유 여부: 특수시설일수록 적어도 상당 기간 동안은 사업전망이 불투명하다. 민간사업자들은 이러한 불확실성이 많은 사업에는 대부분 투자하지 않으려 한다. 반면에 공공기관은 개인기업보다 더 많 은 인력과 재정능력을 가지고 있으며, 설령 관광용도의 개발에 실패하더라도 항 상 이를 다른 목적으로 전용하기에 유리한 입장에 있다고 볼 수 있다. 또 국가기 관은 설령 이 개발에 대한 사업성예측이 어긋나더라도 도로개발과 기타 공공서 비스시설의 조정을 통해 그 개발지역의 관광수요 증대에 영향력을 미칠 수 있는 정책수단을 보유하고 있으므로, 관광지의 개발에는 공공기관이 참여하는 것이 사업의 위험성을 더 줄일 수 있다. 더구나 공공기관은(특히 상위기관일수록) 노 련한 계획가와 관리인력을 보유하면서 이를 개발에 적절히 투입할 수 있는 이점 을 지닌다. 개인업자나 하위 공공기관은 이러한 전문가나 인력을 충분히 보유하 지 못하므로 규모가 작은 주체일수록 개발의 위험부담은 그만큼 높아진다.

2) 사회적인 측면

관광기회 확대의 사회 외부효과(social externalities): 여가·위락은 균형된 인간생활을 영위키 위한 필수요소로서 이에 참여하는 사람들은 사회적으로도 더 나은 적응력을 갖게 되고 내외적으로 보다 자질을 갖춘 시민으로 발전되어 간다고 볼 때, 궁극적으로 이는 전체 국민의 후생과 자질을 증대시키는 역할을 담당한다. 따라서 이 주장에 의한다면 그 사회구성원이면 누구나 수혜자에 관계없이 관광개발로 인한 직·간접적 편익을 누리기 때문에 관광재의 소비행위에 참여하지 않는 사람도 이에 대한 비용지불을 거부할 수 없다. 이러한 공익효과 주장은 특히 無償教育論을 펴는 데 많이 이용되어 왔다. 자기 자신의 자녀가 취학아동이 아니더라도 교육 그 자체는 결국 사회구성원으로서의 그 자신에게 직·간접적 편익을 가져오기 때문에 전국민이 교육세를 부담해야 하듯이, 관광개발도 국민조세를 재원으로 국가가 주체가 되어 개발해야 된다는 것이다.

社會衡平(social equity)의 실현: 국가가 주도하는 공공사업은 대개 어떤 경우이든 사회 전체가 납득할 수 있는 평균적이고 보편적인 가치기준을 따르며 사회형평의 원칙에 충실하고자 한다. 만약 공공기관인 한국주택공사가 어떤 상위 고소득층의 기호에만 영합하여 서민 아파트가 아닌 고급 아파트만을 양산하거나 또는 사회정의에 어긋나는 사업을 벌였다가는 주변으로부터 정치적인 비난을 면치 못할 것이기 때문에, 이 기관은 가능한 표준설계를 사용하여 모든 시민이 수긍할 수 있는 경제적이며 사회형평에 맞는 사업계획을 세운다. 그와 마찬가지로 서민층에게도 동등한 관광·위락기회를 제공하고자 하는 이른바 사회후생관광(social tourism)은 오늘날 선진국들의 국가단위 관광개발사업에서 빼놓을 수 없는 과제로 등장하고 있다. 그런데 민간사업자들은 그 속성상 이러한 숭고한 사회정의 실현을 염두에 두지 않으므로 오늘날 공공주도적 국민관광지 개발사업은 당위성을 갖지 않을 수 없다.

3) 정치적 측면

관광사업은 종종 국제사회에 그 국가나 정부의 이미지 개선이나 창조를 위해 국가가 적극적으로 간여·개발하는 경우가 많다(Lichter, 1989: 서론).

예컨대, 스페인 정부가 관광개발을 촉진한 여러 가지 목적 중에는, 당시의 '프랑코'(Franco) 정부가 대외적으로 정치적 신뢰를 획득키 위한 목적에도 상당한 비중을 두었다고 한다(Cals in Pearce, 1981: 11). 이스라엘의 경우도 관광개발 확대의 이면에는 자국에 대한 대외로부터의 정치적 동정 획득과 국력 신장이라는 정치적 목적이 깔려 있었다. 이 나라의 고난에 찬 역사를 되돌리기 위해서, 이스라엘 정부는 젊고 열성적인 이주자들을 자국으로 유치시키는 것이 중요하다고 보았다. 따라서 관광히부구조의 상당부분을 젊은이들 취향에 맞게 설계하고 적잖은 예산을 관광부문에 배정하였는데, 이런 계획은 눈에 띄게 성공을 가져왔다고 한다. 1970년대에 들어 이스라엘을 방문했던 총관광객의 10퍼센트 이상이 이곳으로의 이주를 택했기 때문이다(Lichter, 1989: 서론).

우리나라도 예외가 아니다. 판문점이나 땅굴이 국가에 의해 일종의 대외적인 안보관광상품 내지 안보관광지로 개발된 이면에는 전쟁발발의 위험성, 북한의 호전성을 대외적으로 홍보하여 국제사회로부터 자유민주주의체제인 한국에 대한 지지와 신뢰를 획득하자는 의도가 깔려 있는 것이다.

뉴스 속의 관광경제

때로는 관광이 정치적 무기로도 이용된다

미국은 과거 (舊)소련에 대항하여 국제관광을 정치적 무기로 사용하려고 해왔다. 소련의 아프가니스탄 침공에 대한 국제 제재책으로 모스크바 올림픽 보이코트를 주도한 미국의 노력은 곧 소련의 세계적 존엄성과 위상을 거부하려는 의도였다. 보이코트의 주도자들은 이 올림픽 거부행위가 소련내의 언론검열을 뚫고 들어가 소련의 아프가니스탄 진주가 부당하다는 사실을 자국인들에게 알려줄 수 있는 수단이라고 보았기 때문이다.

소련 또한 스스로 미국 올림픽 참가를 거부하고 다른 사회주의 국가들마저 보이코트에 참여하도록 조장함으로써 미국이 1984년 올림픽을 성공적으로 치루어 내지 못하게 하려는 시도를 꾀했다. 소련은 올림픽 불참의 구실로서 신변안전 위협을 들고 나와 미국의 높은 범죄율, 南加州의 높은 반공 극렬주의 집단의 악명을 부각시키려 하였다. 반면에 미국은 "旅行, 완전한 自由"(Travel, the Perfect Freedom)라는 美관광행정부서가 내건 모토(motto)대로라면 소련이 자기네 참가선수를 통제할 수 없고 혹시 선수단의 대량 망명사태가 일어나지나 않을까 두려워했기 때문이라고 비난하였다.

미국은 몇몇 다른 사항에 대해서도 관광의 정치무기화를 꾀하였다. 다년간 중국 및 쿠바로의 여행을 금지시킴으로써 이들 국가정권에 반대한다는 입장을 견지하던 미국이 근래 중국으로의 여행금지를 해제하고, 쿠바로의 여행을 일부 허용한 동시에 리비아로의 여행을 금지시킨 조치 등이 바로 그것인데, 이는 미국이 곧 이들 국가와의 정치관계 변화를 희망하고 있다는 징후를 의미한다. 또한 미국은 상호여행이 양국 관계개선에 기여하리라 믿어지는 소련, 이집트 및 루마니아와 상호관광에 대한 특정조항들을 협정서(treaties)에 삽입시키기도 한 바 있다.

자료: Lichter(1989). *The Politics of Tourism in Asia.* p.6.

2. 민간부문의 관광개발 동기

대단위 프로젝트나 국립공원 개발 등을 제외한 군소 관광지개발의 경우에는 그래도 민간부문에서 많이 참여하고 생산을 담당한다. 이러한 민간기업의 관광개발 참여동기는 철저하게 시장주의원칙에 입각한 이윤추구에 그 바탕을 두고 있다.

우리나라의 경우, 지가의 상승기대감에 근거하여 일부 대기업들이 관광개발보다는 부동산 가치상승을 통한 지가차익을 노리고 시설위주보다는 골프장, '리조트 랜드' 등 주로 토지집약적 관광사업에 많이 손을 대온 경향이 있으나, 이러한 관광개발 수요는 관광사업 전망에 따른 진정한 개발수요라기보다는 가수요(假需要)인 점이 없지 않다. 우리나라의 토지 희소가치가 다른 나라에 견줄 수 없을 정도로 높은 만큼—남한의 인구밀도는 세계 3위이다—이에 비례해 토지개발에 대한 국가의 규제·간섭·인허가 절차가 이중 삼중으로 엄격하고 어려운 현실을 두고 볼 때, 민간주도에 의한 토지집약적 관광개발사업이나 공급행위는 전통적 시장원리로 볼 때 사실상 불가능에 가깝다고 보아도 무리는 아니다.

또 대기업이 관광사업에 참여코자 하는 배경에는 위험분산이라는 경영전략이 깔려 있다. 즉 사업을 분산하여 경기변동이나 대내외적 난국에 대처할 수 있는 안전판으로서 관광사업을 이용하자는 것이다.

이제까지 관광개발주체로서 공공부문과 민간기업부문의 관광공급 동기에 대해 몇 가지 살펴보았다. 대단위 관광개발사업은 사회·경제·정치적인 이유들 때문에 국가나 공공단체가 주도하고 있고, 작은 단일 관광사업은 민간부문이 담당하고 있지만, 토지집약적인 관광개발사업은 거의 전적으로 국가의 주도하에 있음을 지적하였다. 그렇다면 이러한 제약조건하에서 국민 또는 지역민의 점증하는 여가수요에 대해 관광공급은 어떻게 대응해야 하며 그 대응기구는 무엇인가? 초과수요가 발생한다면 공급을 늘리거나 아니면 이용가격을 인상할 수 있는 기구(mechanism)가 존재해야 된다. 공공성이 강한 관광재일수록 관광자원 공급자로서 국가 또는 공공기관 정책결정자나 계획가의 직관과 가치판단은 이 점에서 볼 때 아주 중요하다. 수급결정이 시장원리에 의해 주로 제시·인도되는 일반재화와 달리 관광재 생산에서는 그 분야의 정책결정자나 계획가가 그 시대나 사회가 요청하는 여가활동이나 시설이 무엇이고 또 그 규모는 어느 정도인가를 직관을 통해 파악·결정하지 않으면 안된다. 여가사회학자 파커(Parker, 1976: 135~6)도 다음과 같이 지적하고 있다.

가수요(pseudo-demand)
시장수급원칙에 의하지 않은 거짓 수요. 실제 주택이 필요하여 구매하는 수요가 아니라 투기목적 등 필요이외의 목적으로 위장 수요하는 현상을 주택 가수요라고 한다.

공공기관에 의한 여가공급에 있어서 고려해야 할 중요한 점은 계획가나 공급자의 가치관이라 할 수 있다. 왜냐하면 이 가치관은 그 지역사회 또는 사회에 제공할 여가기회의 범위(결정)에 큰 영향력을 불가피하게 미치기 때문이다. 광고선전 등의 도움을 통해 시장수요에 따라 공급을 결정하는 민간기업과는 달리 공공기관은 (그 공급을) 시민이 원하는 바를 재빨리 파악할 수 있는 계획가와 공급자의 지식에 의존하는 수밖에 없다. 공공적 공급자측(the sphere of public provision)에서는 과연 어떤 여가재나 서비스를 공급해야 할지를 경제시장기능을 통해서는 파악할 수 없으므로, 사람들이 무엇을 원하며 각종 민간단체들(public patronage)의 요청이 무엇인지를 파악하여 결정하지 않으면 안된다.

제2절 관광자원의 질과 수용력

1. 관광자원 이용의 특성

관광사업의 경영자나 계획가가 자원공급과 관련하여 봉착하는 어려운 딜레마는 수급의 불균형 특히 일시적 집중에 관한 문제이다. 자원의 수요가 시간적으로나 공간적으로 고르게 분포되지 않음으로써 초래되는 경제적 비용은 자원의 공급자는 물론 그 수요자에 대해서도 심각한 문제를 야기시킨다. 여기서는 관광현상의 특성으로서 공간성과 편재성에 대해 잠시 검토해보기로 한다.

1) 이용의 공간적 집중

우리는 일상의 경험을 통해서 이용빈도가 너무 높아 혼잡이 극에 달하는 관광위락지가 있는가 하면, 어떤 경우는 이용자로부터 소외시되거나 인기가 없는 지역을 보게 된다. 이러한 지역의 공간적 이용빈도는 위락활동의 유형에 따라 보통 그 양상을 달리한다. 〔그림 6-1〕에서와 같은 몇 가지 유형의 가상적 관광지를 가정해보기로 하자.

이 그림은 가로축에 면적의 누적비율을, 세로축에 이용자의 누적비율을 나타낸 일종의 **로렌쯔 곡선**(Lorenz Curve)이다. 예컨대, K점은 면적의 30%를 전체이용자의 20%가 이용하고 있음을 뜻한다. 즉 각 곡선은 전지역에 이용자가 얼마나 고르게 분포되었는가를 나타낸다. 우측으로 치우친 곡선일수록 전체 면

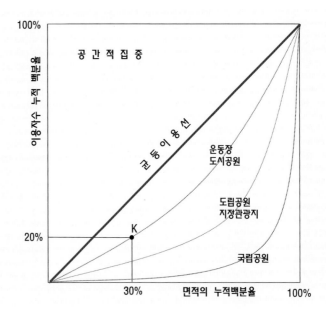

그림 6-1

지형유형에 따른 이용률의
공간적 집중

적에 대한 이용률이 고르지 못한 채 한쪽으로 집중되었음을 뜻한다. 일반적으로
지리산국립공원, 설악산국립공원 등 규모가 큰 대형공원일수록 이용빈도는 일부
지역에 극히 집중되는 경향을 보인다.

　유명도가 높고 접근이 용이한 몇몇 지구만 성수기에 폭발적인 집중수요를 보
이는 반면, 접근로가 불편하고 미개척 상태인 야생지역(wilderness areas)에
대한 이용은 거의 전무한 것이 대형 자연공원의 특징이다. 어떤 경우에는 이용
(이용자수 또는 방문횟수)의 95%가 전체지역 넓이의 5% 미만에서 발생하고
나머지 방대한 지역인 95% 면적은 이용되지 않는 경우도 흔하다.

　물론 엄격히 말한다면 이런 미이용지역도 이용과 전혀 무관하다고 볼 수는 없
다. 즉 이용빈도가 높은 지역을 찾은 관광자에게 배경자원의 역할을 해줌으로써
간접적으로 이용되고 있다고 볼 수 있기 때문이다. 어떻게 해석하면 이런 전인미
답의 자연녹지는 인간과 자연과의 마찰을 막아주는 완충지대의 역할을 담당한다
고 볼 수도 있다. 이러한 녹지는 그 효과가 여기에 그치지 않고 미래에 닥칠지
모를 수요증가에 대비하는 유보녹지로서의 역할도 담당하게 된다는 점에서 필수
불가결한 존재라고 보아야 한다.

　이보다 더 규모가 작은 도립공원이나 市·道 지정관광지의 경우에는 비교적
공간적으로 이용빈도가 고르게 나타나지만, 이용자중심형 지역보다는 아무래도
그 공간적 편중도가 심하다. 근린지구내의 운동장이나 비원, 덕수궁 등 이용자중
심형의 경우, 면적에 대한 이용빈도는 〔그림 6-1〕의 운동장·도시공원곡선과 같

이 비교적 고르게 나타나게 된다.

요컨대 주거지에서 거리가 멀고 지역이 넓은 자원지향형 관광지일수록 이용밀도는 소수지역에 편중되는 반면, 비교적 공간이 좁고 주거지에 근접한 이용자지향형 관광지일수록 이용밀도가 전지역에 걸쳐 고르게 분산되는 경향을 가진다.

관광지의 공간적 집중은 주로 교통로를 따라 나타나게 된다. 이런 현상을 **선형관광**(linear tourism)이라고 부른다. 이것은 마치 분당·수지·신갈 등 우리나라의 경부선 국도를 따라 도시나 주거지가 형성되는 경우와 흡사하다. 또 지역내부 집중은 폭포·기암괴석·유적지·해수욕장 등 특별한 위락적 특징을 갖고 있는 지구나, 서비스시설·야영 숙박지·유흥시설 등 인공적인 투자·개발이 많이 이루어진 곳에 흔히 나타난다. 따라서 인공적인 개발 또는 설계에 관한 한, 이를 잘 조화함으로써 관광수요를 효과적으로 분산시킬 수 있을 것이다.

2) 이용의 시간적 집중

위락활동은 공간은 물론 시간적으로도 편중되며 그 결과는 공간편중보다도 더 큰 심각성을 야기한다. 전형적인 야외 위락지역은 짧은 기간동안만 집중적으로 이용되고 그 나머지 대부분의 기간에는 이용률이 저조한 것이 그것이다.

예컨대 학교의 운동장, 도심공원, 동물원, 박물관 등의 이용자지향형 위락지구는 방과후나 주말, 휴일 등에 붐비고 평일엔 이용이 한산하다. 혼합형 위락지도 이와 비슷하다. 또 대규모 자원지향형 관광위락지도 짧은 기간동안에만 연간 입장객의 대부분이 집중된다. 해수욕장 등은 하계휴가 중 황금기인 2~3주 정도만 폭발적인 수요를 보이고 나머지 기간에는 이용객이 거의 전무한 경우도 있다. 용평이나 무주스키장의 경우 스키객의 피크기간(1~2월의 주말이나 휴일) 의존도는 90% 이상에 이른다.

관광지개발의 수익성은 관광지 자체의 이러한 시간성 또는 계절성에 의해 크게 제약을 받는다. 무릇 관광지개발의 성패는 이러한 계절성 또는 시간성을 어떻게 극복하느냐에 달려 있다 해도 과언이 아니다. 그렇기 때문에 여름에는 피서와 수영 등의 하계형 여가를 즐기도록 하고 겨울에는 스키 등의 동계형 스포츠를 병행시킬 수 있으며 봄, 가을에는 등산, 캠핑 등을 할 수 있는 4계절 관광의 유도가 관광개발의 주요 과제 중의 하나이다.

관광지의 경우 과도한 시간적 수요편중은 공급자나 수요자 양측 모두에게 비용 부담을 높이고 전반적인 서비스 수준도 떨어뜨리는 결과를 낳는다. 관광위락지의 시간적 편중현상은 러시아워 교통과 같이 순간적으로 공급이 수요를 충족시키지 못하기 때문에 일어나는 현상으로서 혼잡이라는 비용은 물론 시간지체, 불친절 등 서비스 질의 전반적 하락을 초래한다.

2. 관광자원의 질과 이용밀도의 관계

관광의 질은 정의하기도 어렵거니와 측정하기도 어렵다. 어떤 관광재는 휴식적 효과만을 가지는가 하면, 어떤 관광재는 교육적 효과라는 부산물을 산출하기도 하기 때문이다. 만약 교육적 효과면에서는 긍정적 생산물을 산출했지만 휴식적 효과면에서는 負(−)의 생산물을 산출했다면, 우리는 이 관광재의 질을 종합적으로 어떻게 평가해야 할 것인가? 또 어떤 관광자는 이용밀도가 낮은 한산한 곳을 선호하는가 하면 어떤 관광자는 수요가 많은, 이를테면 붐비는 관광지를 선호하는데, 이럴 때 우리는 수요의 질을 어떻게 관리해야 하는가?

예컨대 어린 자녀들에게 야생동물 교육도 시켜주고 기분전환도 할 겸 찾아간 동물원이 인파로 붐빈다든가, 휴식과 명상을 즐길 수 있는 기회를 갖기 위해 모처럼 찾아간 숲 속의 산림욕장이 사람의 바다를 이룬다면, 이번 여행에서 얻게 될 그의 만족은 **이용밀도**가 높아갈수록 급격히 감소할 것이다([그림 6-2]의 (a) 참조). 반면에 모처럼 좋은 수영복을 장만하여 찾은 해수욕장이 피서객이 별로 없어서 너무 실망스러웠다고 느낀다면, 그의 **만족도**는 어느 수준까지 이용밀도가 높아진 후에야 증가하게 될 것이다([그림 6-2(b)] 참조). 즉 사람을 피하고자 하는 관광행위가 있는가 하면, 사람이 어느 정도 붐비는 관광지를 원하는 여행자도 있을 것이다.

만족한 느낌을 가질 수 있는 최적 이용밀도 수준은 어느 유형의 관광행위나 관광지에 일률적으로 적용될 수는 없을 것이다. 이제 여기서 이를 자원유형에 따라 일반화시켜 보자.

가설적 관광지에 대한 일반화가 [그림 6-3]에[1] 나타나 있다. 여기서는 개발이 전혀 안된 전인미답(全人未踏)의 원시적인 맛을 느낄 수 있는 저밀도 지향형 관광지(wilderneess areas)인 **원시형 관광지**(S_1), 어느 정도 개발이 되고 다소의 인적 접촉이 기대되는 **중밀도형 관광지**(S_2), 그리고 빈번한 인적 접촉이 있

---

1) Clawson과 Knetsch(1966)가 최초로 이와 유사한 밀도-만족도 곡선을 제시했으나(그들의 p. 168 〈표 23〉 참조), 그들이 제시한 만족도의 상대적인 크기가 마치 $S_1 > S_2 > S_3$ 처럼 나타낸 것은 수긍하기 어렵다. [그림 6-3]과 유사하게 Becker *et al.* (1981: p. 35 표1) 등의 곡선, 즉 만족도가 $S_1 = S_2 = S_3$ 라고 가정하는 것이 더 논리에 맞다.

그림 6-2

이용밀도와 만족도의
상관성 곡선

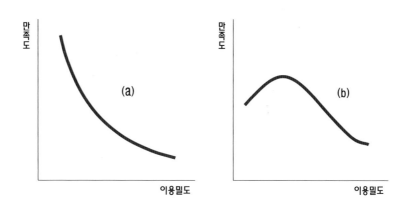

그림 6-3

관광지 유형별 이용밀도
-만족도 곡선

주: 고밀도 지향형 관광지일수
록 만족도의 증감은 완만하게
일어난다.

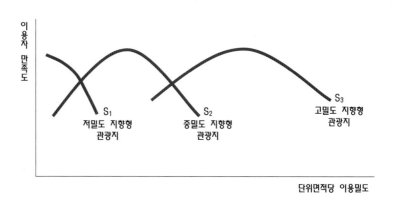

지만 이용자 상호간의 만족수준을 저하시키지 않는 **고밀도형 관광지**(S_3) 등 크게 세 가지로 구분하여 밀도와 만족도간의 상관관계를 나타내고 있다.

오염되지 않은 순수한 자연자원을 지닌 원시형 관광지의 가치는 인간이나 문명이 제공하는 인공물에 있는 것이 아니라 오직 때묻지 않은 자연 그 자체에 있다. 이 원시형 관광지를 찾는 목적은 가능한 한 인간의 손이 비교적 덜 닿고 원시상태로 순수하게 보전되고 있는 자연환경을 접하고 감상하고 즐기는 데 있다. 그러므로 이런 지역을 선호하는 방문자의 **만족도**는 인간들의 이용밀도가 가장 낮을 때 가장 높다고 볼 수 있으며, 그 후로는 이용밀도가 높아짐에 따라 만족도는 감소하게 된다. 그러나 밀도가 계속 높아지면 만족도는 더욱 급속히 감소하게 되는데, 특히 중밀도형 또는 고밀도형 관광지에 비해 상대적으로 낮은 이용밀도임에도 불구하고 만족도는 거의 없어지게 된다. 예컨대 미국 산림청(U.S. Forest Service)은 하루 기껏해야 다른 두 그룹과 조우(encounter)하는 것이 원시형 관광지의 비공식적인 허용밀도 기준이라고 밝히고 있다(Clawson and Knetsch, 1966:168).

이보다 이용밀도가 다소 높은 중밀도형 지역으로서는 시설투자가 그리 많이 이루어지지 않은 미개발 야영지나 자연경관지 등을 들 수 있다. 이러한 곳은 비교적 깨끗하고 순수한 자연환경, 최소한의 프라이버시를 지켜줄 수 있을 정도의 관광자 이용밀도를 지닌 지역이라 볼 수 있다. 이러한 지역에서는 원시관광지 (wilderness area)처럼 이용자가 너무 없으면 만족도는 오히려 낮으며 반면에 이용자가 너무 많아도 만족도는 비교적 빠르게 감소하게 된다.

한편, 개발이 집중적으로 이루어진 이용자 중심형 위락공간으로서 많은 대인접촉이 예상되는 고밀도형 위락지역(예컨대, 도시공원, 해수욕장 등)의 경우는 그 허용밀도가 S_1, S_2에 비해 한층 높으며 이용밀도 증가에 따른 만족도 수준은 다른 관광지보다는 더 서서히 감소하게 된다.

이상에서는 관광자원의 유형과 이용밀도 증감에 따른 만족수준의 변화를 가설적으로 표현해 보았다. 각 유형의 관광지마다 개인의 프라이버시와 정숙을 유지하기 위한 최소한의 허용밀도 수준이 존재한다고 보아야 할 것이다. 혼잡지각이라는 개념도 이와 같은 관점에서 파악되어야 할 것으로 보인다. **혼잡도 지각** (crowdness perception)은 이용자가 주관적으로 용인코자 하는 적정 허용밀도를 초과하면서부터 나타나기 시작한다. 사람에 따라 적정 허용밀도는 다르며, 이는 당시 이용자가 처한 심리적 상황이나 주변 여건 등에 의해 좌우될 수도 있다. 그러한 느낌은 육체적인 것보다는 심리적인 것으로부터 발생한다.

제3절 관광자원의 공급능력과 사회적 수용력

1. 사회적 위락수용력의 개요

수용력(carrying capacity) 개념은 원래 야생지역(wilderness areas)이 보유하고 있는 물리적·생태적 환경의 특성을 기술하는 데에서 비롯되었다. 생태학 측면에서의 수용력의 개념은 일정한 지역에서 일정수준의 환경의 질이 더 이상 저하되지 않고 그대로 유지될 수 있는 어떤 종(種:species)의 최대 個體群

密度(maximum population density)를 뜻한다. 처음에는 이와 같이 생태계 관리연구에서 하나의 개념적 틀로 사용되기 시작한 수용력 개념은 차츰 인간의 생활영역 확대·발달과 함께 그 의미의 폭이 넓어져서 최근에는 인간의 행태가 야외위락지역에 미치는 영향으로부터 사회·심리적 측면에서의 이용자 위락경험을 다루는 영역으로까지 확대되었다.

초기의 대표적인 연구로서는 와거(Wagar, 1964)의 연구를 들 수 있다. 그에 따르면, **위락수용력**(recreational carrying capacity)이란 보유하고 있는 위락의 질을 제공하는 동안에 이용자의 만족도를 떨어뜨리지 않은 채 일정 수준의 질을 지속시킬 수 있는 이용수준을 말한다(Graefe *et al.*, 1984). 이 정의에서 밝히듯이, '와거'의 연구 이후 가속화된 관광자원 및 관광·위락관리 연구와 관련하여 이 주제는 광범위하게 논의되었는데, 와거의 연구 이후 1980년대 말까지만 해도 약 2,100여편의 연구가 쏟아져 나왔다고 한다(Stankey and McCool, 1989). 수용력 연구의 개념적 범위는 다음과 같이 크게 네 가지로 나눌 수 있다.

멸종위기의 코뿔소: 멸종은 수용력과 관계가 있을까

1) **물리적 수용력**(physical carrying capacity): 해수욕장이나 유물, 유적지, 사찰 등 물리적 경계개념이 확정되어 있는 장소(건물 등)내에서 특정 활동에 종사할 수 있는 이용자의 최대 허용수준.
2) **사회적 수용력**(social carrying capacity): 이용자 만족이 극대화되는 이용밀도, 또는 이용자가 다른 대체지역으로 가버리지 않을 정도의, 즉 이용자가 묵인할 수 있는 정도의 만족도를 유지하는 수용력.
3) **경제적 수용력**(economic carrying capacity): 관광지 경영자의 입장에서 관광지의 질(만족도)이 낮아 신규수요가 줄거나 기존 재방문자가 다른 대체지역으로 가버리지 않을 정도의 질적 수준을 유지하여 장기적으로 최대수입과 이윤을 보장받을 수 있는 수준의 수용력.
4) **환경적·생태학적 수용력**(environmental & ecological carrying capacity): 환경 또는 생태계가 심각하게 파괴되어 자기 치유능력을 상실하는 정도 이내의 이용수준.

측정에 관한 한 물리적 수용력은 비교적 그 측정이 용이하며, 이는 특히 도시 또는 지역계획상의 옥내 공간규모 설정 등에 많이 적용된다. 또한 환경과 생태학적 수용력은 생태학자나 환경학자, 식물학자 등의 기술적 영역이고 보면, 이용자 중심의 관광연구에서는 사회적 수용력이나 경제적 수용력이 주된 관심사가 된다.

이 분야에 관한 많은 연구들이 나타나면서 그리고 시간이 지날수록 수용력의 복잡성 및 적용가능성에 의구심을 갖는 일단의 견해들이 대두하게 되었다. 수용력의 개념은 절대적 가치가 아니라 특정 지역에서 특정 관리목표와 관련된 관리・행정상의 상대적 가치개념이라는 견해가 그 중의 하나이다. 이러한 점에서 라임과 스탠키(Lime and Stankey, 1979)는 위락수용력을 결정짓는 인자는 어떤 한 가지가 아니라 자원관리상의 목표, 이용자의 성향, 이용자원에 미치는 영향이라는 세 가지 관점에 의해 결정되며, 이 세 가지 요소 어느 것도 독립적인 영향력을 발휘하는 것이 아니라, 복합적이며 상호 연관적인 결정요소들이라고 지적하기에 이르렀다.

위락수용력의 특정 이슈에 관한 논쟁은 미국 국립공원보호협회(National Parks and Conservation Association)가 후원한 그라페 등(Graefe, Vaske, and Kuss, 1984)의 연구에서 집대성되었다(Schreyer, 1984: 389~91). 즉 그들은 수용력에 관한 각종 문헌을 통해 사회적・생태학적・물리적 측면을 총망라한 수용력 결정을 위한 방법론 개발을 연구하였는데, 여기서 '사회적 영향 파라메타'(social impact parameter)라는 용어가 수용력의 구성개념으로 처음 등장하였다. 이 개념에서는 심리학의 **기대이론**(expectancy theory)과 **사회규범**(social norms)을 도입하여 혼잡지각에 따른 갈등과 그 영향을 다루었고, 좀더 나아가 이용과 영향간의 관계를 놓고 한 이용자의 위락행위나 존재가 다른 이용자에게 미치는 **행동조정**(behavioral adjustment), 혼잡상황에 대한 이용자의 **용인**(tolerance) 문제 등을 다루고 있다.

그러나 수용력의 개념 자체가 대부분의 경우 측정할 수 있는 것과 측정할 수 없는 것이 서로 혼재하며, 또 서로 다른 기준에 의한 것을 인간의 경험과 관련지어 극히 가치판단적 결론에 이르게 할 수밖에 없는 주제이기 때문에, 지난 20년 동안 이 수용력이라는 주제는 많은 위락연구자들의 공통적 난제가 되어 왔다(박석희, 2000: 174~178; 김남조 外, 2001: 175~176).

2. 이용밀도와 만족도 간의 상관관계

이용밀도로 인한 혼잡지각이 결국 이용당사자의 만족도에 어떤 효과를 가져오는가에 관한 연구는 다른 연구주제에 비해 이제까지 비교적 많이 이루어졌다. 간단히 상식적으로 생각해 본다면 혼잡은 이용자의 만속수준을 떨어뜨리고 이용자로 하여금 그렇지 않은 경우보다 어떤 다른 형태의 행동, 예컨대 이용을 포기한다든지 이용을 유보한다든지 하는 반응을 유발시킨다고 가정할 수 있다. 그러나 이용밀도와 만족도가 이와 같은 직선적인 逆의 상관관계에 있다고 보는 입장에 대해서는 異見들이 꽤 제기되고 있다. 여기에 관한 상반된 주장을 간략히 살펴보기로 한다.

1) 2변수 접근법(이용밀도와 만족도는 逆의 관계라는 견해)

위락만족도에 관한 초기연구는 경제이론, 특히 한계효용이론(marginal utility theory)에 바탕을 두고 이용수준의 증가가 이용자 만족도(즉 효용)에 미치는 영향을 계량적으로 파악코자 하였다(Manning, 1986: 50). 이 시기의 대표적 연구로는 클로슨과 네취(Clawson and Knetch, 1966), 피셔와 크루틸라(Fisher and Krutilla, 1972) 등을 들 수 있다.

이들의 공통적 접근방법은, 앞에서의 개괄적 설명에서도([그림 6-3] 참조) 나타나고 있지만, 위락지역 방문량을 독립변수로, 이용자 만족도를 종속변수로 하는 함수관계로 본다. 방문자수 증가에 따라 방문자의 총만족도는 증가하나 각 개인의 한계만족도는 이에 반해 점차적으로 감소하게 된다는 경제학이론에 근거하고 있다.

$$이용만족도 = f\,(방문량)$$

즉 [그림 6-4]에서와 같이 n번째 방문자의 한계만족도가 전단계 방문자의 만족도를 더 이상 초과하지 않을 때까지 방문이 계속된다면, 이 점에서 총만족도는 최대점에 이르게 되고, 그 후로는 방문으로 인한 이용밀도가 계속 높아져 감에 따라 총만족도는 다시 감소하기 시작하는데, 그 頂點 즉 변곡점이 곧 사회적 수용력이라는 것이다. 이처럼 이용밀도와 만족도간에는 역관계가 존재한다는 가설을 바탕으로 이루어진 개념체계를 학자들은 **만족도 모형**(satisfaction model)이라고 부른다(Heberlein and Shelby, 1977; Manning, 1986).

이 만족도 모형의 기본적인 구성개념은 밀도(density), 혼잡(crowding), 만족도(satisfaction)간의 상호작용에서 비롯되는 것으로서([그림 6-5] 참조), 여기서 밀도는 순수한 물리적 의미에서의 공간단위당 이용자수 — 예를 들어, $1km^2$당 35인 등 — 로 표현된다. 두 번째 요소인 혼잡은 스토콜스(Stokols, 1972)의 주장과 같이 밀도수준에 따른 각 개인의 심리적·주관적인 시각에서의 부정적 평가인자로서, 어떤 사람의 동기나 목적이 밀도수준의 증가로 인해 충족되지 못할 때 지각되는 느낌이다(Holahan, 1982; Tarrant *et al.* 1997). 세 번째

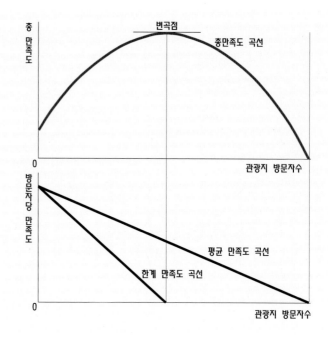

그림 6-4

관광지 방문자 증가와
만족수준간의 관계

주: 총만족도가 최대가 되는
점(변곡점)에서 한계만족도는
영이 된다.

요소는 만족도 여부이다. 엄밀한 의미에서 불만족 수준은 혼잡발생에 따른 부정적 감정반응을 뜻하는데, 이는 위락밀도가 혼잡지각 수준에 도달할 때 나타나는 감정으로서 불만감이나 스트레스, 갈등과 같은 심리적 반응을 수반하는 개념이다(Bell, Fisher and Loomis, 1978).

요컨대〔그림 6-5〕에서 보듯이, 데약 및 스미스(Deyak and Smith, 1978: 78~9)의 연구 등에서와 같이 높은 밀도는 심리적 혼잡의식을 유발시키고 이것은 결국 불만족으로 이어진다는, 즉 이용과밀과 만족도는 역함수관계에 있다는 주장이 이제까지 학자들 간의 지배적인 견해였다.

그림 6-5

가상적 상황에서의 만족도
모형

자료: Manning and Ciali
(1980).

그러나 근래 들어 이와 관련된 여러 학자들의 실증연구들이 발표되면서, 이용밀도가 과연 혼잡도 혹은 만족도를 설명해줄 수 있는 변수인가에 대한 회의론이 제기되었다. 밀도와 만족도간에는 거의 상관성을 발견할 수 없었기 때문이다. 만족도 모형, 특히 이용밀도와 혼잡-만족도간의 상관관계를 경험적으로 검증한 학자들의 이제까지 연구노력을 요약해 놓은 것이 〈표 6-1〉이다.

밀도와 만족도간 관계에 대한 많은 연구들 중에서 몇몇 결과를 표를 통해 보면, 바스크-헤버라인(Vaske and Heberlein, 1980)은 카누 이용자에 대한 조사에서 겨우 0.009의 상관계수를 도출했고, 메닝·시알리(Manning and Ciali, 1980)는 0.14, 쉘비(Shelby, 1980)는 콜로라도江 뗏목 이용자들에 대한 이용조사에서 거의 상관관계를 발견하지 못하였다.

혼잡도와 만족도간의 관계에 대한 연구에서도, 불테너 등(Bultena *et al.*, 1981b)을 포함한 몇몇 연구에서 겨우 0.05에 불과한 상관성을 밝혀내었다. 다만, 최근 대천해수욕장 방문객을 대상으로 한 이훈(1999: 175)의 연구만이 0.375 정도의 유의한 상관관계를 밝혀내었을 뿐이다. 밀도와 만족도 또는 혼잡도와 만족도라는 소위 **2변수 접근방법**(two-variables approach)을 추구하던 만족도 연구의 열기는 〈표 6-1〉에서 보듯이 낮은 상관계수에 따른 검증실패로 만족도의 요인을 다른 곳에서 찾게 하는 계기를 제공하게 되었다(Noe, 1987).

2) 다변수 접근법(이용밀도 이외의 설명변수들이 필요하다는 견해)

이제까지 밀도-만족도에 관한 연구는 쉘비(Shelby, 1980)가 이름 붙이듯이, 밀도와 만족도간의 직접적인 관계를 다루는 '2변수 접근방식'(two-variables approach)이었다고 할 수 있다. 즉 과밀이용에 따른 혼잡정도와 이용자의 만족은 반비례한다는 주장을 편 이론으로서, 예컨대 클로슨 및 네취(Clawson and Knetsch, 1966)류의 연구, 맥코넬(McConnell, 1977)의 미국 로드아일랜드(Rhode Island)의 수변 위락지역에 관한 연구, 데약-스미스(Deyak and Smith, 1978) 그리고 쉑터(Schecter, 1981) 같은 학자들의 연구가 이런 2변수적 접근방식의 전형이었다고 할 수 있다.

이제 이러한 2변수 접근방식으로는 만족도의 정확한 요인을 파악할 수 없다는 사실이 〈표 6-1〉의 여러 연구결과에서도 밝혀지게 되었으므로 학자들은 만족도의 요인을 다른 곳에서 찾지 않으면 안되었다. 그렇다면 먼저 이러한 2변수 접근방식의 문제점은 어디에 있는가? 이를 쉘비의 주장을 통해 다시 살펴보자(Shelby, 1980: 44).

상관계수
두 변수간의 상관관계의 정도를 나타내는 계수이다. 계수 값이 −1 과 +1 사이에 존재한다. $r = 0$이면 아무 상관성이 없음을 나타내고, $r = 1$이면 완전한 陽의 상관성을, $r = -1$이면 완전한 陰의 상관관계를 의미한다. 보통 $\pm\ 0.4 \leq r \leq 0.6$ 정도이면 약한 상관관계이고, $r > \pm\ 0.6$ 이면 강한 상관관계로 해석한다

2변수 접근방식으로는 이용밀도와 이용만족도간에 존재하는 상관성을 경험적으로 밝혀낼 수 없었다.

첫째, 밀도증가는 곧 접촉이나 조우(遭遇: encounters)의 증가를 가져온다는 가정이 타당치 않다는 것이다. 밀도-접촉관계는 직접적인 상호작용관계가 아니라 오히려 각 집단의 교통수단 이용, 집단의 규모, 도착률 등 인자들의 차이에 의해 작용받기 때문이다. 예컨대 집단규모의 차이가 밀도-접촉관계에 미치는 영향을 들어 보자. 이용밀도가 다른 두 관광지 甲, 乙이 있다고 가정하자. 면적은 서로 동일하게 $10km^2$이며 그 이용자수는 甲지에 100명이며 5집단으로 구성되어 있고, 乙지에는 90명, 9집단으로 구성되어 있다고 하자. 이 경우 甲지의 밀도는 10명/km^2이며, 乙지는 9명/km^2으로 甲지의 밀도가 조금 더 높다. 만약 타이용자가 이 지역을 각각 여행한다고 할 때 경험하는 기이용자와의 접촉은 甲지

표 6-1

이용밀도, 혼잡, 만족도의 상관관계에 관한 경험적 검증 결과

주:
1) R=피어슨(Pearson)의 積率相關係數
2) γ=감마계수
3) R^2=多重相關係數(결정계수)

자료: Manning (1986)의 pp. 55~7표를 재조정.

연구자	연구대상지	위락활동 유형	변수간의 상관성		
			밀도-만족도	밀도-혼잡	혼잡-만족도
Heberlein (1977)	Brule江	카누, 튜브, 낚시	R=.009[1]		
Manning & Ciali (1980)	버먼트江	낚시, 수영, 뗏목	R=.14		
Lucas (1980)	California 야생지	하이킹	γ=.17[2]		
	Sleway-Bitter야생지	하이킹, 승마	γ=.21		
	Bob Marshall야생지	하이킹, 승마	γ=.26		
	Cabinet山 야생지	하이킹, 승마	γ=-.14		
	Scapegoat 야생지	하이킹, 승마	γ=.31		
Womble & Studebaker (1981)	Katmai국립유적지	캠프야영	R^2=.09[3]	R^2=.07	
Hammitt et al. (1984)	Hiawassee江	튜브타기		R^2=.61	
Absher & Lee (1981)	Yosemite국립공원	도보여행		R^2=.05	
West (1982)	산림공원	하이킹		R^2=.05	
Bultena et al. (1981b)	맥킨리山국립공원	하이킹	R=-.01	R=.33	R=-.05
Titre & Mills (1982)	과달루프江	뗏목타기	관련없음	高利用 때만 有意	R=-.05
Lee (1975, 77)	Yosemite국립공원	하이킹, 캠프			관련없음
Shelby (1980)	콜로라도江, 그랜드캐니언 국립공원	뗏목타기	R=.00 R=.05 R=.03 R=.01	R=.05 R=.05 R=.05 R=.02	
Shelby et al. (1983)	Brule江 위스콘신 Grand江 늪 콜로라도江 Rogue江	카누 사슴사냥 거위사냥 뗏목타기 뗏목타기		R^2=.21 R^2=.22 R^2=.03 R^2=.02 R^2=.02	
Vaske et al. (1982)	Dolly Sods 야생지	하이킹		R-.36	

의 경우 각 집단간의 조우횟수는(100회가 아니라) 5회이며 乙지의 경우 9회이다. 타이용자에게 혼잡을 느끼게 해주는 요인은 밀도라기보다 다른 집단과 만나는 **조우회수**(number of encounters)이기 때문에, 타이용자는 밀도가 높은 甲지역보다 밀도가 상대적으로 낮은 乙지에 대해 오히려 더 혼잡하다는 느낌을 가질 수 있다. 요컨대 이용자가 경험하는 것은 밀도(즉 면적당 방문자수)가 아니라 바로 다른 집단과의 조우횟수라는 것이다.

이 점에서 어떤 학자들은 밀도보다 조우횟수가 위락경험을 나타내는 더 중요한 인자라고 보고 조우횟수를 독립변수로 사용하기도 한다. 예컨대, 스탠키 (Stankey, 1973)는 다른 일행과의 조우횟수와 이로 인해 느끼는 쾌적도(만족도)에 관한 설문조사를 통해 만족은 1~2회 조우한 후에는 급속히 떨어진다는 사실을 발견하고 있다. 또 시체티·스미스(Cicchetti and Smith, 1973)도 다른 집단(구체적으로 등산로 이용집단과 캠프장 이용집단)들과의 조우횟수 증가가 뚜렷이 지불의사(즉 만족도) 감소를 유발함을 발견하였다.

둘째, 접촉률(조우횟수) 그 자체도 과밀을 지각하는 수준을 결정해주는 절대적 인자가 될 수 없다는 것이다. 접촉횟수는 단지 객관적인 지표에 불과하다. 과밀지각은 극히 주관적 느낌이기 때문에 과밀을 느끼게 하는 수준은 개인의 기호에 따라 또 주변상태에 따라 각각 다르게 나타날 수도 있다는 것이다. 예컨대, 맥코넬의 수변관광지 연구에서, 저개발된 자연수변에서의 밀도는 혼잡도 지각에 陰의 영향을 미치는 반면에 인공적인 고개발 수변에서의 이용밀도는 혼잡도 지각에 아무 영향을 미치지 않는 것으로 나타난 것이 그 이유 중 하나이다.

이상과 같이 2변수 접근방식의 부적절함을 지적한 '쉘비'는 다음과 같은 모형을 제시하고 있다([그림 6-6] 참조). 즉 ① 조우횟수는 밀도의 함수이나 다른 영향도 받을 수 있다. ② 혼잡지각은 밀도·조우횟수·개인선호 및 기대감 그리고 주변상태의 차이의 함수이나, 개인선호·기대감·주변상태 등이 더 큰 영향을 미칠 수도 있다. ③ 만족도는 밀도·조우횟수·혼잡지각 및 기타 인자(인적·사회적 인자 등)의 함수이나 기타 인자가 의외로 더 큰 영향을 미칠 수도 있다는 것이다(Shelby, 1980: 45). 쉘비가 결론지은 내용의 요지를 간추려 보면 다음과 같다(Shelby, 1980: 52~3).

① 밀도만이 상호접촉(조우)수준을 결정해 주는 것은 아니다. 밀도는 조우횟수의 정도를 약 절반 정도밖에 설명해주지 못하며, 지형이나 이용자들의 행태가 나머지를 설명해 준다. 예컨대, 혼잡이 예상되면 여행자들은 미리 조우를 피하고자 하는 행태를 보인다.

② 밀도와 조우횟수만이 혼잡을 지각케 하는 요인은 아니다. 자신의 의도나 희망이 타인에 의해 방해를 받았을 경우 등 주어진 상황이 이용당사자가 바라는 규범(norm)을 벗어난다고 느낄 때 그 이용자는 혼잡을 더 강하게 느끼게 된다. 더욱이 이용자는 혼잡에 대한 나름대로의 정의도 새로이 하여 자기합리화하는 경우도 있다. 즉 혼잡하다고 느끼기 시작하는 순간 이미 그는 적정 접촉수준(optimal encounters level)에 대한 자신의 정의를 바꾸어 버리게 된다는 것이다. 예컨대, 호젓할 것이라고 생각하고 찾은 관광지가 막상 기대와는 달리 혼잡하여 많은 행락집단과의 조우를 경험하게 된다면 그는 심리적으로 만족수준이 감소하기 이전에 미리 "이곳은 본래 그리 호젓한 관광지가 아니고 붐비는 곳이구나" 하고 그 지역 상황을 재정의하게 된다. 그런 연후에는 그의 타이용객과의 접촉률 증가는 이미 그에게 혼잡도를 더 이상 지각시켜 주지 않는다는 것이다. 이를 전문용어로 **자기합리화**(self-rationalization)라고 부른다.

③ 밀도, 접촉횟수와 혼잡도 지각만이 만족수준 결정에 결정적 영향력을 미치는 인자라고 볼 수만은 없다. 이러한 주장은 시체티 · 스미스(Cicchetti and Smith, 1973) 또는 맥코넬(McConnell, 1977) 등의 연구에서 경험적으로 밝혀지고 있기 때문에 정당화될 수 있다.

이를 토대로 쉘비는 다음과 같이 결론을 내리고 있다.

> …… 어떠한 연구도 밀도와 만족간에 강력한 상관성이 있다고 밝혀주지는 못했다. 밀도와 혼잡에 추가하여 인간의 만족은 본 연구분석 자료에도 나타나듯, 다른 요인에 의해서도 좌우되는 것 같다(Shelby, 1980: 53).

그림 6-6

이용밀도와 만족도간의
영향력 관계

자료: Shelby(1980). p. 45.

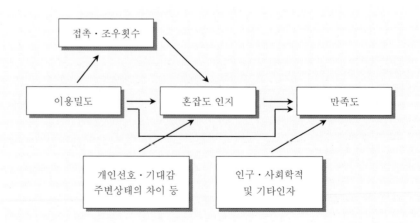

이용밀도-만족도라는 2변수 접근방법을 수정·발전시킨 쉘비의 이와 같은 이론은 일단의 다른 학자들도 밀도-만족간의 관계가 모호하다는 점을 지적하고 있으므로, 사실상 이론으로서 어느 정도 굳어지고 있는 셈이다. 즉 위락행위란 자발적이며 주관적인 성격의 행동이므로 어디까지나 자신의 가치관과 규범(norm)에 맞게 선택행위를 하기 마련이다. 그래서 어떤 밀도나 접촉수준에 처해 있는지 자신이 선택한 상황이기 때문에 항상 현상태에서 느끼는 만족수준은 반드시 부정적으로만 나타나는 것은 아니다. 오히려 '자기합리화'라는 대응행동(coping behavior)을 통해 만족수준이 높게 유지될 수도 있는 것이다(김남조外, 2001: 183).

근래에 들어 이러한 쉘비류의 주장을 좀더 발전시키고 확장시킨 **다변수 이론** (multi-variable theories)이 계속 등장해오고 있는데(예컨대, Manning, 1986, 이훈, 1999 등)이들 중에서 매닝(Manning, 1986)이 제시한 혼잡도 모형(congestion model)을 대표적으로 제시해 보도록 하자([그림 6-7] 참조).

매닝(Manning, 1986)의 모형에 새로 등장한 개념은 이용자의 **현지 회피행동**(site displacement behavior)이다. 즉 이용밀도가 증가함에 따라 위락활동을 하는 사람들은 혼잡에 불만을 느끼게 되고, 혼잡도가 낮은 다른 위락활동을 찾아 가거나 아예 이용을 포기하는 '혼잡회피자'가 발생한다는 것이다. 이것이 클라크(Clark *et al.*, 1971)가 처음 제시한 **이용회피가설**(利用回避假說: use displacement hypothesis)이다. 현지이용 불만족이 가져오는 이러한 이용회피 라는 대응행동은 이미 국내외의 여러 연구에서도 증명되고 있다(Roberston and Regula, 1994; 김사헌·홍재선,1998).

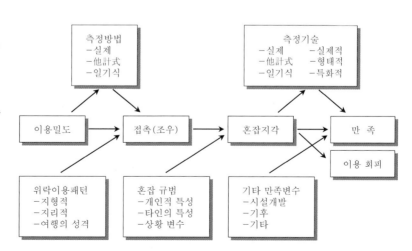

그림 6-7

이용밀도-혼잡도-만족도에
관한 이론적 모형

자료: Manning(1986). p.59.

로버스톤 등은 이용자의 이용회피 행동과 그의 전반적인 만족수준 사이에는 상관관계가 존재한다는 사실, 즉 높은 이용밀도 때문에 방문객들은 장소를 회피하는 대응행동을 하게 되며, 그대로 잔류하는 사람의 만족수준이 이용을 줄이거나 회피한 대응행동자의 만족수준보다 높다는 사실을 경험적으로 밝혔다(김남조 外, 2001: 181에서 재인용). 또 스키장 이용자의 경우에 있어서도 스키장의 이용 고밀도(여기서는 리프트 대기시간을 대리변수로 사용)와 이용회피 의사간에는 높은 상관관계가 있음이 밝혀졌다(김사헌·홍재선, 1998: 181~194).

이와 유사하게, 헤버라인·쉘비(Heberlein and Shelby, 1977: 142~8)는 **인식부조화이론**(theory of cognitive dissonance)을 내세워, 이용자들은 자신 스스로 적잖은 시간이나 돈을 들여서 그 위락활동을 선택한 바로 그 장본인이기 때문에, 현재의 혼잡한 밀도상황에 관계없이 불만족한 현실을 만족스러운 것인양 자기정당화하거나, 본래부터 혼잡에 둔감한 심리를 지닌, 이른바 '혼잡인내자'(crowdness tolerator)라는 주장을 펴고 있다.

벡커 등(Becker *et al.*, 1981)도 앞서 언급한 쉘비(Shelby, 1980)의 모형을 뒷받침해 주고 있다. 이용자는 방문밀도의 부정적 영향을 줄이거나 제거하기 위한 대응책(coping strategy)으로서 고밀도 상황에 처한 이용자들 스스로가 자신의 선호도나 기대감을 현재에 맞게 '재조정'시킴으로써 결국 이용수준에 상관없이 만족수준은 높게 유지된다는 **이용자 행동조정설**(user behavioral adjustment)을 주장하였다. 따라서 이용회피로 야기되는 밀도-만족수준간의 모호한 관계를 정확히 파헤치기 위해서는 적어도 상호 유사한 성격의 인접관광지를 동일한 '시스템'차원에서 동시적으로 조사하지 않으면 안된다고 주장하면서, 벡커(Becker *et al.*, 1981) 등은 미시시피江 상류의 두 관광위락지 이용에 관한 상호 비교조사 방식을 통해 이 이용자 회피가설을 검증한 바 있다.

그 외에도 사회적 수용력(혼잡도)과 관련하여 사회심리학자들은 다음과 같은 류의 이론적 모형을 제시하고 있다(Graefe, Vaske and Kuss, 1984).

□ **불일치이론**(discrepancy theory) - 기대했던 보상과 실제 얻은 결과가 서로 불일치할수록 이용자는 더 많은 불만족을 느끼게 된다는 설.

□ **사회간섭 이론**(social interference theory) - 위락행위자의 추구목적이 타인으로부터 간섭받을수록 보다 더 부정적 인식을 갖게 된다는 설.

□ **자극 과부하 이론**(stimulus overload theory) - 사회적 접촉이 이용자가 바라던 수준이상이 되면 혼잡을 더 심하게 지각하게 된다는 설.

주요 용어 풀이

▶ 가수요(假需要, pseudo-demand; speculative demand): 실수요와 대립되는 말로 가격이 오를 것 같거나 물자부족이 예상될 때 실제 필요가 없음에도 불구하고 투기적 목적이나 심리적 위안의 목적으로 구매해두고 보는 위장수요를 말한다.

▶ 로렌츠 곡선(Lorenz curve): 계층별 소득분포자료에서 인구의 누적비율과 소득의 누적점유율 사이의 관계를 그림으로 나타내는 방법이다. 인구의 누적비율을 종축에 그리고 소득의 누적점유율을 횡측에 표시하면, 대각선은 소득의 완전균등분배를 나타낸다. 소득분배의 불평등도가 높을수록 로렌츠곡선은 아래로 더 늘어져 나타난다.

▶ 상관관계(correlation): 두 변량 사이에 한쪽이 증가하면 다른 쪽도 증가(또는 감소)하는 경향이 있을 때, 이 두 변량 사이에는 상관관계가 있다고 한다. 한쪽이 증가하면, 다른 쪽도 증가하는 관계를 양의 상관관계라고 하고 반대로, 한쪽이 증가할 때 다른 쪽은 감소하는 관계를 음의 상관관계라고 한다.

▶ 이용자 행동조정설(user behavioral adjustment): 벡커가 제기한 가설로서, 관광지가 혼잡해지면 이용자들은 이에 대응하여 혼잡지각에 대한 정의를 스스로의 상황에 맞게 조정(재정의)해버리던가, 아니면 이용빈도를 축소하거나(잔류자의 경우), 또는 대상지를 이탈해버리던가(장소 회피자의 경우) 하는 행동조정을 보인다는 설이다.

▶ 불일치이론(discrepancy theory): 위락 경험전 기대감과 위락경험 후 결과와의 비교를 통하여 만족도가 결정된다는 주장으로서 경험전의 기대가 높고 경험 결과가 낮았을 때 불일치 정도가 커 불만족이 커진다는 가설을 말한다.

▶ 사회간섭 이론(social interference theory): 동일 위락지역에 다른 목적을 가진 개인이나 동일 목적의 다른 이용자로 인해 자신이 계획했던 위락 목적을 달성하지 못할 때, 즉 타인의 방해로 인해 위락자가 위락 경험의 목적을 성취하지 못할 때 위락 경험에 대해 부정적인 평가를 내린다는 주장을 말한다.

▶ 자극 과부하 이론(stimulus overload theory): 위락자 개인이 설정한 주관적인 수준 이상으로 사회적 접촉(조우횟수)이 일어날 경우 이용자는 혼잡을 지각하게 된다는 모형을 말한다.

1. 민간인보다 공공기관이 관광개발을 주도해야 하는 이유는 무엇인가?

2. 우리나라에서 특히 관광(자원)의 질에 대해 더 많이 연구할 필요성이 있다면 그 이유는 무엇인가?

3. 이용밀도와 만족도간의 상호관계에 대하여 설명하라. 이용밀도가 위락만족도의 주된 결정요인인가?

4. 위락수용력이란 무엇인가?

5. 관광지의 혼잡에 대응하여 이용자들은 어떤 행동을 보이는가? 소위 이용자행동조정설의 관점에서 이를 설명해 보라.

Economics of Tourism and Outdoor Recreation

제 7 장

국제관광의 교역이론과 통계체계

국내외를 막론하고 국제관광에 관한 이제까지 연구 성과는 그리 흡족한 편이 아니다. 그간 이루어진 대부분의 연구도 일관성이나 체계성에 문제가 있으므로 이 분야가 관광학의 뚜렷한 각론으로 정착되기에는 아직 시기상조로 보인다. 국제무역에 관한 연구는 비교적 그 역사가 길고 또한 현실적으로 국제관광이 무형무역(invisible trade)의 한 중요한 구성요소임에도 불구하고, 경제학자들은 이제까지 이를 주제로 연구하는데 인색하였다. 그나마 무역이론을 국제관광이론에 접목시킨 선구자를 든다면, 그레이(Gray, 1966, 1970)를 꼽을 수 있으며, 그 후 슐마이스터(Schulmeister, 1979), 세사(Sessa, 1983), 소처(Socher, 1986), 벨라스 · 베처렐(Vellas and Becherel, 1995) 등이 고작이다. 특히 그레이(Peter Gray)는 『국제여행-국제무역』(International Travel - International Trade)이라는 연구를 통해 무형무역으로서 국제관광여행의 개념과 특성을 체계적으로 분석한 바 있다. 본 장은 이들 연구업적을 검토하고 이를 바탕삼아 기존 국제관광연구의 주제인 1) 전통적 국제교역이론과의 관계, 2) 여행무역과 일반상품무역의 대비, 3) 국제관광교역 찬반론을 다루고, 이어서 국제관광통계의 집계방식과 그 문제점에 대해 살펴보기로 한다.

제1절 전통 국제무역이론의 개요

국가 간 교역에 대한 학문적 관심은 일찍이 17세기 말 서구에서 형성된 **중상주의**(mercantilism) 사상으로까지 거슬러 올라간다. 중상주의의 핵심사상은, 國富(wealth of nation)라는 국가 최우선 목표를 달성하기 위해서는 국가가 金을 해외로부터 많이 획득해야 하고 이 귀금속의 획득을 위해서는 수출을 적극 권장하는 반면, 수입은 적극 억제해 무역흑자(수출초과)를 달성해야 한다는 것이다. 소위 보호무역주의 철학에 그 사상적 바탕을 두고 있다고 하겠다.

당시 이러한 보호무역주의 사조에 대해 반기를 든 것이 아담 스미스(Adam Smith)와 데이비드 리카도(David Ricardo) 등으로 대표되는 자유방임주의 혹은 자유무역주의론적 입장을 취하는 이른바 **고전파 경제학자**(classical economists)들이었다. 비록 정교한 이론체계를 확립하지는 못하였지만, 아담 스미스는 국가 간 거래에서 무역규제만 없다면 어느 나라나 분업의 원리에 따라 자국이 무역 상대국으로부터 수입하는 몫만큼 수출할 '절대우위'(absolute advantage)를 갖고 있다는 논리를 내세우며 **자유무역론**을 옹호하였다.

절대우위설

아담 스미스의 이러한 **절대우위설**에서 한 발짝 더 나아가, 데이비드 리카도(David Ricardo)는 이론적으로 이보다 더 정교한 비교우위설(비교생산비설)을 주창하며 왜 보호무역보다 자유무역이 교역국 상호간의 이익을 더 증진시킬 수 있는가를 논증하였다. 그는 英國이 직물생산에 주력하고 포르투갈이 포도주 생산에 주력하는 경우의 예를 들어, 리카도는 어떤 나라가 비록 제품생산의 절대우위를 갖지 못하더라도 상대적 우위를 가지는 제품교역으로 얻는 이익은 교역 쌍방 모두에 돌아간다고 주장하였다. 상호교역이 없더라도 양국간의 노동생산비가 서로 다른 한, 각국은 비교우위가 있는 재화(즉 상대국보다 상대적으로 낮은 노동생산비로 생산할 수 있는 재화)를 생산·수출하고 생산비가 상대적으로 높은 재화를 수입하는 것이 더 유리하다는 것이다. 이를 리카도의 **비교생산비설**(theory of comparative cost) 또는 **노동생산비설**이라고 부른다.

비교생산비설

그러나 20세기에 접어들어 이 모형은 신고전파 경제학자군에 속하는 스웨덴 경제학자 엘리 헥셔(Eli Hecksher)와 버틸 오린(Bertil Ohlin)에 의해 다시 거부되고 수정되었다. 이들의 주장은, "각 재화마다 그것을 생산하는 데는 생산요소 투입비율이 저마다 다르며 각 생산요소의 상대적 부존량도 나라마다 다르다. 그러므로 각국은 자신들이 더 많이 갖고 있는 부존자원을 더 집약적으로 이용하는 제품을 생산함으로써 비교우위를 향유할 수 있게 된다. 그렇기 때문에 각국은 자기 나라에 더 풍부히 부존하는 생산요소를 집약적으로 투입하는 제품을 수출하고 반면에 자기 나라에는 없는(혹은) 희소한 생산요소를 더 집약적으로 투입하는 타국의 제품을 수입하는 것이 좋다"는 것이다.

생산요소
재화생산에 투입되는 요소(원료)인 토지, 노동력, 자본, 기술 등을 뜻한다. 생산요소 비율(factor proportion)이란 특정재화 한 단위 생산에 투입되는 각 요소의 비율—예컨대 노동력 2단위, 자본 0.5단위 등—을 말한다. 그런데 각 재화 한 단위생산에 투입되는 요소(원료)의 비율은 재화마다 다르다. 예컨대, 조선업은 전반적으로 노동력 투입비율이 높은 데 반하여, 반도체산업은 자본의 투입비율이 월등히 높다.

요소부존이론

즉 이들은 단순히 생산요소 중의 하나인 노동만을 유일한 생산요소로 간주하여 양국의 노동생산비 차이만이 교역의 결정요인이 된다고 주장하는 리카도의 모형을 배격한 것이다. 이들 주장의 핵심은 두 가지 전제, 즉 각 생산제품마다 그 **생산요소 비율**(factor proportion)이 다르다는 점, 또 각국은 각 생산요소의 부존량도 저마다 다르다는 점에 착안하여, 모든 나라는 자기 나라가 상대적으로 좀 더 많이 보유한 자원을 원료로 투입하는 제품을 생산하여 서로 교역하는 것이 좋다는 것이다. 이것을 **'헥셔-오린의 정리'**(Hecksher-Ohlin theorem) 또는 **'요소부존이론'**(factor endowment theory)이라고 부르는데, 오늘날 이 이론은 국제무역의 요인을 규명하는 가장 중요한 이론으로 인정되고 있다.

이들 주장의 차이점은 무엇인가? 리카도나 헥셔-오린의 모형은 둘 다 '비교우위설'이라는 점에서는 같지만, 리카도는 비교우위를 노동생산비에서, 헥셔-오린은 비교우위를 부존자원량(혹은 요소집약도)에서 찾았다는 점이 두 이론간의 두드러진 차이점이다.

17세기 말부터 20세기에 걸쳐 제기된 이상의 세 가지 이론은 대표적인 고전적 내지 신고전적 전통무역이론이라 할 수 있는데, 이들 이론이 실제로 기존의 국제무역패턴에 끼친 영향은 컸다. 토다로(Todaro, 1992: 294~5)의 요약을 통해, 이들 국제간 교역 모형의 의의를 살펴보자.

1) 교역은 경제성장의 주요 원동력이다.
2) 교역은 국내외 요소소득(특히 임금)간에 균형을 가져옴은 물론 당사국의 실질소득을 증대시킨다.
3) 교역은 비교우위 산업부문의 진흥을 통해 경제발전을 이룩한다.
4) 교역을 통한 재화의 국제가격 및 생산비 결정은 한 나라가 자국 國富의 증대를 위해 얼마만큼의 교역량을 유지해야 할 것인가를 결정해 준다.
5) 성장·발전을 위해서는 내향적 자력성장보다 외향적 성장정책이 필요하다.

이들 이론은 겉으로 보면 한결같이 자유무역주의를 옹호하고 있는 듯하다. 그러나 자세히 살펴보면 자본과 기술이 풍부한 선진국에게는 資本財 수출에 주력토록 하고, 반면 제3세계에게는 그들의 풍부한 노동력을 바탕으로 노동집약적 상품만을 생산·수출하도록 묵시적으로 조장함으로써 궁극적으로는 선후진국간의 '부익부 빈익빈' 또는 후진국간의 '빈곤의 악순환' 논리를 정당화시킨 이론에 지나지 않는다는 비난을 받기도 한다. 특히 이들 이론은 70년대말에 들어 제3세계 학자들로부터 맹렬한 공격을 받으면서(구체적인 비판은 Todaro, 1992: 296~305 참조) 현실적 한계성−즉 교역을 하면 할수록 그 주된 과실은 선진국에게로만 돌아가고, 후진국은 상대적으로 더욱더 가난해져 갈 수밖에 없다는 불평등 논리로의 귀결−에 직면하게 되었다.

또한 선진국에서조차 이 이론은 현실세계에 잘 맞아 들어가지 않는다는 사실이 이른바 **'레온티에프 역설'**(Leontief paradox)로 밝혀진 바 있다. 즉 헥셔-오린의 정리에 따른다면, 미국은 다른 교역국보다 자본이 상대적으로 풍부한 국가이므로, 자본집약적 재화를 수출하고 노동집약적 재화를 수입해야만 한다. 그러나 레온티에프가 행한 실증연구(1947년 미국 산업연관분석 자료조사)에 따르면, 미국은 기존 이론들과는 반대로 오히려 자본집약적인 재화를 수입하고 노동집약적 재화를 수출한다는 결과가 밝혀진 것이다. 자연히 이 역설에 대한 다양한 해석들이 나오게 되고 이를 기화로 새로운 무역이론들이 앞다투어 등장하게 되었다.[1]

레온티에프

바실리레온티에프(Wassily Leontief, 1906~1999)는 투입산출표를 개발하고 그 응용에 기여한 20세기 최고의 경제학자중 한명으로, 산업연관표를 기초로 국민경제의 움직임을 산업간의 생산기술적 연결구조로 포착, 그 연관관계를 규명한 업적으로 1973년 노벨경제학상을 받았다.

제2절 국제관광의 교역이론

1. 여행 관광교역과 일반 상품교역의 특성 비교

여행무역은 크게 볼 때, 국제수지분류상 **무형 무역수지**(invisible trade)에 속하나, 일반상품은 유형 무역수지(visible trade)에 속한다. 무역이라는 점에서는 서로 같지만 이들 상호간에는 뚜렷한 차이점이 있다. 여기서는 유사점과 차이점을 서로 대비시켜 봄으로써 무형무역으로서의 여행관광교역의 특성을 규명해 보노록 한다.

---

1) 최근에 등장한 무역이론으로서, 크레비스(Kravis)의 유용성 가설(availability hypothesis), 허쉬(Hirsch)와 버논(E. Vernon)의 제품 수명주기설(product life cycle theory), 볼드윈(Baldwin)의 교육·연구조사효과 가설 등이 그것인데, 여기서는 설명을 생략기로 한다.

1) 교역대상이 다르다

교역의 대상측면에서 본다면, 일반무역은 '화물'이 교역의 대상이 되는 반면에 여행의 경우에는 '사람' 그 자체가 교역의 대상이 된다. 일반상품의 경우 그것을 외국에서 자국으로 가져와서(상품을 수입) 소비하는 반면에, 여행의 경우 사람이 직접 외국으로 나가서 소비지출을 행한다. 그래서 일반상품이든 여행행위이든 화폐적 출입의 의미는 같지만, 교역대상(사람과 상품 모두)의 흐름은 서로 정반대 방향으로 이루어진다. 즉 관광 輸入(tourism import)은 관광자가 해외로 나가서 소비를 행하는 행위이고, 상품 輸入(commodity import)은 해외의 재화를 국내에 가져와서 소비하는 행위이다. 본서에서는 내국인의 해외관광을 '관광수입'(觀光輸入: tourism import)이라는 용어와 동일시하여 사용하겠다.

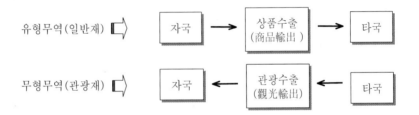

2) 판매구조가 다르다

일반상품의 경우, 해외 판매금액(輸出額)은-화물운송비를 고려하지 않는다면-그 상품의 해외 시장가치에 국내 생산업자가 받을 적정이윤을 합한 것이다. 그러나 해외여행의 경우, 지출액(輸入額)은 해외에서의 상품구입(국내반입 휴대품 + 해외 현지소비품), 해외 숙식, 현지 서비스 수혜 등 다양하고 복합적인 상품 및 서비스에 대한 비용으로 구성된다.

여기에 운송비가 고려될 때 양자는 더욱 뚜렷한 차이를 보인다. 즉 운송비가 우리나라 국적선(國籍船: national flag carriers)에게 지출되는가, 아니면 外國籍船(overseas flag carriers)에게 지출되는가에 따라 지출구조가 달라진다. 그러나 이것을 일단 개의치 않는다면, 그레이(Gray, 1970: 11~12)가 지적했듯이, 일반상품은 대개 CIF(cost, insurance and freight: 지정 목적항 운임·보험부 인도가격) 가격으로 수출되는데 반해, 관광여행은 FOB(free on board: 지정선적항 本船 인도가격)가격으로 주로 수출(즉 入國)된다. 다시 말

FOB(Free on Board, 지정 선적항 본선 인도가격)
물품이 지정된 선적항에서 매수자의 본선에 선적되기까지의 제비용(수출 통관 및 수출세 포함)을 수출자가 부담하는 조건부 가격

CIF(Cost, Insurance and Freight, 지정 목적항 운임·보험부 인도가격)
선적항에서 본선에 물품의 선적을 완료할 때까지의 제비용인 FOB가격에 목적항까지의 해상보험료 및 해상운임의 비용을 가산하여 수출자가 부담하는 조건부 가격

CFR(Cost and Freight, 지정목적항 운임부 인도가격)
FOB가격에 지정목적항구까지의 운임(보험료는 제외)을 부담하는 조건부 가격.

해, 일반상품의 경우—여러 가지 변형도 있지만—수출자가 상품의 원가에 목적지(수입국의 항구·공항)까지의 보험료와 운임을 합한 복합가격으로 상품을 수입자의 항구까지 인도하는 것(CIF 가격)이 일반 상거래의 관례인데 반하여, 관광여행의 경우는 수출자(여행자를 받아들이는 나라)는 운임이나 보험료를 부담함이 없이 외래여행자 스스로의(혹은 상대외국 여행사를 통한) 비용으로 일단 자국의 항구 또는 공항에 들어서는 순간부터 수출(FOB 가격의 수출)이 이루어진다.

예를 들어, 외래관광객이 제3국 국적기를 타고 인천공항 입국장에 들어섰다면, 그 순간부터 FOB 가격의 수출은 시작된다. 만약 해외의 여행자가 우리 국내여행사와 여행안내 계약을 맺었다면 관광경비를 접수한 국내의 우리 여행사가 공항에서 해당 관광객을 인수하는 것이 관례인데, 이 순간부터도 관광수출은 FOB 가격으로 시작된다고 볼 수 있다. 흔하지 않은 경우이지만, 만약 국내여행사가 외국 현지에서 외국인과 여행계약을 맺고 그곳 현지에서 관광객을(여행자 보험료까지 부담하여) 항공편에 태워 국내로 데리고 온다면 이는 CIF 가격에 해당된다. 이 경우 만약 여행자가 보험료를 부담한다면, 이는 CFR 가격(Cost and Freight: 운임부 인도가격)이 된다.

만약 해외관광객 스스로 우리 국적기(예: 대한항공, 아시아나 항공)를 자국의 출발지에서부터 타고 온다면 이를 어떻게 해석해야 할까? 그것은 우리 측(우리나라로 가정함)이 운임과 보험료를 다 부담한다는 점에서, 일반상품과 같이 CIF 가격에 해당된다고 보아야 할 것이다. 그러나 개별 여행자이든 단체 패키지 여행자이든 국내공항에 입국하는 시점을 기준으로 삼는다면 이들 관광수출은 'FOB 가격에 의한 수출'이라고 할 수 있다.

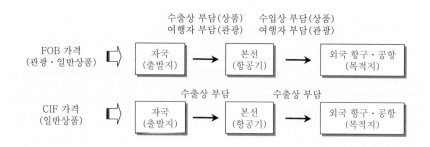

3) 운임비중이 다르다

상품의 경우, 운임의 대부분은 화물운송비인데 반해 해외여행자의 운임 대부분은 인적운송비이다. 사람과 화물에 대한 운송비의 주요 차이점은 사람 운송비가 화물보다 훨씬 높다는 점에 있다. 이는 해외여행자와 화물을 모두 F.O.B.가격으로 환산할 때, 총비용에서 차지하는 운송비의 비율이 일반재화 수입비용에 대한 운송비의 비율보다 높다는 것을 의미한다. 이와 같이 해외여행경비 중에서 운송비(대부분 항공료)가 차지하는 비중이 상대적으로 높다는 사실은, 특히 관광산업에서 국적기(國籍機:national-flag carriers)냐 아니냐가 경제적 효과면에서 큰 의미를 가진다는 점을 시사해 준다. 그럼에도 불구하고 운송비와 국제관광의 관계에 대해서는 그리 활발한 연구가 이루어지지 않고 있는 것이 현실이다.

외화가득률을 높이거나 해외관광지출의 누출률을 줄이기 위해서는 자국의 국적기(국적선) 취항률을 높여야 하는 것이 아주 당연하지만, 자본력과 기술, 해외시장 마케팅 능력이 상대적으로 열세인 개발도상국으로서는 이를 실천하는 것이 그렇게 손쉬운 일은 아니다. 해외에서의 국적기 취항은 ① 항공기(또는 선박)의 구입과 취항에 드는 外貨의 기회비용, ② 국제간의 정치적 역학관계(Matthews, 1976: 제2장 참조), ③ 국제항공망 취항의 비교이익과 불이익을 면밀히 검토한 후에 이루어지는 것이 관례이다.

4) 생산요소의 성격이 다르다: 공급의 신축성과 경합성

우리가 익히 알듯이, 일반재화(특히 공산품)는 노동, 자본, 기술 등 여러 가지 생산요소의 결합에 의해 생산되고 수출된다. 그러나 관광의 경우 여행 그 자체를 하나의 산출물로 볼 때, 그 생산요소(관광재)는 일반 재화의 경우와는 전혀 다르다. 자연자원(폭포, 산악, 해변 등), 전통문화, 쾌적한 기후 등이 그 주된 생산요소이며, 도로·통신 등 사회간접자본시설과 숙박시설, 공공서비스 등 이를 지원해 주는 보조적 생산요소가 또한 필요하다.

이제 해외수요 증가에 대응하여 일반재화·관광 두 산출물의 주된 생산요소 공급문제를 비교해보자. 우선 일반재화는 해외수요에 대응해 비교적 **요소공급의 신축성**(공급탄력성)이 높다. 그러나 관광여행은 요소공급의 신축성이 낮으며 재생불가능한 경우가 많다. 예컨대, 특정 기업 자동차의 해외수요가 높아지면 생산요소인 철강제품 생산과 노동력 투입을―다소 시차가 필요하기는 하지만―증대시켜 공급력을 확대시킬 수 있지만, 한국에 대한 외래관광수요가 급증한다고 해서 자연자원과 기후, 문화라는 생산요소의 공급을 신축성 있게 늘릴 수가 없다. 무리하게 관광객을 받아들이면 서비스의 질(이용자 만족도)가 떨어질 수 있기 때문이다.

두 번째 차이점은 **생산요소의 경합성**이다. 일반재화의 생산요소는 다른 재화의 생산요소와 서로 경쟁성이 큰 반면에, 관광여행의 생산요소는 다른 재화와 상대적으로 그리 경쟁하지 않는다(즉 요소의 기회비용이 낮다). 아름다운 경관・기후・문화는 여행자와 지역주민에게는 좋은 관광매력이 되지만, 다른 일반재화 생산에 꼭 필요한 요인(즉 경합적 요인)은 아닌 것이다.

5) 연쇄효과가 다르다: 전후방 연쇄효과

전후방 연쇄효과
허쉬만(A. Hirschman)이 구분한 개념으로서, 어떤 산업에 대한 수요가 발생했을 때 그 효과가 전방으로 혹은 후방으로 미치는 효과를 말한다. 산업연관분석에서는 흔히 전방효과를 '감응도 계수', 후방효과를 '영향력 계수'라고 부른다.

연쇄효과(linkage effects)란 해당산업이 前方(최종수요 방향) 혹은 後方(투입하는 중간재 방향)에 미치는 경제적 영향의 정도를 말한다. 연쇄효과는 다시 전방연쇄효과와 후방연쇄효과로 나누어질 수 있는데, 전방연쇄효과(forward linkage effects)란 해당산업의 생산물을 中間財(원료)로 사용하는 소비자수요 방향의 새로운 어떤 산업을 발달케 하는 효과를, 후방연쇄효과(backward linkage effects)란 해당 산업에 필요한 중간재(원료)를 생산하는 업종(철강산업・부품산업 등)이 발달케 하는 것을 말한다.

예를 들어, 금속산업의 등장은 이에 원료를 공급해주는 금속 제련업의 발달, 즉 **후방연쇄효과**(backward linkage effect)를 가져오며, 최종수요 쪽으로는 자동차 제조업의 발달(**전방연쇄효과**)을 가져온다. 즉,

관광산업은 일반재화에 비해 관련산업에 미치는 **전방 및 후방 연쇄효과** (forward and backward linkage effects)가 극히 미미하다. 예를 들어 관광의 중요한 생산요소 중 하나라고 할 수 있는 자연경관에 대한 수요가 크게 증가하였다 하자. 이로 인해 무엇이 발달할 것인가? 다른 일반산업에 비해 후방 쪽(중간재 방향)은 거의 없고 전방 쪽으로만 미미한 수준의 효과(예컨대, 요식업, 토산품, 유흥서비스업 등의 최종수요부문 발달)에 그칠 뿐이다.

요약컨대, 관광은 일련의 산업생산과정상 최종 소비제 쪽에 속하고 아울러 그 생산요소가 특이한 관계로 전후방 연쇄효과가 극히 낮다는 점이 투자(즉 경제성장의 촉매제) 측면에서 볼 때 관광산업의 최대 약점에 해당된다. 관광학자들이

흔히 주장하듯이, 관광산업은 타산업에 비해 부가가치가 더 높아 경제효과가 크다는 주장은 이와는 전혀 다른 측면이다. 정확히 말해, 부가가치율이 높다는 이야기는 투입원료에 비해 얻는 부가가치(value added)의 비중이 높다는 뜻이다. 그러나 특정산업의 전후방효과가 낮다는 것은 그 산업에 투자해보았자 다른 관련산업을 크게 유발치 못한다는 뜻이다.

6) 관광교역에도 기존 전통무역이론을 적용할 수 있는가

앞에서도 잠시 밝혔지만 전통무역이론에 따르면, 국가간 교역량은 각국의 부존자원량, 소득수준, 기호 등의 결정요인과 밀접한 함수관계를 가진다. 기존 무역이론에서는 외부조건(상대국의 소득·기호 등)이 동일하다고 가정하고, 이를 '부존자원량'이라는 변수를 통해 설명한다. 여기서 구체적으로 **부존자원**(賦存資源, endowed resources)이란 무엇인가? 경제학에서 흔히 이야기하는 노동력, 자본도 부존자원에 속하지만, 아래와 같이 경관·유적·문화유산도 이들과 동일하게 부존자원에 속한다.

> – 기계설비 등 자본, 도로·항만·공항 등 하부구조
> – 노동력(양과 질) 등 인적자원(human resources)
> – 기술력·정보 등 소프트웨어(soft wares) 자원
> – 경관, 산수, 기후 등 자연자원(natural resources)
> – 역사적 유물·유적, 생활양식 등 문화자원(cultural heritage)

리카도의 무역이론
고전파 경제학자 리카도가 주장한 이론으로서, 두 나라의 교역은 자국의 노동생산성의 상대적 차이(즉 노동생산비의 상대적 우위 여부)에 의해 결정된다는 주장. 이를 노동생산비설이라고도 한다.

이러한 부존자원개념을 통해 전통무역이론을 국제관광에 적용시켜보면, 여행무역은 **리카도 이론**이나 **헥셔-오린 정리**(Hecksher-Ohlin theorem)로 어느 정도 설명될 수 있다. 즉 국제여행 서비스가 다른 산업보다 노동력(케이터링 등 관광자에 대한 인적 서비스)을 더 집약적으로 사용하는 산업일 경우, 노동력 희소국가는 관광을 수입(노동력을 집약이용하는 국가로의 관광객 송출)하고 반대로 노동력이 남아도는 高실업률의 국가는 국제관광을 수출(해외로부터 관광객 유치)하게 된다는 것이다. 마찬가지로 문화자원이 상대적으로 더 풍부한 국가는 관광을 수출하고 그렇지 못한 국가는 국제관광을 수입하는 것이다.

그러나 현실적으로 이 주장은 충분한 설득력을 가지는가? 그렇지 못하다는 것이 학자들의 지적이다. 리카도 이론은 물론이지만 헥셔-오린 정리도 국제여행 교역을 부분적으로밖에 설명해주지 못한다고 그레이(H. Peter Gray)는 주장한다. 생산요소 비율의 차이만으로 교역의 요인을 모두 설명해 줄 수 없다는 것

이다(Gray, 1970: 16).[2] 소처(Socher, 1986: 25)도 헥셔-오린 정리가 관광현실에 부분적으로 밖에 적용되는데 지나지 않는다는 그레이의 견해에 동조하고 있다. 그는 기존의 전통적 리카도 이론과 헥셔-오린 이론을 비교한 후, 비교생산비 우위원칙(principle of comparative cost advantage)이 시장을 지배하게 된다는 리카도 이론보다는 '부존자원의 차이'를 강조하는 헥셔-오린 이론에 그나마 더 의미를 부여한다(Socher, 1986: 25).

요컨대, 리카도의 고전교역이론이든 헥셔-오린의 신고전 교역이론이든 간에, 국제관광이동의 원인을 규명해주는 교역이론으로서는 불충분하다. 다만 부분적으로는 설명이 가능하다고 볼 수 있는데, 그나마 헥셔-오린 정리가 리카도 이론보다 현실적으로 더 적용가능성이 있다. 왜냐하면 관광객을 유인하는 힘은 단순히 리카도이론에서 주장하는 생산비(노동생산비)의 차이에 의존한다기보다는, 오히려 현실적으로 수려한 경관, 문화유산 등 부존 생산요소에 의해 좌우되는 경향이 더 크기 때문이다.

한편, 벨라스 등은 "국제 관광교역의 바탕이 되는 것은 '절대적 자원'(absolute resources)이지 '상대적 자원'(relative resources)이 아니다"라고 주장한다(Vellas and Becherel, 1995: 76). 대만인들의 한국 雪景 관광수요에서 볼 수 있듯이, 한 나라의 '독특한'(unique) 자원이 국제관광의 매력요소가 될 수 있지 '상대적으로 더 많은' 자원이 매력요소가 되지 않는다는 것이다.

사실 일반상품 교역과는 달리, 국제관광이동이란 교역은 비경쟁적이며 특수하고 '독특한'(unique) 생산요소—즉 비이동성의 자연 관광자원, 비재생산성의 경관, 쾌적한 기후, 독특한 문화 등 공공재적 성격이 강한 생산요소—에 의해 주로 결정된다. 전세계적으로 보더라도, 스페인, 이탈리아, 그리스 등 지중해 연안 국가, 카리브 국가 등 부존 자연·문화관광자원이 풍부한 나라들이 비교우위를 통해 관광수출을 많이 하는 것은 보면 이 주장이 설득력을 지닌다.

그러나 부존 관광자원이 상대적으로 더 풍부하다고 할 수 없는 서유럽 富國, 예를 들어 독일, 프랑스, 영국 같은 국가들이 최대 관광수출 국가들 중에 속하는 것은 무슨 이유일까? 그 이유는 아마 다른 곳에서 찾아야 할 것으로 생각된다. 그 이유가 되는 몇 가지 연구가설을 들어 보도록 하자.

---

2) 이미 앞에서 설명한 바 있지만, 리카도는 교역패턴의 결정을 교역당사국간 생산함수의 차이, 구체적으로는 노동생산성의 상대적 차이(즉 노동생산비의 상대적 우위정도)로 설명하고 있는데 반해(이를 古典派 노동생산비설이라고도 한다), Hecksher-Ohlin의 교역모형은 리카도 모형과는 달리 동일한 생산기술·수요구조를 가정하며, 교역패턴의 결정요인을 상호교역국간 요소부존도(factor-endowment)의 상대적 차이에서 찾고 있다(이를 新古典派 요소부존설이라고도 한다).

먼저, 관광자원의 상대적 비교우위가 아니라 경제적 능력(소득수준), 인접국 가와의 지리적 근접성 같은 요인이 오히려 관광수요의 더 큰 유발요인이 된다는 주장이 그것이다(김사헌·송운강, 2001; 김재걸, 2008). 또 다른 학자들은 관 광교역 수요는 **규모의 경제**(economies of scale), 시장지배력, 생산요소의 질 적 차이, 정보 및 기술의 국가간 차이 등에 의해서도 좌우된다고 주장된다 (Sinclair and Stabler, 1998: 207~208). 크라우취(Crouch, 1995)나 림 (Lim, 1997b), 위트-위트(Witt and Witt, 1992), 김사헌(1999) 등은 소득 과 물가, 상대가격, 환율 등을 주요 국제관광교역의 설명변수로 제시하고 있다. 이런 식으로 경험적으로 검증되거나 혹은 검증되지 않은 제 설명변수들에 대한 이제까지 학자들의 논의나 주장(가설)은 수없이 많다.

뉴스 속의 관광경제

문화도 부존자원이다: 2002한일 월드컵, 한국의 응원문화

한국상품 · 관광 '붐' ⋯日本열도 '대~한민국'

일본 기업과 전문가들이 잠재적 대형 호재로 꼽고 있는 것은 다름 아닌 "한국 붐"이다. 이번 [2002월드컵] 대회를 통해 한국 선수들이 보여준 투혼과 국민 들의 다이내믹한 응원 열기가 일본인들을 감동시킴에 따라 한국 상품의 이미지 향상은 물론 한국을 직접 찾는 관광객이 폭발적으로 늘어날 것이란 예상이다.

일본 관광객들의 한국방문은 야스쿠니 신사 참배와 역사교과서 왜곡문제 에서 비롯된 양국간 마찰로 올해는 하향 곡선을 그렸다. 한국관광공사가 금년중 작년보다 4만명 늘어난 2백41만명의 유치목표를 잡고 있지만 지난 5월까지의 실적은 오히려 8% 이상 줄어드는 부진을 면치 못했다. 그렇

붉은 악마들의 월드컵 응원모습

지만 한국이 4강 신화를 창조하고 한국응원에 동참하는 일본 팬들이 줄을 이으면서 분위기는 달라졌다.

신희수 한국관광공사 도쿄지사장은 "JTB 등 일본 대형 여행사들이 한국방문 관광객 유치활동을 대폭 강화할 움직임을 보이고 있다"며 "방문지역도 서울 중심이 아닌 10개 대회 개최지로 다변화하는 것을 적극 검토중"이라 고 전했다. 그는 "얼어붙어 있던 일본 내수시장도 월드컵 열기로 다소 온기를 찾았지만 한국관광이야말로 월드 컵을 계기로 상반기의 침체를 벗어나 앞으로 일본인들 해외여행의 키워드가 될 가능성이 높다"고 내다봤다.

자료: 2002년 7월 3일 한국경제신문 50면(비즈 인 코리아)

2. 국제 관광교역의 찬반론: 보호무역주의 대 자유무역주의

경제발전에서 무역의 역할에 대한 찬반론은 역사적으로 여러 각도에서 전개되어 왔다. 특히 아담 스미스, 리카도, 헥셔-오린, 하벌러(G. Haberler), 뮌트(H. Myint), 마이어(G. Meier) 등의 학자계열은 **자유무역주의**를, 리스트(F. List), 뮈르달(G. Myrdal), 프레비쉬(R. Prebisch), 허쉬만(A. O. Hirschman) 등의 학자계열은 적어도 일정수준에 이르기까지는 **보호무역주의**가 필요하다는 주장을 펴왔다.

그러나 이들의 논의는 무역 전반, 특히 1, 2차상품의 교역에 한정한 것이지 서비스교역을 염두에 둔 것은 아니다. 이들은 특히 서비스교역 중 여행교역에 대해서는 일언반구도 하지 않았다. 사실 선·후진국을 망라하여 볼 때, 전체교 역에서 차지하는 서비스교역의 비중은 결코 낮은 편이 아니다. 상위소득국의 경 우 서비스상품의 수출입은 20% 내외에 이를 정도이다. 이러한 점을 염두에 두 고, 이 절에서는 서비스교역 중 특히 여행교역의 중요성과 그 찬반입장에 대해 살펴보기로 한다.

국제수지 규모는 여행수지 규모와도 어느 정도 상관이 있으므로, 보호무역주 의 입장을 지지하는 국제수지정책 입안자들은 이 '불요불급'한 사치성 외화낭비 를 줄이는 것이 곧 국제수지 적자를 줄이는 방안이라고 생각한다. 그러나 이 여 행수입 억제정책이 과연 효율적인 국제수지 방어수단이 될 수 있는가에 대해서 는 여전히 논란의 여지가 있다.

거의 어느 나라에서나 여행자 운송비(항공과 해상운송비)는 전통적으로 논외 로 삼고 있으므로, 여행수지정책은 대개 F.O.B. 여행수지 즉 여행자 운송비 외의 제지출 사항에만 국한하여 논의되고 있다. 이 절에서도 운송비는 논외로 하고 기타 관광여행비 지출에 대해서만 살펴보기로 한다.

1) 관광수입 억제론: 보호무역주의

국제관광여행을 어느 정도 규제해야 된다는 주장은 대개 개발도상국의 학자 들이나 정책결정자들의 입으로부터 나온다. 이들 주장의 이론적 근거와 규제의 방법에 대해 간단히 살펴보자.

(1) 해외여행 규제의 논거

① **외환 절약론**: 해외여행 억제는 외환을 절약하고, 그만큼 국제수지적자 해소에 기여한다. 평가절하(devaluation) 등 본격적인 금융재정정책을 펼 수 없거나 펼 처지가 안되는 국제수지 적자국들은 대안으로서 이런 準 조정조치(quasi-adjustment)를 취하게 되는데, 이 중의 하나가 여행제한 조치이다.

② **조세불평등 시정론**: 조세는 형평성의 원칙에 따라야 한다. 그러나 현실적으로 국제교역이 이루어지는 구조를 살펴보면 조세정책이 불평등하다는 비난을 면하기 어렵다. 예를 들어, 우리나라의 경우에도 국내에서 판매하는 수입완제품에 대해서는 고율의 소비세를 부과하면서도 소비자가 해외현지에서 소비지출을 행하는 경우나 값비싼 외국제품을 휴대하여 반입하는 경우, 면세하거나 아니면 국내 제품 소비보다 관대하게 처리(대개 세율 20% 내외에서 징세)하는 것이 관례이다. 미국의 경우에는 국내항공여객들에게는 예외없이 세금(5%)을 부과하면서도 해외 항공여행자에게는 - 아마도 조세징수의 기술상 어려움 때문에 - 조세를 부과하지 않고 있는 실정이다. 따라서 해외여행세를 부과(1997년부터 우리나라도 인당 1만원씩 부과하고 있으며 2004년부터 출국세(출국납부금)의 명목으로 항공권에 포함하여 징수)하는 정책은 이런 류의 비형평성을 어느 정도 시정할 수 있는 장치라 할 수 있다.

③ **정책의 신축성**: 다른 대부분의 큰 외환관련 정책들(예컨대, 환율정책과 수출입관련 금융재정정책)은 경직적이어서 한번 수립·집행하면 단기간에 폐기하기 어려운 비교적 장기적 성격의 정책들이다. 그러나 여행규제조치는 일시적으로 취할 수 있는 경직성이 비교적 약한 정책 중의 하나라고 할 수 있다. 또 여행산업은 비교적 평균성장률이 높은 산업이므로, 저성장 산업을 규제하는 것보다는 여행산업을 규제하는 것이 개별 기업경제 측면에서도 손실을 덜 준다는 주장도 있다.

(2) 해외여행 규제의 각종 대안

① **총통화 규제방식을 통한 국내 디플레정책**: 자국통화에 대한 디플레정책(devaluation of domestic currency, 자국통화의 평가절하 정책)은 수출증대·수입억제효과를 유발시켜 국제수지 적자해소에 크게 도움이 되기도 하지만, 한편으로는 적잖은 국가경제적 부작용을 낳을 수도 있다.

　국제여행수지의 개선이라는 제한된 목표만 놓고 본다면, **자국통화의 평가절하정책**은 이론적으로 효과적인 여행수지 방어정책의 하나에 든다. 왜냐하면

자국통화 평가절상/절하
미국 달러와 같은 기축통화에 대해 자국의 화폐가치를 고의적으로 낮게 유지하는 것을 자국통화의 평가절하(즉 환율인상)라 하고, 반대로 높게 하는 것을 평가절상(환율인하)이라고 한다. 우리나라는 자유변동환율제를 취하는 국가이므로 인위적인 평가절상/절하 정책을 취하지 않고 외환시장에 개입하여 소극적으로 달러의 매입 또는 판매를 통해 자국통화를 안정시키는 정책을 취하고 있다.

자국통화의 평가절하(환율인상)는 자국여행자의 해외구매력을 축소시키는 결과를 가져오므로 소득탄력적인 해외여행 수요가 감소되는 효과를 기대할 수 있기 때문이다. 그러나 과거 영국·프랑스 등 유럽의 경험(Sessa, 1983: 53~4)과 미국의 경험(Gray, 1970: 111)을 살펴본다면, 이 정책은 효과적인 해외여행 억제 방법이 되지 않음이 입증되었다. 왜냐하면, 디플레로 인한 불황은 해외여행이 손쉬운 상위 소득계층에게는 별로 영향을 미치지 않는 대신, 해외여행이 어려운 일반 서민·단순노동자 등 저소득 계층의 소득감소에만 직접 타격을 가한다는 점, 그리고 부유층은 소득이 다소 줄더라도 소비수준을 줄이기보다는 저축률을 감소시키는 쪽으로 대응한다는 점, 마지막으로 적잖은 해외여행자가 정년퇴직자로서 불황에 영향을 받지 않는―정액의 연금으로 해외여행을 하는―안정된 소득계층이라는 점이다.

② **해외여행자에 대한 외화보유 쿼타 부과**(외화환전 제한): 우리나라를 포함해 영국 등 많은 나라들이 채택해 온 방법으로서, 해외여행자들에게 외국으로 가지고 나갈 수 있는 외화의 상한선을 정하고 그 이상은 환전해 주지 않는 방법이다. 과거 우리나라도 외환사정이 어려웠던 시기에는 환전제한이 심했었지만, 90년대 들어 환전제한이 많이 완화되었다가 최근에 들어서는 거의 해제된 것이나 다름없다. 즉 90년대 초에는 해외여행(1회 60일 이내 한정)의 경우, 한때 외화로 바꿀 수 있는 한도를 기본경비 5천달러(20세 미만은 2천달러)로 제한하였다가, 최근에는 기본경비를 1만불로 상향시켰다. 2002년 중반부터는 5만불 이내 소지는 세관신고(5만불을 초과할 때는 韓國銀行에 신고)만 하도록 하여 사실상 규제는 해제된 것이나 다름이 없다. 그러나 외환사정이 안 좋은 나라들(대부분의 후진국들)의 경우 만약 여행자가 암시장 이용 등을 통해 이 환전규제를 피해간다면, 국가경제적으로 긍정적 효과보다 부정적 효과가 오히려 더 커질 수 있게 되는 점도 배제할 수 없다.

③ **해외관광 여행세 부과**: 해외관광에 대해 과세하는 방법으로서는 (1) 여행세 성격의 관광출국세 부과방법(우리나라는 '관광출국세' 명목으로 인당 1만원 부과중), (2) 여권발급시 발급세 명목으로 세금을 부과하거나 여권발급을 제한하는 방법, (3) 해외에서의 지출액의 많고 적음에 대한 세금을 부과하는 방법, (4) 해외 체재기간에 따라 일정비율씩 비례징세를 하는 방법, (5) 해외 소비용 외화환전에 대해 일정률의 사전조세를 하는 방법 등을 들 수 있다. 특히 사전조세는 자국통화의 평가절하와 동일한 효과를 꾀할 수 있는 관계로 이상적인 정책으로 평가되며, 유럽 등 각국에서 선호하는 시책이다.

해외여행세를 부과하는 정책은 그 나름의 장단점이 있지만, 그 중의 대표적 부작용이 **조세저항** 내지 회피행위이다. 자국 밖으로 외화를 불법유출한다거나, 해외진출 기업이 수령한 공사대금을 해외로 빼돌린다던가, 해외자산을 처분하여 외화자금으로 전용한다거나 또는 나라간 상품교역시 단골 바이어들과 담합하여 신용장 과다기재(over-invoicing)를 하는 등이 그 사례이다. 반면에 외환지출에 비례한 조세부과는 개인의 능력과 선호에 따라 외화를 소비하게 하는 등 개인의 효용극대화 행위에 간여하지 않는다는 장점 때문에 외화보유 쿼터 부과법 보다는 이점이 있다. 그러나 조세부과이든 쿼터 법이든 간에 자발적 제시자료가 명확치 않으면 조세의 정확성을 기하기 어렵다. 규제나세금을 교묘히 회피하는 경우가 많을수록 선의의 피해자에게는 큰 피해가 돌아가게 마련이다.

④ **기타 규제방법**: 우리나라에서 과거에 실시했던 기타 규제방법은 많다. 여권(특히 관광여권)의 발급제한, 관광 허가연령 제한(1985년에는 50세 이상만, 1987년에는 45세 이상만, 1988년에는 30세 이상만 여행을 허가하는 등 연령제한정책 실시), 은행 예치금제도(해외여행 희망자는 지정은행에 원화 200만원을 예치하도록 하였던 제도), 여행기간 제한, 여행허가제(공무원의 경우, 소속 장관의 허가를 받고 출국케 하는 제도) 등이 그것이다. 이외에도 1960~80년대 우리나라가 실시해왔듯이 신원조회 제도와 소양교육 제도, 병역필 확인제도 등 번거로운 절차 강요를 통해 여행수요를 간접적으로 위축시키는 방법이 있다.

⑤ **선전·호소방법**: 해외여행자의 애국심에 호소하는 방법에 속하는 것으로서 불요불급한 해외여행 자제, 국산품 애용 등을 해외여행자들에게 홍보·호소하여 외환의 유출을 줄이도록 유도하자는 소극적인 정책이다. 실제로 각국이 보조적으로 이 수단에 많이 의존하고 있다. 미국 같은 나라도 "내 나라를 먼저 구경하자"(See America first), "내 나라 상품을 사자"(Buy our goods) 등의 선전을 해온 적이 있으며, 우리나라도 최근 한국관광공사나 문화관광부가 방송매체를 통해 이런 식의 공익광고를 자주 내보내고 있다.

⑥ **여행수출의 증대**: 이상의 시책과는 달리, 적극적으로 여행수출(해외관광객 유치)정책을 전개해 여행수입으로 인한 수지적자를 보전하고자 하는 정책 중의 하나가 여행수출의 증대이다. 여기에는 물론 마케팅과 각종 보조정책(외국인 면세, 여행수출업체에 대한 조세혜택 등)이 뒷받침되어야 한다.

2) 관광수입 허용론: 자유무역주의

경제가 일단 어느 궤도에 오르면 해외여행을 자유화시켜야 한다는 주장은 이론적으로 크게 논의된 바 없다. 단지 우리는 과거 선진국들의 경험을 통해서 여행수입 개방정책이 그 나라의 경제적 성취도에 어느 정도 비례하여 추진되어 왔다는 점을 확인할 뿐이다.

여기서는 자유무역주의론적 시각에서, 허쉬만(A. O. Hirschman)이나 하벌러(G. Haberler) 등의 주장을 빌려 해외관광 허용정책(觀光收入政策)의 당위론에 대해 검토해보기로 한다.

(1) 무역 확대가 시장수급 문제 해결의 수단이듯이, 해외여행 확대는 장기적으로 경제의 국제화를 촉진하는 수단이 된다. 외래관광객 유치가 자국을 해외에 알리고 잠재적 고객을 만드는 방안이듯이 해외관광 허용도 자국을 해외에 널리 선전하여 경제적·사회적 이미지를 심는 방안 중의 하나이다. 경제가 일정한 궤도에 오르더라도 해외관광을 수입하는 것은 허쉬만이 이야기하듯이, 자국 경제발전을 위한 '수요의 척후병'(demand reconnaissance) 역할을 한다고 할 수 있다.

(2) 무역 자체가 그렇듯이, 관광 輸入은 '모방의 창구' 역할을 한다. 해외견문의 확대와 더불어 다른 나라의 기술, 경영기법, 상품지식을 몸소 현지에서 배우고 체험하여 수출상품에 응용함으로써, 장기적으로는 자국의 수출경쟁력을 제고시킬 수 있다.

(3) 관광 輸入은 무역 흑자국의 경우 해외의 무역개방 압력이나 자국화폐의 평가절상 압력을 해소하는 방편의 하나가 될 수 있다. 실제로 무역흑자로 인한 해외압력에 직면했던 일본, 대만, 그리고 우리나라(1988, 1989년의 경우)는 관광수입의 허용이나 확대를 통해 부분적으로나마 해외로부터의 무역압력에 대응해 온 바 있다. 예컨대 우리나라는 유사 이래 최초의 대규모 무역흑자(무역수지 흑자 114억달러)가 올림픽이 열린 해(1988년)에 발생하였는데, 이에 고무되어 정부는 1989년부터 해외여행의 전면적 자유화 조치를 단행하였다. 또 일본은 국제화시대에 대응하고 과다한 국제수지 흑자분의 해외소비를 촉진하기 위해 1986년에 552만명이던 해외여행자수를 목표연도인 1991년에 약 두 배인 1,000만명 수준으로 배증키 위한 종합시책인 **'해외여행 배증계획'**(Ten Million Plan)을 1987년 9월에 발표한 바 있다. 일본은 특히 이 정책을 외화소비를 통한 국제무역 마찰 해소책의 일환으로 추진하였는데, 1986년 당시 약 60억엔이던 관광수지 적자를 1991년 말에는 약 170억엔으로 증대시켜 경상수지 흑자폭을 대폭 줄인다는 것이 이 계획의 기본골격이었다. 이 계획은 1990년에 이미 해외여행자가 천만명을 돌파하여 목표가 사전 달성되었다.

제3절 국제관광의 통계체계

1. 국제여행 통계의 집계방식

국제여행과 관련된 통계는 나라마다 집계방식도 다양할 뿐 아니라 한 나라 안에서도 여러 가지 기술적 어려움(예컨대, 관광자의 정의, 지출항목의 분류와 집계방식 등)으로 통계의 부정확성 또는 불일치의 정도가 심하다. 여기서는 국제적으로 통용되는 주요 통계들 중 여행자수 집계방식과 여행수지 통계현황을 중심으로 기술해보겠다(White & Walker,1982; Baretje,1982; Edwards, 1991 등 참조).

1) 觀光旅行者統計 집계방법

관광여행자수 집계를 위해 세계 각국은 대개 다음과 같은 5가지 방법 중의 일부 또는 전부를 채택하고 있다.

(1) 입출항지에서 출입국자 총수를 세는 방법

출입하는 국경(대개 국제관문인 공항 또는 항구)에서 입국카드를 이용하거나 또는 법무부 출입국 직원을 통해 직접 거주지별, 국적별, 연령별, 직업별, 방문목적별 통계를 조사하는 방법이다. 이 조사방법은 출입통행량이 별로 많지 않은 국경과 국제항공편을 이용하는 입국자를 대상으로 실시하기에 알맞은 방법이다.

입국자 대다수가 항공편을 이용하거나 입국자 비중이 그리 크지 않은 지역에서는 출입국 카드가 완전히 분류되지 않아도 국경지역에서의 검문을 통한 정보수집이 집계기준이 될 수 있다. 대개 입국카드에서 얻을 수 있는 여러 정보 중 일부만을 이용하는 나라들이 많은 편이지만, 어떤 나라는 출입국 카드의 날짜를 비교해 체재일수를 산출해 내기도 한다. 또는 여권에 찍힌 입국 직인에 나타난 날짜를 출국 때 확인하는 방법을 쓰기도 한다(韓國觀光公社, 1990).

우리나라에서는 출입국자가 작성하여 제출한 출입국 카드를 법무부가 전산입력하고 이를 통계처리하여 발표한다. 이 자료를 한국관광공사가 협조받아 유형별로 분류한 후 그 결과를 「한국관광통계」라는 책자를 통해 월별 연도별로 발표해오고 있다 〔그림 7-1〕의 목적별 입국자수 통계와 〔그림 7-2〕의 국적별 입국자수 통계가 바로 이 입출항지 집계방식에 따라 조사된 월별 통계수치이다.

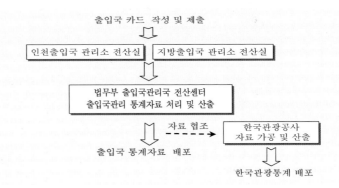

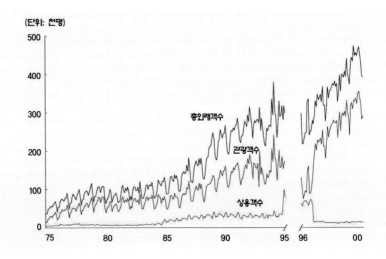

그림 7-1

목적별 방한 외래객의 월별
입국자수(1975~2001)

주: 1994년 10월부터 95년 12
월까지의 월별 통계는 법
무부출입국사무소의 통계
집계 방식(여행 목적구분)
이 부분 변경실시되어 자
료가 누락되어 있음.

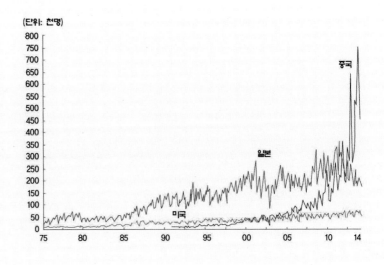

그림 7-2

국가별 방한 외래객의 월
별 입국자수(1975~
2014)

(2) 출입국자 표본추출을 통한 개별 표본 면접 또는 설문지조사 방법

이 방법은 대규모 출입이 이루어지는 국제공항을 이용해 이루어진다. 이 조사방법의 장점은 출입국 카드를 통해서 얻는 정보보다 훨씬 광범위한 자료(즉 출입국후 방문 장소, 숙박시설, 소비행태 등)를 얻을 수 있다는 점에 있다. 우리나라는 한국관광공사가 매년 발행하는 「외래관광객 여론조사」, 「국민해외여행 실태조사」를 이 방식에 따라 작성하며, 영국 같은 나라도 관광수입 자료를 이런 방식으로 산출해낸다. 그러나 충분한 표본조사를 위해서는 많은 경비가 소요되며, 조사원의 훈련 등에 신경을 써서 대표적 표본이 될 수 있는 조사대상자를 선정, 면담할 수 있도록 해야 한다는 어려움이 따른다. 조사지점에 따라 입항지 조사방법, 機內 조사, 육로 입국자 조사방법 등이 있을 수 있다.

(3) 전국민 대상 표본조사 방법

조사대상자는 여행을 전혀 안 하거나 자국 내에서 여행하는 국민 모두가 포함되며, 휴가관광 행태 파악을 위해 주로 우리나라나 서유럽국가들이 사용하는 조사방법이다. 현재 우리나라 한국관광공사가 거의 매년 실시하는 「국민 여행실태조사」가 여기에 해당된다.

(4) 숙박시설 이용자조사 방법

숙박시설 이용자수와 숙박일수는 그 숙박시설의 소유주 또는 운영자들에 의해 기록되며, 경우에 따라서는 관할지역 경찰이 기록하기도 하는데 이 기록은 관광업무 소관기관으로 넘겨지게 된다. 관광객들이 머무는 모든 장소(친지 집에 머무는 경우 등 포함)를 다 조사할 수는 없으므로, 이 조사에서는 대개 공식등록된 숙박시설(주로 호텔)만을 대상으로 한다.

2) 관광수지통계 집계방법

(1) 은행거래액 추정법

해당국가의 중앙은행이 각 은행지점 등을 통해 관광객에 의한 거래액에 대해 자료를 수집하는 방법이다. 주로 외환은행을 통해 구입한 외화와 판매에 대한 자료(현금, 지폐, 수표, 신용카드 등)가 수집된다.

외환관리가 엄격히 통제될 수 있는 나라에서는 중앙은행이 이 방법을 통해 관광목적의 외환거래 현황을 비교적 정확히 파악할 수 있지만, 현실적으로는 암시장 등 場外去來를 통해 빠져나가는 외환은 파악할 수가 없다. 우리나라의 경우, 여행수지를 파악하는 방법은 다음과 같다.

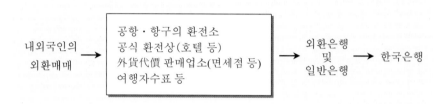

즉 출입항의 환전소(공항 등의 은행출장소)와 공식적인 외환거래소(관광호텔 등 공식환전소)에 외화를 매각하고 그 결과를 외환은행(또는 일반 시중은행)을 거쳐 한국은행이 보고 받아 여행항목의 수지를 집계한다. 한국은행은 이 방법 외에도 간접적인 방법으로서 무역외 수지 항목 중 기타 부문인 운수, 보험, 잡용역, 증여 등 계정체계가 수립되어 있는 항목부터 파악 후 나머지 잔여액을 여행수지로 간주하는 방식을 병행한다.

(2) 표본조사 방법

계층화된 표본을 사용하는 조사방법으로서 인당 평균지출액을 조사하고 여기서 얻어진 평균치를 관광객의 총수에 곱하여 지출액을 산정한다. 다른 또 하나의 방법으로서 각 숙박업소에서 관광객이 투숙하고 간 숙박일수를 보고받고 그 숙박체류기간에다가 관광객의 소비액수를 곱하여 산출하는 방법을 쓰기도 한다.

2. 내외국인 출입통계 현황

국제관광의 이동량 통계는 각국의 관광관련 기관이 나라마다 독자적으로 파악하며, 다시 국제관광기구(WTO)나 경제협력개발기구(OECD), 또는 아시아·태평양관광협회(PATA) 등 관련국제기구가 이를 취합하여 발표해 오고 있다. 각국 혹은 국제기관이 작성하는 통계는 크게 외국인 입국통계와 내국인 출국통계로 나누어 볼 수 있다.

1) 외래객 입국관련 통계

(1) 입항지 도착 내방자수(visitor arrivals at frontiers) 통계

방문목적이나 체재기간(24시간 미만의 통과객도 포함)에 관계없이 입항지의 '기록'을 통해 모든 내방자를 파악하는 통계와 최소 체재기간 이상(WTO의 경우 24시간 이상) 머무르는 자만을 파악한 관광자수 통계 등이 있다.

그런데 입항지가 소수일 경우(예: 한국, 일본, 호주, 뉴질랜드 등)에는 비교적 출입의 파악이 용이하므로 관련통계는 작성하기도 쉽고 또 신뢰성도 높아 비교적 신뢰할 만하다. 더구나 이민국 제출용 출입서류를 작성하도록 할 경우 출입객 숫자뿐만 아니라 국적, 성별, 연령, 여행목적, 직업 등의 정보까지 쉽게 얻을 수 있다. 그러나 입항지가 다수일 경우(예: 유럽대륙의 각국 등)에는 출입객 숫자 파악이 곤란하기 때문에 출입규모는 대개 추정에 의존한다.

(2) 숙박시설 도착자수(또는 총숙박일수) 통계

대부분의 숙박지에서는 숙박할 때 숙박등록부를 작성하게 되므로 이 자료를 통해 숙박자수 또는 집계된 외래방문자에 평균숙박일수를 곱하여 총숙박일수 통계를 산출한다. 대개 평균숙박일수는 표본조사를 하거나 출입국카드의 기록을 이용하여 집계한다. 그러나 등록호텔만을 대상으로 하는 경우도 있고, 인가된 호텔만을 대상으로 하는 등 기준이 통일되어 있지 않다.

(3) 입항지 도착 방문자가 지출하고 간 총지출액 통계

항공료 등 운송비를 제외하고 외래방문자가 국내에서 지출한 금액을 조사한 통계로서, 대개 표본조사를 통해(우리나라의 경우, 한국관광공사가 행하는『외래관광객 여론조사』를 많이 활용) 집계한다. 이 관광외화 수입을 국가별로 분류 집계하는 나라는 아주 드물며 대부분의 경우 이 통계를 연간으로만 집계한다.

2) 내국인 해외여행관련 통계

내국인의 해외여행관련 통계는 크게 (1) 내국인 해외여행자수(관광여행자수) 통계, (2) 내국인 여행자(또는 관광자)가 외국에서 체재한 숙박일수 통계, 그리고 (3) 내국인 여행자가 외국에서 쓴 총지출액 통계 등으로 나눌 수 있다.

내국인의 해외여행통계는 여행목적지별(국가별 또는 지역별)로 외국여행을 한 모든 내국인의 연인원과 총숙박일수 또는 지출액을 조사하는 것이 관례이지만,

실상 1인의 여행자가 여러 나라를 복수여행하는 경우가 많으므로 행선지는 대개 하나로 집계된다. 복수목적지인 경우, 체류기간이 가장 긴 나라만을 행선지로 집계하는 나라도 있고, 첫 방문국만을 집계하는 나라도 있으며, 마지막 방문국을 집계하는 나라도 있다. 관광목적 여행자 통계의 경우 적어도 4박 이상의 여행만 집계하는 나라가 많으며, 보통 5~10개의 주요 행선지별로만 그 내역을 집계한다.

우리나라는 여행자수의 경우 법무부 출입국 제출 카드자료를 토대로 여행자 스스로가 기재한 행선지별(주요 국가별), 여행목적별, 직업별 통계만을 발표해 오고 있으며, 해외여행자 지출통계의 경우는 각 은행을 통해 공식 환전된 외화 규모를 한국은행이 취합하여 총경비지출액을 발표해 오고 있다. 한편, 한국관광공사는 격년 간격(1993년까지는 매년, 1998년부터 2001년까지 격년, 2004년부터 매년)으로 실시하는 표본조사인 「국민여행실태조사」를 통해 해외여행자관련 조사를 실시해오고 있다. 2009년부터는 한국문화관광연구원에서 매년 「국민여행실태조사」를 수행하고 있으며 2018년부터는 「국민여행실태조사」라는 명칭으로 발표하고 있다.[3]

3. 관광통계 집계상의 문제점들

이제까지 관광통계의 집계방식, 출입통계의 내용을 살펴보았다. 그러나 이들 집계된 통계는 여러 가지 문제점으로 통계의 신뢰성이 낮을 뿐더러 통계 상호간의 비교도 무의미한 경우가 많다. 이들 문제점들을 살펴보도록 하자.

1) 방문자 개념 정의의 불일치 문제

첫째로 방문자 혹은 관광자의 개념을 각국이 서로 다르게 정의하는 경우가 많아 총량통계의 신뢰도가 떨어진다. 예를 들어 WTO는 국제관광수지에 대한 자료수집방법에 대해 세계 각국에 설문지를 보내고 이를 회수하여 분석한 바 있는데, 그 결과는 다음과 같다.

---

3) 한국관광공사가 실시, 발표해온 「국민여행실태조사」는 그동안 몇 차례 발행 간격을 바꾸었다. 2009년부터는 「국민여행실태조사」를 한국문화관광연구원에서 시행하고 있다.
1976년~1992년: 3년 간격(명칭: 전국민여행동태조사), 1993년~1997년: 매년 조사(명칭: 국민여행실태조사로 개칭)
1998년~2001년: 격년 간격 조사(명칭: 국민여행실태조사), 2004년~2017년: 매년 조사(명칭: 국민여행실태조사), 2018년: 매년 주사(명칭: 국민여행조사로 개칭), 2019년~현재: 반기별 조사 예정(명칭: 국민여행조사)

(1) 방문자 정의의 국가별 채택유형

WTO 정의를 채택하는 국가: 76%

IMF 정의를 채택하는 국가: 16%

기타 정의를 채택하는 국가: 8%

(2) 방문자 정의에서 제외하는 항목

당일 행락자(excursionists)를 제외하는 국가: 39%

사업자를 제외하는 국가: 10%

외국에 거주하는 교포를 제외하는 국가: 47%

통과여객(transit passenger)을 제외하는 국가: 45%

방문자 개념정의의 불일치현상은 가장 널리 이용되고 있는 관광통계인 외래객수 통계에서 가장 심하게 나타나고 있다. 당일 여행자를 제외한 입항지 도착자수 통계, 당일여행자를 포함한 입항지 도착자수 통계, 숙박시설 도착자수 통계는 확실히 다른 대상을 측정하고 있는데도, 이 통계들은 일반적으로 모두 '외래객수 통계'라는 개념으로 취급되며, WTO는 이렇게 측정대상이 다른 각국의 통계들을 합산하여 전세계 국제관광통계를 산출하고 있다.

제3세계 국가들의 경우에는 당일여행자가 적고 대부분의 외국인 관광객이 공식 등록된 호텔을 이용하므로 어떠한 방식으로 통계를 산출하건 간에 큰 차이가 발생하지 않는다. 그러나 미국, 캐나다, 유럽국가들처럼 당일여행자의 비중이 높은 나라들은 이들의 포함여부가 엄청난 차이를 가져올 수 있다.

2) 입항지 도착자수 집계의 난점

입항지 도착자수 속에는 당일여행자들이 많이 포함된다. 특히 육상 교통수단 이용이 압도적으로 많은 경우, 도착자수를 일일이 집계하기가 어려우며, 이를 모두 집계하려면 집계인력을 늘려야 하기 때문에, 유럽에는 편의상 숙박시설 도착자수만을 집계하는 나라들이 많다.

일부 국가에서는 입항지 도착자수와 숙박시설 도착자수를 모두 집계하고 있는데, 양 통계는 상호간 매우 큰 편차를 보이고 있다. 예컨대 헝가리는 5:1, 이탈리아는 2.5:1, 스페인은 3.8:1의 차이를 보이는 등 입항지 도착자수가 숙박시설 도착자수를 훨씬 능가한다고 한다. 같은 입항지 도착자수 통계라 할지라도 외래객을 국적별로 분류하느냐 거주국별로 분류하느냐에 따라서(우리나라는 국적별 분류를 사용) 송출국별 내역에 큰 차이가 날 수 있다. 홍콩, 싱가포르, 사우디아라비아 같은 나라에는 외국국적을 가진 사람들이 많이 거주하고 있기 때문에 일본, 한국, 베네수엘라 같이 외래객을 '국적별'로 집계하는 나라들의 입국자수 통계는 상당수의 홍콩, 싱가포르, 사우디아라비아 거주민들이 그곳이 아닌 제3의 국가에서 출발한 여행자처럼 위장집계되고 있는 실정이다.

또 일본에는 우리나라 국적을 가진 교포가 많이 살고 있어(2006년 말 현재 약 60만명 거주) 이들의 모국방문이 잦은데, 우리나라가 이들을 국적별로 집계할 때에는, 국적상으로는 한국인이므로 입국외래객 총수에서 누락되는 반면, 거주국별로 집계할 때에는 포함되는 문제가 발생한다.4)

3) 숙박시설 도착자수와 숙박일수 집계의 문제점

숙박시설 도착자수와 숙박일수 통계는 일반적으로 친구나 친척집, 별장, 콘도미니엄, 대여숙박시설을 이용하는 많은 여행자들을 제외하게 된다. 나라에 따라 캠프장, 유스호스텔을 포함하는 등 관광통계에 포함하는 숙박시설의 범위가 다르지만, 숙박시설 도착자나 숙박일수로 외래객 통계를 산출하는 국가들의 약 3분의 1이 호텔 숙박자만을 통계작성 대상으로 하고 있다.

외래객의 대다수가 호텔을 이용하는 한국, 일본이나 태국의 경우에는 호텔도착자수만 집계해도 큰 문제가 되지 않지만, 예를 들어, 프랑스나 아일랜드 같은 나라는 외래객들의 여타 숙박시설 이용이 많으므로 호텔 도착자수만 집계하는 경우 편의(bias)가 발생한다. 미국인과 일본인들은 외국여행 때 주로 공식 숙박시설인 호텔을 많이 이용하지만, 독일인과 프랑스인 그리고 네덜란드인은 비공식적 숙박시설(informal accommodation, 민박 등)을 이용하는 경향이 높기 때문에 호텔 도착자수만 집계할 경우, 전체 여행자의 겨우 절반 정도만이 집계에 포함되는 오류가 발생된다고 한다.

또한 숙박시설 도착자 통계는 한 여행자가 한 나라에 체재하면서 2~3개의 호텔을 옮겨 다니며 숙박하는 경우 마치 2~3인의 여행자가 도착한 것처럼 복수 집계되는 오류도 발생될 수 있다.

4) 관광객 송출국측과 수용국측 통계의 상호불일치

여행자들이란 한번 나서면 여러 나라를 여행하는 경우가 많기 때문에 세계 각국이 집계한 내국인 해외여행자수의 합계는 행선지인 상대국에서 집계한 외래

---

4) 本章의 〔그림 7-2〕의 통계가 국적별로 집계된 우리나라의 입국자수 통계이다.

객수의 합계와 일치하지 않는다. 예를 들어, 한국인 여행자 1명이 홍콩, 싱가포르를 거쳐서 주된 목적지인 미국을 방문하고 오는 경우, 한국에서는 미국여행으로만 집계하는 반면 홍콩, 싱가포르, 미국에서는 각각 1인의 외래객이 방문한 것으로 집계하므로 세계적인 차원에서 보면 한국인 해외여행자 1인이 외래객 3인으로 중복계산된다. 미국과 캐나다 같이 두 개의 큰 나라로 구성된 북미보다는 작은 나라들이 인접하여 몰려 있는 나라(예컨대, 유럽, 동남아시아 등)에서는 이러한 외래객의 복수집계로 인한 통계의 불일치 문제가 심각하다.

각 송출국이 여행자의 복수목적지 중 주된 목적지 하나를 선택하여 집계하는 방법에서도 나라마다 차이가 있기 때문에 오차는 생기기 마련이다. 가장 체재기간이 긴 방문국을 주된 목적지로 간주하는 경우도 있을 것이고, 첫 방문국 또는 마지막 방문국을 주된 여행목적지로 집계하기도 하기 때문이다.

또한 내국인 외국여행자수와 외국여행 숙박일수 통계를 관광목적여행에 한정하여 산출하는 유럽 국가들이 많은데, 이들은 업무여행, 연수여행뿐만 아니라 일면 관광의 성격이 짙은 친구·친지 방문여행도 대개 제외하게 된다. 심지어 당일여행은 모두 제외하며, 주말여행 같은 단기여행조차 제외하는 나라도 있다.

이와 같은 여러 가지 요인들로 관광객송출국과 관광객수용국의 관광통계는 일치하지 않을 수밖에 없다. 다음의 〈표 7-1〉은 송출국인 영국 자체의 송출자수 통계와 행선지(수용국)에서 집계한 영국인 숫자를 상호비교하고 있는데, 같은 측정대상인 여행자수와 숙박일수가 측정국가에 따라 얼마나 큰 차이가 나고 있는지를 여실히 보여주고 있다.

표 7-1	영국에서 집계한 행선지별 영국인의 외국여행통계 (A)		각 행선지(수용국)에서 집계한 영국인의 외국방문통계 (B)		수용국측 통계에 대한 송출국측 통계의 比 (A/B)	
행선지	여행자수	숙박일수	여행자수	숙박일수	여행자수	숙박일수
오스트리아	762	6,934	753	4,213	1.0	1.6
호주	197	9,752	260	12,480	0.8	0.8
캐나다	337	8,257	527	6,814	0.6	1.2
프랑스	5,032	39,250	3,175	6,196	1.6	6.3
독일	1,329	10,632	1,186	2,559	1.1	4.2
그리스	1,715	25,382	1,790	-	1.0	-
이탈리아	1,036	12,121	1,819	6,584	0.6	1.8
네덜란드	1,060	5,194	711	1,511	1.5	3.4
포르투갈	1,108	14,298	1,065	5,415	1.0	2.6
스페인	6,828	89,447	7,646	31,914	0.9	2.8
미국	1,486	29,869	1,827	21,376	0.8	1.4

관광송출국 통계와 수용국 통계의 비교(1988) (단위: 천명/천泊)

주: 송출국은 영국임.

자료: Edwards(1991).

5) 관광수지 통계의 신뢰성 결여

관광수지에서도 통계의 불일치는 마찬가지이다. 대부분의 나라에서 관광수입과 지출은 주로 국제수지통계 산출을 목적으로 집계될 뿐, 국제관광의 양적 측정에는 큰 가치를 두지 않고 있다. 예컨대 국제운송수입 또는 운송지출과 같이 관광 측면에서 비중이 큰 항목이 관광부문 통계에서 제외되어(WTO 조사에 따르면, 응답국가의 87%가 국제운송수입을 관광수입에서 제외하고 있음) 타항목 통계의 일부로 집계되고 있다.

좀더 큰 문제점은 암시장 이용, 외환 직접거래 등 장외거래의 성행으로 공식 외환거래액의 탈루가 심하다는 점이다(Gray, 1970: 113~4; 박묘진, 1987: 41~3). 만성적인 외환부족상태에 처해 있는 후진국일수록 이런 場外 탈루가 심하고 따라서 관광수지 통계는 신뢰성이 낮아질 수밖에 없다.

우리나라의 경우에도 이런 현상은 예외가 아니다. 한국은행의 공식 여행수입(inbound receipt)통계와 한국관광공사의 「외래객 여론조사」에 나타난 외래방문자의 실제 인당 지출액 응답과 비교해 볼 때, 〔그림 7-3〕에서 보듯이 많게는 연간 총액오차가 무려 5.6억달러(83년의 경우), 배율로는 2.2배(82년)나 차이가 났다.

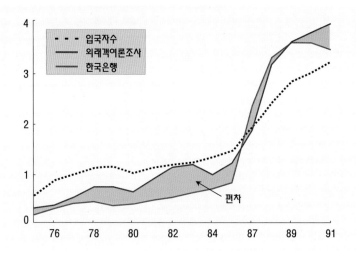

그림 7-3

입국자방문자수 및 국제여행수입액 추계치의 편차
(단위: 10억달러, 백만명)

자료: 한국관광공사, 「외래객여론조사」 및 「한국관광통계」, 각 연도별 자료를 토대로 작성.

▶ 생산요소(生産要素, production factors): 재화나 서비스를 생산하기 위하여 투입되는 모든 자원 또는 투입물을 말한다. 경제학에서는 전통적으로 토지, 노동, 자본(생산의 3 요소라 함)을 지칭한다. 토지는 땅과 하천, 해양, 지하자원 등 자연에 의하여 부여된 생산요소를 의미하며, 노동은 사람이 제공하는 생산요소이며, 자본은 기계나 공장, 원자재같은 생산요소를 의미한다.

▶ 절대우위(絶對優位, absolute advantage): 재화를 생산하는데 한 나라가 다른 나라보다 적은 양의 생산요소를 사용할 때 그 나라는 다른 나라에 비해 그 상품 생산에 있어 절대우위를 가진다고 말한다. 예를 들어 쌀과 밀을 생산하는데 필요한 요소가 노동력밖에 없다고 하자. 한국에서는 밀 한 단위 생산하는데 20 단위의 노동력이 필요하고, 쌀 한 단위 생산을 위해서 5 단위의 노동력을 필요로 하는 반면, 미국에서는 밀 한 단위 생산을 위해 노동력 10단위, 쌀 한 단위 생산을 위해 노동력 20단위가 필요하다고 하자. 이때 한국은 미국보다 적은 생산요소(노동력)를 투입해서 쌀을 생산하고, 미국은 보다 많은 생산요소(노동력)를 투입하여 밀을 생산한다. 이러한 경우 한국은 쌀, 미국은 밀 생산에 절대우위를 가진다.

▶ 비교우위(比較優位, comparative advantage): 한 나라가 다른 나라보다 한 상품을 다른 상품에 비해 '상대적'으로 적은 양의 생산요소를 투입해서 생산할 수 있을 때, 그 나라는 그 상품에 대하여 비교우위가 있다고 한다. 예를 들어 한국은 쌀과 밀을 생산하는데 12 단위씩의 노동력이 투입되고, 미국은 쌀 생산에 10단위, 밀 생산에 5단위의 노동력이 필요하다면(미국이 쌀과 밀을 생산하는데 있어 모두 절대우위) 비교우위는 두 나라 사이의 각 재화의 생산비 비율을 비교하면 나타난다. 한국과 미국의 쌀 생산비 비율은 12 : 10, 밀 생산비 비율은 12 : 5, 즉 미국의 쌀 생산비는 한국의 쌀 생산비의 83%(10/12), 밀 생산비는 한국의 42%(5/12)이다. 따라서 미국은 한국에 비하여 쌀을 생산하는 것보다 밀을 생산하는 것이 생산비가 상대적으로 적게 들어 밀 생산에 있어 비교우위에 있다. 반면에 한국의 밀 생산비는 미국의 240%(12/5), 쌀 생산비는 미국의 120%(12/10)이므로 한국이 미국에 비하여 밀보다 쌀을 생산하는데 비교우위를 가지고 있다.

▶ 헥셔-오린 정리(Hecksher-Ohlin theorem): 헥셔-오린 정리의 하나는 무역 당사국간에 생산요소의 부존량이 달라 생산비의 상대적 차이가 발생하여 무역이 일어난다는 이론이다. 이는 자기 나라가 상대적으로 풍부한 생산요소를 많이 사용하여 생산되는 상품에 비교우위가 있다는 것이다. 예를 들면 한국은 노동이 상대적으로 풍부하여 노임이 낮아 노동집약적인 직물생산에 비교우위를 갖고, 미국은 토지가 상대적으로 풍부하여 토지를 많이 필요로 하는 밀 생산에 비교우위를 가진다는 것이다. 다른 하나는 생산요소가 다른 나라로 이동하지 않더라도 만든 상품의 교역에 의해서 생산요소의 상대가격이 균등화하는 경향이 있다는 것이다. 예를 들어 한국이 직물산업을 특화하면 노동에 대한 수요가 늘어나 노임이 상승하고, 미국은 토지 집약적인 밀 생산을 특화하면 토지

에 대한 수요가 늘어나 토지의 가격이 상승하게 된다는 것이다.

▶ 레온티에프 역설(Leontief's paradox): 레온티에프는 1947년 미국의 생산자료 실적을 분석한 결과, 헥셔-오린의 주장(생산요소 부존량이 더 많은 것을 투입해 생산하는 것이 유리하다는 주장)과는 반대로 다른 나라에 비해 상대적으로 자본이라는 생산요소가 풍부한 미국이 오히려 자본집약적 상품을 수입하고 노동집약적 상품을 수출한다는 사실을 밝혀냈다. 이를 레온티에프의 역설이라고 한다. 레온티에프는 미국이 노동집약적인 상품을 수출하는 이유를 미국 노동자의 높은 생산성으로 설명하고 있다.

▶ 보호무역주의(保護貿易主義): 국방 및 경제안정을 위한 국민생산력의 육성, 완전고용의 달성, 국제수지의 유지 등을 근거로 국가가 적극적으로 무역활동에 간섭하여 국내산업을 적극 보호 육성해야 한다는 주장을 말한다.

▶ 자유무역주의(自由貿易主義): 국가권력이 무역활동에 개입해서 수입억제, 수출촉진, 관세장벽구축, 외환관리 등 인위적인 조작을 하지 말고 무역활동을 전적으로 시장의 기능에 맡겨 자유롭게 방임하자는 주장을 말한다.

▶ 관광송출국과 관광수용국 통계의 불일치: 관광송출국과 관광수용국의 통계는 다음과 같은 몇 가지 이유로 일치하지 않는다. 첫째, 한 여행자가 복수의 국가를 여행시 송출국의 출국자수와 수용국의 입국자 수가 일치하지 않는다. 둘째, 복수의 국가를 여행시 주된 목적지를 선택하여 집계하는 방법에 있어서 첫 방문국, 마지막 방문국, 체재기간이 긴 방문국 등 나라마다 차이가 있으므로 통계는 일치하지 않는다. 셋째, 여행의 목적에 따라 집계방식이 상이하여 일치하지 않는다. 우리나라 여행자 1명이 유럽으로 출장여행을 간다면 우리나라에서는 해외여행자로 집계되는 반면, 수용국인 유럽에서는 여행자로 집계하지 않는 예가 있다. 또한 주말이나 당일여행을 집계하지 않는 국가도 있으며, 특정국가의 여행객은 여행자로 집계하지 않는 경우도 있는 등 국가마다 관광객의 집계 방식이 상이하여 관광송출국과 관광수용국의 통계는 일치하지 않는 것이 보통이다.

연구문제

1. 관광수출입에 있어 리카도의 비교생산비설과 헥셔·오린의 부존자원설이 각각 적용될 수 있는 나라를 예로 들어 설명해보라.

2. 일반상품교역과 여행교역의 차이점에 대해 논하라.

3. 釜關 페리호를 타고 입국하는 모든 일본 여행자들은 다 F.O.B 가격구조를 지닌 관광객이라 할 수 있는가? 이를 분류하여 논해보라.

4. 국제관광교역에서 귀하는 보호무역을 찬성하는가 자유무역을 찬성하는가? 그 이유는 무엇인가?

5. 일반상품교역 통계와 비교하여 국제관광통계 집계가 더 어려운 이유는 무엇인가?

제8장

국제관광 수요의 결정인자와 수요모형

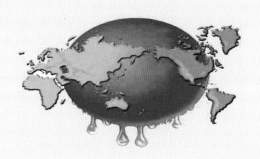

관광이 세계교역에서 차지하는 막중한 비중에 비한다면, 국제관광에 대한 연구는 크라우취와 쇼우(Crouch and Shaw, 1993: 175)가 지적했듯이 양적으로 그에 훨씬 미치지 못한다. 더구나 관광에 관한 다른 여러 연구업적에 비해서도 국제관광에 대한 연구는 상대적으로 등한시되어 온 감이 없지 않다. 그나마 이루어진 국제관광에 관한 소수의 연구마저도 객관적 방법론에 입각한 경험적 연구가 아닌, 처방적 내지 규범적 에세이류에 지나지 않는 내용이라는 평가를 면하기 어렵다.

다만, 국제관광연구에서 어느 정도 지식축적을 이룩한 분야는 '국제관광 수요결정인자'에 관한 연구이다. 국제관광 수요연구가 아직 "초창기 단계"(infant stage)라고 주장하는 일부 학자들도 있지만(Athiyaman, 1997: 227), 최근 메타분석을 통해 관광수요 연구의 일반화를 꾀하고 있을 정도로 이 분야 연구는 타분야에 비해 상대적으로 많은 발전을 이루었다고 평가된다. 본 장은 국제관광수요의 계량적 연구파악에 그 의의를 두고, 국제여행의 수요를 규정하는 요인들이 무엇이며 그 영향의 크기는 무엇에 의해 결정되는가를 주로 기존 학자들의 연구업적을 중심으로 살펴보기로 한다.

제1절 국제관광수요 추정을 위한 종속변수의 척도

관광수요분석은 크게 수요의 예측을 목적으로 한 **예측모형**(forecasting model)과 기존 수요의 영향인자가 무엇인가를 파악하고자 하는 **인과모형**(causal model)으로 나눌 수 있다. 예측모형은 과거와 현재의 경향을 바탕으로 미래에 어떤 추세를 띨 것인가를 추정하는 모형으로서 투입 독립변수의 통계적 유의성(significance)보다는 오히려 추세치의 적합성(goodness of fit) 여부를 더 중요시한다. 반면에 인과모형은 미래가 아니라 과거와 현재에 초점을 맞추어 과거 또는 현재 추세치를 결정하는 요인(변수)들 간에 어떤 인과성이 존재하고 또 존재한다면 그 영향력의 크기는 무엇인가를 탐구하는 연구모형이다.

그런데, 예측을 위한 목적이든 인과관계를 밝히기 위한 모형이든 간에 국제관광수요를 분석하기 위해서는 수요함수를 설정하여야 한다. 함수(function)란 수학적 용어로 원인변수와 그의 결과변수간의 수학적 관계(인과관계) 즉 '결과변수=f(원인변수)'를 말한다. 여기서 원인변수는 아무 것에도 영향을 받지 않고 오직 '독립적'으로 결정된다는 의미에서 '독립변수'(independent variable)라 부르고, 결과변수는 독립변수라는 원인에 '종속'되어 결과되는 변수라는 점에서 '종속변수'(dependent variable)라 부른다.

종속변수와 독립변수
현상발생의 결과가 되는 변수를 종속변수(결과변수)라 부르고 그 종속변수의 원인이 되는 변수를 독립변수(또는 원인변수 혹은 영향변수, 설명변수)라 한다.

국제관광의 수요함수 구성을 위해서는 먼저 무엇을 종속변수로 또 무엇을 독립변수로 볼 것인가가 중요한데, 여기서는 먼저 종속변수를 무엇으로 볼 것인가 하는 문제에 대해 검토해보기로 하자. 국제관광 수요에 관한 한 그 종속변수는 일반적으로 크게 다음과 같은 네 가지 척도 중 어느 것을 사용한다. 즉,

(1) 인적 척도: 방문율, 방문자수, 방문횟수, 延방문자수, 발생량, 배분량
(2) 금전적 척도: 지출비율, 지출액, 수입비율, 수입액
(3) 시간 척도: 여행소비 시간, 여행 일수, 여행시간 비율
(4) 거리 척도: 여행거리, 延人km

먼저 관광·여가행위의 **인적 척도**에 드는 변수로서는 방문율, 방문자수, 방문횟수 등을 들 수 있다. 또는 공간개념을 염두에 두어 이를 발생량, 배분량 등으로 구분하기도 한다. 여기서 방문율(visit rate)이라 함은 관광유발국가(지역)의 전체인구에 대한 실제 또는 잠재참여자의 비율(확률)을 뜻하며, 방문자수는 실제로 관광행위에 참여한 사람의 숫자를 뜻한다. 즉,

$$방문율 = 100 \times (방문자수/전체\ 인구)$$

한편, **금전적 척도**(pecuniary measures)는 관광여행 등에 지출한 절대액수나 지출비율 또는 이들을 받아들이는 입장에서 본 수입액이나 수입비율을 수요측정의 지표로 삼는 것을 말한다. 특히 국제관광의 경제적 효과 추정모형에서는 학자들 간에 이 금전적 변수를 비교적 많이 사용하는 경향을 보인다.

$$여행지출(비)율 = 100 \times (여행비지출액/개인\ 가처분소득)\quad 또는$$
$$여행지출(비)율 = 100 \times (해외여행비\ 지출액/총여행비\ 지출액)$$

여가시간을 종속변수로 사용하는 경우에는 여가행위자의 총여행 시간이나 총여행 일수 등을 지표로 사용한다. 특히 총 여행일수는 다시 날짜만을 척도로 삼는 방문일수(visitor days), 숙박일자만을 사용하는 방문박수(訪問泊數: visitor nights)로 구분할 수도 있다.

끝으로, 이동거리를 수요의 척도로 삼는 경우를 들 수 있다. 개개 행위자의 단순한 물리적 여행거리를 수요량으로 보기도 하지만, 교통연구분야에서와 같이 延人킬로미터(total person kilometers), 즉 인당 1km 이동을 한 단위로 보았을 때 모든 연인원이 이동한 총거리를 수요량으로 보는 경우도 있다.

국제관광여행에 관한 분석에 관한 한, 거의 대부분의 학자들은 위에 제시한 네 가지 기준 중에서도 인적 척도와 금전적 척도를 종속변수로 주로 사용하는 경향을 보인다. 이 중에서도 인적 척도를 종속변수로 사용하는 학자들(예컨대, Jud and Joseph, 1974; Bechdolt, 1973; Gunadhi and Boey, 1986; Witt and Martin, 1985; Kim, 1988; 임은순, 1986; 김사헌, 1987; Var et al., 1990; Witt and Witt, 1992 등)이 금전적 기준을 사용한 학자들(예컨대, Gray, 1982; Artus, 1972; Stronge and Redman, 1982; Chadee and Mieczkowski, 1987; Tremblay, 1989; Pyo, 1989; 정의선, 1990; 임은순, 1993 등)보다 상대적으로 많은 것으로 나타나고 있다(Lim, 1997b: 839; Crouch and Shaw, 1993). 그 이유는 아마도 인적 기준의 자료가 비용기준의 자료보다 구득하기가 더 쉽다는 점에 있지 않나 사료된다.

그러나 어떤 척도를 종속변수로 취하든 간에 순수 관광자를 사업목적 여행자 등 다른 목적의 여행자와 완전히 분리시키기 어렵기 때문에 이들 기준은 실제 상황을 어쩔 수 없이 왜곡시킨다는 문제점을 지닌다(Gray, 1970: 10; WTO, 1987: 38).

만약 '방문자수'라는 인적 척도를 사용할 경우, 앞의 제8장 3절에서도 논의한

그림 8-1

관광수요 모형에서의 종속
변수 척도의 유형

자료: Lim, Christine(1997):
89의 〈표 2〉 참조

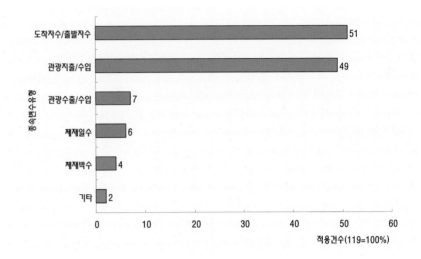

바 있지만, 입항지 도착자수 통계와 배출국의 송출자수 통계 등이 불일치하는 등
현상을 왜곡시킨다(Edwards, 1982: 38~40). 또 금전적 척도를 종속변수로
삼았을 때의 문제 또한 인적 기준 못지 않게 심각하다. 대부분의 연구에서는 관
광지출 통계를 국제수지 관련자료에서 산출해 사용하고 있는데, 이들 자료는 이
미 지적한 대로(Gray, 1970; White and Walker, 1982; 朴妙珍, 1987 등)
항공료 등 주요 지출액을 대부분 누락시킬 뿐만 아니라 인플레 조정, 환율조정을
하지 않거나 암거래 등 이른바 장외 지하경제 거래부분을 계산할 수 없어 통계
자체가 심하게 왜곡되기 때문이다.

제2절 국제관광수요량 변동의 주요 결정인자들

위에 언급한 국제관광수요량 변화(종속변수)에 영향을 미치는 변수(즉 독립
변수)들은 무수히 많다. 잠재여행자의 소득, 여행비용과 같은 경제적 인자에 덧
붙여 인구학적 구성, 잠재여행자의 의식과 사회구조 또한 국제관광수요를 변화
시키는 요인이다. 정변 등 정치적 인자는 물론, 기술적·환경적 인자들도 또한
중요한 인자들 중의 하나이며, 여행제한이나 환율정책, 휴가제도 등도 여행수요
를 변동시키는 인자들이라 할 수 있다.

이러한 여러 가지 관광수요의 결정인자, 즉 독립변수들은 기존의 연구들(예컨대, Archer, 1976; Edwards, 1982; Vanhove, 1980; Schulmeister, 1979; Ascher, 1984; Morley, 1991; Witt and Witt, 1992; Crouch and Shaw, 1993; Witt and Witt, 1995; Frechtling, 1996; Crouch and Shaw, 1993; Lim 1997, 1997b)에서 잘 설명되고 있다. 이제까지 학자들 간에 논의되어 온 관광수요에 영향을 미치는 변수들을 망라하여 정리해 보면 다음과 같다.

(1) 소득관련 요인

　　국민총생산, 국민소득, 개인소득, 가처분소득

　　소득분배 상태

(2) 관광재와 서비스의 가격 및 상대가격 요인

　　관광가격: 화폐적 비용, 시간적 비용

　　교통운송비: 화폐적 비용, 시간적 비용

　　경쟁성 및 대체재 비용

　　국내외간 상대물가: 목적지와 자국, 제3국들 간의 상대물가

　　환율변동

(3) 소비자 기대요인

　　예상소득

　　실업률

　　경기지수

(4) 사회문화적 요인

　　인구구조: 인구의 노령화, 독신자의 증가, 여성노동인구 증가 등

　　인구 및 도시화의 진전 정도: 도시화율, 지역 인구규모

　　기호·유행 및 사회가치 구조

　　문화적 차이: 종교, 언어, 습속, 음식의 차이

　　정치상황: 여행의 안전성, 범죄 및 테러의 가능성

(5) 자원 및 매력도 요인(부존자원 요인)

　　쾌적도: 명승지, 특이한 이벤트, 자원개발 정도

　　국토의 물리적 크기

　　기후 및 기타 자연조건

(6) 이동수단, 인터넷 등 과학·정보기술 발달

　　여객운송 항공기의 발달, 에너지 절약기술의 발달

　　정보통신 및 컴퓨터·인터넷 기술 정보매체의 발달

서부 티베트의 눈덮인 카일라스山(6714m): 티베트인들은 이 산을 그들 라마 신앙의 영산으로 여기며 순례여행을 떠난다. 이곳을 한번만 순례해도 평생의 업보가 지워진다고 굳게 믿는다.

마케팅 기법

(7) 제도적 요인

여행 허가제도: 여권발급 용이성, 여행허가 절차의 난이도

외환통제 및 여행세 제도: 환전제한, 해외여행세, 여행예치금 부과 등

이민국 출입절차: 출입국 절차의 난이도(비자발급의 난이도)

통관 규제 정도: 통관한도 설정, 통관검사의 난이도

휴가 제도: 기간, 유급 유무

사회 전반적 인식: 사회의 허용분위기(social sanction).

여기에 나열한 설명변수들 중에는 계량적으로 측정이 가능한 것도 있지만, 수치로 측정하기가 어려운 것도 있다. 기존의 수요모형에서 가장 이용빈도가 높은 계량적 변수로는 소득수준, 상대가격, 여행비용, 환율 등이 자주 이용되고, 이외 다소 다르더라도 내용상으로는 이들의 변형에 불과한 유사변수들이 자주 이용된다.

사실 국제관광수요 연구에서 사용되는 여러 설명변수들은 자료의 획득이 힘든 상대국 또는 제3국의 통계를 필요로 하는 경우도 많다. 그래서 측정이 가능하고 통계자료상의 제약을 받지 않는 경제적 인자들, 이를테면 소득변수, 상대가격변수, 여행비용 및 환율변수 등이 경험적 연구에서 보다 더 빈번히 사용된다. 아래에서는 많은 관광수요 결정인자 중 양적으로 측정이 가능한 '경제변수들'만 검토하여 보기로 한다.

1. 소득변수

대부분의 연구를 통해서 소득변수는 여러 경제변수들 중에서도 가장 영향력이 크고 또 통계적으로도 가장 유의한(significant) 변수임이 입증되었다(Artus, 1970; Bechdolt, 1973; Bond and Ladman, 1972; Gray, 1966; Jud, 1974; Kwack, 1972; Loeb, 1982; Uysal and Crompton, 1985, 1987; WTO, 1984; Witt and Martin, 1987; Kim, 1988; Var *et al.*, 1990; Witt and Witt, 1992; 임은순, 1993; Lim, 1997, 1997b). 이 점과 관련하여 일찍이 아처(Archer, 1976: 49)는 다음과 같이 결론지은 바 있다.

소득탄력성이 1 이상이라는 점에 대해서는 대부분의 연구가 수긍하고 있다. 즉 자국의 소득이 조금이라도 증가하면 관광수요는 그 이상으로 증가하는 것이다.……그러나 이 변수의 영향력의 크기(탄력성의 크기)에 대해서는 이견들이 있다.

절대소득(예컨대, 국민총생산)을 수요의 결정인자로 사용할 수도 있지만, **소비함수** 이론의 관점에서 본다면 **상대소득**(relative income)이나 **항상소득**(permanent income) 또는 과거의 최대 소득수준 등을 사용할 수도 있다.

가장 널리 사용되는 소득척도로서는 실질 **가처분소득**(real disposable income)을 들 수 있다. 이 가처분소득을 변수로 채택한 학자가 있는가 하면(예컨대, Gray, 1966; Chadee and Mieczkowski, 1987; Witt and Martin 1987; Witt and Witt, 1992), 개인소득이나 개인소비지출액을 그 대리변수로 사용하는 학자들도 있다. 그리 흔한 경우는 아니지만 어떤 학자들은 특정 임계소득(threshold income) 이상의 소득수준을 사용하면 그것은 자유재량처분소득(discretionary income)의 대리변수가 될 수 있다고 가정하고, 이 임계소득을 변수로 사용하기도 한다. 예컨대 아스카리(Askari, 1971)는 특정소득 이상의 계층을 대상으로 한 패키지여행자 연구를 수행한 결과, 이 때의 소득탄력성이 아주 높다는 사실을 발견하였다.

위에서 여러 가지 사례를 들었지만, 소득변수로는 **자유재량처분소득**(discretionary income)을 적용하는 것이 가장 이상적이라고 할 수 있다. 왜냐하면 국민소득, 개인소득 등 기존의 소득개념 속에는 경직성 소비지출 부분(집세, 자녀교육비, 차량유지비, 제 공과금 등)이 상당부분 들어 있으며, 이들 경직성 소득부분은 실제로 여행·여가오락비 등 자유재량으로 처분할 수 있는 소득과는 아무 관련이 없기 때문이다. 자유재량처분소득을 직접 파악하여 수요예측모형의 설명변수로 도입한 학자로는 에드워드(Edwards, 1976, 1982)를 들 수 있는데, 그는 자유재량처분소득을 편의상 가처분소득에서 식료비·주거비·광열비를 뺀 몫으로 정의하고 있다.

이 '자유재량처분소득' 변수가 대부분의 연구에서 사용되지 않는 이유는 이 통계가 실제로 국민소득계정(예: 한국은행의 국민소득연보) 체계상에 조사·발표되지 않으며, 연구자가 실제 조사하기도 어렵기 때문이다. 또 이 변수의 정의를 '가처분소득에서 생활필수적 소비지출액을 뺀 소득'이라고 할 때, 학자들이 지적하듯이 '생활필수 소비액의 개념은 개인마다 견해가 다르며 나라마다 다를 수 있다'는 점 또한 이 변수 적용의 난점이기도 하다.

좀더 총량적 개념의 소득으로서 **개인소득**(personal income)을 쓰는 학자들도 있으며(Bechdolt, 1973; Stronge and Redman, 1982; Witt and Martin, 1985), 인당 **국민소득**(Haitovsky, Salomon and Silman, 1987), 또는 GNP 그 자체를 사용하기도 한다(Armstrong, 1972; Jud and Joseph, 1974; 김사헌, 1987; Var *et al.*, 1990: 임은순, 1993).

또 하나의 가능한 소득관련 변수로서 소득분포의 정도를 사용할 수도 있다. 소란(Sauran, 1978)은−경험적인 검증을 거치진 않았지만−선진국일수록 소득분배의 형평성 증가는 서민대중의 여행잠재력을 높여주므로 전체적 여행수요를 높여줄 것이고, 반대로 후진국일수록 소득분배의 형평성 개선은 오히려 여행수요를 더욱 감소시켜줄 뿐이라고 지적하고 있다. 왜냐하면, 후진국에 있어서 소득분배 상태의 개선이란 전체 소득수준이 결국 '하향 평준화'되는 것을 의미하므로, 해외여행을 할 수 있는 상위계층은 줄어들고 해외여행을 감히 생각할 수 없는 하위빈곤층은 더욱 늘어나는 것을 의미하기 때문이다.

2. 관광비용으로서의 물가변수

쇼핑·호텔숙박·음식·교통 등 관광자가 여행경비를 지출하여 구입하는 재화와 서비스는 관광수요를 결정하는 중요 영향인자 중의 하나이기 때문에 관광재 또는 관광서비스 가격을 설명변수에 포함시키는 것이 아주 일반적이다. 국제관광의 경우 비용관련 항목은 크게 목적지에서의 체재비, 거주지와 목적지간의 교통비라는 두 가지 항목으로 나누어 검토해볼 수 있다.

1) 관광자 체재비와 소비자 물가지수 변수

관광자 체재비란 거주지를 떠난 관광자가 현지에서 지출하는 일체의 생활비, 즉 숙박비·식비·쇼핑비·관람비·시설이용료 등을 포함한다. 그러나 이에 관한 통계자료가 공식적으로 조사·제공되지 않는 경우가 많기 때문에 대개 체재비의 대리변수로서 현지의 소비자 물가지수를 대신 사용하는 경우가 많다 (Artus, 1970; Barry and O'Hagan, 1972; Kwack, 1972; Jud and Joseph, 1974; Loeb, 1982; Uysal and Crompton, 1984; Kim, 1988). 그러나 목적지에서 이 일반 소비자물가가 과연 관광자의 현지 체재비 변화를 대변해 줄 수 있는 변수인가는 의문이다. 양자는 별로 관련이 없을 수도 있기 때문이다. 예를 들어 한 경험적 연구에 따르면, OECD국가들의 호텔·레스토랑관련

높은 물가로 악명 높은 하와이(와이키키 해변)

물가는 대개 일반물가보다 더 빨리 인상되는 것으로 밝혀지고 있다(Edwards, 1982: 43).

그러나 이런 문제점에도 불구하고 소비자 물가지수는 잘만 조정한다면, 위트·마틴(Witt and Martin, 1987: 245)의 다음 주장처럼, 관광체재비 변화를 측정하는 대리변수가 될 수도 있다.

> 특정의 관광체재비 변수나 소비자물가지수 혹은 상대환율 중에서 어떤 것이 관광물가를 가장 잘 대변해 줄 수 있는가에 대한 명확한 답은 없다. 어떤 변수도 일관성있게 최선의 것으로 나타나지 않았기 때문이다. 모형의 차이에 따라, 거주지의 차이에 따라, 그리고 어떤 주어진 거주지가 있더라도 그 관광지의 목적지에 따라 〔이들 변수가〕 미치는 영향력은 다르게 나타나는 것이다.……이 연구에서 제시된 결과는 〔어떤 비용변수가〕 더 우월한지를 입증해 주지는 못하지만, 소비자물가지수가 〔환율로 조정한 또는 조정하지 않은 물가지수 모두가〕 관광비용의 합리적 대리변수가 될 수 있다는 점을 보여주고 있다.

최근 유럽지역을 대상으로 한 경험적 연구를 통해서 위트와 위트(Witt and Witt, 1992)는 과연 소비자 물가지수가 관광자의 현지 체재비를 대신해줄 수 있는가 하는 문제를 재차 검증한 바 있다. 그들은 유럽 현지에서 체재비변수로서의 실제 호텔숙박료 변화지수와 그곳 소비자 물가지수의 변화를 각각 비교해 본 결과, 어떤 변수가 낫다는 결론을 얻지 못했다. 굳이 따지자면, 관광자 체재비변수가 근소하게 더 낫다고 할 수 있지만 소비자물가지수도 좋은 대리변수(a proxy)가 된다고 그들은 결론짓고 있다(Witt and Witt, 1992: 167).

2) 교통비용(항공 또는 육상·수상 운임) 변수

관광소비자의 지출예산 속에 포함되는 또 하나의 비용변수는 교통비이다. 이 변수를 수요 추정모형의 설명변수로 취한 예는 크게 많지 않지만, 쥬드와 조셉(Jud and Joseph, 1974), 스트론지와 레드만(Stronge and Redman, 1982), 위트와 마틴(Witt and Martin, 1987), 임은순(1986) 등이 실질 항공료를 변수로 채택하였으며, 쥬드(Jud, 1974)가 항공료의 대리변수로 물리적 거리를, 본드·라드만(Bond and Ladman, 1972)이 평균 편도항공료를, 그리고 트렘블레이(Tremblay, 1989)가 승객 마일당 항공료 수입을, 그리고 위트·위트(Witt and Witt, 1992) 같은 학자들은 육상·수상 교통비(surface transportation cost)를 이용하였다.

이들 외에는 대부분의 연구가 항공료를 변수에서 배제시키고 있는데, 그 이유는, ① 항공료는 다른 상품보다 가격차별화가 심하고 요금구조가 복잡하므로 거리-비용간의 관계를 정확히 반영하지 못하고 있고, ② 이를 변수로 포함시킨 기존연구 결과에 의하면, 이 변수의 통계적 유의성이 낮았기 때문이다(Gray, 1966; Witt and Martin, 1987; 임은순, 1986; Witt and Witt, 1995: 453~4). 즉 우리가 익히 알듯이, 항공료의 경우 항공사·입출항지·성수기 여부에 따라 가격차별화정책이 극도로 심해서 요금구조를 제대로 파악할 수도 없지만, 이 변수의 통계적 의미가 문제시되는 또 하나의 이유는 항공료 그 자체와 소득변수간에 음(minus)의 상관성, 즉 일반소득은 향상되어 가는데 항공료는 도리어 싸지는가 하면, 거리가 가까운 곳이 거리가 먼 곳보다 항공요금이 싼 기현상이 발생하기도 하기 때문이다.[1]

3) 대체관광비용 변수(상대물가 변수)

여행목적지의 질이 동일하다고 가정할 때, 국제관광자들은 목적지를 선택함에 있어 자국의 물가를 타국과 비교하여 여행목적지 선택결정을 내린다. 뿐만 아니라 해외 제3의 유사목적지간 물가도 서로 비교하여 좀더 낮은 곳을 목적지로 결정하게 된다. 이런 점에서 상대물가(relative price)란 잠재목적지의 물가가 자국(혹은 제3의 잠재목적지)보다 얼마나 싼가 혹은 비싼가를 나타내는 지표이다.

상대물가 지표로서, 자국의 물가(CP_i)와 목적지의 물가(CP_j)의 상대적인 비율(즉 CP_j/CP_i)을 사용한 연구도 많지만(Artus, 1970; Barry and O'Hagan, 1972; Jud and Joseph, 1974; Loeb, 1982; Stronge and Redman, 1982; Uysal and Crompton, 1985; Witt, 1980; Chadee and Mieczkowski, 1987; Kim, 1988), 특정 목적지 물가(CP_j)와 제3의 여러 잠재목적지 물가(CP_k)간의 상대적인 비율(즉 CP_j/CP_k)을 사용한 연구들도 많다(Artus, 1970; Barry and O'Hagan, 1972; Jud and Joseph, 1974; Kwack, 1972; Edwards, 1976; Stronge and Redman, 1982; Martin and Witt, 1987; Witt and Witt, 1992).

여기서 "잠재목적지의 상대물가"란 잠재목적지 물가(CP_k)에 대한 특정목적지 물가(CP_j)의 비율, 즉 CP_j/CP_k인데, 목적지물가(CP_j)에 대응하여 여러 잠재목적지들(즉 k = 1, 2······K의 목적지)의 물가(CP_k)에 가중치(W_k)를 준 '가중 상대물가지수' WCP는 다음과 같이 표시할 수 있다. 즉,

---

[1] 예컨대 Gray(1966)는 항공료와 가처분소득간의 단순상관계수는 -0.9(캐나다의 경우), -0.7(미국의 경우)인 것을 발견하였다. 이는 소득수준이 향상될수록(따라서 기술발전이 이루어질수록) 항공료는 역비례해 체감하고 있음을 나타낸다.

$$WCP = \frac{CP_j}{\sum W_k CP_k} = \frac{CP_j}{W_1 CP_1 + W_2 CP_2 + W_3 CP_3 + \cdots + W_k CP_k}$$

이 식에서 분모의 맨 좌측 항 $W_1 CP_1$는 – 특정목적지 j를 대체할 경쟁지로서는 보통 자국(즉 국내관광)도 고려의 대상에 둘 수 있다는 가정하에 – 자국의 물가지수에 일정의 가중치를 준 '자국가 중 물가지수'를 말한다.

여기서 잠재목적지들 간의 관광물가의 가중치는 관련 당사국들의 여행시장규모(즉 여행자수나 지출액수의 상대적 비율 등)에 비례해서 정하는 것이 연구자들의 통례이지만, 그러나 이 가중치를 주는 방법에 대해서는 논란이 많다(예를 들어, Edwards, 1976: 49; Uysal and Crompton, 1985, 1987; Witt and Martin, 1987). 즉 쟁점은, ① 선택대안으로 자국을 관광대상으로 삼는 경우(즉 국내관광)에는 가중치(즉 전체 선택대안 중에서 차지하는 비율)를 얼마 정도 주어야 하는가(대개 50%를 부여하는 학자들이 많음: Uysal and Crompton, 1985; Kim, 1988), 그리고 ② 가중치를 주는 기준을 무엇으로 할 것인가(대개 여행자총수 혹은 여행지출액 등을 이용함) 등이다.

예를 든다면 다음과 같다. 즉 자국(i)과 목적지(j) 외에 A, B, C라는 3개 잠재관광지들(k)이 있고, 자국 i로부터 이 3대 잠재목적지로의 관광객 송출량 비중이 A = 50%, B = 20%, C = 30%라고 가정하면(또 여기서 국내경쟁지가 전체 가중치의 50%라고 가정함), 가중상대물가지수는 $CP_j / (0.5 CP_i + 0.25 CP_A + 0.10 CP_B + 0.15 CP_C)$가 된다. 그러나 여기서 자국의 가중치를 임의로 50%로 정하기보다는 평균 시장비중(즉 자국 i의 총관광수요에 대한 국내관광수요 비중의 평균치)에 근거하여 가중치를 부여하는 것이 바람직하며, 다른 잠재목적지의 가중치도 과거 몇년치 시장비중의 평균치를 사용하는 등(Witt and Martin, 1987) 보다 경험적인 수치를 사용해야 될 것이다.

서울 물가는 세계에서 5번째로 높다:

한 나라의 물가는 해당국 통화가치 변화에 따라 춤춘다

지난 2000년 서울의 물가는 세계 133개 도시 중 5번째로 높은 것으로 조사됐다. 세계에서 가장 물가가 비싼 도시는 99년과 마찬가지로 일본 도쿄(東京)였으며, 가장 싼 곳은 이란의 테헤란이었다.

영국 경제주간지 이코노미스트(Economist)의 자매사인 경제정보사(Economic Intelligence Unit)가 18일 발표한 자료에 따르면 99년 24위였던 서울은 5위로 뛰어올랐다. 일본 오사카(大阪)와 고베(神戶)가 공동 2위, 홍콩이 4위, 서울과 타이베이가 공동 5위를 차지하는 등 달러화와 엔화 강세로 동북아 주요 도시가 5위까지 모두 차지했다. 3위는 유고연방의 수도 베오그라드로 코소보 전쟁 후유증으로 99년 86위에서 크게 올랐다.

반면 유럽 주요 도시는 유로貨(Euro money) 약세로 물가수준이 낮아져 프랑스 파리가 99년 8위에서 25위로 떨어지는 등 10위권 밖으로 밀려났다. 미국 뉴욕은 7위였으며 유럽에서 가장 물가가 싼 곳은 헝가리의 부다페스트였다.

자료: 동아일보, 2001년 1월 21일자 사회면에서 재인용

3. 환율변수

환율(foreign exchange rate)은 상대국에 대한 자국화폐의 상대적 구매력을 의미한다. 예컨대, 우리나라 원화의 對美 환율 및 對日 환율(2008년 5월 20일 현재의 은행 매도율)은 각각 1달러 대 1044원, 1엔 대 10.01원이다. 환율제도는 나라마다 다르나, 환율의 변동은 자국의 국제 경제거래에 민감한 영향을 미쳐 대외경제정책의 수단으로도 종종 사용된다. 환율의 인상은 곧 자국화폐의 구매력 저하(currency devaluation; 화폐의 평가절하)를 의미하므로 수출업자에겐 대외경쟁력이 그만큼 강해져서 유리하고 수입업자에겐 불리하다.

관광수출입업의 경우도 마찬가지이다. 관광수출(외래여행객들의 입국)의 경우, 우리나라 환율이 이전보다 인상되어 - 예컨대 일본인들은 같은 10만 엔을 가지고 오더라도 이전보다 더 많은 한국 원화로 바꾸어 쓸 수 있으므로 - 한국여행이 그만큼 값싸진 셈이 되며 따라서 더 많은 한국관광수요가 발생된다. 그 반대의 논리로서 관광수입노 마찬가지이다.

그런데 환율이 오르더라도 국내물가가 다시 오른다면 어떻게 될까? 이렇게 되면 환율인상효과는 상쇄되어 본래의 외래수요 증가효과를 기대할 수 없게 된다. 예를 들어, 어느 시기에 걸쳐 대 엔화환율이 10% 올라 1만엔을 5만원으로 바꿀 수 있다가 5만 5천원으로 바꿀 수 있게 되었다고 가정하자. 그러나 같은

시기에 1박에 5만원하던 호텔숙박비가 20% 인상되어 6만원을 호가한다면 엔화의 한국재화 구매력은 실질적으로 떨어진 셈이 되어 한국으로의 여행객수는 오히려 줄어들게 된다.

환율제도가 변동환율제인 경우, 국내물가의 인상은 물론 다시 자국통화의 평가절하(환율인상)를 가져오게 되지만, 적어도 극히 단기적으로─국내물가 인상이 다시 환율인상으로 조정되어지기 전까지는─환율인상은 국내물가 인상으로 인해 그 효과가 상쇄된다.

이런 논리에서 학자들은 환율(EXR)을 국제관광수요의 주요 설명변수로 독립적으로 쓰기도 하지만, 어떤 학자들은 환율을 다시 상대물가로 조정한 수치〔예컨대, $EXR(CP_j / CP_i)$ 식의 변수〕를 설명변수로 채택하기도 한다.

상대물가로 조정하지 않고 환율 자체를 독립적으로 사용하는 학자들은 그 논거를 "해외여행자란 상대물가보다 환율 인지도가 더 강하고, 더욱이 환율은 상대물가보다 변동이 빨라서 단기적으로는 입국여행자들이 환율효과의 유리한 혜택을 더 빨리 느낄 수 있기 때문"이라는(Witt and Martin, 1985: 13; Witt and Witt, 1995: 454) 점에서 찾고 있다.

이 변수를 더 깊이 논의해 본다면, 환율과 국내물가가 서로 조정되는 時差問題와 이들에 대한 여행자들의 '인지 시차'(time-lag of perception)가 문제가 될 것이다. 국제관광수요 연구의 시계열 수요 시차가 장기(대개 1년 이상)일 때에는 환율을 상대물가로 조정한 '조정환율변수'를 써야 되며, 단기(1개월 혹은 분기 단위)일 때에는─상대물가 변화가 환율변화로 순간 조정되지는 않으므로─상대물가 환율을 개별적으로 모두 포함시켜야 할 것 같으나, 이 가설은 아직 검증된 바 없다. 문제는 이들 변수에 대한 소비자들의 시차인지의 정도이다. 상대국의 환율이나 물가에 대해 얼마나 빨리 느끼고 반응하는가에 대한 경험적 연구가 충분히 있어야 할 것이다. 참고로 에드워드(Edwards, 1976)의 단편적 연구에 따르면 영국인의 프랑스 여행수요에서 상대물가에 대한 수요시차는 2년인 것으로 밝혀지고 있다.

4. 기타 변수들

위에서 설명한 경제변수들 외에도 국제관광수요에 영향을 미치는 요인들은 많다. 여기서는 바로 위에서 제기한 문제와 유사한 시차변수(time-lagged variables)와 추세변수 그리고 공간면적 변수와 더미변수를 간략히 설명해 보기로 한다.

1) 시차변수(추세변수)

지난 시기에 특정 목적지 j를 여행했던 여행자수요는 이번 시기 또는 장래의 j관광지 수요에 영향을 미친다. 한번 간 곳은 또 찾아가고 싶어 할 것이라는 이른바 **'습관지속가설'**(habit persistence hypothesis)에 의해 목적지 j에 대한 당사자의 재방문 수요는 증가한다(Witt, 1980). 또 지난번 여행자들이 구전으로 혹은 매체를 통해 전파시킨 목적지 j에 대한 정보도 이번 혹은 이후의 여행자수요에 영향을 미친다. 인구이동이론(migration theories)에서는 이런 효과를 **"다져진 길 효과"**(beaten path effect)라고 부르기도 한다(Hoover, 1984: 278~9). 이렇게 한 관광지가 이용자 개인의 습관에 길들여지고 외부에 잘 알려지게 되면—길이 잘 다져지면 질수록 더 많은 사람들이 그 길을 더욱 이용하듯이—그곳으로 더욱 많은 관광수요가 유발되므로, 이번 시기 t의 관광수요(Q_t)는 전번 t-n 시기의 수요(Q_{t-n})의 함수가 된다. 근래 10여년 동안 우리나라 여행자들이 태국을 많이 찾아가는 경향이 있는데, 이는 지난번(작년 또는 재작년)에 많이 갔기 때문에 이번에도 많이 갈 것이라고 추정하는 논리와 같다.

한편, 이런 류의 변수는 유행(fad)이나 기호(tastes)의 변화를 반영하는 추세변수(trend variable)로도 해석할 수 있을 것이다. 특정시기의 해외여행이나 특정지역으로의 여행이 한때 여행자들의 '유행'이나 '기호'에 의해 결정될 수도 있기 때문이다.

특정 독립변수의 시차변수(즉 시간의 차이변수)도 또다른 설명변수가 될 수 있다. 전술한 대로 상대물가와 환율도 시차변수가 될 수 있으며, 소득변수도 시차(time-lag)의 영향을 받는 변수에 속한다. 예를 들어, 경제학의 **소비함수이론**에 의한다면, 이번 기(t 期)의 여행소비 수요 Q_t는 같은 시기의 소득수준 Y_t에 의해 결정된다기보다는 전기의 소득수준 Y_{t-n}의 영향을 받으며, 다음 기 t +1의 수요 Q_{t-1}도 Y_t의 영향에서 크게 벗어나지 않는다. 이런 작용은 듀젠베리(Duesenberry)의 소위 **"톱니효과 가설"**(ratchet effect hypothesis)과도 무관치 않다.[2]

> **소비함수 이론**
> 개인의 소비수준을 결정하는 요인이 무엇인가를 밝히고자 함수를 소비함수라고 하며, 이에 관한 각종 가설(예: 항상소득가설, 절대소득가설 등)을 통칭하여 소비함수이론이라고 부른다.

만약 미래 기대소득이 불확실하다면(예: 증권투자 생활자의 소득), 소비자의 지출에 대한 합리적 판단은 그만큼 제약된다. 따라서 해외여행자의 지출규모는

---

2) J. Duesenberry는 소비자의 현재 소비수준은 전시효과(demonstration effect) 등 타인의 상대적 소비수준에도 영향을 받으며, 현재 소비와 과거 소비와의 관계는 또한 소비행동의 불가역성(irreversibility)에 의해서도 설명된다고 한다. 소비행동의 불가역성이란 일단 높아진 소비수준은 소득이 감소해도 쉽게 낮아지지 않는다는 것이다. 톱니(ratchet)가 앞으로는 나아길 수 있시만, 뒤로 역행할 수 없다는 점에서 듀젠베리는 이를 톱니효과(ratchet effect)라고 부른다.

현재나 향후 기대소득이 아닌 과거(前期)의 소비지출 행태에 의존할 수밖에 없게 된다. 이런 현상은 홀과 엘라빈(R. Hall and M. Elavin)의 '**불규칙보행 가설**'(random walk hypothesis)이라 부른다(조순·정운찬, 2001).

그러나 만약 미래에 기대되는 소득이 확실하다면(예: 정기적으로 받는 월급에 의존하는 소비자), 이번 시기의 여행소비 수요 Qt는 금후, 즉 n기 뒤의 소득수준 Yt+n에 의해 결정될 수도 있다. 즉 현재의 소비수요가 前期나 현재의 소득수준에 의존한다기보다는 장래의 기대소득 전체를 고려하여 결정되기도 한다는 것이다. 프리드만(Milton Friedman)이 제시한 이 주장은 **항상소득 가설**(permanent income hypothesis) 혹은 **기대소득 가설**이라고 불리어진다.

2) 자국 영토의 크기

한 나라 관광자원의 종류나 질, 규모는 아무래도 그 나라 영토의 크기에 비례한다. 넓은 영토를 가진 나라일수록 대개 그에 비례해 자원의 종류나 양도 많다.

따라서 영토가 큰 나라일수록 좋은 자연자원이 많으므로 자국의 여가수요를 국내에서 충당할 수 있고, 반대로 작은 나라일수록 자원이 그만큼 부족하므로 여행수요를 해외에 의존하지 않을 수 없게 된다. 그래서 대개의 경우 큰 나라보다 작은 나라의 해외관광비율(해외여행자수/국내외 총여행자수, 혹은 해외여행지출/총여행지출)이 높게 나타난다.[3] 일부의 연구들이 여기에 주목하고 있듯이 (Gray, 1970; Edwards, 1976: 19~29; 김사헌, 1987; 김병문, 1993; 김사헌·송운강, 2001; 김재걸, 2008), 해외관광수요의 對 국가간 비교연구에서는 이 변수도 설명변수(혹은 대리변수)로 유용한 것으로 입증된 바 있다.

3) 더미변수(假變數)

이상의 변수들 외에도 꽤 빈번히 채택되는 변수는 소위 더미변수(dummy variable: 假變數)이다. 더미변수는 우발적인 사건(유가파동, 증권파동, 전쟁 발발 등)이나 외환 규제조치, 해외여행제한 철폐 등의 '1회성 사건'(one-off event)으로서(Witt and Witt, 1995: 455) 종속변수에 돌발적으로 그리고 한시적으로 영향을 미치는 요인을 설명변수에 포함시키는 변수를 말한다. 예를 들어 1980년부터 시계열로 외래관광수요를 추정한다고 하였을 때 88올림픽의

---

3) 자국영토의 물리적 크기는 해외관광비율(해외여행지출액/총국내외여행지출액)을 약 26.8% 정도 설명해주는 것으로 밝혀졌다(金思憲, 1987). 김병문(1993: 283~7)의 연구자료도 이러한 상관관계를 보여주고 있다.

특수(特需)효과 때문에 1988년은 더미변수로 처리하는 것이 좋으며, 90년대 우리나라 해외여행수요를 추정한다면 IMF 외환위기 기간(1998~1999)도 더미변수로 취급하는 것이 좋다. 이 변수를 모형에 포함시킨 기존의 연구들은 의외로 많다(예를 들어, Blackwell, 1970; Barry and O'Hagan, 1972: Kwack, 1972; Little, 1980; Loeb, 1982; Papadopoulos and Witt, 1985; Chadee and Mieczkowski, 1987: 김사헌, 1987; Martin and Witt, 1988; Kim, 1988; Witt and Witt, 1992 등).

제3절 국제관광 수요의 인과모형

독립변수의 유의성
추정치와 모집단 값 간에 현저한(significant) 차이가 있는가를 통계학 용어로 '유의수준'이라 하며, 대개 틀릴 확률(귀무가설 채택 확률), 1% 또는 5% 기준을 사용한다. 추정 회귀방정식상의 독립변수의 적절성을 판정하는 기준으로도 사용하는데, t 검정 방법을 이용하여 이 유의수준을 판정한다.

국제관광수요를 추정·분석하는 연구모형은 거의 예외없이 회귀분석(regression analysis)을 사용한다. 이들은 이 추정식을 통하여 독립변수의 통계적 **유의성**(statistical significance) 여부와 **탄력성**(elasticity)의 크기를 분석한다. 함수형태로는 보통 다음과 같은 네 가지 모형(여기서는 단순 모형만 예시함)이 있는데, 이 중에서 양대수선형(log-linear)의 모형(아래 식중 4번째 모형)을 취하는 연구가 대부분이다(Kim, 1988; Crouch and Shaw, 1993: 176; Witt and Witt, 1995: 455~6; Lim, 1997: 839).

(1) 선형모형: $Y = a + bX$

(2) 半對數 선형모형: $Y = a + b(\ln X)$

(3) 指數型 半對數 선형모형: $\ln Y = a + bX$ 또는 $Y = e^{a+bX}$

(4) 兩對數 선형모형: $\ln Y = c + b(\ln X)$ 또는 $Y = a X^b$

대수선형 모형
양대수 선형모형이라고도 하며, 회귀식의 종속 및 독립변수의 모두에 對數(log)를 취한 방정식 모형을 말한다. 둘 중 어느 한 쪽에만 대수를 취한 것을 半대수(semi-log)모형이라고 한다.

선형(linear)보다 **대수선형 모형**(log-linear model)을 선호하는 이유는 회귀계수(parameters; regression coefficients)를 곧바로 탄력성 수치로 해석할 수 있다는 장점 때문이기도 하지만, 선형모형보다 대수선형 모형이 대체로 회귀계수 수치의 방향(즉 陽 또는 陰), 모형의 적합도(goodness of fit) 측면에서 더 우수하기 때문인 듯하다(Witt and Witt, 1992, 1995).

가장 많이 사용되는 관광수요모형의 함수형태를 다시 예시해보면 아래 식 (1)

또는 여기에 자연대수(natural logarithm)를 취한 양대수형 식 (2)와 같다.

$$VST_{it} = b_0 \, PY_{it}^{b_1} \cdot COST_t^{b_2} \cdot EXR_t^{b_3} \tag{1}$$

$$\ln VST_{it} = \ln b_0 + b_1 \ln PY_{it} + b_2 \ln COST_t + b_3 \ln EXR_t \tag{2}$$

여기서,

VST_{it} = t연도에 송출국 i에서 온 관광자수. 이 종속변수 대신에 $VST_{it}\,/\,P_{it}$, 즉 i국 인구 중 여행에 참여한 비율을 쓰기도 하며(단, P = i국의 인구) 관광지출 EXP_{ij}를 쓰기도 한다. 또는 관광지출을 수용국의 물가지수로 나눈 $EXP_{it}\,/\,CP_{jt}$를 쓰기도 한다.

PY_{it} = t연도에 송출국 i의 인당국민소득(국민총생산, 가처분소득 등).

가중상대물가
加重相對物價(WCP_{ij})란 각국의 상대물가에 다시 가중치를 부여한 수치. 즉 $CP_i/\sum W_{ik}CP_k$를 뜻한다.

$COST_t$ = t연도 송출국 i의 물가(CP_{it}), 수용국 j의 물가(CP_{jt}) 또는 그 상대물가($CP_{jt}\,/\,CP_{it}$) 또는 가중 상대물가(WCP_{ij}). 물가와 여행수요에 시차 (t-n)를 둔 $CP_{jt-n}\,/CP_{it-n}$도 사용.

EXR_t = t연도의 송출국 i의 환율(EXR_i) 또는 송출국과 수용국간의 상대환율 $EXR_i\,/\,EXR_j$, 또는 환율을 다시 상대물가로 조정한 물가조정환율 $EXR(CP_j\,/\,CP_i)$, 환율에 시차(t-n)를 가미한 EXR_{it-n}/EXR_{jt-n} 등을 사용.

$b_1,\ b_2,\ b_3$ = 방정식 각 독립변수들의 추정 회귀계수(parameters)

즉 종속변수로는 앞에서 지적하였듯이, 인적 기준의 방문자수 변수들 외에도 지출기준의 비용변수들을 방정식 (1) 또는 (2)의 종속변수군에 포함시키는 경우가 많다. 설명변수로서 가장 많이 사용하는 변수로서는 소득, 물가, 환율변수인데, 소득변수로서는 국민총생산, 개인소득, 가처분소득 등을 많이 사용하고, 물가의 경우 송출국만의 물가(CP_i), 수용국만의 물가(CP_j) 또는 상대물가($CP_j\,/\,CP_i$), 가중상대물가(WCP_{ij}) 등을 채택하며 다시 여기에 시차요인 t-n을 가미하여 $CP_{jt-n}\,/\,CP_{it-n}$을 사용하기도 한다.

한편, 환율은 송출국의 환율(대개 對美換率) EXR_i, 수용국의 환율 EXR_j, 또는 송출국과 수용국 간의 환율 $EXR_i\,/\,EXR_j$를 사용한다. 어떤 학자들(Edward, 1982)은 좀더 복잡하게 소비자물가지수를 다시 환율로 조정한 '환율조정 물가지수', 즉 $(EXP_i/EXR_i)\,(CP_j/CP_i)$를 변수로 사용하여 실질 국제물가지수를 모형에 반영한 경우도 있다.

제4절 인과모형 연구결과의 종합

1970년대 이래 그런 대로 꽤 많은 국제관광 유동에 관한 연구가 있었지만, 특정목적 위주의 애드 혹 모형(ad hoc model)이 산발적이 나마 그 대부분을 차지하였고, 이들을 통합해보려는 연구노력은 별로 없었다. 따라서 이들 산발적인 연구를 통해 국제관광에 대한 일반법칙의 도출은 사실상 불가능하였다. 이러한 문제를 어느 정도 해결해준 것이 1980년대 이후부터 시도되기 시작한 **메타분석**(Meta analysis) 방법이다. 메타분석이란 기존의 방대한 경험적 연구결과를 모아서 이로부터 다시 원하는 정보를 얻어내는 통계기법인데, "技法이라기보다는 여러 측정기법과 통계분석을 활용하여 문제의 내용을 밝히는 조망(a perspective)"이라고 정의되기도 한다(Glass *et al.*, 1981).[4]

본 절에서는 크라우취와 쇼우, 림(Crouch and Shaw, 1993, 1995; Lim, 1997; Athiyaman, 1997) 등이 시도한 메타분석을 토대로 기존의 연구결과들을 통합·정리해보기로 한다.

크라우취(Crouch and Shaw, 1993, 1995), 림(Christine Lim, 1997) 등은 지난 60년대부터 90년대까지 이루어진 국제관광수요에 관한 80여개에 달하는 연구논문들을 검토하여 통합적인 메타적 이론을 도출코자 하였다. 크라우취와 쇼우는 국제관광의 설명변수로는 소득변수와 가격변수가 가장 공통적인 항목이기 때문에 이들은 777개의 소득탄력성과 1227개의 가격탄력성을 추출·분류하여 이들의 크기가 상황에 따라 어떻게 변화되는가를 파악하였다. 〈표 8-1〉은 크라우취와 쇼가 조사한 43개 연구의 연구자와 이들이 사용한 종속변수, 설명변수를 나타내는 표이다. 관광지출액을 종속변수로 사용한 연구모형수는 26개(40.6%), 관광수입을 사용한 모형수는 25개(39.0%), 관광자수 이용 모형수는 43개(67.2%), 그리고 체재일수이용 모형수는 6개(9.4%)에 이른다. 관광자수를 종속변수로 사용한 모형이 압도적임을 여기서도 알 수 있다.

독립변수로는 앞에서 예시한 소득, 상대물가, 환율, 교통비, 마케팅비 등 여러 가지를 채택하고 있다. 이 중에서 가장 많이 사용되는 빈도순으로는 소득(58개 모형), 상대물가(46개 모형), 교통비용(39개 모형), 더미변수(29개 모형),

---

4) 접두사 메타(meta)란 단어는 라틴어에서 나온 것으로 "넘어서(beyond)", …후(after), '상위', '2류'라는 뜻이다. 따라서 메다분석이란 '2차 자료를 다시 분석하는 技法'이란 의미도 담고 있다.

표 8-1	선행연구들이 사용한 관광수요의 종속변수 및 독립변수의 내용과 종류

연구자	종속변수 1	2	3	4	독립변수 1	2	3	4	5	6	7	8	9	10	11	12	13	14	15	16	17	18	19	20	21
Anastasopoulos (1984)			•		•	•																			
Armstrong (1972)			•		•							•				•		•	•				•		
Artus (1970)	•	•			•	•	•					•													
Artus (1972)	•	•			•	•	•		•	•	•	•	•												
Askari (1973)	•		•	•	•			•		•															
Barry & Hagan (1972)	•	•	•		•	•						•	•												
Bechdolt (1973)			•		•					•															
Blackwell (1970)			•		•																				
Bond & Ladman (1972)	•	•			•	•				•						•									
Chadee & Mieczkowski (1987)	•	•	•		•	•			•				•			•									
Cigliano (1980)			•		•				•													•			
Clarke (1987)				•	•	•				•			•												
Cleverdon & Edwards (1982)	•		•		•	•	•																		
Crampon et al. (1973)			•		•					•							•	•							
Diamond (1977)			•		•					•						•									
Fujii & Mak (1981)			•		•					•															
Gerakis (1965)		•				•			•																
Gray (1966)	•	•			•				•	•															
Guthrie (1961)		•			•					•			•				•			•					
Hollander (1982)			•		•	•				•															
IAC (1989)			•		•	•				•															
Jud (1971)	•		•		•					•															
Jud (1974)			•		•												•								
Jud & Joseph (1974)	•		•		•					•															
Kanafani (1980)			•		•					•															
Kliman (1981)			•		•					•						•	•								
Kwack (1972)	•	•			•	•																			
Laber (1969)	•		•	•	•								•				•	•							
Little (1980)		•			•	•		•	•	•			•												
Loeb (1982)	•	•			•	•			•				•												
Mak et al. (1977)	•			•	•					•			•					•						•	•
Martin & Witt (1987)			•		•	•			•	•	•		•												
Martin & Witt (1988)			•		•	•			•	•			•												
Mutti & Murai (1977)			•		•	•				•															
Noval (1975)			•	•	•								•			•		•							
Oliver (1971)	•				•	•																			
Papadop. & Witt (1985)			•		•	•				•			•		•										
Papadopoulos (1987)			•		•	•				•			•		•										
Quayson & Var (1982)		•			•	•		•		•															
Rojwannasin (1982)			•		•					•			•												•
Rugg (1971)			•		•					•				•	•	•	•				•	•	•		
Schulmeister (1979)	•		•	•	•	•	•						•			•							•		
Smeral (1988)		•			•	•																			
Smith & Tomas (1978)			•		•			•		•			•			•				•					
Strazheim (1978)			•		•					•			•												
Stronge & Redman (1982)	•	•			•					•								•							
Summary (1987)			•		•	•		•		•															
Sunday (1978)	•					•				•		•													

〈표 8-1〉 계속

저자	종속변수				독립변수																				
	1	2	3	4	1	2	3	4	5	6	7	8	9	10	11	12	13	14	15	16	17	18	19	20	21
Taplin(1980)	•		•		•	•																			
O'Hagan *et al.*(1984)	•	•				•							•						•						
Tremblay(1989)			•		•	•		•		•															
Truett *et al.*(1982)				•		•							•								•				
Truett *et al.*(1987)	•	•			•	•		•													•				
Uysal(1983)	•	•	•			•								•											
Uysal & Crompton(1984)	•	•	•			•							•	•											
Uysal & O'Leary(1986)	•	•				•		•					•												
White & Walker(1982)	•	•				•				•			•												
White(1985)	•	•				•				•	•							•							
Willams *et al.*(1970)				•																					
Witt(1980a)				•	•	•				•			•					•							•
Witt(1980b)				•	•	•				•			•					•							•
Witt & Martin(1985)				•	•	•		•		•	•		•												
Witt & Martin(1987)				•	•	•		•		•	•		•												
Zeitoun(1987)				•		•																			
연구 수(총 64개 연구)	26	25	43	6	58	46	6	20	2	39	1	11	29	7	2	9	7	10	3	2	3	3	2	2	5

주: 64개 연구 중 설명변수를 경험적으로 검증하지 않은 Williams and Zelinsky(1970)의 연구는 제외했음.
　　종속변수 = 1. 관광지출액 2. 관광수입 3. 관광자수 4. 체재일수
　　독립변수 = 1. 소득(지불능력/실업률/경제활동) 2. 상대물가 3. 시차 상대물가 4. 환율 5. 時差 환율 6. 교통비용 7. 시차 교통 비용 8. 추세치 9. 교란변수(假變數) 10. 마케팅비 11. 기후지수 12. 인구 13. 인종 매력/문화유대 14. 거리/여행시간 15. 총관광 지출 16. 공급변수(호텔수용력, 정부지원) 17. 무역/사업 연계성 18. 여행 제재정도 19. 관광매력 20. 인구통계학적 변수 21. 사전 방문횟수
자료: Crouch and Shaw(1993) 표 11-1을 재조정.

표 8-2	통계	평균소득 탄력성	평균가격 탄력성
관광수요의 탄력성 평균치 (선행연구 결과 종합)	탄력성	1.758	-0.386
	표준편차	0.064	0.105
주: T값은 $\beta=0$라는 귀무가설에 대하여 두수치 모두 1%이내 유의	t 통계값	27.3	3.65
자료: Crouch & Shaw(1993)를 종합.	자유도	776	1226

환율(20개 모형)의 順으로 나타나고 있다. 여기서 특이한 것은 교통비용을 독립변수로 채택한 모형이 3위로서 빈도수가 높다는 점인데, 그러나 앞에서 저자가 설명한 내용, 즉 항공료의 덤핑 등으로 가격차별화가 심하고 따라서 변수로 포함시키더라도 그 통계적 유의성은 낮다는 점을 우리 모두 유념해야 한다.

　〈표 8-2〉는 이제까지 44개 선행연구에 나타난 소득탄력성과 가격탄력성의 평균값을 나타낸 표이다. 소득탄력성의 평균값은 1.758로서, 소득 1%가 증가하면 관광수요는 평균적으로 1.758% 증가함을 나타낸다. 또 가격(상대물가)탄

력성은 -0.386으로서, 관광목적지의 물가가 자국물가보다 1% 더 인상되면 목적지에 대한 관광수요는 그에 상응하여 0.386% 만큼 더 감소함을 의미한다. 그러나 소득이나 가격변수가 관광수요에 영향을 확실히 미칠 것이라는 가설(즉 $\beta \neq 0$ 이라는 對立假說)은 통계적으로 극히 유의한 t값(27.3 및 3.65로서, P값은 각각 0.000 수준)에 의해 증명되고 있지만, 탄력성 값의 분산(variance)이 커서 평균값 그 자체에 크게 의미를 부여할 수는 없을 듯하다.

소득탄력성만을 함수형태, 종속변수형태, 수요형태, 분석기법 등 분석형태별로 그 변동폭을 파악한 것이 〈표 8-3〉이다. 먼저 함수형태별로 보면 방정식을 선형(linear)으로 가정했을 때 소득의 평균탄력성은 1.671, 대수모형(log-linear)으로 가정했을 때 소득탄력성은 1.760이었다. 표본 수를 볼 때, 대부분의 연구(97.7%)가 함수형태를 대수선형으로 가정하고 있다는 점이 주목할 만하다. 여기서도 소득탄력성 수치의 편차가 극심해서 탄력성의 유형별 수치에 대해 큰 의미를 부여할 수는 없을 듯하다.

표 8-3		분석형태별	소득탄력성	표준편차	표본수
분석형태별 소득탄력성과 표준편차, 표본수	함수형태	선형 (linear)	1.671	0.767	18
		대수선형 (log-linear)	1.760	1.816	759
자료: Crouch & Shaw(1993)의 〈표 11-5〉를 재구성.	종속변수	지출/수입	1.992	1.795	271
		관광자수	1.636	1.793	504
	수요유형	송출형 (to a country)	1.720	2.125	159
		수용형 (from a country)	2.042	1.299	91
		송출·수용 모두 합동	1.576	1.750	449
		기타	2.554	1.617	78
	자료구조	시계열형 (time-series)	1.792	1.812	669
		횡단면형 (cross-section)	1.626	0.897	65
		통합형	1.432	2.488	43
	분석기법	일반 최소자승법 (OLS)	1.606	1.793	639
		코크란 오컷 (COC) 기법	2.505	1.746	118
		기타	2.216	0.959	20

이어서 소득탄력성의 수치를 관광송출국과 관광대상국 측면에서 보도록 하자 (〈표 8-4〉참조). 여기서 우리의 관심은 관광자를 외국으로 배출시키는 출발지 (origin)로서 또는 역으로 외국의 관광자를 받아들이는 목적지로서 이중역할을 하는 특정국가에 대한 소득탄력성의 크기가 어떠한가 하는 점이다.

	관광송출국으로서		관광대상국으로서	
송출국/목적지	소득탄력성	표본수	소득탄력성	표본수
오스트리아	1.458	22	2.215	12
프랑스	2.508	29	1.868	14
독일	2.020	42	1.583	19
이탈리아	1.717	24	1.071	33
스위스	1.629	21	2.302	9
영국	1.969	113	2.422	9
미국	1.618	195	1.981	37
캐나다	1.039	48	1.762	20
그리스	-	-	2.322	75
일본	1.149	14	-	-
호주/뉴질랜드	2.258	20	2.607	7
아시아	-	-	3.148	46

표 8-4

관광송출국과 관광대상국 측면에서 본 평균소득탄력성

자료: Crouch & Show(1993)의 〈표 11-5〉 중 일부국가들만을 발췌해서 편집하였음.

표에서 보면 먼저 고소득국가이며, 국민의 해외관광성향이 높은 나라들(관광송출국)의 소득탄력성이 비교적 높음을 알 수 있다. 프랑스(2.508)와 (舊)서독(2.020)이 그 대표적인 예이다. 예컨대, 프랑스 국민들은 소득이 1% 향상되면 해외관광수요는 2.508% 늘어나며, 서독인(통일 이전의 독일)들은 소득이 1% 증가하면 해외관광수요가 2.02% 늘어난다. 호주·뉴질랜드는 약간 예외적이긴 하지만, 해외여행참여율이 높은 나라이다(2.258). 그러나 미국이나 스위스, 일본, 캐나다 등은 국민소득이 결코 낮은 나라가 아닌데도 소득탄력성이 그리 높지는 않은 것으로 나타나고 있다. 이는 아마 소득탄력성의 결정요인은 소득수준의 높고 낮음뿐만 아니라 그 나라 국민들의 해외관광성향 강도, 지정학적 요인(북미와 일본은 유라시아 대륙과 바다에 의해 격리되어 있는 점, 그리고 유럽은 여러 고소득국가가 같이 밀접해 있는 점 등)이 작용하고 있기 때문이 아닌가 여겨진다.

한편, 관광대상국 측면에서 외래관광자들의 소득탄력성을 살펴보자. 여기서 외래관광자들의 대부분은 아시아·중남미·아프리카 국민들이 아니라 유럽, 북미의 고소득국가 출신들이라는 점을 염두에 두어야 한다. 그렇게 본다면 이들이 선호하는 목적지인 듯한 국가들(스위스, 영국, 그리스, 오스트리아 등)에 대한 소득탄력성이 높게 나타난다는 점을 알 수 있다. 예외적으로 대양주, 아시아에 대한 소득탄력성이 극히 높게 나타나고 있는데, 이는 원거리 목적지일수록 '우등재'(superior goods; luxuries)라는 가설에 의해 설명될 수 있을 듯하다(Kim, 1988: 114~5; Witt and Martin, 1987: 29). 즉 잠재여행자들은 소득이 높아질수록 여행비용이 더 많이 드는(즉 거리가 더 멀고 신기로운) 곳으로 수요를

대체해가는 이른바 소득증가의 **대체효과**(substitution effect)가 발생하는 것이다.
　〈표 8-4〉에 나타난 탄력성 수치의 약점은 송출국과 관광대상국이 명시되지
않았다는 점이다. 그래서 탄력성의 해석과 특히 '우등재 가설'(luxuries hypo-
thesis)을 증명하기에는 부족함이 많다. 별도의 자료(〈표 8-5〉 참조)를 통해서
이 문제를 마지막으로 짚어보기로 하자.

표 8-5	연구자	송출국	행선지	소득종류 및 탄력성
연구자별 송출국 및 행선지 소득탄력성의 비교	Witt & Martin (1987)	독일		실질인당가처분소득(DI)
			네덜란드	0.512
			오스트리아	0.821
			스위스	1.666
주: 종속변수는 모든 방문자수			덴마크	2.363
(number of visits)임. 통계			이탈리아	1.075
적 유의성이 5% 이내인 모			스페인	3.295
형에 한함. Bechdolt(1973)			영국	4.341
와 Kim(1988)의 모형은 모			(구)유고	3.595
두 1% 이내로 유의함.		영국	오스트리아	1.967
			프랑스	1.431
자료: Kim(1988)의 〈표 17〉을			독일	2.462
재편집.			그리스	2.527
			이탈리아	2.692
			네덜란드	2.917
			미국	2.894
	Stronge & Redman (1982)	미국	멕시코	실질 개인소득(PI) −0.37~1.26
	Jud & Joseph (1974)	미국	15개중남미국가	실질 GNP 2.448
	Bechdolt (1973)	미국	하와이	인당 개인소득(PI) 3.147
	Gray (1966)	미국		인당 가처분소득(DI)
			캐나다	2.28
			해외	5.13
		캐나다	미국	1.94
			해외	6.60
	任恩淳 (1986)			실질 인당 GNP
		일본	한국	0.50~1.35(전체) 0.79~1.06(관광목적)
		미국	한국	1.20~2.52(전체) 1.95~4.35(관광목적)
	Kim Sa-Hun (1988)			실질인당 국민소득(NI)
		일본	한국	−0.0005(전체)
		미국	한국	1.404~1.646(전체) 3.200(관광목적)
		대만	한국	0.830(관광목적) 1.960(상용목적)

관광은 다른 재화(노동, 낮잠, TV보기 등)에 비해 상대적 **우등재**(a superior goods)에 속한다. 이미 앞에서 소득과 수요에 관련시켜 설명한 바 있지만, 관광은 소득효과(income effect)와 대체효과(substitution effect)가 결합하여 소득증가분 이상으로 관광수요를 증가시키는 우등재(소득탄력성이 1보다 큰 재화)에 해당된다. 그러나 관광이 모든 경우에나 다 우등재라고는 할 수 없을 듯하다. 우등재이더라도 같은 유형의 '관광재'끼리는 때로 상대적인 **열등재**(an inferior goods)가 될 수도 있다. 이러한 가설을 어느 정도 증명해줄 수 있는 자료가 〈표 8-5〉이다.

인접한 국가(네덜란드, 오스트리아 등)로의 여행은 이미 인접국가로의 여행에 식상한 독일인 해외여행자들에게는 더 이상 우등재가 될 수 없다. 반면, 멀리 바다를 건너야 하는 영국(4.341)이나 유럽대륙내의 원거리 국가(스페인, (舊)유고)는 우등재이다. 마찬가지로 영국인들에게 있어서는 더 원거리에 위치한 (따라서 더 많은 여행비용이 소요되는) 북미(2.894)가 상대적으로 더 상위의 우등재이다. 인접한 국가는(덧붙여 쾌적도나 안전성이 취약한 국가는 더욱 심하겠지만) 심지어 소득탄력성이 음(−)으로 나타날 정도로 열등재일 수 있다.

그 대표적인 예가 스트론지와 레드먼(Stronge and Redman, 1982)의 연구에서 나타난 '미국인의 멕시코 관광'과 필자의 연구모형(Kim, 1988)에서 나타난 '일본인의 한국관광'이다. 이들 모형에서는 소득탄력성이 陰의 수치이므로, 소득수준이 증가할수록 목적지에 대한 수요는 감소한다. 예를 들어 일본인의 인당 국민소득이 평균 1% 향상되면 한국에 대한 수요는 0.005% 만큼 감소한다는 뜻이다. 그렇다고 한국이란 여행상품이 항상 어느 국가 여행자들에게나 **열등재**라는 뜻은 아니다. 멀리 태평양 반대편에 있는 동양의 신비한 나라로 인식되는 한국은 미국 여행자들에게 있어서 소득이 1% 늘면 3.2%나 더 방문·소비하고자 하는 '최상급 우등재'이기 때문이다. 결론적으로 한 나라의 소득탄력성은 지정학적 요인 등에 의해 좌우되는 상대적 개념이지 절대적 개념이 아니다.

뉴스 속의
관광 경제

세계 최초의 우주 관광객 탄생

이제 국제관광도 그 정의가 새로이 바뀌어야 하지 않을까?

최초의 우주관광객 데니스 티토를 태운 러시아 우주선 소유스 TM-31호가 6일 오후 2시 35분 카자흐스탄 사막에 착륙, 8일간에 걸친 티토의 환상적인 우주여행이 끝났다고 러시아 우주관계자들이 밝혔다. 티토와 함께 선장탈가트 무사바예프, 엔지니어 유리 바투린을 태운 소유즈는 도킹중인 국제우주정거장에서 성공적으로 분리된 후 순조롭게 항해한 끝에 당초 예정보다 6분 앞서 카자흐스탄 수도 아스타나에서 남서쪽으로 400km 떨어진 아르칼리크 인근에 안착했다고 이 관계자들은 말했다.

소유즈가 착륙한 직후 티토는 우주관계자 및 의료진들과 인사하면서 만면에 웃음을 띠었으며 이 모습은 CNN을 통해 생방송됐다. 첫 우주관광객으로서 8일간 우주를 관광한 그는 불편한 걸음걸이 때문에 두 사람이 든 의자에 실려 나오면서도 "천국으로의 멋진 여행이었으며 착륙도 훌륭했다"고 평가했다. 그는 "아무런 어려움도 없이 완벽했다. 내 꿈을 이뤘다"고 기뻐했다. 환영나온 나자르바예프 카자흐스탄 대통령은 티토에게 "과거 보통사람들이 우주를 여행하는 것은 공상과학소설에서나 가능했지만 당신은 우주관광의 기초를 놓았다"고 평가했다.

미국인 사업가 티토가 이번 우주관광에 지불한 관광비는 무려 2000만 달러(약 260억원)로 티토는 이 관광비를 지불하고 우주를 여행한 첫번째 관광객으로 기록됐다.

한편, 이번 우주관광을 주선한 스페이스 어드벤처스는 5일 티토의 우주관광에 자극받아 우주관광을 신청한 사람이 1백여명에 달한다고 밝혔다. '스페이스 비즈니스 제트'(Space Business Jet)로 명명된 이 비행기의 탑승 비용은 약 1억 3천만원 정도며 적응훈련도 4일밖에 걸리지 않는다고 이 회사는 밝히고 있다.

자료: 2001년 5월 6일 모스크바=연합뉴스

▶ 소비함수(消費函數, consumption function): 개인의 소비수준에 영향을 미치는 가계의 소득, 장래 경기에 대한 전망, 정부 금융정책, 개인의 기호 등의 요인(Q)들과 소비수준 (C) 사이에 존재하는 수학적인 함수관계 즉 $C=f(Q)$를 말한다. 여러 가지 요인 중에서 가장 큰 영향을 미치는 것은 소득인 것으로 주장되고 있다.

▶ 상대소득(相對所得, relative income): 듀젠베리(J. Duesenberry)는 개인 소비행동이 그의 상대소득에 의해 결정된다는 상대소득가설을 주장하였는데, 여기서 상대소득이란 자신의 과거 소득 혹은 자신과 의존관계가 있는 타인의 소득을 의미한다. 즉 상대소득가설이란 소비에 영향을 주는 요인으로서 소비자 본인의 현재소득은 물론 비교대상이 되는 타인의 소득과 본인의 과거소득에도 영향을 받는다는 주장을 뜻한다.

▶ 항상소득(恒常所得, permanent income): 정상적인 소득의 흐름으로 확실하게 기대할 수 있는 기대소득 또는 장기적 평균소득. 프리드만(M. Friedman)은 개인의 소비가 당기의 절대소득의 크기에 의존하는 것이 아니라 오히려 장기적인 기대치로서의 항상소득 혹은 영구소득의 크기에 의존한다고 주장하였다.

▶ 실질가처분소득(實質可處分所得, real disposable income): 개인소득 가운데 개인이 내는 직접세를 공제한, 개인이 실질적으로 자유로이 처분할 수 있는 소득을 말한다.

▶ 자유재량처분소득(discretionary income): 가처분소득에서 식료비, 주거비, 광열비 등 생활에 필수적인 소비액을 제외한, 자유재량으로 처분할 수 있는 소득을 말한다.

▶ 탄력성(elasticity): 가격이나 소득의 변화율에 대한 수요(혹은 공급)의 변화정도를 말한다. 그 절대 값이 1이면 단위탄력적, 1 미만이면 비탄력적, 1을 초과하면 탄력적이라 한다.

▶ 통계적 유의성(statistical significance): 가설검정에 있어서 검정통계량의 값(t값, F값 등)이 귀무가설의 채택영역을 벗어나 기각영역에 놓일 때를 통계적으로 '유의'하다고 하며, 통계적 유의성이 높아야 귀무가설이 기각된다. 대개 통계적 유의성 여부는 틀릴 확률 1%, 5%, 또는 10% 이내를 기각영역으로 설정한다.

▶ 대수선형모형(log-linear model): 회귀방정식의 종속변수(Y)와 독립변수(X)에 對數 (logarithm)를 취한 방정식, 즉 $\ln Y = a + b \ln X$ 형을 말한다. 둘 중 어느 한쪽에만 대수를 취한 것을 半대수모형(semi-log model)이라고 부른다.

연구문제

1. 인당 국민총생산이나 인당 가처분소득보다 자유재량처분소득(discretionary income)이 왜 국제관광수요를 설명하는 변수로 더 이상적인 변수인가? 그럼에도 불구하고 왜 학자들은 이 변수를 이용하기를 기피하는가?

2. 국제관광수요량을 파악할 수 있는 척도에는 어떤 것들이 있나? 이를 분류하고 그 예를 들어 설명하라.

3. 본장에서 설명한 국제관광 수요변동에 영향을 미치는 여러 인자 외에도 또 다른 인자들은 없는가 찾아내보라.

4. 기존에 이룩된 국제관광 수요모형 연구결과를 토대로 국제관광 수요의 소득탄력성에 대해 설명하라.

제 9 장

관광의 경제효과 분석의 기법: 관광승수와 산업연관분석

관광산업에 의해 발생되는 소득 또는 고용의 변화가 그 국가경제 또는 지역경제를 어떻게 변화시키는가는 우리 관광학도의 주요 관심사중의 하나이다. 그러나 이런 관심사를 분석하기 위해서는 개념이해와 더불어 먼저 상용되고 있는 분석기법을 이해하지 않으면 안된다.

우선 이해해야 할 기본개념으로서 경제적 영향 또는 경제적 효과(economic impact)가 무엇인가를 이 장에서 밝히고자 한다. 분석도구로는 승수분석(multiplier analysis), 비용편익분석(cost-benefit analysis), 산업연관분석(interindustry analysis) 등이 자주 쓰이고 있는 편인데, 이 장에서는 관광승수와 관련된 한시적 승수기법(ad-hoc multiplier)과 산업연관분석 기법을 설명하도록 하겠다. 특히 산업연관분석 기법의 이해를 위해서는 약간의 경제학적 지식과 행렬(matrix)을 포함한 기초적인 선형대수학(linear algebra)에 대한 지식이 다소 필요하지만, 본 장에서는 독자들의 경제학적·수학적 지식이 충분치 않다는 전제하에 가능한 한 이들 지식을 거의 사용치 않고 내용을 설명해 보기로 한다. 이 장에서는 산업연관분석의 기초적 지식만을 서술하였기 때문에 이 분야에 보다 관심을 갖는 독자들은 별도로 전문서적을 읽어주기 바란다.

제1절 관광의 경제적 임팩트

관광객의 내방이 '이용자 그 자신을 제외하고' 해당지역 또는 국가에 미치는 경제적 영향을 **경제적 임팩트**(economic impact) 또는 경제적 효과(economic effect)라고 부른다. 그 영향이나 효과는 긍정적 측면인 편익(benefit)과 부정적 측면인 비용(cost) 두 가지 의미를 다 함축하고 있다고 보겠으나, 통상적으로는 전자의 긍정적 효과만을 지칭하는 개념으로 사용된다.

경제적 임팩트란 엄밀히 말한다면 이용자 자신을 제외하고 제3자(또는 지역사회)에게 돌아가는 **'순2차 편익'**(net secondary benefits)을 말한다. 다시 말해 경제적 임팩트는 특정 관광산업이 일으키는 경제적 총편익 중에서 관광자 자신에게 발생된 순1차 편익(net primary benefit)을 뺀 이른바 2차편익에서 다시 이로 인해 야기된 모든 2차비용을 뺀 순2차 편익을 지칭한다. 즉,

2차 경제편익＝총 경제편익－순1차 경제편익(관광자 귀속편익)
경제적 임팩트＝2차 경제편익－2차 경제비용＝순2차 경제편익

여기서 순1차 편익이란 특정 관광행위로 발생된 산출물에 대해 이를 이용하는 특정집단(관광자)이 지불하려는 의사액(willingness to pay)과 실제 이용의 대가로 부과되는 이용료(입장료)의 차이로서, 곧 **소비자잉여**를 말한다. 이 순1차편익은 이용자 자신에게 귀속되는 편익으로써, 경제학적으로는 알프레드 마샬(Alfred Marshall)이 이야기한 소비자잉여(consumer surplus)이지만, 우리 관광학의 경우 **관광자잉여**(tourist surplus)라 부를 수 있다. 즉,

소비자잉여
다시 부언하면, 소비자가 실제로 치른 대가와 그가 주관적으로 평가하는 대가 사이의 차액을 의미한다. 이 개념은 이미 6장 2절에서 자세히 언급하였다.

순1차 편익＝관광자잉여＝관광자의 지불의사액－실제 이용료

아울러 관광의 효과를 직간접 효과개념으로 달리 설명해보자. 관광지출의 효과는 크게 직접효과(direct effect), 간접효과(indirect effect), 그리고 유발효과(induced effect)로 나누어질 수 있다.

직접효과란 말 그대로 관광자가 그 지역에서 최초로 지출한 경비가 직접적으로 그 지역에 발생시키는 경제적 효과이다. 관광객과 직접 대면하는 관광사업자들(호텔숙박업자, 기념품상, 주유소, 자동차 대여업자 등)에게 발생되는 효과가 이런 직접효과에 속한다. 이 직접효과를 일컬어 **1차효과**(primary effect)라고도 한다.

또다른 효과는 **간접효과**(indirect effect)이다. 관광자를 통해 1차지출이 일단 그 지역경제에 주입되면 이에 영향을 받는 2차적인 집단(즉 관광업체와 직접적인 관계가 있는 원재료공급업체 등의 집단)이 생기게 되는데, 이들 집단에게 발생하는 효과가 간접효과이다. 예컨대, 관광자를 숙박시켜 숙식비를 받은 호텔업주는 다시 이 수입 중 일부를 자신에게 쌀이나 부식재료를 공급해준 농민 또는 중간상에게, 그리고 통신서비스를 제공해준 전기통신공사에게, 청소를 해준 청소부에게 각각 지출한다. 이때 농민, 전기통신공사, 청소부는 관광자로부터 각각 '간접적 영향'을 받게 되는 셈이다. 단체관광자를 모객한 여행업계의 경우, 현지 여행소매업자(소위 현지 'land'社)는 관광자에 의한 '1차지출 대상자'라고 볼 수 있으므로 직접효과의 범주에 든다.

마지막으로 언급할 효과는 **유발효과**(induced effect)이다. 관광수입 증대로 인해 해당 지역경제 내의 호텔업주, 농민, 전기통신공사 직원, 청소부, 자동차대여업자 등의 기업·가계부문 임금이 향상되면 지역경제에 대한 이들의 소비지출은 늘어나게 된다. 지역사회 내에서 주민들의 소비지출이 증가하게 되면 이것은 다시 역내산업에 대한 투자 증대와 역내경제 활성화로 이어져 역내 매출액 증가, 고용기회 창조 등 해당지역의 지역경제가 활성화되는데, 이것이 곧 유발효과이다. 다시 말해 유발효과란 외부로부터의 수요(투자, 관광지 수입 등)가 기업의 생산을 부추기게 될 때, 이로 인한 가계부문의 소득증가(따라서 소비지출 증대)가 다시 기업(관광업체 포함)의 생산(투자)을 자극하는 효과를 말한다. 이 간접효과와 유발효과를 통합하여 일반적으로 **2차효과**(secondary effect)라고 부른다. 즉 관광의 효과는 다음 식과 같이 표현할 수 있다.

관광의 효과 = 직접효과 + (간접효과 + 유발효과) = 1차효과 + 2차효과

제2절 관광승수란 무엇인가?

승수모형은 관광과 지역·국가경제간의 거시적 측면에서의 임팩트를 분석하는 데 있어서 유용하게 쓰이는 분석도구 중의 하나이다. **乘數**(multiplier)란 어느 지역경제에 끼친 최초의 변화(예컨대, 소득주입 또는 고용발생 등의 변화)가 결과적으로 그 경제에 얼마만큼의 변화를 가져오는가를 나타내는 '배수'를 뜻한

다. 1절에서 설명한 개념을 적용하여 정의한다면, 승수는 1, 2차효과 합계를 1차효과로 나눈 비율을 말한다. 이와 같이 비율로 표시한 승수를 **'비율승수'**(proportional multiplier)라고도 부른다. 즉,

$$(비율)승수 = \frac{직접변화 + 간접변화 + 유발변화}{직접변화}$$

$$= \frac{1차효과 + 2차효과}{1차효과}$$

이를 아처(Archer, 1982)가 예시한 〔그림 9-1〕을 통해 다시 설명해 보기로 한다. 이 그림에서 1단계에 해당되는 최초 관광수입(관광객지출)은 지방정부의 수입, 가계의 소득, 그리고 지역 내 관광사업체의 수입으로 귀속되고 그 나머지 (검은색)는 외지로부터의 輸入, 즉 경제순환 밖으로의 누출에 쓰여진다. 이 네 가지의 방향으로의 화폐흐름은 수입누출분 만큼 외부로 화폐가 빠져나간다. 다시 2단계에서는, 정부수입 부문은 정부수입 부문대로, 가계소득은 가계소득대로, 그리고 현지기업은 기업대로 새로이 화폐적 지출이 행해진다. 그런데, 여기서 다시 외지로부터의 수입 때문에 지역경제순환 밖으로 빠져나가는 누출분이 생기게 된다. 이렇게 3단계, 4단계 연속되는 매지출 단계마다 발생하는 누출로 인하여 최초 관광수입의 파급효과가 거의 없어질 때까지 개인소득, 정부수입, 그리고 기업거래액(매출액)이 지속적으로 순환되는 경로를 이 그림은 보여주고 있다.

이와 같은 화폐적 흐름을 측정하여 그 효과를 파악하는 기법을 **승수분석**이라

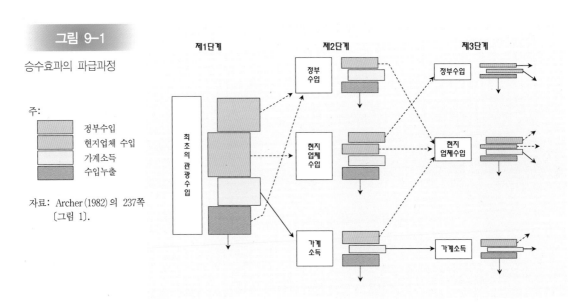

그림 9-1

승수효과의 파급과정

주:

▨	정부수입
▧	현지업체 수입
□	가계소득
▨	수입누출

자료: Archer(1982)의 237쪽 〔그림 1〕.

고 한다. 그림에서 최초의 관광수입에 대한 1단계, 2단계, 3단계, 4단계 등 각 단계별로 흰색 사각형 면적을 합한 것을 최초 지출로 나눈 비율이 바로 승수이다.

1. 승수개념의 기원과 이론적 발전

승수개념은 이미 1880년대부터 1930년대 초에 걸쳐 인식되어 오기 시작하였다. 승수효과의 원리를 처음으로 집대성한 학자는 1930년대의 칸으로 알려지고 있다(Kahn, 1931: 173~98). 그는 "국내투자의 실업에 대한 관계"(The Relation of Home Investment to Unemployment)라는 논문을 통해 처음으로 경제의 1차효과 및 2차효과를 나타내는 승수모형의 제시를 통해 외화수입의 증가가 소득이나 고용, 그리고 소비와 투자를 유발시키는 과정을 일목요연하게 제시해 주었다. 칸의 승수원리를 더욱 발전시켜 체계화한 학자는 '거시경제학의 창시자'라 불리는 케인즈(Keynes, 1933: 405~7)이다. 케인즈 승수의 기본모형을 잠시 살펴보기로 하자.[1]

외생변수
경제시스템 바깥에서 주어진(given) 변수. 즉 정책적으로 조작이 불가능한 변수를 말한다. 이에 대하여 경제시스템 내에 존재하는 정책적 조작이 가능한 변수를 내생변수라 한다.

먼저 수출·수입 부문이 없고 정부부문이 존재하지 않는 단순 민간경제를 가정하자. 이 단순경제에 있어서 가처분소득(Y)의 결정요인을 외생변수(exogenous variable)인 독립투자(I = I)와 내생변수인 소비지출(C)의 함수로만 보았을 때, 소득 式은 다음과 같이 표현할 수 있다.[2]

$$Y = C + I \qquad (1)$$
$$C = a + cY \qquad (2)$$
$$I = I \qquad (3)$$

---

[1] 여기서는 케인즈의 투자승수이론 중 단순이론만을 예로 들어보기로 한다.

[2] 다시 부연 설명하면, 外生變數(exogenous variable)란 단지 외부의 힘에 좌우될 뿐 내적으로 조작할 수 없는 시스템 밖의 '주어진'(given) 변수를 뜻한다. 예컨대, 국제 정세 변동, 국제 원유가의 등락 등은 우리가 통제할 수 없는 외부환경에 의해 좌우되는 외생변수이다. 반면에 内生變數(endogenous variables)는 국내 환율, 이자율, 가격수준 등 내부적(정책적)으로 임의조절이 가능한 변수를 뜻한다.

한계소비성향(marginal propensity to consume) 소득 한 단위가 증가했을 때 이중 얼마를 소비지출에 사용하는가를 나타내는 比率을 의미한다. 만약 한계소비성향이 0.7이라면 소득이 1원 증가하면 0.7원을 소비하고 0.3원을 저축한다는 뜻이다.

여기서 기울기 c는 **한계소비성향**(즉 $\Delta C / \Delta Y$)을 나타내며 방정식 (2)는 곧 소득을 독립변수로 하는 소비지출 구조의 수식, 즉 **소비함수**(consumption function)를 의미한다. (2), (3)식을 (1)식에 대입하면,

$$Y = \frac{1}{1-c}(a + I) \tag{4}$$

독립투자의 증가 ΔI가 ΔY 만큼의 소득증가를 가져온다고 보면 식 (4)는 다음과 같이 고쳐 쓸 수 있다.[3]

$$\Delta Y = \frac{1}{1-c}\Delta I$$

여기서 이른바 $\frac{1}{1-c}$, 즉 $\frac{1}{1-한계소비성향}$ 이 케인즈 승수이다.[4] 이 식에서 c의 크기에 의해 일정 투자가 소득의 크기에 미치는 영향력이 결정된다. 여기서 한계소비성향(c)+한계저축성향(s)= 1이다. 즉 1-c는 곧 s(한계저축성향)이므로 위 식에서 1/1-c는 = 1/s 라고 쓸 수 있다. 이 모형에서 정부지출, 수출, 투자나 소비(또는 한계소비성향)는 국민소득을 확대시켜 주는, 다시 말해 승수효과를 크게 해주는 **주입인자**(injection factor)이며, 조세·수입·저축(또는 한계저축성향)은 반대로 국민소득을 축소시키는—즉 승수효과를 작아지게 하는—**누출인자**(leakage factor)이다. 따라서 승수 1/(1−c) = 1/s 는 곧 1/(누출성향)이라고 표현할 수도 있다.

다시 설명하면, 국민소득순환에 있어 만약 가계가 그의 소득 중 일부를 국내(혹은 현지 역내)에서 생산된 재화나 용역의 구매에 지출하지 않는다면, 그 부분만큼은 국내(지역) 소득순환의 틀 바깥으로 빠져나가게 된다. 또 기업이 상품판매로 얻은 收入 중 일부를 국내(현지) 노동력 또는 국내(현지) 원료구매에 사용하지 않고 오히려 해외(외부) 수입에 의존한다면 그 부분만큼이 국민소득순환의 틀 바깥으로 빠져나가게 됨을 의미한다. 이와 같이 소득순환의 틀 바깥으로 빠져나가는 화폐부분을 우리는 **누출**(漏出: leakage)이라고 부른다. 반면, 기업 등이 상품판매 수입으로 들어온 돈이 아닌 해외(외지) 차입자금을 국내(현지) 시설투자 등에 사용한다면 그만큼 화폐의 흐름은 국민소득순환의 틀 안으로 들

---

3) 여기서 이 식은 $Y = c^0\Delta I + c^1\Delta I + c^2\Delta I + \cdots\cdots c^n\Delta I = (1 + c + c^2 + \cdots\cdots + c^n)\Delta I$라는 수식을 통해 도출될 수도 있다. 참고적으로 $c < 1$일 때에는 $1 + c + c^2 + c^3 + \cdots\cdots + c^n = 1/1-c$이기 때문이다.

4) 소득이 오로지 소비와 저축에만 쓰인다고 가정한다면, 한계소비성향(c)과 한계저축성향(s)의 합은 1이다. 즉 c + s = 1, 따라서 1−c=s이므로 소득승수는 1/1-c 또는 1/s로 표시할 수 있다.

어오게 된다. 또 가계가 기업의 제품을 구매할 때 기업이 가계부문에 지불한 임금이 아닌 다른 수입원(예컨대, 해외교포가 보낸 송금)을 사용한다면 그만큼의 화폐가 소득순환의 틀 속으로 새로이 들어오게 되어 결국 국민소득을 증대시키는 작용을 하게 된다. 이와 같이 화폐가 국민소득 순환 속으로 들어오는 것을 **주입**(injection)이라고 한다. 이를 요약하면 다음과 같다(괄호 속은 관광산업의 경우를 든 예임).

누출인자: 저축, 조세, 수입 등(역외로부터 원료수입, 관광소득의 역외유출, 해외 경비 지출 등)

주입인자: 소비, 투자, 정부지출, 수출 등(관광외화수입, 역외로부터의 관광시설 투자 등)

승수의 크기는 국민경제 순환상에서 부문구성에 따라 다르다. 가계 및 기업부문만으로 구성된 단순모형에서 승수는 $1/1-c = 1/s$이며, 여기에 해외부문이 추가되면 $1/s+m$(단, m은 한계수입성향)이 되며, 이어 정부부문까지 첨가되면 $1/s+m+t$가 된다(단, t는 한계조세성향).

케인즈의 기본모형은 단순하고도 명료하기 때문에 보다 발전된 최근의 승수모형들도 여전히 대부분 케인즈 모형의 골격을 그대로 따르고 있으며, 적용범위도 투자승수뿐만 아니라 무역승수, 고용승수, 조세승수 등으로 확대되고 있다.

승수모형의 적용에서 나타난 또하나의 주요한 발전은 1930년대 미국에서, 특히 레온티에프(Leontief, 1936)가 개발한 **투입산출분석**(input-output analysis: 생략해서 I/O 분석)의 응용이다. 뒤에서 자세히 논하겠지만, 투입산출분석은 한 나라의 경제구조를 行列式으로 도식화한, 즉 行에는 각 산업부문의 다른 산업부문에 대한 판매량(output)을 표시하고 列에는 각 산업부문에 의한 다른 산업부문으로부터의 구입량(input)을 표시하여 산업 상호간 투입산출량의 기술적 의존관계를 파악하고자 하는 방법이다. 여기서 관광지출은 수출란에 표시되며, 이러한 지출이 각 산업부문과 소득에 미치는 영향은 행렬대수(matrix algebra) 방법을 통해 측정된다.

승수모형은 1960년대 이후 더욱 폭넓게 연구가 진행되어 좀더 정밀한 이론모형으로 발전하게 되었다. 특히 1970년대에 들어 관광부문에 대한 승수연구는 영국 서레이 대학(University of Surrey)의 아처(Brian Archer) 등을 중심으로 하여 체계화 단계에 이르렀으며, 오늘날 관광산업효과 분석에 있어 가장 유용한 분석도구 중의 하나로 등장하게 되었다.

2. 관광승수의 유형별 분류

관광승수는 방법론상의 차이에 따라 크게 두 가지 유형으로 대분해 볼 수 있는데, 애드 혹 승수(*ad hoc* multiplier)와 체계적 승수(systematic multiplier)가 그것이다.

애드 혹 승수란 말 그대로 '임팩트의 파악'이라는 특정목적 달성을 위해 한시적으로 연구자가 작성한 간단한 '한시적 특별모형'이라고 할 수 있다. 단순하므로 적용하기가 쉽지만 조직적이지 않을 뿐더러 정보제공에 어느 정도 한계가 있는 기법이 이것이다. 다음에 소개하는 케인즈류의 승수와 경제기반이론(economic base theory)류의 승수가 그 대표적 기법이다. **체계적 승수**란 임팩트를 보다 조직적으로 분석하기 위한 기법이라 할 수 있는데, 전체 산업간의 경제거래 정보에 바탕을 둔 산업연관분석류의 승수가 그것이다.

또 승수는 파악하고자 하는 대상에 따라 산출량승수, 판매량 또는 거래량승수, 소득승수, 그리고 고용승수 등으로 구분해 볼 수 있는데, 파악대상에 따른 분류는 다음 절에서 다루기로 하고 여기서는 분석방법상의 차이에 따른 기본적인 승수체계의 두 가지 흐름에 대해 관찰해 보기로 하자.

애드 혹(ad hoc)
사전적인 의미로는 "특별한 목적의, 특별히"란 뜻의 라틴어로서, 어떤 특정 목적달성을 위해 한시적으로 만든다는 뜻임. 예를 들어 국립공원의 환경파괴 문제해결을 위해 대책반을 구성했다면, 이는 ad hoc committee라 할 수 있다.

1) 애드 혹 승수(*ad hoc* multiplier)

(1) 케인즈류의 관광승수[5]

개방경제상태(open economy)의 지역경제를 가정한다면, 그 지역에 대한 투자와 역외로의 수출은 그 지역의 고용과 소득수준을 증대시킨다. 이를 관광산업과 관련시켜 본다면, 역내 투자란 곧 관광시설물 건설과 민간부문 투자에 해당되며 역외수출(outward export)은 곧 외지관광객이 지출하는 경비가 된다. 그러므로 관광승수란 지역승수의 한 특수한 형태에 불과하며 관광자가 지출한 경비가 그 지역에 승수배의 지역경제적 효과를 가져온다고 가정했을 때의 '배수'를 의미하는 것이라 볼 수 있다.

---

5) Archer는 이를 관광효과 측정이라는 특수목적을 위해 臨時的으로 구성하였다는 의미에서 '애드혹'모형(ad hoc model)이라고 부르나, 이것은 근본적으로 케인즈의 기본승수개념에서 출발하고 있으므로 케인즈類의 관광승수라고 명명하는 것이 더 적절할 것 같다.

케인즈의 기본승수는 앞에서 지적한 바와 같이 $1 \times 1/1-c$(단, c=한계소비성향)이나, 지역단위의 관광승수는 그러한 고전적 모형과는 달리 이른바 클로슨모형(또는 Tiebout 모형)이라고도 명명되는 식(1)과 같거나 이와 유사한 형태를 취한 변형 승수식이 많이 이용된다.[6] 즉,

$$A \times \frac{1}{1-BC} \qquad\qquad (1)$$

여기서

A = 관광객 총지출 중 현지에서 지출되는 비율(즉 지역에 투입된
   총관광경비 – 역외로의 누출)

B = 현지지출이 지역소득자에 의해 해당 현지에서 소비되는 비율

C = 현지에서 소비된 지출이 그 지역소득화되는 비율

이 방식을 고전적 모형과 비교한다면, BC는 곧 관광수입을 지역에서 소비할 성향을 나타내는 것으로서, 고전적 모형의 C에 비유될 수 있다. A는 전국을 대상으로 하는 고전적 모형과는 달리 관광목적지인 역내에서 지출되는 경비이지만, 다시 외지에서 조달하는 원자재 구입비로 그 일정부분이 외부로 지출되므로 대개 1보다 작다.

식 (1)과 관련하여 현지의 관광소비액이 어떻게 지역소득으로 연결되는가를 예를 들어 파악해 보기로 하자. 식 (1)에서 A = 0.5, B = 0.4, C = 0.6이라고 가정하자. 이는 관광자 총경비 중 현지에서 50%가 지출되는데 이 몫 중에서 40%만이 역내에서 재소비 됨을 의미한다. 그러나 관광소득 중에서 40%가 역내에서 소비된다고 하여 이것이 전부 현지민의 소득이 되어버리는가? 그렇지 않다. 이 현지에서 소비되는 몫 40% 중 일부는 외지로부터의 제품(원료)수입에 충당되기도 하고 일부는 현지주민에 대한 임금소득이 되며 또 나머지 일부는 기타 외부로부터의 수입을 위한 누출적 지출이 될 것이다. 즉 현지에서 소비되는 40% 중 현지민의 소득이 되는 비율을 60%(C=0.6)라고 가정한다면 이 0.6이 바로 '관광수입(현지기업의 입장에서는 매상고)의 소득성향'이 된다. 따라서 이 지역사회에 산입되는 소득률은 0.4 × 0.6 = 0.24 가 된다. 여기서 지역소득화된 금액비율 0.24도 그것의 40%만 이 지역에서 소비된다. 즉 이 지역에서 소

---

6) Archer(1973b)는 이를 '클로슨모형'(Clawson Model)이라고 부르고 있으나, 사실상 Clawson은 Tiebout의 기반승수이론을 그대로 도입한 것에 불과하므로 'Tiebout모형'이라고 부르는 것이 더 적절하다. 구체적으로 Tiebout(1962: 59~70)를 참조해 볼 것.

비되는 금액비율은 0.24 × 0.4 = 0.096이다. 이 현지소비액 중 그 60%만이 다시 현지소득이 된다. 즉 0.096×0.6 = 0.0576이 이 지역에 산입되는 2차 추가소득이 되는 것이다. 이런 식으로 유발되는 소득을 모두 합계한 것이 곧 승수인데, 이를 수식으로 표시해보면 다음과 같다.

$$관광승수 = 0.5(0.24 + 0.0576 + 0.0138 + 0.0033 + \cdots)$$

$$= 0.5 \times \frac{1}{1-(0.4)(0.6)} = 0.66$$

이는 외지 관광자가 방문지에서 100원을 지출할 때 그 관광지에는 총 66원의 추가소득이 발생됨을 의미한다. 그러나 이러한 한시적 단순모형(*ad hoc model*)만으로는 결코 관광개발의 지역적 효과를 충분하게 설명할 수 없다. 아처의 주장과 같이 이 단순모형으로는 지역내 각 산업부문간 관계, 그리고 이들 부문들과 소득발생효과간의 관계를 설명할 수 없기 때문이다(Archer, 1973a). 영국 웨일즈(North Wales) 지방의 한 농촌 앙걸시郡(Anglesey County)에 대한 방문관광자의 승수효과를 측정키 위해 아처와 오웬(Archer and Owen, 1971)은 식 (1)의 약점을 보완하고 이를 약간 변형시킨 식 (2)의 모형을 제시하였다. 이 모형은 관광자를 숙박형태별로(여기서는 호텔·캠핑·민박) 그리고 소비지출형태별로 부문별 특성을 가능한 한 모두 고려하는 방식을 채택했기 때문에 관광자의 여러 가지 형태별 특성의 차이를 무시한 식 (1)보다는 한층 더 정밀한 모형으로 평가된다. 그렇지만 이 모형도 자세히 관찰해 보면 기본적으로는 식 (1)과 같은 원리에 의거하고 있음을 알 수 있다. 즉 방정식 분모의 우측 항목은 식 (1)의 BC와 동일한 의미이다.

$$\sum_{j=1}^{n}\sum_{i=1}^{n} Q_j K_{ij} V_i \left(\frac{1}{1 - L\sum_{i=1}^{n} X_i Z_i V_i} \right) \tag{2}$$

여기서 i = 소비지출형태별, j = 관광자 숙박형태별, Q = 숙박형태별 관광자의 지출비율, K = 숙박형태별 관광자의 지출형태별 소비지출 백분비, V =지출항목별 소득발생률, L = 현지소비성향, X = 소비지출유형, Z = 지역주민이 역내에서 소득을 소비하는 비율

실제 작업상에서는 위에서 설명한 케인즈류의 관광승수는 표본조사나 2차자료 등을 통해 구할 수 있으므로 자료 수집비나 노력이 많이 들지 않는 이점이 있다. 그러나 반면에 이 모형이 제시하는 연구결과나 정보는 정책결정자나 계획

가에게 극히 제한적일 수밖에 없다. 아처(Archer, 1973b)의 주장에 의하면, 후술할 기반이론승수와 더불어 이 애드혹 모형들(*ad hoc* models)이 갖는 최대 약점은 역내 소비지출의 유발효과를 파악해주지 못한다는 데 있다.

(2) 경제기반이론형 관광승수

일찍이 티보우(Tiebout, 1962)라는 학자는 경제기반이론을 체계화하고, 장래를 예측하는 한 수단으로서 경제기반승수를 도입하였다. 일부 경제학자들은 이를 관광에 적용하여 관광수입을 통한 지역경제적 효과를 파악코자 하기도 하였다.[7]

티보우의 이 기반이론모형은 지역경제를 **기반산업**(basic industries)과 **비기반산업**(non-basic industries)으로 양분하고 기반산업이 그 지역경제를 이끌어 나간다고 주장하고 있다. 여기서 기반산업이란 역외로의 수출을 통해 그 지역의 고용과 소득을 창출하며, 비기반산업(비수출산업 또는 서비스산업)은 역내수요의 충당을 위한 소비산업으로서 기반산업에 종속되는 서비스산업을 일컫는다.

이 이론에 의한다면, 관광이란 외부로부터 역내로 주입되는 소득원으로서 수출과 동일하므로, 관광산업은 기반산업 중의 하나로 해석할 수 있다. 기반승수는 식 (3)과 같이 표현되므로(Tiebout, 1962: 60; Isard, 1960: 62) 특정지역의 관광부문을 기반산업으로서 전제한다면, 식 (3)이 바로 관광승수가 될 수 있다.

$$\frac{T}{B} = \frac{B+N}{B} = \frac{1}{1 - \frac{N}{T}} \tag{3}$$

여기서, T = 전체산업의 소득(고용),   B = 기반산업의 소득(고용),
N = 비기반산업의 소득(고용)

특정지역의 전체산업을 기반산업과 비기반산업으로 정확하게 분류할 수만 있다면, 식 (1)이나 식 (2)보다 훨씬 쉽게 경제기반승수를 도출할 수 있음을 이 방정식에서 알 수 있다. 이 승수도 비율승수의 일종이다.

7) Nathan 등은 미국 애팔래치아 주변 376개 郡內의 관광자 지출이 발생시키는 고용효과를 측정키 위하여 이 모형을 이용하였다. R. R. Nathan and Associate(1966). *Recreation as Industry, A Company Report prepared for the Appalachian Regional Commission*. Washington D.C. (Archer, 1973b에서 재인용).

그러나 이 모형은 단순한 만큼 약점도 그만큼 많다. 그 중 가장 주요한 약점은 첫째, 모든 경제성장이 역외 외부요인에 의해서만 이루어진다는 암묵적 가정이다. 다시 말해 이 모형은 외부로부터의 수요가 없는 폐쇄경제하에서의 경제성장은 불가능하다고 보고 있다.[8] 둘째, 외부에서 주입되는 모든 수입(민간투자, 정부투자, 관광지 지출 등)은 지역경제에 동일한 승수효과를 미친다고 보고 있다. 그 외에도 이론상의 약점이 많지만 여기서는 논외로 한다.

2) 체계적 승수: 산업연관분석류의 관광승수

이상의 단순하고 직선적인 애드 혹 모형($ad\ hoc$ model)과는 달리, 정책결정자들에게 의사결정 자료로서의 가치가 큰 지역관광승수 도출방식은 산업연관분석(interindustry analysis; input-output analysis)이다. 이 산업연관분석(혹은 略해서 I/O분석이라고도 함)은 모든 산업부문간 거래량, 즉 투입 및 산출을 종합적·체계적으로 파악하기 때문에 관련산업부문의 전·후방효과나 유발효과를 상세히 제시해 준다는 강점을 지닌다. 그러나 각 산업간 거래표를 작성키 위한 기본 자료를 얻기가 재정적인 면이나 노력면에서 쉽지 않을 뿐만 아니라 모형의 이해가 어렵다는 점에서 재정지원이나 고급인력이 없는 개인수준에서의 연구수행방법으로는 부적절하다.

선진국의 경우, 관광산업을 대상으로 한 I/O관계 연구는 적지 않게 발견되고 있으며, 최근 우리나라에서도 이에 관한 논의가 비교적 활발히 전개되고 있다(金泰保, 1990; 崔承伊, 1992; 權寧珏外, 1993; 李忠基·朴昌圭, 1996; 孫泰桓, 1997a, 1997b; 金奎鎬, 1997; 김남조, 1998; 유광훈, 2000; 서정헌, 2001 등). 산업연관분석모형에 관해서는 다음 절에서 더욱 자세히 다루기로 한다.

3. 관광승수의 종류와 적용상 유의점

관광승수는 파악하고자 하는 대상, 즉 관광지출이 어디에 영향을 미치는가에 따라 몇 가지 유형으로 나누어 볼 수 있다. 물동량 또는 화폐적 측면에 대한 효과분석의 수단으로는 판매량승수(transaction multiplier), 산출량승수(out-

---

8) 현실적으로는 그렇지 않다. 소설 속의 이야기지만 無人島에 표류하여 고립무원의 단독생활을 한 로빈슨 크루소는 지혜를 살려 시간이 지남에 따라 더 풍요로운 생활을 누리게 되었다. 또 지구는 外界와 고립되어 존재하지만 그 지구 속의 인간들은 외계의 도움 없이도 시간이 지남에 따라 더 윤택한 경제생활을 누리게 되었다.

put multiplier), 그리고 소득승수(income multiplier) 등으로 나누어 볼 수 있고, 고용효과에 대한 분석수단으로는 고용승수(employment multiplier)를 들 수 있다. 이들 개념을 각각 알아보기로 하자.

(1) **판매량승수**(또는 거래량승수): 한 지역내에서 외래관광자의 최초 소비지출 한 단위 증가가 그 지역내 산업의 총매출액 또는 거래량을 얼마나 배증시켰 는가를 나타내는 승수.

(2) **산출량승수**(또는 생산량승수): 특정 지역내에서 외래관광자의 최초 소비지 출 한 단위 증가가 지역산업의 재화생산량을 얼마나 증대시켰는가를 나타내 는 승수. 위의 판매량승수와 유사하지만, 이 승수는 기업의 현재 판매되지 않은 재고수준까지 고려한 저량(stock)개념인 반면, 판매량승수는 팔리지 않은 在庫는 고려하지 않은 채, 오직 판매량 또는 거래량만을 고려한 유량 (flow)개념이라는 점에 근본적인 차이가 있다. 따라서 산출량승수의 값은 판매량승수보다 최소한 같거나(즉 재고가 없을 때) 크다.

(3) **소득승수**: 특정 지역경제내에서 외래관광자의 최초 소비지출 한 단위 증가 가 그 지역주민의 소득수준을 얼마나 증대시켰는가를 나타내는 승수

(4) **고용승수**: 외래관광자의 최초 한 단위 소비지출 증가가 그 지역내의 고용기 회를 얼마나 증대시켰는가를 나타내는 승수. 구체적으로 관광소비지출의 증 가로 창출된 직접고용량 및 2차고용량(간접고용량＋유발고용량)에 대한 비율을 의미한다.

또 승수파악의 기준치(승수의 분모항)를 무엇으로 하는가에 따라 승수는 **정 통승수**(orthodox multiplier)와 **비정통승수**(heterodox multiplier)로 나뉘 어진다. 예를 들어, 앞에서 지적하였듯이 소득승수는 최초의 관광지출로 발생한 직접소득과 총발생소득(직접, 간접 및 유발소득)간의 비율이지만, 분모항을 관 광자의 최초 관광지출로 인한 직접발생소득으로 보는가, 아니면 관광자의 최초 관광지출만으로 보는가에 따라 승수의 값은 달라진다. 전자를 흔히 정통 승수 혹은 **비율 승수**(ratio multiplier)라고 부르고, 후자를 비정통 승수 혹은 **일반 승수**(normal multiplier)라고 부른다. 즉,

$$정통승수(비율승수) = \frac{직접소득효과 + 간접 \cdot 유발효과}{직접소득효과}$$

$$비정통승수(일반 \ 승수) = \frac{직접소득효과 + 간접 \cdot 유발효과}{관광객의 \ 최초지출}$$

새로운 국민계정체계(SNA)에 의한 국민소득의 개념

뉴스 속의
관광 경제

UN은 기존의 소득지표인 GNP 개념체계가 생산물량 변화를 반영하는 지표(GDP)와 소득을 반영하는 지표(예: 대외 순수취 요소소득)가 서로 혼합되어 있어 소득개념의 성격이 불명확하다는 이유로 1993년부터 새로운 국민계정체계(SNA: System of National Account) 사용을 각국에 권장한 바 있다. 우리나라도 1995년부터 이 SNA체계를 사용하고 있다. 기존의 GNP개념을 포함, 새로이 바뀐 소득개념들을 설명해보면 다음과 같다.

① 총산출(GO: Gross Output): 국내 총부가가치(GDP)에서 중간원료 투입액을 뺀 가치.

② 국민총생산(GNP): 일정기간 동안에 자국민(해외 자국민 포함, 국내에서의 외국기업 불포함)에 의하여 생산된 최종생산물(기업간 거래된 중간생산물은 제외)의 시장가치 총액.

③ 국민총소득(GNI: Gross National Income): 한 나라의 국민이 생산활동에 참여한 대가로 받은 소득의 합계. 해외로부터 우리 국민(거주자)이 받은 소득(국외수취 요소소득)은 포함되고 국내총생산(GDP) 중에서 외국인에게 지급한 소득(국외지급 요소소득)은 제외된다. 즉 (GDP)＋(국외 순수취 요소소득)이다.

④ 국내총생산(GDP): 한 나라의 영토내에서 내외국인에 의해 생산된 부가가치의 총액. 즉 (피용자 보수)＋(영업잉여)＋(순간접세)＋(고정자본 소모분) 또는 (GNI)－(국외 순수취 요소소득)이다.

⑤ 국민순생산(NNP): GNP에서 감가상각비를 뺀 것.

⑥ 국민 가처분소득(NDI: National Disposable Income): 국민경제 전체가 소비나 저축으로 자유로이 처분할 수 있는 소득. 수입측면에서는 (피용자 보수＋영업잉여＋순간접세＋국외 순수취 경상이전비)를 뜻하고 지출측면에서는 (최종소비지출＋저축)을 뜻한다. 이와 유사하게 국민 총가처분소득(GNDI)은 이 국민가처분소득(NDI)에 감가상각비를 더한 것이다.

⑦ 국민소득(NI; National Income): 한 나라 안에 있는 가계, 기업, 정부 등의 모든 경제주체가 일정기간 동안에 생산한 재화와 용역의 가치를 화폐단위로 평가하여 합산한 것으로 흔히 국민총소득으로 불린다. 즉 한 나라 국민이 벌어들인 순수한 소득을 나타내는 지표로서 다음과 같이 산출한다.

국민소득(NI) ＝ GNI－감가상각비-간접세＋보조금＝NNP－간접세＋보조금
＝ 피용자보수＋영업잉여＝임금＋지대＋이자＋이윤

⑧ 개인소득(PI: Personal Income): 가계·기업 등 개인에게 귀속되는 소득. 즉 (피용자 보수)＋(기업 및 재산소득)＋(보상·의연금 등 이전소득).

⑨ 개인 가처분소득(PDI: Personal Disposable Income): 개인소득 중 직접세·주민세 그리고 해외송금, 기부금 등을 뺀 소득으로서 개인이 자유로이 처분할 수 있는 소득.

자료: 한국은행 홈페이지(www.bok.or.kr)의 용어풀이 참조.

그러나 이들 승수를 실제 적용하는 데 있어서는 '아처'가 강조하듯(Archer, 1973a, 1982), 개념에 대한 정확한 이해의 부족으로 오해와 혼란이 야기되는 경우가 적지 않다. 특히 화폐액으로 평가되는 판매량, 산출량 및 소득승수에 있어서 더욱 그렇다. 판매량승수를 산출량승수와 혼동하거나 소득의 개념을 혼동하는 것 등이 그 예이다. 소득이란 보통 **개인가처분소득**(personal disposable income)으로 정의되는 것이 관례이지만, 통계자료의 부족 또는 분석자의 과실 등으로 이를 **국민총소득**(GNI) 또는 **국내총생산**(GDP) 개념과 혼동하기도 한다. 가처분소득을 기준으로 삼는 승수와 국민총소득을 기준으로 하는 승수는 개념상 엄연히 다르므로 기준이 다른 이들 승수의 크기를 서로 비교해본다는 것은 별 의미가 없다. 오른 쪽 상자글에서 이들 개념을 설명하고 있다. 각종 소득개념을 살펴보고 그 차이점을 알아보기 바란다.

승수 적용에 있어 또 하나의 중요한 과오는 피승수(multiplicand)의 혼동이다. 여기서 피승수(被乘數)란 승수에 곱해지는 값, 즉 역내에서 관광자의 최초 관광지출분인 식(1)의 A를 말한다. 관광의 경우, 모든 지출−또는 지역내에서의 관광자 지출−이 그 지역의 소득창출과 반드시 연결되는 것은 아니다. 일부 관광지출은 심지어 그 지역경제에는 들어가보지조차 못한 채 역외에서 소비되어 버리는 경우도 많다.9) 이런 허수의 최초지출을 마치 해당지역에서 지출하는 것인 양 착각하여 승수계산에 포함시키는 경우도 많은데, 이 외부지출은 계산에서 당연히 제외시켜야 한다.

또 한 가지 중요한 점은 계산방식이 서로 다른 승수식의 차이를 무시하고 이들을 혼용함으로써 생기는 오류이다(Mathieson and Wall, 1982: 65-6).

앞에서 정의한 비율승수(정통승수)와 일반승수(비정통승수)를 가지고 설명해보자. 외래관광자의 소비지출 100원이 50원의 직접소득과 25원의 간접·유발소득을 가져왔다고 하자. 이때의 각 승수 값은 다음과 같다.

---

9) 예컨대, 甲이 제주도 관광에 총 10만원을 지출하였다고 하자. 그는 이 금액 중 미리 서울에서 2만원을 들여 여행용 옷과 식료품을 구입하고, 4만원을 들여 왕복교통비를 지출하였다고 하자. 이 경우 서울 등 제주도 이외에서 지출한 2만원은 피승수에서 당연히 제외해야 한다. 또 그가 이용한 제주도행 비행기나 선박이 제주도 지역경제가 소유·운영하는 것이 아니라면 4만원도 당연히 피승수에서 제외시켜야 한다. 구체적으로는 그 운송회사가 제주도 경제에 기여하는 고용, 지방세 또는 공항사용료에 상당하는 비용-(예컨대 10%)인 4천원을 제외한 3만 6천원을 피승수에서 빼야만 한다. 따라서 甲의 제주도 관광에 미친 피승수는 10만원이 아니라 4만 4천원에 불과하므로, 제주도의 실제 소득승수는 엄청나게 줄어들게 된다. 전술한 '클로슨' 또는 '티보우'모형인 A×(1/1−BC)에서 被乘數인 A가 바로 이 경우에 해당된다. 앞에서 든 예에서 A를 0.44가 아닌 1.00으로 본다면 승수계산의 착오가 얼마나 클 것인가를 짐작할 수 있다.

$$비율승수(정통소득승수) = \frac{직접소득효과 + 간접 \cdot 유발효과}{직접소득효과}$$

$$= \frac{0.5 + 0.25}{0.5} = 1.5$$

$$일반승수(비정통소득승수) = \frac{직접소득효과 + 간접 \cdot 유발효과}{관광객의 \ 최초지출}$$

$$= \frac{0.5 + 0.25}{1.0} = 0.75$$

즉 같은 승수인데도 비교의 기준이 되는 승수의 분모항이 다름에 따라 승수 값은 위 식에서 보듯이 각각 1.5, 0.75로 서로 큰 차이를 보인다. 여기서, 비율 승수는 분모항의 값이 분자항에도 포함되고 있으므로, 항상 1보다 크다는 점에 유념해야 한다.

승수의 계산과 서로간의 비교는 이와 같이 적용과정에서 과오를 범할 우려가 크다는 점을 감안하여 연구자는 신중을 기해야 한다. 지역간 승수효과의 정확한 비교나 관광효과에 대한 명확한 정책정보를 제시하기 위해서는, 승수기법의 올바른 이해와 적용이 아무리 강조되어도 지나치지 않을 것이다.

4. '애드 혹' 관광승수의 한계와 가치

승수분석 결과의 정확성은 자료의 정확성과 분석방법론의 적절성에 달려 있다는 점은 더 이상 강조할 필요가 없다. 그러나 설령 승수분석이 정확했다고 하더라도 그 자체가 안고 있는 가정상의 취약점 때문에—어느 모형이라도 대부분 그렇지만—이를 일반화시키는 데는 주의를 요한다. 케인즈류의 승수는 승수대로 그리고 경제기반이론류의 승수와 I/O모형류의 승수는 또한 그들 나름대로, 기본 가정 자체가 문제점을 내포하고 있기 때문이다.

첫째, 승수모형은 지역경제의 **유휴자원** 상태(또는 불완전고용 상태)를 기본 가정으로 삼고 있다. 즉 동원되지 않은 채 수요되기를 기다리는 생산요소가 충분히 존재하고, 따라서 공급부문은 항상 수요부문의 새로운 요구에 즉각 응할 수 있는 탄력적인 자세를 취하고 있다고 가정하고 있다. 예를 들어 실업자는 새로운 취업기회를 찾아 서성대고, 창고에 쌓인 시멘트 재고는 새로운 관광호텔의 신축을 기다리고, 농부는 외지관광자의 쌀 수요만 있다면 즉각 증산·공급해줄 수 있는 준비가 되어 있다고 보는 것이다.

그러나 이러한 가정에 반하여 현실적으로는 대부분의 자원이 **완전가동 상태**

(또는 완전고용 상태)에 있다면 이 승수모형은 신뢰성이 상실된다. 왜냐하면 완전고용상태에서는 외지관광자의 쇄도로 추가수요가 발생하더라도 자원공급 여력의 결여로 인해 현지의 소득을 더 이상 유발시킬 수 없기 때문이다. 설령 소득이 유발된다고 해보았자 그것은 인플레효과에 의한 소득증대, 즉 명목상의 소득증대이거나 타부문으로부터의 자원전용에 불과하기 때문이다. 예를 들어, 여름 바캉스 철이 되면 외지피서객 수요의 증가로 江陵市의 물가가 일시적으로 크게 오르는 경향이 있는데, 관광객 증가가 과연 강릉시 주민소득 확대에 기여하고 있는가를 이런 시각에서 생각해보면 흥미로울 것이다.

　여름 바캉스 철의 강릉지역 택시승차료에 대해 생각해보자. 먼저 강릉시 택시는 강릉시민 수송에 완전 가동(완전고용)된다고 가정하자. 외지인 수요가 폭증한다면, 택시기사는 시청-경포대 구간에 대해 1,500원 받던 요금을 시장수요 초과 원칙에 따라 2,500원을 받게 된다. 택시기사는 1,000원을 더 벌게 되지만, 강릉시민은 결국 1,000원을 더 지출하게(잃게) 된다. 설령 택시잡기 경쟁을 하다가 서울서 온 피서객이 택시를 잡는 행운을 누려 택시기사는 2,500원을 '외지인으로부터' 벌어들인 것같이 보이지만, 택시를 못 탄 강릉시민은 반대로 그만큼의 불이익을 당하거나 현지생활 편익을 빼앗겨버린 셈이다. 강릉 지역사회 전체 입장에서 볼 때, 얻은 자와 잃은 자는 결국 제로섬(zero-sum)이 된다. 이와 같이 공급이 제한되어 있는 상태에서 수요의 폭증으로 발생하는 인플레를 경제학 용어로 '수요견인 인플레'(demand-pull inflation)라고 부른다.

　둘째, 승수모형은 **사회적 기회비용**(social opportunity cost)이 전혀 없는 것으로 가정한다. 그러나 현실적으로는 그런 경우는 별로 없다. **기회비용**이란 생산요소가 특정재화의 생산에 투입됨으로써 상대적으로 희생된 다른 재화의 생산능력 또는 특정재화를 생산하느라고 포기한 다른 재화생산 기회의 상실분을 말한다. 만약 특정지역이 관광지로 개발되어 현대식 관광호텔이 들어서자 농업부문에 종사하던 농부가 농사짓기를 포기하고 대신 호텔 청소부로 전직했다면 이것도 과연 관광의 '새로운' 고용효과라고 볼 수 있겠는가? 또 일정액의 주어진 예산을 놓고 새마을공장을 건설할 것인지, 아니면 관광호텔을 건설할 것인가를 검토하다가 200명의 1차고용과 50명의 2차고용을 창출하는 호텔을 신축하기로 결정하고 150명의 1차고용과 60명의 2차 고용기회를 창출하는 새마을 공장 건설을 대신에 포기했다고 하자. 이 경우, 과연 관광호텔 건설투자의 총고용효과를 250명으로 볼 수 있는 것인가? 기회비용을 고려한다면 기회상실된 210명을 뺀 40명을 관광호텔 건설의 순수한 고용효과로 보아야 함이 당연하다.

　이러한 가정상의 문제점 외에도 관광승수기법은 지역경제의 장기적 예측이나 분석방법으로는 적합하지 못하다는 비판을 받기도 한다. 케인즈 승수의 기본골격인 **한계소비성향**(marginal propensity to consume)은 장기적으로 일정하다고 볼 수 없다. 특히 관광은 원래 가시성(visibility)이 큰 여가활동이므로 관광지 주민이 받는 소비성향의 변화는 엄청나다. 다시 말해 관광지 경제는 외지로부터 오는 씀씀이가 헤픈 부유층 관광자로부터 받는 소비성향의 전시효과(모방효과: bandwagon effect)가 크기 때문에 관광지 외의 일반지역보다 관광지 주민의 소비성향은 더 빨리 증가하는 경향을 보인다(아래 박스 논단 참조).

그러나 이러한 한계점에도 불구하고 승수기법은 관광지출이 당해 지역경제에 미치는 단기효과를 파악하는 데 유용한 분석수단이라는 점은 의심할 여지가 없다. 더구나 I/O승수를 제외한 '애드 혹' 모형(*ad hoc* model)은 비용이나 시간 그리고 자료제약성의 한계를 어느 정도 극복할 수 있는 임기응변적 분석모형이라는 점에서 각광을 받으면서 가장 빈번히 사용되고 있다. 특히 최근 각국 각 지역의 관광승수연구가 빈번해지고 이의 자료입수가 쉬워지는 관계로 승수의 크기나 가치를 결정하는 일반법칙의 확립, 나아가 승수비교연구를 통한 정책대안 제시의 폭이 넓어져가고 있다는 사실은 고무적인 현상이 아닐 수 없다. 마지막으로 승수연구에 많은 기여를 한 '아처'의 결론적 견해를 옮겨보기로 하겠다.

> 본 연구에서 도출해낼 수 있는 가장 중요한 결론은, 승수분석이 비록 취약점과 한계점을 안고 있기는 하지만, 관광의 경제적 효과를 분석할 수 있는 강력하고 귀중한 도구가 된다는 점일 것이다. 어떤 경제분석에서나 기법에 대한 비판은 있기 마련이다. 그러나 그 방법론만 오용되지 않는다면, 승수분석은 정책결정자들에게 유용한 정책자료를 풍부하게 제공해줄 수 있을 것이다(Archer, 1982: 241).

제3절 사례연구: '애드 혹' 관광승수를 이용한 관광효과분석

1. 케인즈류 관광소득승수 분석의 의의

경주세계문화엑스포와 같은 대규모 문화행사(mega-events)가 역사문화도시에서 개최될 필요성은 최근 들어 지방 그 자체가 상품이 될 수 있다는 견해가 등장하고 있는 데서도 그 의미를 찾을 수 있다.[10] 즉 특정 장소와 주민, 지역

산출물, 생활양식 등에 결부된 상징과 기호를 상품화할 수 있다는 것이다. 문화경제학적(cultural economy) 관점에서 지방의 상품화는 지역의 동식물, 경관, 사적지, 문학작품, 드라마, 시각적 예술, 민속, 수공예품, 언어 등과 같은 문화적 요소를 적절한 방법으로 선정하여 자원화 하는 것을 의미한다(Kneafsey, 2001: 762-763). 이러한 관점에서 개발도상국이나 침체된 지역에서 문화행사를 개최하는 것은 지역의 기반시설 확충과 인력개발 계기로 활용하고, 지역 이미지 제고에 의한 관광객 유치를 통해 지역경제 활성화에 기여할 수 있는 지역 상품화 활동의 하나라고 할 수 있다(Fayos-Sola, 1998: 243). 특히 경주지역과 같이 역사문화도시에서는 관광수요변화에 따라 역사문화자원의 가치를 높이지 않을 경우, 관광활동이 쇠퇴하여 지역경제도 침체될 수 있다. 이러한 점은 베니스(Venice)를 대상으로 관광지 생애주기에 대한 진화론적 모형(the evolutionary models)을 통해 역사문화도시에 초래될 수 있는 관광개발의 악순환(vicious circle) 문제를 제기한데서도 확인할 수 있다(Russo, 2002).

그러나 문화행사에 대한 의미와 기대가 높은 만큼, 그에 대한 비판도 적지 않은 것이 사실이다. 이와 같은 평가는 문화행사에 대한 주민인식에서 사회·문화적 요인보다 경제적 요인이 영향을 적게 미치고 있는 것으로 나타나고 있는 데서도 확인할 수 있다(김규호, 2001: 128). 이러한 점은 경주세계문화엑스포가 경제적 편익보다 조세부담증가와 관광객 집중으로 인한 생활환경 악화, 역사·문화 및 자연환경 파괴 등과 같은 부정적 영향이 높은 것으로 인식하고 있기 때문인 것으로 볼 수 있다.

관광의 영향에 대한 많은 연구에서 대체로 긍정적 반응을 보이고 있는 것은 경제적 효과와 높은 상관관계를 갖고 있는 것으로 나타나고 있다(Milman & Pizam, 1988: 191). 결국 경주세계문화엑스포에 대해 지역주민들이 긍정적으로 평가하지 않는 것은 많은 예산이 소요된 반면에, 문화행사에 의한 경제적 효과를 체감할 수 없거나 기대에 미치지 못한다고 인식하고 있기 때문인 것으로 볼 수 있다. 특히 경주세계문화엑스포는 지난 '98년에 355억원을 지출하였고, 2000년 행사에서는 337억원이 지출된 행사이다.[11] 또한 2000경주세계문화

---

10) 2000경주세계문화엑스포는 지난 9월 1일부터 11월 10일까지 70여일동안 8개 부문에 모두 54개 행사가 진행되어 총 관람객 175만명(외국인 방문객 13만 4,000명 포함)이 방문하였고, 행사를 위한 예산도 총 337억원으로 대규모 문화행사이다. 행사개최와 관련된 세출예산내역을 살펴보면, 제1회 행사는 총 404억원을 책정하였고, 제2회 행사에는 행사운영 150억원, 시설물 설치 67억원, 임차·법인운영 56억원, 시가지단장에 15억원으로 총 337억원을 확정한 것으로 나타나고 있다(한국문화정책개발원, 2001: 28).

11) 경주세계문화엑스포조직위원회 결산보고서에 의하면 '98년 행사에 법인운영 40억원, 행사비 136.4억원, 운영비 25.7억원,

엑스포 이후 3년 주기로 지속적으로 개최할 것을 계획하고 있으며, 2012년 행사까지 주·부제와 행사프로그램을 제시하고 있다(한국문화정책개발원, 2001).

이와 같이 행사진행에 많은 예산이 지출되었지만, 지역주민들은 행사에 의한 경제적 편익이 기대보다 낮다고 평가하고 있는 점과 향후 개최될 행사의 경제적 효과 극대화 방안을 모색하기 위해서는 경주세계문화엑스포에 대한 경제적 효과 분석의 필요성이 높다고 할 수 있다. 따라서 경주세계문화엑스포에 대한 경제적 효과분석은 케인즈류의 관광소득승수분석기법을 이용하여 행사에 참여한 방문자 지출이 지역경제에 미치는 영향과 숙박형태별 관광소득승수를 파악하여, 향후 개최될 문화행사의 개최 방법 및 장소 등에 대한 정책방향을 제시할 수 있다.

또한 문화행사에 대한 경제적 효과분석의 필요성은 지방화 시대와 더불어 각종 문화행사 또는 축제가 많은 지역에서 다양한 형태로 개최되고 있다는 점을 들 수 있다. 문화행사가 다양한 형태로 급속하게 증가하고 있는 것은 지방정부가 사회적 긴장감을 해소하여 지역주민들의 통합을 유도하고, 침체된 지역경제 활성화의 계기가 되는 장소마케팅(place marketing) 전략으로 채택하고 있기 때문이다(Getz, 1997: 23-34). 그러나 각종 유형의 문화행사가 항상 긍정적 효과를 가져 온다고 단정할 수 없다. 문화행사는 경제, 관광 및 상업적, 사회문화, 물리적 환경, 심리적, 정치적으로 긍정 및 부정적 영향을 초래할 수 있기 때문이다(Ritchie, 1984: 2-4).

따라서 이러한 문화행사가 지역에 미치는 부정적 효과를 최소화하고, 긍정적 효과를 극대화시키기 위해서는 문화행사에 대한 정확한 평가가 필요하다. 문화행사에 대한 평가는 행사개최의 효과성과 효율성을 증진시킬 수 있고, 긍정적 영향을 극대화시킬 수 있는 계획과 프로그램 개선에 반영시킬 수 있기 때문이다(Gets, 1997: 352). 관광 및 문화행사에 대한 경제적 효과에 대한 평가는 대체로 비용-편익분석(cost-benefit analysis), 승수분석(multiplier analysis), 산업연관분석(input-output analysis) 등이 사용되고 있다(김사헌, 2001: 351; Mathieson & Wall, 1982: 64-75; Kottke, 1988: 122; Fletcher, 1989: 515; Briassoulis, 1991: 486; Eadington & Redman, 1991: 50; Ryan, 1991: 70).

홍보비 25.2억원, 시설비 127.9억원으로 총 355.3억원이 지출되었고, 수입은 국비 120억원, 지방비 184.2억원, 수익금 214.2억원으로 잉여금이 163억원이 발생한 것으로 나타나고 있다. 한편 2000경주세계문화엑스포는 법인운영 35.5억원, 행사비 149.6억원, 운영비 18.1억원 홍보비 33.6억원, 시설비 67.6억원, 임차료 및 수익사업비 32.7억원으로 총 337.4억원이 지출되었고, 수입은 국비100.5억원, 지방비 125억원, 수익사업 155.4억원, 이월금 127.9억원으로 총 508.8억원으로 잉여금 171.4억원이 발생한 것으로 제시되고 있다(한국문화정책개발원, 2001: 182).

경제적 효과분석 방법 중 산업연관분석 및 관광소득승수분석과 같이 거시적 지표를 이용한 분석방법은 축제 참가자에 대한 소비지출구조와 소비지출 결정요인을 파악할 수 없기 때문에 지역경제 활성화를 위한 지역축제 전략수립에 의미를 제공하지 못하고 있다는 비판이 있다(이희찬, 2002: 32). 그러나 승수분석 기법이 한계점을 갖고 있음에도 불구하고 해당 지역경제에 미치는 단기효과를 파악하는데 유용하며, 분석기법에 대해 비판이 있지만 그 방법론을 정확하게 적용한다면 유용한 정책 자료가 될 수 있다(Archer, 1982: 241, 김사헌, 2001: 368). 승수모형 중 단순모형의 약점을 보완하여 숙박형태 및 부문별 소비지출 형태를 고려한 한시적 승수모형(ad hoc multiplier model)을 통해 분석할 수 있다. 경주세계문화엑스포에 대한 경제적 효과를 분석하기 위해 한시적 승수모형을 선정한 것은 관광자 숙박형태에 따른 소비지출구조를 반영하고 있어 거시적 경제적 지표 이용에 의한 한계점을 극복하고, 관광승수효과 측정에 있어서 현실성을 반영할 수 있기 때문이다.

관광에 의한 특정 지역주민의 소득, 고용 및 부에 대한 효과를 밝히는 경제적 효과에 대한 분석은 지역 특성에 적합한 공공 및 민간부문의 관광개발 전략수립과 개발사업 추진을 위한 정책 및 계획수립의 지침으로 활용될 수 있다(Fleming & Toepper, 1990: 37; Frechtling, 1987: 325). 이러한 점은 유럽과 북미에서 관광이 도시 및 지역경제의 활성화의 수단으로 재인식되고, 지방정부의 공공투자에 대한 정당성과 경기회복책(pump priming)으로서 민자유치를 위한 개발계획의 정당성을 확보하기 위해 그 필요성이 증대됨에 따라 관광의 경제적 효과 측정에 대한 관심이 다시 주목을 받기 시작하였던 것에서도 확인할 수 있다(Ryan, 1991: 76). 이와 더불어 문화행사에 대한 경제적 효과분석의 결과는 문화행사에 의한 편익을 파악할 수 있을 뿐만 아니라 행사자체에 대한 운영방법을 개선하는 수단으로도 활용될 수 있다(Ritchie, 1984: 5).

이와 같은 유용성을 갖고 있는 관광의 경제적 효과분석은 대상 지역과 측정 방법에 따라 그 결과가 다양하게 나타나고 있다. 즉 지역의 경제적 자립도, 관광자의 유형, 관광시설의 소유주, 토착 노동력의 비율, 현지주민의 소비성향 등과 같은 요소와 측정방법에 따라 관광개발의 경제적 효과가 다양하게 나타난다(Kim & Kim 1998: 54). 이러한 결과는 일반적으로 관광승수가 지역보다 국민경제에서 대체로 높게 나타나고 있는데, 이것은 지역경제 보다 국가경제의 경제기반(economic base), 즉 역내 산출과 서비스에서 자급자족의 능력이 크고 유출비율이 적기 때문이다(Mathieson & Wall, 1982: 68).

그리고 관광객의 숙박형태에 따라 관광승수가 다르게 나타나고 있다. Scotland

의 Edinburgh 주변의 Lothian지역에 대한 Vaughan(1977)의 소득승수 측정 결과, 당일 이용객의 경우 직접, 간접 및 유발효과에 대한 승수의 합이 0.203으로 가장 낮게 나타나고 있는 반면에 학생들을 위한 숙박시설(guest-house)은 0.365로 나타나고 있다. 또한 호텔투숙객들의 소득승수가 캐러반 또는 텐트이용자들과 친지방문자들보다 높게 나타나고 있다(Mathieson & Wall, 1982: 68-69).

아처의 한시적 모형을 변형시켜 관광의 속초시 경제적 효과를 측정한 이미혜 (1993) 연구는 전체 숙박업에 관련된 관광소득승수에서 직접효과에 0.58, 간접 1차효과 0.21, 2차간접효과 0.02로 총 0.81로 나타났으며, 숙박형태별로는 호텔에 0.73, 콘도미니엄 0.99, 여관에 0.68로 나타나 콘도미니엄의 소득승수가 가장 높게 나타났다. 또한 관광객의 지출부문별 소득승수는 숙박비에 0.64로 가장 높고 속초시에서만 지출된 교통비의 승수가 0.40으로 가장 낮게 나타났다(이미혜, 1993: 109-114).

또한 동일한 분석모형을 변형시켜 단양지역 관광자 지출에 따른 소득승수를 추정한 오순환(1998) 연구는 전체 관광소득승수가 0.7이고, 숙박형태별로는 호텔 0.64, 여관 1.20, 유스호스텔 0.57, 민박 1.28로 각각 나타났다. 여기서 숙박업 중 민박과 여관의 소득승수가 높게 나타난 것은 이들 업종이 다른 업종에 비해 역외누출 현상이 거의 일어나지 않기 때문인 것으로 볼 수 있다(오순환, 1998: 101-104).

이와 같이 승수효과가 지역 및 국가, 이용형태별로 관광승수가 다르게 나타나고 있는 것은 분석기법이 다르기 때문이기도 하지만, 소득을 구성하는 요소에 대한 정의 또는 가정이 명확하지 않기 때문이다(Wanhill, 1994: 281). 관광의 경제적 효과를 파악하는데 있어서 소득승수모형을 적용하는 것은 정확성에 많은 문제가 있지만, 이 모형은 관광소비지출의 단기적 경제효과를 측정할 수 있는 장점을 갖고 있다. 특히 경제구조에서 연계성(linkage)이 취약한 점을 밝힐 수 있고, 소득 및 고용 극대화와 외환수지 결손을 최소화하기 위한 목표에 대해 정보를 제공한다는 점이다. 또한 사업 확장 필요성과 이익을 가져올 수 있는 부문을 파악할 수 있고, 경제 자극요인으로 작용하는 부문을 규명해 줄 수 있기 때문이다(Mathieson & Wall, 1982: 71).

경주세계문화엑스포 개최에 따른 방문객 소비지출이 지역경제에 미치는 효과 분석에 관광소득승수모형을 적용하는 데 많은 한계점이 있지만, 해당 지역에서 경쟁력 있는 산업과 취약한 부문에 대한 분석이 가능하다. 이러한 분석결과는 경제적 효과를 극대화시킬 수 있는 행사개최 방법과 장소 등에 대한 정책저 자료로 이용될 수 있을 것이다.

2. 분석모형 및 분석방법

1) 조사방법

문화행사의 경제적 효과분석에 있어서 정확한 방문자 지출구조를 파악하는 것이 중요한 과제이다. 즉 문화행사 현장에서 지출비용을 조사할 경우 지역 내 다른 관광활동에 의한 지출비용은 예상 지출액이 될 수 있고, 방문자가 귀가한 후 우편조사를 통해 사후적으로 가계조사를 할 경우 회상오차(recall bias)가 발생할 수 있기 때문이다(이희찬, 2001: 158). 따라서 지출비용을 정확하게 추정하는 방법으로는 방문자가 해당 지역 경계지점에서 시행하는 出口調査가 바람직하다(Gets, 1997: 346). 그러나 이러한 방법은 경주지역과 같이 지역에 대한 접근체계가 다양하고, 광범위하게 구성되어 있어 지역 경계지점에서 방문자에 대해 문화행사 참여 여부를 파악하여 소비지출을 조사한다는 것은 현실적으로 한계가 있다. 이러한 점을 고려하여 본 연구에서는 방문자의 예상지출에 의한 과소 또는 과대추정의 위험성을 내포하고 있지만, 행사장 출구에서 방문자를 대상으로 소비지출구조를 조사하였다.

방문자들에 대한 조사는 2000년 11월 2일부터 5일까지 엑스포행사장에서 조사원에 의한 직접면접방식으로 평일에 200매, 주말에 350매로 나누어 전체 550부를 무작위 임의추출방법으로 하였다. 이 중 설문지를 검색한 결과 423매가 분석 가능한 것으로 나타났고, 분석 가능한 설문지 중 방문자 소비지출구조와 관련된 문항에 대해 응답률이 저조하거나 무응답인 경우를 제외한 283매를 분석대상으로 하였다.[12] 따라서 조사결과는 방문자 소비지출구조가 예상지출을 포함하고 있고, 문항 특성상 결측 치가 높다는 점에서 정확한 승수효과 추정에 한계점을 내포하고 있다고 하겠다. 숙박유형별 응답자 구성비를 〈표 9-1〉에서 살펴보면, 당일 관광객이 전체 41.0%로 가장 높게 나타났고, 동반자수는 평균 1.8인으로 나타났다.

---

12) 분석 가능한 설문지 423매 중 방문자 소비지출구조에 관련된 문항에 응답한 설문지 수가 283매에 불과한 것은 예상지출 경비를 포함하여, 6개로 구성된 지출항목이 복잡하게 구성되어 응답자들의 응답기피율이 높기 때문이다.

표 9-1	숙박유형	응답자수(구성 비, %)	동반자수(명)
	당일	116(41.0)	1.6
응답자 구성비	호텔	53(18.7)	2.1
	콘도미니엄	33(11.7)	2.3
	여관	32(11.3)	1.6
	친구/친지 집	27(9.5)	1.7
	민박	12(4.2)	1.2
	기타	10(3.5)	2.1
	계	283(100.0)	평균 1.8

2) 분석모형 설정

2000경주세계문화엑스포에 의한 관광소득승수를 파악하기 위한 분석모형은 아처와 오웬(Archer & Owen, 1971)이 제시한 모형을 자료획득과 지역실정에 부합되게 식(1)과 같이 변형시켜 분석하였다. 여기서 방문자 소비지출형태 (i)는 문화행사 참석에 의해 경주지역에서 지출된 숙박비, 식음료비, 쇼핑비, 행사장 입장료, 교통비, 기타 항목에 대한 비율이고, 숙박형태(j)는 호텔, 여관, 콘도미니엄, 친구 또는 친지 집, 민박, 기타 및 당일 형태로 구분한다. 숙박형태별 관광자 지출비율(Q_j)은 방문자의 총 여행경비 중 경주지역에서 지출된 비율을 의미하고, 숙박형태별 관광자 지출형태에 따른 소비지출 백분비(K_{ij})는 숙박형태(i)에 따라 지출항목별 비율이다. 지출항목별 소득발생률(V_i)은 호텔 및 콘도미니엄, 여관, 민박 및 기타 숙박시설과 기념품점, 음식점, 소매점, 기타 등과 같은 지역 업체의 영업 매출액 중 누출률을 제외한 것을 의미한다. 평균소비성향(L)은 발생소득 중 저축을 제외한 소비지출비율이며, 지역주민이 역내에서 소득을 소비하는 비율(Z)은 저축과 지역외 지출 및 기타 부분을 제외한 역내지출 비율이다. 그리고 지역주민의 지출항목별 역내 소득 소비비율(X_i)은 식료품, 교양오락, 개인교통, 기타 등에 대한 지출비율을 의미한다.

$$\sum_{j=1}^{n} \sum_{i=1}^{n} Q_j K_{ij} V_i \left\{ \frac{1}{1 - LZ \sum_{i=1}^{n} X_i V_i} \right\} \tag{1}$$

여기서 i: 소비지출형태별, j: 관광자 숙박형태별, Q: 숙박형태별 관광자의 지출비율, K: 숙박형태별 관광자의 지출형태별 소비지출 백분비, V: 지출항목별 소득발생률, L: 평균소비성향, X: 소비지출유형, Z: 지역주민의 역내 소득 소비비율

식(1)의 좌변($Q_f K_{ij} V_i$)은 관광객 총 지출 중 현지에서 소득화되는 비율을 의미하고, 우변($LZ \sum_{i=1}^{n} X_i V_i$)은 케인즈 승수모형의 한계소비성향으로 관광소득 증가에 따른 현지 소비증가분을 의미한다.

3) 형태별 소비 및 소득구조

식 (1)과 같은 분석모형에 의한 승수효과 추정을 위해 〈표 9-1〉에 제시되어 있는 자료를 토대로 숙박유형별(Qj) 1인당 평균 소비지출구조(Kij)를 분석한 결과 〈표 9-2〉와 같다. 전체적으로 2000경주세계문화엑스포 방문자들의 총 여행경비는 평균 58,751.1원으로 나타났고, 총 경비의 94.4%에 해당하는 55,432.3원을 경주지역에서 지출한 것으로 나타났다. 이와 같이 域內에서 지출 비율이 높은 것은 방문객 중 당일 관광객의 비율이 높고, 행사참여를 계기로 단일 목적형태의 관광객이 많기 때문인 것으로 판단된다.

표 9-2

숙박유형별(Qj) 1인당 평균 소비지출구조(Kij)

주1) 숙박비가 '0'으로 나타난 당일을 제외한 숙박비 평균은 10,721.2원(19.3%)으로 나타남.
2) 숙박형태별 관광자 지출비율(Qj)은 전체 여행경비 중 경주지역에서 지출된 비율을 의미함.

구분 지출형태	호 텔	여 관	콘도미니엄	친구/ 친지 집	민 박	기 타	당 일	전체평균
숙박비	27,017.7 (26.9)	16,269.2 (28.6)	9,706.7 (21.7)	1,333.3 (4.1)	2,142.9 (6.9)	7,857.1 (13.4)	- -	10,721.2 (0.193)
식음료비	20,442.5 (20.4)	15,132.7 (26.6)	10,493.3 (23.5)	8,733.3 (26.9)	7,571.4 (24.2)	14,000.0 (23.8)	7,168.4 (26.6)	11,934.5 (0.215)
쇼핑비	11,084.1 (11.0)	4,076.9 (7.2)	5,253.3 (11.8)	4,333.3 (13.3)	4,857.1 (15.6)	9,571.4 (16.3)	3,873.7 (14.4)	11,391.8 (0.206)
입장료	16,283.2 (16.2)	8,876.9 (15.6)	10,160.0 (22.8)	10,266.7 (31.6)	10,071.4 (32.3)	10,476.2 (17.8)	9,252.6 (34.3)	10,769.6 (0.194)
교통비	10,708.0 (10.7)	9,365.4 (16.5)	6,888.0 (15.4)	5,143.3 (15.8)	6,157.1 (19.7)	9,571.4 (16.3)	4,985.8 (18.5)	7,544.4 (0.136)
기 타	14,893.8 (14.8)	3,115.4 (5.5)	2,132.0 (4.8)	2,666.7 (8.2)	428.6 (1.4)	7,285.7 (12.4)	1,694.7 (6.3)	4,602.4 (0.083)
계	100,429.2 (100.0)	56,836.5 (100.0)	44,633.3 (100.0)	32,476.7 (100.0)	31,228.6 (100.0)	58,769.9 (100.0)	26,975.3 (100.0)	55,432.3 (100.0)
총 여행경비	114,732.9	70,376.9	61,074.7	34,445.6	36,721.4	63,714.3	30,191.6	58,751.1
숙박형태별 지출비율(Qj)3)	0.875	0.808	0.731	0.943	0.850	0.922	0.893	

숙박형태별 소비지출에서는 호텔 이용자들이 100,429.2원으로 가장 높게 나타났고, 당일 관광형태가 26,975.3원으로 가장 낮게 나타나고 있다. 여기서 숙박형태가 불분명한 기타부문에 대한 소비지출이 비교적 높게 나타난 것은 응답과정에 숙박 장소를 정하지 못한 경우 예상지출액을 기입했기 때문인 것으로 판단된다. 또한 콘도미니엄 이용자들의 소비지출액이 여관 이용자들보다 적은 것은 숙박시설 이용 특성상 가족 및 단체 이용자들의 비율이 높고, 자가 취사 형태가 많아 식음료비 등과 같은 항목에 대한 지출이 절약되었기 때문인 것으로

볼 수 있다. 한편 소비지출 항목별 지출구조는 식음료비가 전체 지출의 21.5%
인 11,934.5원으로 가장 높게 나타났고, 쇼핑비 20.6%, 숙박비 19.3% 순으
로 나타났다. 행사기간 중 발생한 관광소득의 파급경로를 파악하기 위해 방문객
조사 시점과 동일한 11월 2일부터 5일까지 지역의 관광 및 일반호텔, 콘도미니
엄, 여관 등의 숙박업체 60개를 선정하여 직접면접 형태로 조사하였다.

조사대상 업체는 응답을 회피하는 업체가 많아 임의 추출방법에 의해 선정
하였다. 이중 응답이 부실한 18개 업체를 제외한 42개를 유효표본으로 선정하
여 분석 대상으로 선정하였다. 숙박업체에 대한 조사항목은 〈표 9-3〉과 같이 월
평균 매출액에 대한 총 지출 비율과 지출비율을 항목별로 파악하였다.13) 분석
결과 매출액에 대한 총 지출 비율과 원자재 구입비, 기타부문에 호텔 및 콘도미
니엄에서 가장 높게 나타났고, 종업원 인건비는 여관에서 가장 높게 나타났다.

	구분	매출액에 대한 총 지출	종업원 인건비	원자재 구입비	제세 공과금	기 타	종업원 타지 거주비율	원자재 타지 구입비율
표 9-3 지역 숙박업별 지출구성비 (단위: %)	호텔 및 콘도(12)	85.4	47.8	24.2	17.2	12.4	31.8	47.2
	여관(24)	24.0	68.5	16.9	13.5	1.9	0.0	0.0
	민박 및 기타1)(6)	41.3·	60.0	17.5	17.5	5.0	10.0	0.0

주 1) 팔호 안은 조사업체 수를 나타냄.
　2) 숙박업체 중 기타로 분류된 것은 수학여행을 전문으로 하는 숙박업, 호텔이나 여관으로 분류하기 어려운 유스호스텔 등과 같은 업체
　　를 의미함.
　3) 여관, 민박 및 기타부문의 원자재 타지 구입비율이 0으로 나타난 것은 조사대상 업체에 소요되는 물품구입이 역내에서 조달된다고
　　인식하고 있기 때문이라고 판단됨.

관광소득승수 추정에 반영시키기 위해 업종별 漏出率을 파악한 결과, 호텔
및 콘도미니엄에서 종업원 타지 거주비율과 원자재를 다른 지역에서 구입하는
비율이 높게 나타난 것을 알 수 있다. 여기서 종업원이 域外 지역에서 거주할 경
우 소득을 경주지역에서 소비하지 않아 발생소득이 다른 지역으로 누출된다고
보았기 때문이다.

관광객의 이용빈도가 비교적 높다고 판단되는 기념품점, 음식점 및 소매점,
기타 등에 대해서는 총 140개 업소를 조사하여 127개소를 분석대상으로 하였
다. 조사결과 사업체별 지출항목을 보면 기념품점이 종업원 인건비 30.0%, 원
자재 구입비에는 소매점이 52.9%로 가장 높게 나타났다. 누출률과 관련된 종
업원 타지 거주비율과 원자재 타지 구입비율은 각각 21.3%, 76.6%로서 소매
점에서 가장 높게 나타났다.

---

13) 숙박업 및 사업체에 대한 지출항목별 구성비는 총 매출액 중 종업원 인건비, 상품 및 원자재 구입비, 세금, 통신료
　　및 공과금, 기타 등에 대한 구성비의 합이 100.0%가 되도록 한 것임.

구분	월 평균 매출액 (만원)	매출액에 대한 총 지출	종업원 인건비	원자재 구입비	제세 공과금	기 타	종업원 타지 거주비율	원자재 타지 구입비율
기념품점 (6)	263.3	66.7	30.0	38.3	12.5	29.0	0.0	70.0
음식점 (51)	466.6	71.6	18.8	41.2	17.6	18.8	10.2	40.5
소매점 (46)	376.8	64.4	22.2	52.9	13.6	18.1	21.3	76.6
기 타1) (24)	422.0	68.9	27.5	48.6	20.0	15.6	18.7	69.5

표 9-4

지역 사업체별 지출구성비
(단위: %)

주 1) ( )안은 조사업체 수를 나타냄.
 2) 조사대상 사업체 중 기타부문으로 분류된 업종은 기념품점, 음식점, 소매점 등으로 구분하기 어려운 특산물 판매장(토기, 제빵 등)과 같은 업종을 의미함.

특히 음식점을 제외하고는 경주지역 사업체별로 원자재를 다른 지역에서 구매하는 비율이 대체로 높게 나타나고 있는 것은 경주지역 자체가 제조업이 취약한 지역경제구조를 지니고 있기 때문이라고 할 수 있다. 〈표 9-3, 9-4〉 자료를 토대로 지출항목별 소득발생률(V_i)을 구하면 〈표 9-5〉와 같다.

소득발생률을 구하기 위한 누출률은 각 사업체별 지출항목 중 종업원 인건비와 원자재 구입비에 각각 종업원 타지 거주비율과 원자재 타지 구입비율을 곱하여 〈표 9-5〉와 같은 누출률을 계산하였다. 사업체 지출 항목별 소득발생률은 전체 지출에서 누출률을 제한 값으로 추정하였다. 사업체별 지출항목에 대한 소득발생률은 숙박업에서 여관이 86.5%로 가장 높게 나타났고, 원자재 타지 구입비율과 종업원의 다른 지역거주비율이 높은 호텔과 콘도미니엄에서 비교적 낮게 나타나고 있는 것을 알 수 있다. 사업체별로는 역내 원자재 구입비율이 비교적 높은 음식점에서 높게 나타나고 있다.

구 분	누 출 율				소득발생 율
	원 자 재	급 여	세금 및 공과금	계	
호텔 및 콘도미니엄	11.4	15.2	17.2	43.8	56.2
여 관	-	-	13.5	13.5	86.5
민박 및 기타	-	6.0	17.5	23.5	76.5
기념품점	26.8	-	12.5	39.3	60.7
음식점	16.7	1.9	17.6	36.2	63.8
소매점	40.5	4.7	13.6	58.8	41.2
기 타	33.8	5.1	20.0	58.9	41.1

표 9-5

지출항목별 소득 발생률
(V_i)
(단위: %)

주 1) 원자재 누출률은 각 사업체 지출에서 원자재 비율과 다른 지역에서 원자재를 구매하는 비율을 곱한 값임.
 2) 급여부문에 대한 누출률은 각 사업체 지출에서 종업원 급여 비율과 다른 지역에 거주하는 종업원 비율을 곱한 값임.

한편 지역주민의 소비지출구조와 지역 내 소비지출유형(X_i)을 파악하기 위해 2000년 10월 4일부터 15일까지 경주시민을 대상으로 조사하였다. 자료수집방법으로는 성, 연령, 거주지역별로 비례배분하여 표본을 추출하고, 경주시내 각급학교 학생 700명의 학부모를 대상으로 설문조사를 실시하였다. 조사결과 462매가 회수되었으나, 소득 및 소득의 소비지출구조, 지역 내 소비지출 유형과 관련된 항목에 응답이 부실하거나 자료로 사용할 수 없는 설문지를 제외한 352매를 분석 대상으로 하였다. 설문 문항은 〈표 9-6〉과 같이 월평균 총 수입을 기재하도록 하고, 가구 당 총수입에 대한 지출비율, 즉 지역내·외 지출, 저축, 기타 부문에 대한 지출비율의 합이 100.0%가 되도록 응답을 요구하였다. 또한 소비지출유형은 주거·광열비, 식료품비(외식비 포함), 교양오락, 교통비, 쇼핑, 기타 등에 대한 지출비율을 조사하였다.

분석결과 가구당 월 평균 수입은 209만 5,824원이고, 소비지출구조는 전체 소득 중 지역내 소비비율이 46.8%, 저축은 26.1%로 나타났다.[14] 지출유형별로는 식료품비가 전체 지출의 26.5%, 총 지출에 대한 역내 지출 비율에 16.8%로 가장 높게 나타났다.

표 9-6				소비지출 유형		
지역주민의 소비지출구조 및 역내 소비지출 유형(X_i) (단위: 원, %)	구 분	소비지출구조	구 분	총 지출에 대한 지출유형	역내지출에 대한 지출유형	총지출에 대한 역내지출 유형별 비율1)
	① 지역내지출	979,906.8 (46.8)	주거·광열비	278,708.7 (18.0)	176,294.1	11.4
	② 지역외지출	279,519.3 (13.3)	식료품(외식)	411,047.8 (26.5)	260,003.8	16.8
	③ 저 축	547,134.1 (26.1)	교양오락	190,554.1 (12.3)	120,532.9	7.8
	④ 기 타	289,263.7 (13.8)	개인교통	196,934.1 (12.7)	124,568.9	8.0
	계	2,095,824.0 (100.0)	쇼핑	243,692.6 (15.7)	154,145.1	10.0
			기타 소비지출	227,752.5 (14.7)	144,062.3	9.3
			총 지출액(계)	1,548,689.9 (100.0)	979,906.8	

주) 총 지출에 대한 역내지출유형별 비율은 저축을 제외한 총 지출액 1,548,689.9에서 지역 내에서 지출한 979,906.8에 대한 비율 63.3%를 총 지출 유형비율에 곱한 값임.

---

14) 통계청(www.nso.go.kr)에서 발표한 도시가계연보(2001)에 의하면 2000년 3/4기 우리 나라 전체 도시근로자 월 평균 소득은 244.3만원, 가계지출은 187.2만원, 평균 소비성향은 73.8%로 나타나고 있다.

3. 관광소득승수 추정 결과

경주세계문화엑스포에 의한 지역경제적 효과를 분석하기 위해 〈표 9-2〉의 숙박유형별(Qj) 1인당 평균 소비지출구조(Kij), 〈표 9-5〉 지출항목별 소득발생률(Vi), 〈표 9-6〉 지역주민의 소비지출구조와 지역 내 소비지출유형(Xi)을 아처와 오웬의 한시적 승수모형을 변형시킨 식(1)과 같은 분석모형에 적용하였다. 여기서 지역주민의 평균소비성향은 총 소득 중 저축을 제외한 소비지출 비율을 적용하였고, 지역주민의 역내 소득소비율(Z)은 지출항목 중 지역내 지출 비율 46.8%를 적용하였다.

이상과 같은 분석자료를 모형에 적용한 결과 2000경주세계문화엑스포에 의한 지역 전체 관광소득승수는 0.515로 나타나 관광객 1,000원 지출은 지역에서 515원의 파급효과가 발생한다는 것을 알 수 있다. 분석모형과 분석 대상지역 및 자료수집과정 등에 있어서 차이가 있기 때문에 평면적으로 비교하는 것은 많은 문제가 있지만, 이미혜(1993)와 오순환(1998)이 아처와 오웬에 의해 작성된 한시적 승수모형을 변형시켜 속초와 단양지역을 대상으로 추정한 관광소득승수가 각각 0.81과 0.7로 나타난 것에 비해 낮게 나타난 것을 알 수 있다. 이와 같이 승수효과가 다르게 나타난 것은 지역실정을 고려하여 분석모형을 다르게 적용하였거나 지역에 따라 조사대상 업체가 다르기 때문이라고 할 수 있다. 또한 분석모형은 다르지만 폐쇄모형에 의한 지역산업연관분석 방법으로 경주지역 관광산업의 소득승수를 추정한 결과는 0.5498로 나타나고 있어 한시적 승수모형에 의한 추정결과가 비교적 낮게 추정된 것을 알 수 있다(김규호, 김사헌, 1998: 166).

한편 2000경주세계문화엑스포 행사에 의한 경제적 파급효과는 행사개최에 의한 방문객 순증가를 적용하여 계산해야 한다. 행사개최 기간인 '99년도 9, 10월과 11월 경주관광객은 1,066,384명으로 나타났고[15], 2000경주세계문화엑스포 전체 방문객 175만명 중 외국인 방문객 13만 4,000명을 제외한 내국인 관광객 161만 6,000명이 방문한 것으로 나타났다. 따라서 자연증가율을 고려하지 않더라도 행사에 의해 순수하게 증가한 내국인 관광객은 549,616명으로 볼 수 있다. 이러한 점에서 2000경주세계문화엑스포 개최에 의한 직접소득효과

---

15) 2000경주세계문화엑스포 행사기간은 당초 9월 1일부터 11월 10일까지 71일간이었으나 수능시험수험생(고 3)을 위한 특별운영기간으로 11월 18일부터 26일까지 연장하였다. 따라서 방문객 순 증가를 파악하기 위해 '99년 11월 방문객의 1/3을 적용하여 행사기간과 동일한 경주관광객 수는 1,066,384로 계산하였다.

는 1인당 소비지출액 55,432.3원에 순수 방문객 수를 곱한 304억 6,153만원이고, 관광소득승수 0.515를 곱한 156억 8,769만원의 파급효과가 발생하여 총 효과는 461억 4,922만원인 것을 알 수 있다.

예산 337.4억원이 지출된 2000경주세계문화엑스포는 직접소득효과만을 고려하면 행사개최에 의해 손실이 발생한 것으로 볼 수 있다. 그러나 방문객 지출에 의한 소득파급효과를 반영할 경우 전체적으로 2000경주세계문화엑스포는 지역경제 측면에서 편익이 발생한 것으로 볼 수 있다. 이와 같이 문화행사개최가 지역경제에 미치는 영향을 파악하는데 있어서 관광소득승수모형에 의한 분석은 입장객 또는 방문객 지출에 의한 직접효과 외에 발생되는 파급효과를 파악할 수 있는 장점이 있다.

한편 숙박유형별 관광소득승수는 여관을 이용한 방문객 지출형태가 0.584로 가장 높고, 기타부문, 호텔, 친구 및 친지 집 순서로 나타났다. 반면에 콘도미니엄을 이용한 방문객 소비지출에 의한 관광소득승수는 0.420으로 당일 방문객 지출에 의한 승수효과보다 낮은 것으로 나타났다. 이와 같이 숙박형태별로 승수효과가 다르게 나타나는 원인은 숙박업별로 소득발생률이 다르기 때문인 것으로 볼 수 있다. 즉 여관과 같은 숙박시설의 경우 발생된 소득의 누출이 적은데 반해 콘도미니엄 및 호텔의 경우 지역에서 소득이 정착되는 비율이 다른 숙박시설에 비해 낮기 때문이라고 할 수 있다.

숙박형태별 관광소득승수가 다르게 나타나는 점은 행사개최 장소와 방법 장소에 대해 개선할 점을 시사해준다고 할 수 있다. 즉 지금까지 개최된 행사가 경주시가지와 격리된 보문단지에서 이루어져 도심지역에 관광객 유치가 적다는 비판이 제기되고 있다는 점이다.16) 따라서 경주세계문화엑스포 개최에 의해 지역경제적 효과를 극대화하기 위해서는 다양한 문화행사프로그램을 통해 숙박관광객을 유치하고, 시가지 행사 비중을 높여 소비활동이 도심상권에서 이루어질 수 있는 방안을 모색할 필요성이 높다는 것을 시사해주고 있다. 특히 숙박형태에 있어서 여관을 이용한 관광객들의 소비지출에 의한 승수효과가 높게 나타나고 있는 것은 대체로 여관 이용자들의 소비활동이 도심지역에서 이루어지고 있고, 이들에 의한 소비지출이 지역내 소득화율이 높은 형태로 나타나고 있기 때문이라고 할 수 있다. 이러한 결과는 문화행사를 도심지 사적지 주변에서 확대할 필요성이 높다는 사실을 확인시켜주는 부분이라고 할 수 있다.

---

16) 경주세계문화엑스포가 보문단지 중심으로 진행된다는 지역주민들의 불만을 해소하기 위해 2003년 개최되는 행사는 경주시가지에 엑스포관람객을 유치하기 위한 방안을 모색하고 있는 것을 발표하였다(매일신문, 2002. 8. 16).

표 9-7

숙박유형별 관광소득승수

전체관광소득 승수 0.515

숙박유형별 지출비율 (Qj)	숙박유형별 소비지출구조 (Kij)		지출항목별 소득발생률 (Vi)	평균 소비성향 (L)	주민의 역내 소득소비율 (Z)	주민의 역내 소비 지출유형 (Xi)	부문별 소득승수
호 텔 0.875	숙박비	0.269	0.562	0.739	0.468	–	0.534
	식음료비	0.204	0.638			0.168	
	쇼핑비	0.110	0.607			0.099	
	행사입장	0.162	0.411			0.078	
	교통비	0.107	0.411			0.080	
	기타	0.148	0.412			0.093	
여 관 0.808	숙박비	0.286	0.865	0.739	0.468	–	0.584
	식음료비	0.266	0.638			0.168	
	쇼핑비	0.072	0.607			0.099	
	행사입장	0.156	0.411			0.078	
	교통비	0.165	0.411			0.080	
	기타	0.055	0.412			0.093	
콘도미니엄 0.731	숙박비	0.217	0.562	0.739	0.468	–	0.420
	식음료비	0.235	0.638			0.168	
	쇼핑비	0.118	0.607			0.099	
	행사입장	0.228	0.411			0.078	
	교통비	0.154	0.411			0.080	
	기타	0.048	0.412			0.093	
친구/친지 집 0.943	숙박비	0.041	0.765	0.739	0.468	–	0.533
	식음료비	0.269	0.638			0.168	
	쇼핑비	0.133	0.607			0.099	
	행사입장	0.316	0.411			0.078	
	교통비	0.158	0.411			0.080	
	기타	0.082	0.412			0.093	
민 박 0.850	숙박비	0.069	0.765	0.739	0.468	–	0.489
	식음료비	0.242	0.638			0.168	
	쇼핑비	0.156	0.607			0.099	
	행사입장	0.323	0.411			0.078	
	교통비	0.197	0.411			0.080	
	기타	0.014	0.412			0.093	
기 타 0.922	숙박비	0.134	0.765	0.739	0.468	–	0.554
	식음료비	0.238	0.638			0.168	
	쇼핑비	0.163	0.607			0.099	
	행사입장	0.178	0.411			0.078	
	교통비	0.163	0.411			0.080	
	기타	0.124	0.412			0.093	
당 일 0.893	숙박비	0.000	–	0.739	0.468	–	0.493
	식음료비	0.266	0.638			0.168	
	쇼핑비	0.144	0.607			0.099	
	행사입장	0.343	0.411			0.078	
	교통비	0.185	0.411			0.080	
	기타	0.063	0.412			0.093	

지방화 시대를 맞이하여 지역문화와 경제활성화를 목표로 많은 지역에서 다양한 형태로 문화행사가 열리고 있다. 문화의 경제적 가치를 새롭게 인식하는 문화경제학적 관점의 등장과 지방의 특성을 홍보하려는 장소마케팅전략 수단으로 활용될 수 있다는 점에서 문화행사 개최가 증가하고 있는 것이다. 그러나 지방에서 개최되는 문화행사에는 관광이 지역사회에 미치는 영향에서 나타나는 것과 같이 긍정적 또는 부정적 측면이 많은 것으로 인식될 수 있다. 특히 관광 및 문화행사에 대한 평가는 경제적 효과가 중요한 역할을 하고 있는 것을 많은 연구결과가 확인해 주고 있다. 경주세계문화엑스포와 같이 많은 예산이 소요되고, 행사기간 동안 175만명이 방문한 문화행사에 대한 경제적 효과를 파악하는 것은 향후 개최될 행사방법에 대해 개선점을 제시할 수 있다는 점에서 그 의미가 있다.

경제적 효과 분석은 아처와 오웬이 작성한 한시적 소득승수모형을 변형한 분석모형에 적용하였고, 자료를 획득하기 위해 방문자, 지역사업체 및 지역주민들의 지출구조 등을 조사하였다. 그러나 방문자 조사에서 소비지출구조를 파악하는데 있어서 조사 여건상 예상지출액을 포함하고 있다는 점과 사업체 조사에서 응답을 거부하는 사업체가 많아 임의추출 방법으로 표본을 추출할 수밖에 없었던 것이 연구의 한계이다.

조사결과 행사기간 경주지역 방문자 1인당 지역내 지출액은 총 여행경비의 94.4%인 55,423.3원인데, 숙박형태에서 전체 여행경비 중 지역에서 소비하는 비율이 가장 낮은 것은 콘도미니엄 이용자들로 나타났다. 이러한 점은 콘도미니엄 이용자들이 다른 숙박 형태보다 출발지에서 여행에 필요한 물품을 구입하는 비율이 높기 때문이라고 볼 수 있다. 방문객 지출에 의해 발생된 소득경로를 파악하기 위한 지역 사업체 조사결과 여관, 민박 및 기타로 분류된 숙박업과 음식점에서 소득발생률이 높게 나타났는데, 이러한 결과는 이들 업체가 다른 지역에서 원자를 구입하는 비율과 종업원 소득이 다른 지역으로 유출되는 비율이 낮기 때문이라고 할 수 있다.

이상과 같은 분석결과를 한시적 승수모형에 적용하여 관광소득승수를 추정한 결과 전체적으로는 승수가 0.515로 나타났다. 따라서 2000경주세계문화엑스포 개최로 방문객 지출에 의한 직접효과는 손실이 발생한 것으로 볼 수 있지만, 승수효과 파악을 통해 전체적으로는 지역경제 활성화에 기여한 것을 파악할 수 있게 해주는 결과라고 할 수 있다. 또한 숙박형태별 관광소득승수는 여관과 기타부문에서 높게 나타났는데, 이것은 방문객 지출에 의한 발생 소득의 누출률이 적기 때문이라고 할 수 있다. 이러한 결과는 문화행사 개최로 경제적 효과를 극대화시키기 위해서는 발생된 소득의 누출이 적은 업체를 중심으로 방문객 지출이 이루어져야 하는 것을 시사해 주는 부분이라고 할 수 있다.

결론적으로 문화행사 개최에 의한 소득효과를 극대화시키기 위해서는 누출효과가 적은 사업체가 밀집되어 있는 도심지역에 방문객을 유치하고, 이러한 곳에서 소비지출이 발생할 수 있는 방안을 모색하는 것이 과제이다. 이러한 방안 중의 하나로 검토해 볼 수 있는 것은 도심의 사적지와 문화행사를 연계시켜 개최하는 방법이다. 경주지역과 같은 역사문화도시는 도심지에 많은 사적지가 산재해 있어 경주세계문화엑스포에서 진행되는 프로그램 일부분을 개최할 수 있는 공간을 확보하고 있기 때문이다. 이와 더불어 행사진행 기간동안 야간에 사적지를 개방하여 관람할 수 있는 방안을 검토해 볼 수 있다. 즉 사적지 주변에서 문화행사를 진행하고, 야간에 사적지를 개방하는 것은 도심지에서 관광객들의 소비지출을 유도할 수 있기 때문이다.

도심지에 입지하고 있는 숙박업체와 음식점, 기념품점 등과 같은 사업체가 대부분 지역 주민들이 소유하고 있고, 종업원 임금 및 원자재 구입에 의한 소득유출이 적어 승수효과가 높아 실질적으로 지역경제에 기여하는 정도가 높다는 것을 숙박형태별 승수효과 추정을 통해 확인할 수 있었다. 따라서 문화행사를 개최하여 소득효과를 극대화시키기 위해서는 발생소득 누출이 적은 지역의 기존 상권에서 방문객 소비지출을 유도하는 방안을 모색하는 것이 중요한 과제라고 하겠다.

제4절 산업연관분석 기법을 이용한 관광효과 분석

앞에서도 잠시 설명했지만 간단한 '애드 혹' 모형(*ad hoc* model)에 의한 분석보다 I/O 모형과 같은 체계화 모형(systematic model)이 더 신뢰성이 높다는 점에서, 그리고 기존 승수기법이 파악치 못하는 유발효과 및 산업간 연쇄효과까지 파악할 수 있다는 점에서 I/O모형은 좀더 우위를 지닌다.

이 분석방법의 이해를 위해서는 약간의 경제학적 용어의 이해와 *行列* 등 기초적인 선형대수학(linear algebra) 개념을 터득해야 하나, 본 절에서는 독자들의 경제학・수학적 지식이 충분치 않다는 전제하에 가능한 한 이들 기법을 거의 사용치 않고 내용을 설명해 보기로 한다. 이 분야에 보다 깊이 관심을 갖는

독자들은 따로 전문서적을 읽고 공부해주기를 바란다.17)

1. 산업연관분석의 유래와 적용

유효수요이론
고전파이론인 "공급은 스스로 수요를 창조한다"는 공급중시의 세이 법칙(Say's law)을 배격하며 나온 케인즈(J. M. Keynes)의 유명한 수요중시 이론. 소비수요와 투자수요의 합계를 유효수요라 하며, 이 유효수요의 크기에 따라 국민소득 수준이 결정된다는 이론이다.

근대 경제학을 특징짓는 계량경제분석방법의 출현과 더불어 컴퓨터 등 통계처리 기술의 향상과 통계자료의 확충추세는 오늘날 필연적으로 경제현상의 실증분석에 큰 진보를 가져오게 하였다. 그런 점에서 거시경제현상에 대한 실증적 분석체계로서 1930년대 케인즈(J.M. Keynes)의 **유효수요이론**(effective demand theory)에 입각한 국민소득분석과, 1940년대에 이르러 레온티에프(Wassily Leontief)에 의해 개발된 산업연관분석 기법(inter-industry analysis method)은 근대 실증경제학(positive economics)의 빛나는 두 금자탑이라고 평가할 수 있다.

국민소득분석이 소득순환, 즉 생산활동에서 발생되는 임금·지대·이자 및 이윤 등 소득과, 그것이 소비·투자 등으로 처분되는 과정에 초점을 맞추어 국민경제 전체의 경제활동을 분석하는데 비하여, 산업연관분석은 이러한 소득이 발생하는 배후의 생산구조에 주목하여 각 산업부문간 상호의존관계라는 측면에서 민간소비·정부소비·수출 등 각 산업부문과 국민경제에 미치는 파급효과를 분석코자 하는 기법이다.

국민경제효과에 대한 산업연관분석 방법은, 미국경제를 대상으로 하여 모든 재화와 효용의 흐름을 일목요연하게 나타내주는 투입산출표 작성을 시도한 레온티에프의 1936년도 논문(Leontief, 1936) '미국 경제시스템에 있어서 투입·산출의 계량적 관계'(*Quantitative Input and Output Relation in the Economic System of the U.S.*)에서 처음으로 시작되었다. 그 후 그는 1919년, 1929년 그리고 1939년의 미국 투입산출표를 작성하고 1941년 및 1953년 두 차례에 걸쳐 그 분석결과를 보고서로 발표하였는데, 그 분석결과인 『미국경제의 구조, 1919~1939』(*The Structure of American Economy 1919~1939*)가 바로 산업연관분석의 효시이다(Leontief, 1953).

17) 이에 관한 전문서적이나 논문은 수없이 많으나, 다음의 몇 가지 전문서적을 권한다. Leontief, Wassily(1973), *Input-Output Economics*(New York: Oxford University Press). Chenery, Hollis B. and Paul G. Clark(1959), *Interindustry Economics*(New York: Wiley and Sons). Miernyk, William(1965), *The Economics of Input-Output Analysis*(New York: Random House). Isard, Walter(1960), *Method of Regional Analysis: An Introduction to Regional Science*(New York: MIT and Wiley). 그리고 국내 서적으로는 강광하(2000), 『산업연관분석론』, 연암사 등.

고용 및 산업파급효과 등에 대한 I/O분석의 유용성이 입증되자 그 후 세계 각국에서 다투어 이론과 응용의 양면에서 이에 관한 연구가 활발히 전개되었고, 지역단위경제에 대한 적용도 1951년 왈터 아이사드(Walter Isard)의 '지역간 및 지역내 투입-산출분석: 공간경제모형'(Interregional and Regional Input-output Analysis: A Model of a Space-Economy)을 시발로 많은 연구가 이루어지기 시작하였다(Isard, 1953).

관광분야에 대한 적용은 — 물론 그것이 지역경제에 미치는 관광산업의 효과 분석이라는 점에서 지역경제학에 대한 적용과 맥을 같이하지만 — 최근에 이르러서 비롯되었다. 그 효시는 미국의 함스톤(Harmston, 1960)이 발표한 논문 '서부지역에 있어서 여행자 지출의 간접효과'(Indirects of Traveler Expenditures in a Western Community)라고 할 수 있으며, 그 뒤 아처(Archer, 1973a, 1973b), 스트랭(Strang, 1970) 등에 의해 확산되었다.

현재 우리나라에서는 한국은행이 1964년에 1960년도 산업연관표를 작성·발표한 것을 시작으로 1963년, 1966년, 1970년, 1973년, 1975년, 1978년, 1980년도의 산업연관표를 작성하는 등 약 3년 간격으로 산업전체에 대한 산업연관표를 계속 작성·발표해 오고 있다.

우리나라 경제전체 또는 지역자치단체에 산업연관분석 기법을 적용한 연구는 꽤 많이 이루어져 왔으며, 관광분야에도 근래에 들어 학위논문으로(예를 들어, 권경상, 1984; 정의선, 1990; 조현순, 1991; 최승이, 1986; 김태보, 1990; Lee, 1992; 김규호, 1997; 유광훈, 2000), 학술지 논문으로(이충기·박창규, 1996; 손태환, 1997a, 1997b; 김규호·김사헌, 1998; 김남조, 1998; 서정헌, 2001 등) 또는 각종 기관의 연구보고서를 통해(권영각 外, 1993; Hyun, 1992; Song and Ahn, 1983 등) 많이 다루어져 오고 있다.

2. 산업연관분석기법의 개요

1) 산업연관표의 기본구조

산업연관분석은 우선 다음과 같은 경제주체들의 상호거래로부터 출발한다. 주요 경제주체들을 간략히 설명해보기로 한다.

(1) **중간거래부문**: 역내에서의 민간부문의 경제활동을 뜻한다. 이 부문은 다시 개별 산업활동(예컨대, 광업·음식료·가공업·건설업·호텔 숙박서비스업

등)으로 세분된다.

(2) **가계부문**: 역내에 거주 또는 취업하고 있는 개인이나 가구단위를 뜻한다. 이들은 기업이 생산한 재화나 용역을 소비하는 소비자이며 동시에 그들의 생산요소, 즉 노동력을 타부문에 판매하는 판매자의 성격을 지닌다.

(3) **정부부문**: 지역내 또는 지역 외에 소속되는 중앙정부, 지방정부, 공공단체 등을 뜻하며, 이들도 역시 재화나 용역의 최종소비자 또는 정부서비스의 생산자 성격을 지닌다.

(4) **역외부문**: 정부부문 외의 지역외부 활동부문, 외래관광자의 지출 등을 포함한다.

(5) **자본**: 고정자본, 재고를 포함한 민간자본 스톡(stock).

I/O모형의 구조를 이해하기 위해 먼저 재화·용역의 각 부문간 흐름을 〔그림 9-2〕를 통해 알아보기로 하자. 재화와 용역이 흘러가는 반대방향으로 — 즉 재화·용역제공의 반대급부로서 — 화폐의 흐름이 발생되고 있음을 그림은 나타내고 있다. 전술한 대로 정부와 자본부문은 이 지역경제내외에 동일하게 걸쳐 있음을 이 그림은 보여주고 있다.

그림 9-2

단일지역 투입·산출모형에서의 재화 및 용역의 부문간 흐름

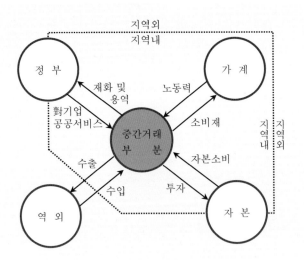

이 외에도 산업연관표를 이해하기 위해서는 몇 가지 전문용어의 이해가 필요하다. 이중 중요한 개념 몇 가지를 설면해보면 다음과 같다.

(1) **최종수요**: 중간거래 부문이 타부문에 산출물을 판매하는 것을 최종수요(final demand)라고 부르는데, 상품 수출품 등 이들 기업의 생산제품은 더 이상의 가공을 필요로 하지 않는 최종이용단계의 상품을 뜻한다.

(2) **1차공급부문**: 최종수요부문의 반대개념인 투입부문을 1차공급부문(primary sector)이라고 부른다. 수입·노동서비스(임금), 정부서비스 등이 그 예로서, 지역의 상품생산과정에 '최초로 투입되는' 부문이다.

(3) **부가가치**: 어떤 생산자가 생산과정에서 새로이 창조한(附加한) 가치(value added)로서, 생산액에서 원재료구입에 소요된 금액과 기계설비의 감가상각을 공제한 액수이다. 즉,

$$부가가치 = 총생산액 - 원재료\ 구입비 - 감가상각비$$

달리 표현하면, 부가가치는 국내산업의 부문별 생산액에서 생산을 위해 투입된 중간비용을 除한 것인데, 임금, 영업이윤, 지급이자, 지대, 자본소모 충당금, 간접세(관세 및 수입상품세 제외), 보조금 등을 합한 것이기도 하다. 부가가치의 합계가 국민순생산(NNP)이며, 이 부가가치에 감가상각비를 포함한 것이 곧 국민총생산(GNP)에 해당된다.

(4) **투입계수(技術係數)**: 제품 한 단위 생산을 위해 타산업으로부터 투입되는 각종 중간 원재료의 상대적 크기(비율)를 말한다. 따라서 이는 각 산업부문의 투입–산출간 상관관계를 나타내는 산업부문간 기술구조를 의미하기도 한다. 그런 점에서, 이를 **기술계수**(technical coefficient) 또는 **중간투입계수**(intermediate input coefficient)라고 부르기도 한다. 투입계수를 수학기호로는 관례적으로 a_{ij}로 표시하는데, 이 투입계수의 합은(개방모형의 경우) 1을 넘지 못한다(즉 $\Sigma a_{ij} < 1$). 만약 $a_{ij} = 0.016$이라면 그 의미는 "j산업 산출물 한 단위를 생산하는데 소요된(필요한) i산업의 투입량은 전체 투입량의 1.6%이다" 라고 해석한다.

(5) **생산유발계수(逆行列係數)**: 최종수요 한 단위가 발생했을 때 이를 충족시키기 위해 각 산업부문에서 직·간접적으로 유발되는 생산액 수준을 뜻하며, **역행렬계수**(coefficient of inverse matrix)라고도 부른다. 바로 뒤에서 설명하는 수식 (5), (6), (7), (8)의 오른쪽 항 수치들이 이 생산유발계수이다.

〈표 9-8〉은 이들 부문간 가상적인 거래를 나타내는 요약된 투입산출표이다. 이 표의 개괄적인 성격만을 나타내기 위해서 표의 右下 부분의 거래내용은 생략하였다. 이들 각 부문간 거래는 공통적인 거래단위로 표시해야 할 필요가 있으므로, 부문간 재화·용역의 거래는 화폐단위로 표시되어 있다. 즉 특정부문의 가계단위로부터 노동력구매의 대가는 조세와 공공요금 등으로, 그리고 자본투입의 대가는 이자·자본, 감가상각과 재고 감소로 표시되고 있다.

〈표 9-8〉은 여타 부문간 거래는 생략하고 중간부문의 매출·매입관계만을 간략히 표시하고 있다. 따라서 이 표만으로 지역의 총주민소득을 알 수는 없다. 즉 가계가 정부로부터 받는 노임이나 급료, 연금, 재산임대수입, 역외로부터 소득(교포송금이나 증여 등) 등을 이 표는 생략하고 있기 때문에 총주민소득도 알 수 없지만, 재화나 용역의 지역 총수출이나 수입도 알 수 없다. 그러나 이 표를 통해서 지역내 산업부문간 수직적 연쇄관계만은 충분히 파악할 수 있으며, 이점이 관광의 지역경제효과 파악을 목표로 하는 우리들의 관심사이다.

먼저 〈표 9-8〉의 의미를 간단히 해석해 보자. 지역내 산업은 가상적으로 A, B, C, D의 4개 부문산업으로 구성되어 있다. A산업의 총산출액은 4,300원인데, 최종수요부문인 가계, 정부, 역외수출, 그리고 자본투자에 각각 1,600원, 500원, 200원, 그리고 700원어치씩 판매하였다. A산업 자신으로부터 중간원료로 300원, 타부문 산업 B, C, D로부터 각각 400원, 100원, 500원에 해당하는 양이 투입되었다.

한편, A산업이 4,300원의 산출량을 생산키 위해서는 얼마나 많은 물량이 원료로 투입되었는가? 그것은 종란의 첫째 칸에 나타나 있다. 먼저 스스로에게서부터 300원, 그리고 B, C부문으로부터 각각 50원, 1,000원 등 각 산업부문으로부터 1,350원어치(300+50+1000+0)를 원료로 구매했다. 그리고 노동력 1,900원어치, 정부 서비스 200원어치, 수입 200원어치, 자본이자와 감가상각 등 자본확충 명목으로 650원어치를 구입(지불)하였다. 여기서 수입을 제외한 노임, 정부서비스, 자본비용 등을 **'부가가치'**(value added)라고 부른다.

이렇게 산업이 총 4,300원어치를 산출하기 위해서는 역시 총 4,300원이 투입되었음을 알 수 있다. 즉 계정상 투입액 = 산출액이라는 등식관계가 성립하는 것이다. 타산업도 이와 마찬가지로 해석해보면 된다.

표 9-8
가상적 지역의 투입산출표: 산업간 거래표 (단위: 원)

산출 부문 \ 투입 부문	산업별 중간거래 부문				최종 수요부문				총산출액
					가계	정부	자본	역외	
					역내 소비		투자 및 재고	수출	합계
	A산업	B산업	C산업	D산업	對소비자판매	對정부판매			
산업별 중간거래부문 · A산업	300	400	100	500	1,600	500	700	200	4,300
B산업	50	200	1,000	300	100	200	900	100	2,850
C산업	1,000	200	100	700	100	300	500	200	3,100
D산업	0	800	200	500	700	0	400	0	2,600
1차공급부문 부가가치 · 가계부문(노동력)	1,900	300	1,000	400					
정부부문(서비스)	200	100	200	100			생략		생략
자본(이자, 감가상각)	650	550	200	100					
역외(輸入)	200	300	300	0					
총투입액 계	4,300	2,850	3,100	2,600					

2) 투입계수표의 작성

우리는 〈표 9-8〉을 통해 〈표 9-9〉와 같은 각 산업의 **투입계수표**(input coefficients table)를 구할 수 있다. 투입계수는 어떤 산업이 1원어치의 산출물을 생산하는 데 타부문 산출물을 각각 얼마나 '투입물'로 구입하였는가를 나타내는 수치들이다. A산업의 투입계수 행렬(종란의 첫 A열)은 다음 식과 같이 나타난다. 이 투입계수 행렬식은 또한 A산업의 '**생산함수**'라고도 불리워진다. 즉,

생산함수
특정재화 생산량(생산액)과 이에 필요한 투입 생산요소 간의 함수적 관계를 말한다. A산업 생산량을 Q, 생산요소를 X_1, X_2, …X_n이라 하면, 생산함수식은 $Q = f(X_1, X_2, …X_n)$이 된다.

$$\text{A산업 생산액} = 0.072 \cdot A_{11} + 0.012 \cdot B_{21} + 0.233 \cdot C_{31} + 0.000 \cdot D_{41}$$

이 투입계수표를 완전히 이해하기 위해 〈표 9-8〉을 가지고 좀더 부연 설명해 보자. A산업이 외부(관광객 등)로부터 1,000원의 판매수입을 올렸다고 하자. 이 1,000원어치의 판매고를 위하여 A산업은 B산업으로부터 12원〔즉 (50/4300원)×1000원〕, C로부터 233원〔즉 (1000/4300원)×1000원〕, 노동력 442원어치〔즉 (1900/4300원)×1000원〕 등을 각각 구입해야 한다. 이 수치, 즉 12원은 〈표 9-9〉의 중간거래부문 B란에 0.012로, 233원은 C란에 0.233으로 그리고 노동력 442원은 1차공급부문 家計란에 0.442로 표시되었다.

그런데 A산업에 의해 최초 1,000원어치가 판매된 덕분에 C도 233원어치의 판매가 이루어졌으므로 C는 A로부터 233×(100/3100) 즉 233×0.032, B로부터 233×(1000/3100) 즉 233×0.323, 해외로부터의 수입 233×(300/ 3100) 즉 233×0.097······ 등 투입원료에 대한 지출을 해야 한다. 이어서 B의 경우도, 233×0.323만큼의 판매고를 올리기 위해서는 A로부터 233×0.323×(400/ 2850) 즉 233×0.323×0.140 만큼, C로부터 233×0.323×(200/ 2850) 즉 233×0.323 ×0.070 만큼 등 원재료구입을 해야 한다. 이렇게 계산하여 만들어진 것이 투입계수표 〈표 9-9〉이다.

이와 같이 일단 중간거래 부문상의 어떤 산업에 **外生需要**가 발생하면 그 영향은 지역내 산업과 1차 공급부문에 마치 잔잔한 연못에 돌을 던지면 그 파장이 멀리 퍼져나가듯, 그 충격이 두루 번져나가게 된다. 이러한 연쇄파장을 **間接效果**라고 부른다. 그러나 이러한 반향은 무한히 계속되지는 않는다. 왜냐하면 앞에서도 지적했지만, 역외로의 누출부문이 존재하기 때문이다. 여기서는 역외송금, 세금, 역외 원료구입, 감가상각 등이 그러한 누출항목에 속한다. 이와 같이 최초의 최종수요 발생이 배수의 산업산출량 증가를 가져오는 비율을 바로 **'산출량승수'**(관광수입의 경우는 **관광승수**)라고 부른다.

표 9-9	부문별 구매액	산출물 1원어치 생산당 각 산업으로부터의 구매액			
		A	B	C	D
가상적인 투입계수표	중간거래 부문				
	A	.072	.140	.032	.192
주: 〈표 9-1〉을 토대로 작성.	B	.012	.070	.323	.115
총계는 반올림 관계로 합	C	.233	.070	.032	.269
계와 일치하지 않을 수도	D	.000	.281	.065	.192
있음.	1차공급 부문				
	가계	.442	.105	.323	.154
	정부	.047	.035	.065	.038
	역외	.151	.193	.064	.038
	자본	.047	.105	.097	.000
	총계	1.000	1.000	1.000	1.000

3) 산업파급효과(승수효과)의 계산

이제 최종적으로 이 투입계수표를 바탕으로 하여 최초의 외생수요가 어느 정도의 총파급효과를 가져오는지를 파악해 보자. 〈표 9-10〉은 투입계수표를 이용하여 작성한 총직접효과와 간접효과, 즉 일련의 승수효과 발생과정을 나타낸 표이다. 먼저 이 표의 내용을 설명하기에 앞서, 좀 복잡하지만 어떻게 이 표가 도출되는가에 대해 알아보자.

먼저 투입계수표 〈표 9-9〉를 보아주기 바란다. 여기서 각 산업의 생산량을 그대로 대문자 A, B, C, D로 표기하기로 하자. A산업은 A만큼 생산(즉 4,300원어치 생산)하여 이를 어떻게 중간수요와 최종수요부문에 판매하였는가? A산업은 A만큼을 생산하여 자체부문에 0.072×A만큼, B부문에 0.140×B만큼, C부문에 0.032×C만큼, D부문에 0.192×D만큼씩 중간원료로 판매하였으며 최종수요 수요부문(즉 가계+정부+역외+자본)에 F_A만큼 판매하였다. 우리는 이산출액 A의 배분을 다음 식으로 나타낼 수 있다.

$$A = .072A + .140B + .032C + .192D + F_A$$

이 방정식은 다음과 같이 바꾸어 쓸 수 있다. 즉,

$$.928A - .140B - .032C - .192D - F_A = 0 \qquad (1)$$

다른 중간거래 부문 B, C, D에 대해서도 이와 같은 과정을 통해 방정식을 만들면 다음과 같이 된다.

$$.930B - .012A - .323C - .115D - F_B = 0 \qquad (2)$$

$$.968C - .233A - .070B - .269D - F_C = 0 \qquad (3)$$

$$.808D - .281B - .065C - F_D = 0 \qquad (4)$$

이 네 개의 방정식은 A, B, C, D를 미지수로 하는 4원1차 연립방정식이다. 이들 방정식을 각 미지수 A, B, C, D에 대해 풀면 다음과 같다.[18]

---

[18] 미지수가 4개밖에 안 되는 단순한 연립방정식인데도 손으로 계산하여 풀기는 여간 성가신 일이 아니다. 그런데 한 나라 또는 한 지역 산업의 수가 어찌 4개밖에 없겠는가? 참고적으로 우리나라 I/O에 최근 이용되는 산업분류도 적게는 60부문, 많게는 168부문 혹은 403부문으로 구성되어 있다. 이는 403개의 미지수를 가진 연립방정식을 풀어야 한다는 뜻이다. 인력으로는 도저히 불가능한 일이므로 컴퓨터를 이용하여 푸는 방법밖에는 없다. 이 수많은 방정식을 푸는 데 도입되는

$$A = 1.118F_A + .289F_B + .157F_C + .359F_D \qquad (5)$$

$$B = .126F_A + 1.234F_B + .439F_C + .352F_D \qquad (6)$$

$$C = .297F_A + .284F_B + 1.171F_C + .501F_D \qquad (7)$$

$$D = .068F_A + .452F_B + .247F_C + 1.400F_D \qquad (8)$$

역행렬계수

방정식 체계상의 행렬식 $Ax = d$ 에 있어서 그 해는 $x = A^{-1}d$ 인데, 여기서 A^{-1} 를 대수학 용어로 역행렬(inverse matrix)이라 부르고 이 A^{-1} 의 행렬계수를 역행렬계수라고 한다.

이 방정식들의 계수가 바로 '**생산유발계수**(또는 **역행렬계수**)'로서, 〈표 9-10〉의 상단(푸른색면)에 나타나 있는 수치들이다. 표의 하단에 있는 계수는 다음과 같이 구한다. 예로서, 가계부문의 0.614를 구하는 과정을 보자. 먼저 〈표 9-9〉의 투입계수 표에서 보면 가계부문은 A가 매 1원어치씩 산출할 때마다, 0.442원어치씩 투입물(노동력)을 A에게 판매하고 있음을 알 수 있다. 그런데 방정식 (5)를 보면 A는 최종수요 매액(F_A) 1원당 가계부문으로부터 0.442×1.118원어치씩을 구매해야 한다. 즉,

A의 최종 수요 판매액 매 1원당	A는 가계로부터	0.442×1.118	
	B는 가계로부터	0.105×0.126	원어치씩을 구매
	C는 가계로부터	0.323×0.297	
	D는 가계로부터	0.154×0.068	

그러므로 전체적으로 A의 최종수요에 대한 판매액 매 1원당 가계부문이 각 산업에 공급해야 되는 노동력(노임)은 다음과 같이 0.614원어치가 된다.

$$(.442×1.118) + (.105×.126) + (.323×.297) + (.154×.068) = .614원$$

즉 0.614가 〈표 9-10〉에 있는 가계부문의 A란에 해당되는 계수이다. 이와 같은 과정을 반복하여 표의 하단을 각각의 계수로 메울 수 있다.

이제 〈표 9-10〉의 생산유발계수 계산과정을 이해했으므로 구체적으로 이 표에 나타난 계수의 의미가 무엇인가를 검토해보자. 산업에 대한 외부수출수요가 최초로 1,000원 발생하게 되면 — 또는 외지관광자가 현지 호텔산업 A에 1,000원을 소비지출하면 — A산업의 총직접효과와 간접판매효과는 1,118원에 이르며 B, C, 그리고 D는 각각 126원, 297원, 68원의 직·간접효과를 얻는다. 요컨

수학적 기법이 — 손으로 풀든 컴퓨터로 풀든 간에 — 바로 逆行列(inverse matrix)의 이용이다. 구체적으로 방정식의 계수를 가지고 행렬표를 만들고, 여기서 방정식의 解에 필요한 역행렬을 구한다. 역행렬만 계산하면 곧바로 解가 나온다.

대, 중간거래부문인 각 산업에 대한 총효과는 1,609원이 된다. A산업의 최종수요에 대한 최초의 판매액 1,000원이 각 산업에 대해 결국 1,609원을 발생시킨다는 점에서, A의 최종수요에 대한 부분적 산출량 승수(비율 산출량 승수)는 1.609이 된다. 이 부분적인 승수를 총합적으로 집계한 총산출량승수는 표의 우측의 총계란에 나타나 있듯이 1.977에 이른다.[19]

한편, A의 최종수요에 대한 판매액이 1,000원이 되면 가계에 대한 고용은 614원이 발생되며 수입 등 누출효과는 95원에 이른다. 또 전 산업에 대한 최종수요 판매가 1,000원이 되면 총 가계효과가 554원, 그리고 총 누출효과(역외에서의 수입효과 등)는 123원에 이른다.

이제까지 설명자료로 삼은 가상적 I/O는 가장 기초적인, 그리고 단일지역에 한정된 투입-산출모형이다. 또 이 승수효과분석에서는 기업간의 수직적 연쇄관계는 파악하지 못했으므로 여기서 제시된 승수는 실제 승수효과보다 과소평가된 점도 없지 않을 것이다. 그 외에도 이 I/O분석이 가계부문 자체를 **외생부문**(exogenous sector)으로 가정함으로써 일어나는 문제점 등을 지적할 수 있으나 여기서는 생략하기로 한다.

지역 소득계정에 관한 모형도 여러 가지 있을 수 있듯이, I/O표도 지역의 성격에 따라 또는 연구자의 가정에 따라 여러 가지 형태를 취할 수 있고, 그 중에는 지역간 저축, 투자 및 자본 흐름까지 고려하는 아주 복잡한 모형도 있다. 그러나 이 절에서는 이 정도 논의로 마치기로 한다.

---

19) 이 표에서 승수는 재고수준의 변화도 고려하고 있으므로 판매량승수가 아니라 산출량승수임을 다시 한번 강조한다. 또 일반적인 비율승수공식은(I/O 모형의 경우 폐쇄모형) 앞에서 언급한 대로(직접효과＋간접효과＋유발효과)/(직접효과)이나, 이 표에 나타난 승수는(직접효과＋간접효과)/(직접효과)만을 나타내는 개방모형이므로 폐쇄모형의 승수보다 값이 낮다. 그 이유는 이 산업연관표는 가계부문(일반소비자)을 외생부문으로 간주하고 있기 때문에 '가계소득→산업산출물 소비'라는 유발효과를 파악하지 못하고 있기 때문이다. 이 유발효과까지 파악하기 위해서는 가계부문을 내생부문화할 필요가 있다. 가계부문을 內生化하여 승수효과를 구한 예는 김규호(1997), 권영각(1993) 등의 연구가 있다. 교과서식 설명으로는 후버(1975)의 제9장 부록 p.248의 표를 참조해도 좋다.

표 9-10	중간부문에 의한 총추가매출	산업별 최종수요 판매액 1원 증가당				
생산유발계수 행렬표(최종 수요 증가에 대한 총직접 효과 및 간접효과)		A	B	C	D	합계
	A	1.118	.289	.157	.359	.661
	B	.126	1.234	.439	.352	.439
	C	.297	.284	1.171	.501	.477
	D	.068	.452	.247	1.400	.400
	小計	1.609	2.259	2.014	2.612	1.977
	중간부문에 의한 1차공급 부문 추가 구매액					
	가계	.614	.419	.532	.574	.554
	정부	.079	.092	.108	.115	.092
	자본	.215	.317	.193	.207	.231
	역외	.095	.171	.167	.103	.123

3. 관광산업분석에 있어서 산업연관분석 기법의 한계

I/O모형은 다른 모형과 마찬가지로 여러 가지 가정을 전제로 하여 출발한다. 대부분의 경우가 그렇듯이 모형에서 가정(assumption)이란 비현실적인 상황을 내세운다. 따라서 가정이 많을수록 그만큼 그 모형은 현실과 동떨어졌다는 비판을 받기 쉽다. 여기서는 I/O모형의 가정이 지니는 비현실성과 기타의 문제점을 파악해보고, 아울러 모형의 유용성에 대해서도 검토해보기로 한다.

1) 수확 불변이라는 가정

앞에서 투입계수표에도 나타나 있듯이 I/O모형은 적게 생산하든 많이 생산하든, 추가생산에도 동일한 비용의 생산요소가 투입된다고 가정한다. 다시 말해 대량생산하든 소량생산하든 생산구조변화에 따른 이익(수확)은 없다(불변)라고 가정한다. 그러나 이 가정은 비현실적이다. **규모의 경제**(economies of scale)를 무시하고 있으며, 기술 진보나 수입비율·요소가격의 등락 등에 따라 생산요소 투입비율이 변할 수 있다는 개연성을 도외시하고 있다. 즉 적게 생산하는 것보다 많이 생산하는 것이 원료조달 비용의 절감, 분업화의 이익 등으로 규모의 경제(즉 대규모 생산이 주는 경제적 이익)를 실현할 수 있는데, 선형 생산함수에서는 이러한 가능성을 배제하고 있다.

2) 생산요소 투입비율이 불변이라는 가정

새로운 기술의 도입이나 특정 요소가격의 변화에 따라 생산자는 생산요소의 투입비율을 적절히 조절하여 이윤의 극대화를 꾀하고자 하는데 반해, 이 모형에서는 그러한 가능성을 배제하고 있다. 예컨대, 시멘트 생산공장들은 요즈음 원유가격이 급등하자 이를 유연탄으로 대체하여 생산요소의 투입비율을 종전과 다르게 변화시키고 있는데 ─ 즉 동일한 량의 생산물을 생산하는 데 원유의존도를 줄이고 유연탄 의존도를 높이는데 ─ 그런 현실이 이 I/O모형에서는 전혀 고려되지 않고 있다. 원료수입에 대한 의존율이 높다거나 관광수입의 성장률이 높은 지역경제에서는 오히려 **비선형생산함수**(non-linear production function)를 가정하는 것이 합리적이라는 주장도 있다.

비선형 생산함수
투입생산요소 X를 n배 만큼 투입했을 때 생산량 Q도 n배 만큼 더 늘어나는 함수식을 선형생산함수라 하고, 이에 반해 생산요소 X를 n배 더 투입하더라도 생산량 Q가 비례적으로 증가하지 않는 불비례함수를 비선형 생산함수라 한다.

3) 각 산업은 단일·동질상품만 생산한다는 가정

모든 산업은 유사상품이 아닌 **동질·단일상품**(single homogeneous commodity)만 생산한다고 이 모형은 가정한다. 관광자가 소비하는 재화·용역도 현지주민이 소비하는 그것과 질적으로 단일한 동질의 상품이라고 가정한다. 그러나 대규모화된 대중관광지 경우에는 다소 그럴지 모르나, 신규개발 관광지를 포함한 대부분의 관광지에서는 역내 주민의 소비패턴은 그 지역사회의 관습이나 전통에 따르므로, 외부사회의 관습에 따르는 외래관광자의 소비패턴과는 다르다. 즉 외국관광자의 숙박·음식·쇼핑 등의 수요욕구는 그 서비스나 가격, 이윤 폭에 있어 현지주민과 다르며, 심지어 내국인 관광자의 그것도 현지 주민과 다른 경우가 많다. 현실적으로 각 업종은 단일·동질의 상품이 아니라 복수·이질의 상품을 각각에게 생산·공급하고 있다고 보아야 한다.

4) 공급상의 제약이 없다는 가정(불완전 고용이라는 가정)

각 산업은 모든 자원이 불완전 고용상태(**유휴자원 상태**)에 있어 서로가 전후방 산업에 수급상 아무런 제약성이 없이 필요한 만큼 생산을 계속할 수 있다고 이 모형은 가정한다. 그러나 이는 비현실적이다. 예컨대, 수입증가, 물가상승이 나타나고 관광자 지출구조가 급변하는 지역 등에서는 호텔, 여행사, 소매상 등은 수급상의 애로에 봉착하게 됨을 자주 목격하기 때문이다. 시멘트 공급이 제대로 이루어지지 않아 건축산업의 가동이 제대로 이루어지지 않는 경우도 그 한 예이다.

5) 관광산업 독립화의 문제

산업분류 체계가 정립되어 있지 않고 세분화되어 있지 않으면 산업연관표 작성은 불가능하다. 특히 관광산업의 경우는 일반산업과 겹치는 부분이 많은 복합적 성격의 산업이므로 정식 산업으로 규정하기가 어렵다. 그래서 관광은 각국의 국민계정(national account)상에 올라 있지 않으며 대부분의 표준산업 분류표에도 나타나 있지 않는 것이 현실이다.

관광이 일반 제조업종 등과 같이 일반산업으로 규정되기 위해서는 그것이 생산해내는 주산출물(예: 서비스)이 명확히 규정되어 있어야 하며, 그것의 생산 및 분배구조도 명확해야 한다. 예를 들어 숙박, 음식, 교통은 관광관련 산업임에는 틀림없지만 그 주산출물들은 이미 숙박업·음식업·교통업종 들의 부가가치 속에 다 포함되어 산정되었기 때문에 새삼스럽게 생산구조가 다른 관광이란 업종으로 분리해 낼 수가 없다. 만약 무리하게 분리시킨다면 통합하는 과정에서 예측오차의 발생은 필연적인 것으로 밝혀지고 있다(서정헌, 2001; 김남조, 1998). 최근 일부 학자들(예컨대, 김남조,1998; 서정헌, 2001 등)이 관광산업의 분리방안을 논의한 바 있지만, 이 문제는 아직 우리 관광분야의 숙제로 남아 있다.

이제까지 가정에 나타난 몇 가지 주요한 문제점을 통해 I/O모형의 한계점을 알아보았다. 그 외에도 I/O표의 작성에는 다음과 같은 현실적 문제점도 있다.

첫째, 통계작성의 어려움이다. 지역통계자료가 미비되어 있으면 각 산업의 거래표 내지 투입계수표를 만들기가 어려우며, 설령 자료가 충족되더라도 많은 비용이 수반되며, 전문적인 지식과 노력이 소요된다는 점이다.

둘째, 한국처럼 신기술의 도입이나 새로운 생산기술 발달이 급격한 사회에서는 최신 I/O표가 신속히 연속해서 작성되지 않으면 그 결과의 유용성은 크지 않다. 또 지역간 비교분석을 위해서도 동일시기·동일 산업분류 방식 등이 따라주지 않으면 비교분석은 무의미해지기 쉽다.

그러나 이러한 가정의 문제점이나 몇 가지 약점에도 불구하고 다른 모형에 비해 산업연관분석 모형은 다음과 같이 그 유용성이 크기 때문에 오늘날 한 나라의 경제구조와 산업간 관계를 파악하는 데 가장 좋은 분석수단으로 자리잡고 있다.

첫째, 통계적으로 일관되고 조직적인 접근방법을 사용함으로써 관광을 포함한 각 산업부문간 연쇄관계를 비교적 논리적으로 규명할 수 있다. 둘째, 다른 경제적 효과분석 기법에 비해 간접·유발효과를 쉽게 추적할 수 있다. 셋째, 장래 주요 산업부문의 크기와 지역경제의 연계성을 예측하는 주요수단이 될 수 있다. 구체적으로 수요·생산·고용·투자를 예측할 수 있을 뿐만 아니라, 자연자원

이용·개발계획 등의 기초 정책자료로서 유용성이 크다(Isard, 1960: 152).

본 절은 마지막으로 아이사드의 산업연관분석에 대한 찬사와 유용성을 인용하며 결론을 맺고자 한다.

> ······의심할 여지없이, 이 모형은 각종 기법 중에서도 지역경제와 산업간 관점에서 지역시스템의 상호의존성을 분석하기 위해 고안된 가장 강력한 기법이라 할 수 있다. 비교적 이제까지 개발되고 적용된 그 어떤 기법보다도 기법상 일반화하기 쉽지 않은 여타 분석기법들을 상호 기능적으로 연결시킬 수 있는 틀을 제시해 준다는 점에서, 이 기법은 또한 매우 중요하다고 볼 수 있다(Isard, 1960: 362).

주요 용어 풀이

▶ 경제적 임펙트(economic impact): 관광자가 관광지에서 소비를 함으로써 해당지역의 경제에 미치는 영향력을 의미하는 것으로 경제적 효과라고도 한다. 관광자는 자신이 지불하고자 하는 의사액(willingness to pay)보다 낮은 비용을 지불함으로써 관광자 자신에게 편익이 돌아가는데 이를 순1차 경제편익이라 한다. 관광자의 지출로 인해 해당지역에 미친 총 편익에서 관광자에게 귀속되는 순1차 경제편익을 제외한 편익이 2차 경제편익이 된다. 여기서 편익을 얻기 위해 희생된 비용(2차 경제비용)을 차감한 것을 순2차 경제편익, 즉 경제적 임펙트라 하며, 이는 관광목적지의 경제발전 정도(경제적 자립도), 방문관광자 유형, 관광시설의 소유주, 토착 노동력의 여부에 등에 의해 결정된다.

▶ 간접효과(indirect effect): 관광자로부터 직접 획득되지는 않았지만 관광자를 위한 관광업체에 원재료나 상품·재화 등을 공급하는 집단에게 간접적으로 발생하는 경제적 효과를 간접효과라 한다. 즉 관광자의 지출은 관광자에게 재화나 서비스를 직접 공급한 1차 집단(관광업체)의 이윤을 제외하면 재료비·인건비·수도광열비 등 비용의 형태로 이를 공급한 업체들에게 지불되어 영향을 미치는데 이를 간접효과라 한다.

▶ 유발효과(induced effect): 관광수입의 증대로 인하여 지역내의 소득과 부가 증대되면 지역민의 소비지출이 증대되고, 이 소비증대는 다시 그 지역의 생산과 투자를 유발시켜 지역내의 경제가 활성화되는데 이러한 효과를 유발효과라 한다. 간접효과와 유발효과를 합하여 일반적으로 2차효과(secondary effect)라고 부른다.

▶ 승수효과(乘數效果, multiplier effect): 어떤 독립적인 지출(관광자의 지출)이 있을 때 지역내 소득이 독립적인 지출이상의 어떤 배수만큼 증가하는 효과를 말한다. 관광자의

지출은 여러 단계를 거치면서 지역내의 새로운 소득이 되기도 하며 지역외부로 유출되어 되기도 한다. 이러한 단계는 관광수입으로 인한 파급효과가 없어질 때까지 순환하게 되는데, 승수효과는 관광자 지출에 대한 각 단계에서의 수입(소득)의 합계의 비율을 말한다.

▶ 투입산출분석(投入産出分析, input-output analysis): 산업연관분석이라고도 하며, 어떤 경제 내에서 각 산업의 생산물에 대한 총수요를 과부족 없이 만족시키기 위해서 n개의 산업 각각이 어느 정도 수준의 산출량을 생산해야 하는가를 다루는 분석법으로, 한 나라의 경제개발계획이나 국방계획과 같은 생산계획에 유용하게 사용된다. 투입산출분석은 레온티에프(W. Leontief)가 개발하였다.

▶ 유효수요이론(effective demand theory): 케인즈(J.M. Keynes)가 주장한 이론으로 기업과 가계만으로 구성된 단순한 경제에서 총수요의 크기는 가계의 소비지출과 기업의 투자지출을 합계한 것과 같다는 이론이다. 이때 소비지출과 투자지출의 합계를 유효수요라 하고, 유효수요의 크기에 의해 국민소득의 크기가 결정된다는 이론을 유효수요이론 혹은 유효수요의 원리라 한다.

▶ 투입계수(投入係數, input coefficient): 투입산출분석에 있어서 어떤 산업 1 단위의 제품을 생산하기 위하여 필요한 중간재 및 원초적 투입요소의 단위를 말한다. 관례적으로 a_{ij}(여기서 i는 투입물, j는 산출물)로 표시하며, 만약 a_{ij}=0.210이라면 그 의미는 j산업 산출물 한 단위를 생산하는데 소요된(필요한) i산업의 투입량은 전체투입량의 21%임을 의미한다.

▶ 산업연관표(産業聯關表, interindustrial relation table): 레온티에프(W. Leontief)가 개발한 것으로 한 나라의 전 경제를 수십개의 산업부문과 몇 개의 최종수요부문 및 몇 개의 부가가치부문으로 나누어 그들 부문간의 어떤 연도의 연간 거래액을 상관표의 형식으로 작성한 것을 말한다.

▶ 규모의 경제(規模의 經濟, economy of large scale): 생산량이 증가하면 장기총비용은 증가하지만 장기평균비용은 하락하게 되어, 투입요소를 n배 증가시키면 산출량은 n배 이상으로 증가하게 된다. 따라서 적게 생산하는 것보다 생산규모를 크게 늘리는 것이 수입면에서 더 유리하게 되는데, 이러한 경우를 규모의 경제가 존재한다고 말한다.

1. 관광이 국가 또는 지역경제에 미치는 임펙트(영향)에 대해 논하라.

2. 관광승수란 무엇인가? 그 내용과 기법상의 한계점에 대해 논하라.

3. 산업연관분석 기법의 기본구조에 대해 설명하라.

4. 앞의 산업연관표 〈표 9-1〉에서 산업이 A, B, C의 3개 산업으로만 구성되어 있다고 가정하고 이를 토대로 〈표 9-2〉와 같은 투입계수표를 만들어 보라(종횡의 D란에 있는 수치만 없다고 생각하면 됨).

5. 산업연관분석이 지닌 한계점은 무엇인가?

제 10 장

관광산업과 경제발전: 국가 및 지역발전을 향하여

최근 국내외적으로 대량관광시대를 맞이하면서 관광이 특정 지역사회 또는 국가에 미치는 사회·경제적 그리고 생태학적 영향에 대한 관심이 크게 높아지기 시작하였다. 단위국가별로 또는 국제기구 등에서 관광개발로 예상되는 영향의 파악, 즉 영향 연구(impact studies)가 활기를 띠고 있는 것도 이러한 관심의 한 표현이라고 볼 수 있다. 영향에 관한 연구 중에서 특히 경제적 영향에 대해서는 승수분석 혹은 산업연관분석 등을 통해 그 효과가 충분히 밝혀지고 있는 편이다.

본 장에서는 앞장에서 습득한 분석수단 ― 애드혹 승수와 산업연관분석 기법 ―을 토대로 관광이 지역 내지 국가경제에 미치는 문제들을 다루어 보기로 한다. 그리고 마지막으로 이 책의 결론 삼아 관광산업과 경제발전 문제를 검토해보기로 한다. 경제학적 시각에서의 논의가 본서의 연구범위이므로 본 장에서는 사회·문화적 변화문제는 논외로 삼기로 한다.

제1절 세계 관광시장 성장의 추세와 특징

경상가격(market price)
인프레로 인한 당시의 화폐가치를 반영하지 않은 액면 그대로의 가격. 인프레로 인한 평가절하 효과를 특정시점(예: 1995년 기준) 이후부터 반영한 가격을 1995년 불변가격(1995 constant price)이라고 한다.

그 개념이나 범위의 모호성에도 불구하고, 관광산업은 국내외 학자들이나 정책결정자들로부터 경제적 효과가 크다는 이유로 많은 찬사를 받아왔다. 2010년 현재 전세계 국제관광산업 수입규모는 무려 9300억달러(**경상가격** 기준)에 이를 정도로 관광은 단일산업으로 치면 세계 최대규모의 산업이며, 국내관광 부문까지 포함한다면 1조 달러를 훨씬 상회할 것으로 보인다. 또 하나 정책결정자들의 흥미를 사로잡는 사실은 관광산업이 다른 어떤 산업보다도 가장 빠르게 성장하는 산업 중의 하나라는 것이다. 〈표 10-1〉에서 보듯이 1950년에 2,500만명에 불과하던 도착 관광자수(tourist arrivals)가 2010년에는 약 9억 4천만명으로 무려 38배 증가하였으며, 이와 관련한 국제관광 수입(경상가격 기준)은 1950년 20억달러 수준에서 2010년에는 9260억 달러 수준으로 거의 46배나 성장하였다.

표 10-1

세계관광의 성장
(1950~2010)

자료:WTO의 홈페이지
(http://world-tourism.org)

연도	국제관광객수(도착객기준)		국제관광수입(경상가격)	
	백만명	성장지수	10억달러	성장지수
1950	25	100	2	100
1970	160	640	18	900
1990	444	1,776	255	12,750
2000	698	2,792	476	23,800
2010	939	3,756	926	46,300

그렇다면 내용을 살펴볼 때 그 속에 담긴 특징은 무엇인가? 이를 선진국과 개발도상국 또는 지역별로 나누어 살펴보자.

먼저 관광수요 발생지는 대개 선진국이고 관광목적지는 제3세계 개발도상국이라는 우리의 기존인식과는 다르게, 관광 발생지나 관광목적지 대부분이 선진국이라는 점이다(전세계 관광량 수급의 약 70~80% 점유). 이는 〈표 10-2〉에서도 대충 확인될 수 있는데, 세계 10대 관광목적지와 세계관광 收入國이 거의 서구나 미주 중심인 것이다. 1999년 현재 관광자가 가장 많이 찾는 나라는 프랑스, 스페인, 미국, 이탈리아, 중국 순이며(이들 5개국의 세계시장 점유율이 35.6%), 가장 많은 관광수입을 올리는 국가는 미국, 스페인, 프랑스, 이탈리아, 영국 순이다(이들 5개국의 세계시장 점유율이 41.4%).[1] 즉 세계 관광수요나 공급 대부분이 서구와 북미주 국가들 끼리 이루어지고 있음을 알 수 있다. 이런 현상의 원인은 몇 가지로 생각해볼 수 있다. "국내관광 비례설"과 "부존자원설"로 설명될 수 있다는 주장이 그것이다(김사헌·송운강, 2001; 김재걸, 2008).

린더의 가설
스테판 린더가 주장한 무역이론으로서, 어떤 제품의 자국내 수요가 높을수록 그 제품의 외국으로의 수출수요 또한 높아진다는 주장이다. 일명 대표수요이론(representative demand theory)이라고도 부른다.

소위 '린더 가설'(Linder's hypothesis)[2]의 아류(亞流)라고도 부를 수 있는 '국내관광비례설'은 국내관광이 활발한 나라일수록 그 나라에 대한 관광수출(외래관광 수요)도 높다는 주장이다.[3] 아래 표를 살펴보아도 국내관광(domestic tourism)이 성숙된 나라일수록 역시 국제관광객을 더 많이 받아들이는 경향이 있음을 한눈에 알 수 있다. 또한 '부존자원설'은 부존 자연자원 혹은 유산자원(endowed heritage)이 많은 나라, 예컨대 역사적 문화유산이 많거나 아니면 영토의 크기가 넓은 나라(즉 자연자원이 보다 풍부한 나라 등)일수록 관광자들이 더 많이 찾아들고 반면 해외로의 관광송출은 적다는(즉 觀光輸入을 더 적게 한다는) 주장이다(김재걸, 2008).[4]

표 10-2

세계 10대 관광목적지 및 관광수입·지출국 통계

주: 홍콩은 중국에서 제외함.
영국 및 중국의 관광지출액은 1998년 통계치임.

자료: 김사헌·송운강(2001: 69)의 〈표 1〉 참조

순위		국가	도착객수 (백만명)		순위		국가	관광수입 (십억 불)		순위		국가	관광지출 (십억 불)	
80	99		80	99	80	99		80	99	80	99		80	99
1	1	프랑스	30.1	73.0	1	1	미 국	10.1	74.4	2	1	미 국	10.4	60.1
3	2	스페인	22.4	51.8	4	2	스페인	7.0	32.9	1	2	독 일	20.6	48.2
2	3	미 국	22.5	48.5	2	3	프랑스	8.2	31.7	6	3	일 본	4.6	32.8
4	4	이탈리아	22.1	36.1	3	4	이탈리아	0.8	28.4	3	4	영 국	6.9	32.3
19	5	중 국	3.5	27.0	5	5	영 국	6.9	21.0	4	5	프랑스	6.0	17.7
7	6	영 국	12.4	25.7	6	6	독 일	6.6	16.8	13	6	이탈리아	1.9	16.9
-	7	캐나다	-	19.6	34	7	중 국	0.6	14.1	5	7	네덜란드	4.7	11.4
8	8	멕시코	11.9	19.2	7	8	오스트리아	6.4	11.1	9	8	캐나다	3.1	11.3
-	9	러시아	-	18.5	-	9	캐나다	-	10.0	-	9	중 국	-	9.2
13	10	폴란드	5.7	18.0	-	10	그리스	-	8.8	10	10	오스트리아	2.8	9.2

1) 2000년에 중국에 통합된 홍콩은 중국에서 제외함.
2) 린더는 국제교류는 내부수요 혹은 대표수요(representative demand)에 바탕을 두고 일어나므로 국내수요가 높은 나라의 제품일수록 그 제품의 국제수요 또한 높다고 주장한 바 있다(Vellas and Becherel, 1995: 87; Linder, 1961).
3) 린더流의 가설이 과연 관광의 경우에도 타당한가에 대한 연구 결과는 김사헌·송운강(2001)의 연구에 이어 김재걸(2008)의 연구에서 보다 확실히 밝혀졌다. 김재걸(2008: 86)은 자료가 가능한 세계 32개국의 패널 자료를 이용하여 평균적으로 국내관광 수요 1%가 증가하면 외래관광객 수도 (時差에 따라) 대략 0.30% 내외로 증가한다는 사실을 밝혀내었다.
4) 김사헌·송운강(2001)의 연구에 의하면, 부존 유산자원(대리변수로 유네스코 문화 및 자연자원을 사용함)이 많은 수용국일수록 관광수출은 비례적으로 높아지는 것으로 밝혀졌다. 특히 김재걸(2008: 106-107)은 패널자료를 이용한 그의 박사학위 논문에서 해당국의 영토가 클수록(즉 자원이 많을수록) 해외관광은 아주 유의하게 줄어드는 사실을 밝혀냈다.

이어서 이들 관광수급을 지역(대륙)별로 살펴보자([그림 10-1] 참조). 지역별로 가장 많은 관광수입을 올리는 블록은 단연 유럽이다(전세계 관광수입의 52.7%). 이어서 아메리카(대부분 북미)의 순이며(26.6%) 동아시아 태평양 국가는 3위(15.4%)를 차지한다. 도착자수(tourist arrivals)로 보아도 역시 유럽, 아메리카, 동아시아 · 태평양의 순이다. 그러나 도착자수 점유율 대비 수입 점유율(즉 방문관광객 인당 수입률)을 보면 단연 아메리카(1.45)가 가장 높고 남아시아(1.11) 그리고 동아시아 · 태평양(1.05)의 순이다. 아메리카가 인당 수입면에서 가장 실속 있는 블록이라는 이야기이다.

한편, 도착자수를 기준한 성장률을 보면 과거 40여년간(1955~1995) 동아시아 · 태평양의 성장률이 가장 높았으며, 서기 2000년부터 향후 2020년까지를 놓고 볼 때 역시 이 지역의 성장률이 세계시장을 선도하는 가운데 대부분의 블록이 5% 내외(세계 평균은 4.1% 예상) 성장대에서 안정화될 것(유럽이 최

그림 10-1

지역별 관광수입 점유율 및 수요시장(도착객수)점유율

자료: WTO(2000). Tourism Highlights.

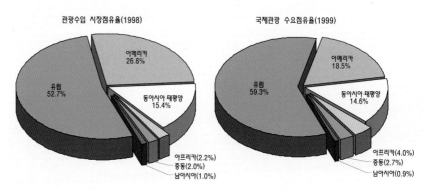

그림 10-2

지역블록별 국제관광 도착자수 성장률(1955~2020)

자료:WTO의 홈페이지

(http://world-tourism.org)

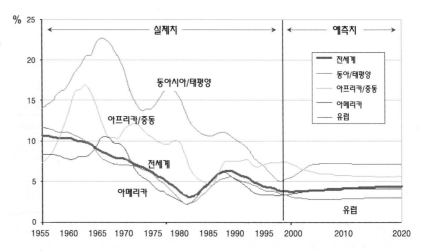

하위)으로 WTO는 예측하고 있다([그림 10-2] 참조). 그리하여 도착자수 시장점유율은 유럽이 1995년 기준 60%에서 2020년 46%로 감소하고 대신 동아시아·태평양 시장이 14.4%에서 25.4%로 크게 부상할 것으로 전망하고 있다. 특히 이 점유율 신장에 가장 크게 기여할 국가로는 방대한 자원을 가진 중국 시장이 될 것으로 WTO는 예측하고 있다.

제2절 관광정책의 목표와 수단

한 나라의 사회경제 발전을 이룩하기 위해서는 많은 그리고 여러 가지의 정책적 노력이 필요하다. 관광도 이들 정책변수 중의 하나에 포함된다. 단지 그 나라가 처한 산업구조적 특성과 여건에 따라 관광산업은 때로는 중요하게 때로는 보다 경미하게 취급되는 경향을 보인다. 유럽의 스페인, 카리브해의 도서국가들과 같이 자연 및 문화유산이 풍부한 국가 혹은 자연·문화유산 외에는 별다른 자원이나 자본이 없는 나라들은 오직 외래관광 산업진흥에 절박하게 매달릴 수밖에 없고, 반면에 각종 산업이 발달하고 자본재가 풍부한 나라들은 관광을 단지 2차적 산업으로 경미하게 취급하기 마련이다.

세계 각국의 경험을 두고 볼 때 대체로 OECD에 포함된 선진국들은 후자에 해당되고 빈곤한 개발도상국들은 전자에 해당된다. 대체적인 경향을 보면 선진국들은 외래관광 진흥을 민간부문의 노력에 의존하며 정부의 개입을 최소화하는 반면에, 개발도상국들은 정부 혹은 공공부문이 발벗고 나서는 성향을 보인다 (Vellas and Becherel, 1995: 293~316).

왜냐하면 이미 세계관광량의 70%대를 차지하는 선진 공업국으로서는 외화획득원으로서 관광산업의 경제적 중요성이 다른 중화학공업이나 지식산업에 비하면 경미하거나 무시할 정도의 수준이기 때문에 정부가 특별히 개입할 명분이 없기 때문이다. 그러나 개발도상국은 다르다. 주로 농·어업 등 국제적 **교역조건**(terms of trade)이 나쁘고 생산성 증가율이 낮은 채취산업 또는 1차산업 경제활동을 영위해온 개발도상국가들의 한결같은 소망은 산업구조를 개편하여 근대적 공업부문을 도입하고, 이를 바탕으로 사회전체의 경제발전을 꾀하는 것이었다. 그러나 공업화에로의 구조전환에는 막대한 투자재원의 조달이 필요한데,

교역조건
수출하는 일국의 재화와 수입하는 타국의 재화와의 교환비율, 즉 수출품 가격을 수입품 가격으로 나눈 비율을 의미한다. 농산물은 공산품에 비해 대개 교역조건이 낮다.

이를 위한 내자동원 여건이 성숙되어 있지 않은 것이 그들의 현실이다. 설사 자본절약형의 경공업을 도입했다손 치더라도, 개발도상국들은 '시장성 결여'라는 또다른 난관에 부닥치게 된다. 내적으로 국내시장이 빈약하여 규모의 경제를 발휘할 수 없는데다 외적으로도 높아만 가는 선진국의 무역장벽과 국제시장 후발개척의 어려움에 직면하게 되기 때문이다. 이러한 상황에서는 관광산업이 외화벌이에 가장 손쉽고 적합한 산업의 하나로서 지목된다. 왜냐하면 관광산업은 개발도상국에 흔히 널려있는 노동력 그리고 수려한 자연경관·기후를 이용하며 값싸고 단순한 기술만을 투입하면 되는 경제활동으로 비추어져 왔기 때문이다. 관광은 나아가 그 나라의 만성적 외환 부족사태를 해결해주고 실업문제를 경감시켜 줄 뿐만 아니라 장기적으로는 점점 불리해지는 자국 주수출품목(대부분 1차산업 제품)의 대체수출품목으로써 국제시장에서 각광받게 될 것으로 여겨지기 때문이다(Wilkinson, 1989; Oppermann and Chon, 1997 참조). 이런 나라들의 예로는 튜니시아, 모로코, 멕시코와 카리브해 도서국가들, 베트남, 라오스, 네팔, 부탄 등을 들 수 있다.

이제 이들 국가발전의 정책변수로서 관광산업의 목표와 수단이 무엇인가를 먼저 살펴보도록 하자.

1. 관광정책의 목표

관광정책의 목표는 먼저 경제적인 목표와 비경제적인(사회문화적, 정치적) 목표로 나눌 수 있다.

경제적인 목표는 특히 개발도상국들이 중점을 두는 목표로서 ① 국민(지역주민) 소득의 증대, ② 고용의 증대, ③ 외환수입의 증대, ④ 지역간 격차 해소, ⑤ 산업구조의 다변화, ⑥ 무역흑자 압력의 해소 등을 들 수 있다.

대부분의 목표가 외래객의 유치를 통해 자국민의 소득과 고용을 늘리고 필요한 외환을 조달하는 창구로서의 역할을 하는 것이다. 다만, '무역흑자 압력의 해소'는 흔하지 않은 정책으로서, 과거 쌓이는 무역수지 흑자로 국제적 압력(미국의 무역규제 위협 등)에 시달려온 일본 정부가 자국의 외환을 소비하는 수단으로서 '천만명 배증운동'(ten million plan)이라는 자국민 해외여행 보내기 사업을 실시한 데서 그 예를 찾아볼 수 있다.

비경제적인 목표는 ① 자국 문화유산의 해외 소개를 통한 민족 자긍심 고취, ② 세계문화의 이해를 통한 자국민의 세계화교육, ③ 자국 문물의 해외 선전과 홍보(자국의 brand royalty 제고), ④정치적 목적달성 등을 들 수 있다.

비경제적 목표의 대부분은 선진국형의 국가들이 자국민들의 해외관광을 장려하는 이유들에 속한다. 물론 자국민을 해외로 내보내는 것이 아니라 반대로 외국인을 유치하여 자국의 문화적 우월성 등을 간접적으로 선전하는 것도 이 비경제적인 목표에 속한다. 우리나라를 포함한 각국이 자칫하면 적자가 될 수도 있는 올림픽이나 월드컵을 유치하려 인간 힘을 쓴 이유는 바로 자국의 개최 능력이나 문화적 우월성을 세계만방에 과시·선전하여 자국의 명성(brand royalty)을 높이려는 의도에서이다. 한편, 비경제적 목표는 집권당의 인기(득표율) 제고라는 정치적 목적도 띨 수 있다. 김대중 정부가 "햇볕정책"의 일환으로 내국인의 북한 금강산 관광을 줄기차게 추진한 것은 월남 가족 및 한국인의 그리웠던 북한 땅 밟기라는 표면적 목적도 있었지만, 국민의 인기 획득이라는 이면 목적도 있었다고 볼 수 있다.

관광정책의 목표는 또한 위의 정치·경제·사회문화적 목적이란 측면 외에도 ①외래관광 진흥, ②내국인의 해외관광 진흥 또는 억제, ③역내관광의 진흥으로 분류할 수 있다. 이들 정책을 요약해보면 다음과 같다.

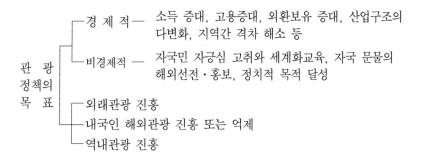

관광정책의 목표
- 경제적 — 소득 증대, 고용증대, 외환보유 증대, 산업구조의 다변화, 지역간 격차 해소 등
- 비경제적 — 자국민 자긍심 고취와 세계화교육, 자국 문물의 해외선전·홍보, 정치적 목적 달성
- 외래관광 진흥
- 내국인 해외관광 진흥 또는 억제
- 역내관광 진흥

2. 관광정책의 목표달성 수단

관광정책의 수단은 크게 촉진수단(incentives)과 억제수단(decentives)으로 나누어 생각해볼 수 있다.

촉진수단으로는 ①노동정책수단으로서 근로시간 변경(예: 주5일 근무제, 격주 휴무제, 유급휴가제 도입 등), ②재정정책수단으로서의 세제지원(관광업소 세율인하, RV차량 각종 세율 인하 또는 폐지, 출국세 폐지 등), ③금융정책수단으로서의 금리 인하(관광업소 대출금리 인하, 관광진흥개발기금 금리인하 등) 또는 환율조정, ④ 제도적 규제 완화 내지 철폐(여권 발급요건 완화, 해외여행 소지한도액 완화 또는 철폐 등), ⑤ 기타 정책 수단(국내외 관광지 홍보, 관광 인프라 투자 등)을 들 수 있다.

　　억제수단은 위에 언급한 다섯 가지 인센티브 수단을 반대로 축소하거나 혹은 확대·강화하는 정책수단을 말한다. 예를 들어 근로시간을 확대하면 여행수요 는 당연히 억제된다.

```
                ┌─ 노동정책 수단 ── 주5일 근무제 도입, 유급휴가제 변경 등
관 광           │
정책의          ├─ 금융정책 수단 ── 관광업소 대출금리 변경, 해외여행 대출, 환율조정
수  단          │
                ├─ 재정정책 수단 ── 관광업소 세율 변경, 출국세 조정 등
                │
                └─ 기타정책 수단 ── 여권발급요건 변경, 관광지 홍보, 관광인프라 투자 등
```

뉴스 속의 관광경제

주5일 근무제 2003년부터 시행

휴일 수가 늘어나면 우리 국민의 여행수요는 얼마나 늘어날까?

　　주5일 근무제 등 근로시간 단축제도가 입법이후 최소한 1년 이상의 유예기간을 거쳐 공무원 등 공공부문부터 단계적으로 시행될 것으로 보인다. 김호진 노동부장관은 25일 기자간담회를 갖고 "근로자의 삶의 질 향상과 기업 경쟁력 강화를 위해 국제기준에 걸맞고 우리경제 현실을 반영, 국민이 공감할 수 있는 방향으로 근로시간 단축 입법을 추진할 계획"이라고 밝혔다.

　　노동부 관계자는 이와 관련, "외국의 사례를 살펴보면 대부분 공공부문을 먼저 실시했으며 그래야 정착이 빠른 것으로 조사됐다"며 "공무원과 공기업 등 공공부문을 우선적으로 실시하는 방안을 행정자치부 등 관계부처와 협의 중"이라고 말했다.

　　김 장관은 시행 시기와 관련, "기본적으로 일정정도 유예기간을 둔 뒤 업종별, 기업규모별로 단계적으로 실시할 방침"이라고 밝혔으나, 실무자들은 최소한 1년 이상의 유예기간을 거쳐 빨라야 2003년부터 시행이 가능할 것으로 보고 있다. 이에 대해 노사정위원회는 △주휴일을 무급화하는 대신 임금을 보전해주고 △1년 단위의 탄력적 근로시간제를 도입하며 △생리휴가를 무급으로 바꾸고 △월차휴가를 폐지하는 대신 연차휴가의 상한선(20일 안팎)을 정하고 △유예기간을 둔 뒤 단계적으로 시행하는 방안에 대해 상당부분 의견 접근을 본 것으로 알려졌다.

자료: 매일경제신문 2001년 7월 25일자

제3절 관광개발의 사회경제적 효과와 그 결정요인

관광산업을 도입할 때 그 효과는 여러 가지로 나타난다. 이를 경제적 효과와 비경제적 효과로 구분하고 다시 긍정적 부정적 측면으로 나누어 살펴보자. 이미 각종 효과에 대해서는 많은 학자들이 언급해왔으므로 여기서는 요약식으로 나열해보기로 한다.

1. 관광의 경제적 효과: 긍정적 및 부정적 효과

부가가치율

생산자가 생산과정에서 새로이 창조한(부가한) 가치를 부가가치(value-added)라고 하며 최종 생산액에서 원재료구입에 소요된 금액과 기계설비 감가상각비를 제한 액수를 말한다. 부가가치율은 최종생산액에서 투입된 원재료구입비와 기계설비감가상각비를 뺀 부가가치를 투입된 원재료 구입비와 기계설비의 감가상각비로 나눈 값을 말한다.

관광산업을 '만병 통치약'(panacea)으로 전제하고 이의 적극 육성을 주장하는 관광개발 옹호론자들이 내세우는 가장 큰 명분은 관광의 경제적 효과, 특히 긍정적 효과가 높다는 점이다. 관광은 중간 원료가 많이 들어가는 일반 제조업들에 비해 **부가가치율**이 높고, 타산업에 비해 비교적 적은 자본의 투입에도 불구하고 보다 높은 소득창출이 가능하다는 것이다. 또 갖고 있는 자연자원을 잘 개발하여 외국 관광객을 끌어들임으로써 손쉽게 외화를 벌어들일 수 있고, 특히 관광산업은 고용기회 창출효과가 크다는 것이다.

그러나 반론자들의 주장도 만만치 않다. 관광은 물가인상을 부채질하고 국민(주민)의 소비성향만을 조장한다. 또 관광은 산업구조가 발달된 선진국의 경우에는 소득창출 효과가 어느 정도 인정되지만 가난한 소규모 국가일수록 소득의 누출효과가 높아 소득창출력이 기대 이하이다. 고용도 고급경영자나 관리자가 아닌 단순노동력만을 수요하고 더구나 계절성이 강한 취업 행태를 띠므로 기대할 바가 못된다. 또 부가가치율이 높다는 것만으로 관광산업은 정당화될 수 없다. 만약 부가가치율로만 따지자면 동네 앞뒷산에 흔히 널려 있는, 채취하는 데 원재료비가 거의 들지 않고 감가상각비도 거의 없는 떡갈나무 잎 채취·수출이나 다람쥐 포획·수출이 오히려 관광의 부가가치율보다 훨씬 높은데, 왜 국가는 이들 채취산업(extractive industries)을 전략산업으로 삼지 않는 것인가? 그 이유는 간단하다. 보다 중요한 선택기준은 산업간 연쇄효과(interindustry linkage effect)의 크기에 있다는 것이다. 관광은 이 산업간 연쇄효과가 극히 낮아 바람직한 투자대상이 못된다는 것이다. 이상의 주장을 분류 요약해보면 다음과 같다.

1) 관광산업 도입 찬성론의 이유

① 소득창출(외화획득, 국제수지 또는 지방재정에 기여)
② 고용유발(실업난의 해소)
③ 높은 부가가치율
④ 경제기반 강화(1차산업 중심의 취약성 극복)
⑤ 경제편익 증대(교통통신·쇼핑기회 및 기타 사회간접투자 이익 수혜)

2) 관광산업 도입 반대론의 이유

전시효과
현지주민이 관광객의 영향을 받아 모방행위(사치·낭비행위 등)를 하는 것을 말한다. 일명 樂隊車效果(bandwagon effect) 라고도 한다.

① 전시효과 유발(무분별한 낭비욕, 사치심 조장)
② 물가상승 부채질(지가 및 생필품 등 가격상승)
③ 외부의존성 증대(수입성향 증대, 외부자본비율 증가)
④ 산업간 낮은 전후방 연쇄효과
⑤ 역내 경제구조 불안정화(생산의 계절성, 경기변동에 대한 취약성)
⑥ 고용의 질적 불안정성(계절성, 시간제) 및 고급노동력의 수입의존

2. 관광의 사회문화적 효과: 긍정적 및 부정적 효과

관광산업이 도입·진흥되었을 때 해당 지역사회에 미치는 사회문화적·환경적 효과 역시 긍정적인 측면과 부정적인 측면으로 대별해 볼 수 있다. 찬성론자들(주로 관광행정실무자, 지역정책학자, 경제학자 등)은 주로 경제효과의 긍정적 측면을 내세우고 반대론자들(주로 문화인류학자, 민속학자, 생태학자 등)은 대체로 사회문화적 효과의 부정적 측면을 부각시키는 경향을 보인다. 이들 양측의 주장을 간단히 요약해 보면 다음과 같다.

1) 관광산업 도입 찬성론의 이유

① 자신의 사회·문화에 대한 중요성 인지 및 애향심 고취
② 원주민 문화를 외부사회에 소개(원주민사회의 사회적 위치 격상)
③ 새로운 외부문물·제도의 접촉 증대(외부세계에 대한 지식, 이해증가)
④ 지속적 외부수요에 의한 원주민 문화(예술, 음악, 공예 등)의 발전
⑤ 무공해 산업(white industry)

2) 관광산업 도입 반대론의 이유

① 전통문화의 붕괴(전통문화 상실, 문화의 상품화, 주민의 비인간화 등)

② 지역유대감 상실(전통가족관 파괴, 이혼·범죄율 증가, 세대갈등 심화 등)

③ 문화재 손상, 자연환경 파괴(문화재의 파괴·반출, 자연생태계의 파괴)

④ 불건전한 주민의식 및 행동 조장(도박·절도 등 한탕주의, 풍기문란, 매춘, 열등의식·비굴성·갈등 조장 등)

특정 관광지 개발에서 이와 같은 효과들은 어느 것 하나만 배타적으로 나타나는 것도 아니고, 그렇다고 모두 동시에 나타나는 것도 아니다. 또 몇 가지가 같이 어울려 나타난다 하더라도 그 강도가 다 같지도 않다. 효과의 종류나 강도는 관광산업의 업종성격에 따라, 그 관광지와 지역사회간 지리적 연계성에 따라, 또는 관광개발의 단계에 따라 각각 다른 형태를 띤다.

일반적으로 말한다면 스키 리조트나 비치 리조트 등 편계절형 업종보다는 다계절형 업종이, 현지 지역사회와 지리적 격리도가 큰 관광지보다는 근접한 관광지가 그리고 관광개발이 초기단계인 곳보다는 대대적 또는 집중적 개발이 이루어진 곳이 영향의 강도가 더 크다. 특히 긍정적·부정적 영향의 강도에서 볼 때, 오랜 기간동안 대규모로 개발된 기존관광지일수록 긍정적 경제효과가 커지는 반면에 부정적 사회문화 효과도 역시 커지므로 경제적 편익과 사회문화적 비용이 서로 상쇄되는 방향으로 작용한다. 지역정책 결정자(국가정책 결정자)나 그 지역사회가 어떤 측면의 효과를 중시하는가에 따라 관광산업 성장의 완급을 조정해야 한다.

예를 들어, 독시(Doxey)란 학자는 관광지가 목적지로 점차 발전·활성화해 감에 따라 현지민의 관광객에 대한 태도 또한 ① 환영단계(euphoria stage), ② 냉담단계(apathy stage), ③ 의심단계(annoyance stage), ④ 적대적 단계(antagonist stage)의 단계로 악화되어 간다는 이른바 **분노지수**(irridex: an index of the level of irritation)를 제시한 바 있다(Cleverdon, 1982: 188 재인용). 따라서 지역사회는 관광이 주는 편익과 주민 피해라는 부작용을 비교·가늠하여 어느 단계에서 더 이상의 관광지의 성장을 억제해야 할지, 아니면 계속 성장시켜야 할지를 신중히 결정해야 할 것이다.

뉴스 속의
관광경제

어름치와 비오리는 어디로 갔나?: 영월 東江 환경 지킴이들의 조바심

한반도 고유 어종으로 잉어과에 속하는 어름치는 천연기념물 제238호로 지정된, 환경변화에 매우 민감한 어종이다. 비오리는 수심이 깊고 맑은 곳에서 먹이(물고기)를 잡아먹으며 사는 잠수성 오리의 일종이다. 근래 댐 건설, 하천 개수, 골재 채취, 폐수 유입, 관광객들의 소란 등으로 서식 환경이 악화되어 가고 있어 이들의 서식 개체수가 전국적으로 감소해가는 경향을 나타내고 있다. 최근 동강 탐방객과 래프팅 관광객이 평일에는 2천 여명, 주말에는 1만 여명으로 급증하여 동식물의 멸종 등 여러 가지 환경문제를 야기하고 있다.

영월 동강의 비오리 가족

영월 동강(남한강 상류)

'동강을 살리자'는 우리 모두의 바램에 힘입어 아직 동강에 댐이 들어서지는 않고 있다. 그런데도 동강이 '죽어'가고 있다. 댐 때문이 아니다. 바로 동강을 살리자고 외치던 우리들 때문이다. '동강 래프팅' '동굴탐사·자연학습', '다슬기 엑기스'. 동강에 가면 흔히 볼 수 있는 광고 문구다. 맑은 강에서 자연을 느끼며 즐기는 래프팅은 재미있고 신난다. 동굴 탐사는 우리들의 호기심을 자극하기에 충분하고 다슬기 엑기스는 건강에 좋다고 한다. 그런데 우리가 동강에서 즐기는 동안 동강은 생명을 잃어가고 있다. 천연기념물인 어름치가 놀던 어라연에는 래프팅을 즐기는 사람들의 함성소리가 그 자리를 차지했고, 물을 깨끗하게 해주는 다슬기를 무분별하게 잡아 물이 더러워지고 있다. 박쥐가 떼지어 살던 동굴도 이제 주인을 잃었다. 병아리가 예쁘다고 맨날 쓰다듬으면 병아리가 죽기 쉽다. 사랑하는 마음은 갖되 괴롭히지는 말자.

자료: 서울경제 1999년 7월 21일자 및 동강 환경지킴이 홈페이지 종합

3. 관광경제효과 발생의 결정요소

관광의 효과(여기서는 경제적 효과)를 좌우하는 요인은 무엇인가? 외부관광자가 어떤 지역 혹은 국가에 외화를 떨어뜨리고 가더라도 그 효과가 나타나는 정도는 지역마다 혹은 국가마다 다르다. 여기서는 그 임팩트가 다르게 나타나는 원인으로서의 각종 요인들을 라이언(Ryan, 1991)의 연구를 참조하며 살펴보도록 하겠다.

1) 관광목적지의 경제발전 정도(경제적 자립도)

관광목적지의 산업구조가 얼마나 확충되고 다양화되어 있고 경제가 어느 정도 자립되어 있는가 여부에 따라서 관광지출의 파급효과는 달라진다. 앞 장(10章)에서 소개한 '클로슨 모형'의 A×1/(1-BC) 에서 A(관광지출 중 관광지에서

지출되는 비율)의 규모를 결정하는 요인도, B(현지지출이 지역주민에 의해 현지에서 소비되는 비율)나 C(현지에서 소비된 B가 그 지역의 소득이 되는 비율)의 크기를 결정하는 요인도 모두 관광목적지가 산업 전반에 걸쳐 얼마나 발전해 있는가에 따라 결정된다. 그런 점에서 도시형 관광목적지보다는 농촌형 또는 산간오지형 관광목적지일수록 경제적 임펙트는 낮다(Kim and Kim, 1997; Wall, 1997).

2) 방문관광자의 유형

관광이 지역경제(또는 국가경제)에 미치는 영향의 정도는 관광자의 숫자보다는 오히려 관광자의 유형에 더 영향을 받는다(Ryan, 1991: 70; Kim and Kim, 1997). 코헨(Cohen, 1972: 167~8)이 분류하는 관광자의 제도화 여부(방랑자, 탐구자, 개별 대량관광자, 조직화된 대량관광자) 또는 스미스(Smith, 1999: 12)가 분류하는 관광자 유형(탐구자, 엘리뜨 관광자, 별난 관광자, 이례적 관광자, 초기 대량관광자, 대량관광자, 전세편 관광자)에 따라 관광이 주는 경제적 영향은 크게 다를 수 있다. 방랑자(drifters), 탐구자(explorers), 배낭여행자 등 개별단위의 관광자들은 지출성향이 낮은 반면, 대량 관광자는 대체적으로 씀씀이가 높다는 것이 일반론이다.

또한 받아들이는 지역사회 입장에서 볼 때에는 고급 관광객(예: 신혼여행객) 100명이 저급 관광객(예: 초·중·고 수학여행단) 200명보다도 지역경제에 더 많이 더 많이 기여한다.[5] 관광자의 유형이나 목적지의 상태(즉 현지주민의 소득수준, 현지 인구규모, 현지 영토의 크기 등)는 경제적 측면뿐만 아니라 사회적 비용의 크기를 결정하는 중요 요인이기도 하지만, 여기서는 논외로 삼기로 한다.

3) 관광시설의 소유주

방문자들이 이용하는 숙박시설, 놀이시설 등의 소유주가 그 지역 거주자인가, 아니면 외지인인가에 따라 관광지출이 그 지역에 미치는 임펙트는 다르게 나타난다. 만약 외지인이 현지 호텔의 소유주라면 관광객이 현지에서 지출한 금액은 호텔 소유주가 이익금을 외부로 반출하는 정도에 비례하여 외부누출은 커진다.

---

[5] 물론, 반대로 고급관광객은 외부에서 輸入할 수밖에 없는 재화 및 서비스에 대한 수요가 높아 누출효과가 저급관광객의 그것보다 상대적으로 높다. 문제는 떨어뜨리는 지출의 규모와 이의 외부누출정도라는 양자의 상대적 크기에 따라 지역경제효과의 과소가 결정될 것이다.

설악산 국립공원내 설악동 숙박단지(여관 촌)의 소유주들이 대부분 서울 등 외지인 소유라는 사실은 이미 오래 전부터 알려져 왔는데, 이는 그만큼 이 지역의 관광수입의 누출률이 높다는 것을 의미한다.

4) 토착 노동력의 여부

현지 관광사업체에 종사하는 노동력이 현지인인가 외지인인가에 따라 관광수입이 지역경제에 미치는 임팩트는 크게 달라진다. 대개 대도시 관광지일수록 전문인력이 풍부하므로 역내 노동력으로 수요 충당에 충분하지만, 경제적으로 낙후된 오지의 관광사업체들은 현지에 전문노동력이 없으므로 외부로부터 노동력을 수입하지 않을 수 없다. 외지노동력을 수입하는 만큼 그리고 외지노동력이 받는 임금이 외지로 반출 송금되는 정도만큼 현지 관광사업체가 그 지역에 주는 경제적 효과는 작아진다. 외부의존도가 높은 제주도의 관광노동력이 그 좋은 예라 할 수 있다.

5) 현지주민의 소비성향

유효수요 원리

"공급은 스스로 수요를 창조한다"는 고전파 이론을 배격하고 "오히려 수요가 공급을 창조한다"는 케인즈의 이론을 말한다. 여기서 유효수요란 가계의 소비수요, 기업의 투자수요 및 정부지출수요를 합계한 수요를 말하며, 이 합계 유효수요의 크기에 따라 국민소득수준이 결정된다는 것이다.

관광승수 크기의 주된 결정인자는 주민들 자체의 소비성향(또는 저축성향)이다. 관광객이 지출한 화폐가 그 지역주민에 의해 반복적으로 역내에서 소비된다면 이는 그 지역경제를 확대 성장시키는 역할을 한다. 반대로 收入금액이 장롱 속에 퇴장되거나 현지 금융기관에 저축된다면(이어서 현지 금융기관은 이 저축을 외지 기업에 대출한다면) 이는 그 지역경제를 축소시키게 되는 결과를 낳는다. 케인즈(J.M. Keynes)의 유효수요 원리(the principle of effective demand)는 국가경제뿐만 아니라 지역경제에도 마찬가지로 적용되는 것이다.

제4절 관광산업의 소득승수와 누출성향: 사례연구

어느 나라 어느 지역경제에 있어서나 고용창출 문제와 더불어 소득창출 문제는 정책결정자들의 최대 관심사 중의 하나이다. 환경파괴와 지역 미풍양속 붕괴를 대가로 하더라도 주민의 소득증대가 이루어지지 못한다면 관광개발은 대개 그 당위성을 보장받지 못한다. 또한 맹목적으로 관광자를 많이 유치하는 데만 초점을 맞추다보면 얻는 것보다 잃는 것이 클 수도 있다. 얻는 것이 관광수입이라면 잃는 것은 지역사회 환경 및 문화파괴 그리고 순수입을 감소시키는 역외누출이다.

여기서 특히 관광수입의 **누출성향**(leakage propensity)을 정확히 파악하는 것이야말로 관광의 역외수지효과나 순소득효과의 실체를 정확히 파악할 수 있는 바탕이 된다. 누출성향이란 대내적인 지역차원에서는 중앙정부 또는 지방정부의 국세·지방세 징수, 가계의 저축, 타지역으로부터의 輸入, 관광소득의 역외 송금 성향 등을 일컬으며, 해외부문이 포함된 국가차원으로는 해외로부터 원료수입 또는 해외송금까지 일컫는다. 그러나 역시 가장 문제되는 누출성향은 그 나라 혹은 그 지역에 잔류하지 않은 채 역외로부터의 輸入에 충당되는 정도, 즉 **수입성향**(輸入性向)이라고 할 수 있다. 수입성향을 다시 세분해 보면 직접수입 부분과 간접수입 부분으로 분류될 수 있다.

직접수입: 관광자가 직접 소비하거나 또는 관광산업에 직접 이용되는 재화·용역의 수입
간접수입: 관광산업부문에 재화·용역을 공급하는 국내(역내) 생산자가 원료·제품·서비스 등을 수입하는 것

본 절에서는 관광산업의 소득승수와 역외누출 문제를 지역경제단위와 국가경제단위로 나누어 분석해보기로 한다.

1. 지역경제하의 소득승수와 누출성향

〈표 10-3〉은 속초시, 단양군, 백암온천, 경주, 제주도 등 우리나라 주요 관광지의 경제적 영향에 대한 연구결과 중 '애드 혹'(*ad hoc*) 및 I/O 분석기법으로 추정한 소득승수만을 발췌한 표이다. 속초, 단양, 백암 연구에 사용한 승수식이

케인즈 방식에 따른 '애드 혹' 승수(Keynsian *ad hoc* multiplier)로서 일반(비정통) 소득승수인 것은 같지만, 조사방식과 조사시점의 차이 등 서로 연구방식이 다르므로 양 수치의 단순비교에는 무리가 있다. 특히 경주·제주도를 대상으로 한 I/O승수와 백암·단양·속초를 대상으로 한 애드 혹 승수는 서로 분석모형이 전혀 다르므로 이들을 무차별적으로 비교할 때에는 무리가 발생할 수 있다. 이 점을 유념하면서 해석해 보기로 한다.

		애드 혹 승수			투입-산출승수	
구분		백 암 (1990)	속 초 (1992)	단 양 (1998)	경 주 (1993)	제주도 (1986)
전체		0.40	0.81	0.70	0.383 (0.549)	0.483 (−)
호텔		0.19	0.73			
콘도		0.10	0.99			
여관		0.05	0.68			

표 10-3

우리나라 주요 관광지별 관광소득 승수(일반승수 기준)

자료: 이미혜(1993), 김두철(1991), 김태보(1990), 김규호(1997), 오순환(1998)의 연구결과를 재정리

주: 백암, 속초, 단양 세 지역은 모두 케인즈의 애드 혹(*ad-hoc*) 모형을 토대로 표본조사에 의해 宿泊部門에 한정한 승수를 도출한 것이며, 경주·제주는 모두 I/O분석을 통한 전산업관련 개방모형 승수임(괄호 안 숫자는 폐쇄모형 가정시의 승수임). 속초시는 주민 평균 소비성향을, 백암온천은 한계소비성향을 승수식의 분모값(L값)으로 사용하였으며, 기본모형은 다음과 같다.

$$관광소득승수 \ = \ \sum_{j=1}^{n} Q_j V_j \left(\frac{1}{1 - L \cdot Z \cdot Y} \right)$$

Q_j: 관광자 총지출액에 대한 숙박형태별 관광자 지출액의 비율
V_j: 숙박업수 유형별 소득발생률
L: 지역 한계소비성향
Z: 지역주민들의 총소비지출액에 대한 지역내 소비지출액 비율
Y: 숙박업체를 제외한 지역자본 사업체의 평균 소득발생률.

관광자가 현지에서 지출하는 100만원은 속초시, 단양군 및 백암온천에서 각각 81만원, 70만원, 40만원씩의 추가소득을 발생시키고 있음을 이 표는 나타내고 있다. 속초의 경우 콘도, 호텔 순으로 승수가 높고 백암의 경우 호텔, 콘도의 순으로 승수가 높으나, 조사방법의 차이로 인해 이를 일반화시킬 수는 없을 듯하다. 단지 중요한 점은 세 지역 모두 승수가 낮은 편이고, 산간 오지로서 비교적 낙후·고립된 산간 온천관광인 白岩이 속초나 단양보다 전반적으로 승수가 크게 낮다는 점이다.

한편, 경주와 제주도를 비교해보면 제주도의 소득승수(0.483)가 경주지역의 그것(0.383)보다 높게 나타나고 있다. 관광자가 제주도와 경주에서 지출하는 100만원은 양 지역에 각각 48만원, 38만원의 직접·간접 소득증대효과를 가져

온다는 뜻이다. 그 이유를 생각해보면, 경주는 초·중·고 학생들의 수학여행과 당일관광(특히 봄철 벚꽃놀이) 수요가 높고 제주도는 신혼관광 등 체류형 관광 수요가 높은 특징을 갖고 있으며(金奎鎬, 1997), 경주보다 제주도가 더 자급력 을 갖춘 보다 큰 지역경제라는 점을 들 수 있을 것 같다. 당일형보다는 체류형 관광이 지역소득 창출에 더 기여하고, 경제적 자급도가 더 높을수록 관광지출의 산업간 간접효과가 더 크고 역외누출도 상대적으로 작아지기 때문이다.

이어서 지역경제의 역외누출 문제를 생각해보기로 하자. 지역경제에서의 역 외누출을 파악하기 위해서는 우선 관광자들이 여행에서 지출하는 경비의 지출구 조부터 파악해야 한다. 우리나라는 물론 외국의 경우에도 이 분야에 대한 연구가 흔치 않아 일반화할 수는 없지만, 여행자 총경비 지출과정에 있어서 품목별·단 계별 경비지출액수의 비율분포는 어떤 규칙성을 띠지 않을까 하는 문제제기를 해볼 수 있을 것이다.

먼저 국내 관광목적지에서의 지출구조에 대한 자료(韓凡洙, 1996; 李美惠, 1993)를 살펴보도록 하자. 〈표 10-4〉는 속초지역 일대 관광자의 숙박형태별 지출구조인데, 호텔과 콘도 이용자의 경우 숙박비의 지출비율이 22~30%로 높 고 유흥오락비의 비중도 11%대로 높은 편이다. 반면 여관이용자의 경우 식비 (식당 이용)가 전체의 23.5%를 점하고 있다. 야영지나 친구·친지집 기숙자는 식비·교통비가 특히 높음을 알 수 있다.

표 10-4
속초시의 관광객 지출부문별 소비지출 비용 (단위: %)

주: 속초시를 대상으로 1993년 7월 성수기, 비수기 2차조 사 실시 후, 숙박형태별 빈 도분석 결과임. 전체는 속 초시, 속초시 외의 강원지 역과 기타지역에서 지출한 전체 관광지출비용임. 교 통비 중 기타는 항공, 철 도, 렌터카의 이용비용.
자료: 李美惠(1993) 표14를 재조정.

구 분	호텔	콘도	여관	민박	야영	친구친척
숙박비	30.0	22.5	17.1	18.5	11.8	-
식 비 식당이용	22.5	21.9	23.5	14.5	6.5	4.6
직접취사	0.2	11.1	4.1	14.5	25.6	-
지역특산품	4.0	6.4	4.9	3.2	3.3	-
유흥오락비	11.8	11.0	7.3	2.4	3.1	3.8
교 통 비	13.5	17.3	16.2	22.1	32.5	52.6
기 타	18.0	9.8	59.8	29.8	16.2	7.7
합 계	100.0	100.0	100.0	100.0	100.0	100.0

소비지출 부문별	금액(백원)	비율(%)
교통비	204	16.8
숙박비	252	20.8
식・음료비	224	18.4
유흥・오락비	183	15.1
쇼핑비	166	13.7
기타	185	15.2
합계	1,214	100.0

표 10-5

설악산 방문관광자 1인당
부문별 소비지출(1996)

자료: 韓凡洙 外(1996).

한편, 설악산 방문관광자만을 대상으로 한 연구(韓凡洙 外, 1996)를 보면, 숙박비가 약 21%를 점유하고 식음료비(18.4%), 교통비(16.8%) 등이 다음 순위를 차지하고 있다. 유사지역이라고 하더라도 지출비율의 차이가 많음을 알 수 있다(〈표 10-5〉 참조).

이러한 지출비율도 일행의 유형(단독여행, 가족여행, 친구와의 여행 등)이나 체재일수(당일형, 숙박형)에 따라 또는 거리(장거리 또는 단거리)에 따라 각각 다른 규칙적 비율분포를 나타낸다. 여행기간이 짧으면 식료품은 주로 거주지 부근의 상점에서 구입하고, 여행기간이 길면 중도 또는 목적지에서 구매하는 경향을 보인다. 또 지역간 가격차이가 없다고 가정할 때, 무겁고 부피가 큰 품목은 거주지에서 거리가 먼 목적지 부근에서 구매하고, 가볍고 부피가 작은 품목은 거주지나 중도에서 구매하는 성향을 보인다. 만약 자녀 등이 따르는 가족여행의 경우에는 품목지출의 상당부분이 거주지에서 이루어지는 경향이 있는데 반해, 단독 또는 知己와의 여행은 반대로 중도나 현지에서의 지출비율이 높아진다.

또 하나 고려해야 할 지출자료 관련사항은 상대방, 즉 관광수입을 얻는 쪽에서의 수입항목구조이다. 만약 한 가족이 제주도 여행중 식료품점에서 식품을 5,000원어치 샀다고 가정하자. 식품점은 1,000원을 이윤으로 벌고, 500원은 국세 또는 지방세로 유출되며, 나머지 3,500원은 부산 등 육지에 소재한 식품도매상으로부터의 식품원재료 수입비로 충당된다. 이윤 1,000원 중 200원은 고용한 종업원의 임금으로, 300원은 식품점 유지관리비(즉 전기료・수도료・가게월세・기타 경비지출)로 지출하고 나머지 500원은 자신의 순이윤, 즉 자신의 노동대가 및 자본에 대한 수익이 된다. 이런 식으로 지출과정을 관광자의 전지출항목에 대해 추적해 볼 수 있다.

표 10-6	숙박 형태별	종사원임금	원재료구입	세금	총누출성향
	호텔	2.9	6.2	6.3	15.4
	콘도	9.6	6.3	5.8	21.7
	여관	5.0	4.4	3.0	12.4
	전체	5.7	5.4	4.5	15.6
	원재료 공급업체				
	1차 원재료	0.4	55.0	1.5	56.8
	2차 원재료	0.8	70.0	0.74	71.5
	속초시 소매업체	2.3	22.5	3.2	28.5

속초시 숙박업체 수입의 누출성향(1993) (단위: %)

주: 누출성향은 속초시외로의 지출률임. 1차 원재료 공급업체는 숙박업소에 직접적으로 일회용품, 난방용 기름 등을 공급하는 업체(11개 표본업체)이며, 2차원재료 공급업체는 이들에게 다시 원재료를 공급해주는 공장이나 도매상임.
자료: 속초시 관광업체(1993년) 현지 설문조사(原典: 李美惠(1993)의 〈표 28〉 참조).

〈표 10-6〉은 우리나라 속초시 숙박업체에 대한 관광객 지출에 대한 소득누출성향을 나타내고 있다. 원재료 구입으로 인한 누출률이 크게 높지는 않지만(숙박비의 경우), 대규모 관광사업체일수록 외지인 소유율이 높기 때문에 당연히 호텔, 콘도 등은 외지누출률이 높게 나타나고 있다. 이들에게 원재료를 공급해주는 업체는 소득누출률이 56.8 %(1차 원재료공급업체)에서 71.5 %(2차 원재료 공급업체)에 이르는 등 그 소득의 역외누출 정도가 극히 심하다.

관광지의 지역경제에 있어서 역외 누출성향은 관광지 토지소유자 변화에서도 간접적으로 읽을 수 있다. 〈표 10-7〉은 한 연구(金枓哲, 1993)에서 밝힌 백암온천 관광지구의 토지소유자 분포이다. 외지인이 전체 토지의 76.1%를 점유하고 있는데, 이중 수도권 거주자가 그 대부분을 차지한다. 한마디로 말해, 관광지 개발이 외지인 특히 도시권 거주자들의 투기대상으로 작용하였음이 드러난다. 즉 호텔부지 등 규모가 큰 필지는 역외 대자본이 관광지 개발 이전에 확보하여 투기적 성격의 자산평가액 상승과 함께 장기적으로 영업이익을 꾀한다. 연구자는 지역 외로의 누출성향으로 인한 폐해에 대해 다음과 같이 서술하고 있다.

……이 과정에서 관광지구내에 거주하던 현지주민들은 모두 인근의 '달동네'6)로 집단 이주하게 되고, 이들이 받았던 소규모의 환지들은 새로운 생활터전을 마련하는 데 소요되는 경비마련을 위해 외지인들에게 팔 수밖에 없었으며, 현재는 과거 자신들의 땅 위에서 단속과 규제에 시달리는 노점상으로 전락하였다(金枓哲, 1993: 61).

---

6) 이 '달동네'는 현대식 관광지 개발 이후에 관광지구내 철거민들에 의해 새로 형성된 촌락으로서, 이 명칭은 현지주민들에 의해 사용되고 있다. 행정구역으로는 백암지구 溫井面 溫井1里에 속한다고 한다(金枓哲, 1993: 61).

표 10-7	소유자 형태	면적(㎡)	비율(%)
	외지인 소유	93,128	76.1
백암온천 관광지구 토지소유자 분포(1993)	수도권	68,995	56.4
	대구·경북	16,489	13.5
	일본	7,644	6.2
자료: 울진군(原典은 金枓哲 (1993) 참조)	현지주민 소유	20,177	16.5
	국유지	9,115	7.5
	합 계	122,420	100.0

표 10-8	산업별 업종	輸入유발률	산업별 업종	輸入유발률
경주지역 주요산업별 역외누출효과(수입유발률) 비교 (단위: %)	농림업	11.0	전기, 가스, 수도	29.0
	음식료품	23.6	건설	25.4
	섬유, 가죽	63.2	도매	41.1
주: 폐쇄모형에 따른 수입률임. 괄호 안의 숫자는 각각 직접부문, 간접부문, 유발부문으로 수입률을 분리한 것임.	제재, 목재, 가구	79.8	운수, 보관, 통신	45.1
	석유, 화학	45.4	금융, 부동산, 사업서비스	26.5
	금속1차, 금속	75.8	정부서비스	36.8
자료: 김규호(1997)의 폐쇄모형 수입유발계수표를 재조정하여 작성.	일반기계, 기타제조	35.5	관광산업	21.2
			(직접+간접+유발효과)	(2.5+6.8+11.9)

이어서 투입-산출모형에서 나타난 연구결과(金奎鎬, 1997)를 통해서 지역 단위의 누출효과를 파악해 보기로 한다. 〈표 10-8〉은 최종수요 100원이 발생했을 때 경주지역의 주요산업들이 역외로부터 輸入하는(즉 누출되는) 정도를 산업별로 비교한 표로서 이를 **수입유발계수표**(輸入誘發係數表)라고도 부른다.

이 표에서 보면 농림업(11.0%), 음식료품(23.6%), 건설업(25.4%), 관광업(21.2%) 등의 수입유발효과가 비교적 낮고 섬유·가죽, 제재·목재·가구, 금속1차 및 금속제품, 운수·통신 등의 산업이 수입유발 정도가 높은 것으로 나타나고 있다. 경주지역 관광산업의 역외누출효과가 낮은 것은 꽤 이례적이라 할 수 있으나, 이 지역이 국제관광객 수요가 아직 극히 낮을 뿐만 아니라 '역외 수입유발을 크게 요하지 않는' 당일 관광객(주로 봄 벚꽃 놀이객)과 초중고 학생들 중심의 단체 수학여행지인 특성을 감안한다면 관광업종의 외부의존도가 낮은 이유를 다소 짐작케 해준다(김규호, 1997).

위의 연구결과만으로는 증거가 충분하지 않아 확신할 수는 없으나, 선후진국을 막론하고 지역경제는 대체로 다음과 같은 구조적 문제점들을 안고 있으므로(金思憲, 1995, 1985), 우리나라에서도 이런 이유로 인해 낙후된 지역의 관광관련 역외누출은 결코 낮지 않을 것으로 판단된다.

첫째, 지역발전구조상의 문제이다. 우리나라에서도 1995년부터 본격적으로 지방자치제가 실시되었다고는 하지만, 아직도 비대한 중앙정부를 정점으로 하여 지방을 다스리는 소위 **하향식 제도**(top-down approach)의 잔재가 남아있는 상황하에서는 지방 중소도시 또는 농어촌의 역외누출이 높을 수밖에 없다. 이러한 중앙집권주의의 산물이라고 할 수 있는 서울과 같은 거대한 종주도시(宗主都市: primate city)의 지속적 성장과 이에 반비례한 지방도시 및 농어촌의 상대적 침체는 지방단위의 모든 경제 · 문화 · 교육 · 사회서비스의 기능마저 대도시권으로 수렴하게 만든다. 이른바 '富益富 貧益貧'의 논리가 지역경제에도 적용된다. 역내 경제기반이 약하며 관광수입만을 주된 소득원으로 삼는 지역사회 현지민들의 소비지출구조는 역내에서의 소비를 억제시키고 오히려 역외 대도시 산업에 대한 소비성향만을 가속적으로 높여 준다. 그 원인은 예를 들어, 대도시가 '킴스클럽'(Kim's Club), '이마트'(E-mart) 등 대규모 상설 할인점 도입을 통해 소비자의 소비욕구를 부추기는 반면에, 산간 또는 중소도시 소재의 관광지 주변지역 도소매업 등은 영세성으로 역내소비자의 구매의욕을 뒷받침해주지 못한다는 경제적인 측면에서도 찾아볼 수 있고, 또 보다 질적인 교육서비스를 받고자하는 주민욕구를 충족시켜 줄 수 없는 사회 · 문화적인 측면에서도 그 원인의 일부를 찾아볼 수 있다. 또 관광자의 현지에서의 최초 경비지출 비율문제도 그렇다. 현지나 중도에 큰 소비시장이 발달되어 있지 않은, 고립된 산간오지(back countries)를 찾는 관광자들은 그들의 출발지인 대도시에서 기본장비나 비품, 식료품 등을 미리 구입해가기 때문에 현지에서의 경비지출은 내방하는 관광자 수에 비례하여 증가하지 않는다(Wall, 1997: 447~8).

둘째, 지방의 관광서비스시설에 대한 역외 특히 대도시 자본의 점유율이 높은 이유이다. 앞에서의 연구에서도 나타났지만(김두철, 1991; 이미혜, 1993), 낙후된 지역일수록 현지민의 경제력이 약하기 때문에 자연히 지역 관광수입의 대부분을 차지하는 대규모 관광사업체들은 거의 외지인 소유가 되어 버린다.[7] 또한 관광기념품과 토산품도 역내에서 생산되는 것이 아니라 외지에서 대부분이 수입되는 것이 현실이다.

끝으로, 지역발전 정책대안의 모색과 관련하여 유의해야 할 점은, 타지역과

---

7) 속초시의 경우 호텔(4개소), 콘도(3개소) 전부가 서울 거주자 소유이고, 전체 14개 여관 중 9개소와 민박 10개소만이 속초 현지민 소유이다. 또한 백암온천의 경우, 호텔 · 온천장 등 대규모 사업체는 대부분 외지인에 의해 투자되었으며 이들이 지역소득의 63%를 차지한다(金枓哲, 1991).

의 비교를 선행치 않고 절대소득효과만으로 관광산업 도입여부를 결정하는 어리석음을 범해서는 안된다는 점이다. 이미 언급하였듯이, 승수모형은 '가동되지 않고 있는 유휴자원이 존재한다'는 가정을 전제로 하는 분석 틀이다. 단지 승수효과가 높다는 이유 하나만으로 관광개발을 해야 한다고 일반적으로 판정해서는 안된다. 유휴노동력이 존재하는 등 다른 정책대안(policy alternatives)과의 경합성이 심하지 않을 경우에만, 즉 **기회비용**이 낮을 경우에만 그 정책판단의 합리성을 인정받을 수 있기 때문이다.

예컨대, 제주도 주민의 지역소득을 높이기 위해 관광업을 적극 개발하자는 代案이 제시되었다고 가정해 보자. 제주경제는 주지하듯이 감귤 등 환금작물(換金作物)을 중심으로 농업기반이 강한 산업구조를 갖고 있다. 제주도가 감귤 등 열대 작물재배에 비교우위가 크고, 또 농업노동력의 특징이 타부문(특히 개방성이 강한 관광서비스업)으로의 전업(轉業)에 대해 극히 보수적인 곳임을 전제한다면, 우리는 결코 제주경제가 관광서비스업에 적합한 유휴노동력을 풍부하게 갖고 있다고 단정해서는 안된다. 관광개발투자가 이루어진다고 해서 그만큼 비례하여 제주주민에 대한 고용 및 소득효과가 나타난다고 기대할 수 없는 것이다. 관광개발정책의 전개는 기대소득효과는 물론, 다른 부문과의 자원 경쟁성이나 자원희생(기회비용)의 정도까지 신중히 파악한 후 이루어져야만 된다.

2. 국가경제하의 대외 소득승수와 누출성향

이어서 국가단위 경제에서의 관광산업 해외누출 구조와 소득승수에 대해 검토해보기로 하자.

마티슨 등은 각국의 輸入性向(해외누출성향)에 대한 자료를 검토한 후, 수입성향은 한 나라의 물리적 크기, 경제발전의 정도, 수입정책에 의해 영향을 받는다고 일반화한 바 있다(Mathieson and Wall, 1982: 61; Wall, 1997: 446~7). 즉 작은 나라는 큰 나라보다 산업구조가 덜 다양화되어 있어 그만큼 수입으로 인한 누출성향이 높으며, 발전된 선진국일수록 국내자원의 동원만으로도 관광산업수요에 효과적으로 대처할 수 있는 반면, 저개발국일수록 국제관광수요에 대처할 공급능력이 부족하므로 그 부족분을 수입에 의존하게 된다. 또한 관세장벽 등 제도적 장치의 강도에 따라서도 수입성향이 좌우된다.

표 10-9	업 종 별	수입비율
	호텔	38
	레스토랑	41
	식품점	49
	주류점	66
	의류 및 액세서리점	44
	보석·기념품·토산품점	60
	섬들간의 교통	39
	육상교통	37
	여행사	29

하와이의 관광사업형태별
수입성향 추이 (단위: %)

발전된 선진국에 소속되면서도 본토와 지리적으로 격리되어 있는 소단위 지역경제인 하와이의 경우 역외 누출률이 상상 이상으로 높다는 점을 본다면(〈표 10-9〉 참조), 이 첫번째 주장인 한 나라 영토의 물리적 크기는 어느 정도 타당성을 갖는다.

또 나라마다 큰 변화를 보이고 있기는 하지만, 이들이 주장하는 두번째 변수인 경제적 후진성의 정도와 누출성향은 경험적 자료를 토대로 볼 때 서로 상관성을 가지는 듯하다. 예컨대 '에브스'가 OECD 보고서에서 지적한 바에 따르면 (Erbes, 1973) 바하마의 경우 觀光收入의 70%가 외부로부터의 輸入에 쓰여지고 있으며, 피지의 경우 60%, 버진 아일랜드의 경우 50%, 하와이의 경우 45%, 홍콩 30%, 이스라엘 24%, 케냐 22%, 튀니지 및 트리니나드 토바고 15%, 그리스 10%, (구)유고는 2%의 수입성향을 보인 것으로 밝혀졌다. 또 최근 대서양의 작은 섬나라인 세이셸을 대상으로 아처 등이 연구한 바에 따르면(Archer, 1996: 41), 세이셸은 총관광 수입 중 직간접 수입에 32%, 유발수입에 28%를 지출함으로써 총누출률은 60%에 이르는 것으로 밝혀졌다.

이와 관련하여, 클레버든은 국가별 총관광외화 收入에서 차지하는 국가별 순수익의 비율을 조사한 후 다음과 같이 등급별로 분류시켜 놓고 있다(Cleverdon, 1982: 146).

순수익률 10% 이내: 전면 수입의존 국가('마리티우스' 등)
　　　　 10~50%:   높은 수입의존 국가(카리브 및 남태평양의 저개발국)
　　　　 50~70%:   사치품과 일부 필수품만 수입하는 국가(카리브海 여러 나라 중 발전된 일부 국가)
　　　　 70~90%:   주로 사치품만 수입하는 국가(양호한 자원과 현대적 제조업부문을 가진 케냐, 튀니지, 그리스, (舊)유고 등)

뉴스 속의 관광경제

작은 나라, 작은 지역일수록 외부의존성과 경제구조의 불안정성은 크다

　서기 1521년 스페인의 탐험가 마젤란이 처음 발견하여 세상에 알려진 남태평양의 작은 섬, 괌(Guam)은 인구 15만 3천명에 제주도 1/3크기(게제도 규모)로 면적 549km^{2}의 작은 섬(미국령)이다.

　이곳 인구의 80%가 관광업에 종사할 정도로 괌의 최대 산업은 관광업이다. 전체 외래 관광객중 일본인이 92∼93%를 차지하고 한국인이 그 다음으로 5%를 차지하고 있다. 지난 98년 대한항공의 추락 참사 그리고 1997년 말부터의 한국 외환위기 사태로 한국인을 대상으로 하는 현지 여행업체(land社), 현지 음식 및 유흥업체들이 대부분 폐업을 하는 등 상당한 기간 동안 된서리를 맞았으며 이곳 관광산업도 그 후유증에 크게 시달렸다. 특히 괌의 관광산업은 일본의 여행경기에 직접적으로 이리 저리 좌우되는 취약성을 보이고 있다고 한다. 이와 같이 경제규모가 작으면서 외부의존성이 큰 지역일수록 외부의 경기에 민감하게 좌우되는 경향이 있다.

자료: 여행신문 2001년 10월 23일자 11면에서

　　이제까지 여러 학자들의 승수연구를 검토해볼 때, 한 지역 또는 국가의 경제가 더 자립적일수록 관광수입의 소득유발효과는 더 큰 것으로 밝혀지고 있다. 어떤 경제가 더 자립적이라 함은 관광재 및 서비스 공급을 외부에서 수입하지 않고도 내부사업을 통해 조달·충당시킬 수 있음을 뜻하는데, 그런 국민일수록 누출성향이 그만큼 작아지기 때문에 관광의 승수효과는 커진다. 앞에서 본토나 모도시와 격리된 도서지방이나 산간지방의 관광지, 또는 산업구조가 취약하고 자급도가 낮은 지역경제는 관광의 소득효과가 낮다고 지적했듯이 국가경제도 마찬가지이다. 선진국보다 후진국이, 큰 나라보다 작은 나라가 상대적으로 소득승수효과가 낮다. 경험적 자료를 통해 이를 확인해 보기로 하자. 〈표 10-10〉은 작은 섬나라들을 포함한 최근 각국 관광관련 소득승수를 나타낸 표이다.

표 10-10

각국의 관광소득승수 비교

자료: Lundberg *et al.* (1995: 137) 및 Archer and Fletcher (1996: 32∼47).

관광목적지	소득승수	관광목적지	소득승수
터키	1.96	안티구아	0.88
영국	1.73	세이셸	0.88
북아일랜드	1.72	바하마	0.79
이집트	1.23	피지	0.72
자메이카	1.23	케이만군도	0.65
도미니카	1.20	아이슬란드	0.64
사이프러스	1.14	버진군도	0.58
북아일랜드	1.10	솔로몬군도	0.52
버뮤다	1.09	팔라우공화국	0.50
홍콩	1.02	서사모아	0.39
마리티우스	0.96		

국가 · 지역의 유형	승수 평균	범위	참조연구수
일반국가	1.67	1.23~1.98	4
소규모 도서국가	0.85	0.39~1.59	18
미국의 주 및 군 지역	0.68	0.44~1.30	7
영국의 지방 및 군지역	0.35	0.29~0.47	7
영국의 시읍	0.28	0.19~0.40	7

표 10-11

국가 및 지역크기와 관광소득승수의 크기

자료: Wanhill(1994: 281)의 표1

먼저 터키, 영국, 아일랜드, 이집트 등은 국가영토가 비교적 크고 경제구조가 어느 정도 자립적인 나라들인데, 이들 국가는 한결같이 승수가 1.0 이상으로 높음을 알 수 있다. 반면, 규모가 작고 경제발전도가 낮으며 각 산업부문이 고르게 발전되지 못한 나라들, 이를테면 안티구아, 세이셸, 바하마, 피지, 버진군도, 솔로몬군도, 팔라우, 사모아 등 작은 섬나라들의 승수는 극히 낮게 나타나고 있다.

완힐(Wanhill, 1994)은 각국의 소득승수에 관한 여러 연구들의 결과를 종합하여 〈표 10-11〉과 같이 나타내고 있는데, 여기서도 그런 경향을 읽을 수 있다. 즉 규모면에서 국가체제를 갖춘 나라들은 평균승수가 1.67, 작은 섬나라는 0.85, 영미의 주 및 군 등 역내 지역은 0.35~0.68 정도라는 것이다.

이상의 자료분석을 통해 우리는 누출성향 및 소득유발효과를 종합하여 다음 〔그림 10-3〕과 같이 일반화할 수 있다. 즉 국가의 영토가 넓을수록, 또 그 나라의 경제발전도가 높을수록 누출성향은 줄어들고 따라서 소득승수는 커진다고 할 수 있다.

그림 10-3

지역경제 발전도가 관광소득의 누출성향 및 소득승수에 미치는 영향의 방향

주: 지역경제의 발전도나 자립도가 높아감에 따라 누출성향은 줄어들고 따라서 소득승수는 더 커져간다.

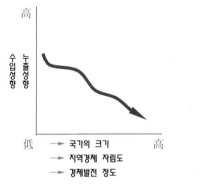
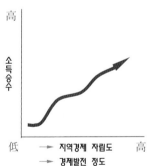

제5절 우리나라 관광의 산업간 승수효과: 사례연구

이제까지 검토한 이론과 앞 장에서 제시한 분석기법(특히 산업연관분석 기법)을 토대로 우리나라 관광산업의 산업간 경제효과에 대해 분석해 보기로 하자. 분석자료는 권영각(1993)의 전국 관광산업에 관한 투입산출 분석자료와 김규호(1997)의 자료이다.8)

이들 연구는 한국은행에서 최근 발표한 1990년과 1993년의 산업연관표를 토대로 각각 작성되었으며, 여기서는 산출량승수, 소득승수, 고용승수를 각각 **개방모형**(open model)과 **폐쇄모형**(closed model)으로 나누어 비교 분석하였다.

개방모형이냐, 폐쇄모형이냐의 여부는 가계부문(즉 피고용자 보수, 민간의 소비지출 등)을 산업연관표상에서 외생화(外生變數化)하느냐, 내생화(內生變數化)하느냐에 따라 결정된다. 내생변수화, 외생변수화란 해당변수를 시스템(여기서는 산업연관표에 해당)내에 포함시키는가, 시키지 않는가를 의미한다. **외생변수**(exogenous variable)란 단지 외부의 힘에 좌우될 뿐 정책적으로 조작할 수 없는 시스템 밖의 '주어진'(given) 변수를 뜻하며, 반대로 **내생변수**(endogenous variable)란 정책적으로 조작이 가능한 시스템내의 변수를 뜻한다. 예를 들어 한국경제 시스템하에서 국제석유류 가격은 우리 경제계가 통제할 수 없는 외부환경에 의해 '주어진' 외생변수이며, 국내 금리는 우리 경제가 조작할 수 있는 내생변수이다.

유발효과
외부로부터의 투자가 기업의 생산을 증대시킬 때, 이로 인한 가계부문(피고용자의 임금)의 소득증가(따라서 소비지출 증대)가 다시 기업의 생산(투자)을 자극하는 효과를 말한다. 산업연관분석모형에서는 가계부문도 하나의 내부산업(어떤 산업을 소비함으로써 그 산업의 생산을 유발하는 산업)으로 간주할 수 있는데, 이러한 모형을 폐쇄모형이라 부른다.

그러므로 가계부문을 산업연관표라는 시스템 바깥의 외생변수로 취급한다면 이는 '개방모형'(개방형 산업연관분석 모형)에 해당되고, 반대로 가계부문을 산업연관표 시스템 속에 들어가 있는 것으로 가정한다면(즉 내생변수화 되었다면) 이를 '폐쇄모형'(폐쇄형 산업연관분석 모형)이라고 부른다. 폐쇄모형은 가계부문(산업연관표상에서 行의 피고용자 보수와 列의 민간소비지출)을 내생부문에 포함시킴으로써, 가계의 소비지출이 다른 산업의 생산을 유발시키는 이른바 **유발효과**(induced effect)를 파악하기 위한 거시경제적 기법이다. 따라서 폐쇄모형에 의하여 산출된 승수는 직접 및 간접효과뿐만 아니라 가계부문이 일으키는 유발효과까지 파악하기 때문에 개방모형을 통해 도출된 승수값보다 일반적으로 더 크게 나타난다.

---

8) 權寧珏(1993)은 90년 한은 산업연관표를 토대로 관광산업을 숙박, 식음료, 교통, 쇼핑, 문화, 오락 등을 포함하여 총 20개 산업부문으로, 金奎鎬(1997)는 한은의 1993년 산업연관분석 자료를 이용하여 관광산업을 소매업, 음식점 및 숙박업, 철도 및 여객운송, 도로 및 여객수송, 기타 운수관련 서비스, 문화 및 오락서비스 등 19개 산업으로 분류하였다.

산업연관표는 각 산업부문간 거래량, 즉 생산에 있어 산업간 상호의존관계를 종합적으로 나타내기 때문에 이를 통해 연구자는 각 산업에 대한 유발효과나 전후방 **연쇄효과**(linkage effect)를[9] 쉽게 파악할 수 있어 승수분석에 광범위하게 활용되고 있다. 여기서는 생산, 소득, 고용, 부가가치에 대해 관광산업과 타산업과의 승수효과 및 관광산업 내에서의 승수효과 비교를 통해 우리나라에서 관광산업이 점하는 경제적 위치를 파악해 보기로 한다.

1. 산업간 승수 비교: 개방모형(직·간접효과)

1) 산출량승수

〈표 10-12〉는 개방모형에 의하여 산출한 승수들이다. 따라서 각 승수는 직접 및 간접효과를 나타낸다. 산출량승수란 외부로부터 최종수요 1단위(여기서는 기본단위를 한화 100만원으로 함)가 주어졌을 때 각 산업부문이 생산해야 할 직·간접생산 파급효과를 의미한다. 따라서 특정산업의 산출량승수가 크다는 것은 타산업과의 연관관계가 강하다는 것을 뜻하며, 반대로 그 값이 작다는 것은 타산업과의 연관성이 약하다는 것을 의미한다.[10]

이 표에서 보는 바와 같이 우리나라 산업부문의 평균 산출승수는 1.875인데, 이는 산업평균적으로 최종수요 100만원이 발생했을 때 약 188만원의 직·간접생산효과를 국민경제에 유발시킨다는 것을 의미한다. 산출량승수를 산업별로 살펴보면 기타부문(사무용품＋가계외 소비지출＋분류불명)이 2.937로서 가장 높게 나타났으며, 다음으로는 금속1차제품부문(2.317), 섬유·가죽부문(2.189), 음·식료품부문(2.154), 기타 제조품(2.090)의 순으로 나타났다.

일반적으로 산출량승수가 높다는 것은 비교적 자본집약도가 높아 타산업과의 생산의존도가 매우 강하다는 것을 의미하는데, 기타 서비스부문(1.494), 관광산업(1.543), 도매업(1.546) 등은 산출량승수가 매우 낮은 것으로 나타났다. 제조업이나 건설업의 산출승수는 전산업 평균치를 상회하고 있는 반면, 관광산업이나 다른 서비스업은 평균치를 밑돌고 있어 이들 산업은 자본집약도가 낮고 산업간 연관관계가 비교적 약함을 알 수 있다.

---

9) 관광산업의 전후방 연쇄효과에 대해서는 제8장 2절을 다시 참조할 것.

10) 산출량승수(output multiplier)는 레온티에프 역행렬(Leontief inverse matrix)의 列을 합함으로써 도출할 수 있다.

산업분류번호	산업부문	산출		소득		고용	
		승수	순위	승수	순위	승수	순위
1	농림수산품	1.594	14	0.176	20	0.010	20
2	광산품	1.585	15	0.346	5	0.041	11
3	음·식료품	2.154	4	0.209	17	0.027	16
4	섬유·가죽	2.189	3	0.326	11	0.070	4
5	제재및목재	1.724	12	0.263	14	0.060	5
6	종이·인쇄	2.059	7	0.345	6	0.056	7
7	석유화학	1.776	10	0.206	18	0.029	15
8	비금속광물	1.922	9	0.342	8	0.045	9
9	금속1차	2.317	2	0.210	16	0.024	17
10	금속제품	2.063	6	0.293	12	0.044	10
11	기타제조품	2.090	5	0.343	7	0.071	3
12	전력·수도	1.566	16	0.183	19	0.016	19
13	건설	1.967	8	0.411	4	0.040	12
14	도매	1.546	18	0.253	15	0.057	6
15	운수·보관	1.682	13	0.459	3	0.040	13
16	금융·보험	1.560	17	0.335	9	0.039	14
17	공공행정	1.740	11	0.644	2	0.018	18
18	기타서비스	1.494	20	0.719	1	0.078	2
19	기타	2.937	1	0.264	13	0.053	8
20	관광산업	1.543	19	0.329	10	0.113	1
	평균	1.875	-	0.333	-	0.047	-

표 10-12

산업부문별 산출량, 소득 및 고용승수의 비교(개방모형)

자료: 권영각(1993)의 〈표 5-2〉를 재구성.

2) 소득승수

이미 앞에서도 지적하였지만, 일반적으로 한 나라의 국가경제가 더 자조적 (self-sufficient)일수록 관광수입에 대한 소득유발효과가 커진다. 이것은 관광 재 및 서비스 공급을 외부로부터의 수입에 의존하지 않고 내부적으로 조달하거 나 충당시킬 수 있기 때문이다. **소득승수**는 각 산업에 대한 최종수요 1단위가 발생했을 때 그것이 그 나라 국민의 소득수준을 얼마나 증대시켰는가를 나타낸다.

〈표 10-12〉에서의 소득은 산업연관표상의 피고용자 보수로서 개인의 근로 소득을 의미하는데, 우리나라 전산업의 평균 소득승수는 0.333으로 나타났다. 이는 산업평균으로 보았을 때, 최종수요 100만원이 발생했을 때 약 33만원의 직·간접 추가소득효과가 발생했음을 의미한다. 산업별로 보면 기타서비스업 (0.719), 공공행정(0.644), 운수·보관업(0.459), 광산품(0.346)의 순으로 승수가 높게 나타난 반면, 소득승수가 가장 낮은 부분은 농림수산품(0.176), 전력·수도(0.183), 석유화학(0.206), 음·식료품업(0.209)의 순이다. 관광

산업의 소득승수는 0.329로서 전산업 평균치인 0.333보다는 약간 낮지만 다른 산업들과 비교할 때 중간정도에 해당된다. 그러나 관광산업 중 특히 음식점업의 소득승수는 0.450으로서(뒤의 〈표 10-15〉 참조)은 전체 산업 중 네번째로 많은 소득을 발생시키는 것으로 나타났다(권영각, 1993: 부록 2 참조).

3) 고용승수

고용승수는 한 단위의 최종수요 발생이 그 나라 각 산업에서의 고용기회를 얼마나 증대시키는가를 나타낸다. 예를 들어 〈표 10-12〉에서 보면, 우리나라 산업부문의 평균 고용승수는 0.047로 나타났는데, 이는 외생부문에서의 지출(최종수요) 100만원이 발생했을 때 각 산업이 발생시킨 직·간접 고용효과는 임금으로 4만 7천원임을 의미한다.

고용승수가 가장 높은 부문은 관광산업으로 0.113이었으며, 다음으로는 기타서비스업이 0.078이었고, 가장 낮은 부문은 농림수산품(0.011), 전력·수도사업(0.016) 등으로 나타났다. 이는 만일 10억원의 최종수요가 똑같이 발생했을 때 관광산업은 113명의 고용자를 창출하는 반면, 농림수산업은 10명, 전력·수도사업은 16명, 금속1차산업은 24명, 음·식음료품은 27명, 건설업은 40명의 고용을 창출함을 뜻한다. 특히 관광산업 중 음식점업은 위와 동일한 10억원의 최종수요가 주어졌을 경우 474명의 고용자를 창출하는 것으로 나타났으며(뒤의 〈표 10-14〉 참조), 이는 전산업 평균의 약 7배, 금속제품산업의 11배, 전력·수도사업의 무려 30배에 달하는 값이다. 이 사실은 타산업에 비해 관광산업이 노동집약적 산업(labor-intensive industry)이라는 종래의 주장을 뒷받침해주고 있다.

2. 산업간 승수 비교: 폐쇄모형(직·간접 및 유발효과)

〈표 10-13〉은 폐쇄모형에 의하여 산출된 산출량, 소득 그리고 고용승수를 보여주고 있다. 폐쇄모형이란 앞에서도 지적하였지만(제10장의 산업연관분석도 참조), 가계부문(즉 가계구성원이 노동으로 받는 피고용자 보수)을 또하나의 산업부문으로 보고 이를 산업부문화(內生化)시켜 이 부문이 타산업부문에 영향을 주고받도록 하는 모형이다. 그러므로 이 모형에서는 노동을 통해 받은 임금 등 보수가 다시 다른 산업부문에 지출소비되어 간접적으로 소득을 유발(이를 경제학 용어로 유발효과라고 함)시키기 때문에, 외부에서의 1단위의 최종수요발

생이 미치는 직·간접효과뿐만 아니라 유발효과까지 파악할 수 있다. 그런 점에서 이 모형은 개방모형보다 더 현실에 근접한 모형이라 할 수 있다. 그러나 이 모형은 가계소득의 증가분이 저축되지 않고 전액 소비 지출되는 것으로 가정하고 있기 때문에 다소 소득증가 효과를 과장할 수 있으므로 주의를 요한다.

표 10-13	산업 분류 번호	산업부문	산출량		소득		고용	
			승수	순위	승수	순위	승수	순위
우리나라 산업부문별 산출량, 소득 및 고용승수의 비교(폐쇄모형)	1	농림수산품	2.055	19	0.260	20	0.026	20
	2	광산품	2.492	13	0.513	5	0.070	13
	3	음·식료품	2.700	12	0.309	17	0.045	17
	4	섬유·가죽	3.044	4	0.484	11	0.097	4
	5	제재및목재	2.412	14	0.389	14	0.082	6
자료: 권영각(1993)의 〈표 5-3〉을 재구성.	6	종이·인쇄	2.963	7	0.511	6	0.085	5
	7	석유화학	2.316	17	0.305	18	0.047	16
	8	비금속광물	2.819	11	0.507	8	0.074	11
	9	금속1차	2.869	9	0.312	16	0.042	18
	10	금속제품	2.831	10	0.434	12	0.069	14
	11	기타제조품	2.989	6	0.508	7	0.100	3
	12	전력·수도	2.047	20	0.271	19	0.031	19
	13	건설	3.043	5	0.609	4	0.074	10
	14	도매	2.208	18	0.375	15	0.078	8
	15	운수·보관	2.886	8	0.680	3	0.078	7
	16	금융·보험	2.439	15	0.497	9	0.067	15
	17	공공행정	3.427	2	0.954	2	0.072	12
	18	기타서비스	3.379	3	1.066	1	0.139	2
	19	기타	3.629	1	0.391	13	0.075	9
	20	관광산업	2.405	16	0.488	10	0.140	1
		평균	2.748	-	0.493	-	0.075	-

1) 산출량승수

산출량승수는 최종수요 1단위(여기서는 100만원)가 증가할 때 전산업이 발생시킨 직·간접 및 유발산출효과를 나타내고 있는데, 〈표 10-13〉에서 보면 전산업의 승수 모두 개방모형의 그것에 비하여 높아졌음을 알 수 있다. 산업전체로 볼 때 산출량승수값이 평균적으로 0.870만큼 더 증가하였는데, 이 0.870이 바로 유발효과에 의하여 발생된 값이다. 폐쇄모형 산출량승수가 가장 큰 부문은 역시 기타 부문으로 3.629이고, 다음으로는 공공행정(3.427), 기타서비스업(3.379), 섬유·가죽업(3.044), 건설업(3.043)의 순으로 나타나고 있다. 산출량승수가 가장 낮은 부문은 전력·수도사업(2.047), 농림수산업(2.055), 도매업(2.208), 석유화학(2.316)의 순으로 나타났다. 관광산업은 산출량승수가 2.405로 유발효과로 인하여 0.860이 더 증가되었으나, 여전히 제조업에 비해서는 낮은 편이다.

2) 소득승수

우리나라 산업 전체로 볼 때, 소득승수는 전산업 모두 개방모형의 승수에 비하여 그 값이 평균 0.160만큼(즉 0.493−0.333=0.160) 크게 나타나고 있다(〈표 10-13〉 참조). 승수값이 가장 높은 부문은 개방모형에서와 마찬가지로 기타서비스업(1.066), 공공행정(0.954), 운수·보관업(0.680), 건설업(0.609)의 순이며, 각각 0.350, 0.310, 0.220, 0.200 만큼의 유발효과가 추가된 것으로 나타나고 있다. 반면에 승수가 낮은 부문은 농림수산업(0.260), 전력·수도사업(0.271), 석유화학(0.305), 음식료품업(0.309)의 순이다. 관광산업의 소득승수는 0.488로서 20개의 산업부문 중 여전히 10위를 기록하고 있으며, 특히 음식점업(0.667)은 전산업 중 네번째로 승수가 높아 관광업종 중에서도 가장 높은 소득을 발생시키는 업종으로 밝혀지고 있다.

〈표 10-14〉는 지역단위(경주지역)의 산업부문별 소득승수와 최종수요 한 단위가 파생시키는 직접, 간접 및 유발효과를 산업별로 비교해 놓은 것이다. 먼저 이 표에서 보면, 유명 관광지답게 정부서비스(공공행정)부문과 관광부문의 직접효과가 높다는 것을 알 수가 있다. 그러나 관광의 간접효과는 하위권(0.0623)에 머물고 있음을 알 수 있는데, 그 원인은 앞에서도 지적하였지만 관광수입으로 발생되는 화폐의 역내 순환을 지원해줄 부속산업이 발달되어 있지 않다는 데 기인하는 것 같다. 단지 관광의 유발효과가 높게 나타나고 있는 것은(0.1665로서 정부서비스에 이어 2위) 고무적인 현상으로서, 역내에서 가계부문의 관광수입 소비지출효과가 극히 높다는 현상을 반영해주고 있다. 일반 승수기준으로 볼 때, 경주의 관광소득승수(0.5498)는 〈표 10-13〉의 전국치(0.488)보다는 높게 나타나고 있음을 주목할 필요가 있다.

표 10-14

경주지역의 산업부문별
소득승수 비교(폐쇄모형)

자료: 김규호(1997) p.80의
〈표 5-6〉을 재조정

산업부문	경제효과			승수	
	직접	간접	유발	일반	비율
농림부문	0.0870	0.0532	0.0610	0.2011	2.3125
어업	0.2852	0.0621	0.1508	0.4981	1.7468
광산품	0.1983	0.0576	0.1112	0.3671	1.8511
식음료품	0.0740	0.0964	0.0740	0.2444	3.3024
섬유 및 가죽	0.1520	0.0915	0.1059	0.3494	2.2983
제재, 목재품, 가구	0.1483	0.0507	0.0865	0.2855	1.9247
종이, 인쇄, 출판	0.1800	0.0502	0.1000	0.3303	1.8345
석유·화학제품	0.0878	0.0690	0.0682	0.2250	2.5620
비금속 광물제품	0.1782	0.1209	0.1300	0.4291	2.4084
금속1차·금속제품	0.0993	0.0537	0.0664	0.2194	2.2095
일반기계, 기타제조업	0.1453	0.0972	0.1053	0.3477	2.3937
전기·가스·수도업	0.0974	0.0726	0.0736	0.2436	2.5020
건설	0.2600	0.0890	0.1516	0.5006	1.9255
도매	0.2627	0.0569	0.1388	0.4585	1.7451
운수·보관 및 통신	0.2399	0.0598	0.1301	0.4298	1.7916
금융, 부동산, 사업서비스	0.2300	0.0587	0.1256	0.4143	1.8014
정부서비스	0.6147	0.0637	0.2947	0.9731	1.5832
기타서비스	0.1056	0.1723	0.1211	0.3990	3.7785
관광산업	**0.3210**	**0.0623**	**0.1665**	**0.5498**	**1.7129**
전산업 평균	0.1982	0.0757	0.1190	0.3929	2.1939

3) 고용승수

고용승수는 최종수요 한 단위가 발생할 때 전산업이 발생시킨 직·간접 및 유발고용 효과를 나타낸다. 고용승수의 크기를 모형별로 비교해 볼 때, 개방모형(〈표 10-12〉)에 비하여 폐쇄모형(〈표 10-13〉)에서의 관광고용승수(유발효과)가 0.027만큼 높아졌음을 알 수 있다. 고용을 가장 많이 발생시키는 부문은 역시 관광산업(0.140)으로서 이중 직접 및 간접효과에 의하여 0.113만큼(〈표 10-12〉 참조), 유발효과에 의하여 0.028만큼(〈표 10-13〉의 값에서 〈표 10-12〉의 값을 뺀 수치임) 각각 고용이 발생되었다. 수치상으로 볼 때, 관광산업의 고용효과는 건설업의 1.9배, 금속제품산업의 2배, 석유화학의 3배에 달하는 값이다. 〈표 10-15〉에서 보면, 관광업종 중에서도 특히 음식점업(0.512)은 그 승수가 매우 높아서 섬유·가죽업의 5배, 건설업의 6.8배, 금속제품산업의 7.3배, 섬유화학의 10.8배에 이른다.

3. 관광산업내 승수효과 비교

이어서 관광산업 내부의 업종간 승수효과 크기를 비교해 보기로 하겠다. 〈표 10-15〉는 관광산업의 생산, 소득 및 고용승수를 개방형과 폐쇄형으로 나누어 비교 분석한 것이다. 여기서 관광산업은 1990년 산업연관표에서 조사된 전체 405개 세부산업 중 숙박, 음식점, 철도여객수송, 문화서비스, 소매업 등 19개 업종을 5개 부문으로 통합한 것이다(권영각, 1993: 63).

표 10-15

우리나라의 관광산업 업종별 산출, 소득 및 고용승수 비교

자료: 권영각(1993)의 〈표 5-4〉, 〈표 5-5〉를 통합하여 재조정.

산업부문	산출량승수		소득승수		고용승수	
	개방형	폐쇄형	개방형	폐쇄형	개방형	폐쇄형
소매업(쇼핑)	1.543	2.230	0.262	0.389	0.137	0.159
음식점업	1.639	2.819	0.450	0.667	0.474	0.512
숙박업	1.601	2.507	0.345	0.511	0.097	0.126
교통·통신업	1.487	2.381	0.341	0.505	0.041	0.070
오락·문화	1.633	2.677	0.398	0.589	0.125	0.159

1) 산출량승수

〈표 10-15〉에서 보면, 개방모형 승수에서 관광산업 중 승수값이 가장 높은 부문은 음식점업으로 그 값은 1.639이다. 이는 외래관광객이 100만원을 소비할 때 음식점업이 발생시킨 직·간접 산출효과가 약 164만원임을 의미한다. 그 다음으로는 오락·문화사업(1.633), 숙박업(1.601) 순으로 나타났으며, 교통·통신업(1.487)과 쇼핑업(1.543)은 승수가 낮은 것으로 나타났다.

폐쇄모형하에서도 역시 음식점업이 가장 높은 승수치(2.819)를 보이고 있다. 이는 외래관광객이 100만원을 소비할 때 이 부문이 약 282만원의 산출량 증대효과를 발생시켰고, 이중 164만원은 직·간접효과에 의하여, 118만원은 유발효과에 의하여 각각 발생되었음을 의미한다. 그 다음으로는 개방모형에서와 같이 오락·문화사업(2.677), 숙박업(2.507) 순으로 나타났고, 마찬가지로 교통·통신업(2.381)과 쇼핑업(2.230)의 산출량승수가 가장 낮은 것으로 나타났다.

2) 소득승수

산출량승수에서와 같이 관광업종 중 소득승수값이 가장 높은 부문은 음식점업으로서 직·간접효과만을 고려했을 경우는 0.450, 유발효과까지를 고려한 경우는 0.667로 나타나고 있다. 즉 외래관광객이 100만원을 소비했을 때 음식점업이 직·간접효과에 의하여 발생시킨 소득은 약 45만원이고, 유발효과에 의하여는 22만원의 소득이 발생하고 있음을 나타낸다. 다음으로 많은 소득을 발생시키는 업종은 오락·문화사업, 숙박업 순이며, 소득을 적게 발생시키는 부문은 쇼핑사업과 교통·통신업으로 나타났다.

3) 고용승수

위의 산출량 및 소득승수와 마찬가지로 관광산업 중 고용승수가 가장 높은 부문은 음식점업으로 직·간접효과만을 고려했을 경우는 0.474였고, 직·간접 및 유발효과까지 고려한 경우는 0.512(유발효과만은 0.038)였다. 다음으로 고용승수가 높은 관광부문은 쇼핑(0.137), 오락·문화(0.125)의 순으로 나타나고 있다.

▶ 전시효과(展示效果, demonstration effect): 개인의 소비가 사회적 의존관계에 있는 타인의 소비행태와 타인의 소득수준에 의해 영향을 받게 되는 효과, 즉 모방효과를 말한다. 이 효과는 후진국 국민이 선진국 국민의 소비수준을 모방한다던가, 관광지 주민이 부유한 관광객을 모방하는 등 부정적인 효과로 많이 나타난다.

▶ 방랑자(放浪者, drifters): 코헨(Cohen)이 분류한 관광자의 형태로 떠돌이식의 방랑가를 의미한다. 이들은 홀로 여행계획을 세우며 사람이 많은 곳을 피하고 원주민과 일체가 되어 숙식, 문화, 습속을 함께 한다. 항공여행, 호텔숙박 등 호화성 여행을 기피하고 대개 육로여행을 하며 체재기간이 긴 여행을 한다.

▶ 탐험가(探險家, explorers): 발렌 스미스(Smith)가 분류한 관광자 형태의 하나로 소수로서 스스로를 관광객이라 생각하지 않으며 현지의 생활양식과 규범을 따르며 현지 문화를 관찰하는 여행자를 말한다.

▶ 소비성향(消費性向, propensity to consume): 소득이 증가할 때 나타나는 소비자의 씀씀이 변화정도를 말한다. 이는 다시 평균소비성향과 한계소비성향으로 나누어지는데 평균소비성향은 주어진 소득수준에서 실현된 소비수준이 차지하는 비율을 의미하며, 한계소비성향은 소득이 1% 변화할 때 나타나는 소비의 변화분을 의미한다.

▶ 누출성향(漏出性向, leakage propensity): 관광자가 역내에서 지출한 화폐는 역내에 주입되어 소득순환을 증가시킨다. 그러나 외부로부터의 생산요소 구매, 조세, 가계의 저축 등으로 인하여 화폐가 역외로 빠져나가는 만큼 소득순환을 감소시킨다. 이와 같이 소득의 순환으로부터 빠져나가는 부분을 누출(leakage)이라 하며, 그 누출의 정도를 누출성향이라 한다. 역내 경제의 자립도가 낮고, 수입성향 크면 누출성향이 크며, 관광시설의 소유자와 노동력이 지역주민이면 누출성향이 상대적으로 작은 것이 일반적이다.

▶ 선후진국의 소득승수(income multiplier of developing and developed countries): 소득 승수라는 것은 최초의 소득이 역내에 주입되었을 때 경제에 순환되면서 몇 배로 증가하는가를 나타내는 배율을 의미한다. 일반적으로 선진국이 후진국보다 소득승수가 높다. 이는 누출성향이 선진국보다 후진국이 더 크다는 것을 의미한다. 즉 관광자가 지출한 화폐가 역내로 주입되어 여러 단계를 거치면서 소득을 증가시키는데 자립의 정도가 낮은 후진국은 관광재 및 서비스의 공급을 외부에 의존하는 성향(수입성향)이 높아 누출성향이 선진국보다 높다. 따라서 주입된 소득의 시장순환의 정도가 큰 선진국보다 후진국의 소득승수는 낮을 수밖에 없다.

1. 국제관광시장(외래객의 송출과 수입)의 70% 이상이 주로 서방 선진국 중심으로만 이루어지는 이유는 무엇인가?

2. 개발도상국이 자국의 발전을 위해 관광산업을 진흥해야 할 당위성은 어디에 있는가?

3. 관광산업의 육성에 대한 찬반론과 관련하여 귀하는 어떤 입장에 서겠는가? 현재 우리나라를 사례로 본인의 주장을 밝히고 그 논거를 제시해보라.

4. 관광경제효과를 좌우하는 요소는 무엇인가? 항목별로 나누어 설명해보라.

5. 낙후지역의 관광수입 외부 누출률이 높은 이유는 무엇인가?

6. 산업연관분석에서 개방모형과 폐쇄모형이란 무엇을 뜻하며 그 차이는 무엇인가?

Economics of
Tourism and
Outdoor Recreation

부록

소득효과와 대체효과의 분리에 대한 도식적 설명

　　무차별곡선이론을 통해 가격효과를 설명하고 여기서 소득효과와 대체효과를 힉스(J. R. Hicks)가 제시한 그림을 통해 시각적으로 분리시켜 보기로 하자.

　　아래 〔그림 4-1-1〕에서 최초에 가격선 $Y'Q'$와 무차별 곡선 I_1의 접점 B에서 소비자가 균형상태에 있다고 하자. 그러면 소비자는 X재 OQ_0를 소비하게 된다. 만약 소득과 Y재의 가격은 일정불변인데 X재의 가격이 하락하여 가격선이 $Y'Q'$에서 $Y'Q''$로 회전한다면 소비자의 균형점은 B에서 C로 이동하게 되고 X재의 소비량은 OQ_0에서 OQ_1으로 Q_0Q_1만큼 증가한다. 이것을 X재의 가격변화에 의한 **총효과** 혹은 **가격효과**라고 한다.

　　우리는 〔그림 4-1-1〕에서 재(財)의 가격효과를 소득효과와 대체효과로 분리할 수가 있다. 만약 X재의 가격이 하락하여 발생한 X재의 소비량의 증가분, 즉 가격효과는 Q_0Q_1이다. 그런데, 여기서 상대가격의 변화에 따른 대체효과를 분리·측정하기 위해서는 실질소득의 변화에 따른 소득효과를 우선 제거해야 한다. 여기서 '실질소득의 변화에 따른 소득효과를 제거한다'는 것은 새로운 가격수준에서 종전과 동일한 수준의 효용을 얻을 수 있도록 한다는 뜻이다.

　　〔그림 4-1-1〕에서 X재 가격이 하락할 때 종전과 동일한 효용을 유지할 수 있도록 하기 위해서는 $Y'Q''$와 평행인 직선이 가격변화 전의 무차별곡선 I_1과 접하는 점을 발견하면 될 것이다. 이 접점이 A점이다. 따라서 실질소득의 변화를 제거했을 때 가격변화에 의하여 X재의 수요량은 최초의 Q_0에서 Q_1'로 증가하는 것이다. B점에서 A점으로의 이동 혹은 Q_0Q_1'만큼의 X재 수요증가가 곧 가격변화에 의한 **대체효과**이다.

　　X재 가격의 하락은 종전보다 X재, Y재를 더 많이 살 수 있는 구매력을 의미하기 때문에 실제로 소득이 증가한 것이나 마찬가지 효과를 가진다. 이것은 새로운 예산제약선이 YQ에서 $Y'Q''$로, 균형점이 A에서 C로 이동하는 것을 의미한다. X재 가격이 하락으로 실질소득이 증가한 결과, X재 수요가 증가하는 효과를 우리는 **소득효과**라고 부른다. A점에서 C점으로의 이동 혹은 $Q_1'Q_1$만큼의 X재 수요증가가 곧 가격변화에 의한 소득효과이다. 앞에서 설명한대로 가격효과는 대체효과와 소득효과를 합한 효과이다. 물론 시장에서 실제로 관측할 수 있는 소비점은 B와 C점이다. A점은 B점에서 C점으로 옮겨가는 과정을 시각적으로 나누어 설명하는 데 이용될 뿐 실제로 관측될 수 있는 점은 아니다.

　　이상의 도식적 설명외에도 소득효과와 대체효과의 분리는 수학의 전미분

(total differentiation) 개념을 이용하여 경제학자 슬루츠키(E. Slutsky)가 개발한 '슬루츠키' 방정식을 통해서도 설명될 수 있다. 이 방정식의 이해를 위해서는 일정수준 이상의 고등수학적 지식을 필요로 한다. 이의 이해를 위해서는 관련 미시경제이론서를 참고하기 바란다.

그림 4-1-1

무차별곡선을 이용한 소득효과와 대체효과의 설명

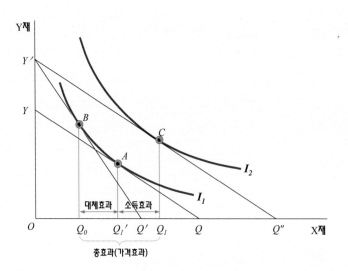

| 부록 4-2 | 중력모형 |

공간에서 발생되는 여러 상호작용, 다시 말해 인간활동으로 유발되는 사람, 정보, 서비스의 공간적 유동(流動)—예컨대, 거주지에서 특정지역으로 여행하거나 이주, 출퇴근, 정보·서비스의 이동, 자본이나 상품의 이동 등—을 우리는 '공간상호작용'(spatial interaction)이라 일컫고 이러한 공간적 유동을 다루는 모형을 **'공간상호작용모형'**(spatial interaction model)이라고 부른다. 일종의 수리적 모형이라 할 수 있는 중력모형(gravity model)은 이러한 공간상호작용모형의 하나로서 또한 널리 사용되며, 관광위락 수요 추정방법으로서도 가장 흔히 이용되는 기법 중의 하나이다(Smith, 1983). 관광자원의 경제적 가치를 분석하는 TCM도 사실은 중력모형의 한 범주에 해당한다고 볼 수 있다(김사헌, 1985).

중력모형은 크게 **여행발생 모형**(trip generation model)과 **여행배분 모형**(trip ditribution model)으로 나눌 수 있다(Ewing, 1983; Kim, 1988).[1] 여행발생 모형은 주로 인과론적 입장에서 발생지-목적지간 여행량의 원인이나 결정요인을 설명코자 하는 모형이고, 여행배분 모형은 발생된 여행량이 각 목적지(혹은 그 반대)로 '어떻게 배분되는가'에 관심을 둔 모형으로서 주로 각 지역별 여행량의 예측목적으로 많이 사용되는 기법이다.

중력모형에는 여러 가지 변형이 생겨 여러 갈래로 발전해 가고 있다. 앞에서 설명한 여행비용 모형도 이 중력모형의 한 변형이라 할 수 있다. 그 외에도 레일리(Reilly)의 소매업 중력법칙(law of retail gravitation), 지프(Zipf)의 최소노력 모형(minimum effort model), 스토퍼(Stouffer)의 개재기회 모형(intervening opportunity model) 등도 이의 변형이라 할 수 있다(Haynes and Fotheringham, 1984). 여기서는 원형인 중력모형에만 초점을 맞추어 이의 개요 및 제형태 그리고 모형의 문제점 등을 간략히 설명하도록 한다.

---

1) 교통분야에서는 이를 각각 '통행발생모형'과 '통행배분모형'으로 부르기도 한다.

1. 중력모형의 개요

원래 자연현상을 연구하는 과정에서 밝혀진 경험법칙 중의 하나라고 할 수 있는 중력모형(gravity model)은 관광현상 연구에서 관광지와 거주지간 관광량 예측에 적용할 수 있는 훌륭한 계량적 방법 중의 하나이다. 뉴턴(Newton)이 발견한 "두 물체의 인력은 이들의 질량(mass)의 곱에 비례하며 이들 상호간 거리의 제곱에 반비례한다"는 것이 바로 그 법칙이다. 이를 수식으로 간단히 표현해보면, 중력 G는,

$$G = A\frac{M_1 M_2}{D^2} \quad \text{또는} \quad G = A M_1 M_2 D^{-2}$$

여기서 M_1, M_2는 두 물체의 질량을, D는 두 물체간의 거리를, 그리고 A는 常數를 의미한다.

이 모형은 근래 들어 여러 사회과학분야에 광범위하게 응용되고 있는데, 인구 이동량의 분석, 교통량과 화물의 이동분석, 그리고 소매업의 패턴분석 등 인구학, 경제학, 지리학, 교통연구 등에 이르기까지 광범위하게 적용되고 있다. 그리고 관광량의 예측이나 분석에 관한 관광연구 분야에도 비교적 빠른 시기라 할 수 있는 1950년대 말부터 약간씩이나마 적용되기 시작하였다.

이 자연과학법칙을 응용하여 사회과학에 그 첫 적용을 시도한 사람은 스튜워트와 지프라 할 수 있다. 스튜워트(Stewart, 1948)는 "인구학적 중력, 그 증명과 적용", 그리고 지프(Zipf, 1946)는 "도시내 인구이동량에 대한 $P_1 P_2/D$ 가설"이라는 인구이동 관련 논문을 통해서 중력모형을 사회과학분야에 처음으로 적용하였다.

관광분야에서는 클로슨(M. Clawson)과 에반스(J.S. Evans) 및 도렌(Van Doren)이 그 적용의 효시라고 할 수 있다. 즉 클로슨은 이미 1959년에 "관광·위락수요추정방법론"이란 연구를 통해 '클로슨 방식' 또는 '여행비용방식'(travel cost method)으로 널리 알려진 유사 중력모형을 제시하였고, 이듬해인 1960년에는 에반스·도렌(Evans and Doren, 1960)이 미국 사우스다코타(South Dacota) 州의 루이스·클라크(Lewis and Clark) 수변관광지에 대한 관광자수요를 추정하면서 이 모형을 적용하였다.

1960년대 이후에 들어와서는 여행목적지의 관광매력도 변수와 거주지 주민

들의 여행성향변수(예컨대, 1인당소득, 자동차보유율 등)를 삽입하는 등 중력모형을 한층 더 발전시킨 연구들이 나타나기 시작하였다(예를 들어 Crampon, 1966; Gordon and Edward, 1973 등).

근래에 들어서는 세사리오(Cesario, 1973; 1975), 어윙(Ewing, 1980; 1983), 포더링햄(Fotheringham, 1981; 1983a; 1983b; 1985; 1986), 페센마이어-리버(Fesenmaier and Lieber, 1987) 등의 학자들이 이 분야이론을 많이 발전시켰다. 특히 포더링햄은 기존의 중력모형이 **집적효과**(agglomeration effect), **경쟁효과**(competition effect) 등 '공간구조'의 다양성을 무시함으로써 거리변수 효과를 잘못 이해하고 있다고 비판하고 이런 '공간구조 효과'(spatial structure effect)를 거리변수와 분리시키는 논리를 전개하여 중력모형을 더욱 정교한 기법으로 발전시키는 데 공헌하였다.

우리나라에서는 이제까지 관광학 분야에 이 모형을 적용한 연구가 없었으나, 1980년대 중반 이후부터 이에 대한 관심이 서서히 나타나기 시작하였다. 즉 교과서(金思憲, 1985)에 원론적 개념이 소개되고 각종 연구보고서(金思憲, 1987; 嚴瑞浩, 1988) 등에서 이 모형이 수요추정에 응용되었으며, 특히 필자와 門徒의 전문연구(Kim Sahun, 1988; 梁光鎬, 1992, 1998)는 일천한 국내 관광분야 중력모형이론 개척에 일익을 담당했다고 평가된다. 다음에서는 중력모형의 기본가정, 도출과정, 적용사례, 그리고 마지막으로 그 내용과 문제점들을 차례로 검토해보기로 하자.

먼저 기본적인 가정으로서, 공간단위인 지역(region)은 물리학의 물체의 질량(mass)과 같다고 본다. 그래서 지역과 지역간에는 그 지역의 크기(예컨대, 인구수)나 성격(자원의 매력도 등)에 따라 물질과 같이 서로 끌고 끌리는 상호작용관계가 존재한다고 보는 것이다. 두번째 가정은 각 지역 i, j의 사회경제적 특성이 다르지 않다는 것이다. 즉 지역민의 기호나 연령분포 및 소득분포, 직업구조 등이 균등한 동질집단(homogeneous group)임을 가정한다. 셋째, 각 지역은 상호 물리적 장애가 없는 평탄한 평원이라고 가정한다. 즉 바다, 강, 절벽, 산맥 등 물리적 장애로 인하여 이동상 제약을 받지 않으며 단지 상호간 거리만이 이동의 제약요인이라고 간주한다.

먼저 개념정립을 위해 두 지역간 거리의 마찰력은 없는 것으로(즉 $d_{ij} = 0$) 가정하기로 하자.[2] 그렇게 되면 i지역에서 j지역으로 가는 여행자의 비율은 전

집적효과/경쟁효과

집적효과란 서로 근접하여 모여 있으므로 인해서 상호간에 발생되는 경제적 이익'으로서 '集積經濟'와 같은 의미이다. 여기서는 둘 이상의 선택대안(즉 관광목적지들)이 있음으로 해서 이들 각 선택대안에 대한 여행자들의 방문가능성이 오히려 커지게 되는 효과를 말한다. 경쟁효과(또는 競合效果)란 이와 반대로 둘 이상의 선택대안이 많으면 많을수록 상호경쟁성 때문에 각 代案에 대한 여행자들의 방문가능성이 오히려 줄어들게 되는 효과를 말한다.

---

2) 거리의 마찰력이 전혀 없다 함은 두 지역간의 거리감이 전혀 없어서 여행비용이나 심리적 부담이 없는 것을 뜻한다. 이런 경우는 현실적으로 불가능하겠지만, 예컨대 원한다면 언제든지 神이 거주지 i에서 목적지 j로 순간적으로 옮겨다 준다고

적으로 두 지역 인구크기의 상대적 비율에 좌우되게 된다. 전국 총여행량을 T, 전국인구를 P, i지역인구수를 P_i, j지역인구수를 P_j라 하면,

한 주민이 j지역으로 여행하는 평균 비율 $= P_j / P$

개인의 평균 여행량 $= T/P = g$

한 평균주민이 j지역으로 여행하는 총횟수 $= g(P_j / P)$

i지역 전체인구 P_i명이 j로 여행할 총예상횟수 $= g(P_j / P) \cdot P_i = \hat{T}_{ij}$

j지역의 예상여행횟수인 $\hat{T}_{ij}$에 대하여, j지역으로의 실제여행횟수를 T_{ij}라 놓으면 다음과 같다.

$\dfrac{T_{ij}}{T_{ij}} =$ i지역에서 j지역으로의 여행에 대한 예상 對 실제의 比

이제 현실적으로 두 지역간의 거리 마찰력 d_{ij}가 존재한다고 가정하자. 여기서 $\hat{T}_{ij} / T_{ij}$와 d_{ij}와의 관계를 그림으로 표시하면 통상적으로 다음 〔그림 4-2-1a〕와 같은 관계를 나타낸다. 즉 실제 對 예상의 比(또는 예상이 적중할 확률)는 두 지역간 거리가 멀어질수록 감소한다. 이들 양편에 대수(對數: logarithm)를 취해 그림으로 나타낸 것이 〔그림 4-2-1b〕이다.

〔그림 4-2-1b〕의 직선방정식에 있어, 만약 그 절편과 기울기가 각각 α, β라고 한다면 이 방정식은 식 (1)과 같이 표시될 수 있다.

$$\ln\left(\frac{T_{ij}}{\hat{T}_{ij}}\right) = \alpha - \beta \ln\left(d_{ij}\right) \qquad (1)$$

가정하면 된다.

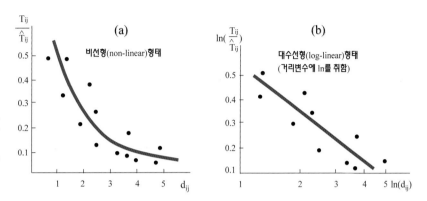

그림 4-2-1

가상적인 두 지역간의 실제 對 예상 방문비와 거리와의 관계

주: 원점을 향해 볼록한 그림 (a)와 같은 함수는 양축에 대수(logarithm)를 동시에 취해주면 그림 (b)와 같은 대수선형(log-linear)이 된다.

이 식 (1)에서 $\alpha = \ln c$라 놓으면 식 (1)은 식 (2)와 같이 되므로 자연대수 ln을 벗기면 식 (3)과 같이 된다.

$$\ln\left(\frac{T_{ij}}{\hat{T}_{ij}}\right) = \ln c - \beta n d_{ij} = \ln\left(\frac{c}{d_{ij}}\right)_{\beta} \tag{2}$$

$$\frac{T_{ij}}{\hat{T}_{ij}} = \frac{c}{d_{ij}^{\beta}} \quad \text{또는} \quad T_{ij} = c\left(\frac{\hat{T}_{ij}}{d_{ij}a}\right)_{\beta} \tag{3}$$

앞에서 $\hat{T}_{ij} = g(P_j/P)P_i$이므로, 이를 식 (3)에 대입하면,

$$T_{ij} = \frac{cg}{P}\frac{P_iP_j}{d_{ij}^{\beta}} \tag{4}$$

식 (4)에서 $cg/P = k$라 놓으면,

$$T_{ij} = K\frac{P_iP_j}{d_{ij}^{\beta}} \tag{5}$$

즉 두 지역간 상호작용(실제 여행수)은 두 지역간의 인구규모 P_i, P_j에, 그리고 경험적으로 결정되는 상수 k에 비례하며, 두 지역간의 거리인 d_{ij}의 멱(羃: exponent)인 β에 반비례한다는 중력모형이 도출된다. 여기서 거리변수에 멱을 취한 것은, 아이사드(Isard, 1960) 등도 지적하였지만 두 지역 상호작용에 대한 거리의 영향력은, 거리에 균일하게 비례하는 것이 아니라, 단거리보다 장거리일수록 작용의 억제효과가 누승적으로 커져 감을 의미하는 것이다.

여기서 한 발생지 i지역으로부터 n개의 목적지(즉 j = 1, 2……n)까지의 총

여행량을 계산할 수 있다. 이들 모든 행선지로의 여행량을 합산하면 발생지 i에서의 대외 여행총량이 된다.

$$T_{i1} + T_{i2} + \cdots + T_{in} = k\frac{P_iP_1}{d_{i1}{}^\beta} + k\frac{P_iP_2}{d_{i2}{}^\beta} + \cdots + k\frac{P_iP_n}{d_{in}{}^\beta}$$

$$\text{또는 } \sum_{j=1}^{n} T_{ij} = k\sum_{j=1}^{n} \frac{P_iP_j}{d_{ij}\beta}$$

여기서 다시 발생지 i가 m개의 지역이라면(즉 $j = 1, 2\cdots\cdots m$), m개 지역의 모든 여행량을 합한 것이 바로 전국의 총여행량이 된다. 즉,

$$\sum_{i=1}^{m}\sum_{j=1}^{n} \hat{T}_{ij} = G\sum_{i=1}^{m}\sum_{j=1}^{n} \frac{P_iP_n}{d_{in}{}^\beta} = \text{전국의 총여행량} = T$$

i, j지역간 상호작용을 나타내는 변수라면 어떤 것이든 중력모형의 적용이 가능하다. 예컨대 지역간 전화통화량·전보통화량·화물수송량·인구이동량·화폐이동량 등 실로 중력모형의 적용범위는 다양하다고 할 수 있다.

그런데 중력모형식 (5)를 관광이동현상에 적용하기 위해서는 모형자체에 약간의 수정을 가할 필요가 발생하게 된다. 왜냐하면 식 (5)의 우측 분자항목 중 P_j는 목적지의 인구를 지칭하나 관광지의 경우에는 인구라기보다는 관광자원이 거주지의 인구 P_j를 유입하는 것이지 P_j 그 자체가 존재하는 것이 아니기 때문이다. 따라서 j지역 관광자원 매력성(attraction)을 A_j로 놓으면 식 (5)는 다음과 같이 변형될 수 있다.

$$T_{ij} = k\frac{P_iA_j}{d_{ij}{}^\beta} \tag{6}$$

뿐만 아니라 사실상 거주지 인구규모인 P_i만이 여행인구의 배출력을 결정해 주는 것은 아니다. 배출력(pushing forces)은 그 지역의 소득수준, 연령 및 성별구조, 직업구조 등 지역에 따라 다양하게 나타나게 된다. 따라서 거주지 i의 이러한 배출력을 B_i라 놓는다면 식 (6)을 다음과 같이 일반화시키는 것이 가능하다.

$$T_{ij} = kB_iA_j \cdot f(d_{ij}) \tag{7}$$

위 식 (7)에서 $f(d_{ij})$는 소위 **거리억제함수**(distance deterrent function)라는 것으로서 여행수요 T_{ij}는 두 지역간의 물리적 거리(또는 시간적·심리적 거리)의 함수임을 나타내고 있다. B_i, A_j 등이 여행수요의 촉진변수라고 한다면 $f(d_{ij})$는 여행수요를 억제하는 억제변수라고 보면 무방할 것이다.

이 억제함수 $f(d_{ij})$는 여러 가지 형태로 표현될 수 있으나, 관련학자들의 연구 결과, 앞에서 예시한 중력모형에서와 같이 역멱함수(逆冪函數: inverse power function) 또는 역지수함수(逆指數函數: negative exponential function)의 형태를 취하는 것이 보통이다. 즉,

역멱함수형: $f(d_{ij}) = d_{ij}^{-\beta} = \dfrac{1}{d_{ij}^{\beta}}$

역지수함수형: $f(d_{ij}) = e^{-\beta d_{ij}}$ (e는 자연대수의 밑 = 2.71828⋯)

공간에 관한 정보가 주어진 형태에 따라 중력모형은 여러 가지 형태로 나뉘어진다. 먼저 다수의 거주지 i와 다수의 목적지 j에 관해 주어진 정보가 있는가(이를 '制約'이라 표현함) 없는가에 따라 제약형 중력모형(constrained gravity model)과 무제약형 중력모형(unconstrained gravity model)으로 나뉜다. 제약형 중력모형은 다시 총량제약형 중력모형, 발생량제약형 중력모형(또는 거주지제약형 중력모형), 유입량제약형 중력모형(또는 매력도제약형 중력모형), 그리고 이중제약형 중력모형의 4가지 유형으로 나눌 수 있다. 이런 다수의 거주지-목적지 유형(multiple O-D)과는 달리 단일 거주지-목적지(single O-D)를 다루는 모형은 발생지 특화형 중력모형(origin-specific model), 목적지 특화형 중력모형(destination-specific model) 등 두 가지로 나뉘어진다(Haynes and Fotheringham, 1984; 元濟茂, 1987; 梁光鎬, 1992). 유형별 중력모형의 추정방식의 구체적 예는 본장의 부록 5-3에서 다루고 여기서는 생략토록 한다.

다수 O-D형 중력모형

1) 무제약형 중력모형
2) 제약형 중력모형   ① 총량 제약형
                  ② 발생량 제약형
                  ③ 유입량 제약형
                  ④ 이중 제약형

단일 O-D형 중력모형

1) 발생지특화형 중력모형
2) 목적지특화형 중력모형

2. 모형상의 문제점

이상에서 중력모형의 전반적 내용과 경험적 사례를 살펴보았다. 이 모형은 유용한 분석수단이지만 이론적 약점 또한 내포하고 있다. 이중 몇 가지 중요한 것만 검토해보기로 한다.

1) 이론적 바탕의 결여

중력모형이 이론적 바탕을 갖지 않고 있다는 사실은 모형의 가장 큰 약점으로 지적되고 있다. 중력모형은 현상간 상호작용을 단지 기술해주는 데 그칠 뿐이지 이 상호작용이 어떻게 왜 발생하는지의 이유를 설명해주지 못한다는 것이다. 중력모형에 대해 학자들은 다음과 같이 비판한다.

> 중력모형은, 시스템의 구조나 현상자체의 실제 성격이 어떻든 이에 아랑곳하지 않고, 동일한 형태를 유지하는 데 지나지 않는 일반화된 확률방정식이다 (Archer, 1976: 64).

> 요컨대, 이 모형은 현상의 상호작용과 활동을 만족스럽게 기술은 하고 있지만, 이 것이 왜 그런지를 설명해주지 못하고 있다. 이 모형은 무엇이 발생하고 있는가를 관찰하지 못하고 단지 무엇이 발생했는가를 관찰해 줄 따름이다(Lee, 1973: 67).

슈나이더(Schneider)는 이 모형이 행태적 이론에 근거하지 않은 채, 단지 물리학과 사회과학간 유추해석에 근거를 두고 있으므로 설득력이 없으며, 심지어는 "중력분야와 여행발생시스템은 상호 관련성이 없다"(Schneider in Lee, 1973: 66)고까지 이야기하고 있다. 기존의 여행패턴은 단지 현재의 피상적 거리, 인구수 등으로만 결정되는 것이 아니라, 관광사업자의 입지결정, 계획가의 계획과정, 주민들의 주거입지 결정, 토지소유자들의 토지매매 행태, 주민의 전통적 가치관 등 실로 여러 가지 힘이 오랜 세월을 거쳐 상호 작용해온 데서 비롯된다는 것이다.

2) 공간마찰력으로서의 물리적 거리변수의 부적합성

두 지역간의 공간적 마찰력을 나타내는 설명변수로서, 대부분의 연구가 두 지역간의 물리적 거리를 그 대리변수(proxy)로 사용하고 있는데, 이러한 실제 거리는 공간억제력을 나타내는 변수로서 적합하지 않다는 것이다.

특히 단거리 이동에서 이런 현상은 문제시된다. 톰슨(Thomson, 1963)은 거리는 원거리보다 단거리가 이동자에 의해 더 과대평가되어지는 경향이 있음을 지적하였다. 또한 캐드왈라더(Cadwallader, 1981)는 중력모형에서는 실제거리보다 인지적 거리(cognitive distance), 즉 주관적 거리(subjective distance)를 쓰는 것이 모형추정력이 높다고 주장한 바 있다(Walmsley and Jenkins, 2000: 289에서 재인용).[3] 왐스레이와 젠키스의 호주 사례연구에서는 관광자와 현지민의 **거리 인지도** 방정식이 다음과 같은 것으로 밝혀졌다(Walmsley and Jenkins, 2000: 297). 이 방정식에 따르면 (常數를 고려하지 않을 경우) 실제거리 100km에 대하여 관광자는 비슷하게 101km로 느끼지만, 현지민은 이를 약간 멀게 114km로 느낀다는 것이다.

관광자의 경우: 인지 거리＝10.7＋1.01(실제 거리) $r＝0.99$
현지민의 경우: 인지 거리＝-2.64＋1.14(실제 거리) $r＝0.99$

사실 오늘날과 같이 교통수단이 발달, 특히 승용차 보급률이 높아져서 '몇 킬로미터'라는 물리적 거리는 여행수요 동기의 결정적인 인자가 되지 못하는 경향이 있으며 오히려 주관적인 **사회적 거리**가 더 설득력 있는 인자가 될 수도 있다. 이에 따라 학자들은 거리변수 대신에 시간변수나(Mansfield, 1969: 152~64), 또는 **주관적 거리**(Walmsley and Jenkins, 2000) 혹은 실제 여행비용을 사용하기도 한다. 다시 말해, 물리학의 경우에는 실제의 물리적 거리가 적합할지 모르나, 사회과학에는 물리적 거리를 적용하는 데 한계가 있을 수 있다.

3) 조사집단의 세분화 문제

중력모형은 원래 대집단의 행태적 패턴을 다루는 모형이므로, 이 모형에서 개인이나 소집단의 속성은 무시된다. 그러나 세분화된 소집단이나 개개인 각자에 있어서의 거리변수의 영향력은 개개인에 따라 다를 수도 있다. 그러므로 이런 개인별 특성을 무시한 대집단 분석일수록 그만큼 더 정확성이 결여될 수 있다. 아이사드도 일찍이 집단 세분화의 문제를 다음과 같이 제기한 바 있다.

재론한다면, 세분화(disaggregation)는 정보의 추가구득이나 정확성이 제고되는 경우, 그리고 그 세분화가 집단 또는 인구전체의 속성과 내부구조적 균일성을 상당 정도로 파괴하지 않을 경우에 한하여서 바람직하다(Isard, 1960: 515).

---

3) 학자들에 의해 인지적 거리와 주관적 거리는 같은 개념으로 쓰인다.

　　물론 아이사드의 말대로 속성을 해치지 않는 범위 내에서 소득계층별, 주거지별 또는 이용교통수단별 등 세분화된 중력모형의 설정이 바람직하다. 그러나 이렇게 집단이 유형별로 세분화되기 위해서는 그에 합당한 통계자료 취득의 문제와 그런 취득자료의 질(신뢰성 등)에 관한 문제에 봉착하게 되는 것이다.

　　거리마찰의 정도를 나타내는 β계수를 보더라도 이동행위별로 계수 값은 다르며([그림 4-2-2]에서 볼 때, 곡선의 기울기가 이동목적별로 서로 다름) 또 똑같은 거리라도 인구가 조밀한 대도시 주민이 농촌주민보다 거리마찰력이 높다(Lee, 1973: 69). 또한 아직 연구된 바는 없지만 필자가 앞에서 지적한 대로 동일거리라도 그것의 도로 여건이나 교통수단 여건에 따라 β값은 다르게 나타날 수 있다. 요컨대, 대집단분석과 소집단분석은 이와 같이 거리마찰력이 서로 다르게 나타나는 결과가 예상되는데, 이를 해결하기 위해 목적별 세분화자료를 수집한다는 것도 현실적 자료획득의 어려움이라는 제약성을 수반한다.

　　이러한 문제점에도 불구하고, 오늘날 중력모형은 이제까지 밝혀진 분석도구 중 가장 유용한 분석수단 중의 하나로서 학자들 간에 애용되고 있는 것이 사실이며, 정책입안자나 계획가들에게 여전히 흥미있는 시사점을 제공해 주고 있다.

그림 4-2-2

각종 이동 목적별 거리에 대한 실제 對 예상 여행횟수 比와의 관계(미국 디트로이트 市의 경우)

주: 생활필수 행위를 위한 이동(등하교, 쇼핑, 직장 출퇴근 등)이 여가행위를 위한 이동(사교/위락목적 이동)보다 거리변화에 대해 더 탄력적임(민감함)을 알 수 있다.

자료: Isard(1960), p. 514에서 재인용.

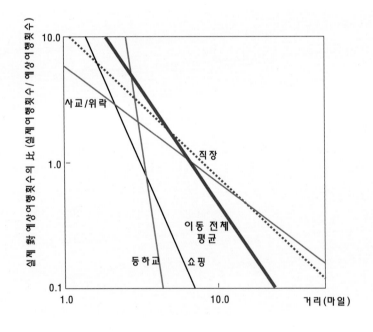

3. 중력모형의 여러 가지 형태와 추정방정식

중력모형은 이미 앞에서 설명한 대로 거주지(origin)와 목적지(destination) 간에 정보(자료)가 주어졌는가 아닌가에 따라 여러 가지 유형으로 나뉜다. 즉,

단일 O-D형: (1) 발생지특화형 중력모형
　　　　　　　(2) 목적지특화형 중력모형
다수 O-D형: (1) 무제약형 중력모형
　　　　　　　(2) 제약형 중력모형 - 총량제약형, 발생량 제약형,
　　　　　　　　　　　　　　　　　유입량 제약형, 이중 제약형

이 유형을 그림으로 설명하면 〔그림 4-2-3〕과 같다. 즉 그림 a)는 기존의-우리가 곧 다루고자 하는-다수 O-D형 중력모형이며, 그림 b) 및 c)는 단일 O-D형 중력모형이다. 그림 b)의 단일거주지-다수목적지형 중력모형에서는 주어진 정보인 거주지의 총여행배출량(O_i), 목적지의 유인매력성(A_j), 거주지와 목적지 j간의 거리(d_{ij}) 등이 독립변수가 되며, 그림 c)의 복수거주지-단일목적지형 중력모형에서는 총유입 여행량(D_j), 거주지의 여행유발요인(B_i), 두 지역간 거리(d_{ij})가 주요변수가 된다. 여기서는 다수거주지-목적지형의 '여행 배분모형'(trip distribution model)을 세분하여 설명하고 가상적 통계를 이용하여 예시하기로 하겠다.[4] 여기서 기호상의 혼동을 피하기 위하여 다시 아래와 같이 각 표시기호를 정의해 두기로 한다.

T = 총여행량
T_{ij} = 거주 i에서 목적지 j로 간 실제총여행량
$\hat{T}_{ij}$ = 거주지 i에서 목적지 j로 간 예상총여행량
O_i = 거주지 i에서 배출된 총발생여행량
D_j = 목적지 j에 유입된 총유입여행량
B_i = 여행을 발생시키는 거주지 i의 제특성
A_j = 여행자를 유입시키는 목적지 j의 제매력성
d_{ij} = 거주지 i와 목적지 j간의 여행을 억제시키는 제공간마찰 요인

---

4) 가상적 통계는 Haynes and Fotheringham(1984)의 例示를 인용하였음을 밝혀둠.

그림 4-2-3

중력모형의 제형태

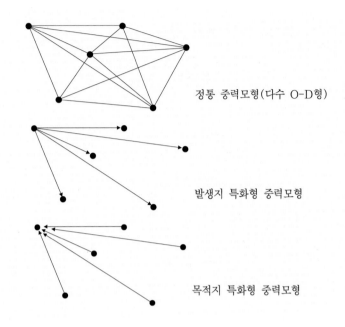

정통 중력모형(다수 O-D형)

발생지 특화형 중력모형

목적지 특화형 중력모형

1) 총량제약형 중력모형

총량제약형 중력모형(total flow-constrained gravity model)은 거주지에서 배출된 총여행자수, 그리고 관광지에 유입된 총여행자수 등 총량만이 알려진 상황에서, 다수의 i, j 상호지역간 개별 이동량을 추정할 필요가 있을 때 이 방법을 사용한다. 여기서 만약 m개의 발생지와 n개의 목적지를 갖고 있다고 가정할 때, 예상과 실제 총여행량은 서로 같아야 하며 이들은 곧 상호간의 여행총량과 같다. 즉,

$$\sum_{i=1}^{m} \sum_{j=1}^{n} \widehat{T}_{ij} = \sum_{i=1}^{m} \sum_{j=1}^{n} T_{ij} = T$$

예상총여행량은 식 (1)과 같이 발생지 특성, 목적지 특성, 그리고 두 지역간 거리의 함수이다.

$$\widehat{T}_{ij} = k B_i{}^{\gamma} A_j{}^{\alpha} d_{ij}{}^{\beta} \qquad\qquad (1)$$

여기서 α, β, γ는 추정해야 할 파라메타(또는 멱)이며 k는 상수이다. 이 k를 다시 해석해 보면,

$$\sum\sum\hat{T}_{ij} = \sum\sum T_{ij} = T$$

를 이루기 위한 일종의 조정계수(또는 균형화 인자)라 할 수 있는데, 다음과 같이 표현될 수 있다.

$$k = T \,/\, \sum_i\sum_j B_i^{\gamma} A_j^{\alpha} d_{ij}^{\beta} \tag{2}$$

예를 들어, 발생지가 3곳(m = 1, 2, 3), 목적지가 3곳(n = 1, 2, 3)이 있고 이들간 공간상호작용으로 여행자 유동량이 다음 〈표 4-2-1〉과 같고 이들 지역간 거리가 다음 〈표 4-2-2〉와 같다고 가정하자.

그런데 발생지와 목적지간 이동총량만을 알고 있고 그 외의 내부정보는 아래 예시와 같이 모른다고 가정할 때(표에서 물음표 '?'로 표시), 우리는 중력모형을 통해 이들을 추정해야 한다. 즉 〈표 4-2-1〉에서 여행총량(790)은 알되, 상호이동 여행량은 다음 〈표 4-2-3〉과 같이 그 내용을 모를 때 이 모형을 통해 추정할 수 있다는 것이다.

표 4-2-1

상호여행량 실적치
(가상수치)

		목적지 (j)			총발생량 $\left(\sum_j T_{ij} \text{ 또는 } O_i\right)$
		1	2	3	
발생지 (i)	1	100	20	40	160
	2	60	300	90	450
	3	40	50	90	180
총유입량 $\left(\sum_i T_{ij} \text{ 또는 } D_j\right)$		200	370	220	790 $\left(\sum_i\sum_j T_{ij} = T\right)$

표 4-2-2

거리행렬표 실적치
(가상수치)

		목적지 (j)		
		1	2	3
발생지 (i)	1	2	15	5
	2	15	2	10
	3	5	10	2

표 4-2-3

		목적지(j)			총발생량 $(\sum_j T_{ij}$ 또는 $O_i)$
		1	2	3	
발생지 (i)	1				?
	2		?		?
	3				?
총유입량 $(\sum_i T_{ij}$ 또는 $D_j)$		?	?	?	790 $(\sum_i \sum_j T_{ij} = T)$

여기서 일단 우리는 계산을 쉽게 하기 위해 $\alpha = 1$, $\beta = -1$, $\gamma = 1$이라고 가정하자. 그리고 발생지의 제특성 B_i는 이미 그곳으로부터의 배출량 O_i에 반영되어 있다고 가정하여 $B_i = O_i$라 놓고, 목적지의 매력성 A_j는 목적지에 유입된 여행량 D_j에 반영되어 있다고 보아 $A_j = D_j$라 놓자. 그러면 식 (2)에서 균형화 인자 k는 다음과 같이 변형된다.

$$k = T \ / \ \sum_i \sum_j O_i D_j d_{ij}^{-1} \qquad (3)$$

이제 위 표에서 지역간 불분명한 유동량(즉 '물음표' ?)은 식 (3)을 통해 k값을 추정하면 쉽게 계산된다. 먼저 k를 계산하면 아래 〈표 4-2-4〉와 같다.

표 4-2-4

		목적지 (j)			
		1	2	3	
발생지 (i)	1	$\frac{160 \times 200}{2} = 16000$	$\frac{160 \times 370}{15} = 3946.7$	$\frac{160 \times 220}{5} = 7040$	$\sum O_1 D_j d_{1j}$ $= 26986.7$
	2	$\frac{450 \times 200}{15} = 6000$	$\frac{450 \times 370}{2} = 83250$	$\frac{450 \times 220}{10} = 9900$	$\sum O_2 D_j d_{2j}$ $= 99150$
	3	$\frac{180 \times 200}{5} = 7200$	$\frac{180 \times 370}{10} = 6660$	$\frac{180 \times 220}{2} = 19800$	$\sum O_3 D_j d_{3j}$ $= 33660$
		$\sum O_i D_1 d_{i1}$ $= 29200$	$\sum O_i D_2 d_{i2}$ $= 93856.7$	$\sum O_i D_3 d_{i3}$ $= 36740$	$\sum O_i D_j d_{ij}$ $= 159796.7$

따라서 식 (2)의 값은,

$$k = 790 \; / \; 159796.7 = 0.0049438$$

그러므로 식 (1)의 각 셀별 예상여행량은 다음과 같이 계산될 수 있으며, 이들의 각각을 모두 계산하면 아래 〈표 4-2-5〉와 같아진다.

$$\hat{T}_{11} = \; k \; O_1 D_1 \, d_{11}^{-1} = \; 0.0049438 \times 160 \times 200/2 \; = 79$$

$$\hat{T}_{12} = \; k \; O_1 D_2 \, d_{12}^{-1} = \; 0.0049438 \times 160 \times 370/15 = 20$$

$$\vdots \qquad \vdots \qquad\qquad \vdots \qquad\qquad \vdots$$

$$\hat{T}_{33} = \; k \; O_3 D_3 \, d_{33}^{-1} = \; 0.0049438 \times 180 \times 220/2 \; = 98$$

표 4-2-5

		목적지 (j)			총발생량 $(\sum_j T_{ij} 또는 O_i)$
		1	2	3	
발생지 (i)	1	79	20	35	133
	2	29	412	49	490
	3	36	33	98	167
총유입량 $(\sum_i T_{ij} 또는 D_j)$		144	464	182	790 $(\sum_i \sum_j T_{ij} = T)$

실적치와 예측치를 비교해보면(총량은 동일, 즉 $\hat{T} = T = 790$), 각 셀별 예측치가 정확하게 같지는 않지만 대개 비슷하게 추정된 것을 알 수 있다. 모형의 적합도(goodness of fit)는 예측치와 실적치 간의 다음과 같은 평균자승오차(mean square error; MSE)에 의해 판정해 볼 수도 있다.

$$MSE = \sum_{j=1}^{n} (T_j - \hat{T}_j)^2$$

이들 추정치의 정확성을 위해서는 파라메타 α, β, γ가 경험적으로 보다 더 정밀하게 추정되어야 함은 물론이다.

2) 발생량 제약형 중력모형

발생량 제약형 중력모형(origin-constrained gravity model)은 특정 거주지로부터의 총배출량(outflow totals)은 알고 있으나 이들이 어떤 목적지로 유입되는지에 관한 정보를 모를 때, 이들 목적지 유입량을 추정키 위해 사용되는 모형이다. 이 경우 추정모형은 식 (4)와 같다.

$$\hat{T}_{ij} = k_i O_i A_j^\alpha d_{ij}^{\ \beta} \tag{4}$$

여기서 $\quad k_i = [\sum_j A_j^{\ \alpha} d_{ij}^{\ \beta}]^{-1}$

따라서 식 (4)는 다음과 같이 표현될 수 있다. 즉,

$$\hat{T}_{ij} = \frac{O_i A_j^\alpha d_{ij}^{\ \beta}}{\sum_j A_j^\alpha d_{ij}^{\ \beta}}$$

위 식에서 k_i는 앞에서 지적한 바와 같이 '균형화 인자'(balancing factor) 라고 불리는 계수로서(Haynes and Fotheringham, 1984: 23), 목적지 j에 대한 발생지 i의 상대적 영향력을 나타내는 인자이다. k_i가 클수록 발생지의 배출력이 작고, 작을수록 발생지의 배출력은 커진다. 이 모형은 각 거주지에서 여행배출량 정보를 이미 알고 있을 때 각 관광목적지로의 유입량을 예측하는 데 사용될 수 있을 뿐 아니라 도시내 위락시설, 쇼핑센터 등의 고객방문량이나 매출액을 추정하는 데도 사용될 수 있다.

이제 예를 들어 설명하기에 앞서, 위의 총량제약형 중력모형에서와 같이 계산의 단순화를 위해 $\alpha = 1$, $\beta = -1$, 그리고 $A_j = D_j$라고 가정하자. 즉,

$$k_i = [\sum_j A_j d_{ij}^{-1}]^{-1} = [\sum_j D_j d_{ij}^{-1}]^{-1} \tag{5}$$

식 (5)에 따라,

$$k_1 = \left[\frac{200}{2} + \frac{370}{15} + \frac{220}{5} \right]^{-1} = [168.67]^{-1} = 0.005929$$

$$k_2 = \left[\frac{200}{15} + \frac{370}{2} + \frac{220}{10} \right]^{-1} = [220.33]^{-1} = 0.004539$$

$$k_3 = \left[\frac{200}{5} + \frac{370}{10} + \frac{220}{2} \right]^{-1} = [187]^{-1} = 0.005348$$

이제 k_i를 구했으므로 식 (4)에 따라 다음과 같이 각 셀별 예측치를 구할 수 있다. 이를 표로 나타내면 아래 〈표 4-2-6〉과 같다.[5]

$$\hat{T}_{11} = 0.005929 \times 160 \times 200/2 = 94.9$$

$$\hat{T}_{12} = 0.004539 \times 160 \times 370/15 = 18.1$$

$$\cdots\cdots\cdots\cdots\cdots\cdots\cdots\cdots\cdots\cdots\cdots\cdots\cdots$$

$$\hat{T}_{33} = 0.005348 \times 180 \times 220/2 = 105.9$$

표 4-2-6

		목적지(j)			주어진 총발생량 $\left(\sum_j T_{ij} \text{ 또는 } O_i\right)$
		1	2	3	
발생지(i)	1	95	18	42	160
	2	27	378	45	450
	3	38	36	106	180
추정된 총유입량 $\left(\sum_i T_{ij} \text{ 또는 } D_j\right)$		160	437	193	790 $\left(\sum_i \sum_j T_{ij} = T\right)$

3) 유입량 제약형 중력모형

유입량 제약형 중력모형(destination-constrained gravity model)은, 발생량제약형 중력모형과 반대로, 각 목적지에 유입되는 여행총량(inflow totals)은 알고 있으나 이들이 어떤 거주지로부터 배출된지를 모를 때, 이들 각 거주지의 총배출량을 추정하기 위해 사용되는 방법이다. 그 추정식은 (6)과 같다.

$$\hat{T}_{ij} = k_j \, D_j \, B_i^{\alpha} \, d_{ij}^{\beta} \tag{6}$$

여기서, $k_j = \left[\sum_i B_i^{\alpha} \, d_{ij}^{\beta}\right]^{-1}$

따라서, $\hat{T}_{ij} = \dfrac{D_j \, B_i^{\alpha} \, d_{ij}^{\beta}}{\sum B_i^{\alpha} \, d_{ij}^{\beta}}$

---

5) 여기서 목적지의 매력성 Aj는 그곳의 '結果的'인 유입총량 Dj에 이미 나타나 있다고 보고 Aj = Dj로 가정하였다. 그러나 만약 각 목적지별 매력성 Aj를 따로 구할 수 있다면 이를 이용하는 것이 더 정확한 Tij를 예측할 수 있는 방법이 될 것이다. 참고로 嚴瑞浩 등(1988)은 해수욕장의 수, 국립공원의 면적, 관광휴양지수 등을 Aj로 사용하였고, 梁光鎬(1990)는 국·도립공원의 면적률, 해수욕장수와 위치에 적절한 가중치를 주어 Aj를 추정하였다.

식 (6)에서 k_j는 식 (4)에서와 마찬가지로 '균형화 인자'로서 k값이 클수록 목적지 접근의 어려움으로 인해 유입량이 적어진다. 이 방식은 특정관광지를 방문한 여행총량을 알고 있다는 점을 단서로 하여 이들이 어느 도시, 아니면 어느 지역으로부터 왔는지를 추정하고자 할 때, 또는 어떤 공단지역 근로자들을 각 주거지구로 배분하여 주택공급량을 결정하고자 할 때 등에 적용될 수 있는 추정방법이다.

예를 들기에 앞서, 앞의 총량 및 발생량제약형 중력모형에서와 같이 $\alpha = 1$, $\beta = -1$, $\gamma = 1$이라고 가정하자. 이렇게 가정하면 k_j는 다음과 같이 계산된다.

$$k_1 = \left[\frac{160}{2} + \frac{450}{15} + \frac{180}{5} \right]^{-1} = [146]^{-1} = 0.006849$$

마찬가지로, $k_2 = 0.003942$, $k_3 = 0.005988$이 된다.
그러면 식 (6)은,

$$\hat{T}_{11} = 0.006849 \times 160 \times 200 / 2 = 110$$

$$\hat{T}_{12} = 0.003942 \times 160 \times 370 / 15 = 16$$

$$\cdots\cdots\cdots\cdots\cdots\cdots\cdots\cdots\cdots\cdots\cdots\cdots$$

$$\hat{T}_{33} = 0.005988 \times 180 \times 220 / 2 = 119$$

각 셀별로 이를 모두 계산하면 다음 〈표 4-2-7〉과 같다.

표 4-2-7		목적지 (j)			추정된 값 $(\sum_j \hat{T}_{ij})$
		1	2	3	
발생지 (i)	1	110	16	42	168
	2	41	328	59	428
	3	49	26	119	194
주어진 값 $\sum_i T_{ij}$		200	370	220	790

4) 이중제약형 중력모형

발생량·유입량 제약형 중력모형 또는 이중제약형 중력모형(double-constrained gravity model)이라고도 불리는 이 모형은 거주지의 발생총량과 목적지의 유입총량을 모두 알고 있으나, 각 셀간에 내부적으로 어떻게 배분되었는지를 알지 못할 때 이를 추정하기 위해 사용되는 방법이다. 이중제약형 모형의 기본형은 식 (7)과 같다(여기서 발생지의 '균형화 인자'와 목적지의 '균형화 인자'를 구분하기 위하여 전자는 소문자 k_i로, 후자는 대문자 K_j로 표기함).

$$\hat{T}_{ij} = k_i \ O_i \ K_j \ D_j \ d_{ij}^{\ \beta} \tag{7}$$

여기서,

$$k_i = [\ \sum_j k_j \ D_j \ d_{ij}^{\ \beta} \ ]^{-1} \tag{8}$$

$$K_j = [\ \sum_i k_i \ O_i \ d_{ij}^{\ \beta} \ ]^{-1} \tag{9}$$

식 (7)에서 k_i와 K_j는 상호간 함수관계에 있다. 따라서 k_i와 K_j는 상호간 반복조정을 통해 추정할 수밖에 없다. 구체적으로, 처음에는 $K_j = 1.0$으로 놓고 식(8)의 k_i를 추정한 다음, 그 추정치 k_i를 식 (9)에 대입하여 다시 K_j를 추정하는 식의 반복추정을 계속한다. 그리하여 이런 반복법을 계속하여 궁극적으로 더 이상 k_i값과 K_j값이 더 이상 상호 변동을 보이지 않을 때 그 값들을 균형화 인자로 확정하게 된다. 손 계산으로 이런 추정을 행하는 것은 번거롭기도 하지만, 엄청난 시간을 소모하므로 컴퓨터를 이용하는 수밖에 없다.[6]

메서(Masser, 1972) 등이[7] 이 이중제약형 모형의 반복법을 잘 예시해놓고 있지만, 여기서는 헤인스-포더링헴(1984)의 간단한 결과 설명만을 요약해 두기로 한다. 컴퓨터로 반복계산을 한 결과 k_i와 K_j의 값은 각각 $k_1 = 0.0046$, $k_2 = 0.00545$, $k_3 = 0.0045$이며, $K_1 = 1.45$, $K_2 = 0.735$, $K_3 = 1.25$로 계산되었다. 그러면 식(7)의 유출입 추정량은 다음과 같이 계산된다.

---

6) 이를 추정하는 소형컴퓨터 패키지는 주로 교통관계 프로그램을 중심으로 많이 개발되어 있다. 간단한 略式 프로그램으로는 Ottensmann, John R. (1985), Basic Microcomputer Programs for Urban Analysis and Planning(New York: Chapman Hall) 등이 있다. 이 책에서는 單一制約(발생량제약 및 유입량제약) 중력모형과 二重制約 중력모형의 프로그램을 제시해 놓고 있다.

7) Masser, I. (1972), Analytical Models for Urban and Regional Planning(England: David & Charles).

$$\hat{T}_{11} = 0.0046 \times 160 \times 1.45 \times 200/2 = 107$$

$$\hat{T}_{12} = 0.0046 \times 160 \times 0.735 \times 370/15 = 13$$

$$\cdots\cdots\cdots\cdots\cdots\cdots\cdots\cdots\cdots\cdots\cdots\cdots\cdots\cdots\cdots$$

$$\hat{T}_{33} = 0.0045 \times 180 \times 1.25 \times 220/2 = 111$$

따라서 이들 예측치는 다음 〈표 4-2-8〉과 같다.

표 4-2-8		목적지(j)			주어진 값 $\sum_{j} T_{ij}$
		1	2	3	
발생지 (i)	1	107	13	40	160
	2	47	334	69	450
	3	46	23	111	180
주어진 값 $\sum_{i} T_{ij}$		200	370	220	790

이 추정치를 〈표 4-2-1〉의 본래 실적치와 비교해보면 이 모형에 의한 추정치가 다른 모형의 그것보다 꽤 정확함을 알 수 있다. 일반적으로 제약성이 증가할수록—다시 말해 이미 알려진 정보가 더 많을수록—예측력은 더 증대된다는 사실이 이 사례연구에서도 나타나고 있다.

또 하나의 방식으로 발생량, 유입량 어느 것에도 제약을 가하지 않은 무제약성 중력모형(unconstrained gravity model)이 있는데, 이의 기본식은 식 (10)과 같다.

$$\hat{T}_{ij} = k \ B_i{}^{\gamma} \ A_j{}^{\alpha} \ d_{ij}{}^{\beta} \qquad\qquad (10)$$

이 식(10)은 총량제약형 중력모형인 식(1)과 형태는 같지만, 총유동량, 즉 $\sum\sum T_{ij} = T$가 정해져 있지 않은—다시 말해 제약성이 전혀 없는—모형이다. 이 모형에서는 B_i와 A_j의 변화에 따라 발생량 또는 유입량은 무제한이 될 수 있으며 발생량이 유입량과 꼭 일치하지 않는 경우도 많다. 대개의 회귀분석모형(regression model)은 이 무제약 중력모형이라고 할 수 있다(Kim, 1988: 11~3).

부록 4-3 호텔링의 여행비용모형에 대한 제안 서신

TCM은 관광자원 또는 환경자원의 가치를 평가하는 유용한 분석도구이다. 이 방법은 전적으로 호텔링의 1947년 당시 아이디어에 바탕을 두고 있음을 앞에서 밝혔다. 본 부록에서는 1947년 6월 그가 산림의 경제적 가치평가 방법에 대해 고민하던 미국 산림청에 보낸 편지 사본과 그 번역문을 수록하였다. 이 편지 내용에는 여행비용모형 구성방법에 대한 그의 구체적 생각이 그대로 나타나 있다. 이 편지는 Ward와 Beal(2000: 217~8)이 결론부분에 수록해 놓은 것을 발췌해 수록하고 필자가 그 내용을 번역한 것임을 밝혀 둔다.

노스 케롤라이나 대학교
통계학 연구소, 체플 힐
수리통계학과

1947년 6월 18일

워싱턴 D.C. 25
내무성內, 산림청
청장 뉴톤 B. 드루리 씨

친애하는 드루리 청장님:

A. E. 디머레이로부터 편지를 받고 귀 산림청의 로이 프루이트 박사와 회합을 가진 후, 저는 국립공원의 對고객 서비스를 꽤 정확하게 평가할 수 있는 적절한 방법을 만들 수 있다고 확신하게 되었습니다.

대중에게 돌아가는 편익을 평가하는 기준의 개발은 사실 저의 오랜 관심사였습니다. 도로와 교량 그리고 운하 건설의 편익을 구하는 방식을 연구한 프랑스 엔지니어 율리스 뒤피가 백년전 제시했던 前例를 참조하며, 저는 보다 더 광범위하고 복잡한 종류의 공공서비스 수혜편익을 측정하는 공식을 연구해온 바 있습니다.

물론 이들 공식은 매 경우마다 실제 통계학적 조사를 통해 파악되어야 할 계수들을 포함합니다. 제 생각으로는 이런 연구들의 발전은 프루이트 박사와 내가 논의한 몇가지 유형의 해결책을 통해 이루어질 수 있다고 봅니다. 이 중 제가 실현성이 있다고 자신하는, 앞으로 더욱 연구해볼 만한 해결책은 다음과 같습니다.

공원을 중심으로 동심원을 그어 봅시다. 그러면 해당 동심원의 모든 점들로부터 공원까지의 여행비용은 대개 일정하다고 볼 수 있습니다. 어떤 해에 이 공원을 방문하는 사람들, 혹은 적절히 선정된 표본 방문자는 그들이 현재 살고 있는 소속 동심원별로 분류할 수 있습니다. 이들이 [공원에] 온다는 사실은 바로 비용을 감수하고도 공원서비스를 받을 만하다고 생각하는 것을 의미합니다. 이 때 우리는 그 감수비용을 아마도 꽤 정확하게 추정할 수 있습니다. 여행거리에 관계없이 이용자가 누리는 편익은 모두 같다고 가정한다면, 우리는 각 여행자의 교통비용의 차이를 이용해 각자의 소비자잉여를 구할 수 있습니다. 각 동심원에서 오는 데 소요된 여행비용을 그곳으로부터 오는 여행자의 수 그리고 그 동심원의 인구수와 비교함으로써 우리는 공원서비스 수요곡선 위에 각 동심원별로 해당되는 점을 찍을 수 있습니다.

면밀히(수요곡선을) 적합(fitting)시킴으로써, 우리는 이 수요곡선의 적분을 통해 그 공원이용으로부터 발생하는 소비자잉여의 정확한 근사치를 구할 수 있게 됩니다. 특정 연도의 공원 이용편익을 측정해주는 것은 바로 이(공원 운영비를 빼고 위의 과정을 통해 계산한) 소비자잉여 비용인 것입니다. 물론 이 소비자잉여를, 그 공원지역이 [관광이 아닌] 어떤 다른 용도로 전용된다고 가정했을 때의 그 연간 추정 편익과도 직접 비교해볼 수 있을 것입니다.

각각 다른 공원들 간의 관계에 대한 문제는 약간 더 복잡한 방법이긴 하지만, [조사자가] 공원입장객에게 그 해에 어떤 다른 국립공원을 방문했는지를 설문해주기만 한다면 위와 동일한 방식을 통해 해결할 수 있을 것입니다. 그런 설문결과를 통해 우리는 수요곡선 대신 몇개 조의 수요함수들을 얻을 수 있습니다. 제가 이미 여러 학술지에 게재한 논문들을 통해 밝힌 바대로, 소비자잉여는 아직 의미 정의상의 문제를 안고 있습니다만, 국립공원으로부터 발생되는 각종 편익들을 평가하는데 사용될 수도 있을 것입니다.

여행비용을 통한 접근방법은 그 문제를 해결할 수 있는 여러 방법들 중의 하나라고 생각합니다. 위에서 언급한 방법이 제 생각으로는 가장 그럴 듯해 보입니다만, 검토를 요하는 다른 방법들도 또 있겠지요.

안녕히 계십시오

헤롤드 호텔링 드림

| 부록 4-4 | 여행비용 접근법(TCM)의 경험적 적용: 우리나라 5대 국립공원의 경우[8] |

일반 경제재의 가격결정은 대부분 시장기능에 맡겨지고 있지만, 공공재적 성격이 강한 관광자원-예컨대 사적지나 국립공원 등-의 경우에는 시장기구가 아니라 경제 외적 여건 또는 정책의지에 의해 그 가격이 결정되는 경향이 있다. 다시 말해, 사적지나 국립공원의 입장료·시설이용수요 등은 한계비용(marginal cost) 원칙이 반영되지 않은 형식적 가격(名目的 價格)에 불과하다.

따라서 자연공원의 이용수요와 이용료간에는 경제적인 의미에서의 인과관계, 즉 수요의 법칙을 찾아볼 수 없다. 그러므로 이들 자원에 대한 수요곡선의 도출이나 관광자원 자체의 편익측정은 시장기구를 통해 거래되는 재화나 용역의 거래정보에 바탕을 둔 기존의 전통적 수요곡선 예측기법과는 다른 방법을 쓰지 않을 수 없다. 호텔링(Hotelling, 1947), 클로슨(Clawson, 1959, 1966) 등은 자연자원 등 공공재적 성격의 관광재가 지닌 이러한 특성에 착안하여 새로운 수요측정 방법을 제시하였다. 이들은 관광여행자 각자가 먼 거리를 여행하여 어떤 관광자원을 수요하는 것은 바로 그가 그 자원에 대하여 기꺼이 지불하고자 하는 가치(a willingness to pay)가 그만큼 크기 때문이라는 것이다. 즉 특정 위락자원의 수요량은 이동한 여행비용(여행비용의 대리변수로 물리적 거리를 사용함)의 함수라는 것이다.

이와 같이 관광자원이용에 대한 전통적 시장가격기구가 존재하지 않는데도 불구하고, 관광참여자의 서로 각각 다른 '여행비용'을 통해 관광자원의 수요곡선을 도출하는 방식을 여행비용모형(TCM; travel cost model) 혹은 여행비용방법(travel cost method)이라고 하는데, 오늘날 이 방법은 시장기구가 작용하지 않는 비시장형 자연자원(unpriced natural resources)의 가치를 추정하는 데 널리 이용되고 있다. 지난 35여년간 단일 주제나 기법으로는 위락경제학 내지 자연자원경제학 분야에서 가장 많이 연구되어온 테마가 이 TCM 분야라 해도 과언이 아니다(Ward and Veal, 2000: 35).[9]

TCM 연구에 대한 학자들의 관심이 높은 만큼 이 모형에 대한 문제점이나 비

8) 이 부록은 필자가 한국관광학회 제50차 강릉학술대회에서 발표한 다음의 논문을 재편집하여 정리한 것이다. 김사헌 (2001). 관광자원 가치의 추정과 평가: TCM의 경험적 적용. 「학술연구발표논문집」 한국관광학회 제50차 학술심포지엄 및 정기 학술발표대회, 강릉시 강릉대학교 6.23~6.25.

9) 와드와 빌에 의하면, 지난 20여년(1968~1988)간 156편의 TCM관련 논문(영어를 언어매체로 한 논문에 한정)이 발표되었으며, 1988년 이후에는 훨씬 더 많은 연구가 이루어져 왔다. Ward and Veal(2000) p.35 참조.

판도 그에 비례해서 광범위하게 제기되어 왔다. 먼저 이 이론이 상정하고 있는 몇 가지 주요 가정을 파악하고 이를 토대로 모형의 문제점을 살펴보자. TCM의 주된 가정은 (1) 방문자의 (인구학적) 특성 그리고 현지 소비시간(체재기간)은 동일하다, (2) 자원의 공급가격(거주지로부터 자원까지의 여행비용, 즉 거리)이 충분히 분포되어 있다, (3) 여행목적은 오직 해당 목적지관광 한가지이다, (4) 여행의 기회비용, 목적지에의 접근속도, 접근환경(도로망 등)이 동일하다, (5) 여행으로 유발되는 직간접 비용(차량수리 비용, 심리적 비용이나 만족도 등)은 동일하다, (6) 주변에 보완적인 또는 서로 경합적인 자원은 없는 것으로 가정한다 등을 들 수 있다(Loomis and Walsh,2000: 150~153, Walsh, 1986: 224; Ward and Beal, 2000: 220; 김사헌, 1999: 157~158).

1. 연구방법과 분석모형

TCM은 모형의 구성과 검증을 위해서는 경험적인 연구가 필요하다. 여기서 자원성 가정을 충족시키기 위해서는(즉 연구대상지의 자원공급 가격의 다양한 분포를 위해서는) 전국 수준의 연구대상지를 선정해야 한다. 왜냐하면 도시내 관광지를 선택할 경우, 여행비용이 대부분 같거나 영에 가깝기 때문이다 (Loomis and Walsh,2000: 152). 따라서 본 연구에서는 연구대상지로 자원 지향형 관광지(resource-based tourism resources)에 국한하였다(여기서는 국립공원). 연구대상지는 기존의 연구에서 조사한 설악산, 계룡산, 주왕산, 소백산, 월악산의 방문자 자료를 이용하였다.[10]

거주지별 방문자료는 지도와 열차시각표의 노선버스 거리자료를 이용하였는데, 가장 빠른 시간에 접근할 수 있는 최단 육로 거리를 계산하여 이를 여행비용의 대리변수로 사용하였다.[11] 분석방법은 SPSS와 EXCEL 등을 이용하여 각종 형태의 회귀분석을 실시하고, t-검정이나 결정계수 등의 통계량을 파악하였으며 추정모수의 부호, 탄력성에 주목하여 분석하였다.

연구의 기본 모형은 다음과 같다. 즉 TCM의 개괄적 모형으로서 먼저 배출력

---

10) 조사자료는 다음과 같은 연구들의 현지조사 통계에서 발췌하였음을 밝혀 둔다. 양광호(1998); 조광익(1998); 김정현(1998). 각 조사시점은 설악산이 1995년 10월 19~21일, 계룡산이 1999년 4월 10~11일, 그리고 주왕산, 소백산, 월악산 이용자가 1999년 4월 4~18일에 조사되었다.

11) 여행비용을 나타내는 변수로서 실제 교통비용을 사용할 수도 있으나, 이 변수는 오히려 물리적 거리 변수보다 독립변수로 유의하지 않은 것으로 나타났다. 경험적 결과는 한범수·김사헌(1997)를 참조.

(pushing forces)은 그 지역의 소득수준, 연령 및 성별구조, 직업구조 등 지역에 따라 다양하게 나타나므로 거주지 i의 이러한 배출력을 B_i, 목적지 j의 자원매력도를 A_j, 두 지역간 거리를 d_{ij} 라 놓는다면 다음과 같은 여행수요(Q_{ij}) 모형을 생각해 볼 수 있다(여기서 K는 常數).

$$Q_{ij} = K\, B_i\, A_j \cdot f\,(d_{ij}) \qquad (1)$$

그런데, 여기서 배출력을 발생지역 i의 인구(P_i)로 가정하고 기본 모형을 멱함수(power function)로 그리고 거리함수 $f\,(d_{ij})$는 다른 많은 경험적 연구에서 확인한 바대로 距離凋落 函數(distance-decay function)로 가정하면, 위 식 (1)은

$$Q_{ij} = K\, P_i{}^{a_1}\, A_j{}^{a_2}\, D_{ij}{}^{-b} \qquad (2)$$

여기서 P_i의 파라메터 a_1이 1이라고 가정하고(즉 P는 constant return to scale로 가정) 이 변수를 좌측으로 옮기면 Q_{ij}/P_i, 즉 i 지역 인구가 j 관광지를 방문할 확률이 종속변수가 된다. 이 식에 양대수를 취하면 식 (3)과 같은 대수선형이 되며 이는 곧 본 연구의 TCM 추정모형이 된다.

$$\frac{Q_{ij}}{P_i} = K\, A_j{}^{a_2}\, D_{ij}{}^{-b} \quad \text{또는}$$

$$\ln\left(\frac{Q_{ij}}{P_i}\right) = k + a_2 \ln A_j - b \ln D_{ij} \qquad (3)$$

2. 총경험 수요곡선과 자원 수요곡선의 추정

5대 국립공원 방문실적을 위에서 제시한 기본모형 (3)에 넣어 분석한 결과가 〈표 4-4-1〉이다. 함수모형에서 각 국립공원의 흡인요인(pull factor) 중의 하나인 A_j 즉 자원매력도는 계량화하는데 난점이 있어 일단 상수항에 모두 구현되어 있다고 가정하고(즉 상수항$= k + a_2 \ln A_j$) 거리변수인 D_{ij}만을 설명변수로 하여 각 유형의 단순방정식들(즉 선형, 대수, 양대수 및 지수형 방정식)을 추정하였다(여기서 표현의 편의를 위해 거리변수 D_{ij}를 DIST로 표기함).

표 4-4-1		모 형	DIST	t값	R^2
모형별 회귀선 회귀계수 및 적합도	설악산	선 형	-0.135	-4.55	.508
		반대수	-3.971	-16.71	.933
		양대수	-0.831	-7.68	.747
		지 수	-0.007	-9.11	.806
	계룡산	선 형	-0.069	-3.71	.346
		반대수	-10.177	-6.65	.630
		양대수	-1.779	-9.61	.780
		지 수	-0.016	-9.10	.761
	소백산	선 형	-0.109	-2.36	.318
		반대수	-13.052	-4.12	.586
		양대수	-1.831	-5.14	.688
		지 수	-0.020	-4.39	.616
	월악산	선 형	-0.071	-4.84	.609
		반대수	-7.303	-7.44	.787
		양대수	-1.932	-5.98	.705
		지 수	-0.021	-5.96	.703
	주왕산	선 형	-0.041	-3.95	.545
		반대수	-4.244	-6.83	.782
		양대수	-1.307	-5.93	.730
		지 수	-0.016	-7.26	.802

추정식을 보면, 설명변수로서 거리계수의 통계적 유의성은 모두 1%(α=0.01) 이내로 극히 유의하였으며 거리억제력을 나타내는 회귀계수의 방향도 일관되게 負로 작용하여 기존의 연구결과들과 동일하게 나타나고 있음을 보여주고 있다.

각종 모형들의 회귀선 적합도를 보면 대체로 50% 이상의 설명력을 보여주고 있으며, 선형(linear)보다는 半대수(semi-log linear) 및 兩대수(entire log-linear)의 설명력이 보다 높은 것으로 나타나고 있다. 본 연구에서는 다른 많은 사회과학 계량모형에서와 같이 양대수 선형모형(또는 멱함수 모형)을 기준모형으로 채택하여 분석키로 한다. 양대수 선형모형의 회귀계수 b는 곧 방문확률(방문율)의 거리에 대한 탄력성을 의미한다.[12]

---

12) 양대수를 취한 함수, ln Y = a + b ln X 에 있어서는 계수 b의 값이 곧 點彈力性(point elasticity)의 값이다. 이를 증명해 보면 다음과 같다. 먼저 ln Y = a + b ln X에 있어 lnY 및 lnX 를 다음과 같이 놓자.

$$U = \ln Y, \quad V = \ln X \qquad 따라서, \quad X = e^V = e^{\ln x}$$

위 식(ln Y)를 (ln X)에 관해 미분하면,

$$\frac{d(\ln Y)}{d(\ln X)} = \frac{dU}{dV} = \frac{dU}{dY}\frac{dY}{dX}\frac{dX}{dV} = \left(\frac{1}{Y}\right)\left(\frac{dY}{dX}\right)(e^V) = \left(\frac{dY}{dX}\right)\frac{X}{Y} = b$$

그런데 이 값은 점탄력성의 값이다. 왜냐하면 탄력성이란 설악산의 예를 든다면 거리탄력성이 -0.831이므로 거리가 10%씩 더 멀어 질수록 방문율은 8.3%씩 감소해감을 의미한다.

탄력성의 상대적 크기를 보면 월악산, 소백산, 계룡산, 주왕산, 그리고 끝으로 설악산의 순으로 나타나고, 따라서 방문량의 감소율도 이와 비례하고 있다. 이런 서열관계가 성립하는 이유가 설악산, 주왕산이 타국립공원보다 인구밀집지가 아닌 국토 외곽에 위치하는 데 기인하는 것인지, 아니면 자원의 매력도와 관련되는 것인지는 여기서 단정할 수 없어 보인다. 이 적합선들은 클로슨이 주장하는 총경험곡선에 해당되는 것으로, 각 국립공원의 회귀선 적합도를 그림으로 표시해 본 것이 〔그림 4-4-1〕이다.

그림 4-4-1

각 국립공원의 회귀선 적합도

주: 그림들은 방문율과 거리 간의 산점도이며 식은 이들의 적합 방정식임.

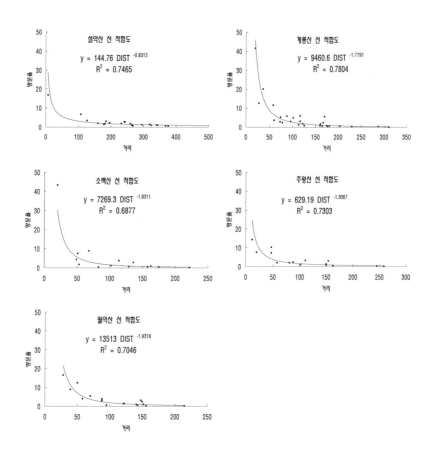

$$\frac{dY}{Y} \Big/ \frac{dX}{X} = \left(\frac{dY}{dX}\right)\left(\frac{X}{Y}\right) \text{이기 때문이다.} \quad \text{따라서,} \quad \varepsilon = \frac{dY}{dX}\frac{X}{Y} = \frac{d(\ln Y)}{d(\ln X)} = b \text{이다.}$$

한편, 이들 5대 국립공원의 방문율-거리관계 자료를 통합하여(n=98) 인과관계를 파악해본 것이 〔그림 4-4-2〕이며 그 회귀식은 다음 식 (4)와 같다.

$$Q/P = 524.41\, DIST^{-1.1769} \quad R^2 = 0.5741 \qquad (4)$$

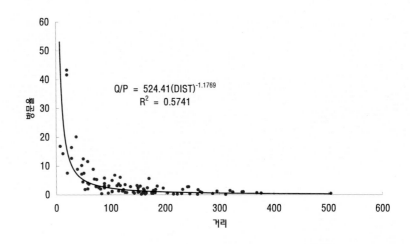

그림 4-4-2

5대 국립공원의 거주지에서 거리와 방문율의 관계

즉 5대 국립공원의 평균 거리탄력성은 -1.1769로서 거리가 10%씩 멀어져감에 따라 방문율은 11.7%씩 감소해감을 나타내주고 있다. 전반적으로 유의성(t=-11.26)이 높고 결정계수는 57% 수준으로서 추정식은 신뢰할만하다 하겠다. 평균 거리탄력성과 비교해볼 때, 설악산만이 그에 훨씬 못미치는 -0.8312로 나타나고 있으며, 나머지 4개 공원은 이 평균치보다 훨씬 높은 숫자를 보여주고 있다. 여타 4개 공원의 탄력성 값을 끌어내릴 정도로 설악산의 거리탄력성이 극히 낮다. 이는 설악산의 자원성이 타국립공원보다 상대적으로 빼어나 여행비용 증가(거주지까지의 거리증가)에 관계없이 먼 곳으로부터도 많은 방문이 이루어지고 있음을 시사해주고 있는 듯하다.

이 추정 회귀선을 양대수 선형화하여 分散의 형태를 보자. 〔그림 4-4-3〕과 같이 목적지로부터 거주지까지의 거리가 멀어질수록 방문율의 분산(추정 회귀선의 잔차)이 커지고 있다. 이는 여행대상지까지의 공간적 거리가 멀어질수록 방문확률의 추정적합도가 떨어짐을 의미한다. 이 사실은 원거리 목적지를 여행하는 관광객일수록 방문목적이 타관광지의 동시관광 그리고 관광이외의 목적을 포함한 겸목적 관광이 늘어나는 경향을 암시해주고 있는 듯하다.

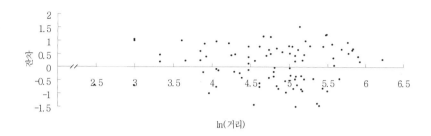

그림 4-4-3

회귀선의 적합도와 잔차
분산

클로슨 등(Clawson and Knetsch, 1966)이 제안한대로 〔그림 4-4-1〕의 회귀곡선(총경험 곡선)에 독립변수의 추가거리 변화를 한계비용(즉 $\Delta DIST$) 개념 식으로 누증시켜 보면 한계편익곡선 혹은 자원수요곡선을 도출할 수 있다. 여기서는 5개 국립공원 모두 거리를 방문자수가 줄어들어 드디어 없어지게 되는 수준($\Delta Q = 0$)까지 계속 증가시켜 한계거리에 대응하는 방문자수의 변화분(즉 ΔQ)을 계산하였다.[13]   이 과정을 통해 계산한 일련의 자료를 양대수 선형방정식으로 계산한 것이 다음 수식이다.

설악산: $\ln(Q) = 8.876 - 0.670 \ln(DIST)$ $R^2 = 0.933$

계룡산: $\ln(Q) = 8.369 - 0.936 \ln(DIST)$ $R^2 = 0.854$

소백산: $\ln(Q) = 6.777 - 0.798 \ln(DIST)$ $R^2 = 0.807$

주왕산: $\ln(Q) = 7.615 - 0.783 \ln(DIST)$ $R^2 = 0.853$

월악산: $\ln(Q) = 3.156 - 0.616 \ln(DIST)$ $R^2 = 0.831$

이 수식들에서 보면 거리탄력성의 크기는 계룡산, 소백산, 주왕산, 설악산, 월악산 순으로 높다. 즉 거주지로부터의 거리가 멀어져감에 따라 수요가 계룡산, 소백산의 순으로 급격히 감소한다는 뜻이다. 특정 자원이 거리에 둔감하다는 사실은 해당자원의 매력성 자체가 그만큼 더 높기 때문에 이용자들이 거리변화에 개의치 않고 수요한다는 사실을 의미한다. 그렇다면 여기서 설악산 및 월악산 자원수요의 거리탄력성이 낮다는 사실은 이들 자원이 타자원보다 이용자에 의해 매력이 더 높게 평가된다는 의미인데, 설악산은 그렇다 치더라도 월악산이 계룡산, 주왕산 등보다 과연 매력성이 더 높은 지는 의문이다. 다른 3개 공원

---

13) 여기서 추가비용(ΔTC)를 점차 늘려 가는 과정에서 주의할 점은 방문자수가 거의 零에 가깝도록(예: 0.1 정도) 추가비용을 증가시켜 피팅(fitting)이 최대화되도록 해야 한다는 점이다.

을 놓고 볼 때도 탄력성의 크기 정도만 가지고 자원매력성의 우열을 예단(豫斷)하기는 어려워 보인다.

이들 모형에서 보면 탄력성의 크기에 현격한 차이가 없을 뿐만 아니라 곡선의 절편(상수항) 또한 중요해 보인다. 월악산의 경우, 낮은 탄력성 못지않게 기울기 또한 낮으며, 한편 설악산은 기울기는 낮되 절편(상수항)이 가장 높다(즉 8.876). 거리의 변화가 없는데도 최초의 지불의사액(willingness to pay)이 높다는 사실은 그만큼 그 자원의 매력도가 높기 때문이라는 사실을 반영한다. 그러므로 방정식에 나타난 이용자의 총 지불의사액을 합산·확인해보는 방법이 자원의 매력도 전모를 파악하는 보다 좋은 방법으로 보인다. 이를 위해 위 방정식을 횡축을 수요량으로 종축을 거리비용으로 하여 전통 수요곡선 형식으로 그려본 것이 〔그림 4-4-4〕이다.[14]

이들 자원 수요곡선의 내부면적 즉 예를 들어 월악산의 푸른 색 면적이 해당 공원의 자원편익에 해당된다. 만약 국립공원의 입장료가 무료라면(실제로 현재의 명목입장료 1000원은 거의 무료나 마찬가지라 해석할 수 있다) 푸른 색 면적은 월악산 자원의 소비자잉여(또는 관광자잉여)에 해당된다.

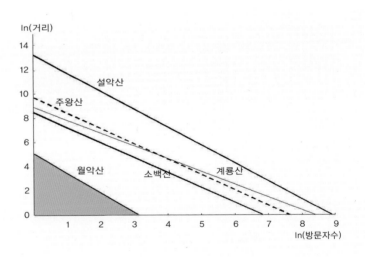

그림 4-4-4

5대 국립공원의 자원수요곡선

---

14) 수학적 함수관계 표현에서는 종속변수=f(독립변수) 즉 수요량=f(가격)이라는 방정식 체계로 표현하며, 그림에서는 종축(Y축)에 종속변수를, 횡축(X축)에 독립변수(가격)를 표시한다. 그러나 전통 경제학의 가격-수요관계를 나타내는 수요곡선에서는 이와 반대로 수요를 횡축에(즉 X축에), 가격(거리변수)을 횡축(Y축)에 표시함을 유의하기 바란다. 이에 대한 논의는 Walsh(1986)의 연구 123~125쪽을 참조.

각 공원 자원매력에 대한 지불의사액(자원가치)의 면적은 위 식을 적분 (differentiation)하면 얻어질 수 있는데, 거리에 대해 적분한 각 공원의 자원 가치 면적은 다음과 같다(여기서 면적의 단위는 km환산 거리비용이며 1000단 위 이상을 유효단위로 보았다).

설악산: 1,907,000   주왕산: 75,000   소백산: 20,000

계룡산: 60,000   월악산: 4,000

그림상의 내부 면적으로 볼 때, 이용자의 지불의사액으로 평가된 설악산의 자원가치는 타공원의 그것에 비교할 수 없을 정도로 높게 나타나고 있다. 수치 그대로의 배율로 이야기한다면 설악산이 차순위인 주왕산의 25배, 차차순위인 계룡산의 약 30배, 그리고 최하위인 월악산의 477배라는 계산이 나온다.[15]

만약 측정단위인 km환산 거리를 화폐가치로 치환만 해준다면(예를 들어 1km 이동거리를 자가용 승용차 연료소비 기준 130원으로 환산하는 등) 이 수 치는 화폐가치로 환산시킨 자원가치액이 될 수 있을 것이다.

3. 논의 및 시사

위에서 몇몇 국립공원의 방문자료를 토대로 지불의사액에 입각한 자원가치를 추정해보았다. 여기서 필자는 탄력성만으로는 5대 국립공원의 자원가치 크기를 판정할 수 없다는 사실을 확인하였다. 이는 표본수가 적다는 점에서도 그렇지만 조사시점의 차이나(10월에 조사된 설악산을 빼고 나머지는 4월에 조사되었음) 조사자의 차이에 기인할 수도 있다는 의구심을 배제할 수 없다. 동일 조사자가 동일 시점에 조사한다면 어떤 일관성있는 탄력성이 파악될 지도 모를 것이다.

그러나 [그림 4-4-4]와 같이 자원 수요곡선을 추정해본 바에 의하면 그 결과 는 우리의 선험적 지식과 크게 다르지 않다는 생각이 든다. 왜냐하면 설악산은 자타가 인정하는 우리나라 최고의 국립공원으로서 전국 각지로부터 많은 탐방인 파가 몰려 월악산이나 소백산보다는 자연자원으로서의 가치가 더 높다고 여겨지 기 때문이다(김사헌 外, 1987: 168~182). 여기서 수치상으로는 설악산의 가

---

15) 그림상에 나타난 면적을 해석하는데 주의할 점은 비록 그림의 면적에서 설악산이 월악산의 477배가 아닌 것 같이 보이지 만, 양축의 수치가 단순 수치가 아닌 對數(logarithm) 수치라는 점이다. 예를 들어 종축의 눈금 3과 4의 차이는 1이 아니라 $e^3 (=20.086)$과 $e^4 (=54.598)$의 차이이다.

치가 주왕산의 25배, 계룡산의 30배, 소백산의 95배임을 의미하고 있다. 다만, 이 배율을 액면 그대로 받아들일 수 있는가의 여부는 조사시기, 조사지점 등 연구방법의 차이가 얼마나 편의(bias)를 줄 것인가에 달려 있다고 하겠다.

가장 우려되는 점은 조사지점(survey spots)상의 문제이다. 예컨대, 월악산이나 소백산, 주왕산은 공원의 입구(혹은 출구)가 비교적 단일한 편이나 설악산이나 지리산(여기서는 조사 대상지가 아님)은 출입구가 여러 곳이다. 설악산의 경우를 예로 든다면 진입지점이 ① 인제군 용대리 백담사, ② 인제 한계리 옥녀탕, ③ 속초 척산 온천, ④ 양양·속초의 7번국도 물치 등 최소 4곳이다. ③번 입구에서 조사하면 당연히 속초, 고성 등에서의 방문율이 높을 것이고 ④번 입구에서 조사하면 당연히 강릉, 포항, 대구, 부산에서의 방문율이 높을 것이다. 이 경우 조사지점을 적절히 안배해야 하지만, 안배하는 방법 또한 문제가 될 것이다. 그리하여 예컨대 지리적으로 ①번 입구 쪽보다 ④번 입구 쪽이 거리나 교통조건상 더 많은 원거리 도시(대구, 부산 등) 관광객이 조사대상에 포함될 확률이 높고 그만큼 설악산에 대한 지불의사액이 높아져서 ④번 입구에서 조사한 자료가 다른 곳보다 자원가치가 더 높게 평가될 가능성을 배제할 수 없는 것이다.

또 한 가지 주목할 점은 회귀선의 적합도 분석에서 거리의 증가에 따라 회귀잔차(regression residuals)가 증가한다는 사실이다(〔그림 4-4-3〕 참조). 앞에서도 약간 언급하였지만 이것은 거주지–목적지간의 여행거리가 멀어질수록 방문확률의 추정 적합도가 줄어드는 것을 의미하는데, 이는 원거리 목적지를 여행하는 관광객일수록 방문율의 변화가 심해진다는 뜻이다. 먼 지역의 방문자일수록 방문흐름의 편차가 크다는 사실은 이들의 방문목적이 다목적지 관광(multi-site tour) 또는 관광여행 이외의 목적을 포함한 소위 겸목적 관광(multi-purpose tour)이 비례적으로 늘어나는 경향을 시사해주고 있지 않나 하는 점이다. 원거리일수록 선택대안으로서의 목적지 수가 증가한다는 사실은 이미 잘 알려져 있다(김사헌, 1999: 157~8). 즉 원거리 거주자의 설악산 국립공원 관광은 설악산의 경관만을 관광하고자 하는 것이 아니라 도중의 다른 관광지 또는 도중에서의 친지방문·취업정보 구득 등 관광 외의 목적을 수반할 확률이 높다는 것이다. TCM에 있어 복수 목적지, 겸목적 관광에 대한 여행비용 산정문제는 총여행비용을 각 목적지에 배분하거나(Haspel and Johnson, 1982), 체재기간으로 조정하거나(Stoeckl, 1993) 혹은 다수 목적지를 결합하여 단일 결합 목적지(joint site)로 간주하자던가(Mendelsohn, 1992)하는 방안이 제시되기도 하고 있지만, 아직 학자들 간에 최선책은 합의되지 않고 있는 실정이다.

　다목적지에 있어서 관광지의 질을 반영하는 방안으로서 루미스와 왈쉬(Loomis and Walsh, 1997: 154~5)는 각 목적지의 방문율 자료를 통합하고 질을 반영하는 방법의 대안으로 면적(그들은 호수의 면적을 예시)을 여행비용에 이어 또하나의 독립변수로 도입할 것을 제안한 바 있다. 이들의 제안을 수용하여 필자는 자원의 질 또는 매력을 반영하는 변수(앞의 식 1, 2, 3의 기호로는 A_j)로서, 각 국립공원의 면적(AREA)을 제2의 독립변수로 도입하여 회귀분석을 시도하였으나, 유의성이나 결정계수 면에서 적절하지 않은 것으로 나타났다. 즉 식 (4)와 같은 멱함수로 가정하여 추정해본 결과, 부호의 방향은 기대값과 맞았으나 면적 파라메타의 t 값이 1.04($\alpha=0.3$)라는 낮은 유의수준을 보였으며 결정계수 값도 겨우 0.579로서 식 (4)의 0.574보다 겨우 0.005 정도 밖에 개선되지 못하는 것으로 나타났다.

$$Q/P = 323.1\ DIST^{-1.1769}\ AREA^{0.113}$$

　그러나 이러한 모형상의 여러 가지 제약점에도 불구하고 자원가치 평가에 있어서 CVM(Contingent Valuation Method)과 더불어 TCM 기법을 대체할 보다 우수한 방법은 아직 나오지 않고 있다. TCM의 가정을 하나둘씩 극복하는 방안이 연구되는 것만이 관광자원의 가치를 올바르게 추정할 수 있는 대안이 될 것으로 생각되며, 그러기 위해서는 이 분야에 대한 학자들의 많은 관심할애가 요구된다.

부록 5-1   가상적 가치평가방법 설문지(반복입찰 게임)

A. 관광자들의 경관미 훼손 저감시 수요에 대한 반복입찰 게임[16]

안녕하십니까. 저는 _____입니다. 저는 존 뮈어 환경연구소의 재정지원으로 수행되고 있는 포웰 湖 연구 프로젝트 팀의 일원으로서, 뉴멕시코 대학의 경제학과에서 연구하고 있습니다. 이 연구는 포웰 호수지역에서의 산업개발, 위락, 그리고 환경간의 상충문제를 좀더 면밀히 검토하기 위해 계획된 것입니다. 이러한 목적과 관련하여, 이 지역 환경의 질과 미래 환경문제에 대하여 귀하께서는 어떻게 느끼시는지 몇 가지 여쭙고자 합니다.

1. 함께 거주하는 귀하의 가족수는 몇 분입니까? _____명
2. 귀하께서 예정하고 계신 체재기간은? _____일
3. 어디에서 체재하십니까?
   (a) 친척집 _____
   (b) 여관, 모텔 _____
   (c) 통과여행자 _____
   (d) 캠프장 _____
   (e) 원거리(지명 명시) _____
4. 실례가 되지 않는다면, 귀댁의 가구소득을 아래의 밑줄칸에 표시해 주시겠습니까?
   _____0~4,999 달러   _____5,000~9,999
   _____10,000~14,999   _____15,000~19,999
   _____20,000~24,999   _____25,000~29,999
   _____30,000~49,999   _____50,000 이상

5. 포웰 호수 북쪽에 대규모의 발전소 건설을 계획하고 있습니다. 이 발전소는 최소한 호수의 남쪽에 있는 나바 湖 발전소 정도의 규모가 될 것으로 예상됩니다.
   귀하께서는 나바 湖 발전소와 굴뚝 건설계획을 이미 알고 계십니까?
   _____예   _____아니오

새로운 발전소가 어디에 어떻게 건설되느냐에 따라서 환경의 질에 중대한 영향을 미칠 수 있습니다. 호수 근처에 발전소가 세워진다면 호수에서 수마일 떨어진 곳에서도 발전소가 보일 것이며, 그리고 이곳의 대기오염이 엄격히 통제되지 않는다면 먼 지역까지 심각한 영향을 끼칠 것입니다.

---

16) Brookshire, Ives, and Schulze(1976)의 334쪽 설문지 참조.

이 사진들은 호수 북쪽에 발전소가 건설되었을 때의 가상적 모습을 보여주기 위해 제작된 것입니다. 상황A는 발전소가 멀리 떨어진 곳에 건설되어 호수 근처에서 보이지 않는다고 가정했을 때의 발전소 모습입니다. 상황B의 발전소는 호수 근처에서 쉽게 눈에 띄지만 매연은 거의 없어서 視界에 큰 영향을 미치지는 않습니다. 상황C는 이 지역의 위락환경에 가장 큰 악영향을 미치고 있음을 보여 주고 있습니다. 즉 발전소가 호수에서 쉽게 눈에 띄며, 매연은 확실히 시계를 축소시켜 주고 있습니다.

물론, 휴가를 보내는 사람들은 많은 돈과 시간을 소비하면서 힘들게 자전거, 보트, 캠핑과 낚시도구를 갖추어서, 그들이 정한 목적지로 여행을 떠납니다. 귀하께서 위락경험을 위해서 기꺼이 지불하고자 하는 금액은, 귀하께서 예상하는 경험의 질에 달려 있다고 가정하는 것은 당연한 것입니다. 귀하는 환경의 개선을 환경의 악화보다 더 높게 평가하시리라 사료됩니다. 그러나 환경을 개선하는 데는 돈이 들기 때문에 우리는 보다 나은 환경이 귀하께 얼마만큼의 화폐적 가치가 있는지 그 추정치를 구하고자 합니다.

먼저, GCNRA를 방문하는 사람들이 관광지에 들어갈 때 입장료를 지불함으로써 환경개선자금을 지원한다고 가정합시다. 입장료 징수가 지역 환경개선을 위한 재원 확보의 유일한 방법이 되는 것입니다. 또한 이 지역을 방문하는 모든 사람들은 귀하와 마찬가지로, 같은 요금을 매일 지불하며 징수된 모든 돈은 사진에서 보이듯이 이곳의 환경개선자금 지원에 이용된다고 가정합니다.

6. 귀하께서는 상황C의 발생을 막고, 상황A를 보전하기 위해서라면 하루에 1달러씩의 요금을 지불하시겠습니까? 하루에 2달러는 어떻습니까?(부정적인 응답이 나올 때까지 하루에 1달러씩 증액시킨다. 부정적인 응답이 나오면 긍정적인 응답이 나올 때까지 하루에 25센트씩 입찰가격을 낮추어 그 액수를 적는다)

　　　　　　　달러 / 일

7. 상황B가 발생치 않도록 상황A 상태로 유지시키기 위해서라면 귀하께서는 하루에 1달러씩이라도 기꺼이 지불하시겠습니까?(입찰과정을 반복한다)

　　　　　　　달러 / 일

8. (위의 질문6 또는 7에서 입찰하지 않으신 분만 응답해 주십시오) 귀하께서는 어떤 이유로 이 입찰에 응하지 않으셨습니까?

　　　　　　　피해가 심각하지 않다고 생각하고 있기 때문에

　　　　　　　피해자가 오히려 피해발생 비용을 지불해야만 하는 것이 불공정하거나 불합리하다고 생각하기 때문에

　　　　　　　기타(구체적으로)

9. 귀하의 견해로는 이 지역에서 視界의 농도나 색도가 대기오염으로 인해 상당히 줄어들었다고 보십니까?

　　　　　　　상당히 그렇다

　　　　　　　매우 조금 그렇다

　　　　　　　별로 또는 전혀 그렇지 않다

B. 설악산 국립공원에 대한 가치평가(반복입찰 게임)17)

1. 현재 이 설악산을 관리하고 있는 국립공원 관리공단의 입장료 수입 500원(문화재 관람료 800원은 제외)만으로는 겨우 관리비용의 60%(1991년 기준) 정도를 충당하고 있어 40%의 적자경영을 하고 있다고 합니다. 이러한 적자경영을 극복하기 위해서는 관광목적의 설악산을 폐쇄하고 이를 다른 용도(예: 임목벌채나 광산개발 혹은 기타 비관광용도)로 전환시키거나, 아니면 입장료의 증액으로 설악산을 보전하는 방법을 생각해 볼 수 있습니다.

   만일 귀하께서 설악산을 보전하고자 하신다면(향후 이용보장을 위해, 아름다운 자원 그 자체의 존재를 위해, 미래 후손에게 물려주기 위해), 귀하는 앞으로 이용시 현재의 입장료 500원에 추가하여(X원) 더 지불하실 의향이 있습니까?

   _____예   _____아니오

설악산 설악동

2. 귀하께서 위 문항에서 지불하시고자 한 설악산을 위한 추가 보전비용을 아래와 같이 세 가지 비용으로 나눈다면 이를 어떻게 할당하는 것이 좋다고 생각하십니까? 먼저 전체 문항을 읽으시고 각각에 대해 비율(%)로 응답해 주십시오(1), 2), 3)을 모두 합하여 100%가 되어야 합니다).

   1) 설악산을 미래 어느 때라도 방문하려고 할 때, 그 이용권을 보장받기 위한 '보장료' 조로 지불하시고자 하는 당신의 가치는? (%)
   2) 귀하가 비록 앞으로 이용치 않더라도 이런 훌륭한 산악자원이 존재한다는 그 자체에 부여하고 싶은 가치는? (%)
   3) 설악산과 같은 훌륭한 자원을 나의 세대가 아니라 우리 후손들에게 영원히 유산으로 물려주고자 하시는 귀하의 가치는? (%)

---

17) 유명수(1992)의 72쪽 설문지 참조.

| 부록 5-2 | 야생보전지역 지불의사액에 대한 가상적 가치평가(단순입찰 게임)[18] |

다음의 몇 가지 질문은 귀하께서 콜로라도 야생보호구역을 평가하시는 데 경제적인 척도를 제공하고자 하는 가설적인 실험입니다.

1. 야생지역을 보호하기 위한 유일한 방법은 콜로라도에 거주하는 모든 家口가 보전목적에만 사용될 특별기금을 내야만 하는 것이라면, 귀하께서 야생지역의 보호에 1년에 한 번씩 지불하실 수 있는 최대 금액은 얼마입니까? 아래의 4개항에 답해 주십시오.

   1) 현재의 야생보전지역(지도 1)인 콜로라도 州 전체의 2%, 120만 에이커
   _____달러

   2) 제안된 야생보전지역(지도 2)인 콜로라도 州 전체의 4%, 260만 에이커
   _____달러

   3) 제안된 야생보전지역의 2배(지도 3)인 콜로라도 州 전체의 8%, 5백만 에이커
   _____달러

   4) 모든 잠재 야생보전지역(지도 4)인 콜로라도 州 전체의 15%, 1천만 에이커
   _____달러

2. 사람들은 여러 가지 목적으로 야생보전지역을 평가합니다. 귀하께서 기록하신 최고 금액의 비율(백분율)을 아래의 목적에 각각 어떻게 할당하시겠습니까? 먼저 전체 문항을 읽으시고, 5부분 각각에 대해 응답해 주십시오. 비율은 모두 합하여 총계 100%가 되어야 합니다.

   1) 기존 또는 잠재적 야생보전지역을 실제로 매년 방문하는 데 대한 지불규모
   _____%

   2) 실제이용으로 인한 귀하의 위락이용가치 외에, 미래에 귀하의 위락이용 선택권을 보장받기 위해서 매년 얼마 만큼씩을 '保障料'條로 지불하시겠습니까?
   _____%

   3) 귀하 자신의 개인적인 이용 외의 이유로 야생보전지역을 보호하기 위한 지불규모
   _____%

   4) 식물, 어류, 야생동물 등의 자연 서식지가 존재한다는 것을 안다는 사실에 대해 귀하께서 느끼시는 가치 _____%

   5) 후손들이 미래에 야생지역을 소유하게 될 것이라는 확신에 대한 가치 _____%

---

18) Walsh(1986)의 206쪽 표3 참조. 原典은 Walsh, Gillman, and Loomis(1985).

| 부록 5-3 | 이중양분선택형(DB-DC: doubl-bounded dichotomous choice)에 의한 가상적 가치평가를 위한 설문지 |

황룡사 복원 사업에 대한 가치추정: 1단계

황룡사 복원 사업
황룡사는 신라시대 주변의 아홉 국가를 다스리는 목적으로 조영(造營)된 사찰이며, 당시 국가이념인 불국토사상과 왕권을 표현하는 호국의 상징물로 82m 높이의 9층 목탑이 있었습니다. 정부는 우리민족의 목조 건축문화의 상징적 의미를 가지고 있는 황룡사를 복원하고자 합니다.

■ 귀하께서는 황룡사 복원을 위한 조성비용을 세금 등과 같은 공공비용 형태로 지불한다면 귀하께서는 지불할 의사가 있으십니까?

| 1□ 예 | 2□ 아니요 |

▼

▶ 연간 지불의사액 10,000원을 지불할 의사가 있으십니까?	
1□ 예	2□ 아니요

▼ ▼

▶ 연간 지불의사액 20,000원을 지불할 의사도 있으십니까?		▶ 연간 지불의사액 5,000원을 지불할 의사는 있으십니까?	
1□ 예	2□ 아니요	1□ 예	2□ 아니요

황룡사 복원 사업에 대한 가치추정: 2단계

■ 귀하께서는 황룡사 복원을 위한 조성비용을 세금 등과 같은 공공비용 형태로 지불한다면 귀하께서는 지불할 의사가 있으십니까?

□ 예	□ 아니요 (-〉3번 문항)

▶ 연간 지불의사액 60,000원을 지불할 의사가 있으십니까?

□ 예	□ 아니요

▶ 연간 지불의사액 80,000원을 지불할 의사도 있으십니까?

□ 예	□ 아니요

▶ 연간 지불의사액 40,000원을 지불할 의사는 있으십니까?

□ 예	□ 아니요

황룡사 복원 사업에 대한 가치추정: 3단계

■ 귀하께서는 황룡사 복원을 위한 조성비용을 세금 등과 같은 공공비용 형태로 지불한다면 귀하께서는 지불할 의사가 있으십니까?

□ 예	□ 아니요 (-〉3번 문항)

▶ 연간 지불의사액 100,000원을 지불할 의사가 있으십니까?

□ 예	□ 아니요

▶ 연간 지불의사액 110,000원을 지불할 의사도 있으십니까?

□ 예	□ 아니요

▶ 연간 지불의사액 90,000원을 지불할 의사는 있으십니까?

□ 예	□ 아니요

황룡사 복원 사업에 대한 가치추정: 4단계

■ 귀하께서는 황룡사 복원을 위한 조성비용을 세금 등과 같은 공공비용 형태로 지불한다면 귀하께서는 지불할 의사가 있으십니까?

□ 예	□ 아니요 (-〉 3번 문항)

▼

▶ 연간 지불의사액 130,000원을 지불할 의사가 있으십니까?	
□ 예	□ 아니요

▼   ▼

▶ 연간 지불의사액 150,000원을 지불할 의사도 있으십니까?		▶ 연간 지불의사액 120,000원을 지불할 의사는 있으십니까?	
□ 예	□ 아니요	□ 예	□ 아니요

참고문헌

강신택(1981). 『사회조사연구의 논리』. 박영사.

경주시(2000). 『신라의 거리 조성 기본계획』.

고동우(1998a). 관광의 심리적 체험과 만족감의 관계. 박사학위 청구논문, 고려대학교 대학원.

고동우(1998b). 선행 관광행동 연구의 비판적 고찰: Annals of Tourism Research의 연구논문을 중심으로. 『관광학연구』, 22(1): 207-229.

고동우(2000). 관광심리학의 정체성: 회고와 전망. (김사헌外 8인 공저), 『관광학 연구의 현황과 과제: 관광학 연구·교육의 문제점 분석과 진로 모색』, 151-182. 백산출판사.

곽영진外(1993). 『예술경제란 무엇인가?』. 신구미디어.

국립문화재연구소(2006). 「황룡사복원국제학술대회논문집」.

국립문화재연구소·경주시(2006). 「황룡사복원국제학술대회 결과보고서」.

국립문화재연구소·경주시(2007). 「황룡사복원계획기본계획」.

국제관광공사(1977). 「관광종합보고서」.

국제관광공사(1977). 『여가사회의 여행』. (역서).

국제관광공사(1981). "일본인 젊은층의 여행선호경향". 『관광정보』, 137호.

권경상(1984). "외화획득산업으로서 관광산업의 국민경제파급효과분석". 석사학위 청구논문, 서울대학교 환경대학원.

권영각(1993). "관광산업의 국민경제파급효과에 관한 투입-산출분석". 한국관광공사.

권영각·김남조(1992). 「관광산업 영향평가에 관한 연구 I」. 교통개발연구원.

권영각·김덕기(1993). 「관광산업 영향평가에 관한 연구 II」. 교통개발연구원.

김계섭(1994). 환율이 국가간 교역에 미치는 효과. 『관광학연구』, 18(1): 89-119.

김광웅(2000). 『방법론강의』, 서울: 박영사.

김규원(1989). "도시공원의 혼잡지각요인 분석". 박사학위 청구논문, 영남대학교 대학원.

김규호(1996). "여가관련 비용 지출의 증가요인: 경로분석을 중심으로". 『관광학연구』, 19(2): 117-131.

김규호(1997). "관광산업의 지역경제적 효과: 경주지역에 대한 지역 산업연관모형의 적용". 박사학위 청구논문, 경기대학교 대학원.

김규호(2001). "문화관광 활성화를 위한 문화지구 조성방안에 관한 연구". 『관광학연구』, 제25권 제1호: 253-270.

김규호(2001). "문화행사가 지역에 미치는 영향: 2000경주세계문화엑스를 중심으로". 『관광학연구』, 25(3): 117-130.

김규호(2002). "관광의 문화적 영향과 유교문화자원: 그 관계와 개발이념에 대한 고찰". 『관광학연구』, 제26권 제2호: 11-29.

김규호(2010). "문화관광의 고유성과 탈근대관광: 문화유산의 관광자원화에 관한 논의". 『관광학연구』, 제34권 제2호: 11-31.

김규호·김사헌(1998). "지역산업연관모형에 의한 관광산업의 경제적 효과분석". 『관광학연구』, 22(1): 151-171.

김남조(1998). "산업연관분석에서 산업통합 방법에 의한 관광승수의 비교 분석". 『관광학연구』, 22(1): 172-188.

김남조·최승묵(2001). "1990년대 야외위락 공간의 수용력 연구성향 분석". 『학술연구 발표논문집』, 한국관광학회 제49차 학술심포지엄 및 정기학술발표대회. 한양대학교.

김덕기·유지윤(1998). 국제관광통계 작성방안. 「기본연구보고서 98-02」, 한국관광연구원.

김두철(1993). "관광지개발의 경제적 파급효과 분석: 백암온천을 사례로". 석사학위 청구논문, 서울대학교 대학원.

김명자·이상열(2000). "문화관광정책을 통해 본 민속의 위상". 『민속연구』, 제10집: 105-133.

김명조(1985). 『레크리에이션 원리』. 형설출판사.

김병린(1971). "교통시간가치에 관한 연구". 『행정논총』, 9(2). 서울대학교 행정대학원.

김병모(2006). "동아시아의 문화재 보존철학". 「황룡사복원국제학술대회 결과보고서」, 국립문화재연구소·경주시: 29-36.

김병문(1993). 『국제관광론』. 백산출판사.

김사헌 外(1987). 『자동차 야영장 타당성 연구』, 168-182. 한국관광공사.

김사헌(1982). "관광자원수요·관광편익 및 관광시간가치". 『경기대논문집』, 10: 183-219. 경기대학교.

김사헌(1983). "관광개발과 지역경제편익 분석: 관광승수 개념의 적용을 통하여". 『관광학연구』, 6: 25-50.

김사헌(1983). "관광현상의 개념체계에 관한 一試論". 『牛步 전병두 박사 회갑기념논문집』, 경기대학교.

김사헌(1985). 『관광경제학』. 경영문화원.

김사헌(1987). "국제관광 수요결정모형연구: 방한 외래객 및 관광객 수요분석모형을 중심으로". 『경기대논문집』, 21: 651-672. 경기대학교.

김사헌(1995). 지방화시대에 있어서 관광개발의 의의: 지역경제 활성화 수단으로서의 관광. (김사헌 外 편저), 『지방화시대의 관광개발』. 일신사.

김사헌(1999). 『관광경제학신론』. 일신사.

김사헌(2000). 『관광학 연구방법론』. 일신사.

김사헌(2001). "관광자원 가치의 추정과 평가: TCM의 경험적 적용". 『학술연구 발표논문집』, 한국관광학회 제50차 학술심포지엄 및 정기 학술발표대회. 강릉대학교, 강릉시.

김사헌(2001). 『관광경제학』. 백산출판사.

김사헌(2003). "비제도권 관광자의; 속성과 영향". 『관광학연구』, 27(3): 175-182

김사헌(2007). 『국제관광론』. (개정판). 백산출판사.

김사헌(2008). "관광학 연구의 새로운 정체성을 찾아서: 회고와 과제". 『관광학연구』, 32(4)

김사헌·박석희·유문기(1986). 『국민관광의 이론과 실제』. 한국관광공사.

김사헌·송운강(2001). "전통 무역이론으로 본 국제관광 수급의 원인 해석: 헥셔-오린의 부존자원이론 적용가능성을 중심으로". 『관광학연구』, 24(3): 67-87.

김사헌·정원일·정병웅·정의선·김민주·고동우·차길수·김홍범·손해식(2000). 『관광학 연구의 현황과 과제: 관광학 연구·교육의 문제점 분석과 진로 모색』. 백산출판사.

김사헌・홍재선(1998). "위락시설 이용수요와 혼잡지각의 관계: 이용회피 가설의 검정". 『관광연구』, 12. 대한관광경영학회.

김석진(2000). 『대산 주역강의』. 서울: 한길사.

김성기(1988). 『관광자원론』. 녹원출판사.

김성일 外(1991). 산림휴양기능평가. 「산림의 공익적 기능의 계량화 연구」. 산림청 임업연구원.

김성일(1982). "행락계획에 있어서 행락수용력 개념의 도입에 관한 연구". 석사학위 청구논문, 서울대학교 환경대학원.

김성일・김용식・공영호(1989). "가야산국립공원의 이용특성 및 만족도에 관한 연구". 『응용생태연구』, 3(1, 별책).

김신행(1977). 『국제경제론』. 법문사.

김용수・김수봉(1989). "대구시 도시공원의 성격에 따른 이용자 만족요인 및 행태분석". 『한국조경학회지』, 17(1): 17-27.

김용주・김규호(2007). "혜도닉모형을 이용한 도시 여가공간 가치추정: 대구광역시 공원녹지를 중심으로". 『관광학연구』, 32(4): 265-286.

김재걸(2008). "국내관광과 국제관광수요 관계 분석 : 대표수요이론의 적용". 경기대학교 박사학위 청구 논문.

김재영(2002). "다목적지 선택 여행자의 자원가치". 석사학위 청구논문, 경기대학교 대학원.

김정현(1998). "보완적 관광자원 유무가 관광수요의 거리억제력에 미치는 효과: 국내 3개 국립공원의 방문자들을 중심으로". 석사학위 청구논문, 경기대학교 대학원.

김진섭(1978). 『국민관광학』. 본국출판사.

김태보(1990). "제주지역의 구조적 특성과 성장전망: 지역 산업연관분석을 중심으로". 박사학위 청구논문, 중앙대학교 대학원.

까이오와, R. (1994). 『놀이와 인간』. (이상률 역) 문예출판사.

도시 및 지역계획연구소(1984). 「용평 종합휴양지 개발 기본구상」.

마리오티 A. (1934). 『관광경제학강의』(일본국제관광국 譯). (원본은 1929년 출판).

맑스, Karl(1991). 『자본론 III』.〔Capital. E. Untermann (trans.) and F. Engels (ed.) 3 vols. Chicago: Charles Kerr.〕. (김수행 譯) 비봉출판사.

매일신문. 2002. 8. 16.

맨큐, N. G. (1999). 『맨큐의 경제학』.〔Mankiw, N. Gregory, Principles hf Economics. 1998〕(김경환・김종석 역). 교보문고.

문옥표, 오명석, 한건수, 양영균, 박상미(2006). 『우리 안의 외국문화: 관광 음식을 통해 본 문화소비』. 小花출판사.

문화관광부・경주시(2004). 「경주역사문화도시조성 기본계획」.

민영환(2007). 「海天秋帆」(조재곤 편역) 서울: 책과 함께.

박 승(2001). 『경제발전론』. (전정판). 박영사.

박묘진(1987). "국제관광에 있어서 관광수지계정에 관한 연구". 석사학위 청구논문, 경기대학교 대학원.

박석희(2000). 『신관광자원론』(제4판). 일신사.

박이문(1991). 사회현상이라는 개념. (김광웅 外 편저), 『사회과학방법론』, p. 22. 박영사.

박재덕(1989). 觀光者における旅行時間に對する經濟學的 考察, 『硏究發表論文集』No. 4, 日本觀光硏究者聯合 全國大會.

서정헌・손대현(2001). "산업연관표에서 관광을 산업으로 규정하는 새로운 접근". 『관광학연구』, 25(1): 9-26.

성기석(1997). "시간변화에 따른 관광경험평가 차이에 관한 연구". 석사학위 청구논문, 경기대학교 대학원.

소흥열(1991). 실증주의와 사회과학. (김광웅 外 편저). 『사회과학방법론』, p. 24. 박영사.

손태환(1997). "여가관련비용 지출함수의 추계: 다중공선성 문제의 해결을 중심으로". 『호텔관광경영연구』, 제12집. 세종대 관광산업연구소.

손태환(1997a). "관광산업의 산업연관분석". 『관광학연구』, 20(2): 7-23.

손태환(1997b). "관광산업의 산업연관분석: 아・태지역을 중심으로". 『관광학연구』, 21(1): 178-194.

송운강(2004). "경포 해수욕장의 경제적 가치 추정: 가산자료 모형을 이용한 개인여행 비교 분석". 『관광학연구』, 28(1): 11-26.

신의순(1990). 『자원경제학』. 박영사.

심상도(1986). "관광현상이 원주민 지역사회에 미치는 사회문화적 영향". 석사학위 청구논문, 경기대학교 대학원.

심승구(2007). "조선시대 외국인 관광의 사례와 특성: 使行觀光을 중심으로". 한국역사문화학회・한국문화관광연구원 공동 발표대회 자료. 국어연구원.

양광호(1992). "관광수요에 있어서 거리억제변수의 효과－중력모형을 중심으로". 석사학위 청구논문, 경기대학교 대학원.

양광호(1998). "공간마찰력이 관광수요에 미치는 영향분석: 관광자의 특성과 관광지 공간분포를 중심으로". 박사학위 청구논문, 경기대학교 대학원.

엄서호 外(1988). 「장기관광수요예측에 관한 연구」. 교통개발연구원.

오순환(1998). "관광의 지역경제적 역할과 파급효과: 아드 혹 승수 모형의 적용을 중심으로". 박사학위 청구논문, 경기대학교 대학원.

오호성(1989). 『자원・환경경제학』. 법문사.

원제무(1987). 『도시교통론』. 박영사.

위상배(2000). "조선시대 관광의 어의 및 형태에 관한 연구". 『문화관광연구』, 2(3): 143-172.

유경주(1992). "선호밀도와 혼잡지각이 이용자의 만족도에 미치는 영향에 관한 연구: 내장산국립공원을 중심으로". 석사학위 청구논문, 경기대학교 대학원.

유광훈(2000). "관광산업의 구조변화와 성장요인: 85~95 불변접속산업연관표를 이용한 시계열 분석". 박사학위 청구논문, 경기대학교 대학원.

유광훈(2000). "산업연관표를 이용한 관광산업의 성장요인 분석". 『관광학연구』, 24(1): 165-182.

유명수(1992). "관광자원 보전가치의 영향인자와 그 추정모형에 관한 연구". 석사학위 청구논문, 경기대학교 대학원.

육재용(2008). "선인들의 여가문화에 나타나 관광현상 일고찰: 와유관광을 중심으로". 『관광학연구』,

32(6)：59-81.

윤길진(1989)．"국립공원 관광지에 대한 인지와 선호에 관한 분석적 연구"．박사학위 청구논문, 건국대
　　　　학교 대학원.

이건영·김원용(1983)．"관광지의 연계개발에 따른 수요예측모형: 내장산국립공원의 경우"．『국토연구』,
　　　　2：1-10.

이규호(1977)．사회과학 방법론의 철학적 반성．(이규호 편저)．『사회과학방법론』．현암사.

이기동(1980)．『신라골품제사회와 화랑도』．한국연구원.

이미혜(1993)．"관광의 지역경제적 편익효과에 관한 실증연구"．박사학위 청구논문, 경기대학교 대학원.

이장춘(1986)．『관광정책학』．대왕사

이정전(2000)．『녹색경제학』．박영사.

이정전(2006)．『토지경제학』．박영사.

이진형(2004)．"문학기행객의 사회문화적 특성과 참여동기에 따른 마케팅적 함의"．『관광학연구』,
　　　　28(3)：103-122.

이진형(2007)．"에릭 코헨의 사회학: 지식사회학적 접근"．『관광학연구』 31(1)：33-54.

이진형(2009)．관광문화인류학적 접근．『관광학총론』변우희 外 54인 공저．서울: 백산출판사 213-238.

이충기·박창규(1996)．"한국카지노산업의 경제적 파급효과분석: 산업연관모델을 중심으로"．『관광학
　　　　연구』, 19(2)：27-45.

이학용(1994)．『미시경제이론』, 제5판．다산출판사.

이훈(1999)．"혼잡지각의 형성과 영향에 대한 인과구조 분석"．「한국관광학회 제46차 학술심포지엄 학
　　　　술연구 발표논문집, 대전: 배재대학교．7월 3일.

이희찬(2001)．"메가이벤트의 지역경제효과 추정방법 연구: 2000광주비엔날레를 사례로"．『관광학연구』,
　　　　25(2)：155-176.

이희찬(2002)．"축제참여자의 관광지출 결정요인"．『관광학연구』, 26(1)：31-46.

임은순(1986)．"한국관광에 대한 일본인과 미국인의 관광수요함수 추정"．박사학위 청구논문, 세종대학
　　　　교 대학원.

임은순(1993)．"환율변동이 한국 관광수지에 미치는 효과에 관한 실증적 연구"．『호텔 관광경영 연구』,
　　　　제8집．세종대학교 부설 한국관광산업연구소.

임은순(1995)．"한국 여행물가지수 측정에 관한 연구"．『관광학연구』, 18(2)：75-96.

전경수 편역(1994)．『관광과 문화 : 관광인류학의 이론과 실제』．일신사.

전봉희(2006)．고도 경주 보전의 원칙과 방향．「고도경주의 보존과 지속가능한 발전」．경주고도보존회
　　　　학술회의 자료집.

정원일(2000)．관광지리학의 역할과 과제．김사헌 외 8인(공저) (2000) 『관광학 연구의 현황과 과제:
　　　　관광학 연구·교육의 문제점 분석과 진로 모색』, 백산출판사: 45-65.

정의선(1990)．"한국 관광산업의 구조와 관광수출입함수"．박사학위 청구논문, 세종대학교 대학원.

정의선(2011)．『관광학원론』, 서울: 백산출판사.

정주교(2006)．세계역사문화도시조성을 위한 국가적 지원과 관리．「고도경주의 보존과 지속가능한 발
　　　　전」．경주고도보존회 학술회의 자료집.

정준무(1994). "관광산업이 지역개발에 미치는 영향에 관한 연구". 박사학위 청구논문, 서울대학교 대학원.

除野信道(1979). 『관광경제학』, (여동길·김병문 譯). 형설출판사.

조 순·정운찬(2001). 『경제학원론』. 법문사.

조광익(1998). "관광효용과 관광자원 수요분석 모형: TCM을 중심으로". 박사학위 청구논문, 한양대학교 대학원.

조광익(2002). "근대 규율권력과 여가 관광: 푸코의 권력 계보학", 『관광학연구』, 26(3): 255-278

조광익(2006). 『현대관광과 문화이론』. 일신사.

조명환(2002). 『국제관광문화』. 백산출판사.

조현순(1991). "외래관광객 지출의 국내경제 파급효과에 관한 연구: 산업연관분석 중심". 박사학위 청구논문, 세종대학교 대학원.

채희락(2007). "관광산업의 지역경제간 연관관계 및 효과분석: 수도권과 강원권간의 관계를 중심으로". 박사학위 청구논문, 경기대학교 대학원.

최석호 外(2008). "관광패러다임 전환과 제3의 길로서 네오투어리즘". 『관광학연구』, 32(1).

최석호(2006). "관광의 세계화: 유산관광 개발 한영 비교사례연구". 『관광학연구』, 30(3): 29-49.

최승이(1986). "우리나라 관광산업 투자의 산업연관분석". 박사학위 청구논문, 국민대학교 대학원.

최승이(1992). "한국관광산업의 경제적 효과분석". 『대학원논문집』, 8: 43-57. 경기대학교 대학원.

한경수(1989). "관광의 어원 및 용례에 관한 역사적 고찰". 『관광학연구』, 13: 261-279.

한경수(1998). "조선 전기의 관광사상에 관한 연구". 『관광연구』, 12: 215-240.

한경수(2001). "한국 관광사 연구의 현황과 접근방법". 『관광학연구』, 24(3): 127-146.

한국개발연구원(KDI)(2004). 『예비타당성조사수행을 위한 일반지침 수정·보완연구(제4판)』.

한국관광공사(1987). 『관광정보』, 210호, 10월.

한국관광공사(1990). 『관광정보』, 1~2, 3~4 및 5~6호.

한국관광공사(1991). 『관광정보』, 5~6 및 7~8호.

한국관광공사(1995). 『국내문화행사 관광상품화 방안』.

한국관광공사(1996). 『미국관광시장 편람』.

한국관광공사(각년도). 『외래관광객 여론조사』.

한국문화정책개발원(1996). 『도시문화 환경 조성방안』.

한국문화정책개발원(1999). 『문화지구 조성모델 개발 및 정책방향에 관한 연구』.

한국문화정책개발원(2001). 『경주세계문화엑스포 중장기발전방안』.

한국은행(1996). 『경제통계연보』.

한범수 外(1996). 『설악산 관광특구 종합발전계획』. 한국관광연구원.

한범수(1986). "관광위락지 이용자의 혼잡지각이 수용력 수준에 미치는 영향에 관한 연구". 석사학위 청구논문, 경기대학교 대학원.

한범수(1994). "관광위락가치 추정에 있어서 거리변수의 영향: 가구조사방식과 현지조사방식에 따른 CVM 추정치의 차이점을 중심으로". 『관광학연구』, 18(1): 71-88.

한범수(1996). "관광자원의 비시장가치와 그 결정요인: TCM과 CVM을 중심으로". 박사학위 청구논문, 경기대학교 대학원.

한범수·김사헌(1994). "관광위락자원 가치추정방법 고찰: 헤도닉 모형의 적용가능성". 『여가생활연구』, 5. 경기대학교 부설 여가산업연구소.

한범수·김사헌(1997). "관광자원 가치평가방법의 방법론적 우열에 관한 연구: TCM과 CVM의 비교". 『관광학연구』, 20(2): 115-133.

한상현(1999). "이중양분형 조건부 가치추정법을 이용한 문화유산 관광자원의 가치평가". 『관광학연구』, 제31권 제1호: 443-464.

한상현(2006). "문화유산자원 경관의 질적 변화가 레크레이션 수요와 경제적 가치에 미치는 영향: 가설적 여행비용 모형의 적용". 『관광학연구』, 30(3): 225-245.

한상현(2007). "이중양분 선택형 조건부 가치추정법을 이용한 문화유산자원의 가치평가". 『관광학연구』, 31(1): 443-464.

한우근·이태진(1984). 『사료로 본 한국문화사』, 일지사.

허중욱(2004). "공공성 관광자원의 가치측정에 관한 연구". 경기대학교 대학원(관광개발학과) 박사학위 청구논문.

호이징하, Johan(1993). 『호모루덴스: 놀이와 문화에 관한 연구』. 〔Huizinga, John. Homo Ludens. 1938. 영역본으로는 Homo Ludens: A Study of the Play Element Culture. Boston: The Beacon Press, 1955〕. (김윤수 譯) 까치글방.

江見康一(1974). 『レジヤ一の經濟學』.

金碩鎭(2000). 『周易傳義大全譯解』(上). 大有學堂.

稻垣勉(1981). 『觀光産業の知識』. 日本: 日經文庫.

山村順次(1974). 人文觀光資源. 『現代觀光論』, 鈴木忠義(編). 有斐閣.

成俔(1973). 『慵齋叢話』, (南晩星 譯). 大洋書籍.

阿部美紀編(1974). 『レジャ-の經濟』. 日本經濟新聞社.

鹽田正志(1960). 『觀光經濟學 序說』.

鹽田正志(1962). 『觀光經濟學』. 日本: アサビ社.

鹽田正志(1974). 『觀光學研究』. 日本: 學術選書.

日本觀光協會(1976). 『觀光の需要豫測 Ⅰ』.

前田勇(1982). 『現代概論』, 車福載 譯. 啓明大出版部.

諸橋轍次編(1968). 『大漢和辭典』, 券十. 일본대수관서점.

齊臟精一郎(1977). 『餘暇經濟學』. 日本:垣內出版株式會社.

香川眞 編(1996). 『現代觀光研究』. 嵯峨野書院.

ラツク計劃研究所(1975). 『觀光・レクリエーシヨン計劃論』.

『朝鮮王祖實錄』. 太祖券九 및 世宗券一 八.

Absher, J. D. and Lee, R. G. (1981). Density as an Incomplete Cause of Crowding in Backcountry Settings. *Leisure Sciences*, 4.

Allen, P. G., Stevens, T. H. and Barrett, S. A. (1981). The Effects of Variables Omission in the Travel Cost Technique. *Land Economics*, 57(2) : 173-180.

Anastasopoulos, P. G. (1984). *Interdependencies International Travel: The Role of Relative Prices, A Case Study of the Mediterranean Region.* An Unpublished Ph. D Dissertation. New School for Social Research.

Archer, B. H. (1973a). The Uses and Abuses of Multipliers. In Charles E. Gearing et al. (Eds.), *Planning for Tourism Development: Quantitative Approaches.* New York : Praeger Publisher.

Archer, B. H. (1973b). The Impact of Domestic Tourism. *Bangor Occasional Papers in Economics*, 2. University of Wales Press.

Archer, B. H. (1976). Demand Forecasting in Tourism. *Bangor Occasional Papers in Economics*, 9. University of Wales Press.

Archer, B. H. (1977). Tourism Multipliers: The State of Art. *Bangor Occational Papers in Economics*, 11. University of Wales Press.

Archer, B. H. (1980). Forecasting demand: Quantitative and Intuitive Techniques. *Tourism Management*, 1(March). London.

Archer, B. H. (1982). The Value of Multipliers and Their Policy Implications. *Tourism Management*, 3(4) : 236-241.

Archer, B. H. and Fletcher, J. (1996). The Economic Impact of Tourism in the Shychelles. *Annals of Tourism Research*, 23(1) : 32-47.

Archer, B. H. and Owen, C. (1971). Towards a Tourist Regional Multiplier. *Regional Studies*, 5(4).

Armstrong, C. W. G. (1972). International Tourism: Coming or Going, The Methodological Problems of Forecasting. *Futures*, 4(2).

Artus, J. R. (1970). The Effect of Revaluation on the Foreign Travel Balance of Germany. IMF Staff Papers, 17.

Artus, J. R. (1972). An Econometric Analysis of International Travel. *IMF Staff Papers*, 19(3).

Askari, H. (1971). Demand for Package Tours. *Journal of Transport Economics and Policy*, (January).

Askari, H. (1973). Demand for Travel to Europe by American Citizens. *Economia Internazionale*, 26(May).

Athiyaman, A. (1997). Knowledge Development in Tourism: Tourism Demand research. *Tourism Management*, 18(4) : 221-228.

Baretje, R. (1982). Tourism External Account and Balance of Payments. *Annals of Tourism Research*, 9(1).

Barry, K. and O'Hagan, J. (1972). An Econometric Study of British Tourist Expenditure in Ireland. *Economic and Social Review,* 3(2: January).

Beal, D. J. (1995). The Cost of Time in Travel Cost Analyses of Demand for Recreation Use of Natural Areas. *Australian Journal of Leisure and Recreation,* 5(1): 9-13.

Beard, J. G. and Ragheb, M. G. (1980). Measuring Leisure Satisfaction. *Journal of Leisure Research,* 12(1).

Beattie, J. (1978). 『社會人類學』〔Social Psychology〕(崔在錫 譯), 一志社.

Bechdolt, B. V. (1973). Cross-sectional Travel Demand Functions: U. S. Visitors to Hawaii 1961-1970. *Quarterly Review of Economics and Business,* 13(4: Winter).

Becker, G. S. (1960). An Economic Analysis of Fertility, in Demographic and Economic Change in Developed Countries. *Universities-National Bureau Conference Series,* 11. Prineceton.

Becker, G. S. (1964). *Human Capital,* Columbia Univ. Press for the N. B. E. R.

Becker, G. S. (1965). A Theory of the Allocation of Time. *Economic Journal,* (Sept.).

Becker, R. H. (1978). Social Carrying Capacity and User Satisfaction: An Experiential Function. *Leisure Sciences,* 1(3).

Becker, R. H., Nieman, B. J. and Gates, W. A. (1981). *Displacement of Users within a River System: Social and Environmental Trade-offs, Some Recent Products of River Recreation Research.* Papers Presented at the Second Conference on Scientific Research in the Natural Parks in Nov. 1979.

Bell, P. A., Fisher, A. C. and Loomis (1978). *Environmental Psychology.* Philadelphia: W. Saunders Company.

Berry, Christopher J. (1994). *The Idea of Luxury: A conceptual and Historical Investigation,* Cambridge University Press.

Binkhorst, E., Dekker, T. and Melkert, M. (2010). Blurring Boundaries in Cultural Tourism Research. in Greg Richards and Wil Munsters(eds.) *Cultural Tourism Research Methods.* London: CABI International : 41-2.

Bishop, R. C. (1982). Option Value: An Exposition and Extension. *Land Economics,* 58(1).

Bishop, R. C. and Herberlein, T. A. (1979). Measuring Values of Extra-market Goods: Are Indirect Measures Biased?. *American Journal of Agricultural Economics,* 61(December).

Bishop, R. C., Herberlein, T. A. and Kealy, M. J. (1981). Contingent Valuation of Environmental Assets: Comparisons with a Simulated Market. *Natural Resource Journal,* 23.

Blackwell, J. (1970). Tourist Traffic and the Demand for Accommodation: Some Projections. *Economic and Social Review,* 1(3): 323-43.

Boadway, R. W. (1979). *Evaluating Urban Parks and Recreation.* New York: Praeger Publishers.

Bockstael, N. E., Strand, I. E. and Hanemann, W. M. (1987). Time and the Recreation

Demand Model. *American Journal of Agricultural Economic,* 69(2)：293-302.

Bond, M. E. and Ladman, J. R. (1972). International Tourism and Economic Development： A Special Case for Latin America. *Mississippi Valley Journal of Business and Economics,* 8(Fall).

Botterill, D. (2001). The Epistemology of a Set of Tourism Studies, *Leisure Studies* 20(3)：199-214

Briassolulis, Helen(1991). Methodological Issues Tourism Imput-Output Analysis. *Annals of Tourism Research, Vol.* 18: 485-495.

Brookshire, D. S., Eubanks, L. S. and Randall, A. B. (1978). *Valuing Wildlife Resources: An Experiment.* Transactions 38th North American Wildlife and Natural Resources Conference. Wildlife Management Institute. Washington, D.C.

Brookshire, D. S., Ives, B. C. and Schulze. W. D. (1976). The Valuation of Aesthetic Preferences. *Journal of Environmental Economics and Management,* 3.

Brown, W. G. et al. (1983). Using Individual Observations to Estimate Recreation Demand Function. *American Journal of Agricultural Economic,* 65(1)：154-157.

Bryden, J. M. (1973). *Tourism and Development.* Cambridge University Press.

Buchanan, J. M. (1965). An Economic Theory of Club. *Econometrica,* 32(February).

Bull, A. (1995). *The Economics of Travel and Tourism* (2nd ed.). Australia：Longman.

Bultena, G. L., Albrecht, D. and Womble, P. (1981a). Freedom versus Control： A Study of Backpackers Preferences for Wilderness Management. *Leisure Sciences.*

Bultena, G. L., Field, D. R., Womble, P. and Albrecht, D. (1981b). Closing the Gates： A Study of Backcountry Use-limitation at Mount McKinley National Park. *Leisure Sciences.*

Burkart, A. J. and Medlik, S. (1974). *Tourism: Past, Present and Future.* London：Heinemann.

Burns, P. M. (1999). *An Introduction to Tourism and Anthropology.* London：Routledge.

Cadwallader, M. (1981). Cognitive Distance in Interurban Space. In G. T. Moore and R. G. Golledge (eds.), *Environmental Knowing.* Dowden, Hutchinson and Ross.

Cameron, Trudy A. (1991). Interval Estimates of Non-Market Resource Values from Referendum Contingent Valuation Surveys. *Land Economics,* 67(4)：413-421.

Carr, N. (2002). The Tourism-leisure Behavioral Continuum. *Annals of Tourism Research* 29(4)：972-986.

Cater, E. (1988). The Development of Tourism in the Least Developed Countries. In Goodall, B. and Ashworth (eds.), *Marketing in the Tourism Industry.* New York：Croom Helm.

Caulkins, P. P., Bishop, R. C. and Bouwes, N. W., Snr. (1985). Ommit Cross Price Variable Biases in the Linear Travel Cost Model： Correcting Common Misperceptions. *Land Economics,* 61(2)：182-187.

Cesario, F. J. (1973). A Generalized Trip Distribution Model. *Journal of Regional Science,* 13(2).

Cesario, F. J. (1975). A New Method for Analyzing Outdoor Recreation Trip Data. *Journal of Leisure Research,* 14(3).

Cesario, F. J. (1976). Value of Time in Recreation Benefit Studies. *Land Economic,* 51(2)：32-41.

Cesario, F. J. and Knetsch, J. L. (1970). Time Bias in Recreation Benefit Estimates. *Water Resources Research,* 6(June).

Cesario, F. J. and Knetsch, J. L. (1976). A Recreation Site Demand and Benefit Estimation Model. *Regional Studies,* 10(1)：97-104.

Chadee, D. and Mieczkowski, Z. (1987). An Empirical Analysis of the Effects of The Exchange Rate on Canadian Tourism. *Journal of Travel Research,* 26(1：Summer).

Chadwick, R. A. (1994). Concepts, Definitions, and Measures Used in Travel and Tourism Research. In Brent Ritchie and Charles Goeldner (eds.), *Travel, Tourism, and Hospitality Research* (2nd ed.). John Wiley & Sons, Inc.

Chiang, A. C. (1984). *Fundamental Method of Mathematical Economics*(Korean Student Edition). 서울: 연합출판사.

Ciccheti, C. J., Fisher, A. C. and Smith, V. K. (1973). Economic Models and Planning Outdoor Recreation. *Operation Research,* 21 (Sept/Oct).

Cicchetti, C. J. and Freeman, A. M., Ⅲ. (1971). Option Demand and Consumer Surplus：Further Comment. *Quarterly Journal of Economics,* 85(August).

Cicchetti, C. J. and Smith, V. K. (1973). Congestion, Quality Deterioration, and Optimal Use：Wilderness Recreation in Spanish Peaks Primitive Area. *Social Science Research,* 2.

Cicchetti, C. J. et al. (1972). Recreation Benefit Estimation and Forecasting：Implications of the Identification Problem. *Water Resources Research,* 8, August.

Cigliano, J. M. (1980). Price and Income Elasticities for Airline Travel：The North Atlantic Market. *Business Economics,* 15(4).

Clark, R. N., Hendee, J. C. and Campbell, F. L. (1971). Values, Behavior, and Conflict in Modern Camping Culture. *Journal of Leisure Research,* 3(3).

Clarke, C. D. (1987). *An Analysis of the Determinants of Demand for Tourism in Barbados.* Ph. D Dissertation. Fordham University.

Clawson, M. (1959). *Methods of Measuring the Demand for and the Value of Outdoor Recreation* (10th ed.). Washington D. C.：Resources for the Future.

Clawson, M. and Knetsch, J. (1966). *Economics of Outdoor Recreation.* Baltimore：The Johns Hopkins Press.

Cleverdon, R. (1982). The Economic and Social Impact of International Tourism in Developing Countries. In Robert Cleverdon and Anthony Edwards (eds.), *International Tourism to 1990.* EIU Special series 4, Abt Books.

Cleverdon, R. and Edwards, A. (1982). *International Tourism to 1990.* Cambridge, MA：Abt Books.

Cohen, E (1995). Contemporary Tourism--Trends and Challenges: Sustainable Authenticity or Contrived Post-modernism? In R. Butler and D. Pearce (eds.) (1995). *Change in Tourism.* London: Loutledge.

Cohen, E. (1972). Towards a Sociology of International Tourism. *Social Research,* 39(1).

Cohen, E. (1974). Who is a Tourist? A Conceptual Clarification. *Sociological Review,* 22.

Cohen, E. (1979). Rethinking The Sociology of Tourism. Annals of Tourism Research, 4(1: Jan/Mar).

Cohen, E. (1988), Authenticity and Commoditization in Tourism, *Annals of Tourism Research.* 15(3): 372-374.

Cohen, E. (2002), Authenticity, Equity and Substantiality, *Journal of Sustainable Tourism.* 10(4): 267-276.

Cory, D. and Saliba, B. (1987). Requiem for Option Value. *Land Economics,* 63(1): 1-10.

Crampon, L. J. (1966). Gravitational Model Approach to Travel Market Analysis, a paper re-worked from A New Technique to Analyse Tourist Markets. *Journal of Marketing,* 30(April).

Crampon, L. J. and Tan, K. T. (1973). A Model of Tourism Flow into the Pacific. *Revue de Tourisme,* 28.

Crouch, I. G. (1995). A Meta-analysis of Tourism Demand. *Annals of Tourism Research,* 22(1).

Crouch, I. G. and Shaw, R. N. (1993). International Tourism Demand: A Meta-analytical Integation of Research Findings. In Peter Johnson and Barry Thomas (eds.), *Choice and Demand in Tourism.* Mansell Publishing.

D'Amous, M. C. (1984). Leisure Sciences and Leisure Studies : Indicators of Interdisciplinarity. *Leisure Science,* 6(3).

Dahl, G. J. (1971). *Time, Work and Leisure,* Christian Century.

Dann, G. (1978). Tourist Satisfaction: A Highly Complex Variable. *Annals of Tourism Research,* 5(4).

Dann, G. and Cohen, E. (1991). Sociology and Tourism. *Annals of Tourism Research,* 18(1).

Davidson, P. (1972). Valuation of Public Goods. In Robert Dorfman and Nancy Dorfman (eds.), *Economics of the Environment.* W. W. Norton & Co.

Deyak, T. and Smith, V. K. (1978). Congestion and Participation in Outdoor Recreation: A Household Production Function Approach. *Journal of Environmental Economics and Management,* 5(March).

Diamond, J. (1977). Tourism's Role in Economic Development: The Case Re-examined. *Economic Development and Cultural Change,* 25(3).

Duffield, B. S. and Owen, M. L. (1970). Leisure + Countryside = A Geographical Appraisal of Country Recreation. In Lanarkshire, J. T. C. (ed.), *Department of Geography.* University of Edinburgh.

Duffield, J. W. and Patterson, D. A. (1991). Inference and Optimal Design for a Welfare Measure in Dichotomous Choice Contingent Valuation. *Land Economics*, 67: 225-239.

Echtner, C. M. and Jamal, T. B. (1997). The Disciplinary Dilemma of Tourism Studies. *Annals of Tourism Research*, 24(4): 868-883.

Economic and Social Commission for Asia and the Pacific (1983). Problems in the Application of Tourism Impact studies. *Proceedings of Workshop on Economic Impact Analysis for Tourism Policy Orientation*, pp. 22-26. August. Bangkok.

Edington, W. R. and Redman, M. (1991). Economics and Tourism. *Annals of Tourism Research*, 18(1).

Edwards, A. (1976). International Tourism Development Forecasts to 1985. *Special Report*, 33. The Economist Unit, London: Spencer House.

Edwards, A. (1982). International Tourism Development Forecasts to 1990, in R. Cleverdon, R. and A. Edwards, *International Tourism to 1990*. Cambridge, MA: Abt Books.

Edwards, A. (1991). The Reliability of Tourism. *The Travel and Tourism Analyst*, January.

Ekelund, R. B. Jr. and Hebert, R. F. (1983). A History of Economic Theory and Method. McGraw-Hill Book Company.

English, D., & Bowker, J. (1996). Sensitivity of whitewater rafting surplus to pecuniary travel cost specifications. *Journal of Environmental Management*, 47.

Erbes, R. (1973). International and the Economy of Developing Countries. OECD, June.

Evans, J. S. and Van Doren, C. S. (1960). A Measurement of the Demand for Recreational Facilities at Lewis and Clark Lake. *South Dakota Business Review*, Supplement(February).

Ewing, G. O. (1980). Progress and Problems in the Development of Recreational Trip Generation and Trip Distribution Models. *Leisure Sciences*, 1.

Ewing, G. O. (1983). Forecasting Recreation Trip Distribution Behavior. In S. R. Lieber and D. R. Fesenmaier (eds.), *Recreation Planning and Management*, State College. Pennsylvania: Venture Publishing.

Fayos-Sola, Eduardo(1998). The Impact of Mega Events. *Annals of Tourism Research*, 25(1): 241-245.

Fedler, A. (1987). Are Leisure, Recreation and Tourism Interrelated?. *Annals of Tourism Research*, 14.

Fesenmeier, D. R. and Lieber, S. R. (1987). Outdoor Recreation Experience and the Effects of Spatial Structure. *Leisure Sciences*, 9.

Fisher, A. C. and Krutilla, T. A. (1972). Determination of Optimal Capacity of Resource-based Recreation Facilities. In J. Krutilla (ed.), *Natural Environment*. Resources for the Future.

Fleming, William R. & Toepper, Lorin(1990). Economic Impact Studies: Relating the

Positive and Negative Impacts to Tourism Development. *Journal of Travel Research, vol.* 29(1)：35-42.

Fletcher, J., Adamowicz, W. & Graham-Tomasi, T. (1990). The Travel Cost Model of Recreation Demand： Theoretical and Empirical Issues. *Leisure Sciences.* 12：119-147.

Fletcher, John E. (1989). Input-Output Analysis and Tourism Impact Studies. *Annals of Tourism Research, Vol.* 16：514-529.

Fotheringham, A. S. (1981). Spatial Structure and Distance-Decay Parameters. *Annals of the Association of American Geographers,* 71(3).

Fotheringham, A. S. (1983a). A New Set of Spatial Interaction Models： the Theory of Competing Destinations. *Environment and Planning A,* 15.

Fotheringham, A. S. (1983b). Some Theoretical Aspects of Destination Choice and their Relevance to Production-Constraining Gravity Models. *Environment and Planning A,* 16.

Fotheringham, A. S. (1985). Spatial Competition and Agglomeration in Urban Modelling. *Environment and Planning A,* 17.

Fotheringham, A. S. (1986). Futher Discussion on Distance-Deterrence Parameters and the Competing Destinations Model. *Environment and Planning A,* 18.

Frank, A. & Crang, M. (2001), The Trouble with tourism and travel theory? *Tourist Studies* 1(1)： 5-22.

Franklin, Adrian(2009). The Sociology of Tourism. in Tajim Jamal and Mike Robinson (eds.) *The SAGE Handbook of Tourism Studies.* London： SAGE Publications Ltd.

Frechtling, D. C. (1976). *Proposed Standard Definition and Classification for Travel Research.* U.S. Travel Data Center.

Frechtling, D. C. (1996). *Practical Tourism Forecasting.* Butterworth-Heinemann.

Frechtling, Douglas C. (1987). Assessing the Impacts of Travel and Tourism -Introduction to Travel Impact Estimation. in Travel, *Tourism and Hospitality Research,* John Wiley & Sons.

Freeman, A. M., Ⅲ (1985). Supply Uncertainty, Option Price, and Option Value. *Land Economics,* 61(May).

Fujii, E. T. and Mak, J. (1981). Forecasting Tourism Demand： Some Methodological Issues. *Annals of Regional Science,* 15(2).

Georgulas, N. (1970). Tourist Destination Features. *Journal of the Town Planning Institute,* 56(10： December).

Gerakis, A. S. (1965). Effects of Exchange-rate Devaluations and Revaluations on Receipts from Tourism. *IMF staff Papers,* 12(3).

Gets, Donald(1997). *Event Management & Event Tourism.* Cognizant Communication Corporation.

Ghali, M. A. (1976). Tourism and Economic Growth: An Empirical Study. *Economic Development and Cultural Change,* 24(3): 527-538.

Glass, G. V., McGaw, B. and Smith, M. L. (1981). *Meta-Analysis in Social Research.* Beverly Hills, CA: Sage Publications.

Glickman, N. J. (1977). *Econometric Analysis of Regional Systems.* New York: Academic Press.

Godbey, G. (1981). *Leisure in Your Life: An Exploration.* CBS College Publishing.

Gordon, I. E. and Edwards, S. L. (1973). Holiday Trip Generation. *Journal of Transport Economics and Policy,* 7(2: May).

Graburn, N. H. H. (1983). The Anthropology of Tourism. *Annals of Tourism Research,* 10(1).

Graefe, A. R. and Vaske, J. J. (1987). A Framework for Managing Quality in the Tourist Experience. *Annals of Tourism Research,* 14(3).

Graefe, A. R., Vaske, J. J. and Kuss, F. R. (1984). Social Carrying Capacity: An Integration & Synthesis of 20 Years of Research. *Leisure Science,* 6(4).

Gray, H. P. (1966). The Demand for International Travel by the United States and Canada. *International Economic Review,* 7(1): 83-92.

Gray, H. P. (1970). *International Travel-International Trade.* Lexington: D.C. Heath.

Gray, H. P. (1979). The Contributions of Economic Analysis to Research. *Proceedings of the Tenth Annual Conference of The Travel and Tourism Research Association.* Salt Lake City, Utah: TTRA.

Gray, H. P. (1982). The Demand for International Travel by the United States and Canada. *International Economic Review,* 7(1).

Greenberg, J. H. (1968). Anthropology. *International Encyclopedia of the Social Science,* 1. The Macmillan Co. and The Free Press.

Greenwood, D. (1977, 1989). Culture by the Pound: An Anthropological Perspective on Tourism as Cultural Commoditization. In Valene Smith (eds.), *Hosts and Guests: The Anthropology of Tourism. Philadelphia.* Univ. of Pennsylvania Press.

Gronou, R. (1977). Leisure, Home Production and Work-The Theory of the Allocation of Time Revisited. *Journal of Political Economy,* 85(6).

Gunadhi, H. and Boey, C. K. (1986). Demand elasticity for Singapore Tourism. *Tourism Management,* 7(4).

Gunn, C. A. (1988). *Tourism Planning* (2nd ed). New York: Taylor and Francis.

Gunn, C. A. (1994). A Perspective on the Purpose and Nature of Tourism Research Methods. In Brent Ritchie and Charles Goeldner(eds.), *Travel, Tourism, and Hospitality Research.* John Wiley & Sons, Inc. Second edition.

Guthrie, H. (1961). Demand for Tourists' Goods and Services in a World Market. *Papers and Proceedings of the Regional Science Association,* 7.

Haitovsky, Y., Salomon, I. and Silman, L. A. (1987). The Economic Impact of Charter Flights on Tourism to Israel. *Journal of Transport Economics and Policy,* 21(2).

Hamilton, S. E. (1987). Four Kinds of Tourism. *Annals of Tourism Research,* 14.

Hammitt, W. E., McDonald, C. D. and Noe, F. P. (1984). Use level and Encounters: Important Variables of Perceived Crowding among Non- specialized Recreationists. *Journal of Leisure Research,* 16(1).

Hanemann, W. M. (1984). Welfare Evaluation in Contingent Valuation Experiment with Discrete Responses. *American Journal of Agricultural Economics,* 66(3): 332-341.

Harmston, F. (1960). *Indirects of Traveler Expenditures in a Western Community.* Dude Rancher.

Hashimoto, A. (2002). Tourism and Sociocultural Development Issues. In Sharpley, R. and Telfer, D. J. (eds.) (2002). *Tourism and Development: Concepts and Issues.* Sydney: Channel View Publications.

Haspe, A. E. and Johnson, F. R. (1982). Multiple Destination Trip Bias in Recreation Benefit Estimation. *Land Economics,* 58(3): 364-372.

Haynes, K. E. and Fotheringham, A. S. (1984). *Gravity and Spatial Interaction Models.* Beverly Hills, Co: Sage Publication.

Heberlein, T. A. (1977). Density, Crowding, and Satisfaction: Sociological Studies for Determining Carrying Capacities. *Proceedings of River Recreation Management and Research Symposium.* USDA Forest Service General Technical Report NC-28.

Heberlein, T. A. and Shelby, B. (1977). Carrying Capacity, Values, and the Satisfaction Model. *Journal of Leisure Research,* 9(2).

Heeley, J. (1980). The Definition of Tourism in Great Britain: Does Terminologial Confusion Have to Rule?. *Tourist Review,* 2.

Hendee, J. C., Stankey, G. H. and Lucas, R. C. (1978). Wilderness Management, *Forest Service.* U. S. Department of Agriculture.

Henderson, J. M. and Quandt, R. E. (1980). *Microeconomic Theory: A Mathematical Approach.* New York: McGraw-Hill Boo.

Hendon, W. S. (1981). *Evaluating Urban Parks and Recreation.* New York: Praeger Publishers.

Holahan, C. J. (1982). *Environmental Psychology.* Random House, Inc.

Hollander, G. (1982). Determinants of Demand for Travel to and from Australia. *Working Paper,* No. 26. Bureau of Industry Economics. Australia.

Holloway, J. C. (1983). *The Business of Tourism.* London: Macdonald and Evans.

Hoover, E. M. (1975, 1984). *An Introduction to Regional Economics.* New York: Alfred A. Knopf.

Horvath, J. C. (1973). *Preliminary Executive Summary: Economic Survey of Wildlife Recreation, Southeastern States.* Environmental Research Group. Atlanta: Georgia State University.

Hotelling, H. (1947). *The Economics of Public Recreation,* The Prewitt Report. Washington: National Park Service.

Huizinga, J. (1955). *Homo Ludens: A Study of the Play Element in Culture.* Boston: The Beacon Press.

Hyun, Jin-Kwon (1992). *The Economic Impact of International Tourism in Korea.* Korea Transport Institute.

Industries Assistance Commission (1989). Some Economic Implications of Tourism Expansion, Inquiry into Travel and Tourism. *Discussion Paper,* 2. Canberra: Australian Government Publishing Service.

Isard, W. (1953). Interregional and Regional Input-Output Analysis: A Model of a Space-Economy. *Review of Economics and Statistics,* 33(Nov).

Isard, W. (1960). Methods of Home Investment to Unemployment. *Economic Journal,* 41.

Isard, W. (1960). *Methods of Regional Analysis : An Introduction to Regional Science.* The M. I. T. Press.

Iso-Ahola, S. E. (1980). *The Social psychology of leisure and recreation.* Dubuque, Iowa: Wm. C. Brown Company.

Iso-Ahola, S. E. (1982). Toward a Social Psychological Theory of Tourism Motivation: A Rejoinder. *Annals of Tourism Research,* 9(2) : 256-262.

Jackson, E. L. and Burton, T. L. (1989). Mapping the Past. In Edgar L. Jackson and Thomas L. Burton (eds.), *Understanding Leisure and Recreation: Mapping the Past, Charting the Future.* Venture Publishing, Inc.

Jafari, J. (1977). Editor's Page. *Annals of Tourism Research,* 5.

Jafari, J. and Ritchie, J. R. B. (1981). Towards A Framework for Tourism Education: Problems and Prospects. *Annals of Tourism Research,* 8(1).

Janiskee, Robert L. (1996). Historic Houses and Special Events. *Annals of Tourism Research,* 23(2) : 398-414.

Jovicic, Z. (1988). A Plea for Tourismological Theory and Methodology. *Revue de Tourisme,* 43(3) : 2-5.

Jud, G. D. (1971). *The Demand for Tourism: The Case of Latin America.* Ph.D Dissertation. University of Iowa.

Jud, G. D. (1974). Tourism and Economic Growth in Mexico Since 1950. *Inter-American Economic Affairs,* 28(1).

Jud, G. D. and Joseph, H. (1974). International Demand for Latin American Tourism. *Growth and Change,* (January).

Kahn, R. F. (1931). The Relation of Home Investment to Unemployment. *Economic Journal,* 41.

Kahnemand, D. and Knetsch, J. L. (1992). Valuing Public Goods: The Purchase of Moral Satisfaction. *Journal of Environmental Economics and Management,* 22.

Kanafani, A. (1980). Price Elasticities of Non-business Air Travel Demand. *Transportation Engineering Journal,* 106(TE2).

Kaplan, M. (1960). *Leisure in America.* New York: John Willy & Sons.

Kaplan, M. (1975). *Leisure: Theory and Policy.* New York: John Wiley & Sons.

Keane, M. J. (1997). Qualifying and Pricing in Tourism Destinations. *Annals of Tourism Research,* 24(1).

Kerlinger, F. N. (1985). *Foundation of Behavioral Research.* New York: Renehart & Winston.

Kerlinger, F. N. (1988). 『社會·行動科學 硏究方法의 基礎』. 〔Foundation of Behavioral Research, New York: Renehart & Winston〕(高興化·全賢洙·白永承 譯). 서울: 星苑社.

Keynes, J. M. (1933). *The Multiplier.* The New Stateman and Nation, 1(April).

Kim, Sah-Hun & Kim, Kyu-Ho (1998). Impact of Tourism on Local Economies: An Income Multiplier Analysis. *Asia Pacific Journal of Tourism Research, vol.* 2(2):49-56.

Kim, Sah-Hun (1988). *The Demand for International Tourism to South Korea: An Econometric Evaluation of Major Economic Factors.* An Unpublished Ph. D Dissertation Submitted to the Graduate School, Santo Tomas University, Manila.

Kim, Sah-Hun (1988). Valuation of Benefits from Park Use: Clawson Demand Curve Approach. 『여가·레크리에이션 연구』, 한국여가레크리에이션 학회, 제5권.

Kim, Sah-Hun and Kim, Kyu-Ho (1997). Economic Impact of Tourism in Regional Perspective. *Proceeding of Asia Pacific Tourism Association (APTA) Conference.* Taipei, Taiwan. August.

Kim, Seong-Il (1988). *Evaluating Spatial Structure Effects in Recreation Travel Using a Gravity-type Model.* Ph. D, Dissertation. Texas A & M.

Kliman, M. L. (1981). A Quantitative Analysis of Canadian Overseas Tourism. *Transportation Research,* 15A(6).

Kling, C. L. (1989). A Note on the Welfare Effect of Omitting Substitute Price and Qualities from Travel Cost Model. *Land Economic,* 65(3): 290-296.

Kneafsey, M. (2001). Rural Cultural Economy: Tourism and Social Relations. *Annals of Tourism Research,* 28(3): 762-783.

Knetsch, J. and Davis, R. K. (1972). Comparison of Methods for Recreation Evaluation. In Robert Dorfman and Nancy Dorfman (eds.), *Economics of the Environment.*

Knetsch, J. L. (1963). Outdoor Recreation Demands and Values. *Land Economics,* 39: 387-96.

Knetsch, Jack et al. (1976). Estimating Expected Use and Value of Recreation Sites. In Charles Grearing, William Swart and Turgut Var (eds.), *Planning for Tourism Development.* Praeger Publishers.

Kottke, Marvin (1988). Estimating Economic Impacts of Tourism. *Annals of Tourism Research, Vol.* 15: 122-133.

Krippendorf, Jost (1992). *The Holiday Makers: Understanding the Impact of Leisure and Travel.* Oxford: Butterworth-Heinemann.

Krutilla, J. and Fisher, A. C. (1975). *The Economics of Natural Environments*. The Johns Hopkins.

Kuhn, T. S. (1995). 『과학혁명의 구조』 〔The Structure of Scientific Revolutions. Chicago: University of Chicago Press, 1970〕 세계명저 영한대역 21. 조은문화사.

Kulendran, N. and Wilson, Kenneth(2000). Is There a Relationship between International Trade and International Travel? *Applied Economics*. 32: 1001-1009

Kwack, S. Y. (1972). Effects of Income and Price on Travel Spending Abroad, 1960 Ⅲ - 1967 Ⅳ. *International Economic Review*, 13(2).

Laber, G. (1969). Determinants of international travel between Canada and the United States. *Geographical analysis*, 1(4).

Law, S. (1975). The Contribution of Recreation Economics to Policy-making and Management. In Geoffrey Searle(ed.), *Recreatonal Economics and Analysis*. Longman Group.

Layard, R. (1972). *Cost-Benefit Anaysis: Selected Readings*. Penguin Books Ltd.

Lee, C. (1973). *Models in Planning*. New York: Pergamon Press.

Lee, Choong-Ki (1992). *The Economic Impact of International Inbound Tourism on the South Korean Economy and Its Distributional Effects on Income Classes*. An Unpublished Ph. D. Dissertation. Texas A & M University.

Lee, R. G. (1975). *The Management of Human Components in the Yosemite National Park Ecosystem: Final Research Report*. Berkely California: University of California.

Lee, R. G. (1977). Alone with Others: The Paradox of Privacy in Wilderness. *Leisure Science*, 1(1).

Leiper, N. (1979). The Framework of Tourism: Towards a Definition of Tourism, Tourist and the Tourist Industry. *Annals of Tourism Research*, 6(4).

Leiper, N. (1981). Towards a Cohesive, Curriculum in Tourism: The Case for a Distinct Discipline. *Annals of Tourism Research*, 8(1).

Leiper, N. (1990). Tourism Systems: *An Interdisciplinary Perspective*. Occasional Paper, 2. Department of Management Systems, New Zealand: Massey University.

Leiper, N. (2000). An Emerging Discipline. *Annals of Tourism Research*, 27(3): 805-809

Leontief, W. W. (1936). Quantitative Input and Output Relations in the Economic System of the U. S. *The Review of Economics and Statistics*, (Augusts).

Leontief, W. W. (1953). *The Structure of American Economy 1919- 1939*. New York: Oxford University Press.

Lichter, L. K. (1989). *The Politics of Tourism in Asia*. University of Hawaii Press.

Lim, Christine (1997). A Meta-analysis of International Tourism Demand. *Proceedings of 3rd Asia Pacific Tourism Association(APTA) Conference*. Taipei, Taiwan. August.

Lim, Christine (1997b). Review of International Tourism demand Models. *Annals of Tourism Research*, 24(4): 835-849.

Lime, D. W. and Stankey, G. H. (1979). Carrying Capacity: Maintaining Outdoor Recreation Quality. In Carton S. Van Doren et al. (eds.), *Land and Leisure.* London: Methuen and Co.

Lindberg, K. and Johnson, L. R. (1997). The Economic Values of Tourism's Social Impacts. *Annals of Tourism Research,* 24(1).

Linder, S. B. (1961). An Essay on Trade and Transformation. New York: John and Wiley.

Linder, S. B. (1961). *An Essay on Trade and Transformation.* New York: John and Wiley.

Lindert, P. H. and Kindleberger, C. P. (1982). *International Economics.* Richard D. Irwin, Inc.

Lindsay, C. M. (1969). Option Demand and Consumer Surplus. *Quarterly Journal of Economics,* 83(May).

Little, J. S. (1980). International Travel in the U.S. Balance of Payments. *New England Economic Review,* (May/June).

Loeb, P. (1982). International Travel to the United States: An Econometric Evaluation. *Annals of Tourism Research,* 9.

Long, M. F. (1967). Collection Consumption Services of Individual Consumption Goods: Comment. *Quarterly Journal of Economics,* 81.

Loomis, J. B. and Walsh, R. G. (1997). *Recreation Economics Decisions: Comparing Costs and Benefits* (2nd ed.). Venture Publishing, Inc.

Lucas, R. C. (1980). Use Patterns and Visitor Characteristics, Attitudes, and Preferences in Nine Wilderness and Other Roadless Areas. *USDA Forest Service Research Paper,* INT-253.

Lundberg, D. E. (1974). *The Tourist Business.* Boston: Cahners.

Lundberg, D. E., Krishnamoorthy, M. and Stavenga, M. H. (1995). *Tourism Economics.* John Wiley & Son.

Luzzi, G. F. and Fluckiger, Y. (2003). Tourism and International Trade: Introduction. *Pacific Economic Review.* 8(3): 239-243.

MacCannell, D. (1976). *The Tourist: A New Theory of the Leisure Class.* New York: Schocken Books.

MacCannell, D. (1984). Reconstructed Ethnicity: Tourism and Cultural Identity in Third World Communities. *Annals of Tourism Research,* 11(3).

MacCannell, D. (1999). *The Tourist: A New Theory of the Leisure Class.* Berkley: University of California Press.

Mak, J., Moncur, J. and Yonamine, D. (1977). Determinants of Visitor Expenditures and Visitor Lengths of Stay: A Cross-section Analysis of US Visitors to Hawaii. *Journal of Travel Research,* 15(3).

Malamud, B. (1973). Gravity Model Calibration of Tourist Travel to Las Vegas. *Journal of Leisure Research,* 5(4).

Mankiw, N. G. (2007). 『멘큐의 경제학』 [Principles of Economics. 2007, 4th edition, Dryden Press], (김경환·김종석 역). 교보문고.

Mannell, R. C. and Kleibor, D. A. (1997). *A Social Psychology of Leisure.* State College, PA: Venture Publishing, Inc.

Manning, R. E. and Ciali, C. P. (1980). Recreation Density and User Satisfaction: A Further Exploration of the Satisfaction Model. *Journal of Leisure Research,* 12(4).

Manning, R. E. (1986). *Studies in Outdoor Recreation.* Oregon State University Press.

Mansfield, N. W. (1969). Recreation Trip Generation. *Journal of Transport Economics and Policy,* 3(2).

Mansfield, N. W. (1971). The Estimation of Benefits from Recreation Sites and the Provision of a New Recreation Facilities. *Regional Studies,* 5.

Martin, C. A. and Witt, S. F. (1987). Tourism Demand Forecasting Models: Choice of Appropriate Variable to Represent Tourists' Cost of Living. *Tourism Management,* 8(3).

Martin, C. A. and Witt, S. F. (1988). Substitute Prices in Models of Tourism Demand. *Annals of Tourism Research,* 15(2).

Mason, J. (1999). 『질적 연구방법론』 [Qualitative Researching. London: Sage Publications. 1996], (김두섭 역). 나남 출판사.

Masser, I. (1972). *Analytical Models for Urban and Regional Planning.* England: David & Charles.

Mathieson, A. and Wall, G. (1982). *Tourism: Economic, Physical and Social Impacts.* London: Longman.

Matulich, S. C., Workman, W. G. and Jubenville, A. (1987). Recreation Economics: Taking Stock. *Land Economics,* 63(3): 310-316.

Mayo, E. J. and Jarvis, L. P. (1982). *The Psychology of Leisure Travel.* Boston: CBI Publishing.

McConnell, K. E. (1975). Some Problems in Estimating the Demand for Outdoor Recreation. *American Journal of Agricultural Economics,* 57(May).

McConnell, K. E. (1977). Congestion and Willingness to Pay: A Study of Beach Use. *Land Economics,* 53(May).

McConnell, K. E. (1985). The Economics of Outdoor Recreation. In A. V. Kneese and J. L. Sweeney (eds.), *Handbook of Natural Resource and Energy Economics,* 2. North-Holland.

McConnell, K. E. (1992). On Site Time in the Demand for Recreation. *American Journal of Agricultural Economic,* 74(4): 918-925.

McConnell, K. E. and Strand, I. (1981). Measuring the Cost of Time in Recreation Demand Analysis, An Application to Sportfishing. *American Journal of Agricultural Economic,* 63(1): 153-156.

McIntosh, R. W. and Goeldner, C. (1990). *Tourism: Principles, Practices, Philosophies.* New York: John Wiley & Sons.

McIntosh, R. W. (1983). A Model University Curriculum in Tourism. *Tourism Management,* 4(2: June).

McKean, J. R., Johnson, D. M. and Walsh, R. (1995). Valuing Time in Travel Cost Demand Analysis: An Empirical Investigation. *Land Economics,* 71(1): 96-105.

Meeth, L. R. (1978). Interdisciplinary Studies : A Matter of Definition. *Change,* 10(August).

Mendelsohn, R. et al. (1992). Measuring Recreation Value with Multiple Destination trips. *American Journal of Agricultural Economics,* 74: 923-933.

Mill, R. C. (1990). Tourism: *The International Business.* Prentice-Hall, Inc.

Milman, Ady & Pizam, Abraham(1988). Social Impacts of Tourism on Central Florida. *Annals of Tourism Research,* 15(2): 191-204.

Mincer, J. (1962). *Labor Force Participation of Married Women.* In H. Gregg Lewis (ed.), *Aspects of Labor Economics.* Universities-National Bureau Conference Series 14, Princeton Univ. Press.

Mincer, J. (1963). Market Prices, Opportunity Costs and Income Effects. In C. Christ et al. (eds.), *Measurement in Economics: Studies in Mathematical Economics and Econometrics in Memory of Yehuda Grunfeld.* Stanford Univ. Press.

Mishan, E. J. (1974). *Welfare Validity of the Demand for Recreation.* In Geoffrey Searle (ed.), *Recreational Economics and Analysis.* Longman.

Mishan, E. J. (1975). *Cost-Benefit Analysis: An Informal Introduction.* London: George Allen & Unwin Ltd.

Mishan, E. J. (1975). *Welfare Validity of the Demand for Recreation.* In Geoffrey Searle (ed.), *Recreational Economics and Analysis.* Longman Group Limited.

Mitchell, L. and Murphy, P. E. (1991). Geography and Tourism. *Annals of Tourism Research,* 18(1).

Mitchell, L. S. (1979). The Geography of Tourism: An Introduction. *Annals of Tourism Research,* 6(3).

Mitchell, R. C. and Carson, R. T. (1981). An Experiment in Determining Willingness to Pay for National Water Quality Improvement. *Draft Report to the U.S. Environmental Protection Agency,* Washington D.C.

Moore, K., Cushman, G. and Simmons, D. (1995). Behavioral Conceptualization of Tourism and Leisure. *Annals of Tourism Research,* 22(1).

Morley, C. (1991). Modeling International Tourism Demand: Model Specification and Structure. *Journal of Travel Research,* Summer.

Murphy, P. E. (1981). Tourism Course Proposal for a Social Science Curriculum. *Annals of Tourism Research,* 8(1).

Musgrave, R. and Musgrave, P. (1959). *The Theory of Public Finance.* New York: McGraw-Hill.

Musgrave, R. and Musgrave, P. (1980). *Public Finance in Theory and Practice.* McGraw-Hill Kogakusa, Ltd.

Mutti, J. and Murai, Y. (1977). Airline Travel on the North Atlantic. *Journal of Transport Economics and Policy,* 11(1).

Neulinger, J. (1981). *To leisure: An Introduction.* Boston: Allyn & Bacon.

Noe, F. (1987). Measurement Specification & Leisure Satisfaction. *Leisure Sciences,* 9.

Noval, S. (1975). *The Demand for International Tourism and Travel: Theory and Measurement.* Ph. D Dissertation. Princeton University.

Nunez, T. (1978). Touristic Studies in Anthropological Perspective. In Valene Smith(ed.), *The Anthropology of Tourism.* Philadelphia: Univ. of Pennsylvania Press.

Nuryanti, W. (1996). Heritage and Postmodern Tourism. *Annals of Tourism Research,* Vol. 23(2): 249-260.

O'Hagan, J. W. and Harrison, M. J. (1984). Market Shares of US Tourist Expenditures in Europe: An Econometric Analysis. *Applied Economics,* 16.

OECD (1980). *The Impact of Tourism on the Environment.* General Report. Paris.

OECD (2002). 『어메니티와 지역개발』. [Cultivating Rural Amenity: An Economic Development Perspective, 1999] (오현석·김정섭 역). 서울: 새물결 출판사.

Oliver, F. R. (1971). The Effectiveness of the UK Travel Allowance. *Applied Economics,* 3.

Oppermann, M. and Chon, Kye-Sung (1997). *Tourism in Developing Countries.* International Thomson Business Press.

Ottensmann, J. R. (1985). Basic Microcomputer Programs for Urban Analysis and Planning. New York: Chapman Hall.

Papadopoulos, S. I. (1987). Strategic Marketing Techniques in International Tourism. *International Marketing Review,* (Summer).

Papadopoulos, S. I. and Witt, S. F. (1985). A Marketing Analysis of Foreign Tourism. In Greece, In Shaw, S., Sparks, L. and Kaynak, E. (eds.), *Proceedings of Second World Marketing Congress.* Stirling: University of Stirling.

Parker, S. (1976). *The Sociology of Leisure.* New York: International Publications Service.

Pearce, D. G. (1981). Course Content and Structure in the Geography of Tourism: The Canterbury Example. *Annals of Tourism Research,* 8(1).

Pearce, D. G. (1981). *Tourist Development.* London: Longman Group.

Pearce, D. G. and Stringer, P. F. (1979). Towards a Geography of Tourism. *Annals of Tourism Research,* 4(3).

Pearce, P. (1982). *The Social Psychology of Tourist's Behavior.* Oxford: Pergamon Press.

Pearce, P. and Stringer, P. F. (1991). Psychology and Tourism. *Annals of Tourism Research,* 18: 136-154.

Pearce, P. L. and Stringer, P. F. (1991). Psychology and Tourism. *Annals of Tourism Research,* 18(1).

Phillimore, J. and Goodson, L. (2004) Progress in Qualitative research in Tourism: Epistemology, Ontology and Methodology. In Jenny Phillimore and Lisa Goodson(eds.), Qualitative Research in Tourism. New York: Routledge.

Popper, K. R. (1974). *Conjectures and Reputations* (5th ed.). Rondon: Routledge and Kegan Paul.

Prog, S. (1977). *Why Destinations Rise and Fall in Popularity: In ICTA Domestic and International Travel.* Massachusetts: Wellesley.

Prog, S. (1998). Why Destinations Preservations makes Economic Sense . In W. Theobald(ed.) *Global Tourism* (2nd ed.): 251-266. Oxford: Butterworth-Heinemann.

Przeclawski, K. (1993). Tourism as the Subject of Interdisciplinary Research. In D. Pearce and R. Butler (eds.), *Tourism Research: Critiques and Challenges.* London: Routledge.

Pye, E. A. and Lin, Tzong-biau (1983). *Tourism in Asia: The Economic Impact.* Ottawa: Singapore University Press for the International Development Research Center.

Pyo, Sung-Soo (1989). *U. S. Tourism Demand: Seemingly Unrelated Regression Equation Models.* Unpublished Ph. D Dissertation. Clemson University.

Quayson, J. and Var, T. (1982). A Tourism Demand Function for the Okanagan. BC. *Tourism Management,* 3(June).

Randall, A., Ives, B. and Eastman, C. (1974). Bidding Games for Valuation of Aesthetic Environmental Improvement. *Journal of Environmental Economics and Management,* 1.

Reilly, W. J. (1929). *Methods for the Study of Retail Relationships.* University of Texas Bulletin No. 2944. Austin: Univ. of Texas.

Ribaudo, M. O. and Epp, D. J. (1984). The Importance of Sample Discrimination in Using the Travel Cost Method to Estimate the Benefits of Improved Water Quality. *Land Economics,* 60(4): 397-403.

Richards, G. (1996). *Cultural Tourism in Europe.* Wallingford : CAB International.

Richards, G. (1996). Production and Consumption of European Cultural Tourism. *Annals of Tourism Research,* Vol. 23(2): 261-283.

Ritchie, J. R. Brent(1984). Assessing the Impact of Hallmark Events: Conceptual and Research Issues. *Journal of Travel Research,* 22(4): 2-11.

Ritzer, G. (1993). *The McDonaldization of Society.* London: Pine Forge Press.

Ritzer, G. (1998). *The McDonaldization Thesis : Explorations and Extensions.* London: Sage Publication.

Robertson, R. A. and Regula, J. A. (1994). Recreation Displacement and Overall Satisfaction:

A Study of Central Iowa's Licensed Boaters. *Journal of Leisure Research,* 26(2)：174-181.

Rojek, C. and Urry, J. (1997). *Touring Cultures: Transformation of Travel and Theory* . London：Routledge.

Rojwannasin, B. O. (1982). *Determinants of International Tourist Flows to Thailand.* Ph.D Dissertation. Thailand：Thammasat University.

Rosenthal, D. H. (1987). The Necessity for Substitute Prices in Recreation Demand Analyses. *American Journal of Agricultural Economics,* 69(4)：828-837.

Rossen, H. S. (1985). *Public Finance.* Illinois：Richard D. Irwin, Inc.

Rugg, D. D. (1971). *The Demand fir Foreign Travel.* Ph.D Dissertation. Los Angeles：University of California.

Russo, Antonio Paolo(2002). The "Vicious Circle" of Tourism Development in Heritage Cities. *Annals of Tourism Research,* 29(1)：165-182.

Ryan, C. (1991). *Recreational Tourism: A Social Science Perspective.* London：Routledge.

Samuelson, P. A. (2004). *Economics* (18th ed.). McGraw-Hill Kogakusa.

Sassone, P. G. and Schaffer, W. A. (1978). *Cost-Benefit Analysis: A Handbook.* Academic Press.

Sauran, A. (1978). Economic Determinants of Tourist Demand：A Survey. *Tourist Review,* 1.

Schecter, M. et al. (1981). Evaluation of Landscape Resources for Recreation Planning. *Regional Studies,* 15(5).

Scheyvens, R. (2002). Backpacker tourism and Third World development, *Annals of Tourism Research* 29(1)：144-164.

Schmalense, R. (1972). Option Demand and Consumer Surplus：Valuing Price Changes under Uncertainty. *American Economic Review,* 62(December).

Schreyer, R. (1984). Social Dimensions of Carrying Capacity：An Overview. *Leisure Sciences,* 6(4).

Schulmeister, S. (1979). *Tourism and the Business Cycle: Econometric Models for the Purpose of Analysis and Forecasting of Short-term Changes in the Demand for Tourism.* Vienna：Austrian Institute for Economic Research.

Seller, C., Stoll, J. R. and Chavas, Jean-Paul (1985). Validation of Empirical Measures of Welfare Change：A Comparison of Nonmarket Techniques. *Land Economics,* 2(May).

Sessa, A. (1983). *Element of Tourism Economics.* Roma：Catal.

Sharpley, R. and Telfer, D. J. (eds.). (2002). *Tourism and Development: Concepts and Issues.* Sydney：Channel View Publications.

Shaw, W. D. (1992). Searching for the Opportunity Cost of an Individual's Time. *Land Economics,* 68(1)：107-115.

Shelby, B. and Heberlein, T. (1988). Carrying Capacity in Recreation Settings. *Journal of Leisure Research,* 20(1).

Shelby, B. (1980). Crowding Models for Backcountry Recreation. *Land Economics*, 56(1).

Shelby, B., Heberlein, T. A., Vaske, J. J. and Alfano, G. (1983). Expectations, Preferences and Feeling Crowded in Recreation Activities. *Leisure Science*, 6(1).

Sheldon, P. J. (1990). Journals in Tourism and Hospitality: The Perceptions of Publishing Faculty. *The Journal of Tourism Studies*, 1(1).

Sinclair, M. T. and Stabler, M. (1998). 『관광경제학』. [The Economics of Tourism. London: Loutledge, 1997), (이종호 역). 일신사.

Sinden, J. A. and Worrell, A. C. (1979). *Unpriced Values: Decisions without Market Prices*. John Wiley & Sons.

Smeral, E. (1988). Tourism Demand, Economic Theory and Econometrics: An Integrated Approach. *Journal of Travel Research*, 26(4).

Smith, A. B. and Tomas, J. N. (1978). *Factors Affecting Demand fir International Travel to and from Australia*. Bureau of Transport Economics. Canberra: Australian Government Publishing Service.

Smith, K. (1975). The Travel Cost Demand Model for Wilderness Recreation: A Problems of Non-nested Hypothesis. *Land Economics*, 51(2: May).

Smith, K. and Kopp, R. (1980). The Spatial Limits of the Travel Cost Recreational Demand Model. *Land Economics*, 56(1: Feb).

Smith, R. J. (1971). The Evaluation of Recreation Benefits. *Urban Studies*, (June).

Smith, R. J. (1975). Problems of Interpreting Recreation Benefits from a Recreation Demand Curve. In Geoffrey Searle (ed.), *Recreational Economics and Analysis*. Longman Group Limited.

Smith, R. J. and Kavanagh, N. J. (1969). The Measurement of Benefits of Trout Fishing. *Journal of Leisure Research*, 1(4).

Smith, S. (1983). *Recreational Geography*. Longman Group Limited.

Smith, S. (1988). Defining Tourism; A Supply-side View. *Annals of Tourism Research*, 15(2).

Smith, V. L. (1989). Introduction. In Valene Smith(ed.), *Host and Guests: The Anthropology of Tourism* (2nd ed.). Philadelphia: Univ. of Pennsylvania press.

Smith, V. K. and Kopp, R. J. (1980). The Spatial Limits of the Travel Cost Recreational Demand Model. *Land Economics*, 56(1).

Smith, V. L. (ed.). (1977). *Hosts and Guests: The Anthropology of Tourism*. Philadelphia: Univ. of Pennsylvania Press.

Smith, V. L. and Brent, M, (ed.). (2001). *Hosts and Guests: Revisited: Tourism Issues of the 21st Century*. USA: Cognizant Communications Corporation.

Smith, V. L. (1980). Special Issue on Tourism and Development: Anthropological Perspectives. *Annals of Tourism Research*, 7(1).

Socher, K. (1986). Tourism in the Theory of International Trade and Payments. *Tourist Review*, 3.

Song, Byung-Nak and Ahn, Choong-Yong (1983). The Economic Impact of Tourism in Korea. In Elwood A. Pye and Tzong-biau Lin (eds.), *Tourism in Asia: The Economic Impact*. Singapore University Press.

Stankey, G. H. (1973). *Vistors Perception of Wilderness Recreation Carrying Capacity*. International Forest and Range Experiment Station. USDA Forest Service.

Stewart, J. Q. (1948). Demographic Gravitation Evidence and Applications. *Sociometry*, 2.

Stiglitz, J. E. (1997). 『스티글리츠의 미시경제학』. [Economics. 1997, Norton & Company], (백영현 · 이병천 역). 한울 아카데미.

Stoeckl, N. (1993). *A travel Cost Analysis of Hinchin Brook Island National Park*. An Unpublished Thesis for Master of Economics. Townsville: James Cook University.

Stokols, D. (1972). A Social Psychological Model of Human Crowding Phenomena. *Journal of American Institute of Planners*, 38.

Stouffer, A. (1960). Intervening Opportunities and Competing Migrants. *Journal of Regional Science*, 1.

Strang, W. A. (1970). *Recreation and The Local Economy*. Madison: University of Wisconsin Sea Grant Program.

Strazheim, M. R. (1978). Airline Demand Functions in the North Atlantic and Their Pricing Implications. *Journal of Transport Economics and Policy*, 12(2).

Stringer, P. F. and Pearce, P. (1984). Toward a Symbiosis of Social Psychology and Tourism Studies. *Annals of Tourism Research*, 11(1): 5-17.

Stronge, G. B. and Redman, M. (1982). U.S. Tourism in Mexico: An Empirical Analysis. *Annals of Tourism Research*, 9(1).

Summary, R. (1987). Estimation of Tourism Demand by Multivariable Regression Analysis: Evidence from Kenya. *Tourism Management*, 8(4).

Sunday, A. A. (1978). Foreign Travel & Tourism Prices and Demand. *Annals of Tourism Research*, 5(2).

Sutherland, R. J. and Walsh, R. G. (1985). Effect of Distance on the Preservation Value of Water Quality. *Land Economics*, 61(August).

Taplin, J. H. E. (1980). A Coherence Approach to Estimates of Price Elasticities in the Vacation Travel Market. *Journal of Transport Economics and Policy*, 14(1).

Tarrant, M. A., Cordell, H. K. and Kibler, T. L. (1997). Measuring Perceived Crowding for High-density River Recreation: The Effects of Situational Conditions and Personal Factors. *Leisure Science*, 19: 97-112.

Tellis, G. J. (1988). The Price Elasticity of Selective Demand: A Meta-analysis of Econometric Models of Sales. *Journal of Marketing Research*, 25(4).

Thayer, M. A. (1981). Contingent Valuation for Assessing Environmental Impacts: Further Evidence. *Journal of Environmental Economics and Management*, 8.

Theuns, H. L. and Rasheed, A. (1981). Alternative Approaches to Tertiary Tourism Education wth Special Reference to Developing Countries. *Occasional Paper,* 9. Development Research Institute, Netherlands: Tilburg University.

Throsby, D. (2004). 「문화 경제학」. 〔Economics and Culture. Cambridge University Press. 2001〕, (성채환역). 한울아카데미.

Tiebout, C. M. (1962). The Community Economic Base Study. *Supplementary Paper,* 16. Committee for Economic Development, New York.

Titre, J., and Mills, A. S. (1982). Effect of Encounters on Perceived Crowding and Satisfaction, Forest and River Recreation: Research Update, 18. University of Minnesota Agricultural Experiment Station Miscellaneous Publication.

Todaro, M. P. (1992). *Economics for a Developing World.* Essex: Longman Group Limited.

Tremblay, P. (1989). Pooling International Tourism in Western Europe. *Annals of Tourism Research,* 15(3).

Tribe, J. (1995). *The Economics of Leisure and Tourism.* Oxford: Butterworth- Heinemann Ltd.

Tribe, J. (1997). The Indiscipline of Tourism. *Annals of Tourism Research,* 24(3): 638-657.

Tribe, J. (2000). Indisciplined and Unsubstantiated. *Annals of Tourism Research,* 27(3): 809-813

Tribe, J. (2004). Knowing about Tourism: Epistemological Issues. In Jenny Phillimore and Lisa Goodson(eds.) *Qualitative Research in Tourism: Ontologies, Epistemologies and Methodologies,* London: Routledge : 46-62.

Trice, A. H. and Wood, S. E. (1958). Measurement of Recreation Benefits. Land Economics, August.

Trout, D. B. and Tritest, L. J. (1987). The Response of Tourism to International Economic Conditions: Greece, Mexico and Spain. *Journal of Developing Areas,* 21(2).

Truett, L. J. and Truett, D. B. (1982). Public Policy and the Growth of the Mexican Tourism Industry, 1970-1979. *Journal of travel Research,* 20(3).

Turner, L. and Ash, J. (1975). *The Golden Hordes: International Tourism and Pleasure Periphery.* London: Constable.

Urry, J. (2002). *Tourist Gaze.* (2nd edition) London: Sage Publicaton.

Urry, J. (2003). The Sociology of Tourism. In Chris Cooper(ed.), *Classic Reviews in Tourism,* Sydney: Channel Review Publications.

Uysal, M. (1983). *Construction of a Model which Investigates the Impact of Selected Variables on International Tourist Flows to Turkey.* Ph.D Dissertation. Texas A & M University.

Uysal, M. and Crompton, J. L. (1984). Determinants of Demand for International Tourist Flows to Turkey. *Tourism Management,* 5(4).

Uysal, M. and Crompton, J. L. (1985). Deriving a Relative Price Index for Inclusion in International Tourism Demand Estimation Models. *Journal of Travel Research,*

24(1: Summer).

Uysal, M. and Crompton, J. L. (1987). Deriving a Relative Price Index for Inclusion in International Tourism Demand Estimation Models Revisited. *Journal of Travel Research,* 25(3: Winter).

Uysal, M. and O'Leary, J. T. (1986). A Canonical Analysis of International Tourism Demand. *Annals of Tourism Research,* 13(4).

Vanhove, N. (1980). Forecasting in Tourism. *Tourist Review,* 3.

Var, T., Mohammad, G. and Icoz, O. (1990). Factors Affecting International Tourism Demand for Turkey. *Annals of Tourism Research,* 17(4).

Vaske, J. J., Fedler, A. and Graefe, A. (1986). Multiple Determinants of Satisfaction from a Specific Waterfowl Hunting Trip. *Leisure Sciences,* 8(2).

Vaske, J. J., Graefe, A. R. and Heberlein, T. A. (1980). Perception of Crowding and Resource Quality by Early and More Recent Visitors. *Leisure Science,* 3.

Vaske, J. J., Grafe, A. R. and Dempster, A. (1982). Social and Environmental Influences on Perceived Crowding. *Proceedings of the Wilderness Psychology Group Conferences.* Morgantown: West Virginia University.

Veblen, T. (1983). 『有閑階級論』 [The Theory of Leisure Class, 1899], (崔光烈 譯). 養英閣.

Vellas, F. and Becherel, L. (1995). *International Economics: An Economic Perspective.* New York: St. Martin's Press.

Vickerman, R. W. (1975). *The Economecs of Leisure and Recreation.* London: The Macmillan Press.

Wagar, J. A. (1964). The Carrying Capacity of Wildlands for Recreation, Society of American Foresters. *Forest Service Monograph,* 7.

Wahab, S. (1975). *Tourism Management.* London: Tourism International Press.

Wall, G. (1997), Scale Effects on Tourism Multiplier. *Annals of Tourism Research,* 24(2)

Wall, G. and Mathieson, A. (2006). *Tourism: Change, Impacts and Oppertunities* England: Pearson Education Limited.

Walle, A. H. (1997). Quantitative Versus Qualitative Tourism Research. *Annals of Tourism Research,* 24(3): 524-536.

Walmsley, D. J. and Jenkins, J. M. (2000). Cognitive distance: A Neglected Issue in Travel Behavior. In A. Pizam and Y. Mansfield (eds.), *Consumer Behavior in Travel and Tourism.* The Harworth Hospitality Press.

Walsh, R. G. (1986). *Recreation Economics Decisions: Comparing Costs and Benefits.* Venture Publishing, Inc.

Walsh, R. G., Gillman, R. A. and Loomis, J. B. (1982). *Wilderness Resource Economics: Recreation Use and Preservation Values.* Denver: American Wilderness Alliance.

Walsh, R. G., Sanders, L. D. and Loomis, J. B. (1985). *Wild and Scenic River Economics:*

Recreation Use and Preservation Values. American Wilderness Alliance.

Wang, N. (2000). *Tourism and Modernity: A Sociological Analysis*. Pergamon Press.

Wanhill, S. (1994). The Measurement of Tourist Income Multiplier. *Tourism Management*, 15(4).

Ward, F. A. (1983). Measuring the Cost of Time in Recreation Demand Analysis: Comment. *American Journal of Agricultural Economics*, 65(1): 167-168.

Ward, F. A. and Beal, D. (2000). *Valuing Nature with Travel Cost Models - A Manual*. Cheltenham: Edgar Elgar.

Weisbrod, B. (1964). Collective-Consumption Services of Individual Consumption Goods. *Quarterly Journal of Economics*, 78(August).

West, P. C. (1982). Effects of User Behavior on the Perception of Crowding in Backcountry Forest Recreation. *Forest Science*, 28(1).

White, K. J. (1985). An International Travel Demand Model: US Travel to Western Europe. *Annals of Tourism Research*, 12(4).

White, K. J. and Mary, B. W. (1982). Trouble in the Travel Account. *Annals of Tourism Research*, 9(1).

Wilkinson, P. (1989). Strategies for Tourism in Island Microstates. *Annals of Tourism Research*, 16: 153-77.

Williams, A. M. and Shaw, G. (eds.). (1988). *Tourism and Economic Development*. New York: Belhaven Press.

Williams, A. V. and Zelinsky, W. (1970). On Some Patterns in International Tourist Flows. *Economic Geography*, 46(6).

Williams, S. (1999). 『현대관광의 이론과 실제』. (Williams, Stephen. Tourism Geography. 1998. Routledge), (신용석.정선희 역). 서울: 한울 아카데미.

Willis, K. G. (1980). *The Economics of Town and Country Planning*. London: Granada.

Wilman, E. A. (1980). The Value of Time in Recreation Benefit Studies. *Journal of Environmental Economics and Management*, 7(3): 272-286.

Winch, D. M. (1971). *Analytical Welfare Economics*. Harmondsworth: Penguin.

Witt, S. F. (1980a). An Abstract Mode-abstract(destination) Node Model of Foreign Holiday Demand. *Applied Economics*, 12(2).

Witt, S. F. (1980b). An Econometric Comparison of UK and German Foreign Holiday Behaviour. *Managerial and Decision Economics*, 1(3).

Witt, S. F. and Martin, C. A. (1985). Forecasting Future Trends in European Tourist Demand. *Tourist Review*, 40(4: Oct/Dec).

Witt, S. F. and Martin, C. A. (1987). Deriving a Relative Price Index for Inclusion in International Tourism Demand Estimation Models: Comment. *Journal of Travel Research*, 25(3: Winter).

Witt, S. F. and Martin, C. A. (1987). International Tourism Demand Models Inclusion of

Marketing Variables. *Tourism Management,* (March).

Witt, S. F. and Martin, C. A. (1995). Forecasting Tourism Demand: A Review of Empirical Research. *International Journal of Forecasting,* 11.

Witt, S. F. and Witt, C. A. (1992). *Modeling and Forecasting Demand in Tourism.* London: Academic Press.

Womble, P. and Studebaker, S. (1981). Crowding in a National Park Campground. *Environment and Behavior,* 13(5).

Workman, W. G. (1981). Wilderness Recreation: Some Management and Research Challenge. *Research Review,* 9(1: October).

WTO (1978). *Methodological Supplement to World Trade Statistics.* Spain: Madrid.

WTO (1979). *Domestic Tourism Statistics.* Spain: Madrid.

WTO (1984). *Economic Review of World Tourism.* Spain: Madrid.

WTO (1987). *Measurement of Travel and Tourism Expenditure.* Spain: Madrid.

WTO (1996). *Yearbook of Tourism Statistics.* Spain: Madrid.

Xiao, H. & Smith, S. (2006). The Making of Tourism Research: Insights from a Social Sciences Journal. *Annals of Tourism Research* 33(2): 490-507.

Young, M. and Willmott, P. (1973). *The Symmetrical Family.* London.

Zeitoun, M. (1978). Some Economic Aspects Influencing International Tourism. *Travel Research Journal,* 2.

Zhou, D. *et al.* (1997). Estimating Economic Impacts from Tourism. *Annals of Tourism Research,* 24(1).

Zikmund, W. G. (1997). *Business Research Method* (5th ed.). The Dryden Press.

Zipf, K. (1946). The P_1P_2/D Hypothesis on the Intercity Movement of Person. *American Sociological Review,* 2.

주요 용어 찾아보기

기타

저자약력

金思憲

한국개발연구원(KDI) 주임연구원, 초청연구원 역임
경기대학교 신문사 주간, 학술진흥원장, 초대 연구교류처장 역임
경기대학교 관광대학 학장, 관광산업대학원 초대원장 역임
경기대학교 교육대학원장 역임
사단법인 한국관광학회 수석부회장, 『관광학연구』誌 편집위원장 역임
사단법인 한국관광학회(TOSOK) 제14대 회장 역임, 학회 편집고문
아시아―태평양 관광학회(APTA) 회장 역임
현, 경기대학교 관광개발학과 명예교수
한국관광학회 상임고문 겸 『관광학연구』誌 편집고문 역임
한국관광학회 영문학술지 International Journal of Tourism Sciences 편집위원장
Journal of Tourism Studies(호주), Tourism and Recreation Research(인도),
Asia Pacific Journal of Tourism Research 부편집장(Associate Editor)

고려대학교 농업경제학과 졸업
서울대 환경대학원 도시 및 지역계획학과 수료(도시계획학 석사)
필리핀 국립대 경제학부 대학원 수료(경제학 석사)
필리핀 聖 토마스 대학교 대학원 수료(경제학 박사)

한국경제론(1986), 관광학연구의 현황과 과제(2000), 관광학연구방법론(2002) 국제관광론(2006) 등
저서 다수
A Critical Review of Tourism Researches and Education in Korea: A Content Analysis of JTS and
JLRS, 1972~1995(1996), Impact of Tourism on Local Economies: An Income Multiplier Analysis
(1998), 관광학연구에 있어서 질적 연구방법론의 상황과 도전(2007) 등 논문 다수

慶北 奉化郡 丙戌生(貫鄕 延安, 字 正道, 雅號/堂號 又峰, 三宜齋, 兩白書樓)
연 락 처: 442-760 경기도 수원시 팔달구 이의동 경기대학교 관광개발학과
전자메일: sahu@hanmail.net

저자와의
합의하에
인지첩부
생략

관광경제학

2001년 12월 5일 전정신판 발행
2006년 3월 5일 개정2판 발행
2008년 9월 1일 개정3판 발행
2012년 2월 28일 개정신판 발행
2016년 2월 25일 개정5판 발행
2020년 3월 10일 개정6판 발행

지은이 김사헌
펴낸이 진욱상
펴낸곳 백산출판사
교 정 편집부
본문디자인 편집부
표지디자인 오정은

등 록 1974년 1월 9일 제406-1974-000001호
주 소 경기도 파주시 회동길 370(백산빌딩 3층)
전 화 02-914-1621(代)
팩 스 031-955-9911
이메일 edit@ibaeksan.kr
홈페이지 www.ibaeksan.kr

ISBN 979-11-5763-233-6   93320
값 33,000원